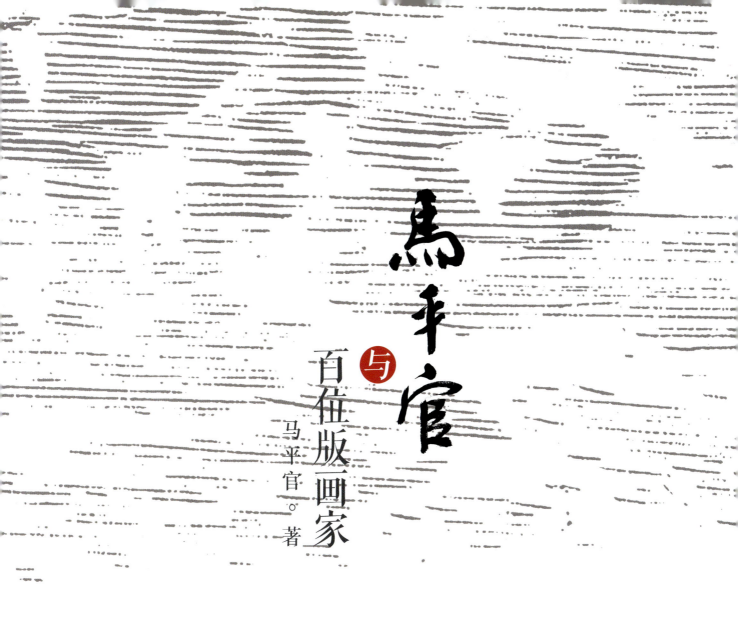

马平官与
百伍版画家

马平官 著

江苏凤凰美术出版社

图书在版编目（CIP）数据

马平官与百位版画家 / 马平官著. —— 南京: 江苏
凤凰美术出版社, 2019.12
ISBN 978-7-5580-6998-7

Ⅰ.①马… Ⅱ.①马… Ⅲ.①版画家–生平事迹–中
国–现代 Ⅳ.①K825.72

中国版本图书馆CIP数据核字（2020）第002989号

责任编辑　王左佐
助理编辑　孙剑博
书籍设计　焦莽莽　阮婧文
责任校对　刁海裕
责任监印　张宇华

书　　名　马平官与百位版画家
著　　者　马平官
出版发行　江苏凤凰美术出版社（南京市中央路165号　邮编：210009）
出版社网址　http://www.jsmscbs.com.cn
制　　版　南京新华丰制版有限公司
印　　刷　南京新世纪联盟印务有限公司
开　　本　889mm×1194mm　1/16
印　　张　34
版　　次　2019年12月第1版　2019年12月第1次印刷
标准书号　ISBN 978-7-5580-6998-7
定　　价　320.00元

营销部电话　025-68155790　营销部地址　南京市中央路165号
江苏凤凰美术出版社图书凡印装错误可向承印厂调换

前　言

我知道，自己那点文字功底，填个履历表还行，撰文出书，还要撰写关于版画家的书，踌躇再三，不敢落笔。

版画界朋友不停地催促，深夜还从香港打来电话，告知代拟的书名：《一位收藏家和一百位版画家的故事》。直觉隐隐告诉我："有要说的话。"十五年来，因为收藏与众多版画家相识，许多成为朋友，交往至今。诸多版画界前辈，对我出书极为抬举，王琦先生鼓励："我支持你。"伍必端先生赞许："这是正能量，一定要坚持做下去。"梁栋先生言："挽留一段中国现代版画史，是一件非常好的事情。"杨先让先生道："既收藏又出书，你是有心人。"许多年过去了，言犹在耳，唯一由得我的，是在感念之中说说心里话。

其实，最终让我落笔的缘由，是中国现当代版画与历史相逢之时，有那么一大拨执着的版画家，有那么一大批优秀的版画作品，有那么一大堆感人的创作故事，如磁铁般吸引着我，欲罢不能，所以妄为。

中国是木刻版画的故乡。在中华民族璀璨艺术长河里，版画如潺潺流水经久不息，似雨后彩虹映照苍穹。郑振铎先生言：梨枣图画，为推动文化，功高不可胜言。版画正式走上中国历史舞台，是鲁迅先生倡导的新兴木刻运动，在民族危亡之时，木刻家顾不得什么流风余韵，用雕刻经卷扉画的木刻刀，"制成许多艺术品，传布于大众"[注1]，唤醒积贫积弱的中华民族，反抗外辱、反抗压迫。虽说木屑里只是点点星火，却让亿万民众看到光明和希冀，从而成为独立的现代艺术载入史册。

八十多年的沧桑流变，版画如一把不灭火炬，映照远方。版画家始终与时代同行，既是社会变革的参与者，又是版画艺术的实践者，以刀代笔，记录波澜壮阔的历史进程，定格与时俱进的精神风貌，涌现许多可圈可点的精品力作，也留下许多可思可念的创作故事，如今有些带着体温的见证，随逝者而去；有些鲜为人知的过往，仍束之高阁。即便在当下，许多创作背后的趣事逸闻，许多技法形成的前因后果，倘若没有按下保存键，也是会丢失的。在收藏版画路途中，我把每一次拥有过程，当作一次审美过程，在读懂上下功夫，否则视如保管。可以这样认为，缺少对版画藏品的赏析解读，缺失创作背后的故事支撑，纵然是精品力作，也显得有些单薄。

因为热爱，所以潜心收藏。因为赏读，所以到处求解。我知道，欣赏版画家的作品，需要了解和研究他的人生经历和艺术思想。我想过，与其在作品里相遇，不如与作者促膝相叙。七年来，寒来暑往，东奔西走，为了把作者的创作思考理清楚，把独具个性的技法搞明白，把散落岁月的故事捡起来，以第一手资讯，回望我国现当代版画发展过往，折射版画家内心情感和才艺释放。欲罢不能的冲动，由此而萌发，并不断延伸，寻访足迹遍及祖国各地，鞋子沾过北疆黑土、中原黄土和南国红土。旅途艰辛，交流开心。每当接捧一个个鲜活故事，释怀一个个待解悬疑，那种喜悦，没有亲身经历，很难体味聆听时的醉心畅怀。当接过吴俊发先生创作《方志敏》、吴强年先生创作《雷锋》、江碧波先生创作《飞夺泸定桥》的木刻刀刹那，没有亲历其境，很难感悟接捧时的百感交集。深为惋惜的是，在紧赶慢赶采访与撰写中，力群、王琦、赵延年、吴俊发、黄丕谟、李焕民、张新予、师松龄、朱琴葆、梁栋、董克俊、范竟达、郑旭、凌君武先生先后辞世，留下太多太多的难以相忘……

追忆往昔，就是追踪心迹。凝视裹挟历史风云的版画藏品，如同推开昨日门扉，仿佛听见黑暗中带血的呐喊，听见新生共和国飘荡的歌声，听见寒风里高音喇叭的嘶叫，听见春暖花开时的百鸟齐鸣。在渐行渐远的历史中，既有激情，也有凝重；既有狂热，也有禁锢；既有人生的推演思考，也有艺术的肆意表达。版画家把自身经历、情感思考和艺术表述，或流着汗，或流着泪，甚至流着血，以特有的肌理语言，承接民族基因，留下烙印般痕迹，从而成为回眸历史的凭证。令人感动的是，版画沉寂之时，仍有一批版画家痴守阵地，不忘初心，念兹在兹，成为中国当代版画托命之人。令人自豪的是，伴随四季流光，版画已成为国际展事中获奖最多的绘画门类，独有的艺术魅力彰显中国气派与民族精神。

猛然回首，一百位版画家发生的故事，叠起来是一支队伍，铺开来是一条大路，一条中国现当代版画的阔步前行之路。

有这样一句话：言为心声。冲着这句话下笔，我把采访中的所见所闻，所思所悟，一起汇集在这本书里，抛砖引玉，也算是一路风尘给予的馈赠吧！故事是说给别人听的，评判由读者。

注1：鲁迅《无名木刻集》序。

序　一

　　四年前，本书作者告知采访进程和写作计划，引起我的关注。四年后，独立成篇的他与一百位版画家的故事，分为四个章节，计40万字，附图400余幅，现结集成书，大出我的意料，可喜可贺。

　　本书作者马平官，收藏中国现当代版画十余年，其中用七年时间自费采访一百余位版画家，寻访足迹遍及全国各地，然后独坐一隅，潜心写作，这种锲而不舍的求索精神，常人难以做到。他如此专注地守护版画、推广版画，让我看到一位收藏家的执着与追求。作者曾经对我说："如果通过阅读这本书，能够拉近读者与版画家距离，再苦也值得。"这一句话，成为我作序的理由。

　　今天，植根中华母体文化的版画艺术，正以多元化姿态丰富和繁荣我国绘画艺术芳草园。大众需要艺术，艺术需要欣赏。令人遗憾的是，当下版画品鉴书籍并不多见，从这个意义上看，《马平官与百位版画家》的出版，就是一个及时填补，对于弘扬版画艺术具有非常现实的意义。本书每一个故事篇幅不长，却承载丰富信息，言之有物，叙之有情，以流畅文笔回望我国现当代版画前行足迹。文字通俗易懂，集收藏与欣赏为一体，熔史料性与可读性于一炉，既是一本版画普及读物，也是一册版画收藏指引，通过阅读能让更多的人了解版画，也让版画家走近大众。本书以叙事记人方式，对版画创作的历史背景、创作原由，以及技法解读和作品欣赏等方面，阐述真实，点评客观，并注意向艺术本体靠近，尽力还原版画家创作样态，在切入主流艺术观点的同时，寄存个人的独立思考。作者与百位版画家的故事，汇集起我国现当代版画创作宏观形态，对于热爱中国版画的读者，领略版画艺术，提升审美意识，提高收藏品位，都能在阅读中受到启迪与感染。许多深藏不露的创作轶闻、原创技巧和交往交谊，一朝发散，也会带给读者无限趣味。

　　中国是木刻版画的故乡，源远流长。在版画发展历程中，无不记录着对人类文明的伟大贡献。版画真正走上中国历史舞台，来自新兴木刻运动开启。鲁迅先生说过：当革命之时，版画用途最广。日寇入侵，民族危亡，版画用极富感染力的语言，唤起民众，反抗外侮，这种与中华民族命运的相互连接，确立了版画在中国现代美术史中的地位。其后八十余年，版画与社会变革如影随形，不论波澜壮阔的民族解放，还是建国初期的艰苦创业；不论难以忘却的文革岁月，还是改革开放的翻天巨变，版画家背负文化使命，艰难坚守，砥砺前行，以一代又一代的辛勤付出，走出一条中国版画复兴之路。为了记录时代风貌和理想追求，一面紧跟时代，为激情燃烧的岁月留痕，为波澜壮阔的历史留影；一面贴近内心，寻求对社会、对人生的深度思考，以多种形式探求艺术本源，在传承中发展，在变革中创新，把版画艺术推进到一个崭新阶段，呈现的时代风貌和民族气派，不仅为我国多元文化平添靓丽，也为中国当代美术增光添彩。

随着社会不断进步，艺术走进寻常百姓家，影响着人们的生活品位和道德情操。艺术是一种具有互动性的行为，既有艺术家的创作行为，也有欣赏者的品读行为，两者缺一不可。坦率地讲，收藏家大都是有心人，是艺术传播不可或缺的助推者。让我感动的是，本书作者在理论与实践的追求中，既有中国现当代版画的系列收藏，包括本书中的全部藏品，又不辞辛劳采访撰文，从收藏家角度畅谈心得，试图打开另一扇窗户，让人们在字里行间走进版画家的艺术世界和精神故里。

每个人都有不可相忘的记忆。在那些远去岁月里，我与版画界同仁的因缘际会，好像发生在昨天。当把尘封历史拉到眼前，依然那么鲜活，平添一份眷恋与怀想，久久激荡我的心怀。走笔至此，我想了许久，每个人能为社会奉献点什么？本书作者对中国现当代版画的自发传导，就是对我国文化事业的一种奉献。

今天，当站在新的历史起点上，面对建设社会主义文化强国的时代要求，我们有理由相信，中国版画必将迎来新的辉煌！

即将付梓，欣然为序。

宋源文

原中国版画家协会常务副主席、中国美协版
画艺委会主任、中央美术学院版画系主任

2018 年 4 月

序 二

我不太喜欢为别人出书作序。

不过，当我与本书作者多次交流后，随着目光对样稿游走，发现自己想法起了变化，自觉要说几句话，也算是序。

每个民族的文化，都有自身特点。中国最早发明造纸和印刷，带动了木刻版画发展，其后的输出与传入，多出一段"回娘家"宿缘。在新兴木刻发端时，木刻家责无旁贷呐喊，对于版画身份认领极为重要，从而成为不可或缺的绘画门类。这种带有时代印记艺术，既传递政治诉求，也记录风土世情，亦表达艺术观念，虽然版种不同，风格迥然，都是怀有热情的抒发，以艺术方式体现视觉感慨，见证版画家所思所悟，传递民族审美和精神凝注，这就是经常回眸的过往。我与书中版画前辈和同仁，曾经拥有共同天空，为了花开一季，纠结过语言自由，彷徨中寻找自我，如今成为饭后谈资，在不可相忘中走向未来。

当历史只剩下背影的时候，成全了故事与收藏。艺术本属于少数人，如今走进寻常百姓家，这种改变很难得，既是社会的进步，也是多年的梦想。审美是人的本能，又是一种需要培养的能力。大众对于版画的认知，需要诚意去引领，不管角色是否扮演到位，都是一种养护。作者如此倾情版画，自然有他自己的理由。本书以百位版画家的故事，叙述版画家的创作趣闻，解读版画作品的寄托，抖落技法技巧的由来，汇集如此之多信息佐证补漏，通过这种带有普及性的传播，让艺术贴近大众，让版画走近读者，我非常欣赏这一点。梗概故事，难窥全貌，但不妨碍领略版画和版画家的别样风采，这种隔空相望，最少让读者在那片园子里走过一遭。

阅读是时光消费，通过这种消费，寻找精神滋养，提升审美眼光，这是一件很有意义的事。作者怀着对版画的热爱撰写本书，在专注与执着之中，用心感叹，为中国现当代版画留下一份真实记录。冲着这一点，仔细浏览与寻思，一定会有收获的，因为它的信息源头，来自一群与版画彼此进入生命的人。

谨作此序，以致贺意！

苏新平

中央美术学院副院长
中国美协版画艺委会主任
2018 年 7 月

目录

套色篇

中国是木刻版画的故乡。黑白木刻有着源远流长的悠远历史，既是版画的主要表现形式，也是传统文化的具体体现。黑白两色，变化无穷。在黑白木刻创作中，作者通过刻点、刻线、刻面综合运用，形成黑、白、灰木刻语言，营造出丰富造型，具有简洁明快、对比强烈之特点，鲁迅先生称为"光耀的黑白"。在黑白木刻印痕里，版画家的不同观念，不同技法，不同流派，呈现不同的时代风采和艺术风貌。

黑白篇

与伍必端（左）合影

伍必端　1926年出生，江苏南京人，回族。1945年毕业于重庆育才学校，1948年毕业于华北联合大学文艺学院，1959年毕业于苏联列宾美术学院。先后任中国美术家协会理事，中国美协版画艺委会委员，中国版画家协会理事，中央美术学院版画系主任、教授。第一届、第二届全国文学艺术工作者代表大会代表。国家邮电部中国邮票图稿评审委员。

作品曾获全国书籍插图优秀作品奖、丝绸之路画展铜奖、纪念抗日战争和世界反法西斯战争胜利四十周年首日封设计优秀奖、中国版画家协会与中国美术家协会联合颁发的50－60年代优秀版画家"鲁迅版画奖"。

代表作有：《列宁和中国志愿战士》《葵花地》《惯于长夜过春时》等。

《列宁与中国志愿战士》的背后

一直想拜访伍必端先生。

伍必端先生不仅接棒李桦先生，继而成为中央美术学院版画系第二任系主任，不仅先后创作《列宁与中国志愿战士》《丰收曲》《葵花地》《惯于长夜过春时》等一批经典版画，他的传奇人生和诸多历史见证，那怕让我探知一二，也是弥足珍贵的。五年前听说先生已回国，我赶去，他刚走。四年前打听，当年没回国。前年六月得知先生回国，便手捏高铁票匆匆赶往北京。约好中午见面，他临时有事，我在楼下等到太阳偏西。

见面后，九十高龄的伍必端先生与我纵意而谈，如同打开卷起的史书，让我滋润了干渴，领略了风光。

1956 年，经李桦先生推荐，他成为新中国第一个派往苏联的版画研究生，来到列宁格勒（现为圣彼得堡）列宾美术学院，在风景如画的涅瓦河畔，度过紧张而快乐的三年时光，闻名遐迩的黑白木刻《列宁与中国志愿战士》就是在那里完成的毕业创作。

列宁与中国志愿战士 黑白木刻 1958 年创作

"有一天，我与同学相约参观斯莫尔尼宫，这里曾经是俄国十月革命指挥部。参观快结束时，女讲解员手指大门说：十月革命胜利后，根据列宁同志指示，从远东地区挑选一批中国志愿战士到斯莫尔尼宫执勤。一天早晨，金色阳光洒满斯莫尔尼宫，列宁同志开完会，健步走出这扇大门，看到执勤的中国志愿战士，高兴地上前嘘寒问暖'这里生活习惯吗？……'革命导师对中国志愿战士不同凡响的关爱，从此广为流传。"女讲解员慢声细语的讲解，他却被触发出澎湃的创作激情。这就是黑白木刻《列宁与中国志愿战士》的创作起因，往后发生的事，让他怎么也想不到。

"中国研究生以列宁为创作主题的消息，在列宾美术学院不胫自走，满脸大胡子的导师列文教授，笑着说：'伍，我支持你。'从此教室里留下师生并肩的身影。扮演列宁的特型电影演员闻此消息，主动上门，摆造型，做示范，那真是热情如火。特别是雕塑系石模技师，专程找到我，一脸郑重地说道：'快来，赠送一尊列宁同志原拓石膏像给你。'"

"什么石膏像？"我忍不住打问。

作者拍摄的斯莫尔尼宫，曾经是
俄国十月革命指挥部所在地

"列宁去世后，用石膏敷在列宁遗体面部制成，专供艺术家创作时使用，极为珍贵。上世纪40年代，苏联美术家协会赠送到访的徐悲鸿先生一尊。"伍必端先生答。

"现在哪儿？"

"不知道。"

"送您那一尊呢？"

"带回来了。"谈兴正浓的伍必端先生，经不住再三缠磨，终于带我到书房见到原拓石膏像。为了与经典续缘，我曾去圣彼得堡参观斯莫尔尼宫，如今抬首，仰望中百感交集。

列宁石膏头模

伍必端先生告诉我：创作目标锁定后，困难再大，咬破嘴唇也要干到底。

黑白木刻《列宁与中国志愿战士》前后共创作九稿，每一稿都是麻胶版完成稿。麻胶版，一种铺地专用板材，表层类似地板革，用这种板材制作版画，需要付出多少意志较量，只有他自己清楚。从全景描绘，到面部特写；从背景转换，到体位移动；从整体形象勾勒，到版上刻画印制，腕下力度，无一浮乏。一遍遍倾听意见，一次次揣摩修改，晨昏更迭，时光与汗水一起流淌，使他渐渐触摸到解锁的钥匙。当黑白木刻《列宁与中国志愿战士》第九版揭离画版时，梦寐以求的艺术理想终于降临了，消息轰动列宾美术学院，观摩师生络绎不绝。天道酬勤，在那个精神互通的特殊年代，在那座举世闻名的艺术宫殿，黑白木刻《列宁与中国志愿战士》成为伍必端先生的艺术名片，风光无限。

画面中的列宁亲切慈祥，习惯地左手握帽，右手微张，下腭稍稍向前，仿佛正在亲切对话。中国志愿战士持枪聆听，生动自然。虽说是具有政治属性的艺术创作，但通篇主题鲜明，刀法考究，线条利索，充溢着质朴纯真之气，不失为那个年代黑白木刻巅峰之作。黑白木刻《列宁与中国志愿战士》发表于1959年10月1日苏联《真理报》，可见受宠至极。

伍必端先生回忆："九块原版没能带回来，非常遗憾。如今每一次端详《列宁与中国志愿战士》，都有久别重逢的兴奋。"回眸来路，抚今思昔，带着深深遗憾的回忆，见性情，见时代，见精神，让我们多出一份对历史的敬重。

乘着老人兴致，我赶紧聊起他的另一张名片。1980年，《周恩来选集》由中共中央文献编辑委员会编辑，人民出版社出版发行，封面选用的周恩来总理素描像，为伍必端先生所创作。"那是真情实感啊！"他在沉思中喃喃自语。

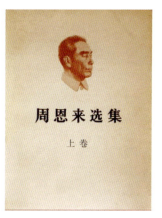

周恩来选集

伍必端先生出生在上海，刚满周岁那年，随父母搬迁到南京城南的箍桶巷。元末明初，此处为江南首富沈万三所有，因其出身箍桶匠，巷子亦称箍桶匠，时间久了，习称箍桶巷。小巷幽静狭长，青石板与青砖墙，成为他仅有的童年记忆。日寇入侵，颠沛流离。12岁成为孤儿的他，漂泊无依，从南京流浪到武汉时，被难童收容所收留，后来转移至山城重庆，有幸就读重庆育才学校。

一天，校长陶行知[注1]告知：周恩来和邓颖超一会儿来看望大家。同学们高兴得跳啊，笑啊，和川县古圣寺顿时沸腾起来。聆听周恩来演讲，观看延安木刻，真是太高兴啦！同学们纷纷围上去要求签名，周恩来接过伍必端举过头顶的笔记本，亲笔题词："一代胜似一代。"

两年后，经党组织选调，他幸运地来到周恩来和邓颖超身边工作。每天清晨，从当天报刊中挑选重要消息，用红笔标注后，分送周恩来等领导办公室。有一次，不知怎么了，竟然忘记给邓颖超送简报。"小伍，今天怎么没有给我送简报啊？""啊……""我那儿有一份，我俩看一份也可以嘛。"周恩来的及时圆场，让涨红了脸的伍必端倍感温暖。如今忆及，依然温暖心田。光阴如梭，聚散有时。敬爱的周恩来总理逝世后，他把自己关在书房里，一边流泪，一边沉思。周恩来题词的殷切勉励，圆场时的音容笑貌，安排去解放区的着意关爱……一幕幕情景交集，一次次泪洒衣衫。他决意用手中的笔，表达爱戴，寄托缅怀。

构思，再构思。提炼，再提炼。栩栩如生的素描终于脱稿，周恩来总理的智慧、情操、气质跃然纸上，随着媒体广泛传播，感动中国。往后的事，又一次让他想不到。没多久，邓颖超接见了他。没多久，素描原稿悬挂于中南海的西华厅。没多久，素描稿选定为《周恩来选集》封面……

"周恩来给你的题词在吗？"我还是忍不住打问。

"别提这伤心事了。"伍必端先生答。

1941 年，震惊中外的皖南事变发生后，重庆白色恐怖越加猖獗。党组织根据周恩来指示，安排伍必端去解放区。一天傍晚，张望[注2]悄悄通知他：明天早晨，有人在大桥边等你。深夜，他乘着月色，拎起柳藤箱悄然离去。他形容："别说特务没发现，狗都没惊着。"接头人是育才学校陈老师。"小伍，你带了些什么？""换洗衣服。""打开看看。"陈老师检查箱子时，发现周恩来题词笔记本。"只有三寸宽，很小的。""绝对不能带，赶快处理。"他没办法，只能把题词撕成碎片埋在稻田里。"唉，不然通不过敌人的封锁线啊！"伍必端先生走过山长水远，如今许多事都不在意了，唯独这件事铭刻在心，桑榆暮景，成为他永远不能触碰的痛。

约定时间到了，我依依不舍地向伍必端先生告辞。至于他 15 岁创作第一幅黑白木刻《血的仇恨》，发表于《新华日报》，从此走上版画之路的过往；还是就学华北联合大学，身背画板，伴随炮火硝烟，跟随解放大军冲进石家庄、太原、天津的回望；或是出席第一届全国文代会的回首，或是两次赴朝鲜战场，为朝鲜卫国战争纪念馆创作油画《上甘岭上的英雄》，或是合作大型连环画《新儿女英雄传》，或是为全国政协会议厅创作中国画《菱门初阳》，或是合作中国历史博物馆典藏的工笔重彩《李自成进北京》，或是为北戴河中央会议厅创作丙稀画《长城》，或是为苏联作家富尔曼诺夫小说《恰巴耶夫》创作插图，或是为抗日战争和世界反法西斯战争胜利四十周年设计邮票及首日封，或是受邀访问奥地利、芬兰、法国、英国、比利时等国，或是执教中央美院数十载，推动版画学科化建设的回眸……斗转星移，风云随行。伍必端先生具有的历史使命感与探索精神，成为不断前行的驱动力，人生因丰满而精彩，却不因精彩而懈怠，让艺术丰收成为真实的答案，让传承文化烛光成为无法抗拒的理由。太多的故事需要采撷，只能再寻机会。

这是一次人生与艺术的访谈，也是一次精神与情操的洗礼。

我敬佩信仰的力量。

注1：陶行知（1891－1946）安徽歙县人。我国著名教育家、思想家，伟大的民主主义者，中国民主同盟主要领导人之一。就读于杭州广济医学堂，曾获圣约翰大学授予的荣誉博士学位。先后任南京高等师范学校、国立东南大学教授、教务主任等职。

注2：张望（1916－1993）广东大埔人。我国著名画家、思想家、革命家。毕业于上海美专。1931 年组织 MK 木刻研究会，结识鲁迅，从此投身革命运动。建国后任东北美专教务长、鲁迅美术学院院长、辽宁省文联主席等职。

与杨先让（右）合影

杨先让

1930年出生，山东牟平人。毕业于中央美术学院绘画系。中国美协版画艺术委员会副主任，中国民间美术学会常务副会长，文化部研究室研究员，人民美术出版社编辑，中央美术学院民间美术系主任、教授。享受国务院特殊津贴专家。

作品曾获全国青年美术展览奖、美国路易斯安那州立大学艺术学院文艺交流奖、美国路州州府荣誉市长奖、美国休斯顿大学亚洲艺术部文化奖、美国全美华人教育基金会终身艺术成就奖、中国版画家协会与中国美术家协会联合颁发的50—60年优秀版画家"鲁迅版画奖"。

代表作有：《怀念周总理》《生的伟大，死的光荣》《会师大庆》等。

永远的缅怀

　　四十年多前的事，大都淡忘了。

　　唯有一个情景，至今清晰如昨。1976年1月9日，我手握钢枪巡逻在南京长江大桥上，公路桥无遮无挡，凛冽的江风掠过，格外寒冷。突然传来哀乐声，周恩来总理去世的噩耗袭来，近似麻木的我，任凭泪水滴落军衣。

　　多年前翻阅《中国新兴版画五十年选集》，无意中见到黑白木刻《怀念周总理》，不由一愣，喃喃自语："太像了，太像了，形神兼备！"一边注目欣赏，一边陷入回忆。在我青葱岁月里，有幸三次见到敬爱的周恩来总理。特别在南京长江大桥值勤时，周总理陪同罗马尼亚总统齐奥塞斯库参观大桥，我站在周总理身边，他那亲切的笑容，优雅的姿态，临场处理事务时的气度，让我终生难忘。黑白木刻《怀念周总理》出神入化的塑造，令我爱不释手。于是借书临摹，以画致哀，尽管黑墨水描绘得形散神不聚，却在玻璃台板下陪伴流年。

　　十多年前，我如愿收藏黑白木刻《怀念周总理》，了却夙愿。2012年年底，得知杨

怀念周总理 黑白木刻 1976 年创作

先让先生出席"北京版画博览交易会"开幕式，我没有多想，从南京匆匆赶往北京798艺术区。

周恩来总理故居

我与杨先让先生交谈中，老人深情叙述着创作起因："那是1976年年底，为了纪念周恩来总理逝世一周年，范曾先生来到我家，告知一个缅怀周总理的创作计划：他写一首怀念周总理的诗，由吕远谱曲，郭兰英演唱。反复叮嘱我，赶紧制作一幅纪念周总理的木刻作品。一石击水，浪花四溅。周恩来总理功高盖天，面对迟到的缅怀，一下激荡起深藏内心的情感，久久不能自已。那时刚刚粉碎'四人帮'反党集团，政治气氛并不宽松，我顾不得这些，顶着压力干起来。"

杨老告知："创作黑白木刻《怀念周总理》时，没有太多的构思，周总理形象就在眼前，崇高、慈祥、睿智，两天完成初稿。高山瀑布，苍松翠柏，天空中乌云翻滚，一缕阳光穿云而出，这是一种象征，暗合周总理走过的风蚀岁月。"

杨老解释："周总理屹立于君子兰旁，一手叉着腰，一手挟持外套，面容慈祥，略带微笑，目光凝视着前方。君子兰开花通常有两种形态，一种是花朵向上，一种是花朵向下。我选择了后一种，隐含周总理的虚怀若谷，也是深切缅怀之意。"

杨老回忆："我在刻版时打破常规，先刻背景，后刻身躯，最后刻面部。刻版之时，也是悼念之时，一边刻一边流泪，刀刻到哪儿，泪水滴到哪儿。每一次下刀溶化思念，每一根线条寄托缅怀，想念周总理啊！"杨老满是皱折的眼角，已是泪花闪烁："在刻制周总理面部形象时，为了思绪连贯，连续数日，通宵达旦。刻几刀照照镜子，看看行刀效果，然后继续刻制，任凭胸中激情流泻。形象要准确，气韵要贯通，不能有一丝闪失啊，必须打动每一位热爱周总理的人！你别见笑，完成黑白木刻《怀念周总理》创作后，眼睛红肿成水泡眼，好几天没出家门。"

杨老感慨："黑白木刻《怀念周总理》左上方是范曾先生手书：'您爽朗的笑声在波涛中回荡，您慈祥的笑容永远刻在我们心上。'加盖'先让木刻''与天地共存'两方印章，由儿子杨海郎篆刻。从敬爱的周总理形象刻画，到书法述怀、印章衬映，都是由心底迸发的感情，那是真性情示人啊！"

杨老追忆："邓颖超大姐见到作品后，哭着说：'作者一刀刀刻出来，怎么感谢他呢？'没隔多久，邓大姐派人送来周总理生前阅读的书籍给我留念。"《人民日报》纪念周总理逝世一周年专刊出版后，黑白木刻《怀念周总理》随之广泛传播。邓小平、叶剑英、郭沫若等相继派人来收藏原作。"

杨老记得："凝固的政治空气，不是风吹即散的。黑白木刻《怀念周总理》完成创作后，联系人民美术出版社，好久无动静。只好联系北京出版社，他们果断异常，迅速以4开、8开和16开三种规格出版发行。"

杨老欣慰："我参加北京王府井新华书店的现场销售，那里人如潮涌，泪如飞雨。柜台内，我与营业员一边销售，一边流泪。柜台外，顾客一边购买，一边流泪，新华书店内外一片唏嘘声。每人限购6张，这是我国出版史上难得的规定，也是人民发自肺腑的敬仰，见证人心所向啊！"

杨老用颤抖的手擦拭眼角的泪。

杨先让先生曾担任中央美院民间美术系主任，一生坎坷而执着。1930年，他出生于华侨之家，童年侨居朝鲜半岛。1948年考入国立北平艺专，因图案作业成绩优异，从徐悲鸿校长手中接过30万元法币奖金后，便跟着徐悲鸿学油画。

1955年创作套色木刻《出圈》，在全国青年美展中获奖，一时兴起，改学版画。从中央美院毕业后，分配至人民美术出版社任美术编辑，版画创作亦是顺风顺水。《延安组画》洋洋洒洒13幅，创作一幅作品，报纸刊登一幅，由此成为自豪的起点。女儿出世后，欢悦无比，初为人父的他，兴奋之中创作《梦》与《夏日》，满眼天真无邪，人见人爱。

可惜好景不长，"反右倾"运动开始后，批判他同情右派的大字报，从出版社大厦一楼贴到六楼。文化部在礼堂召开大会，杨先让胆战心惊地接受批判，口号声震耳欲聋，他的两条腿抖擞得停不下来。随后下放农村，两年后甄别，他什么话也没说，卷起铺盖跟着古元学版画去了。天分很高的他，没多久捧出水印木刻《生的伟大，死的光荣》，这是没有任何影像资料借鉴，仅凭乡亲们口述构思而成的作品，显示出丰富想象力和营造力。在山西省文水县云周西村烈属大会上，当刘胡兰等七位英烈形象刚刚展开，全场便爆发出巨大哀号声，刘胡兰的父亲双手掩面，痛哭不已，从情理互渗的感染中，可见作者用情至深。心灵的最高境界是敬畏，他以这样方式还原历史，既感动乡亲，也感动

生的伟大，死的光荣 黑白木刻 1964年创作

自己，成为质朴心灵的一种慰藉。1964年，在革命文艺思想推动下，他立志变通，刨掉原版，重新起步。再次起稿的水印木刻《生的伟大，死的光荣》，视觉上更为舒展，语言上更为生动，内涵充盈，精神丰沛，成为现实主义主题创作的新起点。这一时期，艺术创作带来的心情愉悦，成为他一生中难忘的美好时光，精神伤口随之慢慢愈合。

"文革"来临，狂风大作。先批判他的《老牧人与羊羔》资产阶级人性论，随之而来是抄家批斗。《生的伟大，死的光荣》木刻原版被造反派当场砸断，惊恐中的老母亲倒下后撒手人寰。乌云密布，天昏地暗，他在诚惶诚恐的日子里度日如年。中国历史博物馆举办"红太阳照亮安源"展览，受命参加大型组画《安源煤矿大罢工》创作，任务完成又被赶回农村。往返迁徙与艰辛劳作中，唯一

的精神寄托，便是夜深人静时，摆弄自己的那把木刻刀，《会师大庆》《送书》《可爱的中国》，以及他与黄永玉合作的《红太阳升起的地方》，都是那一段苦涩时光的凭证。

1976年7月28日，唐山发生大地震，巨大震波所及，杨先让先生住所一面墙瞬间倒塌，瓦砾遍地，残墙断壁。他就是在这三面墙内，以油布挡风遮雨，完成黑白木刻《怀念周总理》创作的。我终于明白，只有发自心底的真挚热爱，情感释放才会那么浓烈，艺术才情也才会那么喷涌。今天，黑白木刻《怀念周总理》辉映中国当代版画史册，这一段创作背后的故事或许更值得一书。

杨先让先生至今清晰记得，1979年初春一天，木工师傅清理垃圾箱时，意外发现《生的伟大，死的光荣》半块原版，虽然仅剩刘胡兰等英烈上半身形象，侥幸的失而复得，使他高兴若狂，成为老一辈版画家们回忆苦涩当年的物证。

其后，经年的艺术沉淀，名人肖像创作成为编织的新风景。如：冼星海、鲁迅、白求恩、徐悲鸿、郭兰英、弘一法师、梁漱溟……他言："都是自己喜欢的名人，完成一幅名人肖像创作，心里就有一份情感释怀。"

春光暖，天地新。上世纪80年代初，杨先让先生决意上演大戏的另一折，牵头组建中央美院民间美术系，14次带队翻山越岭，深入黄河流域考察民间艺术，先后出版《黄河十四走》《中国乡土艺术》，成为拯救中国民间艺术的开拓者和实践者。

此后，杨先让先生侨居美国20余载，在太平洋两岸切换中，始终不忘故土。先后在费城、休士顿、路易斯安那州，或著书，或办展，或讲学，讲学讲到华盛顿国会图书馆，传播中国民间艺术，弘扬东方文化。他在圣地亚哥人类学博物馆举办个人版画展，这是华裔艺术家第一次在该馆举办个展，这种破天荒举动，无疑是对这位中国文化使者的高度褒奖。

躲闪不过的劫难，使他的生命坎坷凝重；难以割舍的情怀，使他的生命璀璨光亮，这就是杨先让先生的一生，精彩如斯。

与杨老告别时，他紧紧拉住我的手，句句动情："没想到最后一幅原创版画《怀念周总理》由你收藏，还要展览出书，你是有心人，谢谢！"

每一段过往历史，都有感人故事。留住珍贵的记忆，也就是留下一份精神财富。

李习勤

1932年出生，湖南邵东人。西安美术学院版画系主要创建人。先后毕业于湖南省艺术
学校、西安美术学院和中央美术学院。中国美术家协会会员，中国版画家协会常务理事，
中国国画家协会理事，曾任陕西省美协版画艺委会主任，西安美术学院研究院副院长、
教授。英国奥斯特大学美术学院客座教授。陕西省人大代表，多次担任国家级美展评委。
享受国务院特殊津贴专家。

作品曾获第六届全国美展铜奖、国际水墨金奖，海峡两岸书画大展荣誉金奖，中国版
画家协会与中国美术家协会联合颁发的50—60年代优秀版画家"鲁迅版画奖"。主编《中
国版画六十年选集》《美术辞林》分卷等著作。

代表作有：《社干会上》《明天》《山沟里的笑声》等。

与李习勤（右）合影

艺术的使命

一夜大雨，燥热的西安城顿时凉爽许多。

2015 年初秋的一个上午，汽车驶进西安美术学院大门后，刚左拐弯，远远看见李习勤先生已坐在专家楼前木椅上等候，让我感动不已。先生八十有三，面色红润，精神矍铄，举手投足间的温文尔雅，处处渗透着艺术大家的气息。他一边应着我的问候，一边笑言："我是 80 后！"豁达之言，一下子窥见乐观心态。

秋日阳光洒满工作室，窗台上花红叶茂，一派生机盎然。众人一边品茗，一边赏读版画，气氛轻松。我的采访从创作黑白木刻《社干会上》打开话题。

"1962 年，为了参加社会主义国家美术展览，我从中央美术学院研究生毕业后，立即深入到陕南地区采风。那时候，城市里各个单位在开会，农村中的公社、大队、生产队也在开会。连续三年自然灾害中，全国人民都在苦撑苦熬，但农村基层干部面容上，不见萎靡，依然平实坚韧，成为一种精神感召，深深地激励着我，萌生出难以阻挡的创作激情。"

"我比较熟悉陕北，为了表现陕南，便把陕北场景置换到陕南。不论头扎白毛巾，还是绣花围裙，都是陕北风情的描绘。壮汉、老农与吸旱烟中年男子，以及记笔记妇女，一看就是那种让人心里踏实的农村干部，老中青皆有，成为农村基层领导班子缩影。在他们平和从容的眼神里，渗透着一股不屈不挠的气概。"

社干会上 黑白木刻 1962 年创作

"原来准备创作石版画，斟酌再三，还是黑白木刻表达更为适合。刻制以圆刀为主，不论人物还是背景，突出淳朴自然，张弛有度，营造一种身临其境之感。作品发表之后，没想到反响那么大。"透过时空追忆，许多疑问不停地往心里来，越发撩拨我的追问。

李习勤先生素有"湖南才子"之称，求学经历不同寻常：

1932年，出生在湖南省邵东县，生逢乱世，在食不果腹中艰难度日。由于自幼天资聪慧，加之学习勤奋，早早闻名乡里。

1949年，以全县第三名成绩保送高中，他却执意去小学任美术老师；因创作连环画《抗美援朝》，发表于当地的《资江农民报》，报社聘其为美术编辑，他却执意赶往长沙报考湖南美术学校；入学一年后，因教学内容相违心愿，他调头赶往桂林参加全国统考，最后信步走进西北艺术学院（西安美院前身）。

1955年，毕业后分配至河南新蔡县二中任美术老师，才情初露，河南日报、河南出版社和信阳师范争相商调，他却独自步行两天，从驻马店上了火车，奉调返回西北艺术学院，一直任教至今。

1961年，听说苏联与芬兰版画大师到中央美院任教，二话不说，他立即坐车北上。由于中苏两国关系紧张，外国专家未能如约来华施教，便在李桦、古元两位导师麾下，过起"研究生每月粮食定量比大学生多两斤"生活。人生转折处，他总是执意而为，决然而行。多年后，他的艺术追求皆有所成，彰显风华，多少与"一意孤行"有着密切关联。李习勤先生笑言："如今话当年，青春无悔，都是难以忘怀的回望。"

半个多世纪以来，李习勤先生演绎个性独到的艺术成就。

他以连环画《朱老婆婆的鸡婆》《抗美援朝》起步，正式踏上艺术之路。在前行路途中秉照个性，求学时暗中较劲，创作时不甘平庸，坚持走自己认定的路，甘苦自得，毫无怨尤，渐渐让艺术表现成为他的人生秉性和精神写照。

1962年，黑白木刻《社干会上》闪亮登场，既成为个人重要的艺术节点，也成为我国黑白木刻的时代印记。黑白木刻《社干会上》以平铺直抒方式，叙述蹉跎岁月的平实故事。质朴形象，鲜活神态，极富力度的结构与线条，抖落那个明净年代丰富信息，直追真实。虽然沉默，没有嗟叹；天降大灾，毫不沮丧。在那个物质极度匮乏的岁月，从容面对，晓畅如歌，显露的是一种精神力量。版画无声，内存寄托，"此地无声胜有声"，如今照样启迪后人，从这个意义上讲，黑白木刻《社干会上》载入中国当代版画史是必然的。

在随后漫长岁月中，心手相应，风云不尽，他一次次触摸自我感怀。1964年，推出套色木刻《朋友自远方来》，以延安宝塔山为背景，开阔构图，笔调抒情，描绘远道而来的国际友人，画面清新悦目。1979年，推出黑白木刻《明天》，展示如火如荼时代，一位女青年憧憬未来，形象极富个性，气质拿捏精准，入编《中国百年版画》集。1984年，推出黑白木刻《山沟里的笑声》，质朴无华的语言，简练利索的刀法，让栖息黄土高坡的陕北农民，那种来自骨子里的快乐粗放传神，一下子带回到没有扰攘的过往岁月，常读常新，不久荣获第六届全国美术作品展铜奖。

　　流光过处，自觉践行。当别人海阔神聊时，他躬身画室，倾泻感受。当别人举杯畅饮时，他寂寞一隅，交付真心，一方面验证自己的艺术理念，一方面兑现版画语言探索。更为可敬的是，2013年那年，为了完成国家文化建设重点工程，他不顾80岁高龄，宝刀不老，披挂上阵。1976年创作套色木刻《飞雪迎春》，高91厘米，宽69厘米，这是一幅特定年代真实情感写照。以此为基础，跳出原路前尘，反刍之中出新，2013年的再创作，通过溶入时代巨变后的感悟，诠释新意，呼应极致。在面积上，扩展为高150厘米、宽110厘米巨大画幅。在构图上，剔除"红光亮"，让革命领袖更具亲和力。在色彩上，减弱雪地上蓝色，使总体色调更明快妥帖。重新营造，始见区别。新作套色木刻《飞雪迎春》，如愿实现他的版画艺术再提升、再彰显，观者看得不肯移步。由于画幅硕大，他或蹲、或伏于画版作画，每次上下工作台，都由学生小心搀扶着。本应安享金秋，闲逸时光，他却自求劳顿，老树新花，以这般真诚描绘真诚，让人们看到一位老艺术家矢志不渝的使命感。

飞雪迎春 套色木刻 1976年创作 . 2013年再创作

　　半个多世纪以来，李习勤先生蕴藏难以割舍的版画情愫。

　　岁月匆匆，他始终对版画一往情深。扎根西安，已逾甲子时光。周秦汉唐文脉的滋养，"丝绸之路"中西文化的浸润，延安鲁艺风骨的熏陶，在木屑飞舞中，不断演绎对那片黄土地的挚爱，从而成为我国修养全面的杰出艺术家。

　　当年筹建西安美术学院版画系，贫瘠年代起步，谋事在人，更在远见，当初的构想与汗水，如今成为伫望高楼和满枝硕果。数十载教书育人，不仅桃李芬芳，学生成了先生，接力棒交来转去。"陈延着实能干，代大权刀法出新。"每每言及，喜形于色。陈延曾任汕头大学美术设计学院院长，代大权为清华大学美术学院教授，均为当年门生。不仅如此，他还两度受邀赴英国讲学，传播中国水印技法，分享个人艺术成果。

李习勤先生注重"文以载道"，在艺术理论不断延伸的背后，一面是学习再学习，厚积学养。一面以严谨态度编书撰文，先后主编《中国版画六十年选集》《美术辞林分卷》等，成为人们攀登认知高峰，坚定理性视野的工具，一时洛阳纸贵。正是这种艺术创作与文化传播的贡献，对于中国当代版画的普及与引领，功不可没。

近些年，李习勤先生年事渐高，闲暇之时，游艺于中国画与色粉画创作，原以为对版画多少有些间隔，其实不然，他就像路边候车之人，南来北往，尽在眼中，对于中国版画发展现状，常有真知灼见："看不惯复制照片式创作，艺术不提炼，能有感染力？""看不惯盲目追求个性，自我欣赏，如同低头看脚掌。"有定见，有思想。对于中国当代版画的发展，他甚为介怀。"版画市场，利弊兼有。""版画发展，一代会比一代强。"拳拳之心，让人起敬。

近些年，他常常感怀不肯相忘的师恩之情。

李习勤馈赠作者的题词

旧梦无痕，唯有师恩永驻心头。眷念，来自对李桦、古元、力群诸位先生亦师亦友的交集。从"恩师粟干国的启蒙"，到"报考中央美院研究生时，李桦先生亲自面试"，虔诚回望，恍如昨日。

"1981年受文化部委派，我随李桦、胡一川等组成的中国美术家代表团访问英国。在英国逗留期间，李桦先生使用多年的皮带断了，拎着裤子满大街买皮带。正值星期天，伦敦市多数商店休业，我帮他好不容易在一家宾馆买到，可见其生活之俭朴。"

"古元先生教我学习水印技法，那是手把手地教，不厌其烦，今日进步得之当年亲授。有一次，我帮古元先生印《江南三月》，他甚为满意，当即签名相赠，让我高兴异常。"

"力群先生看到《社干会上》，大加肯定：'刻出人民公社干部新的精神面貌，具有很高的思想性'，同时指出不足，丁是丁，卯是卯。力群先生的文章《生活只青睐有心人》与我的创作体会，一起刊登《美术》杂志。"

感恩时代，不时拾捡记忆碎片。李习勤先生告诉我一件事："黑白木刻《社干会上》用三合板刻制，为了参加展览和中国美术馆收藏，当时印制数张，原版早已腐朽。1965年，文化部外联委在国内征集了一批代表性版画作品，准备布置我国驻外使馆。按照上级要求，我准时寄去《社干会上》《朋友自远方来》《读》各25幅。不久"文革"风暴刮来，机构瘫痪，动乱不止，作品也就石沉大海。"文革"结束后，我抱着试试看心理去信询问。没隔多久，文化部外联委不仅如数寄回作品，还附赠劳务费。如今回想，仍然满满暖意，成为一件永远感怀于心的事，同时成全了版画收藏家！"

辞行时，李习勤先生挥毫"版画藏珍"相赠，让我独享嘉勉。时间走过的地方，都是回忆。我与李习勤先生促膝相叙，每一分钟都是幸福的。

与宋源文（右）合影

宋源文

1933 年出生，辽宁瓦房店人。毕业于中央美术学院版画系。曾任中国美术家协会理事，中国美协版画艺委会主任，中国版画家协会常务副主席，中央美院版画系主任、教授。多次担任全国美展、全国版画展评委会副主任委员、主任委员。享受国务院特殊津贴专家。

作品曾获北京市庆祝建党七十周年美展优秀奖、英国布拉福德第九届国际版画双年展伦德·汉弗莱斯奖，第十二届全国版画展铜奖，中国版画家协会与中国美术家协会联合颁发的 50－60 年优秀版画家"鲁迅版画奖"。

代表作有：《不眠的大地》《疾风劲柳》《春汛》等。

补签编号

在中国当代版画史中，黑白木刻《不眠的大地》是我国风景版画大家宋源文先生具有里程碑意义的杰作。

十二年前，我有幸收藏黑白木刻《不眠的大地》，顾目流盼，读出许多启迪与感慨，陪伴流水四季。七年前整理藏品，发现作品未签署编号，除了建国前后的老版画，当代版画有无编号收藏意义不一样，一时慌神。我几次拿起电话，又轻轻撂下，最后忐忑不安地接通电话，宋源文先生听完事由，说道："是这样啊，电话不要撂，我查一查登记本……"。话筒里传来嚓嚓脚步声，由近而远，又由远而近。"记一下，给你的编号是39/50。"我记住了作品编号，也记住了先生人品！

往后岁月，我与宋源文先生接触渐多，或相逢画展，或相聚研讨会，或专程拜访，在日益频繁接触中，他那集于一身的儒雅、渊博与宽厚，成为我寄怀养性的补贴。四年前拜访先生时，满脸慈祥，话语随和，听教诲，观佳作，既养足了眼，也滋润了心。他微笑中开言："艺术需要平等对话。""创作要有专业思想。"如今回想，感慨油然。

宋源文先生版画艺术之所以集大成，皆践行于此。当下信息传播快，误传也快，有人说黑白木刻《不眠的大地》是照景写生，其实非也。

1978年10月下旬，北方大地已是寒气袭人，料峭中他与晁媚先生结伴，在黑龙江853农场一分场五队体验生活。正值秋收，为了赶时间，歇人不歇机器，拖拉机时进时出，满耳轰鸣，终日不停。农场招待所离拖拉机站近在咫尺，深夜11点多钟，他俩紧裹军大衣，深一脚浅一脚来到田垄边。四周黝黑，万物寂静。突然，拖拉机轰鸣起来，那种白天难以察觉的震撼之感，陡然而至，如天籁之声，雷霆般在天地间轰响。

那一刻，宋源文先生浮想联翩，心飞得很远、很远。铧犁翻开黝黑的土地，那是破土，也是苏醒。潜藏情感一旦走出，便是创作主题的升华。"文革"十年禁锢，如今坚冰开裂，作品正是表达这一伟大历史性转折。画面借用全国劳动模范韩恩[注1]带领社员烧荒旧景，推至地平线，隐喻晨曦初露，朝霞将至。中景为数台拖拉机隆隆开进，微弱灯光既稀释黑夜，又丰富层次，增添画面的空间感。近景是惊醒的大雁腾空而起，飞向远方，昭示改革开放的祖国即将腾飞！作品不是还原当初，而是百废待兴的心象写照；也不是场景再现，而是见证复苏的玄心洞见，以此告知世人，今夜大地不眠，明日旭光喷薄。

任何优秀的艺术作品，总与创作时的历史背景和自然环境相联系，黑白木刻《不眠的大地》以高度概括力谋篇设景，以三棱刀挥就触景生情，读出张力，读出昂扬，读出

不眠的大地 黑白木刻 1979 年创作

疾风劲柳 黑白木刻 1980 年创作

共感意境。版画史论家齐凤阁言:《不眠的大地》具有里程碑意义。这话一点儿不夸张。

　　另一幅黑白木刻《疾风劲柳》,同样寓意深刻,精神宽阔。1980 年 9 月底,宋源文先生到黑龙江省同江县勤得利农场采风,从抚远县上船,逆水行舟三天三夜。下船后适逢连降大雪,不得已滞留农场招待所。有一天,狂风大作,窗外柳树被风吹得弯腰倒伏,然而风停树立,杨柳依依,师从物性,让他体味到生命的顽强与坚韧。在勤得利农场遇到许多老职工,当年舍命打江山,响应号召赴边疆,"文革"中蒙冤受屈,信念不泯,情愫丝丝,同样让他体味到生命的顽强与坚韧。满腹话语融入作品,刀锋对应心灵,黑白扩张对比,所以赏读时如此会心畅怀。黑白木刻《疾风劲柳》不仅俘虏观者眼神,更能品味从容,蕴含的柔中有刚品格,正是面对人生的定力,细细咀嚼,值得深思的远不止这些,因此成为我国黑白木刻的教学范本,无疑为中国当代版画添加光华。我曾见过许多效仿之作,可见影响之广远。

在中国当代版画发展进程中,宋源文先生长期分担三种角色,以柔中有刚的品格,踏石留印,建树甚伟。

其一为我国当代风景版画大家。1933 年,他出生于辽宁省瓦房店元台镇八家子村,老屯子坐落长白山余脉的白云山下,有着 300 多年历史,他家老屋至今还在。1948 年,他成为东北解放区辽南白山艺校第三期学员,刚入学,战局陡然变化,师生们赶紧收拾行李,一面乘船在海面辗转,寻找避难落脚点。一面在各地宣传演出,参加土改和忆苦教育,共赴时艰,既确立最初的人生归属,亦确立最初的艺术定位。1949 年,东北解放区人民跳着秧歌,迎接人民共和国诞生。1956 年,他考入中央美院版画系,受教新兴木刻诸位先驱,甚有助益。"我这一生,活动组织和教学李桦先生影响最大,艺术创作古元先生影响最大。"只有基因承接,没有流派束缚,伴随新中国前行步伐一路走来,望古承昔,独闯新路,演绎出绚丽多姿的艺术人生。

1956 年创作《移动的阳光》,首度与石版画接触,砖墙屋脊,朦胧树影,衬映劳作的工人,作品的情感流溢让师生们侧目。1957 年创作套色木刻《母与女》,难忘的情节,温馨的举止,道尽人间脉脉亲情。"河北农村实习,李桦先生要求每周完成 50 幅速写、30 幅构图,这是其中一幅。"1958 年创作套色木刻《为了六十一个阶级弟兄》组画之九,企盼的神情,还原的真实,叙述那个纯真岁月的往事。1959 年创作周立波小说《暴风骤雨》插图,这是一次颇为用心的尝试,从黑白木刻《斗争》中窥见,人物众多,个个鲜活,不仅融入作者难忘的童年记忆,也融入古元先生的悉心指导,由于摆脱小说原有框架,以独有视角回眸波澜壮阔的土改运动,成为难得的历史凭证。因故未能全部问世,令人扼腕。1963 年创作水印木刻《早春》,这是清风朗月中的萦怀之作。阳春三月,大雁南飞。人勤春来早,年轻女工亮出的劳动英姿,既纯洁,又风雅,给人以甜美回忆。1964 年创作黑白木刻《赤道战鼓》组画,艺术与时政交集时,勾勒出作者的道义取向,相看之中,仿佛回到曾经的蹉跎时光。

风云起,旌旗乱,那是谁也躲不过的"文革"岁月,宋源文先生的版画创作戛然而止。浩劫过后,他一面自由地享受阳光空气,一面重新标定艺术标尺,一批清新俊逸的风景版画相继推出,腕底发力,各具殊姿,进入版画创作全盛期。归纳一下,主要分为两个部分:

一是黑白木刻与油印套色木刻创作。套色木刻《乌苏里江渔歌》以多变刀法和素雅

宋源文馈赠作者的古元用刀

色彩，让小岛、绿树、渔舟相映成趣。套色木刻《苹果熟了》《春曲》《夏天》以艳丽之色，宽阔之景，展示祖国北疆难得的优雅风情。黑白木刻《雁鸣长空》推出，具有视觉难以拒绝的撼人气势。从20世纪90年代起，黑白木刻成为他的主要创作形式，精彩有痕，文脉无限。如《柳烟梦》的乱刀细舞，天趣盎然；《长空万点觅归巢》的虚实相间，望断天涯；《长空行》的大雁凌空，追云逐月；《野花盛开的地方》的疏影横斜，清风出神；《天潮》《天际》《天要下雨》写遍大雁的百般姿态；《度过寒冬》《春江雪》《冬令》描尽雪乡的千般容颜。不管是《聚》中鱼，还是《融》中鸟，或是《闪光》中的浪花，与《大野飞花》《又见劲草白》《风夜曲》中的芦苇，大处不失恢弘，小处不失精细，不同场景，不同寄托，以深邃的学理高度，叙述东方文化"思无邪"意境，呈现深埋内心的万千情怀。其中黑白木刻《长空行》获第十二届全国版画展铜奖。

宋源文在古元创作用刀上签字

再一是水印木刻创作。不论《月明松清》中残月与苍林的眺望，《白山黑水》中莽山与静河的寄情，还是《雪霁》的随兴而至，《静静的江岸》的冷艳相视，或是《黑土地》的隔空重逢，《落叶情》的花谢叶落，都是水性颜料渲染时一种心情体验，一种语言独钟。1984年创作《春汛》，这是宋源文先生水印木刻的精炼之作。河与岸的水墨淋漓，树与草的深翠幽篁，抖落着大自然天生韵味，融入思念，温暖你我，挽留住一段美好时光，因此获英国布拉福德第九届国际版画双年展伦德·汉弗莱斯奖。版画是思维产物，这种舍弃华丽的平淡率真，正是宋源文先生孜孜以求的精神故乡。

在宋先生家欣赏作品

其二为担任中央美术学院版画系主任、教授。宋源文先生在建立我国版画教学体系中，不担浮名，桃李满园。吴长江、徐冰、苏新平、王华祥等，一连串振聋发聩的名字，本身就是骄傲回望。思想拨沉也好，技艺相授也罢，都是人文之光的照拂，人格魅力的感染，归结为一句老话：名师出高徒。铁石相击，必有火花。当年着眼未来提携后生，如今枝繁叶茂无可辩争，既是美好的回忆与宽心的安慰，也是独自享用的精神保健品。

其三为担任中国版画家协会常务副主席和中国美协版画艺委会主任。他是接棒者，也是开拓者，亲力亲为，功劳卓著。宋源文先生再三叮嘱不要写，既没有提供相关信息，更没有花自弄影，甚至趣闻轶事都没吐露一点点，让我一时落空，只能以枯燥的数据，完成这一道填空题：

先后组织第九、第十届全国美展版画评选；组织十至十六届全国版画展；组织六至八届全国"三版"展；组织一至八届全国工业版画展；组织为30—40年代优秀版画家颁发"新兴版画杰出贡献奖""新兴版画贡献奖""新兴版画纪念奖"、50—60（含70年代）和80—90年代优秀版画家颁发"鲁迅版画奖"；组织北京—台北版画交流展、青岛国际版画双年展、第一届与第二届中国丝网版画展、北京国际版画双年展、中国百年版画回顾展；重新出版《中国版画》《中国版画年鉴》；组织出版《中国百年版画》

木刻刀下的风骨

　　每当听到刺耳警报声，我会不由自主联想起黑白木刻《血寰》组画中的悲惨场景，悲愤之感，油然而生。

　　拜访江苏省版协副主席程勉先生，让我又一次触摸历史。

　　早在 1965 年，他创作的黑白木刻《贫下中农的好医生》，以生动描绘乡村医生而一举成名。1972 年参加纪念毛泽东同志《在延安文艺座谈会上的讲话》发表 30 周年全国美展时，改名《夜诊》。黑白构成的画面中，一盏煤油灯，一把手电筒，一柄滴水的油纸伞，作为背景还原当年。妇女怀抱患儿满脸焦虑，冒雨赶来的乡村女医生满面热忱，两人眼神相聚手中药丸。一目了然的叙述，触手可及的温馨，虽然直白，却很感人，让观者瞬间体味久远的乡愁乡韵。"创作时得到古元先生悉心指导，作品生活化与圆口刀刻制，都是师承痕迹，包括其后创作的《向母校汇报》《墙报委员》。"程勉先生一边回忆创作往事，一边抚摸开裂成两半的《夜诊》原版。

夜诊 黑白木刻 1965 年创作

　　艺术总是伴随时代，不停地走向新的领地，承接传统与变革创新并不矛盾，在程勉先生艺术生涯中表现得尤为突出。1956 年，油画《在田野上》获北京市青年美展二等奖，接着组画《为了六十一个阶级兄弟》之十一又添芳华，随后的毕业创作《风雪归来》，刊登于《人民日报》。这一时期，前辈照拂与个人努力，成为不断进取的明证。特别是1957年赴河北省平山县，与1960年赴河北省阜平县两次生活体验，如同饥饿时的干粮，让前行的步履有了力量。仰望太行山，俯视滹沱河，汉唐古风的萦绕，革命圣地的浸染，中华民族不屈气概与太行山人博大秉性，直抵心胸，在食髓知味中，激发起对"力"的追求。灵性迸发，一下子找到变法理由，概括式的力与美，从此成为他艺术造型的标配，此时的刀痕笔触，不仅是构成的形式力度，而是内在的气魄、气质体现，作品弥散的积蓄之力、质朴之美、雄浑之态让人耳目一新。面对艺术取向的转换，意味着放弃曾经拥有，但是催生的别具一格，却他找到了艺术自由。从此，在呵护传统文化，延展时代精神中，演绎一幕幕木刻刀下的铮铮铁骨。

他的一腔热血，首先播洒在《红旗谱》插图创作中，那是1962年。长篇小说《红旗谱》是一部反映北方农民运动史诗，他在塑造朱老忠形象时，以仰角取魁伟气魄，以平刀显敦实张力，淳朴感人，成为反抗阶级压迫的缩影和亿万农民觉醒的化身。创作中，果断摒弃电影人物原型，在自己成叠速写中筛选，在战斗英雄和陕北农民中寻觅，反复比较，过滤舍弃，形成"意象之人"。包括春兰与冀中农民众生相的塑造，鲜明形象，返璞归真，以黑白两色伸展长篇小说的外延。木刻刀下的风骨从此发端，这是反抗阶级压迫的风骨。

他的一腔热血，播洒在《我的母亲》创作中，那是1990年。程勉先生1933年出生于山东潍坊，祖父经营煤庄，膝下两子，其父为长子。"七七"事变，家乡涂炭。父亲逃难后杳无音讯，母亲带着4个孩子苦熬岁月。在他的记忆里，母亲勤劳而倔强，艰难支撑着风雨飘摇中的家。"孤独代表母亲的一生。"母亲离世后，他创作组画《关于母亲的怀念》，以忧伤如水的画面倾诉缅怀，用情至深。如《孤寂》中一盏油灯，相伴母亲的思念与泪水；《挣扎》中高举的双手，不是乞求，而是求生；《岁月》中闪烁的烛光，耗尽自己，照亮四周。一次次泪水涌出的时候，也是一次次灵魂深处的净化。由母子亲情，到故土深情，成为创作《我的母亲》精神凝注，借此表达对千千万万母亲的大爱。瘦骨嶙峋，那是生命煎熬的体察；坚毅神情，那是看遍风霜的超然；黑色头饰，这是沿袭多年古老装扮，也是作者匠心传情递意，让我们看到一位从历经磨

我的母亲 黑白木刻 1990 年创作

难中走来的母亲，一个从积贫积弱中艰难前行的祖国。作品底色为水印，以此淋漓时光；人物造型为油印，以此凝固生命。刀随心运，岁月留痕。厚重的历史感，豪放的用刀，强烈的黑白对比，成为承载人情世理的版画名篇，自然而然接捧第十届全国版画展铜奖。此时木刻刀下的风骨，是大爱反哺的风骨。

他的一腔热血，播洒在《血寰》组画创作中。记住民族屈辱史，是一件光彩的事。1984 年至 1986 年，他先后完成《嚎》《面对着死》《上苍保佑》《黑夜之四》《囚徒》《母亲的眼泪》《长江水》《受难者的回忆》《爬起》《重生》《婴儿无辜》《黑夜》《姐妹》《悼念》等十四幅作品创作。2011 年完成《血》的创作，以 27 载的寒来暑往成就宏篇大章《血寰》组画。历史不因时代变迁而改变，事实不因巧舌如簧而掩盖。程勉先生如此倾情与执着，就是以史为镜，戳穿谎言，告慰亡灵。侵华日军南京大屠杀的人性之殇，是中华民族的共同记忆，面对令人血脉搏动的图式，不仅激起对灭绝人性的声讨，更激起对民族复兴的渴求。《血寰》组画从问世那一天起，就成为中华民族近代苦难的永恒雕像，载入中国当代版画史。此时木刻刀下的风骨，是铭记历史、珍爱和平的风骨。

创作《血寰》组画，发乎于心。千古明月在，公理亦在！他忘不了，1982 年日本文部省修改教科书意图篡改历史的可耻行径；他忘不了，1937 年秋日寇铁蹄蹂躏家乡的遍地哀号；他忘不了，1937 年冬日寇在古都南京制造的屠城浩劫。切肤之痛，穿透心扉。泪水涌出的刹那，产生一种比语言更强的力量，这股力量伴随他从壮年走到暮年。《血寰》组画形式上是大悲，本质上是大爱，是对民族历史的情感体验，也是版画艺术家的心灵境界。正如李桦先生给他来信中所言："我似乎发现我们这个伟大时代的一个真正画家了。"

创作《血寰》组画，升华其艺。版画是情感产物，也是技艺载体。《血寰》组画的成功创作，在主题确立上，贯穿中华民族的文化精神。风雨沧桑，春风几度。中华民族是多灾多难的民族，也是不屈不挠的民族，如今回忆民族灾难，为了不能忘却历史，观史察今，才能构建起复兴中华的共同理想。虽然《血寰》组画以悲情作为总体设计，扬起的却是民族之魂，展望的正是灿烂明天。

在场景营造上，努力体现劫难中的慷慨悲壮。1989 年，《血寰》组画中五件作品在北京展览，李桦、古元两位老先生观看后，共同建议：在此基础上，再创作一幅大场景。于是，借南京港死难者集散地为背景，多角度、多侧面再现日寇烧杀抢掠、尸横遍野的现场，成为《血》的创作起因。鲜活生命，瞬间毫无声息；东逝江水，倾刻赤血浸淫。30 万同胞惨遭杀戮，这是一幕灭绝人寰的文明之殇！《血寰》组画是血的控诉：不论双手合十的老人，还是怀抱的无辜婴儿；不论头颅受伤的男子，还是惊魂未定的少女；不论悬吊木杆的尸体，还是仰天赴难的百姓……历史在这里凝固。长江无语，钟山无语，

程勉馈赠作者的
创作《血寰》组画用刀

唯有心在滴血。

在技法运用上，努力熔铸"力"的效果。数十载苦心经营，就是为了让刀锋潜藏力量，正如程勉先生所言："力的追求，是我艺术观的核心点。"在这里，黑白木刻的简洁明快与夸张肆意，一面体现创作主题，一面体现意象需求。"《血寰》组画的制作，是靠平口刀推出来的。"通过平刀的"推"，撕裂木纹，充实木味，结合挠刻与铲削，形成"力"的效果，既呈现金石味的传统审美，又呈现表派的形态美感，如铜浇铁铸，抑扬顿挫；似铁爪留痕，溢满深情。每一幅作品的布局谋篇，每一根线条与块面组合，以刀法变化表现刚柔、曲直，以黑白变奏构建凝重、浑厚，力量积蓄于生命形态，评史述志在作品深处。《血寰》组画的艺术冲击力，让草木低眉，万物垂首，震撼着每一位参观者心房。

《血寰》组画创作成功后，面对如潮赞誉，他宽慰：《血寰》组画永久陈列于侵华日军南京大屠杀遇难同胞纪念馆。他欣慰：《血寰》组画典藏于中国美术馆，收藏证书特意落款：2015年9月18日。面对如潮掌声，他最欣赏夫人刘栖梅的一段话："因为我，他从北京调到南京。没想到晚年为南京干了一件这么有影响的事。"他还有一句想说的话："李桦、古元两位老先生看到《血寰》组画全部作品该多好啊！"

1963年，程勉先生调任《新华日报》美术编辑，从来到古城南京那一天起，在他的艺术天空中，翱翔的不仅有黑白木刻，还有水印木刻，以及油画创作。水印木刻《阳光下》《太行山组画》《晨市》，明快的刀痕富有弹性，清润的色彩引人入胜，线条与色块的简约疏朗，多彩多姿，不断丰富着他的艺术语言。创作《雪域汉子》时，他已年逾古稀，又一次将"力之美"表现得酣畅淋漓。画面背景，仿佛是荒原草滩，或是松枝篝火。一位岁月风蚀的藏族男子，双目凝视远方，串珠勾勒脖颈，刀啄斧砍般的脸庞上，洋溢人类原始野性和生命活力，秉质天然，出神入化，从而捧回第十一届全国美展"提名奖"。六十多年来，木刻刀下的铮铮铁骨，真面世界，感悟当下，让我们看到一位老艺术家滚烫之心与精湛才华。

临别时，程勉先生赠给我一本画册，落款墨迹还未干透：2017年9月18日。久久凝视，叩感不尽。

程勉《血寰》组画收藏证书

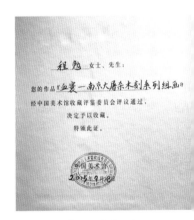

程勉《血寰》组画收藏证书

与俞启慧（右）合影

俞启慧　1934年出生，浙江镇海人。毕业于浙江美术学院版画系。中国美术家协会会员、
中国版画家协会会员、浙江省版画协会理事、中国美术学院教授。

先后在法国巴黎、美国洛杉矶和英国大英博物馆、大英图书馆、北爱尔兰奥斯特
大学、红蕨画廊举办个展，曾获英国"今日版画奖"，第三届全国藏书票展荣誉
奖、第四届全国藏书票展荣誉奖，中国版画家协会与中国美术家协会联合颁发的
50－60年优秀版画家"鲁迅版画奖"。

代表作有：《战友——鲁迅与瞿秋白》《倘能生存——我当然要学习》《瑰宝系列》等。

年青的女版画家

　　"年青的女版画家俞启慧"这一称呼，源自20世纪60年代初。时任《美术》杂志主编的力群先生，撰文推介黑白木刻《战友——鲁迅与瞿秋白》时，误封给俞启慧的，一时成为中国版画界茶余饭后的笑谈。

　　我坐在俞启慧先生家客厅里，一边品着清香扑鼻的龙井茶，一边好奇发问由来。俞启慧先生用清晰而缓慢的语调，述说这个有趣故事。

　　1961年，适逢鲁迅先生80周年诞辰，全国各地积极筹办纪念活动。他那年27岁，刚从浙江美术学院版画系毕业，积极响应学院号召，把介绍信往口袋一揣，打起背包就出发，一头扎到渴慕已久的绍兴、上海等地。整整两个月，他在鲁迅生活过的地方，往返旧巷陌，踱步青石桥，一边体验江南烟雨，一边收集佐证，虔诚寻觅失落往事和岁月潜藏。他言："发现素材，加工提炼，在熏染中升华自己的艺术思想。好比散落地面的珍珠，要找到一条线，才能串起来。"为了找到那条串起珍珠的线，心无着落的他，苦思冥想，夜不能寐。

　　焦虑之中，当他把目光锁定鲁迅先生家小阁楼时，终于迎来峰回路转。上海施高塔路130号（现为山阴路132弄9号），这是一座砖木结构三层小楼，小阁楼在第三层，靠着天井，大约八平方米，刚好放下一张床，一个书橱和一张写字台。桌上的墨水瓶、水杯、报纸以及成捆书籍，都是鲁迅先生为瞿秋白准备的。1932年11月下旬，反动当局悬赏2万银圆，意图捉拿瞿秋白[注1]和夫人杨之华[注2]时，他俩曾寄住小阁楼避难半个多月。一个漆黑如墨的深夜，受中共中央委派，特科负责人陈云[注3]登门，悄悄接走他俩。"人生得一知己足矣，斯世当以同怀视之。"鲁迅先生题赠瞿秋白的这副对联，阐述着厚重的战友之情。三年后，身陷囹圄的瞿秋白忆及这段日子，感慨道："一生中最惬意的时光。"俞启慧先生至今记得，有一天走向小阁楼，眼前浮现这样的画面：瞿秋白写完文稿，搁下毛笔，打算去请教鲁迅先生。恰好鲁迅先生信步而至，瞿秋白起身相迎。鲁迅先生微笑着凝视文稿，瞿秋白带着期许神情，等待一番讨论……似有若无，飘忽而过。灵感就这么涌来，这不就是等待多时的创意吗？千载难逢的瞬间，被他毫不犹豫地搂入怀抱，既是精心设计，又在情理之中，栩栩如生的形象，惟妙惟肖的神态，生动展现鲁迅与瞿秋白之间的战友情义。

　　在月光陪伴的夜晚，刀随心动，木屑飞舞。那是舒心畅怀的时刻，带着敬仰，怀着本真，黑白木刻《战友——鲁迅与瞿秋白》一气呵成。在营造中，为表现鲁迅与瞿秋白

上海鲁迅故居

的融洽无间，以黑色块组合为一体，大化不雕，省略分界，呈现别开生面的版画语言。画面简洁明朗，刀法严谨流畅，在强烈黑白对比中，既饱满充实，又生动鲜活，充溢战友拳拳真情，成为那个难忘岁月的版画经典，也成为俞启慧先生的得意之作。一经问世，果真不同凡响，各种报纸杂志纷纷登载，好评如潮。

三十年后，适逢力群老先生八十华诞，他告诉前来贺寿的俞启慧先生：当年，《美术》杂志编辑部在一间大房间集体办公，他坐前排，看到黑白木刻《战友——鲁迅与瞿秋白》后，甚为欣赏，决定亲自撰文推介。展纸写稿时，头也没抬，大声问道："谁知道俞启慧是男的？还是女的？"不知哪位编辑应声回答："女的。"于是，力群先生落笔："向大家推介一位年青女版画家的新作……"文章发表后，著名漫画家华君武、著名版画家吴俊发分别从上海、南京赶到杭州，一睹"年轻女版画家"的芳容。见面后，两位老先生笑得直摇头。

聊到这儿，我和俞启慧先生忍不住笑了。但是往后发生的事，说啥也笑不出来。

华君武[注4]先生曾经告诉他：时任北京市委文教书记的邓拓，学识渊博、多才多艺，对黑白木刻《战友——鲁迅与瞿秋白》情有独钟，为此创作"青玉案"一首：题俞启慧木刻《战友——鲁迅和瞿秋白》，凄风苦雨寒天短，最难得知心伴。常夜未央相待旦；论文谈道，并肩伏案，不识何时倦。投枪掷去歼鹰犬，翰墨场中久征战。笔扫敌军

战友——鲁迅与瞿秋白 黑白木刻 1961 年创作

千万万，普罗旗号，马列经典，艺苑流风远。邓拓的词与俞启慧的作品一起刊载《光明日报》。风雅无边的邓拓，不仅如此，还专程赶到《美术》杂志编辑部取走画作，悬挂于书房，如此垂青，实属不易！

俞启慧当时并不知道这些事。次年，按照力群先生建议，着手创作第二版，此版对画面边线稍作调整，瞿秋白袖子由卷起改为翻下。黑白木刻《战友——鲁迅和瞿秋白》创作成功的那几年，他确实很风光，领导见到他，先是表扬，然后叮嘱："不要骄傲啊！"正当燃起新的创作梦想之时，"文革"狂风暴雨刮来。覆巢之下，焉有完卵。邓拓率先遭殃，俞启慧自然脱不了干系。天天挨批斗，既要交代与瞿秋白的关系，又要交代与邓拓的联系，32岁的俞启慧不明就里，只有云端跌落的痛苦，批斗会批得灰头土脸，本来个头就不高，低头缩脑，活脱脱小老头一个。那时候，因为害怕造反派再来纠缠，当众毁掉第二版原版，总算保留住第一版原版。

聊到这儿，俞启慧先生收住话头，两手一摊，感慨道："当时就是想交代，也找不到交代内容啊！"好在没多久，全国开展革命大串连，他乘机开溜。从北京到上海，从上海到南京，再从南京到北京，反正乘车住宿不收费，来回转吧，就是不敢回杭州。转着转着，气候渐暖，同行人都走了，唯独他滞留浦口农技校。天气趋热，棉袄穿不住了，抽出棉花当夹袄穿。再往后，夹袄也穿不住了，这才抖抖擞擞回到杭州。那时候造反派武斗正酣，哪里有心思关注他。逃过一劫，也算救赎无故。

采访时，聊到已过世的人民日报社记者、著名版画家马克，俞启慧先生深情回忆："'文革'中因《战友——鲁迅和瞿秋白》曾在人民日报发表，马克多次遭受批斗，我非常想念他。"那场政治风暴，转眼过去了半个世纪，如今的回忆，悲伤的心看不见，掩不住悲情的脸，仍能察觉铭刻于心的伤痛。

岁月模糊，童年清晰。俞启慧先生出身贫寒，父亲是裁缝，母亲操持家务，一家人苦撑岁月。因为年幼多病，在那个孝亲礼佛年代，祖母满怀虔诚，挽着他的小手来到寺庙。方丈见其身材瘦小，面露菜色，为其起名"启慧"。启为辈分，慧即聪慧之意，愿聪慧给他带来一生温饱。俞启慧先生确实很聪慧，原先在上海从事会计工作，为了圆一个艺术梦，不仅以优异成绩考取浙江美术学院，其后驰名画坛，成为卓有建树的版画家。力群先生曾称赞黑白木刻《战友——鲁迅与瞿秋白》："是以木刻的独特艺术手段成功地为主题思想服务的一个范例。"作品先后被中国美术馆、英国大英博物馆、俄罗斯莫斯科东方文化博物馆、法国巴黎图书馆、澳大利亚悉尼美术馆、日本神奈川美术馆、美国波特莱美术馆等艺术机构竞相收藏。

熬过寒冬，迎来春光。"文革"结束后，艺术坚冰开始消融，俞启慧先生终于沉下那颗悬着的心，告别束缚，心情明朗，三尺讲台传道授业，桃李天下。20世纪90年代，

与《战友——鲁迅与瞿秋白》
原版合影

作者与俞启慧夫妇参观侵华日军
南京大屠杀遇难同胞纪念馆

他应英国大英博物馆和北爱尔兰奥斯特大学之邀，前往考察讲学，传授中国木刻技艺，展示东方艺术之美。理论研究，亦有心得，先后著有《黑白木刻技法精论》《中国版画印拓技法》《现代拓印版画技法——从蝉蜕术演变而来的艺术》，与大卫·巴克合著《中国现代版画之传统技法》等。

版画创作亦是游刃有余，高潮迭起，一批来自沸腾生活，散发新感慨、新意境的作品陆续问世。如套色木刻：《守护》《播春》《秋夜忆旧》《群山初醒》等，以及1956年创作的《晨牧》。如黑白木刻：《铁水奔流》《导师——鲁迅和木刻青年》《寒凝大地发春华——鲁迅和陈赓》《马克思在演讲》《山花盛开的时候——周总理在新安江》《倘能生存——我当然要学习》《建港新歌》组画、《玄奘取经记》组画等。如水印木刻：《云雾深处》《群燕竞飞》《澄江橘红》《北仑儿女》《迷人的橄榄坝》《网》《煦》《黄山风景》系列等，其中《碧野朝霞》组画为毕业创作。水印彩拓的创作，让他有一种与历史对话的感觉，《瑰宝》系列、《丝路觅迹》系列、《祭》系列，以及《安蒂的眷念》《守护神——常书鸿》等，都是恪守文化精神，追踪心灵体验的力作，这批闻出美术学院气息的抒情作品，墨色淋漓，苍润相济，使人耳目一新，为繁荣当代版画艺术添光加彩。应了贝多芬那句名言："通过苦难，走向欢乐！"其中水印彩拓《瑰宝系列》问世后，英国大英博物馆率先收藏，引得国内外艺术机构纷纷跟进。

回忆往昔，冥冥之中老方丈当年许愿得以福报。其实，这些成就与收获，与俞启慧先生的辛勤耕耘是分不开的。品味过往，心生感慨。说白了，那一代人再聪慧，也躲不过那个癫狂年代。时至今日，虽然内心时有隐痛，好在那个年代过去了。

注1：瞿秋白（1899－1935）江苏常州人。中国共产党早期主要领导人之一，卓越的无产阶级革命家、理论家和宣传家，中国革命文学事业重要奠基者。

注2：杨之华（1901－1973）浙江萧山人。瞿秋白妻子。中国革命中的妇女活动家，曾任中共中央妇女部部长，中共第五届中央委员。新中国成立后任全国妇联副主席、全国总工会女工部部长，中共八届十中全会当选中央监察委员会委员，候补常委。"文革"中迫害致死。

注3：陈云（1905－1995）江苏青浦人。党和国家久经考验的卓越领导人。新中国经济建设奠基人之一，并为我国改革开放和社会主义现代化建设建立不朽功勋。

注4：华君武，1915年出生，江苏无锡人。中国著名漫画家，曾任中国美术家协会副主席，全国人大代表、政协委员。2010年因病在北京逝世，享年95岁。

张嵩祖

1935年出生，江苏泰兴人。毕业于浙江美术学院。中国美术家协会会员，中国版画家协会理事，曾任上海版画协会常务副会长、顾问，华东师范大学艺术教育系主任、教授。

作品曾获上海青年美展二等奖、纪念《讲话》发表50周年全国美展银奖、上海市美展一等奖、第十一届全国版画展铜奖、第十二届全国版画展铜奖、第八届全国美展优秀作品奖、第六届全国藏书票展银奖、第十四届全国版画展银奖、庆祝上海解放五十周年美展三等奖、纪念鲁迅123周年诞辰海峡两岸中国藏书票大展金奖、第三十二届国际藏书票展提名奖、中国版画家协会与中国美术家协会联合颁发的50－60年代优秀版画家"鲁迅版画奖"。

代表作有：《冼星海》《大桥畅想》《贺绿汀像》等。

与张嵩祖（右）合影

木刻人物肖像一大家

我国的木刻人物肖像创作，一直是个冷门。究其原因，木刻人物肖像创作要求高、难度大，一要形似，二要传神，特别是那些耳熟能详的风云人物，稍有不及，就是一件出力不讨好的事，所以不敢轻易涉足。木刻人物肖像创作难，却有人迎难而上，一位是北大荒画派的颜仲先生，坚持木刻人物肖像创作，不为利诱，不为潮动，成正果而名满天下。另一位专注木刻人物肖像创作的名家，便是居住上海的著名版画家张嵩祖先生。

六年前一个秋日上午，天高气爽，阳光明媚，位于上海市金沙江路的华东师范大学三村，虽是老式居民小区，却是花红叶绿，树影婆娑，分外的宁静与优雅。我一边品尝张嵩祖先生亲自配制的蜂蜜柠檬茶，一边伴随他的清晰回忆，走进岁月背后的内心世界。

颠簸童年知国耻。

1935年，他出生在广州。三岁那年，日寇铁蹄践踏着神州大地，遍地狼烟，魔爪渐渐伸向有羊城之称的广州。时任国立中央大学教授的父亲，赶紧将他送往越南西贡市（现胡志明市）的外婆家。七岁那年，他入读当地华侨小学，因为姓张，同学们围着他大声唱道："张老三，我问你，你的家乡在哪里？"懵懵懂懂的他，不明就里，放学后缠着外婆："阿婆，我的家乡在哪里？"外婆告诉他："在唐山。"当地人称中国为唐山，他从此牢记于心。

抗战胜利后，他回到日思夜想的祖国，那是草木有情的地方。读初二时，广州解放了，耳畔响起解放军文工团的歌声"张老三，我问你，你的家乡在哪里？"14岁的他已经明白，没有国就没有家，于是毅然报考广东军政大学。半年后，随着"雄赳赳，气昂昂，跨过鸭绿江……"的昂扬歌声，来到硝烟弥漫的朝鲜战场。血雨腥风，卧冰饮雪。在那青春染就的五年，他跟随战地文工团，迎着枪林弹雨，辗转前沿战壕与坑道，在血与火的鏖战中，锤炼出钢铁一般的意志。

求艺踏上幸运路。

他求艺的决心是坚定的，也是幸运的。1955年从部队复员后，战场转换，勇气不减，立即发起新的冲锋。三个月文化理论的恶补，终于跨上浙江美术学院的石头台阶，迎接他的竟然是德高望重的赵延年先生。他与陆放、俞启慧、陈聿强成为中国版画专业第一批学生。

赵延年先生是新兴木刻运动先驱，又是我国现代黑白木刻阵地一面旗帜。转赴三尺讲台，教学之严格，那是出了名的。他审阅学生画稿，先问一句："第几稿？""第五稿。""拿回去，画满二十稿再送来。"张嵩祖坦言："反复否定自己，一时搞得晕头转向。没办法，

张嵩祖赠送作者的藏书票

只有继续深入生活，寻找新的创作灵感，但是基础就是这样打牢的，受益终生。"

应该说这场交集，先生与学生都是幸运的。更为幸运的是，他从浙江美术学院毕业后，来到上海工作时，遇上赵延年先生在新兴木刻运动中，与其结下深厚友情的杨可扬[注1]、邵克萍[注2]先生，亲切谈起当年与赵延年先生一道作画为生，一道迎接上海解放的往事，既让他感受版画前辈的珍贵情谊，也让他体味前辈关爱下搞创作的幸福。

情深意浓肖像缘。

作者拍摄冼星海在延安时居住的窑洞

他从记事起，冼星海谱曲的歌声穿过耳膜，回荡在率真的童年岁月。多年后聆听，异国飘零中的屈辱，青春亢奋中的硝烟，每每勾起蕴藏于心的家国情怀。为了了结那份宿缘，成为黑白木刻《人民音乐家冼星海》的创作理由。张嵩祖先生有一间不起眼的工作室，按现在说法属于"违章建筑"。小屋仅有五平方米，那是他每天外出拾捡碎砖，然后一桶水一担泥垒砌而成。栖身斗室，腰弯如弓，喝着白开水，啃着冷馒头，送太阳迎月亮，无我之境中交付一片真心，从而成就中国当代版画史上的光彩名篇，入编《中国新兴木刻五十年选集》。

黑白木刻《人民音乐家冼星海》的构图，恢宏大气，沉稳雄健。以冼星海迎风而立为前景，黄河激流为背景，大雨如注、波浪滔天的衬托，让风雨如晦的岁月独到成型。民族危亡，不经不识。画面中黄河的浪，延安的雨，伴随《黄河大合唱》的旋律，烘托着冼星海爱国赤诚与非凡才华。纯熟的用刀，刚劲的线条，富有动感的块面，磅礴画境，撩人心扉。准确的人物造型，出姿态，出神韵，呈现一份情感寄怀，展现一份壮阔无限。

1981年，中国版画家协会在黄山召开成立大会。时任中国美协主席、中国版协名誉主席的江丰先生，会后途经上海，专程前去参观青年版画家作品展。这一位持重之人，在黑白木刻《人民音乐家冼星海》前，欣赏许久，赞誉有加。事后杨可扬先生见到张嵩祖，鼓励道："你的肖像版画可以继续搞下去。"自此，他的人物肖像创作驶上了快车道。

人民音乐家冼星海 黑白木刻 1978 年创作

张嵩祖先生的艺术创作，偏重于历史与文化思考，这不是寻找故人，而是凝聚魂魄，意在留住民族气质和曾经感动。其后的三十余载，数十幅人物肖像版画和藏书票，形象逼真，神态鲜活，既带着体温，也带着怀想，陆陆续续展现在人们面前。作品所展示的严谨质朴的风格，捕捉美学的敏锐与耐人品味的精致，受到广泛赞誉。

如创作的黑白木刻《周恩来在巴黎》，形象来自20世纪50年代末，他在杭州西湖边写生时，喜遇敬爱的周恩来总理。"你们在这里学习美术，环境很好嘛！"春风扑面的话语，滋润一生；亲切睿智的形象，刻刀留痕。

如创作的黑白木刻《彭德怀元帅》，彭老总形象来自战火硝烟的朝鲜战场。当年，志愿军总部与文工团驻地仅隔一个山头。每次打了胜仗，文工团都要到志愿军总部慰问演出，他常常见到不苟言笑的彭老总。以刀代笔，以木代纸，成为历史的定格。

而黑白木刻《作家巴金》的创作依据，既有祖国慰问团到朝鲜前线慰问时，坑道小礼堂中的初次相见，也有"文革"劫难后的再次相遇。他惊讶地看到巴金先生已是满头白发，满脸沧桑，不需要其他理由，动笔下刀如同当面对话。

创作黑白木刻《大桥畅想》时，多出一份情感牵挂，既有他与邓小平杭州苏堤的意外相遇，也有他对改革开放总设计师的敬重景仰。在图式上，以邓小平视察杨浦大桥为例，变远眺为俯视，虽说这种构图形式并不常见，亦在情理之中。在设计上，精心把控面部光线，太亮影响黑白对比，太暗拉不出景深。由上而下压暗或提亮，终于形成坚实饱满的形象。在结构上，主次分明，虚实相依。为展示杨浦大桥的雄伟壮观，一面推远高耸钢梁，一面以大块黑色充填近景。在刀法上，既有实线，也有虚线，远近交错，繁而不乱。既注意线条的走向与间距，又注意线条的宽度与深浅，使灰调子产生多重变化，确为绝妙之举。作品没有刻意标新，却是意趣迥然，最大限度地展示黑白木刻本质美感，

大桥畅想 黑白木刻 1994 年创作

通过印痕之美表达心中的崇敬之情。

黑白木刻《大桥畅想》问世后，先获第十二届全国版画展铜奖，同年又获第八届全国美展优秀作品奖。当肤浅之作充盈视野之时，我时常回想起张嵩祖先生的艺术主张："艺术创作的本质，应该是人生经历、感悟与修养的有机融会，提升作品精气神是关键。"每一个字，他当时讲得很用力。

流年如水，皓首穷经。张嵩祖先生在释放艺术底气和灵气中，既实现个人内心抱负，也为时代留下风姿风韵，成为回首历史、品味风采的有力佐证，具有很高的独立审美价值，其中寻味点之多，有目共睹。如：《贺绿汀》那双忧郁、深沉的眼神，仿佛穿透岁月云烟。《宝钢焊神曾乐》忘我与专注，定格劳动模范的平凡与伟大。《表演艺术家孙道临》优雅气度，让国人体味精彩人生与横溢才华。还有《国画家方增先》沉思中的凝神与专注，《作家白桦》的才情与银发一同飘洒，《版画家杨可扬》的宽脸方腮，还有那坚毅神情……总之，张嵩祖先生以活泼的刀法，单纯的线条，结构出丰满肌理和真实感悟，单线阳刻也好，平刀铲刻也罢，大气凝重的视觉效果，通过刀味、木味和韵味，不断强化版画语言表现力，个个传神，幅幅精彩，在见大见微之中，停留过往，挽留曾经。不论何时何地赏读，仿佛相逢眼前，风采依旧。

张嵩祖先生长期坚持现实主义创作方向，把个人情感与家国情怀相交集，把艺术见解与风云人物相联袂，自出新意，风采互映，把真情献给了广大观众，也献给了伟大时代。虽说人物肖像创作艰辛，他心里却很甜美，至今记得许多激励的话语：

贺绿汀语："神态可以，蛮像的。"

杨可扬语："我就喜欢张嵩祖刻的那张。"

方增先语："哈哈，我就是那个味。"

……

聊着聊着，时至中午，张嵩祖先生和夫人贾夏荔老师执意邀我到饭店就餐。年已八旬的张嵩祖先生，推着坐轮椅的夫人过门坎时，用力翘起前轮，轻轻着地后，再用力抬起后轮。我欲上前搭把手，他却摇摇头。我不知所措，贾老师见了会心一笑。虽说这是平常之举，却是真情写照，我刻画不出来，只能留在心底。

画美，心也美。这就是木刻人物肖像名家张嵩祖先生。

注1：杨可扬（1914 — 2010）浙江遂昌人。著名版画家。新兴木刻运动代表性人物之一。曾任上海人民美术出版社副总编辑、中国版画家协会副主席、上海版画会会长。

注2：邵克萍（1916 — 2010）浙江镇海人。著名版画家。新兴木刻运动代表性人物之一。曾任中国版画家协会理事，上海市美术家协会理事、上海版画会副会长。

与吴强年（右）合影

吴强年　　　1937 年出生，广东高州人。我国著名人物版画家。毕业于中央美术学院附中。中
　　　　　　国美术家协会会员，中国版画家协会会员，四川省美术家协会理事，四川美术家
　　　　　　协会驻会画家，国家一级美术师。

作品曾获纪念建国三十周年全国美展三等奖、《儿童文学》优秀美术作品奖，
中国版画家协会与中国美术家协会联合颁发的 50 — 60 年代优秀版画家"鲁迅
版画奖"。

代表作有：《雷锋》《我们大队的支部书记》《十里长街人民泪》等。

在雷锋精神感召下

　　提起吴强年先生的名字，大多数人也许觉得陌生。如果谈起雷锋，人们会不由自主联想起手握钢枪，头戴护耳绒军帽，目光炯炯凝视远方的形象。我现在告诉你，这就是吴强年先生五十五年前，倾心创作的黑白木刻《雷锋》。

　　每一代人都有属于自己的历史。在我的心中，学习雷锋是最为温馨的童年记忆。乐于助人，争做好事，那个飘荡着"学习雷锋好榜样"歌声的岁月，如今回望，心底仍然暖暖的。不知从何时起，在祖国广袤大地上，雷锋成为做好事的代名词，也是奉献精神与高尚品格的结合体，甚至进入外国教科书，成为人类向善的精神标杆。

　　"看过中国版画收藏家协会成立时的照片，刚见面，我就知道你是谁。"吴强年先生没有矜持作态的开场，让我如沐春风。其后的交谈，一壶绿茶，袅袅轻烟，在回眸过往中，一股久违的明净情操和坚守本分的执着，如同古井里流淌的水，甘甜清澈。

　　吴强年先生的父亲，早年下南洋，是东南亚橡胶场一名割胶工人。中华民族危亡之时，毅然加入陈嘉庚[注1]南洋华侨机工队，回国参加抗战。开汽车、搞测量，足迹遍及滇缅。由于经常接触进步思想，在光明与黑暗决斗的关键时刻，虽然膝下八个子女嗷嗷待哺，妻子种菜糊口，得知被捕邻居是中共地下党员时，毅然冒着生命危险，全力资助其家人，直至红旗飘扬在重庆市上空。童年的吴强年，以此烙下抵御外侮向往光明的印记与心许。

　　吴强年在家排行老二，九岁那年随父母辗转柳州、重庆等地。尽管家里经济拮据，还是节衣缩食供他上私塾，读小学，直至考上中央美院附中。由于他喜爱绘画，父亲经常抽空陪他参观画展。日寇入侵，遍地狼烟，流落抗战大后方重庆的书画家，时常举办书画展，那是国难中难得的艺术营养，让他倍感珍惜，慢慢嚼出滋味。"最爱徐悲鸿的马，马鸣风萧萧。"风骨与使命的释出，心湖里不断感悟忧时爱国。少年的吴强年，以此承接中华传统文化的启蒙与熏染。

　　1958年，在"大跃进"热潮中，他与同班同

雷锋 黑白木刻 1963年创作

学徐匡一起扛着行李，来到四川美协重庆分会报到。他感叹："那时候，我们是怀揣梦想啊！"当年的吴强年可谓一颗红心，一腔热血，不论编辑《重庆画报》，还是参加全民大炼钢铁；不论自然灾害中的苦熬，还是深入山村的体验，都是真情投入，滋养情感。黑白木刻《激战之后》是他的开篇之作，画面中山村老汉手持长烟杆，在烧红的铁条上点烟，云雾里仿佛传来"吧嗒，吧嗒"吸烟声。其后，创作《红岩》插图"监狱之花"与"红色的岩石"，那是他与大屠杀幸存者罗广赋、杨益言朝夕相处，在渣滓洞集中营反复探访，血迹斑斑的刑具眼瞅手摸中，情感跌宕，心存敬畏时留下的真实记录。

1961年，他创作的黑白木刻《我们大队的支部书记》，运用朴素思考与过硬技法，融入岁月特征，成为那个远去年代我国黑白木刻主题创作的范本。作品以大队支部书记罗开河创业事迹为蓝本，以重庆市郊蔬菜大队周书记形象为依据，反复提炼，充实热望，最终定格在沉思瞬间。那一刻，大队支部书记眉宇紧锁，目光坚韧，粗壮双手与笔记本、草帽，交集成简洁版画语言，只有丰满，没有干瘪，成为那个质朴年代的经典图式。"采访大队支部书记罗开河时，老乡赶来叮嘱'罗书记，刚才听到大虫（老虎）叫，你与吴同志赶快避一避。'""在蔬菜大队采访时，漫天大雪，周书记光着脚板，连一双草鞋

我们大队的支部书记 黑白木刻 1961 年创作

都没穿"。风华正茂的吴强年，以此感受艰苦奋斗精神的支撑与感动。

1963年，毛泽东主席亲笔题词：向雷锋同志学习。从此向雷锋同志学习活动在神州大地上，波澜壮阔，绵延经年，成为几代人无法忘怀的幸福记忆。多年的思想漂染，难抑的内心诉求，如海浪击石，浪花飞溅，激荡起无法阻挡的创作冲动。他在塑造雷锋形象日子里，食不甘味，寝难成眠，为了心中偶像构思再三：或帮助老大娘寻找丢失的孩子，或为遗失钱包的大嫂购买车票，或带病参加建设工地劳动……接二连三的自我否定，也使心绪越发明媚，倒逼出一个全新构思：干脆就用肖像式。心灵原乡的感应，催生出旷世经典，黑白木刻《雷锋》的问世，成就心中理想，也成为终身欣慰，这是吴强年先生一生最为伟大的作品。时至今日，他精心塑造的雷锋形象，在书籍、年画、连环画、报纸杂志，以及挎包、背心等无数载体，究竟印过多少幅，谁也说不清楚。

黑白木刻《雷锋》在形象塑造中，可谓用心良苦，搜尽衷肠，运用多种手法，提升视觉效果。雷锋是圆脸，通过下移面额暗面，添加虚线，拉长面部。雷锋眉目清秀，通过端庄鼻梁，坚定眼神，凸显阳刚硬朗。雷锋紧握冲锋枪，苏式冲锋枪为圆柱形，改为方形，与方型子弹袋相衬映，贴切整体视觉效果。雷锋衣领显露军衔领章，既体现时代特征，也表明汽车兵身份。雷锋身材偏矮，采用仰角取景，衬以山峰岩石，既有质朴崇高之感，又寓屹立千秋之意。构图、用刀、印制，木屑飞舞，油墨飘香，艺术与理想融为一体。在重庆化龙桥那间简陋画室里，吴强年先生捧出的不朽之作，感动当今，流芳千古。

我轻轻抚摸裹着岁月包浆的《雷锋》原版，感慨万千。这不只是劳作之果，也不仅是刀迹留痕，而是一扇通往精神世界的窗户。修复记忆，唤醒信仰。那一刻，我感觉《雷锋》原版很沉，不仅手里，包括心里。

"刻边角线时，不小心右上角跑刀，当时非常自责。后退一步细看，反而觉得画面有透气感，歪打正着，算是偶得吧。"

"制作时，先在纸张背面打蜡，然后用金属勺子磨印，因此《雷锋》原作呈现特殊视觉效果。半个多世纪后，细小刀痕早已印不出来，所以原作存世非常少。"年近八旬的老人，眼神依旧那么纯真，甚至有着少年般的清透，好像世风没有在他身上刮过。

雷锋精神是生命的火把，照亮眼，温暖心。吴强年先生不仅是塑造《雷锋》形象之人，也是实践雷锋精神之人。

1963年，他在四川南桐县体验生活。一天下午，突然听见撕心裂肺的哭喊声，原来一名15岁男孩上山摘果子，不慎从树上摔下，身体裆部被撕裂，血涌如注，命悬一线。父母紧搂昏迷的儿子，声嘶力竭。"赶快去医院。""没有钱。""我有啊！"他那时每月工资19元，除资助弟妹上学后所剩无几。哪顾得这些，树枝编成担架，一群人奔跑在十余里崎岖山路上。手术前，他握着孩子的手："别怕，有叔叔在。"结清了医疗费，他整整挨饿半个月。三年后，小伙子扛着一袋花生找到重庆市美协，见面那一刻，扑通跪下，扶起的和被扶起的都是泪眼涟涟。这样的事，他做过很多，再三追问只讲一件。就是这一件，足以辉映他的人生轮廓。

吴强年先生如今居住在重庆沙坪坝，他的版画工作室就在宿舍楼下，推开房门刹那，如同走进版画展览馆。两个房间像打开的画册，版画分上中下三层，顺着墙根环绕排列，汇集各时期版画作品与原版，琳琅满目，散发着醉人的艺术芳香：套色木刻《公社姑娘》，这是继《雷锋》之后所作，经典的川妹子勤劳质朴，纯净年华。《童工泪》《敌后武工队》《战山河》，从各个不同角度追忆过往，寻觅历史。而水印木刻《十里长街人民泪》则是场景恢弘，感人至深。有老人，有青年，也有儿童。或满含热泪，或悲痛欲绝，或手掩泪面，把首都百万军民十里长街送总理定格在悲怆时刻……这是艺术实力的展示，也是丰满生命的亮相。

四时流转，花谢花飞。吴强年先生告别现实主义题材后，转入浓墨淡彩的水印探索，清趣独钟，风情雅致。窗外红尘落隐，室内水色淋漓，他在浸润中感受美，在墨香中传递爱，不受环境影响，沉浸于此，转眼三十多年过去了，先后推出一百余幅以"自然之声"命名的水印木刻作品，清新自然，余焰炽热。其中写景之作有：《山乡晚归路》《峨眉暮色》《丰腴八月》等。抒情之作有：《晴雪》《小佳佳》《花季》等。述怀之作有：《荒原独步》《峥峥奇竹》《惟有奇石最千秋》等，以再现生活美和自然美为主要审美追求。远离流俗，作弄水墨，成为吴强年先生晚风夕阳中的一根拐杖。

时光过处，雷锋精神早已超越民族，跨出国界。他不知道黑白木刻《雷锋》问世后，曾经鼓舞过多少人，演绎过多少动人故事，在光环笼罩中的他，并不认为自己是了不起的版画家，只知道艺术应该献给人民，献给时代。

临别之前，我恭请吴强年先生朗读他的自作散文诗《心语·心路》。"……过去的岁月，在执着和自信中艰苦走来，苦痛与快乐交融，心中总有个美好的春天。现在的时光，不懈怠，不强求，心无旁骛，自有一方净土，简单而又感幸福。将来，不知何时，静静地离去，无怨无悔，任由评说……"

我们无法回到那个明澈年代，但是保留那份向往，便能在风雨中找到方向。

吴强年馈赠作者的题词
与创作《雷锋》用刀

注1：陈家庚（1874－1961）福建厦门人。中国近代著名的爱国主义者，教育家、实业家，爱国华侨领袖。曾任南侨总会主席，一面捐出毕业积蓄，一面募集巨资，支持祖国抗战和教育事业。新中国成立后任中央人民政府委员。

韩黎坤

1938 年出生，江苏苏州人。毕业于浙江美术学院版画系研究生班。中国美术家协会会员，中国版协常务理事，浙江省版协副会长，浙江美术学院版画系主任、教授。

作品曾获第五届全国美展铜奖、"姑苏之秋"美展二等奖、第六届全国美展优秀奖、第十届全国版画展金奖、第九届全国美展银奖、纪念建国五十周年全国美展银奖、北京奥林匹克美术大会金奖、中国版画家协会与中国美术家协会联合颁发的 50 — 60 年优秀版画家"鲁迅版画奖"。享受国务院特殊津贴专家。

代表作有：《国耻篇》《新篇章》《夕照峥嵘》等。

韩黎坤

两封信

随着现代通信技术的普及，打个电话，发个短信或微信，无论地球上哪个角落，只要电波能够到达，都是瞬间的事。如今生活中展纸写信，真是难得一见。九年前，韩黎坤先生曾写给我两封信，因为内容与版画收藏有关，所以保存至今。每一次捧读，感慨良多。

第一封信："平官先生：谢谢收藏。《国耻篇》就是国庆六十周年人美出版的原作，前些天退回后已折皱，故揭后再重拓一层。A.P 为自己留存的记号。《新篇章》未拓，编号 9/20。即颂，春安。韩黎坤（20）10 年 3 月 9 日。"

2010 年 2 月底，我与韩黎坤先生通电话，商谈黑白木刻《国耻篇》收藏之事，寄来的是 A.P 版，于是请先生补写编号，这封信随版画一起寄来。在频繁交流中，韩黎坤先生的历史责任感与严谨创作态度，使我感触颇深。

"不堪回首，更需要回首！"这是韩黎坤先生在电话里念叨最多的一句话。每当展开黑白木刻《国耻篇》，一股肃穆悲壮之气，立即激荡于胸。在黑色背景衬托中，一位头缠长辫，五花大绑，即将临刑的中年汉子仰天而视，满脸的忧愁与激愤。那是一张悲戚的脸，也是一段悲痛的历史，这不是个人的悲怆，而是中华民族的悲怆，目光所及，神伤心碎，怎能不让人动容？画面左边一个感叹号，右边一个大问号，再以圆明园、牌楼托底。别具一格的图式，耐人寻味的结构，让观者思绪一下子回到一百多年前。感叹号与问号间隙间，可以窥见慈禧"老佛爷"的落魄，佞臣奸诈的丑态与志士仁人的觉醒，也可以窥见八国联军的劫掠与日寇的凶残，这是百年屈辱的凝眸聚神，也是中华民族的据义直呼。

追寻民族的历史，就是为了民族的未来。韩黎坤先生以历史为依托，省察过往，凝结思考，为唤起国人忧患意识，一次次发出呐喊。简练的刀法，直抒胸臆；逼真的造型，堆积功底；质朴的语言，唤回精神。只有饱受蹂躏的民族，才有对历史的没齿难忘。为了让生活在和平环境里的人们，触摸那段触摸不到的悲惨历史，透过岁月

国耻篇 黑白木刻 1989 年创作

烟尘，回望民族苦痛，勾勒新的解读，从而感知"史"的力量。言犹在耳，令人扼腕，从而荣获第十届全国版画展金奖。中国革命历史博物馆、上海美术馆、四川神州版画博物馆、西湖美术馆、浙江华茂美术馆等艺术机构相继收藏。

第二封信："平官先生：《新篇章》换了《来自开发区的报道》，亦换了编号，望查核。还是要谢谢您的收藏。韩黎坤（2010年）4月9日匆匆。"

2010年3月底，我拟收藏韩黎坤先生的黑白木刻《新篇章》。因寄来的是黑白木刻《来自开发区的报道》，只好退回调换，第二封信也是随版画一起寄来的。有一位老版画家曾这样告诉我："当年看到黑白木刻《新篇章》，就像打开记忆闸门，眼泪止不住流啊！"十年"文革"，堆积噩梦。只有经历那一场磨难的人，才会如此触景伤情，可见作品的强烈艺术感染力。

展开黑白木刻《新篇章》，可见两鬓雪白的老教授，在高校恢复招生后，重返阔别十年的三尺讲坛，笑意是那么盎然，眼神是那么明亮，传递满满的畅心抒怀，这是付出沉重代价后的喜悦，让人读出心酸与苦楚。十年荒芜，心怀不舍。只有心存信念，才会看到远方曙光。如今重育桃李，喜自心发，怎能不激奋万分？凝练的刀融，概括的语言，与其说是在塑造人物，不如说是在刻画自己，刻画无数热爱我国教育事业的前贤与同仁。作品无声，但能感受到一份赤诚情怀，一股血脉偾张，历史的剧本谁也无法安排，这里却看到真正的岁月华章。黑白木刻《新篇章》荣获第五届全国美术作品展铜奖，并被中国美术馆等艺术机构收藏。

新篇章 黑白木刻 1979年创作

在中国当代版画发展历程中，曾任浙江美术学院版画系主任的韩黎坤先生，为了中国当代版画的丰满壮观，他的版画创作成就是非凡的，厚实的，也是璀璨的。

他非凡而厚实的艺术成就，来自美术院校的流光洗礼。在社会生活中，每个人心里都有一个梦。当年，他心怀艺术梦想，从附中到本科，直至完成研究生学业，墨香熏染十余载，扎实的专业训练，坚实的理论基础，渐渐垫高即将飞跃的身段。其实，他的艺术之路走得并不顺畅，参加工作十余年，风经过，雨经过，继而成为"文革"后第一批研究生，回到久别的浙江美术学院，那是何等的渴望等待，又是何等的耐力追寻，正是这片浓郁下的一池风荷，指引迷津，铸品养性，使他自由地放飞艺术理想。

他非凡而厚实的艺术成就，来自注重实践的不懈追求。不论是工厂生活，还是农村锻炼，或是大海潮音的聆听，高山大川的游走，特别是国门初开之时，连续三次在德国科隆、萨布吕肯举办个人作品展，吸纳融会，机缘难得，不断升华自己的艺术格局。他告诉我："个人创作有个习惯，长期坚持撰写创作手记。观摩也好，写生也罢，及时记下所思所想。""《国耻篇》如何突破概念化，《新篇章》如何强化感染力，创作之初就有认真而仔细的学术思考。"

他认为：要在版画领域走下去，既要有超越前人的勇气，也要有超越自己的勇气。韩黎坤先生不是版画创作的高产者，但每幅作品问世，总是惊动四座。寒来暑往，与风同行。从《新篇章》的推出，到《夕照峥嵘》荣获2008年北京奥林匹克美术大会金奖，横跨三十个春秋。其间《新篇章》《喜相逢》《女娲》《我们的土地》《我的中国心》《石系列》《国耻篇》《夕照峥嵘》等，就像流淌不断的山泉飞瀑，滋润着中国版画芳草地。虽然承载，却不被动移植；虽然直抒，决不简单图解；虽然震撼，决不重复往返。韩黎坤先生创作很努力，也很固执，善于用冷方式释放激情，以自己的语境与感想，展示与众不同的风致。他的作品既独树一帜，又紧随主流，妥帖有度，实现与伟大时代的同频共振。

他非凡而厚实的艺术成就，来自与民族苦难的相伴相随。生逢乱世，铁蹄下的流离失所，旧中国的风雨飘摇，始终铭刻在他的少年记忆里。春天来临，天地换颜，在新旧社会的对比中，他坚定地走向现实主义绘画道路。激于义，源于爱。他的作品紧扣民族审美志趣变迁，顺应时代选择，融入历史记忆，以思想的深度承载，明理述怀，所营造的每一个遥远历史画面，表达的都是公理良知，成为艺术走向的最好例证。《国耻篇》里，你能听到民族苦难中的低泣呻吟；《新篇章》与《喜相逢》里，你能体味"文革"浩劫时的难言酸楚；《我们的土地》与《我的中国心》里，透过真切的情感传递，亦能领略拳拳爱国之心。岁月漫长，恪守真情，以不同的创作主题，不同的艺术形象，交付著名学院版画家的一片真心。

他非凡而厚实的艺术成就，来自与时俱进的艺术向往。现代社会中的文化传播、资讯传递和生活方式，不断改变传统文化形态。版画家所处的时代不同，艺术向往也不尽相同。他认为：作品没有独到表现形式，就难以打动人。每一次创作构思，没有揪动心扉的感觉，没有一吐为快的冲动，我是不动刀的。"不能无的放矢。"这是他经常重复的一句话。"中华民族的苦难太沉重了，创作《国耻篇》时的含泪走刀，那是我的情感发声。创作《新篇章》时的辛酸回忆，那是我的内心隐痛。"他每一次捧出的作品，不仅承载高超技艺，更承载鲜活思考，这些无声语言唯有品味，方能领悟。

韩黎坤先生对技法探索是苛刻的，也是独到的。阴刻阳刻，转换过渡，追求作品的丰富性，这是他艺术创作的基本风格。质朴单纯，聚散合理，追求作品的纯粹性，这是他艺术创作的显著风格。布局严密，构成紧凑，追求作品的概括性，这是他艺术创作的特有风格。对于草稿的过滤，初稿的扬弃，每每痛下狠手，如大漠淘金者一样，全凭慧眼识宝。在刻制过程中，事先不作预案，凭着精良技艺，跟着感觉走，随性排刀布阵，亮出不失己意，逐渐形成独到的版画语境和视觉感受。

在中国当代版画发展历程中，曾任浙江美术学院版画系主任的韩黎坤先生，为了当代版画队伍的前后承接，用心尽力。杨绛[注1]先生说过："人生最曼妙的风景，竟是内心的淡定与从容。"西子湖畔的中国美术学院版画系，年深岁久，从张漾兮先生的草创，到赵延年、赵宗藻、张奠宇先生的发扬，一双双厚重脚印，烙刻在中国现当代版画史册上。再到韩黎坤等先生接棒，薪火相承，延伸一双双厚重脚印。在他把舵的那些时日，不落俗套，力推新措，创作育才，互增芳华，为那座陈香厚积的美丽校园，平添一份旷远风光。因为追逐，所以负累。多年前，韩黎坤先生把前台让给后来人。在厚重脚印的后面，添加一双双新的脚印。这是过往，也是骄傲，亦是规律。

大路朝天，总是交叠着新旧脚印，让今天变为昨天。我企盼的是，韩黎坤先生再扬大旗，继续《夕照峥嵘》，让昨天变为今天！

韩黎坤写给作者的两封信

注1：杨绛（1911－2016）江苏无锡人。我国著名作家、戏剧家和翻译家。毕业于东吴大学。曾任上海震旦女子文理学院教授、清华大学教授、中国社会科学院研究员。

与阿鸽（左）合影

徐匡

徐 匡　1938年出生，湖南长沙人。曾就学陶行知艺校，毕业于中央美院附中。中国美术家协会会员，中国版画家协会理事，四川美协常务理事，重庆《画家之村》艺委会主任，国家一级美术师。

作品曾获庆祝建国三十五周年全国美展一等奖、第五届全国美展一等奖、挪威第五届国际版画比赛荣誉奖、第六届全国美展银奖、国际版画研究会金奖（日本）、第九届全国版画展优秀奖、第十七届全国版展金奖、中国百家金陵版画作品展金奖、中国版画家协会与中国美术家协会联合颁发的50－60年优秀版画家"鲁迅版画奖"等。

代表作有：《主人》《草地诗篇》《高原阳光》等。

阿 鸽　女，彝族，1948年出生，四川凉山人。毕业于四川美术学院民族班。中国美术家协会理事、中国美协版画艺委会副主任、四川美协主席、四川文联副主席，神州版画博物馆馆长，中国国家画院版画院副院长，国家一级美术师。享受国务院特殊津贴专家。

作品曾获庆祝建国三十五周年全国美展一等奖、第八届全国版画展优秀作品奖、第六届全国美展铜奖、第八届全国美展优秀奖、第十四届全国版画展银奖、第九届全国美展铜奖、第十六届全国版画展铜奖、全国少数民族美术作品展优秀奖、挪威国际版画比赛荣誉奖、中国版画家协会与中国美术家协会联合颁发的80－90年代优秀版画家"鲁迅版画奖"。

代表作有：《主人》《鸽子》《彝寨喜迎新社员》等。

砥砺同行

一天，朋友用微信发来一组照片。打开一看，原来是新落成的中国驻美大使馆，这座位于华盛顿特区第二使馆区新馆，由闻名全球的华人建筑大师贝聿铭设计，民族风格与现代气息相融汇，既华丽，又端庄。朋友参观时发现，精心布置的大使馆厅堂内，悬挂的黑白木刻《主人》《高原阳光》《鸽子》分外夺目，作品所散发的民族归属感，令人荡气回肠。她知道我收藏版画，赶紧第一时间发来图片，并特意加上一句：真正的"国"画。

"国"画的作者是著名版画家徐匡和阿鸽两位老师，这对享誉我国版坛的伉俪，各闯一片艺术天地，按成就理应分而述之，但他俩艺术思考与精神指向，尤其对我国当代版画的贡献，在我心目中是一样的，干脆一起点赞。

《主人》构思源自1976年初春，时任中国美协四川分会副主席李少言，正在酝酿一个集体创作计划，于是有了李焕民、宋广训、马振声、朱理存、其加达瓦、徐匡和阿鸽的西藏写生。这一趟世界屋脊之旅，历时八个月，在西藏高原的大山峭壁与冰川沟峡中，不仅留下一行疲惫跋涉的身影，也留下一段难以忘却的宿缘。

他俩与《主人》主人翁邂逅赛马会，那是一位典型的藏族汉子，体型壮实，形象威猛，

主人 黑白木刻 1978 年创作

人却很腼腆，发现画家关注他，扭头就走。阿鸽老师赶紧上去搭讪："阿哥，我也是少数民族的，有很多日喀则、康巴藏族同学。"真诚的态度，似懂非懂的四川方言，汉子停住脚步，迟疑中转过身。徐匡老师眼疾手快，用海鸥牌相机抢拍四张照片。阿鸽老师欲画速写，汉子见状疾步离去，本想去追赶，强烈的高原反应让她已没有迈腿的力气。

草稿中，背倚雪龙般山峰，前面便是那位藏族汉子。李焕民先生直言："光站在那儿不行。"在苦思冥想中，筑路工人英姿成为情境呼应的最佳选择。当画稿完成后，离交稿仅剩半个月时间，阿鸽老师却因怀孕反应病倒了。脱手《大江之源》的徐匡老师，不得不接手，如写作去冗言赘词那样，果断舍弃背景，独留黑色三角形造型，以此烘托藏族汉子的魁伟如山。喜悦的表情，坚毅的眼神，洋溢着翻身农奴的自信与豪迈。粗壮的双手，紧握的铁镐，渗透着劳动者的力之美。娴熟刀法，明快线条，以刚劲融入素描式刻画，通篇满满东方元素。《主人》把无形精神转换为可视形象，与其说是对藏族人民的赞美，不如说是对中华魂魄的张扬，独具个性的中国气派，成为当代黑白木刻巅峰之作，荣获第五届全国美术作品展一等奖。

徐匡老师创作的《高原的阳光》，灵感来自同一片土地，可视为《主人》姊妹篇，有异曲同工之誉。说起《高原的阳光》主人翁原型，其貌不扬，不仅头发稀疏，而且鼻塌嘴豁，但面部轮廓分明，骨骼强健，有一股野性的剽悍气。创作时采用侧面取景，阳光下的脸庞，有棱有角，既粗犷又霸气。蓬松头发，翻毛藏袍，凸显健壮身躯。相握书本，凝神远眺，窥见精神追求。更为精彩的是，藏族汉子臂膀以小平刀跺出肌理，既显示骨骼走向，又表现肌肤光泽，细微得几乎见到毛孔，这种情感与技巧的一同释放，过目难忘。如果说《主人》以豪迈见长，《高原的阳光》则以风骨著称。

徐匡老师1938年出生于长沙，马王堆汉墓在那儿出土，可见楚汉名城深厚文化底蕴。先就读上海行知艺校，后毕业于中央美院附中。1958年，他与吴强年结伴来到四川省美协报到，次年推出套色木刻《待渡》，才华毕现，随后送展莱比锡"世界版画比赛会"，全国仅选十幅。画面中碧波荡漾，摆渡船上三位女青年或阅读，或沉思，一位男青年叉腰眺望，挎包和水文尺暗示，新的征程向他们招手。

1964年创作《乡村小学》，茅草屋下，四名小学生静心听课，窗外斗笠锄头是乡村小学标志，好好学习则是未来希望。寄语景物，激情回望，这是他版画艺术的重要特点。

运用好版画语言的黑白灰，一直为版画家孜孜以求，1975年问世的《草地诗篇》可为最佳答卷。半年的阿坝军马场朝夕相处，见证知青飘落草原的情感，骑马摔伤后，疗伤中的细心观察，既走进知青内心世界，也走进黑白灰天地。天空飘着白云，草原百花争艳，一位女知青依偎马鞍写作，白马低首，雏鹰翱翔。军便装，黄挎包与斜挎的冲锋枪，无声画面，无言回首，这是青春时光的定格，不知让当年的"知哥""知姐"流下多少

徐匡赠送作者的版画集与
题字

热泪？黑，勾出空间，如人物背影、马群与电塔；白，描出细节，如物体光影、云彩与天际；灰，以求层次，不论近景远景，还是光影效果。《草地诗篇》与《大江之源》《亲切的教导》《主人》和《高原阳光》等，共同构成无可替代的个性符号，扬旗当代。

草地诗篇 黑白木刻 1975 年创作

　　20 世纪八九十年代，又以《希望》《洁白的哈达》和《在那遥远的地方》，一次次对藏民族流露真情，一次次丰富版画形式美感。当结束二十年油画旅程，重回版画阵地时，如同游子回到家乡。新世纪来临后，《奶奶》《扎西和他的羊》《走过草地》《山高水远》和《阿妈》姗姗走来。其间水印木刻《森林的早晨》《八月》《绿色的口琴》《天鹅又回来了》和《花裙》，诗意般图式与水印韵味，极大地拓宽当代版画语汇。同时期的原版创作，以不印制仅供观赏的面貌出现，亦为版画形式添加新成员。裸露的原板，裸露的刀痕，如浮雕一般，刀刀有我在。不论《花朵》中母亲与婴儿的顾盼，还是《草原盛会》中姑娘含笑牵马；不论《草地雄鹰》中小伙子骑马握刀，还是《守望》和《青藏高原》中藏族女孩与牧羊犬；不论《天地吉祥》的喜悦，《西藏老人》的微笑，还是《瞧他那身新衣服》中孩子们的笑脸，如同那片土地上盛开的雪莲。

　　阿鸽老师全名金叶阿鸽。1948 年出生彝族农家，世代在四川凉山越西县为奴。新中国诞生给她带来翻天覆地的巨变，六岁入民族小学，十二岁选送四川美院民族班。十七岁时，时任中国美协秘书长华君武参观毕业展，偶见宣传画《为国争光》。"谁画的？""民族班女生。""我见见她。"见过阿鸽，华君武嘱托中国美协四川分会主席李少言："一定要把少数民族学生培养好。"于是，彝族的阿鸽与藏族的其加达瓦，毕业后便留在四川美协工作。

感恩在心，勤奋有加。1965年创作黑白木刻《我的阿妈》组画，以母亲的悲惨人生，控诉万恶的奴隶制。每一缕回忆，撕心裂肺；每一刀入木，泪落胸前。当人们读懂苦难与沧桑，也记住一个名字——阿鸽，自此开启不同凡响的艺术旅程。其中有两幅作品必须介绍，一是《决不停钻》，一是《彝寨喜迎新社员》，虽然叙述的都是"文革"往事，其中至真情怀，即便在当下，仍然令人敬重。《决不停钻》中的石油女工，打争气井的巾帼英姿，尽管带着"高光亮"，丝毫不失艺术感染力。《决不停钻》属于油田感怀，《彝寨喜迎新社员》则是故乡心语。当年彝寨迎接的新社员，那是部队复员女兵，不回繁华大上海，扎根凉山当农民。阿鸽老师言："当年创作源自内心敬佩。"以真诚相待过往，成为那个年代不可多得的佳作。

《鸽子》创作于1984年，这是阿鸽老师版画艺术的经典之作。当年骑马离开凉山，故乡如磁铁，有空常回家看看。20世纪70年代末，长途汽车晃荡作响，翻越大山途中停靠休息时，衣衫单薄的彝族小孩，捧着雪莲、香菇叫卖。"我心疼他们，钱不多，每人买一点。"孩子们很开心，车开了，跟在后面追。1981年创作《雪莲花》，彝族小姑娘身着粉红裙，戴着蓝头饰，手捧雪莲，甜甜微笑着，这是一次心境描绘，也是为《鸽子》创作问路。

创作《鸽子》时，力求全方位升华，微笑变为腼腆含笑，抛开甜美，还原乡野。雪莲变为鸽子，象征和平，突出主题。盛装变为日常穿戴，贴近生活原貌。为了准确表现彝族小姑娘的天真纯朴，反复速写，仔细筛选。为了表现鸽子的多样形态，她找到养鸽子大爷。"绘画用啊，赠送三只。""谢谢大爷，到时归还。"从表情，到头饰；从披毡，到背架；从绑腿，到毡鞋，朴实之态，人见人爱。完成创作后，她随手把画稿贴在办公室门背后，中国美协副主席蔡若虹看到后，只说了一句："这是拿奖作品。"这一句，让她兴奋许久。后来《鸽子》飞出大山，果然捧回第六届全国美展铜奖。

荣誉接踵而至，她更留意拓展艺术表现手段。水印木刻《三月》《小鹅》《赛前》《小镜子》《布

鸽子 黑白木刻 1984年创作

拖少女》和《凉山姑娘》，既有挥舞枝条的俏皮，也有依偎马首的娇嗔；既有照镜子的瞬间，也有怀想时的羞涩。通过水印层层渲染，让彝族小女孩清新悦目，稚气尽收。其中《三月》获第八届全国版画展优秀奖，《凉山姑娘》获第九届全国美展铜奖。同时期创作的《姐妹》《索玛》《节日》和《彩色的年华》，以套色木刻的绚丽，映照彝族姑娘秀美，同样倾城。既有姐妹相伴的身姿，又有山寨姑娘的芳容；既有阳伞下的窃窃私语，又有飘忽而过的节日盛装。另外《春到凉山》《故乡》《山歌》《凉山人》和《月亮的女儿》推出，难忘彝族情，化为感人语，此时对黑白木刻的延伸，虽然是一种自我取向，却抖落出新的气格，其中《凉山人》获第八届全国美展优秀奖。

20 世纪 90 年代，阿鸽老师到欧洲考察和举办个展，这是一次契机，也是一个分水岭。从那个时候起，艺术风格不似以往，《雾蒙蒙》与《凉山姑娘》面世，具象塑造走向抽象写意，西方绘画的色彩，中国水墨的韵味，相约而至。水印木刻《索玛花开了》《雪》《奔》和《彝族少女》，虽然保留着水印韵味，但线条的飞舞和婉转的意象，早已今非昔比。丝网版画《月亮的女儿》《节日的姑娘》《夏日的影子》和《美酒飘香》，除了保留物体基本形态，书法线条、诗意色彩与梦幻视觉的融合，平添纠缠不清的想象。水墨速写《藏族姑娘》《小伙伴》《私语》和《赶集路上》，则以开放心境，变异形态，拉近与现代人的审美距离，不断延展版画艺术的宽度和深度。

那天采访，四川美协正在搬迁，身为美协主席的她，分外繁忙。因此，我与阿鸽老师对话直率，寻问直接。当我提出拜访徐匡老师时，她言："高烧多日，不便打扰。"未能去问候，多少有点遗憾。但徐匡老师的那段话，我是记得的："《主人》的创作，只有描绘出豪迈，才算找到突破口。"

文化是国家的根，艺术是民族的魂。徐匡和阿鸽两位老师，数十载相互搀扶，相得益彰，共同释放出的心灵阳光，为几代人带去美的寄托，这是他俩的骄傲，也是中国的骄傲。

史　一

1939 年出生，浙江鄞县人。毕业于浙江美术学院版画系。中国美术家协会会员，中国
版画家协会理事，云南省美协版艺委副主任，云南艺术学院美术系副主任、版画教研
室主任、教授，云南省文史研究馆馆员。享受国务院特殊津贴专家。

作品曾获纪念建党七十周年全国美展铜奖、第十二届全国版画展铜奖、第八届全国美
展优秀作品奖、第十三届全国版画展金奖、第十四届全国版画展铜奖，第十六届全国
版画展银奖、第十届全国美展优秀奖、中国版画家协会与中国美术家协会联合颁发的
50 － 60 年代优秀版画家"鲁迅版画奖"。

代表作有：《大江春秋》《灵之祭·躯壳》《雪域之魂》等。

与史一（右）合影

八双筷子与一块肉

在中国当代版坛，云南美协版画艺委会副主任史一先生的版画艺术，以豪放雄浑、语言独到、学养厚实而著称，无疑在云南版画群体中独树一帜。

走近史一先生，不能不叙述我俩苏州聊天时，他讲述的有趣故事：

1992年，史一先生与七位画家搭伙到西藏采风。那是一次极为艰辛的旅程，巍巍雪山披着终年不褪色的银色铠甲，迎接这批远行者。初次进藏，众人情绪高涨，一路兴高采烈。然而数天之后，在缺氧的雪域高原上，这支队伍行进速度越来越滞缓，不断拉长旅途行程，时常陷入断粮断水的困境。

在穿越柴达木盆地无人区时，汽车开了整整三天，幸亏中途遇到一个公路道班，工人师傅热情地给每人端来一碗水。史一先生至今记得："那碗水是这辈子喝得最甜的水啊！"喝完水，众人继续前行，终于看到远方灯光。五小时后抵达大柴旦，走进一户藏民家，立即买来18千克手抓羊肉，满满一大盆。没有什么斯文与谦让，个个狼吞虎咽，不一会吃了个盆底朝天。后来，行至羊卓雍湖边的浪卡子，这一众饥饿之人，赶紧到兵站食堂搭伙，炊事班特意做了一盘红烧肉招待他们，又是一番迫不及待，当盘子只剩最后一块肉时，你看着我，我看着你，谁都不好意思伸筷子。突然停电，周围一片漆黑。数秒钟后，当灯光重新亮起，八双筷子齐刷刷夹在最后一块红烧肉上，众人一样的愧疚面容，一样的不自然笑声。故事是真实的，让人久久回味。

经历了最初的疲惫与饥饿，在拉萨通往日喀则路途中，史一先生终于感悟上帝造物的神奇，沿千山万壑奔腾而下的雅鲁藏布江，江水如怒狮咆哮般汹涌向前，声震九天，在领略大自然震撼中，不免让人听得心里发怵。然而散落沙滩的牛皮筏，零零散散，被静静地搁置一旁，风吹日晒中"遥想当年"。一动一静，相得益彰，立即吸引住他那敏锐目光，艺术遐思随即张扬开来。

史一先生告诉我："人类是与大自然不停搏斗中进化与成长的。江边的那情那景，非常入画，让我看到生命的来来去去，这就是创作黑白木刻《大江春秋》灵感之源。"当年人们乘牛皮筏而行，劈波斩浪，命悬一线。如今乘船乘飞机，往返天堑，轻松成行。科技在发展，社会在进步，牛皮筏便是直接见证。滚滚江水同样见证历史，奔腾向前，一泻千里，没有半点倦息，一浪盖过一浪，在历史时空中不断激发人类勇敢与豪气。

黑白木刻《大江春秋》的精妙之处，是以自然景观表达一种征服气概，一种不屈精神。初见作品，有的观者误以为风景版画，其实从立意到表达，从构图到陈述，作者真正用

史一对本文的修改手稿

意是对精神的扩大表白，风景只是借用而已。史一先生介绍：为了画面结构和寓意潜入，细小改动无数次，想到了就改，甚至半夜三更起床修改。大的改动有三处。一是将三个人屹立江岸，改为一人孑然傲立，由于形单影只，主题陡然跳出，提升作品的表现力。二是将正面形象改为人物背影，既是藏民的背影，也是历史的背影，暗合人类勇往向前的昭示，使画面意境得以深邃，提升作品的洞察力。如果细心观察，人物四周挖补痕迹依稀可见，成为判别真伪标志。三是将两岸风光的半景改为全景。江有多宽，浪有多高，延伸为一望无际，留给观者更多思考空间，提升作品的想象力。

大江春秋 黑白木刻 1996 年创作

黑白木刻《大江春秋》的生动气韵，来源于史一先生果断选择。创作之初，采用套色木刻还是黑白木刻，他曾经有过纠结，最终抛弃最能表达情感的色彩，决心以黑白木刻独辟新意。"我对黑白木刻情有独钟，黑与白具有色彩世界最神秘、最单纯的美。创作能否成功，关键是契合。"他没有跟随云南重彩之风，毅然选择黑白木刻，力求单纯上做足文章，用黑白语言展现对大自然的理解，对生命意义的诠释。不施粉黛，尽得风流。点线面的穿插，强烈与沉静的对比，块面与线条的烘托，尽情洋溢生命的律动，吐纳交汇，浑然天成。特别是深与浅的演绎上，牛皮筏、藏民与鹅卵石江滩，深色染就，既体现阳光强烈照射，又与灰调子江水拉开视觉距离，深浅组合，为渲染气氛与丰富层次添色不少。

黑白木刻《大江春秋》的意境寻味，来源于史一先生丰厚学养。他这样对我说："没有对作品的哲思遐想，创作会落入窠臼。没有对画面的精心筹划，作品会显现平庸。没有对内涵的深刻理解，难有深邃超越的意境。"作品通过文脉梳理，逻辑补充，诗意寻求，既有个性风格，又有共性审美，不得不承认都是学养沉淀所致，从而体现一种精神归属。史一先生很健谈，带着浙江口音的叙述，我是听中悟，悟中听，字字咀嚼，越听越有滋味。

黑白木刻《大江春秋》完成创作后，随即参加第十三届全国版画展，未出众人所料，如愿捧得金奖。获奖后还没两月，作品悉数被接踵而至的境内外藏家收藏，慧眼识珠，一时传为美谈。

人类文化的发展，是一个不断创造符号，不断传递情感的过程。提起史一先生版画艺术成就，不能不聊到儿时梦想。史一，原名史美良。他老家在浙江鄞县乡下，父亲早逝，打小跟随母亲过着清贫生活。尽管如此，家里还是节衣缩食供他读书，盼望有朝一日改变生活窘态。聪慧好学的他，文理兼秀，尤其喜爱绘画，就读宁波三中时，受美术老师精心辅导，完成艺术启蒙。其后，上海图书馆静心读书数年，又历经浙江美院附中和版画系九载寒窗，扎实的文学基础，坚实的绘画功底，严谨的创作态度，建立起牢实的艺术根基。随后，云南边陲小城十余年接地气生活，始终不见一句愁词。"我选择绘画，是内心真正的喜欢。"他利用与彝族、哈尼族同胞朝夕相处，伴随红河边的日出日落，马帮走过的路他走过，中缅界碑旁的风他吹过，成为一种不可替代的生活体验，给予他太多的梦里情怀。

中国传统美学认为，审美活动就是在物理世界之外，构建一个情景交融的意象世界。他在比拼传统文化中，一仍其旧，探寻本真，努力构筑自己的意象世界，成为艺术向往的不二目标。水印木刻《缅寺晨钟》《绿色篱笆》《家家都在花丛中》，就是那个遥远时代留下的痕迹，也是借物象抒发心中感慨。调入云南艺术学院后，心里多出一份高山流水般的恣意，这一时期作品自然充盈勃勃生机，黑白木刻《生命礼赞》系列、《灵之祭》系列与《岁月留痕》系列，这种回归艺术本质的表达，既是崇尚自然的赞歌，也是内在精神的四溢，每一幅作品情怀舒展，撩人心扉，成为自己摸索出的一条聊以自慰之路。

黑白木刻《金沙铁流》场景开阔，人物众多，创作中注重气氛营造与刀法组合，使作品蕴含声如千骑疾、气卷万山来的豪情，显现的恢宏之美与磅礴之势，点燃起作者与

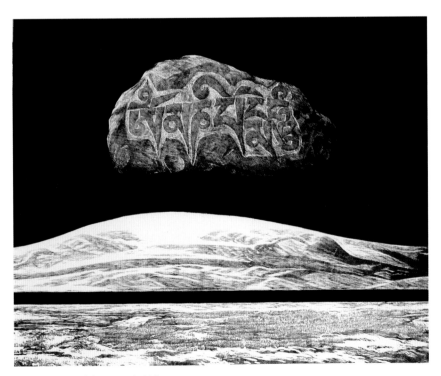

雪域之魂 黑白木刻 1998 年创作

观者的内心炽热，从而荣获建党七十周年全国美术作品展铜奖。

黑白木刻《灵之祭·躯壳》中皱痕斑驳的海螺，占据整个硕大画面，在黑色背景中，既突兀又大胆，这种图腾般冥想，是对岁月坎坷与生命顽强的一种感悟，空灵静穆，冷逸苍茫，该作品分获第八届全国美术作品展优秀作品奖、第十二届全国版画展铜奖。

黑白木刻《雪域之魂》以超越时空的结构，无雕琢感式的渲染，辅以镌刻藏文"唵嘛呢叭咪吽"六字真言的玛尼石，呈现一个未曾相识的神秘世界。自然景象的夸张，万物混一的空间，既体味少数民族的生猛怀想，又体味人类与大自然的相互依存，因此荣获第十四届全国版画展铜奖。

黑白木刻《石林·仙女湖》则以凝重挺拔的风姿，描绘著名的云南石林美景。山石林立，湖水荡漾，大黑大白的结构搭配，把简洁平实溶入黑白净界。一匹低首饮水的马，立于湖畔，动静相宜，暗藏的沉稳心境与预留玩味，一边品味诗情，一边陶醉画意，使作者的别出心裁与平和心境暴露无遗，让人们相看流连，作品荣获第十届全国美术作品展优秀奖。

岁月蹉跎，天道酬勤。史一先生的艺术创作，一直走抒情之路，但是照样闻到学术气息。在这条路上，他把真景与真情妥帖融合，把主观情感与画面营造别致贯通，以这种奇险、强烈的语言风格，不仅凸显作品的张力，还能澎湃观者的悟性，既实现艺术观念表达，又实现审美规律运用，由此奉献一大批彰显民族精神的力作，豁人耳目，启迪和滋养人们的心灵。

采访结束时，史一先生拉着我，一脸笃定地补充道："那次一万五千公里西藏之行，虽说艰辛异常，其中经历多次险情，却邂逅许多意想不到的风景，收获许多大自然的馈赠。在藏风秘谷之中，匆忙行走两个多月，积岁越久，记忆犹新。你不知道吧，我们这一拨衣衫褴褛的'野人'回到春城时，回头率很高，面对那些疑惑目光，大家昂首阔步，乐在自得。你问为什么？经历生死，何惧旁观。"

如今的史一先生，早已收住撒野的心，有时吹吹上海的海风，有时吹吹昆明的山风，闲暇之时，羊毫笔下习习生风，拂去红尘，悠闲岁月，他不需要张扬，因为有那么多作品为他张扬。

成功是什么？成功是过往历史。没有成功，努力成功。倘若成功，努力淡定。这就是黑白木刻《大江春秋》要说的话。

与朱维明（左）合影

朱维明

1940 年出生，浙江温州人。毕业于浙江美术学院版画系，硕士研究生。
中国美术家协会会员，中国版画家协会会员，中国美术学院版画系
教授、硕士生导师。

作品曾获浙江人民美术出版社连环画创作二等奖、第九届全国版画
展优秀创作奖、杭州市美协优秀创作奖、第十三届全国版画展铜奖、
浙江省建国 50 周年美展银奖、第九届全国美展银奖、中国版画家
协会与中国美术家协会联合颁发的 50 — 60 年代中国优秀版画家"鲁
迅版画奖"。著述颇丰。

代表作有：《黄河大合唱》《茅盾与故里》《先行者·苦行者——林风眠先生》等。

此唱彼和

2014年初秋，"刻木·纪事——朱维明从艺六十年作品展"在浙江美术馆隆重开幕。展出作品琳琅满目，散发着醉人的艺术芳香。黑白木刻《黄河大合唱》以磅礴之态，豪迈之势，与光未然作词、冼星海谱曲的《黄河大合唱》此唱彼和。艺术感召中的心潮跌宕，不仅让参观者流连忘返，也让冼妮娜女士闻讯赶来。一幅幅情感迸发的图式，一次次泪洒衣襟的牵情，让她仿佛梦回当年，与中国美术学院朱维明教授的约见，既感动于父亲冼星海抱病谱写《黄河大合唱》的记忆，也感动于朱维明教授创作黑白木刻《黄河大合唱》的会意。"我出生在延安窑洞。1945年，毛主席在延安请客时，让我参加了，并告知：你爸爸快要回来啦！可是等来的却是父亲病逝莫斯科消息。今日欣赏，思绪万千。"

黑白木刻《黄河大合唱》的创作成功，是朱维明教授深入中国近代史研究基础上，对观念与技法的精湛彰显，也是音乐转换图式的积极探索，珠联璧合，独有华章。

在构图上，以中式七条屏对应音乐七章节。《黄河船夫曲》中船夫挽狂澜，避漩涡，搏击惊涛骇浪，象征军民坚强抗战决心。《黄河颂》的巍巍太行，浩荡黄河，隐喻壮美中华岂容侵略。《黄水谣》的壶口瀑布，云雾遮天，暗示滔天劫难从天而降。《河边对

黄河大合唱 黑白木刻 1999 年创作

口曲》的黄河边，流沙逶迤，扎毛巾老乡的对话与大雁飞越长城的呼应，引发"打回老家去"的感慨。《黄河怨》中妇女投河前的哭诉，却是哀苦无告。《保卫黄河》以青纱帐为背景，游击健儿持枪挥刀，展示抗日力量势不可挡。《怒吼吧黄河》则以日出、彩虹、骑兵与波涛相组合，勾勒黎明必将到来的愿景。《黄河大合唱》在整体构建中，上下呼应，兼顾左右，既各自独立成章，又控制整体节奏；既从不同侧面表现主题，又深入挖掘内涵，拓展思考深度，观古鉴今，成为还原历史最为妥帖的版画语言。

在刀法上，以多种刀法造型，以多变刀痕造势，交叉运用，相得益彰。三棱刀铺垫刚劲基调，通过点线面交替，强化黑白对比，再以留白舒张画面。同时圆刀辅之，既丰富肌理，又突出淳朴。结合平刀晕刻，释放金石味，添加雄浑与粗犷。

朱维明的部分著作

在印制上，借"仿古宣"古朴之味，衬托沧桑历史；借水色淋漓，烘托大气磅礴；借标注章节，感受音乐与图式节奏。古人看画"远看势，近看质"，如今伫立黑白木刻《黄河大合唱》前，迅速被一种气势和情怀所包围，远观近赏，唯恐读得太快。

黑白木刻《黄河大合唱》的寄情，来自厚积心胸的底气。

1940年，朱维明出生浙江宁波中医药世家，祖父、外祖父均在温州开药店，至父亲朱律权接手，经营的元昌参号，已是当年温州最大参店，由于右任[注1]先生亲题匾额。日寇入侵，温州三次沦陷。在阴云笼罩中，其父带头抵制日货，既赢得世人敬重，也为朱维明幼小心灵烙下反抗外辱的印记。

同一个时间轴，在延安窑洞里，诗人光未然作词的《黄河大合唱》，经冼星海连续六个昼夜创作，终于完成救亡图存的最强音。延安公演后，如同吹响杀敌号角，迅速传遍神州大地。每每旋律响起，也为朱维明年少之时激荡起沸腾的血液。

1963年，他在大学毕业考察时，特意站立风凌渡口，观黄河波涛，看纤夫背纤，听船工号子，沙滩上深一脚浅一脚徘徊，体味黄河精神故里，寻找牵动他的创作灵感。1978年，他为恢复高考后首届研究生，专程来到敦煌莫高窟，仰望千佛洞，观斑驳壁画，赏无言彩塑，沙漠中深一脚浅一脚流连，体悟传统绘画精神，寻找牵动他的文脉源头。

1999年，共和国迎来五十华诞。中华民族的屈辱重负，厚积心胸的悲愤忧伤，遇到一个最合适的释放时机，创作黑白木刻《黄河大合唱》，就是敞开心扉与历史对话，长歌当哭，伸张的民族大义，为幸福生活中的人们，讲述不可相忘的家仇国耻。

黑白木刻《黄河大合唱》的寄情，来自日积月累的才气。

朱维明6岁入温州瓯江小学，受美术老师杨景艺开蒙。12岁入温州瓯海中学，又得美术教师孙孟昭[注2]悉心指导。其间，版画名家郑野夫[注3]在此任教，亦受熏染。17岁时偶得路经温州的版画名家张怀江[注4]、陈沙兵[注5]指点，影响极大，使他从此走上版画之路。温州那儿很特别，全面抗战开始后，版画宣传相当普及，中小学设有木刻教程，形成特有的学习氛围，他后来走进浙江美院版画系是很自然的事。

在这座艺术殿堂里，大师云集，环境宽松，让聪明好学的他，如鱼得水，畅游其中。同是温州人的张怀江先生，曾错定"右派"，他顾不得这些，经常悄悄带着习作当面求教。张漾兮[注6]先生患哮喘，上楼困难，他把楼梯下方空隙围起来，俩人躬身其中，赠给他的《送饭到田头》就在这里面印的。组织大西北考察时，赵宗藻、赵延年两位先生带队，一路写生，一路指导，受益良多。

大树庇荫，他却不愿乘凉。珍惜不易机遇，勤奋于版画创作，逐渐形成独具特色的现实主义绘画风格。艺术创作经历了两个重要阶段：一是云南时期，一是杭州时期。

1964年，他24岁，风华正茂，志愿来到祖国西南边陲云南，在中国美协云南分会任创作员。十四载岁月，不论宜良县参加乡村劳动，还是文山县开展四清运动；不论下放省级机关第一"五七"干校，还是筹备各类艺术展览，一边劳作，一边创作，延续着艺术憧憬。由于长期与多民族相处，与热带雨林相伴，他的作品总是带着大山的清新气息。《红河》《落霞》《西双版纳——可爱的故乡》的风景描写，《金桥玉路》《风啊风》《放马》的生活记录，情感纯真，倾洒风雅。其中套色木刻《金沙万里鱼水亲》入选建军50周年全国美展，水粉年画《喜讯传边寨》由云南人民出版社单幅出版，版画《永宁纳西人的婚礼》入选第五届全国美展。与夫人陈之川合作的套色木刻《集体户里新事多》，成为1976年第5期《美术》杂志封底。特别是为傣族长篇叙事诗创作的石版《葫芦信》，一套九幅，相继在十余种期刊发表。日出日落，探索不止，一面在政治运动中寻求精神守静，一面在蹉跎岁月中营造自然之美，成为一段抹不掉的南国记忆。

1978年，他38岁，人至中年，浙江美术学院再次为他敞开大门。可以这么说，在人生春播秋收中，他的青春年华献给云南，艺术丰收却是西子湖畔实现的。《西湖图》《雪径早行》《春潮带雨》《云淡风轻》《高风晚霞》等，让灵秀渲染心胸。《义勇军进行曲》插图、《为了忘却的纪念》《导师与纪程》《为二十世纪浙江文坛树碑》等，让刀痕回眸过往。《为了忘却的纪念》《日月潭》与6幅《义勇军进行曲》插图入选全国美展，《埃德加·斯诺在延安》《撒尼节日》《雨润如酥》《春曲》入选全国版画展，石版《再

林风眠先生 绝版木刻 2002年创作

接再厉》《卡尔·马克思一家》入选全国"三版"展。其中，《导师与纪程》获第九届全国版画展优秀创作奖，《茅盾与故里》获第十三届全国版画展铜奖。《黄河大合唱》获第九届全国美展银奖和建国50周年浙江省美展银奖。

时间脚步跨入21世纪，推出绝版木刻《先行者·苦行者——林风眠先生》，又一次刷新人们视觉。十字刀法组合中，林风眠先生形象栩栩如生，感动众人。布满老年斑的面容，花白寿眉下的眼神，在孤雁寒枝衬托中，体味着老人晚年心境，可信可敬。这位中国现代美术教育家，是一位融中西绘画精神先行者，为了表达崇敬之意，借孤雁图疏通文脉，体察压抑。借灰调子区分层次，拉开焦距。虽说是照片再创造，精湛的十字刀法，九版的细心套印，将林风眠先生屈心抑志的精神状态，刻画得入木三分，成为不可多得的版画佳作。

朱维明先生是位艺术多面手，平生喜爱速写，常常信手挥就，可惜相当数量手稿在"文革"中遗失。他绘制的连环画堆得老高，长篇有《蜜蜂记》《李尔王》《格兰特船长的儿女》《恐怖的森林》等，短篇有《泸沽湖畔女儿国》《伊豆的舞女》《仲夏夜之梦》《吉莉芭拉》等。他更以善著闻名，勤于笔耕，大量艺术理论文章畅美可读，尤以《野岭清流》《刀耕笔耘——朱维明艺文选辑》文采华茂，成为中国现代版画史的有幸弥补。因此，赵延年老先生常夸他："在我国版画界是真不可多得的人才。"

《温州百年风云》关于朱维明家族史的记载

我与朱维明先生的促膝长谈，非常投缘。他对自己艺术成就的叙述，显得有些轻描淡写，好像是应该做的。阳光滑过他的前额，因为皱纹，少些光亮，却让我见证艺术不凡，情操不凡。

注1：于右任（1879－1964）陕西三原人。中国近现代政治家、教育家、书法家。早年加入同盟会，曾任国民政府审计院长、监察院长。亦是复旦大学、上海大学、国立西北农专和草书研究社创办人。

注2：孙孟昭，女，浙江温州人。先后就读永嘉县女子师范讲习所和上海美专国画系，专攻花鸟虫鱼，曾受聘上海中学任国画教师，后为职业画家。

注3：郑野夫（1909－1973）浙江乐清人。毕业于上海美专。1938年当选"中华全国木刻界抗敌协会"理事，后任"中华全国木刻协会"常务理事。新中国成立后历任中央美院华东分院总务长、上海幻灯厂厂长、中国美协副秘书长等职。

注4：张怀江（1922－1989）浙江乐清人。毕业于上海美专，1947年赴浙南游击区，从事美术宣传工作。新中国成立后历任浙江美院教授、教务长，中国版协理事等职。

注5：陈沙兵（1920－1979）浙江温州人。曾就读英士大学美术专科和上海美专。新中国成立后历任浙江温州地委宣传部干部，人民美术出版社创作室创作员，冶金工业部《冶金报》美术编辑。

注6：张漾兮（1912－1964）四川成都人。1926年考入四川美专西画科，毕业后任《时事新报》《国难三日刊》《新民报》编辑，《自由画报》周刊主编。新中国成立后任浙江美院版画系主任，中国美协理事、浙江美协副主席。

与李以泰（左）合影

李以泰

1944年出生，上海人。毕业于浙江美术学院，获硕士学位。中国美术家协会会员，中国版画家协会会员，浙江省版画协会副主席，中国美术学院版画系副主任，教授，硕士研究生导师。曾任全国高等艺术院校版画年会展评委。

作品曾获美国波特兰国际版画展"帕彻斯"奖、日本"村上美术馆限定征集作品展"铜奖、建军六十周年全国美展优秀奖（该展最高奖）、神州版画博物馆授予"中国新兴版画贡献奖"、中国版画家协会与中国美术家协会联合颁发的80—90年代优秀版画家"鲁迅版画奖"。学术论著曾获浙江省第九届哲学社会科学优秀成果奖。

代表作有：《马克思主义是最明快的哲学》《彭德怀在朝鲜战场》《潮》等。

千万别忘记了他

  我们熟知的中国美术学院李以泰教授，以朝鲜战争为创作主题，先后创作过两件作品。一件是黑白木刻《彭德怀在朝鲜战场》，这是为建军六十周年全国美术作品展所创作，荣获该展最高奖项，并被中国美术馆、四川神州版画博物馆、浙江美术馆收藏。还有一件是合作连环画《不屈的伍大爷》，由浙江人民美术出版社出版，至今未能拜读。

  李以泰老师早年就读于浙江美术学院版画系，毕业后分配至杭州王星记扇厂任技术员，一干就是十年。花飞花谢，静待秋水。34岁那年，借着高校恢复招生的春风，他终于如愿以偿，回到魂牵梦萦的母校攻读研究生。重回校园那一刻，握掌成拳，强迫自己记住曾经的誓言。

  1980年，他幸运地留校任教，从而成为改变命运的转折点。在那座薪火相传的高等美术学府，他深知：只有别具一格的才思，把握当下的勤奋，才能成就心中抱负。那是一个引而待发的岁月，祖国刚走出"文革"的坎坷与沉重，雨后初晴，天高云淡。在温暖阳光抚慰下，版画家一面跃跃欲试，一面急切寻觅，一双双眼睛盯住版画语言转型。然而，李以泰老师却背道而驰，呈现对军事题材的一往情深，让关注他的人一时难以理解。我在寻求答案时，只好怀揣疑惑，来到杭州登门拜访，以求指点。

  "创作黑白木刻《彭德怀在朝鲜战场》，我是动真感情的"。李以泰老师右手指着

彭德怀在朝鲜战场 黑白木刻 1987年创作

画册，眼睛直视着我，娓娓道来："儿时崇敬人民解放军，哥哥加入空军行列后，特别留意军事题材。抗美援朝时，彭老总年过半百，置生死不顾，临危受命，甚为敬佩。彭老总敢讲真话，置荣辱不顾，为民请命，敬佩至极。"拜访之前，杭州的朋友告诉我，李以泰老师平时低调内敛，性格温和，此刻却是慷慨激昂，句句铿锵。家人一旁相劝："轻声点，轻声点。"

黑白木刻《彭德怀在朝鲜战场》的构图，以轰炸现场为背景，残墙断垣，浓烟翻滚，彭德怀司令员站在废墟一侧，手握望远镜凝视前方，如同一尊雕像。"抗美援朝战争中，彭老总经常冒着敌人炮火靠前指挥，主帅如此，还有什么能够难倒志愿军将士？麦克阿瑟也好，李奇微也罢，战争胜负由此可见。作品构图时，有意在彭老总身边设置成片爆炸点，表明指挥所在敌人炮火射程内。头顶上扭曲的钢筋，悬挂的水泥块，表明指挥所受过轰炸，或是利用炸毁掩体，以此强化战场气氛。"李以泰老师又告知，"塑造彭老总形象时，为了追求语言简练，衣服一刀不刻，突出画面结构的浑厚与凝重。面部神态坚定，通过炮火硝烟，身临其境，感受钢铁一般意志。彭老总虽然靠近画面一侧，但前方不堵，留足空间，也是留给读者更多的思考与想象。"

李以泰老师不愧为我国版画界黑白木刻高手，操刀向木，游心自然，借此寄存心中的深深缅怀。形式上弱化线条，增强块面，大块黑色不见刀痕，只有沉重。用刀上尽情发挥，刀砍斧凿，无需再作添加，以少胜多。风格上语言鲜明，直白如话，只为打动自己，记录心情。黑白木刻《彭德怀在朝鲜战场》的创作成功，可以说是一份情感顾盼，也是一份精神扩张。

春日杭州，美得醉人。在暖风中交谈，有一种说不出的舒心畅快。李以泰老师时不时抑制住谈兴，提醒我品茶，呷口香茗，舌尖苦涩，随之甘甜弥散。"千万别忘记了他。"年过七旬之人，说这句话时，字是一个个蹦出来的。在他的心中，思念不随白发老，从而成为黑白木刻《彭德怀在朝鲜战场》的创作理由，也成为掂得出分量的画外之音。

物有本末，事有始终。只有寻问原路，方能了解李以泰老师当年艺术理想是如何选择的。

1963年，创作黑白木刻《春》，画幅长16厘米，宽12厘米，画面中一只喜鹊立于梅枝，虽是踏进浙江美院大门后的习作，却也是暗香疏影，怡然自得。其后石版《农村姑娘》、套色木刻《志愿》、木刻填色《非洲游击战士》、套色木刻《雷锋》，以及石版《毛主席在九大》的推出，虽然是政治号召下的创作，却也是勤奋努力中的体现，作品积蓄的时代气息，青春萌动时的尽情展露，尽管过去了许多年，他仍记得播种时的点点滴滴。

李以泰老师版画艺术的真正"亮剑"，当数创作黑白木刻《马克思主义是最明快的哲学》，对个人而言找到了版画创作主题，对时代而言找到了免遭禁锢题材。1974年，

马克思主义是最明快的哲学 黑白木刻 1974 年创作

正是"文革"桎梏岁月，虽然对鲁迅题材创作开着绿灯，却使类似作品涌如潮水，要想显露峥嵘，实属不易。他不是没有考虑过，但更坚信自己的驾驭能力。为了这个自信，不知做了多少功课，首先来自熟读王士菁《鲁迅传》及大量回忆录与通信，完成当初的自我拷问。其次来自反复观摩鲁迅先生照片，偶尔闭上双眼，音容笑貌，行为举止，顿时浮现于眼前。同时来自恰当的、妥帖的表现形式，黑白木刻具有的厚重与简练，应用时的至情至理，只待心之所想，一刀便可见功。

画面中，新兴木刻导师鲁迅先生形象丰满，姿态洒脱，斜侧着身体，一手压在打开的书本上，一手习惯地夹着香烟，凝神翘首。在弥散的袅袅烟雾中，既扩展着鲁迅先生的思绪，也扩展着独有的精神特质。周边的镜框、书橱、藤椅和书桌，以及用纸包裹的电灯泡，既是伴书夜读的见证，也是黑夜明灯的隐喻。作品紧扣鲁迅对马克思主义理论研究，由此产生"马克思主义是最明快的哲学"之感慨，捕捉这一刻的激动与喜悦，既是挑明主题，也是经典瞬间。这里没有图式沿革，自然摆脱雷同与从众，在概括之中升华境界。刀法简练洒脱，达到多一刀累赘，少一刀缺憾的境地，悉心妙手，独展新姿，成为鲁迅绘画题材中最为推崇作品之一，流芳中国当代版画史。

李焕民先生曾给他来信："早在你发表《马克思主义是最明快的哲学》时，我就向人说过，中国版画界出现了一个黑白能手。"此番评价中肯而贴切。

此后，李以泰老师以淡定的心态，明确的目标，一如既往地守诺与追求，艺术之路越走越加广阔，可谓名下无虚。一面成就江南风情，刀笔留痕，渐入佳境。《潮》《织渔网》《江南三月麦收忙》《竹乡》等，南国水乡，微风绿树，浓浓的故乡情丝，隐隐的诗意寄怀，绘成得意，刻成任意，先后被中国美术馆、四川神州版画博物馆等艺术机构收藏。一面寄怀新疆风情，信马由缰，流光纵横。《吐鲁番之春》《啊，火焰山》《希望》《新疆短歌》系列、《集市抒情》系列等，写意式道白，诗意般语言，把新疆维族风情描绘得惟妙惟肖，先后被中国美术馆、日本村上美术馆、美国波特兰博物馆、四川神州版画博物馆收藏。同时以新意境塑造历史题材，枝蔓添彩，满眼生辉。《十月风云》《周总理与李四光在杭州》《马克思一家和恩格斯》《未来》《爱国华侨陈嘉庚》《李大钊烈士》《艺术大师潘天寿》等，历史人物的刻画，既要形准，又要传神，他总能以简约洗练的语言，塑造得形神兼备，为曾经历史留下难忘风采，先后被上海美术馆、四川神州版画博物馆、潘天寿纪念馆等艺术机构收藏。

李以泰在杭州王星记扇厂时的
工作照

诚然，沉浸李以泰老师黑白木刻的精彩纷呈，不可忽略他对水印木刻的独有贡献。早在20世纪80年代初，他就开启了木刻水印技法的探索。在浙江美术学院主攻木刻水印技法，有着诸多优势与便利，前辈大师的教诲，学术氛围的浓烈，都是高点起步的平台。从《母与子》中的熊猫，到《白蛇传》系列的许仙与白素贞；从《月亮与少女》系列的形体刻画，到《黄山夜色》《嘉陵江畔》《湖光舟影》《富春江畔》《漓江滴翠》和《峨嵋雪》的风情徜徉，水色的浸润空灵，构思的自由自在，跌宕的情感追索，为作品添加意境，成为一种艺术感召形式，分别被英国大英博物馆、欧洲木版基金会、上海美术馆、四川神州版画博物馆收藏。

这么多年来，说起李以泰老师的艺术经营，他好像开了一间"杂货铺"，素描、速写、水彩、粉画、连环画、藏书票和漫画，应有尽有，相当丰富，通过不同绘画工具，展示各自语言特征，让创作空间越加广阔起来。也好像是一簇"浮萍"，不仅有弥漫水面的娇媚，更有沉底的理论修养。他以不断进取的学术精神，走马看乾坤，既有《谈谈画面的黑白艺术处理》《黑白简论》《基础与创作的衔接》等论文见诸报端，又有专著《李以泰木版画技法》，由台北世界文物出版社出版；专著《构图中心技巧释秘》，由浙江人民出版社出版；专著《黑白艺术学》，由中国美术学院出版社出版。数十年来，李以泰老师以丰厚的知识储备，澄明的文化视野，在眷顾版画艺术研究中，实现文章与画章的相得益彰。这些沉淀白纸黑字的艺术理论，飘着墨香，泛滥心田，特别是那些思辨性的语言，经验性的概括与操作性的叙述，既能领略他的艺术见地，也能窥见他的心底微笑。

成就一位杰出版画艺术家，需要诸多条件。天赋与勤奋，学识与修养，责任担当与精神境界，这些，李以泰老师都有。

与其加达瓦（右）合影

其加达瓦　　　1946 年出生，四川甘孜人，藏族。毕业于四川美术学院。中国美术家协会理事，
中国版画家协会理事，四川省美协常务副主席兼秘书长，四川省文联常务委员，
四川省美术馆副馆长，深圳画院常务副院长，深圳市文联副主席，深圳市美协副
主席。国家一级美术师。享受国务院特殊津贴专家。

作品曾获中国首届少数民族美展佳作奖、首届"民族之花"少数民族美展铜奖、
第二届"民族之花"少数民族美展银奖、日本艺术研究会金奖、第八届全国美展
优秀作品奖、四川省文联授予"德艺双馨艺术家"称号和中国美协、中国少数民
族美术促进会授予"民族杰出美术家"称号。中国版画家协会与中国美术家协会
联合颁发的 80 － 90 年代优秀版画家"鲁迅版画奖"。

代表作有：《开路》《育林人》《金色的秋天》等。

金色的秋天

命运这个词，放在著名版画家其加达瓦人生轨迹上，能比别人扯出更多的故事。

其加达瓦老师的命运，是命和运的最好诠释。

先说说命。其加达瓦是藏族人，家乡在四川甘孜，那里是我国藏族同胞重要聚集地，

我的童年 黑白木刻 1965 年创作

既有巍峨高耸的雪峰，也有空灵疏秀的飞瀑，山石多姿，风景宜人，一曲《康定情歌》更是名扬海内外。可是六十多年前，在万恶农奴制下的藏族同胞，却生活在水深火热之中。其加达瓦出生后，没有见过父亲，八岁时母亲去世，弟弟送人，从此孤苦伶仃，生活无着，最后成为寺庙里的"小扎巴[注1]"，受尽欺凌和压迫，尝尽悲凉与辛酸，在零碎的童年记忆里，只

有饥饿、恐怖和别恨离愁。多年之后，他创作黑白木刻《我的童年》系列时，那些求问苍天的画面，既是苦难童年的见证，也是血与泪的控诉。

再说说运。幸运之神一次又一次降临"小扎巴"。

第一次发生在 1951 年。那一年，穿着土黄布军装的"金珠玛米"来了，没多久开办甘孜县小学，孤儿优先入学，蓬头垢面的其加达瓦开始了新的生活。开学第一天，那是"小扎巴"有生以来最灿烂的日子，他与一群孤儿背起新书包，坐在朗朗读书声的教室里，这是做梦也没有想到的啊！

第二次发生在 1959 年。从小喜欢在地上用树枝学画画的他，13 岁那年，被保送到四川美术学院民族班。那一年甘孜州仅有五个名额，他占一个。突然敞开的艺术大门，让他实现梦寐以求的奢望，高兴得见到人就咧开嘴傻笑。

第三次发生在 1964 年。20 世纪 60 年代初，四川黑白木刻蓬勃兴起，这是新中国成立后最先亮相的重要版画流派，高手云聚，独领风骚。时任中国美协秘书长的华君武先生，深谋远略，运筹帷幄，他在四川美院考察时，建议培养少数民族版画家。于是，四川美院精心挑选两名少数民族学生，作为苗子重点培养，一位是彝族的金叶阿鸽，后来成为著名版画家，现任四川省美协主席。另一位便是藏族的其加达瓦。

虽然一路孤单行走，却是一路邂逅幸运。这不，他从四川美院毕业时，一手接过

毕业证书，一手接过工作介绍信。四川省省会成都市，这是一座2300年城址不变、城名不改的城市，其加达瓦扛着行李径直走进四川省美协大门，顺顺当当地成为专业美术创作员。

第四次发生在2000年。那时候，深圳已成为我国改革开放的前沿窗口，各项事业为了领全国之先，求才若渴。随着一束电波，橄榄枝又一次飘落到其加达瓦老师身边。人生的风景就是这样，今天与其擦肩，明天又与其牵手。他没有多想，受邀担任深圳画院常务副院长，这位黑白木刻《金色的秋天》作者，人生的秋天同样是金色的。

站在我面前的其加达瓦老师，虽然年近古稀，面色红润，中气十足，身着彩色条纹开领衫，黑色长裤配以吊带，别有一番潇洒。聊起黑白木刻《金色的秋天》的创作，仿佛打开了话匣子：

"通过黑白木刻《金色的秋天》创作，描绘西藏人民喜获丰收的劳动场景，这是发自内心的感慨。西藏，古时称羌戎地，唐宋称吐蕃地。西藏地区藏民与四川、青海地区藏民，在历史文化、宗教信仰、生活习俗上大致相同，由于地理环境不一样，又有诸多差异，如农活、服饰与秉性等。"

为了创作黑白木刻《金色的秋天》，其加达瓦老师先后两次进藏，踏访高处不胜寒的拉萨地区。风尘跋涉中，或马背颠簸驰骋，或穿梭牛粪火堆，或烈日当空行走，或酥油灯下滞留。一路匆匆，呼吸着稀薄明澈的空气，体验着当地藏民的生活，虽然同为藏胞聚集地，大同小异，有其异，就有其区别，也就有额外的趣味与看点。他以艺术家眼光和本民族视角，挑剔之中观察，寻觅之中区别，不仅注重细微之处，更注重多层面透析，仔细找出熟稔中的陌生，所以作品读出不一样的情感温度。

我国西藏拉萨地区，那是离太阳最近的地方。画面中，青稞粒粒饱满，膨胀得几乎要炸裂开，只有日照时间长的青藏高原才会如此。高原阳光下的藏女，身着精心缝制的"邦典"（围裙），那形象，那图案，也是那片土地特有的，所以黑白木刻《金色的秋天》推出后，连当地藏民也点头认可，竖起大拇指连连称赞。为了达到心目中的视觉效果，他决意采用黑白木刻来表现。黑白木刻具有的简洁、明朗，通过刀法起落，线块互融，呈现千变万化的刀痕木味，最大限度烘托高原民族的生活特点，让秋色更加明媚，让意境更加深邃。倘若凝视，仿佛青稞是金色的，秋天是金色的，西藏人民生

金色的秋天 黑白木刻 1984年创作

活也是金色的。

功力所至，表白无声。其加达瓦老师以往创作中，习惯在梨木上下刀，因为木质细腻，行刀流畅，印制精细，长期以来多少有些偏爱。此次创作，他却选用坚硬艰涩的白木，利用其木质特点，在涩滞中让明暗关系与众不同。构图采用肖像式，剔除背景，突出主体结构，以特写聚焦看点，从藏女的喜笑颜开中，感受那种发自肺腑的喜悦，提升作品形式感和概括力。李焕民先生称赞道："《金色的秋天》是肖像式的特写，饱满的青稞麦，包裹着丰收的喜悦，这幅作品形式感很强，刀法响亮而富有装饰性，标志着其加达瓦在黑白木刻技法上的高度。"

黑白木刻《金色的秋天》的精神张力，源自作者的内心对晤与情感疏通。其加达瓦老师没有因为同属藏民族，漂浮体察生活的表层，而是努力走入同胞内心，找回本性，探寻本真，谋求与主人翁共同的情感寄托，从而形成逸趣横生的画面。注重刀法与造型关系，既不固守于形，也不固执于刀，刚柔相济，虚实相生，运用黑白二色的对比、衬托，把主要的东西突出来，形成视觉上反差，从而丰富人物造型，感悟到一种生命的真实。黑白木刻《金色的秋天》获第二届中国少数民族美展"民族百花奖"，先后被中国美术馆、辽宁博物馆、天津博物馆、深圳美术馆和欧洲木板基金会竞相典藏。

其加达瓦老师与我交流时，反复强调："不是我有多大能耐，而是每每享受社会变革带来的机遇，我是时代幸运儿。"命运的数度垂青，为"小扎巴"成为我国著名版画家铺出一条五彩之路。机遇固然重要，个人努力更为重要。"别人无法代替自己成熟。"他是这么说的，也是这么做的。在这条充溢艰辛的艺术路上，坚持不懈，勤学苦修，为了"画不惊人誓不休"，注意积累，释放心智，逐步形成构图简约、形象突出、注重细节、质朴感人的版画风格，作品具有的强烈艺术感召力，不仅拓宽藏民族的绘画语言，也极大丰富中国当代版画的民族性。

其加达瓦老师与我交流时，再三强调："人生道路无论怎样千姿百态，我是怀着感恩之心走到今天，画到今天。"接连不断的个人作品展览，一阵儿在美国、加拿大、德国和罗马尼亚，一阵儿在日本、马来西亚及我国香港地区。作品带着高原气息和牧歌般抒情，吸引一批又一批国内外观众。一个人可以走得很远，却走不出自己的童年，感恩意识影响他的一生，这种自发原动力一直伴随左右。

根连着叶，叶连着根。从拿起木刻刀那一刻起，他首先想到的就是感恩。19 岁那年，创作黑白木刻《开路》，描写"金珠玛米"和藏民一起推雪开路。这条路也是他告别家乡，到内地求学走过的路，在激荡情感驱使中的创作，成为第一次感恩，发表于《人民日报》，上海人民美术出版社以此出版年历画。黑白木刻《星空》描写找到失散多年的弟弟，手足团聚，让他高兴得梦里笑出了声，又一次感恩。黑白木刻《情深》描写高原牧区巡诊医生，为藏民送医送药，救死扶伤，再一次感恩。黑白木刻《藏家乐》用快乐想象的方法，展现藏族同胞喜获丰收的喜悦，同样是感恩。黑白木刻《育林人》描写屹立高山之巅育林人，虽是饱经沧桑的藏族老者，体魄健壮，神态坚毅，右手提水桶，左手扶锄柄，折射生命的倔强。不知老人是在观察林区，还是远眺未来，那是何等的自信与豪气，还是感恩。汶川大地震发生后，他精心创作黑白木刻《震后重逢》，描绘两位藏族同胞灾后相逢，饱经风霜的脸与紧紧相握的手，不论观者如何解读，仍然是感恩……

有人说，版画具有概括之美，这种审美形式是版画与生俱来的特征。其加达瓦老师的版画艺术，同样具有概括之美，他把内心最感动的事，用最精炼的语言，概括为独具面貌的版画图式。借助取舍，简洁表达。正像我们致谢别人时，虽然有很多话要说，最后就两字：谢谢！

艺术，是作者的心灵描绘。怀着感恩之心的创作，是带着体温的倾诉，没有尘俗，只有纯真。

在这个世界上，感恩之心最美！

育林人 黑白木刻 1984 年创作

与郑作良（左）合影

郑作良

1947 年出生，浙江杭州人。先后毕业于浙江美术学院附中和浙江美
术学院版画系首届高研班。中国美术家协会会员，中国美协版画艺
委会委员、副秘书长。中国美术馆专家委员会委员，中国艺术研究
院版画院副院长，四川美术馆顾问，曾任中国美术馆收藏部主任，
国家一级美术师。

作品曾获北京市文联文艺创作奖、解放军总参谋部美术创作金奖、
日本国际版画研究会金奖、第五届日本高知国际版画邀请展优秀奖、
中国版画家协会与中国美术家协会联合颁发的 80 — 90 年代优秀版
画家"鲁迅版画奖"等。

代表作有：《狱中秋白》《延安中央军委办公厅旧址》《大漠深处》等。

战 友

　　我与中国艺术研究院版画院郑作良副院长同年参军，每次见面总是以"战友"相称。凡是在部队工作过，又遇到曾经穿过军装的人，通常都这么称呼，特亲切，一下子拉近情感距离。

　　20世纪80年代初，郑作良老师创作的黑白木刻《狱中秋白》，这是他版画创作最可称道的成就，也是中国当代版画史中的名篇。每次相遇，免不了请他聊聊创作体会，渐有积累。根据零散记忆，粘贴如下：

　　"有一篇文章这样描述：瞿秋白临刑前，正在为别人篆刻一枚印章，告知即将行刑，他连头都没抬，说道：'等一等，让我把这个字刻完。'当刻完最后一笔，平静地说：'好吧，上路吧。'临刑前手持烟卷，盘腿而坐，神情自在。高唱俄文《国际歌》和《红军歌》，歌毕，饮弹而殒。人虽挥兹远去，视死如归的淡定与从容，现在读来仍然震撼心灵。"

　　"1935年，瞿秋白在福建长汀英勇就义，时年36岁。为了创作黑白木刻《狱中秋白》，我一面大量搜集历史资料，力图透过岁月缝隙佐证过往历史。一面远足瞿秋白生活过的地方，徘徊老街旧巷寻找创作灵感。如何表现他的风骨与气度，实现从容对接，成为盘旋胸间的心结，也成为那段不寻常日子的久久期待。思索之中，既要规划场景，又要展示神态。即要大胆推测，又要贴近史实。瞿秋白担任过中国共产党最高领导人，又担任过《新青年》《前锋》主编，还是上海大学教务长兼社会学系主任。因此，塑造他的形象，即要体现革命者的不屈精神，又要展示文人学者的情操气节。"

　　"中国革命最关键时刻，瞿秋白在汉口主持召开了中国共产党'八七会议'，确定土地革命和武装斗争总方针，并决定发动秋收起义，功彪史册。毛泽东出席会议，并提出著名的'枪杆子里出政权'伟大论断。"

　　"《狱中秋白》的创作构思，酝酿再三，前后达一年之久。"

　　"艺术创作不是庭前赏花，既要投入心智才华，还要投入真情实感，否则作品不能打动人。初见《狱中秋白》时，驻足屏气，感受到一种直扑心底的震动，如此强烈的艺术感染力，非常难得。您是如何塑造瞿秋白那种泰山崩于前

狱中秋白 黑白木刻 1982 年创作

而不惊的神态？"

"瞿秋白说过这样一句话：'人爱自己的历史，好比鸟儿爱自己的翅膀，请勿撕破我的翅膀。'他看重生命，更看重生命的尊严。在构图上，一改振臂呼口号式造型，以静取胜，磅礴气场。在形体上，瞿秋白仰面抱臂于胸前，身陷囹圄，风骨依旧。在表情上，眉宇之间，镜片之后，是他那无畏与从容的目光，面对生死，毫无惧色。在场景设置上，抛开通常采用的牢狱背景，直接引用他自己的话语，既靠近身份，又贴近主题，《狱中秋白》塑造热血祭祀信仰的瞿秋白，以此传扬那一代共产党人无私无畏的革命精神。"

"《狱中秋白》构图大气，既注重作品形式美感，又注重人物形象刻画。准确提炼，高远意境，具有一股挡不住的精神气度。在具体描绘中，留意镣铐的沉重感，通过把控细节，多出一份苍凉与凝重，非常耐读，荡心励志。为了恰当表达，据说你在创作阶段曾经试戴镣铐？"

"'运用之妙，存于一心[注1]'。虽然不能身临其境，但要寻找感觉。我从文工团《红灯记》剧组借来镣铐，在反复体味中找出理想体位，比如摆放位置、锁链角度。不仅如此，一面从新华总社找到担任俄语翻译的瞿秋白女儿，寻得一张未曾发表的照片，一面借用自己的体型特征，组合为瞿秋白的整体形象。我那时35岁，身体单薄，年龄与体型的接近，自然成为不麻烦别人的模特。"

"为什么选用黑白木刻创作《狱中秋白》？"

"木刻从根本上讲是一种黑白艺术，这是永恒的色彩，也是最美的色彩。在版画语言中，木刻以黑白为正宗，强烈凝重，简洁明快，历来被版画家所看重，成为孜孜以求的追寻目标。我在浙江美术学院版画系学习时，众多老先生精彩的黑白木刻，粗犷奔放，直抒胸怀，深深地打动我、吸引我。黑白木刻具有的特质，加上拼接而成的梨木版，非常适合表现《狱中秋白》，所以毫不犹豫地采用了。"

"欣赏《狱中秋白》时，背景的雕琢味，文字的空灵感，浸透着中华传统美学的金石味。挥刀与拓印造就的残缺，如同中国画的'飞白'，使黑色背景通畅透气，这种凝重与松弛的灵活运用，是偶然相遇，还是有意为之？"

"文人治印，讲究节律分明，浑然天成。我在创作《狱中秋白》时，如何控制画面整体结构，如何把握局部疏密关系，小心谨慎，不敢怠慢。版画家的刀法运用，那是约束之中的自由。刻制时，我以曾任中央美院党委书记杨澧赠送的凹口刀，大胆铲削，形成撕裂状刀触，既要有石刻造像的韵味，又要防止偏离版画的属性，努力在平衡中求统一，既有结构表现，又有画外余味。既灵动，又有新意。"

"什么原因促使你这么冷静思考，由此形成自己的创作风格？"

郑作良在前线阵地

"20世纪70年代初完成《老赤卫队长》创作，别人说是学赵延年先生的。70年代末完成《天山新路》创作，虽然入选庆祝建国三十周年全国美展，《美术》杂志同时予以发表，别人说有一股洋味儿。评价是对的。我在黑白木刻创作中，确实走过两段'弯路'。先学老师，后学洋人，其实都可以学，也应该学，但最终要走出自己的路。"

"你真坦诚！"

"艺术需要坦诚。版画家应当胸襟坦荡，具有理性反思的能力。事实上，有了以上两次深刻教训，我在创作《狱中秋白》时，分外注意扬长避短，一边舍弃，一边探索。创作中尽量淡化'洋'味，追求民族气质，实现回归根之所在。既追求碑帖的拓印效果，适度融合金石味，丰富黑白转换，提升文脉格局。又追求黑白单纯对比，多用直接符号，减少虚无飘渺，提升视觉张力。由于重视黑白对比，尽力体现木刻本体美，作品也就有了流畅感、阅读感。《狱中秋白》创作路程较长，其间数易其稿。有一段时间，干脆搁在那儿，待神思纯净后重新起稿。"

"《狱中秋白》问世后，在社会上赢得巨大精神共鸣，观者反响强烈。据说赵宗藻先生曾经这样评价：《狱中秋白》无论从构思立意，还是人物塑造，作者刻画得入木三分，留下令人难忘的印象。是否有此一说？"

"有的。赵宗藻先生是我的老师，他的肯定，让我非常高兴。他曾对我说，表现瞿秋白的美术作品这一幅最满意。"

此后，黑白木刻《狱中秋白》入选全国美展和全军美展。再以后，被中国美术馆、北京市美协、中国美术家协会等艺术机构收藏，多年后相继入编《中国百年版画》集和《中国美术六十年·版画卷》。

回首过往，星移斗转。郑作良老师长期担任中国美术馆收藏部主任，具有得天独厚的学习环境与学术氛围，那是一般艺术家无法企及的。常年馆藏精品的艺术熏陶，南来北往的切磋交流，见得多，听得多，久而久之，不受感染才怪呢。一面修行人生，一面积淀学养，让心胸与眼界越加壮阔起来。客观地讲，工作环境本身就是助推器，在耳濡目染滋养中，他的艺术思考日益深入，艺术路标越发远大。他笑谑："大刀阔斧。"这句话一下子点醒了我，正是这句座右铭，对他艺术前行有着不可替代的作用。依其性格，不是盘膝而坐，独品闲茶之人。与辛劳做伴，勤于思索，勤于创作，一意孤行中不断释放情思，这才是他的秉性。

回望一下，先是《延安中央军委办公厅旧址》《持酒杯人》《花神》《红楼岁月》推出，接着《交河夕照》《古城印象》《冰山之父》紧随其后。随着时光流淌，熬过夏的煎熬，等来秋的收获，他在艺术境界与人文精神日益提升中，佳作迭出，分享感动，带给人们一个个畅快淋漓，一幅幅万千气象。有一天，他突发奇想，决意逃离喧嚣，独自挂杖远行，

大刀阔斧

己亥夏至吉日
郑作良

郑作良馈赠作者的题词

黑白斧

风尘仆仆来到祖国西北大漠深处，感受大雁孤飞的愕然，那些跋涉行旅的回忆，那些风沙掩盖的脚印，使他此后的版画创作少了粉气，多了苍茫与浑远。

郑作良老师告诉我："人们背靠沙发观看电视，大漠戈壁是浓缩屏幕的图像。当你孤身行走大漠，面对无边无际，寸草不生的戈壁滩，瞅得心里发慌之时，那是一种何等体会？"在艺术创作中，要摆脱照镜子般反映生活，只有亲身体验，寻找自我感受，对于艺术创作至为重要。黑白木刻《大漠深处》的问世，虽然隐现"两张两赵"影子，更多是磅礴之势与雄浑之气。不拘章法的构图，肆意任性的用刀，挥洒自如的造势，在线条与块面的冲撞中，见到沧桑，也见到豪情；见到荒漠，也见到倔强。这是来自生活的第一印象，也是发自内心的真实感应，不落俗套，风格在我，这正是郑作良老师新时代的新感受。

潘公凯[注2]曾这样评价他的老同学：郑作良是一位十分勤奋执着的版画家，他在中国美术馆繁忙的日常工作之余，仍坚持创作不懈，用他手中的木刻刀抒发着对当代中国变革的感受与挚爱。这是对郑作良老师艺术实践最为恰当的总结。

有人偶有一得，守之为本。郑作良老师不是这样，近些年，他一面以旺盛激情投入版画创作，《墨痕》系列等作品推出，深度发问形式美。他言：让观众了解墨色与墨痕的美妙动人，体验"墨美"与"抽象美"是我的本意。一面热情如火地为普及版画呐喊，钟情如一，至真至诚。他言：让版画焕发当年的无穷魅力，体现责任和与约明天，这是我的初衷。

我敬佩我的"战友"。

大漠深处 黑白木刻 2006 年创作

注1：《宋史·岳飞传》："阵而后战，兵法之常；运用之妙，存乎一心。"
注2：潘公凯，1947 年出生，浙江宁海人。我国著名国画家和美术史论家。毕业于浙江美术学院。曾任中国美术学院和中央美术学院院长，中国美协副主席等职。

与滕雨峰（右）合影

滕雨峰　　1952 年出生，辽宁凌源人。毕业于河北工艺美术学校和中央美术学院版画系专科班。中国美术家协会会员，中国版画家协会会员，河北省版画研究会副会长，河北省版画院副院长，国家一级美术师。

作品曾获第十四届全国版画展银奖、第十五届全国版画展金奖、东京都"日中国际版画展"一等赏（该展最高奖项）、青岛国际版画双年展铜奖、第九届全国美展优秀奖、第二届中国美术金彩奖作品展优秀奖、第二十届全国版画展"中国美术奖提名"及河北省美展金奖六次、银奖六次，及河北省文艺振兴奖、中国版画家协会与中国美术家协会联合颁发的 80—90 年代优秀版画家"鲁迅版画奖"等。河北省人民政府授予"有突出贡献的中青年专家"。

代表作有：《背负》《老两口》《苍生之三》等。

谁是"哥"

五年前，初见河北省版画院副院长滕雨峰，是在河北美术馆举办的"中国当代版画邀请展"酒会上，我俩挨着坐。

大伙儿刚落座，河北省美协版艺委副主任王杰斌，噌一下站起身，提议为滕雨峰老师荣获第二十届全国版画展"中国美术奖提名"干杯，众人离座，举杯祝贺，酒杯一阵乱撞。时至花甲之年，获如此殊荣，着实可喜可贺。于是，我起身单独敬他一杯，哪知为了谁是"哥"抬起杠来。你一言，我一语，煞是有趣。

他说："谁年长？"我说："我年长。""不可能。你属啥？""属龙！你呢？""我也属龙。几月生？""六月。"他大声叫起来："那么巧，我也是六月。"我赶紧问："哪一天？""六月二十六日。你是哪一天？""六月八日。"他瞪大双眼，满脸写着疑惑二字："你蒙我吧？"我不慌不忙从上衣口袋掏出身份证，轻轻放在他手里："仔细看看。"看过身份证，他喃喃自语："没说的，你是哥。"大伙起哄："叫一声。"滕雨峰老师实实在在喊一声"哥。"

说到这儿，我得补叫滕雨峰老师一声"哥"，为啥？我从部队转业时，爱人办理户口转接，农历六月初八误录为公历，所以有了以上捧腹的故事。

滕雨峰老师的实在，更多体现在他的版画作品里。不妨聊聊他那蕴含黄土深情的三幅力作。

第一幅是黑白木刻《背负》，创作于1998年。秋天的陕北高原，沟壑纵横，山脊高耸，满眼秋草落叶。在崎岖山路上，一位背着沉甸甸柴火的老汉，费力地弓身前行，双手紧拉肩上绳索，眼瞅着脚下的路，不知是背负太沉，还是盘算收成，抬起的脚显得很沉重。头扎白毛巾，饱经风霜的脸与倾斜身影，将日出而作日落而息的陕北老农，描绘得鲜活生动，弥散着一股扑面而来的亲近感。构图主次分明，山峦、树丛、小路，或降低色度，或移开空间，衬托老农的艰辛劳作。背负的姿态，成捆的柴火，弯曲的山路，烘托纯真的勤劳本色。作品隐隐地告诉我们：收获需要付出代价。作品一经露面，便获得第十四届全国版画展银奖。

第二幅是黑白木刻《老两口》，创作于2000年。在陕北高原窑洞前，满地晾晒的谷子，以及散落一地的高粱秸。老两口相依而立，老爷爷皱折满脸，胡须皆白，面部平和而从容，佝偻扎着腰绳的身躯，捏着形影不离的旱烟杆。扎白毛巾老奶奶满面皱纹，堆砌的却是微笑，里长外短的着装，青筋凸起的手与提着的簸箕，显然正干着活儿呢。这是一幅真实留影，来自滕雨峰老师1998年秋天的一次写生。这对年近八旬老夫妻，没有子女，相依为命，虽然生活清苦，却很踏实，真正的爱体现在平淡岁月的相守。贴近生活，以形传神，接地气的题材与呼之欲出的逼真，形成质朴至纯的艺术感染力，紧扣观者的心。作品隐隐地告诉我们：幸福不论穷富。黑白木刻《老两口》既是滕雨峰老师的巅峰之作，也是中国当代版画极具代表性力作，荣获第十五届全国版画展金奖。

背负 黑白木刻 1998 年创作

老两口 黑白木刻 2000 年创作

第三幅是黑白木刻《苍生之三》，创作于 2013 年。这是一幅北方老人肖像，形神兼备，精致至极。额上的白毛巾，可见绒线卷曲蜿蜒；花白的头发，可见长短稀疏；满脸的皱纹，可见交错纵横；浓眉厚鼻，微眯双眼，逼真的形象惟妙惟肖。还有中山装里的圆领衫，清晰可辨，衬映得老人栩栩如生。远看慈祥开朗，神情里充溢知足；近看凹凸有致，光影里显现肌理。在苦心营造中，多种刀法并用，努力挖掘黑白木刻精髓。作品隐隐地告诉我们：平凡与希望同在。在第二十届全国版画展中，黑白木刻《苍生之三》获"中国美术奖提名"。

不妨再聊聊滕雨峰老师一路上的创作思考。

农村题材是一本日记，记录着他的艺术追求，也记录着曾经的感动与求索。

16 岁时的青涩少年，插队乡村，举目无亲。白天辛勤劳作，夜伴孤灯，空寂让成熟提前交给了他。那时候，乡亲们日子虽然过得紧巴，却时不时周济他。虽说一个土豆，几把高粱米，半饥半饱中的感动，刻在心底，融入笔端，这是特殊岁月里造就的特殊情感，最终成为他的终生记忆，一刻也没相忘。

22 岁时的工农兵学员，在河北工艺美术学校学习的每一天，都让他兴奋，也让他沉迷。那是一个艺术荒芜年代，有机会享受两年艺术交集，机缘不易，分外珍惜。如今在他记忆里，最深刻的除了教室，就是看书入迷之时，不催赶不离开的图书馆。

26 岁那年，由于才艺显露，他被调到河北省承德地区群众艺术馆，一边开展群众美术活动，一边坚持版画创作。六载岁月，他仿佛以脸贴地，在与黄土地远眺近观中，吸吮养分，感受淳朴，梦里梦外都是温情回忆，在情感激烈震荡下，不画那方土地那方人都难。但是，真正走上版画之路，还是参加著名版画家李彦鹏开办学习班后，他与王杰斌、高华[注1]、张永清[注2]一同起步。

1988 年，幸运之星陡然降临，他与王杰斌一同跨进中央美术学院。那里是无数学子诞生艺术之梦的地方，名师云集，滋养灵性。果然没隔多久，他的瞳孔便盯上法国现实主义画家米勒，特别是描绘农民生活的画作，虽说相隔两个世纪，那些平淡生活中的美感美意，仍然让他心旷神怡，一直沉浸其中不能自拔。如油画《拾穗者》中三个穿粗布衣衫，拖木鞋农妇弯腰抬麦穗的场景，让他痴迷到如今。不过，他还是自觉地收回目光，把头转向朝夕相处的乡里乡亲，与他们在画面中叙家常，忆往昔，这种石硬水柔的方式，应了黑格尔的那句话"满足心灵的旨趣"。农村题材如一根主线，牵扯着他的版画创作，也牵扯着心中的情愫与坚守。

有人说，艺术家特别在意自己的地域文化。从《家》《好年景》《背负》到《老两口》；从《大山羊》《陕北老人》《山路》到《苍生》系列。他每每抖落在纸面上的，不仅是万千刀痕，更是万千情思，在每一幅版画作品里，既储存一份朴实形象，更渗透一份情感连接。描写生活常态，探寻生命本源，以农村题材为主的版画创作，让他在这条路上一走就是三十多年。

滕雨峰老师是一位知性有义之人，一边触摸着人生轮廓，一边描绘着艺术轮廓。承载越多，越感到难舍难分，每一次打开画卷，仿佛能听到他的心跳声。当然，我也多次耳闻"滕雨峰技法过时，跟不上时代潮流"的议论，他听得一定比我多，于是悄悄告诉我："自己曾经在迷惘隧道里走了很久。"当下的艺术世界，既包容也苛刻，只有让时间充当裁判吧！

滕雨峰老师不攀附潮流，不矫情做作，在他木刻刀下的平头百姓，个个天性淳良，这种社会基层生活常态的刻画，是否从此黯然失色呢？黑白木刻《老两口》参加日本东京举办的日中国际版画展，荣获一等赏（该展最高奖项）。该展评委会认为：像黑白木刻《老两口》这样的作品，日本版画家已经创作不出来了。这一段评价，有点像沾唇即醉的老酒，让人回味良久，自然引起了国内版画圈的反响与反思。

扫描滕雨峰老师三十年多间的作品，几乎没有什么花样翻新，既没有什么复杂情节，也没有大黑大白对比，有的只是平淡求真，深耕细作。现实的，也是历史的，历史亦在现实中。当人们重新以审美眼光照看，情感的沉淀，细节的精到，语言的拓展，以及审美意义上的倾心着力，最终散发的必然是岁月芳香。作品不论叙述角度，还是编织方法，或是结构衔接，越来越见功夫，他对作品中每个形象都充满着感情，通过黑白木刻为苍生写照，为时代立像，从而在中国当代版坛自成一家。岁月无声，版中有情。在当代社会飞速发展中，版画艺术进入多元化时代，如何保持中国当代版画的民族特色，自然也成为版画家经常思考的问题。鲁迅先生曾经这样说过："竭力使人物显出中国人的特色来，使观者一看便知道是中国人和中国事。"（1933年12月29日致何白涛信）。可谓一语中的。

时代需要创新，创新不忘初心。从这个意义上看，版画民族化与艺术平民性，其实是一种文化良知，一种精神境界，经得住岁月打磨。滕雨峰老师用他那把并不起眼的木刻刀，摒弃浮华，凭借黑白之色，彰显精彩，不仅有一口气读完的欢畅，还有咀嚼回味的意境，实在难得。

心在画中，画在心中，这就是我的滕"哥"。

注1：高华，1956年出生，河北广宗人。毕业于河北师范学院。中国美协会员，中国版协会员，河北省版画研究会副会长，邢台市美协副主席，邢台市版画学会会长。
注2：张永清，1959年出生，河北邯郸人。毕业于河北师范学院与中央美院助教班。中国美协会员，中国版协理事，现为重庆文理学院美术学院院长、教授。

代大权

1954年出生，北京人。西安美术学院硕士研究生毕业，进修于中央美术学院版画系。中国美术家协会会员，中国美协版画艺委会副主任，中国版画家协会理事，中国版画学会副主任，中国国家画院版画院副院长、研究员，清华大学美术学院绘画系副主任、教授、硕士生导师。多次担任全国美展、全国版画展和北京、云南、观澜国际版画双年展评委，国家美术工程指导委员会和评审委员会委员。

作品曾获第九届全国版画展优秀创作奖、第十一届全国版画展金奖、第五届全国三版展铜奖、97中国艺术大展银奖、第九届全国美展铜奖、庆祝建军八十周年美展一等奖、第二届中国美术"金彩奖"金奖，纪念建党八十周年美展一等奖，第十届全国美展提名奖，中国版画家协会与中国美术家协会联合颁发的80—90年代优秀版画家"鲁迅版画奖"。

代表作有：《顽强的希望》《来自老百娃》《重如泰山》等。

与代大权（右）合影

提　醒

提醒，是一种带有温度的情义。

2011年岁末，一条特别的短信，让我看后会心一笑。短信是清华大学美术学院代大权教授发来的："中国美术家协会与国家邮政总局商定，即将发行的2012年贺年卡，选用吴长江、宋源文、广军、徐匡、代大权、卢治平、陈超、罗贵荣版画代表作，八张为一套，赶紧收藏。"经过打听，作者已接到馈赠样品。于是打电话、发短信，折腾半个月，终于凑齐一套。后来该套贺年卡因故未能发行，现在尤显珍贵。提醒，让我见到代老师的细心，但我更钦佩代老师的豪放。12年前，我收藏黑白木刻《顽强的希望》后，那种超越与爽朗之感，来自目光接触作品的瞬间，从此深深地留在记忆里。

2003年，黑白木刻《顽强的希望》一经问世，便在"奖中之奖"的第二届中国美术"金彩奖"评比中荣膺桂冠，轰动中国美术界。他倾情塑造的一代伟人邓小平，标志我国木刻人物创作新高度，蕴涵的精神敬畏与人性感召，一时成为绘画创作的示范。倘若再问询一下创作背后的故事，还会有更多的感动。

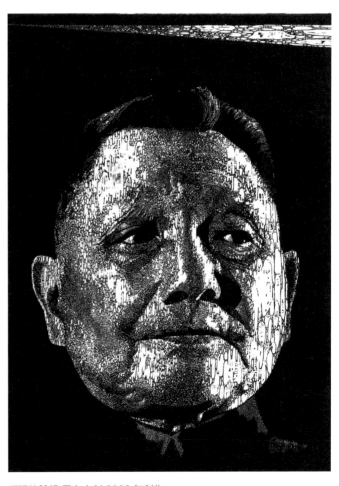

在中国革命史中，流传着"毛泽东恭请名医参加红军"的故事。1930年底，中国工农红军强攻江西吉安，伤亡很大，吉安私立惠黎医院院长戴济民倾力相救。缺医少药的红军，一时求贤若渴。一天，由红九军团军团长罗炳辉引路，毛泽东与贺子珍亲自登门，恳请戴院长参加中国工农红军。这位毕业于上海圣约翰大学医学院，参加过辛亥革命的名医，深明大义，连同医院设备与药品，义无反顾地搬上井冈山，成为红一方面军卫生部医务主任，被毛泽东亲切地称为"红色华佗"。其后，戴济民参加万里长征，爬雪山过草地，转战南北，功勋卓著。1978年以九十高龄离世，邓小平送了花圈，邓颖超、谭震林、康克清等出席追悼会，见证奉献与荣耀。戴老去世那年，孙子已经24岁，名叫戴大权。

顽强的希望 黑白木刻 2003年创作

代大权本名戴大权，上小学时，因戴字笔画多，为图省事，误至今日。他很小年岁便拿笔画画，但不是震惊邻里的神童，反而觉得不如别人画得好。14 岁开始打零工，15 岁进工厂，不论修汽车，还是学制图，都是积极向上。既能吃苦，又有才艺，所以宁夏建筑公司两次推荐他为工农兵学员，可惜两次被人替换。

时针拨到 1977 年，邓小平一槌定音，当年恢复高考。感召之光，瞬间燃起。冲着不远处的希望拼搏，可以由天幕上的星星作证，夜夜苦读，不负光阴，终于迎来喜鹊登枝，他乐得一蹦三尺高。然而，当他跨进西安美术学院大门后，当初的兴奋劲儿，渐渐被兜底的艺术基础冲得无影无踪。画石膏像时，别的同学几条线位置一摆，立刻勾出轮廓，他却不知道怎么下笔；画速写时，交完作业的同学路过，他只能用手捂着作业本。最难堪是分专业挑学生，众多老师的目光就没在他这儿停留过。要不是李习勤[注1]先生一句："我要了吧"，当时恨不得钻进地缝里。四年后的一天上午，他被叫到院长办公室。刘蒙天[注2]院长不紧不慢地说："你是宁夏考来的代培生，不宜留校。但是，你是全校成绩最好的学生，留校任教吧！"走出院长办公室那一刻，天格外的蓝，云分外的白，平生第一次有了这样感觉：我还行。知耻近乎勇，终于赢得这三个值得自豪的字。

黑白木刻《顽强的希望》的视觉感动，与上述故事有着诸多情感对接。红色情愫，不可回避。爷爷的传奇人生，父辈的革命经历，那是红色基因的原始库存。与邓小平情感的多重契合，既有三起三落不屈精神的敬仰，也有总设计师大思大想的诚服，还有爷爷追悼会上的花圈，以及恢复高考后的录取通知书……他把打开人生另一扇大门的感动，一股脑儿倾注于木刻刀。在学养浸润中，融美意，蓄哲理，不断为作品加注养分，感受学术的力量。

黑白木刻《顽强的希望》在构图上，重点描绘邓小平面部形象，熟悉的平头，坚毅的面容，自信的眼神，倔强的嘴角，张扬着追求真理的执著。一束穿行而过的光亮，播种憧憬，留存希望。在刀法上，通篇由圆点组合而成，这让观者始料未及。圆点有大有小，密密麻麻，或拉成椭圆为阳面，或聚集挤压为阴面，构成栩栩如生的神情。同一方向，有舒缓，也有激荡，组合出节奏与韵律。为了刀法的畅意表达，他以 30 余把不同型号圆刀，挑战自己的意志力。代老师告诉我："每一个圆点，都与鹅卵石相似，隐含坚硬如志。"在意境上，一改伟人常见的慈祥，以刚毅夺目。邓小平一生，为了成就心中的远大理想，常常在风涛中搁浅，磨砺出柔中有刚的坚毅性格。此等气质，如何表述？五年筹划，淘洗出一个主题——顽强的希望。只有顽强，才有希望。身处逆境，决不放弃，这些品格对于缅怀以往，还是鞭策当下，都是至深至理的启迪。

黑白木刻《顽强的希望》以速写为蓝本，直接起稿。代老师认为：草稿太精细，动刀后难以"撒野"，心里的话反而说不透。他在清华大学那间过渡房里，桃花盛开时起

作者收藏的全套版画贺年卡

刀，梅花飘香时搁刀。掀开宣纸的那一刻，连他自己都震惊了，分不清哪里是阳光斑迹，哪里是刻刀留痕，只觉得心脏像鼓一般猛烈敲击。

2014 年 4 月，北京鲁迅博物馆举办"首届中国版画收藏展"，我陪同中国版画史专家李允经先生参观。李老驻足黑白木刻《顽强的希望》前："我就看中这一幅。"其实，不仅李老看中，国内外艺术机构和德国、法国、美国、新加坡私人藏家早已看中，是仰慕邓小平，还是珍爱作品？我想，都有。

这么多年来，代大权老师的版画艺术总能应时而生，顺时而歌。

一是人物组合的频频出彩。套色木刻《村官候选》以三段图像的拼接，安排久藏心中的乡里乡亲。黑白木刻《来自老百姓》大小不一的人物形象，重叠穿插，简练深沉，形成独有的视觉场景。黑白木刻《重如泰山》更是倾心发力，为了刻制方便，他长期吃住在画室，和衣而眠，木屑扎进胳膊二十多天，自己却浑然不知。黑白木刻《重如泰山》以恢弘壮景面世，颠覆版画不擅长表现重大历史题材的传统。毛泽东等中央领导为张浩[注3]抬棺故事，通过平刀的熟练叙述，近景写实，中景转换，远景抽象，实现无缝对接的人山人海，从而塑造出万众同悲、礼赞先烈的鸿篇巨制，既是红色历史的深情回望，也是木刻语言的时代出新，为中国当代版画添加浓墨一笔。

二是人物个性的独到彰显。套色木刻《不再啰嗦》中的鲁迅，虽说形象臆造，却能感受时空转换中的可能抉择。黑白木刻《老艾的午餐》，眼熟的质朴，虽说本分如初，却有耐人寻味的看点。黑白木刻《凉山老妪》的人性切入，不仅在意老妪的艰难前行，更在意平凡中的苍老皱纹。黑白木刻《窑则卯的一把手》，那是一位抽着烟，仰着脸的村官，雕像般的沉思里，是否仰不愧天，不得而知。黑白木刻《建设者》以独有视角，展示力量之美，劳动之美，仿佛听到劳动

建设者 黑白木刻 2009 年创作

者的喘息声。八年的工人经历，是代大权老师塑造形象的底气，也是至深情感的来源。通过建设者们的伟岸身躯，移山填海的恢弘气概，凝聚起自强不息的民族精神。《美术》杂志选为封面作品，说明不仅感动了观众，也感动了美术编辑。黑白木刻《永远的战士》表现的是木刻先驱彦涵先生，如凝固记忆的浮雕。侧面取景，刀砍斧凿。眼光迸射，穿

破云雾。通过独到的构图，纯熟的技法，使才华横溢、命运坎坷的版画大师恍如眼前。

三是版画语境的刻意探索。20世纪90年代初，代大权老师已涉足诸多版种，努力作为。代表作有：丝网版《一路翻滚》《逆向构成》《命若悬丝》，综合版《礁屿》《醉驾者马松》《出人头地》，以及纸版《中国秦俑两千年祭》，铜版《规则与条例》等，独到构思，亮出不同凡响。如入编《中国百年版画》的丝网版《流动》，以同一方向游动的鱼群，窥情理，牵联想，让人顿生诗意般怀想。美学家朱光潜在《论美》中言：美感的世界，纯粹是意象世界。丝网版《流动》表现的意象世界，既是技巧实践，也是蹊径寻觅。目前，代大权老师正全力创作《歌尽桃花——唐宋八大家》，站在历史与未来的交叉点上，回眸过往，释放豪情。不用猜想，一定又是一次嬗变。不信？等着瞧！

如今的代大权老师，年过花甲，仍然是一位美男，面容英俊儒雅，身材高挑挺拔，满腹文章与那么多的纸上云霞，真让人怀疑上帝的偏心。我只有羡慕，没有嫉妒。

注1：李习勤，1932年出生，湖南邵东人。西安美术学院版画系主要创建人。先后就读湖南省艺术学校、西安美术学院和中央美术学院。中国美协会员，中国版协常务理事，中国国画家协会理事，陕西省美协版画艺委会主任，西安美术学院研究院副院长、教授，英国奥斯特大学美术学院客座教授。
注2：刘蒙天，1918出生，浙江嵊县人。1938年入抗日军政大学，后入延安鲁艺学习，1946年调晋绥军区主编《战斗画报》。1949年出席第一次全国文代会。历任西安美术专科学校副校长，西安美术学院院长，中国美协理事，中国版协顾问，美协陕西分会副主席。
注3：张浩（1897－1942）湖北黄冈人。原名林育英。中国共产党早期领导人之一，著名工人运动领袖。曾任共产国际代表，为恢复与中共中央联系作出重大贡献。病故后，1942年3月9日，延安举行公祭，毛泽东等中共中央领导亲自抬棺。

与戴政生（右）合影

戴政生

1954年出生，四川渠县人。毕业于西南大学美术学院，进修于中央
美院版画系。中国美术家协会会员，中国版画家协会会员，中国美
协版画艺委会委员，西南大学美术学院副院长。现为重庆市美协副
主席、西南大学美术学院教授，硕士生导师。国家教育部通信评委
和全国版画展评委。重庆市政协委员。享受国务院特殊津贴专家。

作品曾获全国首届青年版画大展优秀奖、第十二届全国版画展铜奖、
第十四届全国版画展铜奖、第九届全国美展银奖、第二届中国美术
金彩奖作品展优秀奖、第十届全国美展铜奖、第十七届全国版画展
优秀奖、第十八届全国版画展优秀奖、上海出版装帧设计金奖、首
届中国出版政府奖装帧设计提名奖、2008北京奥林匹克美术大会银
奖、中国版画家协会与中国美术家协会联合颁发的80—90年代优
秀版画家"鲁迅版画奖"。

代表作有：《东方长音》《长河》《高山仰止》等。

各抒己见

我是先睹戴政生老师版画作品，再见其人的。

每次参观版画展，只要重庆市美协副主席戴政生参展，我都会在他的作品前驻足许久，领略恢宏大气、无拘无束的个性彰显。

2008 年仲春，天高气爽，风和日丽，第二届中国当代版画文献展研讨会，在极具盛名的南京博物院召开。经介绍，初识戴政生老师，便感受他的谦和与淡泊。带着这个感觉，我与他边聊边走进会议室。

研讨会上，气氛热烈，专家学者纷纷进言。

主持人扬了扬手，说道："下面请版画收藏家谈谈。"

我欣然从命，一番感慨："版画艺术能否蓬勃发展，需要与市场契合，增强活力……"

"我不苟同，为了市场的艺术会葬送艺术。"戴政生老师突然大声反驳。

"版画离开市场，只能自我欣赏。"我随即回应。

"艺术家为艺术而存在。"他又大声言道。

此刻，他的话语声音高亢，出我意料。

我欲言，主持人面对不同观点引发的对峙，再三劝之："耐心商量，耐心商量。"

这是一件烙刻在我记忆中的事。四年后，又是一个天高气爽，风和日丽的日子，我在北京大山子艺术区相遇戴政生老师，交谈甚欢。我适时相问：

"还记得我俩那次争论吗？"

"记得，各抒己见嘛。"

也是啊，画家藏家，各守其道，也不知对错在哪儿？

祖国西南部的四川省，素称天府之国。连绵的山脉环绕成硕大盆地，那里气候宜人，风景秀丽，既有长江三峡的伟岸险峻，也有九寨沟的瀑布花海。那里物产丰饶，人杰地灵，孕育着古老而璀璨文明，既有乐山大佛的神态肃穆，俯瞰长江；也有三星堆铜人的戴冠纵目，怪诞千年。

一方水土养一方人。说到中国当代版画艺术，以黑白木刻著称的四川版画，无疑是中国版坛一支劲旅，独领风骚数十载。戴政生老师在巴山蜀水滋养下，越发伸展中国木刻精神和时代感悟，以重视艺术形式和艺术美感为标志，结构宏伟，富于联想，直取雄浑与苍劲，赢得版画艺术一个又一个丰收。

对于戴政生老师的版画艺术，稍作梳理，可以清晰地看到，他既承接新兴木刻运动精神，同时采撷四川版画艺术甘露，进去得快，出来也快，早早形成独具个性的版画风格。风格产生于形式。如获第十二届全国版画展铜奖的黑白木刻《高山祥云》，细细品读，画面中找不到任何衣钵沿袭，映入眼帘的是放射状构图，爆炸式线条，旷达而豪放。虽然也有两个胖娃娃衬垫画面，多少流露一些年画元素，隐藏一丝故土乡情，新图式构建已初见端倪。

1998 年举办的第十四届全国版画展中，戴政生老师推出黑白木刻《东方长音系列 5 号》，结构与图式，放达与肆意，已推进到一种不可言传的意境，为此而荣获铜奖。该作品的适时问世，应该视为他个性风格的定型之作。

黑白木刻《东方长音系列 5 号》抛弃以往图式残余，寻求新的视觉姿态，实现全方位畅怀与全景式颠覆。广博式的构图，放射状的引导，通过云彩的割裂，躯体的穿插，通篇充满艺术张力和对生命的弘扬。人屹立于天地之间，门神隐现，面兽纵横，或瞪目龇牙，或威风伫立，隐隐透露一种诡异之感。快刀直线和钝刀翻转，形成三角状、棱状、利刀状线条与块面相链接，黑白灰转换，借助刀法或聚或散，处处充溢一种腾越之气，这种标志性风格转换后，让人们禁不住在作品前止步端详。

黑白木刻《东方长音系列 5 号》没有辟邪免灾的祈求，依靠形式语言和技法递进，显现对大自然的赞美，对人类文明的赞美，作者的人文关怀与个人情趣，通过信马由缰式语言表达，充溢灵性感召力，格调清，面貌新。由于画面紧扣中华文脉与作者心路，蕴含的生机与激情，一下子跳出常态图式，亮眼中国当代版坛。

东方长音 黑白木刻 1998 年创作

历史车轮行至上世纪末，中国改革开放渐入佳境，不论社会转型，还是经济发展；不论生活状态，还是艺术环境，日新月异，一切非同以往。戴政生老师紧跟时代步履，努力让社会现实变为版画事实，奉献出一批新奇的、变化的黑白世界，让观者读出不可相忘。此后二十余载，在我国黑白木刻的芳草园里，虽然艰辛劳作，苦心经营，却是长袖善舞，攀登无限。他认为："重复古人，照抄洋人，复制自己，都是艺术上没有出路的表现。"为了结构黑白木刻新图式，终日而思，反复尝试，不达目的不言放弃。

他在版画艺术苦心经营中，宽大造势是一个重要选择。如《窗内外的风景》《世纪秦岭》《世纪巴山》《世纪神龙》，融入叠加对称，掺进抽象传递，以原始的与现代的加以混搭，形成交织冲撞形态，从而离开原有面孔，亮出概念，自求新颖。又如《回眸远山》《长河》的构图，或顶天立地，视若无人；或魔方拼接，妙趣横生。一方面标明物象空间，一方面分割物象形态，把具象描绘与浪漫想象熔为一炉，努力使原创性创作更具生命力。

他在版画艺术苦心经营中，拓展技法是一个必然选择。创作中常把黑白木刻当作水墨画来玩味，抒写内心深处的感受，以刀代笔，大刀取气势，排刀取层次，多种刀法并用，托志万千气象。豪放时任性放刀，细微处计较分毫，当下黑白木刻创作中能用的手段，都被他折腾出超凡脱俗，演绎得出神入化，从而营造出许多"不真实"的放大之美和灵性之态。

他在版画艺术苦心经营中，扩展画幅是一个自然选择。从宽5米，高3米的《离我有多远》，到宽6米，高3米的《回忆长江》《人类后风景》。再到《神、门、人》的推出，尺幅已宽至8米，高达3米，已经够壮观了吧！而新近创作的《创造三峡》，竟然宽达10米，高3米，这种超视力极限的鸿篇巨制，造就一种铺天盖地的视觉震撼。倘若观赏版画的全部面貌，需要不停地移步，一点儿也不能偷懒，不然看不周全。

戴政生老师认为："作品的寄托越多，艺术想象的驱动力就越大。"

在客观的物理世界中，人与万物共生共存，始终保持千丝万缕的内在联系，如何表现这些联系呢？在艺术探讨与实践中，他以海啸与核辐射两大热点作为创作主题，先后推出《鄂、罍、厄的哭泣之一》与《鄂、罍、厄的哭泣之二》，直面突然暴发的天灾人祸，不是渲染某种悲伤情绪，而是揭示主客观奥诀，寻求理性反思，解剖生命本质。创作三联画《恐惧的不可以》《飞鱼之醒》，则转入对人类某种行为的质疑，虽说这是一种隔空问询，并带有典型的东方思维模式，却可以清晰窥见作者的精神要义与人文自觉。

2008年中国当代版画文献展
研讨会现场

不久前，戴政生老师又推出鸿篇巨制《创造三峡》，以关注现实，关注民生作为创作主题，展示独有的情感缠绕，阐述对绿色生态挥之不去，揽之又来的眷念。我们知道，版画家创作离不开所处环境，也离不开个人情感判断，在嘈杂尘世中，他既注重文化思考，又坚守艺术虔诚，以纯粹的美学精神，直率表达，求解去惑，用孜孜不倦的寻求，实现思维放达和精神遨游。

戴政生老师认为："新的艺术形式出现是必然的，是对明天的思考与遥望。"

对于艺术的个性化追求，一直是学院版画家品格落脚点。20世纪80年代初，各种艺术思潮涌动之时，版画家也选择打破固态，转换形态的方式，实现思维与形态的双双突破，成为与时俱进中的一种感召，一种迷恋。戴政生老师的艺术突围，依赖手中的两件法宝：一是东方文化精神；二是学院艺术品格。作品不论如何出新，这两样法宝始终没有被丢弃。他的版画尽管图式丰富、技巧精湛、意境不凡，处处表现得洋洋洒洒，但总能体味皮影、刺绣、年画等传统元素，甚至感受三星堆文化的亘古信息。他的版画虽然刻意所为，婆娑多姿，但总能把控有度，在装饰性与象征性融合中，突出个性化处理和现代气象，从而带来审美格局的整体升华，稳稳走在当代版画的探索前沿，从而成为著名学院版画家。宋源文先生经常称赞他："一再叩击东方美学思想的旋律，构成一系列作品的母题。我国美术学院的版画创作，更多的在于思维探索，姿态常常超出心理，虚无、夸张，甚至怪诞，无须拒绝。"

戴政生老师对版画艺术的独到见解，既不强加于人，也不沉默无语，他想要说的话，想要表达的感受立即刻画出来，迅速传播出去，充分体现版画家专业精神和责任担当。与此同时，日趋活跃的创作环境，逐步放宽的参展标准，也为人们欣赏他那咄咄逼人的版画巨制，提供了便利条件，对于他、对于观众，对于整个社会，都是一个难得的历史机缘。这不，前不久他又推出巨幅黑白木刻《孝治天下》，入选"中华史诗美术大展"，并被中国国家博物馆典藏。

时代大潮，滚滚向前。每个人都是时代大潮中的一滴水，被裹挟着向前流淌、奔腾，激起无数朵浪花，在阳光下闪闪发亮。戴政生老师的版画艺术和艺术见解，也是一朵浪花，在阳光下闪闪发亮。越向前，越闪亮！

与邵常毅（左）合影

邵常毅　　　1957年出生，重庆人。毕业于四川美术学院绘画系，进修于中央美术学院版画系。
　　　　　　中国美术家协会会员，中国版画家协会会员，中国美协版画艺委会委员，中国美
　　　　　　协专家委员会版画学科委员、四川美术学院版画系主任、副教授、硕士生导师。
　　　　　　曾担任全国美展、全国版画展评委。

作品曾获第八届全国版画展优秀奖、第四届全国高等院校版画教学年会优秀奖、
首届北京国际版画双年展铜奖、第三届重庆市美展三等奖、第十一届全国美展重
庆市优秀奖、纪念建党九十周年重庆市美展优秀奖等。

　　　　代表作有：《劳动组画》《城市的喧嚣之一》《唐家山堰塞湖》等。

俯瞰大地

2015 年初夏，在绿树翠掩的四川美术学院校园内，我第一次见到时任版画系主任的邵常毅老师，虽说初次见面，却应了古人一句话：倾盖如故。在他那宽大而敞亮的工作室里，我俩喝茶、赏画、逗猫、听音乐，聊得很宽泛，也很开心。中午又受邀去他家就餐，仿佛是交谊笃厚的老朋友一般。

我是捎着疑问去，带着释怀离开的。为啥？还得从他创作黑白木刻《城市的喧嚣之一》说起。

2003 年，为了展示经济全球化背景下各国版画家创作现状，促进中国版画家与国际美术界交流，北京举办首届国际版画双年展。217 位各国版画家作品参展，各路高手，用尽绝招，一时佳作云集，争奇斗妍。远在千里之外的邵常毅老师，尽管创作时苦思冥想，倾心费力，自从寄走参赛作品，便忙着教学上事儿去了。直到友人告知：你还不知道？《城市的喧嚣之一》获首届北京国际版画双年展铜奖啦！到了这时候，他才回过神来。

初次欣赏黑白木刻《城市的喧嚣之一》，仿佛雾里看花，面对纵横交错的黑白线条与块面，既无人物，又无风景，让我一时摸不清头绪，如同走进迷宫。解铃还需系铃人。既然专程去成都拜访，免不了一番讨教释疑。

1977 年，邵常毅幸运地迈进四川美术学院大门，随着时光流转，刻刀与木板，还有印制的黑白两色，始终与他朝夕相伴。他在摆弄木刻刀同时，锤炼出爱思考、善动手的个性特征。

当他还是一名大学生时，对于绘画要画出真实的客观事物，从当初的顺从与临摹，到后来的质疑与探问，再到毕加索绘画世界寻找答案，渐渐多出一份理性求索，努力摆脱思想上的困惑。"艺术如同树木，各有各的姿态。"这是他最初的感悟。

当他已是一位大学教师时，对一再还原物象面貌的教学方式，从当初的执行与贯彻，到后来的探讨与

城市的喧嚣之一 黑白木刻 2002 年创作

他的情感来不及驻留，刀锋化为缅怀，在曾经守望的土地上立起一座殇碑，以此回馈家乡对自己灵魂的滋养，多么的磅礴，多么的深情，善看者不应错过弦外之音。当我知道《唐家山堰塞湖》创作背后的故事，不能不被他的责任担当所感动。

回眸邵常毅老师的版画创作，灵感往往来自发生在身边的事，也算是平凡岁月的馈赠吧。不论是《劳动组画》《吊脚楼》，还是《沉城》《唐家山堰塞湖》，总能感受一种眷恋与赤诚，让心灵找到归属。不论是《猫组画》系列、《城市喧嚣》系列，还是《人口论对局》《飞行日记》系列，总能感受一种扼守与释怀，让心绪找到回路。不论是《对立》《蜻蜓》《白猫黑猫》，还是《通》《带刺的玫瑰》《我要飞得更高》，总能感受一种自觉与恣肆，让心情找到出口。他不甘心一个创作状态待得太久，及时调整橹把，果断中途转篷，从而成全多元化追寻与新的美学认知。

艺术的收成，论不了斤两。如今欣赏邵常毅老师的版画艺术，仿佛闻到微醉的酒香，不仅观摩，关键在品。古人云：技进乎艺，艺进乎道。一切客观美景，抵不过胸中山水。当技艺上升到一定高度，那就是精神层面的延伸，在充足养分滋润中，承载时代，表达当下，这就是版画艺术的着力点。不拘死板，大胆创新，他的作品不仅形色美，颇具启发性，所以欣赏得让人心里敞亮。

临别前，邵常毅老师送我一本他临摹的《赵子昂小楷御服碑》，字字端正，笔笔到位，通篇心闲神定，爽目怡人。在城市喧嚣中，仍有如此这般的从容，一下子惊艳了我，也因此而释怀：文气靠积累，静气靠修炼。

与陈琦（左）合影

陈　琦　　　1963年生，湖北武汉人。毕业于南京艺术学院，美术学博士。中国美术家协会会
　　　　　　员，中国版画家协会会员，中国美协版画艺委会委员，中央美术学院研究生院常
　　　　　　务副院长，教授，博士生导师。中国国家画院版画院秘书长，研究员，中国人民
　　　　　　大学特聘教授，中国美术馆展览评审委员会委员。曾获江苏省50名优秀中青年
　　　　　　艺术工作者、霍英东教学奖、江苏省青蓝工程学科带头人。

作品曾获第七届全国美展铜奖，中国青年版画展优秀作品奖，台北．北京当代版
画展杰出奖，第十一届全国版画展铜奖，第八届全国美展优秀作品奖，第十三届
全国版画展金奖，江苏省首届艺术节特别优秀奖，第九届全国美展铜奖，第十五
届全国版画展铜奖，第二届中国美术金彩奖优秀作品奖，中国版画家协会与中国
美术家协会联合颁发的80—90年代优秀版画家"鲁迅版画奖"。

代表作有：《荷之连作十六》《桌》《梦蝶》等。

智者爱水

我第一次参观陈琦老师版画工作室，是在 2005 年深秋的一天下午。那时候，他还在南京艺术学院工作，时任南京艺术学院传媒学院院长。

位于南京城西秦淮河旁的南京艺术学院，由刘海粟先生创办的上海美专和颜文樑先生创办的苏州美专合并而成。校园内绿树环抱，曲径通幽，秋风中一片宁静。

走进陈琦老师的版画工作室，大出我的意料，楼层间距特别大，四壁自成高墙，有一种空中楼阁的想象。每一面墙上挂满版画，上接顶下着地，尺幅之大，若要观赏全貌需退后数步。一台版画机居中摆放，几位学生围着忙碌。西墙边脚手架上，工人师傅正张贴巨幅水印木刻《佛手》，因为刚上墙，画面湿漉漉的。佛以手为心，象征博大、智慧和宽容，硕大佛手成说法状，有一股扑面的空灵感，如置身香火缭绕的莲花座下，入神入定，不自觉地疏通心境，多出一份心灵契合。我忍不住打问：

"观赏中为何产生一种肃穆与澄明之感？"

"尺幅巨大，带给观者视觉的震撼。水墨淋漓，滋生明心见性的定力。"陈琦老师轻声回答。

我继续打问："此前水印木刻《明式家具系列》《古琴系列》《唐文青花碗》也是在这里完成创作的？"

"不是。那时工作室面积非常小，做不了大幅作品。"

当聚焦点移至东墙，正中悬挂着水印木刻《荷之连作十六》，让我眼前一亮，瞬间勾住目光，惟有"震撼"才能形容当时的观感。品读中转换话题。

"为何创作《荷花》系列？"

"荷花有'出淤泥而不染'的高洁，又有佛坐莲台的超度，以荷花为创作主题，意图为喧嚣世界送一份淡雅与平和之气，这是创作之初的想法。"

"蛰居楼宇，市井嘈杂，在这里却能领略宁静与安然，如同走进精神的港湾，创作时有何思考？"

"不论国画，还是油画，或者水彩画，大风景

荷之连作十六 水印木刻 1996 年创作

小荷花，这是常见样式。我觉得特写可以彰显视觉，所以采用阔大物象的方法，以水印木刻《荷之连作十六》为例，取荷花截面加以扩展，经络纹理，荷叶花蕊，既清晰可辨，又明净无尘，营造一份淡定，寻得一丝心安。"

"东方艺术是意象艺术，仔细品味水印木刻《荷之连作十六》，仿佛站立池塘边，荷香四溢，清风入怀，既为画面添加超脱，也为内心添加诗意。为何采用并不讨巧的黑白木刻？"

"木刻从根本上讲是黑白艺术，黑白单纯，既质朴又典雅，运用好黑白二色的对比与衬托，由此产生的内省气质，并不逊色套色木刻。"

"印制中如何控制墨色？"

"江苏水印木刻的特点，就是敢于让墨色跑，不跑就不是江苏水印，如果控制不住，那就不算掌握技术。"

"花蕊经过墨色提纯后，渗透着梨花似雪般光亮。"

"这是利用色调反差，强化视觉冲击力所致。"他一边挥着手，一边回着话。我盯着那双老茧厚实的手，继续追问：

"荷花白色细线怎么印得如此精美？"他笑而不答。他不回答，我也不便追问，所以至今也没弄明白。

艺术是特殊的精神产品，对思维起着四两拨千斤的效能。陈琦老师终日厮守木屑花，用心塑造自己的版画语言，水印木刻《荷之连作十六》既把水印技法与韵味发挥到极致，也把清风朗月的情怀解读出梵音，不仅冲击观赏者的视觉，所营造的宁静与诗情，禅意与善念，过滤烦恼，清净心根。面对读之爽朗，回味久远的艺术表现力，不仅迷住了我，也迷住了第十三届全国版画展众多评委，当他捧得金奖归来，立即引起同道的注目与惊诧，继而是认同与赞叹。

因为喜爱，每隔一段时日，我都会把水印木刻《荷之连作十六》展读一番，一面陶醉于悠然气息，一面联想起画外故事，余味三尺中引出一段回望。

艺术是文化传播的先行者。现在的叙述，且不论佛教何时传入中原，也不考证明代水印木刻如何繁荣，仅就江苏水印木刻而言，20世纪50年代末异军突起，以精致风雅的构图，水色灵动的韵味，把江南风物渲染得姿态万千，从此与四川黑白木刻、北大荒套色木刻呈三足鼎立之势，争芳斗艳，风光无限，享誉中国版坛。彦涵先生曾这样评价：江苏水印木刻是我国木刻园地里一支鲜艳的花朵，别开生面，独放异彩。

日落月升，特别到了那个文化沙漠年代，水印情调与战斗豪情相距甚远，这一朵刚刚开放的鲜花，自然失色凋零。直至20世纪80年代，春风和煦，老树新枝，在两代版画家齐心努力下，终于重返荣光。但是，随着版画本体语言的转换，尽管春夜不舍，水

刘海粟先生创办的上海美专

位于南京城西的南京艺术学院

印木刻这种刀笔艺术渐渐力不从心，不知不觉拉开令人焦虑的距离。世事洪荒，机遇难逢。在这难得历史缝隙中，陈琦老师决意不再沉默，凭借实力悄然越众而出，不论承接传统，还是对接当代；不论水印技法，还是创作观念；不论作品的学术性，还是作品的观赏性，都是江苏水印木刻阵地竖起的一面新旗，迎着风，猎猎飘扬。

欣赏过陈琦老师版画艺术的人，没有不叹服他的作品表现力和感染力。传统需要承接，不能因为无人承接断了香火。传统需要出新，不能因为缺乏新意丢了看头。他言："南京郊区的风景，儿子玩耍的蝴蝶模型，书桌上的水晶烟灰缸，还有朋友摆弄的那些古乐器，以及池塘里摇曳的荷花，都是自己的创作题材。方可相逢，本是缘分。一旦喜欢上了，我便反复琢磨，用心触摸，直至塑型成画。"

绘画不是图像记录，也不是浅表生活，绘画需要思维与技术的自由发挥，全靠艺术家底蕴承载和本领施展。他首先突破程式化束缚，以城郊风景寄托四季更替中的思考，以蝴蝶模型演绎时光流逝的痕迹，以民族乐器捧出肌理细腻的范本，而晶莹透彻的烟灰缸，则以逼真的视觉效果，把不可能变成可能。特别是木刻刀下荷花，更是百姿千态，暗香浮动。灵动随性的线条，水墨淋漓的渲染，富含哲理的表述，接连不断传递净化心绪的意蕴。信手拈来的创意与实践，仿佛告诉人们，这是江苏水印在新的历史时期的再拓荒，再彰显。

版画依赖痕迹肌理，出新全凭独入其境。陈琦老师水印木刻的功夫，特别是对作品明暗处理和水分控制，技法精湛，韵味十足，形成鲜明独到的个性特征。想一想那把蛇皮蒙面的二胡，瞧一瞧那张明代官帽椅，品一品那只釉里红盖碗，制作之精良，描绘之含蓄，需要多少一丝不苟、物我两忘的劳作？哪里是闲情逸致，分明是万千气象！应了他自己的体会："自然仿本，物我相融，品格象征。"以中国传统为文化基点，以现实生活为创作载体，实现水印形式和观念更替，从而进入崭新的视觉境界与技术高峰。

欣赏过陈琦老师版画艺术的人，没有不敬佩他的探索精神与市场勇气。以往三十多年里，在探求版画艺术旅途中，他没有蹉跎，一直在路上。一方面以平视眼光面对前方，一方面让行进步伐踏出铿锵。从《梦蝶》到《荷花系列》，从《阐释时空》到《阐释存在》，从《二十四时节系列》到《水系列》，一批批倾心之作，带着中国传统文化气息，依靠沿用千年的水性墨色，以超凡之美亮出全新符号，不仅蕴含自信，更有文化自觉，每每打动关注他、欣赏他的人。

流光过处，他的双手一面制作版画，一面接捧奖牌。诸如第七届全国美展铜奖、中国青年版画展优秀作品奖、彼埃拉国际版画双年展特别奖，还有第十一届全国版画展铜奖、第八届全国美展优秀作品奖、第十三届全国版画展金奖。接着是第九届全国美展铜奖、第十五届全国版画展铜奖、第二届中国美术金彩奖优秀作品奖，以及中国版画家协会与中国美术家协会联合颁发的"鲁迅版画奖"等。人没闲着，手也没闲着。

在领奖台上，每当捧起沉甸甸的奖牌，时常听到"唯技术"的议论，他没工夫理会这些，前行步伐反而提速。从记录真实，到挥洒灵感，无须固定主题。从追求技法极致，到追逐当代前沿，无须抱残守缺。从平面展示，到立体呈现，无须归类形态。他以敏捷思维和旺盛创造力，把艺术理念和精道技法演绎得无以复加。"时间简谱"版画装置的陡然推出，美国斯坦福大学、密西根大学的学术交流，"中国原创版画系列发售活动"的积极参与，那是一种精神与气概，都是文化浸泡后的一次次发酵，实践水印，探索当代，用心智撰写独步中国版坛的传奇人生。

从多梦多水的春雨江南，到巍峨矗立的长城脚下，不论哪一个站点，他都视为始发站，为了向艺术理想冲锋，坚持以自己的旋律，演奏自己的华章，添加自己的分量，从而成为行走于中国当代艺术前沿的著名艺术家。

陈琦老师调到北京后，总觉得他很忙，偶尔相遇，少不了相互问候。五年前一天，我俩在北京虚苑文化公司再次相遇，他乡遇故知，高兴异常，交谈甚欢。与此前相比，他身体有些发福，更显沉稳与睿智，唯一没有改变的，仍然是对我国水印木刻的热爱与坚守。

智者爱水。

陈琦老师是爱水的智者。

杨宏伟

1968 年出生，天津人。毕业于天津美术学院和中央美术学院，获博士学位。中央美术学院版画系副主任、教授、博士生导师。哥伦比亚大学访问学者和康奈尔大学访问艺术家。

作品曾获第十三届全国版画展银奖、第四届全国高等美术院校版画年会奖、第十五届全国版画展金奖、第五届全国高等美术院校版画年会奖、第十六届全国版画展铜奖、首届北京国际版画双年展铜奖、中央美院首届学院之光造型艺术金奖、韩国空间国际版画双年展银奖、第十七届全国版画展银奖等。曾被天津市人民政府授予"天津市第四届文艺新星"称号。

代表作有：《惊弓之鸟》《海浴》《世纪坛》等。

与杨宏伟（左）合影

木口木刻的领舞者

事情总有凑巧的时候。

2014 年 12 月 10 日上午，我一路辗转，终于找到杨宏伟老师位于北京市郊的版画工作室。他是当代研究与实践木口木刻的著名艺术家，成绩斐然，被业内称为"木口木刻的领舞者"，现为中央美术学院版画系教授。他当时刚从美国回来第三天，一年多大洋彼岸的海风吹拂，除了面容稍显黝黑外，思绪和谈吐更像他那飘逸的长发，欢快而流畅。

话题自然从木口木刻《惊弓之鸟》聊起。那是 2000 年的事儿。

"《惊弓之鸟》获得第十五届全国版画展金奖，消息来得非常突然，我当时有些不知所措。"杨宏伟老师清晰记得获奖时的心境，一时勾起沉睡的兴奋。

他毕业于天津美术学院。在那儿，寻觅到儿时的艺术理想。庭院深深，花繁叶茂，他舍不得停留匆匆步履，哪怕欣赏片刻，没早没晚地往返教室、图书馆和工作室，汲取甘露，点滴成河，铺垫他那稚嫩的艺术脚跟。

在那儿，他找到木刻版画的新路标。木口木刻，即以木材端面为版面的木刻，通常以坚硬的黄杨木、樱木、梨木为版材，这是西方国家传统的版画形式，亦称"雕刀木刻"，起源于 18 世纪后期的英国，一个名叫托马斯·比维克的艺术家，将其发展为具有鲜明特色的独立版画品种。经鲁迅先生倡导，新兴木刻发端时，便开始了木口木刻的实践，其中荒烟[注1]先生涉足较早，并以此成名。

杨宏伟喜欢上木口木刻后，细腻的表现力与强烈的艺术效果，深深感染着他，体味到一种从未有过的舒畅。当陈九如[注2]老师递过木刻刀那一刻，决心扑上去厮拼，从此就没有放下过。经年操刀，近似疯狂，虽然一路很苦也很累，始终乐在其中。

1994 年，创作木口木刻《节气》，通过对气候变化的反思，唤醒人类生存的警觉。发人深思的画面，滞重深沉的刀法，在叙述中把积攒的想法告诉观众，成为当年醒目的毕业创作，也成为木口木刻的坦然起步。

1996 年，迎来天津美术学院九十周年校庆，他揉了揉熬夜熬红的双眼，为母校献上一份学子之礼，那就是带着油墨味的木口木刻《海浴》。鲜明的学术态度，诙谐的视觉效果，跨越版画传统语境，挑战当代审美模式，一经展出深受广大师生好评，成为杨宏伟版画艺术的脱颖之作。随后参加第十三届全国版画展，不负众望，果真捧回亮闪闪的银牌。

苦旅行舟，又是四年。其间相继有《方式》《游戏》《聚·通》《无风的上午》《动感 2000》《视线》《交点》《呓梦》和《惊梦》等一批木口木刻作品推出，最为精彩的当数《惊弓之鸟》，为他捧得第十五届全国版画展金奖，成为木口木刻在国内重大展事中所获最高荣誉。中国美术馆、炎黄艺术馆、欧洲木板基金会、美国新泽西州文化中心和广东、江苏、四川美术馆等艺术机构相继典藏。反响如此之大，让青葱岁月中的杨宏伟始料不及，面对熟悉或不熟悉的面孔，不知该怎么应对。我俩促膝交流时，他一边叙述着，一边比画着，表情上找不到一丝喜悦，瞳孔里始终游离着一种倔强，也许回眸荣光时，他联想更多的是苦涩。

惊弓之鸟 木口木刻 2000 年创作

我阅读过他不足 5000 字的自传，通篇情感流溢，颇有启发。这种倔强眼神，他在读小学三年级时有过，晨练时结识的王大爷仙风道骨，每天以《三希堂画谱》启蒙的时候。这种倔强眼神，他在决意报考美院时有过，参加工作跨进天津制镜厂，工种是打磨镜片的机工，一干就是整整七年，从想离开到真正离开的时候。这种倔强眼神，他在参加高考补习班时有过，为了凑齐高昂的补习费，瞒着家人，偷偷到医院撸袖子卖血的时候。这种倔强眼神，他在美国游学时也有过，为了练笔，也为了生机，在商场过道为游客画像，十多个小时劳作快握不住笔的时候……这一切，令人唏嘘，也令人敬佩。倔强，这是直面困境的选择，也是实现理想的依靠，不因退缩而让希望落空，最终化为窗口的阳光。由此可见，每一个成功者的成功，天上从来不掉馅饼，大都是冷寂处的坚守与艰难处的拼搏。从这个意义上说，木口木刻《惊弓之鸟》的创作成功，不仅是对他艺术实践的肯定，更是对他坚守理想的褒奖。

木口木刻《惊弓之鸟》塑造了一种生命状态：在自然界里，生命在斗转星移中生息，又在朝花夕拾中飘零。惊弓之鸟定格的瞬间，既是画家描绘的生活态度，也是对待生命的独到见解。

木口木刻《惊弓之鸟》展现了一种新颖视觉：不是规范的工整图式，而是客观的木板横断面，似乎有些不经意，其实是巧借天成。特别是天然开裂的缝隙，如利剑般亮白，那种肆意与放纵，让观者感受到的是不落俗套。

木口木刻《惊弓之鸟》刷新了一种木刻技法：木板转木口，少了横纹，多了年轮，细腻密实的木口，呈现木刻版画另一番天地。单刀的纵横交替，排刀的左冲右突，摇点刀的锦上添花，成为二十余种刀法的精心组合。可以这样说，《惊弓之鸟》是木口木刻谱写的五线谱，也是黑白语言的交响乐，既精致又狂放，既紧凑又透气，既细腻入微又张力无限，这种出其不意的创造性灵感，顷刻让观者读出宏伟激情。

"很可惜啊！那时经济不宽裕，为了创作其他作品，磨掉了《惊弓之鸟》原版。"杨宏伟老师喃喃自语。其实这并不重要，为之骄傲的是艺术推陈出新，果敢地成为木口木刻领舞者，为中国当代版画添加新的感召力。

他追求荣誉，有了荣誉却又告别荣誉。杨宏伟在获得全国版画展金奖、银奖，以及全国高等美术院校版画年会奖后，果断从原始木口木料创作离场。这是一次极富风险的挑战，但他毅然决然。其后的寒来暑往，为了摆脱木口自然边际的束缚，决意依托木口拼板技术，寻求更大的语言空间。此次冒险上路，可不是俯身向木，而是架起梯子上高下低。如木口木刻《天一生水》就是一个质的转换。作品高 3.66 米，宽 9.7 米，2008 年冬至 2010 年春，他用 3600 万个刀痕，完成这幅木口木刻的恢弘巨作。常说绘画艺术篇幅可大可小，小而精，把观者引到近处，欣赏精湛与细腻。巨幅鸿篇，把观者推向远处，感受渲染与震撼。

我远远眺望木口木刻《天一生水》，静默中无言以对。此时此刻的任何语言，怎么选择都是苍白的。每一块木口木料长宽各 4 厘米，成千上万块木口木料拼接成画稿，点为基本表现语言，腕臂齐力，攒簇成点，数千万个点组合成烟水迷离的壮阔之景，细看散乱不收，远观浑然灿然。抽象与具象的交替，局部与整体的把控，动静相宜，聚散合理。在点的走向、疏密与聚分中，形成极限体积与极致

山水 木口木刻 2016 年创作

表述，谁能不敬佩这种对意志力的突破和独有形态的延伸呢？

遐想之时，杨宏伟老师已把工作台收拾干净，展开木口木刻长卷《世纪坛》。这又是一个质的转换。作品高45厘米，长1180厘米，以本世纪初世界10个重大历史事件组合而成。有战争、有瘟疫，有自然灾难、也有政治事件，还有宇宙漫步，甚至他与恩师徐冰坐着《凤凰》装置远飞而去。既写实又浪漫，既矛盾又平实，一面复述世界"热点"，一面记录心迹符号，以跨越时空长廊的隐喻，洞察尘世，放飞遐思。面对中国书画长卷的借用，面对艺术家悲悯良善的胸怀，我欣赏着，琢磨着，心绪久久不能平复。

杨宏伟老师介绍："社会发展总有某种内在联系，为什么每一次世纪之初，总会出现动荡不安，是否世事轮回？我没有刻意去寻找什么必然关联，而是通过扩展木刻语言，多一份对起落沉浮的思考。虽然有些悲观，结尾却很浪漫，艺术总要让人心灵安然些。"悠长的图景，畅想的话语，趋时的思考，再一次深深地感动了我。且不论木口木刻《世纪坛》是叙事，还是叙理；是杞人忧天，还是索根求源；是风格演变，还是形式转换，艺术不能为我们提供答案，但窥探思想的方式却很珍贵。

转身之时，我又被一幅奇特的木口木刻作品给迷住了。说奇特，因为面对作品，端详再三，不知所以。杨宏伟老师示意我取出手机，当打开照相机界面，见证奇迹的时候到了，视频偏振后的屏幕，竟然是一幅山水画。"以木口木刻像素为模件，组合为不同图式，实现木口木刻与当代艺术的结合。"这种独创的"影像版画"，如同古老活字印刷法的挪用，又像当下数码技术的链接，亮出版画语言全新定义。这种前所未有的体验，对于延伸视觉文化，开拓想象空间，乃至更新艺术观念，都是一把绝妙的钥匙，令我口服心服。

离开杨宏伟老师工作室时，他送给我一块4厘米见方，8厘米长的木口木刻像素模块，为木口木刻《像素分析》试刻所用。木料虽小，点线纵横，握在手里，提携人心，感受到一种意志的力量！

杨宏伟赠送作者的木口木刻小料

注1：荒烟（1920－1989）原名张伟耀，广东省兴宁县人。著名版画家，中国版画家协会原顾问。
注2：陈九如（1955－2018）天津人。天津美术学院版画系主任，教授，硕士生导师，中国版画协会常务理事。

与李康（右）合影

李　康

　　1975年出生，黑龙江鸡西人。毕业于鸡西师范和中央美院版画系。中国美术家协会会员，中国美协版画艺委会委员、秘书长，深圳观澜版画原创产业基地主任，中国版画博物馆执行馆长，深圳市美协副主席，深圳市龙华区文联主席。

　　作品曾获黑龙江省第十届美展银奖、黑龙江省第九届"群星奖"金奖、第七届中国工业版画展金奖、第十五届全国版画展铜奖、首届北京国际版画双年展"泰和经典奖"、第十六届全国版画展铜奖、第十一届中国台湾国际版画及素描双年展优秀奖、第十一届全国美展银奖、第二届全国青年小版画艺术展最佳版画奖、第四届全国青年美展优秀奖、第十九届全国版画展优秀作品和"中国美术奖提名"、中国百家金陵画展（版画）金奖、首届中国美协会员版画精品展优秀作品、第六届广东省版画展金奖和第十二届全国美展铜奖等。

　　代表作有：《高天净水》《城·惊蛰》《白夜·夏至》等。

雁南飞

深圳的天空湛蓝透彻，见不到一丝云影，从雾霾里走出的人，看一眼也觉得舒心、畅怀。走进恢弘壮观的中国版画博物馆，热爱中国版画的人，看一眼也觉得提气、给力。

相约中国版画博物馆执行馆长李康，虽说多次见面，交流不少，真正用一天时光心无旁骛地畅叙，这还是第一次。伴随流动的思绪，苏醒蛰伏，一段青春时光由远而至。

李康的版画艺术来路，始终伴随着艰辛与激情。我国北疆黑龙江省的鸡西市，素有"石墨之都"之称，既是我国重要石墨生产地，也是东北地区主要煤炭基地，市区因地处鸡冠山西麓而得名。26岁以前，他一直生活在这里，从小学到中学，从就读鸡西师范，到东风小学任美术老师，留下太多太多的记忆，成为他难以摆脱的魂牵梦萦。

在那块黝黑的土地上，他在朦胧中开启艺术棋局，虽然那时并不懂什么排兵布阵，却也走得颇为顺畅。就读鸡西师范时，适逢著名版画家蒙希平[注1]施教，讲课与听课，撩拨最初的版画兴致。参加工作之后，著名版画家于承佑[注2]时在鸡西群艺馆任职，得其悉心指导，起步便卓尔不凡。1997年，师徒两人甚至约定：三年内加入中国美协。不用扬鞭自奋蹄，李康终于如愿以偿。

李康赠送作者刻制《二十四时节》
的小排刀

熬过远离喧嚣的一千多个日日夜夜，最终捧出套色木刻《高天净水》。虽说凝聚才情与汗水，还是心有忐忑，谁知于承佑老师抬眼一瞧，喜不自禁。不久，一个电话更是听得心跳加速："《高天净水》获第十一届台湾国际版画及素描双年展优秀奖，邀请作者访台。"数日后，他与仰慕的宋源文先生同乘飞机来到台北。宋先生回忆："《高天净土》以单一的树丛形象，单一的绿色调，一个意象中的清凉世界，给人们精神世界带来一缕清风。那一年，李康只有27岁，便赢得登上国际版画平台的证书。"

开局告捷，让信心站稳了脚跟，也坚定"我要走出去"的决心。他依依不舍离开黑土地，犹如一名楚河边小卒，唯有向前。2001年至2006年间的北京生活，从飘若浮萍，到初有成就，既品味动荡生活，也感受独立思考。

应该说，30岁或前或后的那段经历，扩宽眼界、宽阔精神是他的最大收获。中央美院逗留期间，先是版画进修，正好赶上"非典"，一年读成两年。后来筹办北京国际版画双年展，在征集与布展中磨砺悟性。接着担任版画技师，在油墨与纸张间锤炼技艺。此时，这名过河小卒周旋将相，联络车马，不论伍必端[注3]、宋源文[注4]、谭权书[注5]等版画前辈，还是吴长江[注6]、谭平[注7]、王华祥[注8]等版画大腕，从生疏到熟识，从仰望到求教，艺术滋养中的双眸越来越明亮。其间创作的套色木刻《境界》，以超脱凡尘的空灵，体现升华的境界；套色木刻《秀池边上的嬉戏》，以乡野情趣的挑逗，透露愉悦的心境。这是艺术积蓄与情感写照，也是挥师南下的资源储备。他的真正有所作为，是来到深圳十年的步步惊心。

李康对版画艺术的向往，一直伴随着抉择与挑战。深圳是我国改革开放的最前沿城市，那是一方热土，思维灵动，观念更新，让本来受领10个月筹备任务的他，感受到伟大时代的召唤。隐隐之中，仿佛触摸到一个施展才能的载体。抉择没有犹豫，挑战超乎想象。

2006年，他果敢地越过楚河汉界，开始真正意义上的排兵布阵。创业很苦也很难，不仅每天15小时劳作，还有仰望繁星的劳神。婚姻坎坷，亲人牵挂，从没有落过泪的他，竟然两次垂泪。一次是当医生的母亲告知家庭经济拮据时，一次是当警察的父亲要来深圳看望他、因版画基地开业不能成行时。那段时光，只要接老家打来的电话，心都得提起来。

流年如水，转眼十年。这是以青春典当的十载时光，他凭着倔强挑起责任，依靠苦干寻找答案，带领一拨人迎难而上，开启白手起家新征程，为中国当代版画支撑起看得见的希望。深圳观澜版画基地的建立，连接五湖四海；中国版画博物馆的耸立，笑迎八方来客。当年名不见经传的古老村落，如今闻名遐迩，名扬天下，为了这一天的到来，需要付出多少心智才情？如今轩窗观月，他无悔走过的每一着棋，当下的心定神闲，只有成功者独享。

他永远忘不了2009年，那一年所有的苦与难、惊与喜裹挟而来。

5月份，准备来深圳探亲的父亲突然去世，摔倒在为他采购土特产的路上。噩耗传来，如雷击顶。无法抹去的悲伤，无法弥补的内疚，心撕裂一般疼痛。泪流满面的他，在机场取出为父亲订购的飞机票，火化前默默放进遗体衣兜，那一刻如同赎罪。

7月份，女儿呱呱落地。世界变化得太快，让他来不及细想，悲痛与欣喜的接踵而至，如同一场梦。看着女儿粉粉的脸，纤细的小手，他的泪水夺眶而出，那一刻如同布施。

从此，他对人生风云变幻和生命旁逸斜出，平添

城市·惊蛰 黑白木刻 2011年创作

一份悟世感慨。

人在最艰难的时候，也最见自我。他在悲喜交织中，租一间小屋，强打精神，飞舞木屑，倾吐那些堵在嗓子眼的话语，一年中完成黑白木刻《二十四时节》创作。于情于理，于技于艺，自然而然地实现了个人版画语言转换。

黑白木刻《二十四时节》由24幅作品组成，其中每一个节气，寄存一段思考；每一幅画面，寄托一份情怀。如：获第十九届全国版画展优秀作品和"中国美术奖提名"的《城·惊蛰》，城为城市，蛰为冬眠之动物。惊蛰，意味蛰伏万物在这个节气苏醒，周而复始，此为开端。世间景致如此，人生亦如此。在恬静的画面中，远处高楼林立，近处芳花野草，一辆汽车从朦胧细雨中驶来，进城出城，都是为欲望奔走，为生存奔波。灵动的图式，虚幻的景观，如同流淌的音符。多点式构图，灰调子阐述，在排刀细密痕迹里倾诉心语，把黑白风景版画带入一个崭新意境。

每当南国葱茏，他怀念北国银装素裹；每当步履匆匆，他怀念家乡袅袅炊烟。但是浓烈的乡思乡愁，非但没有绊住前行的脚，却让这位青年版画家激情如初。他言："艺术就是创造一种可能性，把憋在心里的感知说说透。"《解冻的河·雨水》以天际的光亮，黝黑的河水，在对比中连接无尽思索。《那一天·霜降》不论山坡上，还是电线杆上，或是树丛上，洒满细密冰霜，也洒满袭人寒气。《万物生·立春》以轻柔刀融，叙述女儿降生时的喜悦。《有遮挡的风景·谷雨》一切都在雨中……眼前景，心中志。一连串的新颖语言，一而再的突围轨迹，始见新格局，展示新风姿。特别是荣获中国百家金陵画展（版画）金奖的《白夜·夏至》，更是传递超越的审美境界。本应描绘夜色笼罩，却亮出一个大胆颠覆，让黑夜敞亮起来，静静草地与孤独的树，斜放木梯与或站立、或振翅、或飞翔的野鹭相映成趣。好像是言说昼夜交替，其实是谈论生命更新，带着哲思，带着放达，以扑腾的长嘴鹭鸟诠释他内心深处的思绪。

象棋对弈，胜负靠谋划。李康在版画棋局的排兵布阵中，注重积蓄与爆发环环相扣。不妨对他的版画作品粗略划分，以《高天净土》为代表的黑土地抒情，包含《净界》《秀池边的嬉戏》等，那是北方生活积累的最初爆发，带着故土乡音，清纯而质朴。以《城·惊蛰》《白夜·夏至》为代表的红土地述怀，以及美国纽约、匹兹堡展出的《静·地》等，则是南方生活积累的理性爆发，带着蜕变才气，清新而纯粹。

2016年11月21日，"低空飞翔——李康纸上作品展"在深圳侯宝斋艺术馆举办，涵盖纸本综合、纸本水墨、黑白木刻、套色木刻、丝网版画等五十余幅作品，既有水墨《六棵树》，套色木刻《月光照着月光》，还有水彩《一棵开花的树》，手法新颖，大气舒展，那些积累与探索的一道道艺术轨迹，让参观者眼前一亮。

我在李康馆长的工作室尽情欣赏，多元技法，跨界展示，一面刷新观感，一面提升

深圳观澜版面基地外景

深圳观澜版面基地外景

地处深圳的中国版画博物馆

审美，诸多绘画素养的呈现，让我渐渐陶醉其中，不由认同他说过的那句话："艺术家必须不断创新。如果几年之后，作品还是原来面貌，说明没有进步。"

从北方到南方，既是地理跨越，也是心理超越。因为有希望，所以有追求，在事业与艺术的天平上，李康馆长用成就见证等同。我相信，他为中国当代版画事业的新努力，已在积蓄，离惊喜不远。他为现代艺术拓展的新追求，也在积蓄，离爆发不远。

只等帷幕打开。

白夜·夏至 黑白木刻 2012 年创作

注1：蒙希平，1963 年生，黑龙江宝清人。中国美协会员、黑龙江省版画院画家、鸡西美协副主席、鸡西版画协会会长。

注2：于承佑，1953 年生，山东即墨人。中国美协会员、中国美协版画艺委会委员，黑龙江省美协副主席，黑龙江省版画院院长。

注3：伍必端，1926 年生，江苏南京人。中国美协理事，中国版协理事，历任中央美术学院版画系主任、教授。

注4：宋源文，1933 年生，辽宁瓦房店人。中国美协版画艺委会主任，中国版协常务副主席兼秘书长。历任中央美术学院版画系主任、教授。

注5：谭权书，1936 年生，北京人。中国美协版画艺委会副主任，中国版协副主席兼秘书长，历任中央美术学院版画系主任、教授。

注6：吴长江，1954 年生，天津人。中国美协副主席，历任中央美术学院版画系主任、教授。

注7：谭平，1960 年生，河北承德人。历任中央美院设计学院院长、中央美院副院长、教授。

注8：王华祥，1962 生，贵州清镇人。中国美协会员、中央美术学院造型学院副院长、版画系主任、教授。

Tao se pi

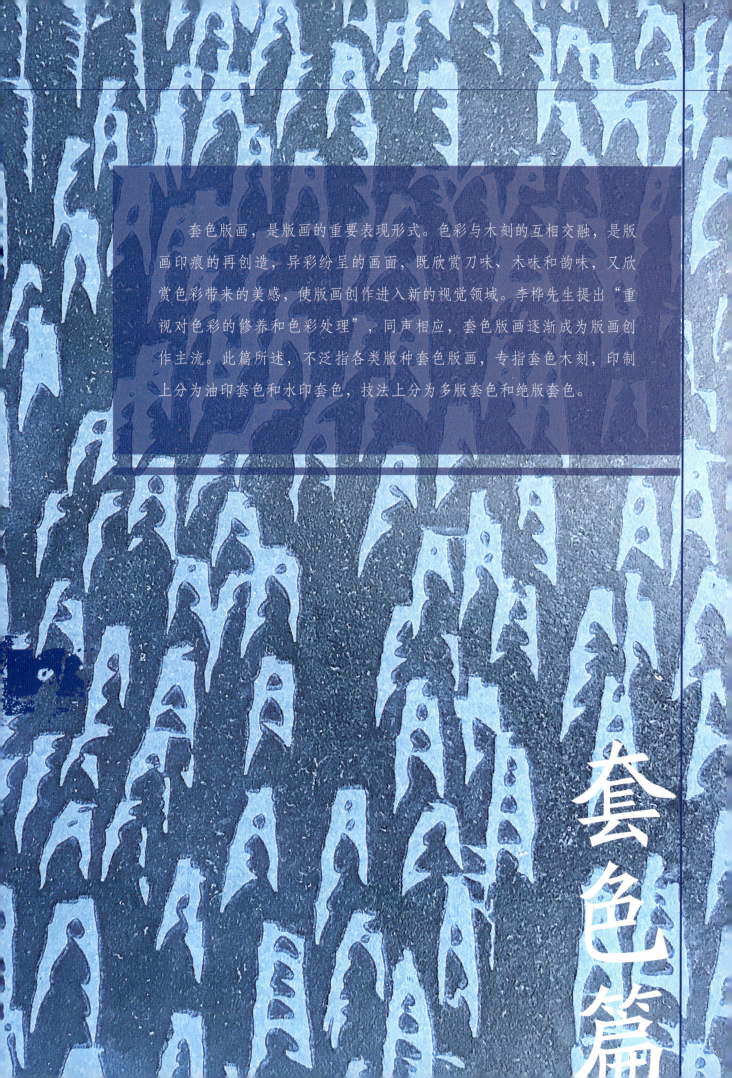

套色版画，是版画的重要表现形式。色彩与木刻的互相交融，是版画印痕的再创造，异彩纷呈的画面，既欣赏刀味、木味和韵味，又欣赏色彩带来的美感，使版画创作进入新的视觉领域。李桦先生提出"重视对色彩的修养和色彩处理"，同声相应，套色版画逐渐成为版画创作主流。此篇所述，不泛指各类版种套色版画，专指套色木刻，印制上分为油印套色和水印套色，技法上分为多版套色和绝版套色。

套色篇

与莫测（左）合影

莫　测　　1928年出生，江苏盱眙人。曾任中国美术家协会理事，中国美协版画艺委会委员，
　　　　　　中国版画家协会常务理事和外联部主任，水利电力报美术总编辑，中国水利文协
　　　　　　专职副主席，中国水利美协名誉会长。国家一级美术师。享受国务院特殊津贴专家。

作品曾获第一届全国青年美展银奖、第九届全国版画展优秀创作奖、第八届全国
藏书票展银奖、美国纽约国际文化艺术中心"杰出成就奖"，中国版画家协会与
中国美术家协会联合颁发的50－60年优秀版画家"鲁迅版画奖"。

代表作有：《拿鱼》《江畔》《太行的山啊，太行的水》等。

最爱家乡水

　　说起来挺有趣：初见套色木刻《拿鱼》，一下子勾起我的童年记忆。波光粼粼的水、晃悠悠的小渔船、忙碌的渔民和戏水的鱼鹰，这个场景再熟悉不过了。童年时的我，流着两行鼻涕，啃着麸皮饼，经常在家乡小河边看到这一幕。

　　艺术作品之所以感染人、吸引人，创作方法有许多种，能够引起心灵持久激荡，却是很难得。套色木刻《拿鱼》以清心悦目的画面，返璞归真的赤诚，荣获1957年举办的第一届全国青年美展银奖。作品中难以磨灭的生活细节，裹挟的浓浓乡思乡韵，让我在时光倒流中相看过往，所以特别珍爱。

　　十四年前，我收藏套色木刻《拿鱼》后，开始关注莫测先生的版画艺术。六年前，有幸与莫测先生相见，别看老人家年已八十有六，握手时仍然那么有力。大概从我言语中听出乡音，笑言："又遇到老乡了！"随即露出孩童般的纯真笑容，让我心头一热。

　　我与莫测先生聊天时，饭店里人声嘈杂，我俩只能头挨着头交谈。聊起套色木刻《拿鱼》，他大声接话："是啊！是啊！最美好，最纯洁的莫过于童年记忆，美好时光留在心里，抹不掉。你看看，都刻在这儿。"老人一边说着，一边手指心窝。"一直在水利部门工作，水流到哪儿，我就走到哪儿，也就创作到哪儿。走得再远，最爱乡水。1955年《人民日报》刊登套色木刻《拿鱼》时，编者按语中有这样一句话：这是莫测献给母亲河的第一幅赤诚之作。这话一点儿不假，家乡水，故乡情，这是铭刻心窝里的感情，用版画表达这样的感情，也是我的生命特征。"

　　1928年，莫测先生出生于江苏盱眙，那是"一亩水面一亩滩"的水乡泽国。秦始皇统一中国后，实行郡县制，盱眙开始建县，只不过最初叫"盱台"，后来改称"盱眙"。20世纪70年代，盱眙出土汉代木刻画，上面刻有泗水捞鼎图、杂技百戏图与

拿鱼 套色木刻 1955 年创作

星象图。近年又出水明祖陵和泗州古城，消息传出，大量游客纷纷前去观光，目睹汉代古版画和中国的"庞贝古城"[注1]。然而最抬名气的，还是红红火火的盱眙龙虾，随着吃客的赞誉，名扬海内外。过去常有人把盱眙读成"于台"，龙虾吃多了，盱眙两字也读准了。

20世纪40年代，莫测先生开始接触版画，自称："我是业余的。"如其所言，他没有进过美术院校，也就没有耳提面命一说。儿时，他喜欢舞文弄墨，说白了，也就是照着家具上雕刻的花鸟鱼虫，依葫芦画瓢罢了。1944年，那是中华民族苦撑苦熬的年份，十六岁的他，辍学来到《淮南日报》当学徒，干的是刻字工。那时出版报纸不仅需要刻字工，也需要有人翻刻画稿，每当人手不够时，他便主动请缨，试着翻刻画稿。久而久之，既聪慧又肯吃苦的他，不仅能独立完成绘图与翻刻，还经常向报刊投稿。1948年，他幸运地被《新常熟报》聘为文艺副刊助理编辑，近水楼台先得月，先后借来《抗战八年木刻集》《解放区木刻集》，在煤油灯陪伴下，两本木刻集被他翻得散了架。当然，随着意象世界的一再撩拨，也让他对版画越来越痴迷。终于有一天，他决定购买一套木刻刀，可是钱寄走了许久，上海《青年日报》社迟迟没有回音。不知是动荡岁月的闪失，还是经办人的疏忽，那可是一个月津贴费啊！情急之中，慕名写信给新兴木刻运动先驱杨可扬先生。他哪里知道，一时冒昧，不仅很快收到"啄木鸟"牌木刻刀，还收到杨可扬先生漫长岁月的艺术指导。

鱼米之乡沉淀妙笔，千垛花田张扬才思。寒来暑往，天分、勤奋与机遇，让他一步步走上版画之路。在数十年寂寞坚守中，抬升境界，演化作品，终于修炼为著名"水的画家"。1988年4月，他在中国美术馆举办《莫测版画展》，古元先生亲临现场观摩、祝贺。参观结束时，古元先生中肯评价："莫测的版画是成功的，是自学成才。自学造就人才的道路，又一次在莫测的成长中得到印证。"

大凡有成就者，都是志坚如磐之人。过往几十年里，由于莫测先生工作在水利部门，有机会跟随水的足迹，跋涉祖国山峦江河，一面观察千变万化的大自然风姿，一面体察人民群众的真情实感，他把机缘化为追寻艺术的动力，走遍全国水利工地，奉献众多各有意趣的作品，600余幅描绘祖国山河的版画问世，表明已成为版画创作的高产作者。作品明丽灵动，万千气象，让人们在欣赏之时，神清气爽，明心见性，如同走进心灵港湾，享受美的表达，这就是莫测先生版画艺术一直闪烁时光深处的由来。

他笑着对我说："人的生存状态是不能代替的，也是不能发明的。因为工作原因，全国各地到处跑，方便啊！要不然，凭我那点工资如何跑得起？"工作的便利，让他应了孔子那句话：君子遇水必观。但工作只是一种生活体验，艺术创作不仅需要亲身体验，还需要生活诗意化的概括与提炼，这是他始终坚持的艺术行走路径。

莫测先生是一位勤于动刀，更善于动脑的版画家。在漫长艺术实践中，悟出一套"为探索某种形式的形成，而去寻找适合这种形式表现的生活内容"的创作方法，通过灵动的构思，流淌的曲调，催生新意，提纯视觉，不断为观者带来陶醉。

在黑白木刻创作中，善于运用排线法，通过黑白两色构成画面，相互照应，互为对比，以多变横线组合为多层次灰调子，见奇特，显奇美。善于作品图式营造，通过平行排线的巧妙运用，把日常风景结构成画面，看似寻常，却不寻常。以多变风貌刷新耳目，凝眼眸，有回味，黑白木刻《江畔》《峡江春闹》便是最好的说明。

江畔 黑白木刻 1962 年创作

在套色木刻创作中，善于运用装饰性构图，不夸张，不玄虚，依靠画面节奏感来实现，虽然色彩斑斓，却清新自然；虽然装饰感强，却意在审美。善于作品章法营造，取天成，求气韵，把生活中的积淀与感悟，加工成独具个性的视觉感受，既灵动，又真挚，套色木刻《拿鱼》《太行的山啊，太行的水》便是经典的阐述。

每一位版画家的成功，皆是打破框框的结果。虽有继承，更有突破，通过毫不犹豫的舍弃与过滤，结构与解构，或收或放，或举或张，向深厚与博大进发，才能取得耀眼的艺术成就。莫测先生注重刀法应用，匠心独运，为了表现《牧笛》桦树林的深秋之感，以方刀为主调。为了《走娘家》那份温馨记忆，则以圆刀来完成。而表现《垦荒者之家》的沉重与艰辛，他选用的则是三棱刀。

色彩是绘画构成的重要因素，所以有人说：有多少色彩，就有多少幻想。莫测先生注重色彩应用，坚持主动控制，使作品色泽亮丽，又艳而不腻。每一次拟稿与印制，以美学眼光放达思考，努力把色彩用成活色。花之红，柳之绿，水之蓝，浓淡相间，水色交融，既重视色彩透视，又重视内在生气。

有人还说：版画是眼见即识的语言。莫测先生注重板材应用，可谓煞费苦心。20 世纪 40 年代选用乌桕，50 年代至 70 年代多用杜木、梨木，而从 80 年代至今，却一直使用塑料板材。这种名为聚氯乙烯的板材，比梨木板省力利刀，比胶合板减少顺逆，当引入他的创作领地后，一经使用，乐不可支，从而得心应手地塑造一个又一个迷人空间。

在含辛茹苦的艺术探索中，木刻刀被磨得越来越光亮，莫测先生也渐渐形成独到的抒情画风，技法细腻，审美纯净，把水的千古恒常描绘得千姿百态，深受各界人士好评，著名诗人艾青誉其为"水的歌手"。日本美术家联盟主席北冈文雄先生称其为"世界著名的十位水的画家之一"。莫测先生在北京、江苏、山东、福建、安徽、宁夏、新疆、台湾以及美国、日本多次举办个人版画展，出版作品集七种，不断拉近作者与观者的距离，从而确立了当代抒情风景版画大家的地位。

莫测先生对着我的耳朵，又一次大声说道："形成什么艺术风格不敢说，但是作品里没有表现水，那就不是我的作品。我的版画值多少钱不重要，有人喜欢就行，创作之初没有想这些啊！""要说爱，思远思近，我这一辈子有三爱，爱鲁迅，鲁迅先生是位大作家，亲手培育起中国新兴木刻，开创中国版画新纪元，影响深远，敬爱至极。爱版画，木刻刀寄托我对家乡、对祖国的深厚情感，引领人们走向高尚艺术的欣赏。爱水，水是生命之源，也是我的创作之源，一辈子伴水，一辈子画水，爱不够，画不够。就这三样。"莫测先生一边说着，一边像篮球裁判判罚三秒违例似的，高高竖起三个指头。

莫测先生的版画艺术始终与水相连。水，索系他的心绪；水，浸润他的生命。也可以这样说，他的作品也像水一样滋润人们的心田。

注1：庞贝古城，是意大利亚平宁半岛的一座历史悠久的古城，位于维苏威火山西南10千米处，始建于公元前6世纪，公元79年毁于维苏威火山大爆发。由于被火山灰掩埋，保存完整，1748年发现并挖掘，为了解古罗马社会生活和文化艺术提供了重要资料。2016年，庞贝古城被评为世界十大古墓稀世珍宝之一。

晁 楣

1931年出生，山东菏泽人。北大荒画派领军人物和主要奠基人。毕业于国立社会教育学院附中，结业于第二野战军军政大学。1950开始木刻创作。1958年参加北大荒军垦，致力于创建北大荒版画。中国美协理事、中国版协副主席、黑龙江省美协主席、黑龙江省美术馆馆长、黑龙江省版画院院长、国家一级美术师。第三届全国人大代表，中共第十二届、十四届党代会代表。多次担任全国美展、全国版画展评委和主任委员。中国国家画院顾问，中国艺术研究院版画院顾问。

作品曾获全国美展二等奖、首届全国农垦美展荣誉奖、第六届全国美展金奖、首届黑龙江省文艺大奖一等奖、世界华人艺术展大奖。黑龙江省授予中青年专家特殊贡献奖，黑龙江省首届文艺终身成就奖，日本日中艺术交流中心贡献奖，中国2006年度造型艺术成就奖，中国版画家协会与中国美术家协会联合颁发的50—60年代优秀版画家"鲁迅版画奖"。享受国务院特殊津贴专家。山东省菏泽市建有晁楣版画艺术陈列馆，黑龙江省哈尔滨市建有晁楣艺术馆。

代表作有：《第一道脚印》《北方九月》《松谷》等。

与晁楣（右）合影

大山，在北方

撰写北大荒版画奠基人晁楣先生的名人多，名篇也多。动笔之初，心中忐忑，挂一漏万不说，搞不好弄巧成拙。但是拜访晁老后，心起涟漪，我还是提起了笔。

2014年11月20日，哈尔滨难有的好天气，艳阳高照，风也不冷。当代版画大师晁老一脸阳光，中气亦足，只是有些耳背。此前晁老遭遇车祸，造成全身三处骨折，恢复如此着实令人欣慰。

见面后，晁老问起南京中山门："1945年到南京求学，那四年常在中山门附近跑步，参军也是从那儿出发的。"我一边递过带去的南京盐水鸭，一边描述中山门的今日风光。晁老颇为兴奋，白色寿眉在爽朗笑声中微微抖动。

"他是一座山。"不论当年并肩北疆荒原的郝伯义，还是从北京千里追慕他的张朝阳；不论鸡西走出来的于承佑，还是小学教师起步的张洪驯；不论客居深圳的陈玉平，还是扎根南京的刘春杰，或是国家画院的陈龙……采访中，当年北大荒版画人都这么说。

晁楣赠送作者的全套《艺术晁楣》

他是一座山，毅然山中去。1958年3月6日，他带着三箱书籍和一套木刻刀，跟随垦荒大军踏上沉睡千年的北大荒。此前，他在哈尔滨军事工程学院政治部工作，创作的第一幅版画《守卫在祖国边疆》刊登《新观察》，另一幅版画《森林之夜》成为《解放军文艺》封面，并先后入选第一届全国版画展和第二届全国美展，如同一颗冉冉升起的新星，令人翘首。当时这颗心正与另一颗心相碰，可谓铁骨柔肠之时。但是，他把荣誉封存记忆，把爱情藏进心底，为了抵达新的艺术起跑线，义无反顾。这不是常人能做到的，他做到了。

来到举目荒凉的北大荒，他先婉拒北大荒报社挽留，接着直奔最艰苦的853农场。去了不说，执意参加垦荒先遣队，直面艰难险阻。那些日子，住四面漏风的马架子，床底下水深得飘起脸盆。踏荒、割草、搭屋、背粮、打桩，哪儿有苦活儿，哪儿就有他的身影。他永远忘不了：独自返回场部时，一只饿狼尾随身后十余里；当断炊断粮时，以老虎吃剩的半只狍子充饥果腹；运送稻种途中，为搀扶掉队的战友一同陷入沼泽地；战友王富文殉职后，肩抬遗体一路以泪作别……没有这些灵与血的生命体验，就没有迸发的激荡情感，也就没有作品中的风骨豪情，这是他终铸伟业的原动力。

他是一座山，他从山中来。套色木刻《第一道脚印》是北大荒版画开山之作，作品是在踏荒途中构思的，原名《征服荒原的人们》。皑皑白雪中一串足迹，那是原始荒野上第一道脚印。大雪在寒夜里旋转，狂风在荒野上呼号，垦荒队员手遮狂风，低首吸烟，那一点点光亮，映照雪地，也映照内心。后来，套色木刻《第一道脚印》被选为《北大荒版画选》封面，与其他版画家作品一道，昭示北大荒版画学派的诞生。套色木刻《荒原春夜》《平地起家》《到北大荒去》《春到荒原》《完达山的早晨》《黑土草原》《解冻》《麦收序曲》，都是这一时期极有影响力作品。其中套色木刻《春到荒原》是他献给未婚妻的礼物，套色木刻《到北大荒去》则是北大荒战友视为青春记忆的缩影。

套色木刻《北方九月》完成于1963年11月。画面中，漫山遍野的红高粱，秋风吹过，像波浪一般翻滚。马车来往，在高粱间时隐时现。垦荒队员的白色服装，如"留白"一样舒展透气。火红的高粱穗，与褚色叶、黄色土一起映天照地，让丰收喜悦几乎溢出画面。恢弘的构图，浓郁的色彩，豪放的刀法，叙述着当年北大荒人的壮志豪情。

北方九月 套色木刻 1963 年创作

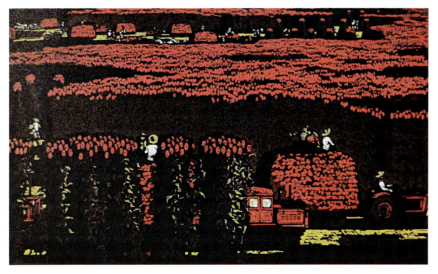

北方九月 套色木刻 1972 年创作

套色篇

"文革"风暴刮来，他自然成了"黑样板"。五年委屈，搁刀五载。好在套色木刻《北方九月》不但没有被历史丢弃，还成为凋零中的留存，为他带来命运的逆转。1972年，为纪念毛泽东同志《在延安文艺座谈会上的讲话》发表30周年，拟举办一次全国性美展，根据周恩来总理"套色木刻《北方九月》要体现机械化"的意见，让他与幸运撞了个满怀。走出"批判检讨与思想改造"学习班时，他手搭凉棚，挡住许久不见的刺眼阳光。

幸运也好，命定也罢。那是难得相遇的一个月，也是引发希冀的一个月。他埋首小屋，木屑飞舞，一面落实政治任务，一面添加质朴感悟，完成套色木刻《北方九月》的改刻版。1972年版保留原有色调，构图却出现较大变化。如：近景拖拉机首尾相连，远景劳动人群穿行高粱地。套色木刻《北方九月》的两个版本均被中国美术馆收藏。晁老是这样形容的："两个版本都是感情投入、痴心造境的痕迹，好像亲生骨肉，各有短长，并无偏爱。"

套色木刻《松谷》创作于1984初夏。当时，他刚从853农场风尘仆仆归来，脑际间回荡一路壮景，不由自主地刀随心走。画面中莽莽森林，巍巍青松，一对雄鹰翱翔天际，搏击长空，画面弥散的是恢宏激越的气概，升腾的是提神振气的力量。黑色雄鹰与黝黑松林相对称，鹰翅白羽与雪地光亮相对应，浑然天成，深邃博大。那是如水岁月的馈赠，也是黑土地养分的滋润，真实的感受，无限的流溢，当崇高理想融入大自然之美，套色木刻《松谷》无疑是凝结心智的精华。

我甚爱套色木刻《松谷》色彩，艳而不腻。经探问得知，虽然使用日本樱花牌颜料，印制时有意掺入一定比例旧颜料，如同添加老卤，效果果然不一样，去掉了躁气，留下

松谷 套色木刻 1984 年创作

退火气息，既绚丽又持重。套色木刻《松谷》参加第六届全国美展时，很不凑巧，晁老担任该展评委。评委会规定：评委作品可参展，不参评。初评时未列入获奖名单，可是到了总评时，总评委员会决定：打破惯例，套色木刻《松谷》选定为第六届全国美展金奖。之后，套色木刻《松谷》走进北京人民大会堂，走进中国美术馆，走进欧洲木版基金会……晁楣先生炽热的创作激情，如同一团火，一路燃烧。《北方九月》《春回大地》的问世，奠定北大荒版画套色油印风格。"文革"后期陆续推出《第一口油井》组画、《红装素裹》《装不尽运不完》《书记在那边》等力作。"文革"结束又推出《油田十月》《北陲屏障》《雁窝岛》《春醒》《长河行》等佳作。在《松谷》《路漫漫》推出后，他以《山坳》为新的艺术起点，一面大胆超越，使版画语言更为简练老辣。如：《归宿》《嘱》《松之魂》《秋韵》《远行》和《地久天长》。一面全力提升，不断拓展现代观念和语言。如：《云与影》《残阳》《晚晴》《极地》《风雨行》《天地间》《鹰之歌》等，渐入炉火纯青之境地。

痴醉一生是艺术。晁楣先生出生于山东菏泽，圣贤一脉，世代书香。先祖晁错为西汉景帝时的御史大夫，诸侯国曾以"请诛晁错，以清君侧"之名反叛，景帝腰斩晁错，从而成为千古奇冤。晁错后人散落，其中一支在山东菏泽，据地方志记载：宋真宗时，晁迥官至工部尚书，后人中既有"父子两尚书，兄弟五进士"赞誉，还有与黄庭坚、秦观、张耒并称苏门四学士的晁补之。

1931年，望族后裔晁楣呱呱坠地，其时祖父为当地名医，父亲任菏泽县立第一女小校长。回忆人文历史，人们无法忽略血统承接，也无法忽略后天努力，晁楣先生用一生攀登艺术高峰，占领精神高地。记得当年出画册时，人民艺术家古元帮他挑选作品，爱不释手，竟面带赧色说一句："可以送我一幅吗？"荣获诺贝尔物理学奖的杨振宁教授，对他直白坦言："我很喜爱你的版画。"著名艺术家徐冰，在中国美术馆召开的座谈会上深情回忆："我小时候经常临摹晁楣先生作品。"

贯穿一生是情义。我与晁老交谈时，牵挂老友之情，溢于言表。

"吴俊发身体咋样？他长我四岁。"

"腿脚不灵便，气色不错。"

"李焕民还搞创作吗？他长我一岁，属马。"

"老伴走了，身体不如以前，还在搞创作。"

"赵宗藻那儿去过吗？我俩同岁，属羊。"

"去过，身体相当好。"

晚年的晁老，就是这么惦念着故朋老友。其实，他惦记的人很多，既有当年支持版画创作的兵团宣传部副部长郑亢行，也有过早离去的老战友张路、杜鸿年、张作良……当他得知张作良[注1]先生病重，立即熬夜写诗：

晁楣与张作良合影

曾记艰苦岁月，开创"北版"业绩。

感悟大荒魂魄，谱绘军垦传奇。

酸辛更有欢乐，战友又加兄弟。

往事并不似烟，难脱情牵梦系。

久别倍添思念，遥祈贵体安吉。

张作良见到他的诗，立即嘱咐家人将诗句悬挂病榻前，默默观看，直至离世。

北大荒版画第二代佼佼者周胜华[注2]弥留之际，他前去看望，满头白发之人，失声痛哭，难以自己。

这就是晁老的大情大义。

辞别晁老，我在他晨练的小区慢道上流连……

初冬阳光，泼洒在高大白桦树上，色彩斑斓。仰望枝疏叶落的主干，越发挺拔，直冲云霄。

注1：张作良（1927－2005）山东莱西人。毕业于山东军政大学。北大荒版画主要奠基者。曾任《北大荒画报》社负责人，中国美协黑龙江分会副秘书长，后调任中国美协天津分会秘书长、副主席，国家一级美术师。

注2：周胜华（1949－2000）黑龙江哈尔滨人。毕业于哈尔滨师范大学美术系。著名版画家。曾任黑龙江省美协副主席，黑龙江省版画院副院长，国家一级美术师。

与赵宗藻（右）合影

赵宗藻

1931 年出生，江苏江阴人。毕业于南京大学美术系。先后任中国美术家协会理事、中国版画家协会副主席、首届中国美协版画艺委会委员、浙江省美协副主席、浙江省版画协会会长，中国美术学院副院长、版画系主任、教授。享受国务院特殊津贴专家。

作品曾获挪威第七届国际版画双年展银奖，第十六届全国版展铜奖，美国威斯康星大学授予著名艺术家杰出贡献奖，以及中国版画家协会与中国美术家协会联合颁发的 50—60 年优秀版画家"鲁迅版画奖"等。先后在澳大利亚、美国、法国、英国、日本举办个展。江苏省江阴市建有赵宗藻艺术馆。

代表作有：《四季春》《力量的源泉》《黄山松》等。

关于《四季春》的往事

赵宗藻先生是我国当代杰出版画家、教育家，仰慕已久。

他是五星红旗在天安门广场升起后，沐浴着新中国阳光成长的第一代版画家中的佼佼者。早年就读于苏州美术专科学校，继而毕业于南京大学美术系，实实在在的科班出身，加之爱学习，爱思考，铸品养性，探寻本真，不论对美术理论的才情流溢，还是对版画艺术的杰出贡献，在时光淘洗中早已声名远播。

曾任中国美术学院副院长和版画系主任的他，立身治学，与张漾兮、张怀江、赵延年先生一道，形成现实主义创作风格和现代版画教学范式，影响极其深远。当下，中国版画界后生们，常以"两张两赵"来尊称，可见赵宗藻先生在我国版画界，乃至美术界的影响力。

闲话古今，悠然忘尘。在漫漫艺术旅途中，他迎着西湖边的竹林清风，始终对版画倾心如初，不改主新求变主张，创作高潮迭起，每一个时代都有耀眼风采。如今读来，仍然心意相通，情感炽热，不时触动着观者心胸。正如赵宗藻先生自己所言："人总是既要出门，又要回家。同样的道理，版画艺术的进取，既要有向西方学习的开放，也要有向传统学习的回归，互为交替，才能不断进步。"寥寥数语，可见眼界之宽，胸襟之广，集中概括中国当代学术精神。

赵宗藻先生出身于江苏省江阴市一户中医世家。幼年时，父亲为病人开药，药方上的蝇头小楷"杜仲""黄芪"，成为接触传统文化的"启蒙药"。背起书包上学堂，那时最爱习字课，每逢参加比赛，常常名列前茅，师生们赞许的目光，成为枯燥童年的"调节剂"。在抗日战争的艰难岁月，为了躲避日本鬼子疯狂扫荡，童年的他常跟着家人"跑反"[注1]，街头巷尾的抗战宣传画，虽说只有巴掌那么大，则是学习绘画的"兴奋剂"。童心刚过，青春降临。聪慧与勤勉的他，从苏州美术专科学校毕业后，便以出色成绩走进南京大学，在那座攀满常春藤的北大楼下，终于品味了"镇静剂"，这副"镇静剂"由两位艺术大师所开。一位是傅抱石，一位是潘天寿。一位破笔散锋，自成一格，创立"抱石皴"开中国山水画之先河。一位营造结构，风貌独具，写意花鸟之雄大奇险无人可及。两位大师的耳提面命，不仅有艺术上的撩拨，还有情操上的点化，受益终生，也成为他艺术之路的标杆，引领至今。

20世纪50年代初，第一幅黑白木刻《当他们有了自己的土地》发表于《南京文艺》，得知消息那一刻，兴奋与决心一起涌向心头。其后黑白木刻《婺江边上》问世，这是他

赵宗藻印制版画的小铜勺

142

在浙江金华师范任美术教师的扬名之作，不论构图的宽阔，还是观察的细微；不论用刀的精细，还是情绪的寄托，那把锋利的三棱刀，把婺江边繁忙景象和生活样态，刻画得让人直竖大拇指，入选第一届全国版画展，并刊登苏联《星火》画报，引来一片叫好声。随后《秋收的时候》《乡干集会》《雪夜》《田间》等，没有姹紫嫣红，只有质朴无华，看似平静中的积累，渐渐形成一种风貌。淳朴的语言、昂扬的生机，开启意境平实的现实主义版画风格。

60年代，相继推出套色木刻《四季春》与套色木刻《青稞组画》，不仅让人们见识专业品位，同时亮出独具风采。如套色木刻《青稞组画》，分别由《歌》《舞》《笑》组成，场面硕大，人物众多，通过具体生活场景，展示雪域高原藏民为欢庆丰收，以歌唱之，以舞跳之，以笑乐之，由于紧扣人性表达，形成移不开的视觉焦点。特别是套色木刻《四季春》的创作，坚持版画民族化方向，积极融会民间艺术，在思考与概括中推陈出新，成为现代版画教学范本，自此标定赵宗藻先生在中国现代版画史中的位置。

70年代，那是个易遭责难的年头，套色木刻《力量的源泉》面世可谓独领风骚。作品以铁人王进喜为原型，叙述当年奋战大庆油田，艰苦创业的传奇故事。也许浓烈的政治色彩与概念化场景，掩盖了开阔构图、理性刀触与和谐色彩，倘若细细品味，正是这种遥想过往的回放，折射那一代劳动者与共和国艰难爬坡的历程，这是一段特定历史的定格，也是一次艺术对应心路的解答。

力量的源泉 套色木刻 1972年创作

80年代后，为了那些失去时光，只得紧追慢赶，把耽搁的时间补回来。在问世作品中，既有形式新颖的《铺路石》，也有构思巧妙的《团聚》，还有格调雅致的《黄山松》

和《姑苏行组画·种豆》等，立意高远，风格鲜明，见解独到，都是重归版画审美的力作，也是辉映中国当代版画史的名篇。水印木刻《黄山松》还为他捧回挪威第七届国际版画双年展银奖。美国迈克尔·苏立文博士撰文称：把水墨画的微妙与木刻本身的感觉结合在一起，用木料的质地非常恰当地表现出岩石的纹理结构，是真正意义上的现代版画作品。此时，赵宗藻先生已年过花甲，他言："只有不断否定自己，永远不重复自己，才能不断有长进。"岁月匆匆，时光留痕。他站立潮头，与时代同行，成为那一代版画家的骄傲与自豪。

拜访赵宗藻先生，是我采访中最为辛苦的一次。那天是星期六，杭州西湖景区游人如织，我从湖滨公园出发，出租车不能进景区，只好挤公共汽车，谁知车行百米熄火逐客。景区游客如潮涌，别无选择，抬脚启程。沿南山路西行，经中国美术学院、钱王祠，过柳浪闻莺，再过钱塘江大桥，走到赵宗藻先生家时，十公里疾行，穿着皮鞋的脚已是水泡累累。

拜访赵宗藻先生，让我遇到最为感动的一幕。门卫与赵老联系后，我一路走去。谁知敲门时，赵老夫人告知："赵老接你去了。"漆黑的夜晚，83岁老人摸黑来接我，既让我感动，更让我担心。不由多想，转身回接。空旷小区，数条小路贯通，不敢远走。找一段，回来问一次，最后干脆扯开嗓子，边喊边找。夜色中与赵老握手，高兴中有一份是搁下担心。

拜访赵宗藻先生，让我聆听到最为鲜活的创作往事，带着熟悉乡音的娓娓而谈，分外悦耳："1958年，我时任浙江美院助教，带领学生来到浙江嘉兴地区，进行毕业创作前的采风。行至平湖县时，发现那里妇女已经组织起集体养蚕，不仅规模大，而且分工细。为了不耽误季节，妇女带着幼童实行三班倒，小宝宝与蚕宝宝一起睡在蚕场。那是一幅看不倦的靓丽风景，顿时愕然，所以难忘。回到浙江美院后，我是踌躇满志，一张张草图，新的挨着旧的，贴满寝室四壁。每天清晨睁开眼，就在屋里转圈儿，一边踱步一边琢磨。一年内草图画了近百幅，还是不太满意。有一天报纸刊登'一年能养12次蚕'的新闻，介绍湖北省科学养蚕法，让我豁然顿悟，一下子找到创作灵感。每个季节都能养蚕，这不就是四季春嘛！于是，借镶嵌工艺之黑底，集民间年画之构图，汇集四季养蚕场景，组装糅合，概括取舍，经过两年努力，终于完成套色木刻《四季春》创作，推出后受到广泛好评。记得60年代初，胡乔木[注2]同志到浙江美院视察，在走廊里看到套色木刻《四季春》：'构图很有民族特色，题目是否改为四季养蚕？'一天，时任浙江美院院长莫朴[注3]先生在学院操场旁与我相遇，转告此事，并征询意见。我直言：'抱歉了，抱歉了。'心想：艺术创作要有生活体验，也要有浪漫想象啊。现在回想，胡乔木同志修改题目的建议，是否与反对浮夸风有关，不得而知。总之题目没改，事情也就这样过去了。"

套色木刻《四季春》既是赵宗藻先生的压轴之作，也是中国当代版画的经典之作。其构图突破时空疆界，以意取境，吸收壁画、年画传统元素，巧妙地将春采桑、夏蝉鸣、秋菊黄、冬梅开的四季景色，与繁忙劳动场景相交融，产生牧歌般的精神向往，尽显东方情愫与艺术格调，读起来甘之如饴。作品的色彩从漆画汲取，黑底子上的画面，不仅鲜艳亮丽，亦隐藏传统审美，这种内容与形式的统一，所营造的独特艺术语言，至今仍然那么熏染视觉。

拜访赵宗藻先生前，我有个怀想，就是看一看磨印《四季春》的小铜勺。先生知道后，走进书房取来小铜勺，这是一柄断了把的旧铜勺，灯光下泛着黄色光亮，底部已经磨平，有一个手指尖能插进的小洞。赵宗藻先生言："万物通了灵性，就会有感情。这辈子印制版画，一直离不开小铜勺。已经磨通两柄，争取磨通三柄。"虽然话语轻柔，却振聋发聩。小铜勺磨印的是版画，淬炼的却是心志。看看小铜勺，再看看满头银丝的赵宗藻先生，我终于明白：为了中国现代版画民族化，数十年孜孜以求，背后是一串串汗水写成的故事。

与仰望的老艺术家抵膝，是一种幸福。

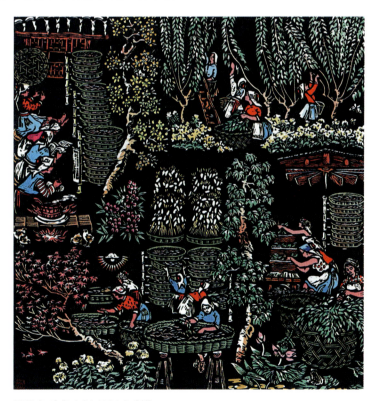

四季春 套色木刻 1960 年创作

与张祯麒（左）合影

张祯麒　　1934 年出生，海南海口人。北大荒版画重要奠基人和开拓者之一。中国美术家协
　　　　　会会员，中国版画家协会理事，黑龙江省美协副主席，黑龙江省版画院副院长，
　　　　　国家一级美术师。享受国务院特殊津贴专家。

作品参加历届全国美展和全国版画展，先后选送美国、法国、波兰、日本、苏联、
丹麦、挪威、越南、朝鲜等 40 多个国家和地区展出，并赴英国、日本、刚果、
扎伊尔、塞浦路斯举办"张祯麒版画展"，曾获庆祝建国 30 周年全国美展三等奖，
"版画世界奖"，中国版画家协会与中国美术家协会联合颁发的 50 — 60 年代优
秀版画家"鲁迅版画奖"。

代表作有：《牧归》《晒麦场上》《皎皎江月》。

北疆沃土讴歌人

我一直想拜访北大荒版画重要开拓者之一的张祯麒先生。凡是欣赏过张祯麒先生版画艺术的收藏家，都会有这样的想法。

五年前，一个天高云淡的季节，我在北大荒版画院院长于承佑引见下，终于如愿以偿。虽知张祯麒先生已入耄耋之年，身体欠佳，见面时仍然感到意外。面容苍白，鬓发成雪，单薄身躯走起路来颤颤巍巍，让我见证时光无情。但聊起创作往事，他那花白的眉梢立刻抖动起来，红润也挤进面额。打开记忆窗叶，重拾昔日辉煌，虽然叙述有些散乱，回望中依然是一条开满鲜花的路。

张祯麒年轻时的海军照

1951年，张祯麒离开遍地开满三角梅的海口市，参军来到广州，成为一名军帽上有飘带的解放军战士。在火热军营里，他虽然没有紧握钢枪，却握紧钢铸木刻刀，利用训练间隙，创作《船坞一角》和《下棋》，其中《船坞一角》入选第三届全国版画展。不久，他被调到南海舰队政治部美术组。文化与艺术总是结伴而行。他喜艺术，亦爱文学。创作之余，读一读普希金诗歌《奥涅金》，为青春添加点浪漫，并提笔给《奥涅金》译者吕荧写信，畅谈自己的阅读感受，以求指导。

这事儿放在当下，简直摆不上桌面。可是那个年头，全国反胡风运动如暴风骤雨般兴起，时任山东大学中文系主任的吕荧，一位敢讲真话之人，在中国文联主席团和中国作协主席团联席会议上发言："胡风不是反革命。"结果可想而知，因言获罪，先是隔离审查，后在"文革"中被迫害致死。更为遗憾的是，千里之外的年轻海军战士张祯麒被拉扯上了，因此受到开除团籍处分。可以这样说，选择人生有时比度过人生还要难。

张祯麒在那难熬的日子里，思来想去，夜不能眠，几乎摧毁单纯而敏感的心灵，暗暗决定：与其品尝人世风霜，不如品尝冰雪风霜，无奈中报名加入奔赴祖国北疆的垦荒大军。当年的北大荒，那是沉睡千年的荒山野地，无数艰难险阻等着他。不论开山采石，还是下洞挖煤，他用劳动汗水洗刷内心憋屈。别人下工了，带着疲惫身躯钻进被窝，他却在帐篷里摆弄木刻刀，飞舞木屑，舔舐伤痛。历史这样证明，是艺术拯救了他，也是艺术塑造了他。《惊扰》《应战》就是那个时期创作的作品。

1959年，艺术创作成绩突出的他，终于调入北大荒画报社，对于热爱版画创作的张祯麒，仿佛小鸟飞出樊笼，兴奋得走路都要跳起来。此刻，他无法忘怀过往，又万分感慨当下："艰苦生活的积累，世事沧桑的磨练，让我有了用不完的创作库存。"那些熟悉不过的火热生活，那些激荡心扉的垦荒故事，特别是闭上眼睛就能触摸的白山黑水，

套色篇

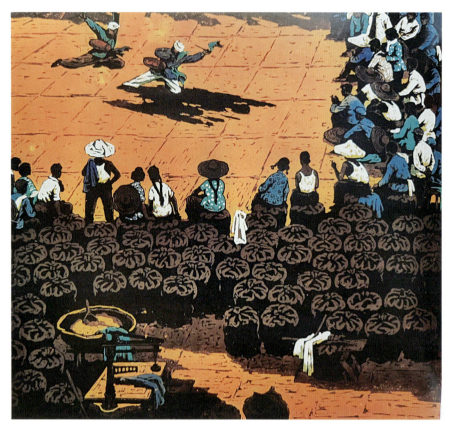

晒麦场上 套色木刻 1964 年创作

让他的版画创作如开闸放水，倾泻而出。《晒麦场上》《猎归》《乌苏里江晚眺》一经脱稿，周边一片惊讶声。《黎明》《冰江早晨》《荒地通讯员》《支边青年》赴京展出，展厅一片赞叹声。特别是创作的套色木刻《牧归》，与晁楣先生合作的套色木刻《冰上捕鱼》，一起挂进北京人民大会堂黑龙江厅。也就从那个时候起，人们终于记住了他的名字！

动荡岁月，他的版画创作呈现动荡属性。"文革"中的政治生态，有着无法摆脱的束缚，版画既是一种艺术形式，也是一种宣传手段。在那个特定岁月里，艺术作品不能没有"政治意义"，他只好动心思，在体现工农兵激荡豪情上做文章，一批带着鲜明时代印记和美学追求痕迹的作品，就是这种背景下面世的，如表现工人的《战油田》，表现牧民的《乌兰牧骑之歌》，表现解放军战士的《冰封岁月》，还有表现知识青年的《母校来信》，虽然是紧跟形势的表达，回应政治诉求的宣传，但在广大观者眼里，却是还原一段真实可信的生活状态，相认一段不应抱愧的艺术探求。留住旧梦，见证昨天，青春碰撞青春，这是他版画创作的习性。

改革年代，他的版画创作呈现开放心态。春回大地，杨柳拂面。改革开放之风，不仅唤醒了祖国大地，也唤醒了他对艺术的重新思考，走上没有禁锢的路，多么的自由与舒畅。一批带着欢快心绪、带着美好向往的作品先后问世。《春鸣》《艳秋出猎图》《皎皎江月》的北国新貌，《渔风》《海恋》《桅林》的故乡情丝，《天山拂晓》《花帽市场》

《歌手》的新疆风情，不论格局铺展，还是文化思考；不论形式美感，还是审美品格，都是那么清新脱俗，兜头扑面。此时作者流露的澎湃激情，已经让艺术之美与性情之真打成一片，给版画一个还原初衷的期许。摇曳多姿，装满欢乐，步伐紧跟步伐，这是他版画创作的惯性。

异国行旅，他的版画创作呈现异域情趣。非洲景致，别样心情，一番热带地区长途旅行，心绪随气温一起滚烫起来，一批不同以往风格的作品陆续推出，满眼眶的神奇风景。如《热带风光》《斑马》《河湾》的异域风光，《市场》《花布》《交谈》的热带市井，《酣睡》《黑人少女》《日当午》的非洲女性，这些异域风情的别样亮相，打量非洲的全新题材，既是传递愉悦心情，也是奉献语言新姿，给版画一个畅快淋漓的表达。非洲览胜，欢畅留痕，浪漫追逐浪漫，这是他版画创作的特性。

张祯麒先生是用感叹号回应生活的人。他对套色木刻《皎皎江月》的描绘可见端倪。乌苏里江上的打鱼队，月夜归渔，原本艰辛的劳作，在他的木刻刀下，却是秀美风光，落落胸怀。静寂的江岸边，皓月当空，秋水长天，一行打鱼人挑着鱼筐，扛着渔网，迈着收获的步伐匆匆归来。号子声、话语声，打碎宁静，鸟儿惊醒，扑腾着飞向远方。褐色树丛、瓦蓝江面、黝黑堤岸与银白如盘的月亮倒影，劳动美与自然美融为一体，刹那惊鸿。浓郁的生活气息，诗意般北疆风情，此番风雅顷刻间俘虏欣赏者眼神。套色木刻《皎皎江月》的推出，标志他的套色木刻跨越式发展，进入一个崭新艺术境地，成为脍炙人口的名作。张祯麒先生告诉我："那些亲眼所见的感动，就是倾心创作的理由。《皎皎江月》从起稿到挥刀，一气呵成。"我不忍过多打扰，不得不打问："江岸黝黑一片，为何动感十足？"张祯麒先生愣了愣，言道："借用三棱刀的犀厉，刻画若干阴线，细分画面层次。同时借用月光映照，拉开远近距离，保持疏密关系。为了近景处理，反复斟酌，所以不呆板……"创作往事的回忆，让张祯麒先生稍许有点激动，我赶紧用靠垫抵紧他的腰，平缓一下情绪。

重新欣赏悬挂于墙的套色木刻《皎皎江月》，巧妙的构思，清新

皎皎江月 套色木刻 1979 年创作

的意境，严谨的造型，典雅的色彩，现实与臆构的统一，渗透着精致入微的表现力，也渗透着对黑土地的挚爱之情，更渗透着作者的自信与坚守。礼赞劳动者，造化大自然，从而成为中国当代套色木刻的经典之作。

张祯麒先生是用感叹号对待生活的人。人的生命原本短暂，在他并不顺畅的人生路途中，命运多舛，起步之始便领略了不堪回首。青春遭难，没有泯灭心中理想；憋屈受压，没有放弃艺术追求，为了无法忘怀的艺术理想，始终作为一生最为倚重的东西。当年采石场施工时，一场意外的爆破事故，两名战友被炸得血肉模糊，他含泪绘制遗像，双手一直不停地颤抖。多年后回忆："虽然悲痛若失，但内心依然爱着白山黑水。"从海浪滔天的故乡，到寒风呼啸的北疆，吃冷干粮，喝沼泽水，睡大通铺，却用木刻刀描绘出百姿千态的美景，既是羁绊中的慰藉，也是企盼中的希冀，更是顽强面对生命的一种表白，让人们相信这样的事实：心纯画亦美。

历经磨难，不忘初心。在张祯麒先生的作品里，没有消沉，没有愤世，唯有昂扬与灿烂。虽然生命里曾经堆砌许多皱褶，他却用怀想去熨平，坚持在苦闷中寄托希望，在向往中面对未来，从而走出一条不同寻常的人生轨迹。所以赏读他的作品，犹如聆听北大荒人的颂歌，提神聚气，沁人心脾，节拍中饱含嘹亮音符。他对现实主义创作道路的情有独钟，不是一般意义上的景物再现，而是久藏内心的美意表达，归还本真，自成一路，从而成为当代牧歌式风情版画的典范。

李桦先生曾这么评价："北大荒版画三十年而不败，为中外艺术界所称道。张祯麒先生既是波澜壮阔的北大荒建设的参与者，也是成就卓著的北大荒画派的开创者，他在那儿仿佛生命的根须找到土壤，400余幅版画的创作，是热血年代不可磨灭的痕迹，也是峥嵘岁月难以忘怀的精神。"如此评价，让人折服。

消逝往事，如影相随。张祯麒先生的夫人告诉我：最近几年，他总是默默静坐，半天不说一句话，凝视挂满墙壁的作品，久久沉思。我不知道张祯麒先生想些什么，可以这样去寻思：或许他的耳畔，仍然回荡垦荒大军战天斗地的号子声；或许他的胸中，仍然回旋风华正茂时的艺术思考。岁月匆匆，谁也抵挡不住时光脚步。令人欣慰的是，不论何时何地，只要张祯麒先生扭头回望，都是滋养后生的自豪与骄傲，足以愉悦余生。

历史不能忘记，历史也不会忘记，这位令人敬重的祖国北疆沃土讴歌人。

蒋正鸿

1936 年出生，浙江舟山人。早年毕业于中央美术学院。中国美术家协会会员，先后任中央民族大学、清华大学美术学院教授。

版画作品获（维也纳）第七届世界青年联欢节金质奖章、中国版画家协会与中国美术家协会联合颁发的 50－60 年优秀版画家"鲁迅版画奖"、国际评审委员会"艺术与科学国际作品展暨学术研讨会"提名奖。国画作品先后被北京人民大会堂、毛主席纪念堂等机构收藏陈列。

代表作有：《新城市》等。

与蒋正鸿（左）合影

为祖国赢得荣誉最光荣

蒋正鸿馈赠作者
刻制《新城市》用刀

荣誉有许多种，为祖国赢得荣誉最光荣。

兴许，人们记得许海峰首摘奥运金牌时的欢呼雀跃，也记得刘翔打破110米跨栏世界纪录时的奔走相告。然而60年前有一幅水印版画为祖国赢得巨大荣誉，如今记得的人已经很少了。

把日历翻回到1959年。那是一个红旗飘扬、激情澎湃的年份，我国各行各业广大劳动者，积极响应党中央号召，以满腔热忱与冲天干劲，努力创造最优异成绩向新中国成立十周年献礼。

1959年7月，在维也纳举办的"第七届世界青年联欢节"上，我国青年版画家蒋正鸿创作的水印木刻《新城市》，以清新俊逸，情感率真，技法独到而脱颖，一举夺得该展金奖。这是新中国诞生后，绘画艺术首次在国际性展览中获此殊荣，无疑给共和国成立十周年献上一份厚礼。消息传来，举国欢腾。全国各大媒体以铺天盖地的方式，纷纷报道这一特大喜讯。神州大地，工农商学兵为之振臂，锣鼓铿锵，欢呼声中把帽子、围巾抛向天空。花开当时，荣光无限。只不过这个故事离我们很遥远，渐渐被似水年华所湮没。

我进入版画收藏领域十余年，一直苦苦寻觅水印木刻《新城市》，终无结果。一个偶然机缘，得知水印木刻《新城市》即将拍卖，于是火急火燎地赶往千里之外。那一天拍卖场人声鼎沸，摩肩接踵。随着拍卖进程，很快进入水印木刻《新城市》竞价，我屏住呼吸，手持号牌以求一逞。然而拍卖师报价后，竟无人应价，现场一片沉寂，我如愿收入囊中。紧张过后的窃喜，至今记忆犹新。在返回南京的火车上，我接到拍卖公司打来的电话，告知有一位收藏家愿加价三倍以求转让。吾言："为何？"答："方知殊荣。"我只好婉言拒之。从另一个意义上说，收藏有先后，乐趣就在这里。

多年之后，一个阳光灿烂的上午，我怀揣敬仰之心，敲开地处北京市郊蒋正鸿先生的家门。满橱书籍，满壁书画，满桌画稿，散发着淡淡清香，宽敞客厅被挤得不算宽敞。银发如雪的蒋正鸿先生，精神矍铄，风度翩然，笑吟吟地与我握手寒暄。那一天，他谈兴极浓，得知我收藏了水印木刻《新城市》，随着朗朗笑声打开封存记忆，在娓娓叙述中聆听到许多鲜为人知的往事。

"恩师的教诲，垫高了我的艺术起点。"这是蒋正鸿先生概括的第一句话。1952年，中央美术学院开全国美术院校之先河，版画专业率先扩展为版画系，再经过几年教学实践，版画系开始实行工作室制度，即师生互选。1957年，蒋正鸿考入中央美术学院，刚入学便面临选择，他毅然投奔到黄永玉[注1]先生门下。黄永玉先生面对这个唯一学生，表现出极大的热忱与用心。"你能想象吗？恩师为我一人写了教学大纲，认真至极，我至今还收藏着呢！"年近八旬的老人，在寻觅往事时，不自觉地升腾起一股自豪之态。

确实如此，黄永玉先生教学与众不同，除了看画稿改作业一丝不苟外，今天带着他出席音乐会，明天领着他参观画展，有时打来电话：找到一张好听的唱片，快来听听。甚至让蒋正鸿直接到他家上课，一个津津有味地讲，一个如痴如醉地听，课上完了，中午饭也给蹭了。有一次下课后，黄永玉先生特意领他来到日本餐厅，那是蒋正鸿平生第一次品尝日本料理，别提有多开心。"其实就是鸡蛋炒饭加一碗酱油汤，在那个物质极为匮乏的年代，可算开了洋荤。"日积月累，探得奥妙，垫不高艺术根基那才怪呢。都说人是容易遗忘的，然而岁月荏苒，丝毫不减蒋正鸿先生对恩师的崇敬。师生一场，情意绵长。

新城市 水印木刻 1959年创作

"黄永玉先生的启发式教育，让我放开思绪，受益终身。"

"生活的体验，提供了创作激情与源泉。"这是蒋正鸿先生概括的第二句话。20世纪50年代末，中央美术学院在教学中注重参加社会实践，经常有针对性地安排考察课程。黄永玉、乐峰两位老师带队，师生们一起来到东北小兴安岭考察。隆冬时节的祖国北疆，白雪皑皑，千里冰封。一行人走进冰天雪地中的原始森林，遍地朽木难以前行，野兽出没时有惊险，连续数天翻山越岭，终于找到密林深处的伐木场，见到了炊烟，见到了房屋，见到了伐木工人和他们的家属。在原始森林缝隙里，伐木工人建起十余间工棚，居然还有豆腐坊和小卖部，仿佛林海雪原中的小集镇。那时伐木工人施工，全靠手拉肩扛把木材运出山，在悠长喊山号子声中，年复一年，辛苦异常。伐木区周边木材采光了，种下树种，转往新的伐木区，十年转场一次，循环往复。飘零的生活，艰辛的劳作，重复着火烤胸前暖、风吹背后寒的日子，然而工人们却是乐呵呵的，身上所散发的那种放达气概，激荡起作者无法抑制的创作热情，潮水一般在心田泛滥。

水印木刻《新城市》创作数易其稿，他心中只有一个简单心愿，把真实感受融入木刻刀，把满腹话语化为图式。既有理解，也有理想；既有抒发，也有寄托。可以这么说，诞生于密林深处的水印木刻《新城市》，既是一首讴歌劳动者的抒情诗，也是一曲革命乐观主义的赞歌。纯真的情感，鲜活的语言，在水色渲染中，质朴醇美，了无俗态，带着过往时代的痕迹，也带着难忘岁月的明净，为中国现代版画烙下惊鸿一笔。半个多世纪的寒来暑往，如今读来，水印木刻《新城市》对那段历史的深情解读，仍然让人怦然心动。

"幸运的降临，承载了无限荣誉与压力。"这是蒋正鸿先生概括的第三句话。创作水印木刻《新城市》时，他正在中央美术学院读大二，当时版画创作刚流行水印技法，选来选去，觉得水印最贴切，于是果断采用了。完成创作后，巧遇团中央在全国征集美术作品，他把水印木刻《新城市》交到版画系，这件事也就渐渐淡忘了。

命运之神，有时守候在下一个路口。暑假中的一天下午，蒋正鸿正与同学下象棋，杀得不可开交，这时邮递员送来《北京晚报》，他一边琢磨棋路，一边瞄了一眼报纸。"这幅画咋这么熟悉啊？"定神一看，原来水印木刻《新城市》荣获第七届世界青年联欢节金奖。那一刻，蒋正鸿既惊喜，又忐忑。为什么呢？因为《北京晚报》注明作者为蔡正鸿，怎么会有这么巧事儿？情急之下，他先把电话打到中央美术学院，对方告知：没有接到通知。他犹豫了一下，干脆拨通《北京晚报》编辑部，对方解释：这是接到团中央通知刊登的，我们核查一下，如果姓名出错立即改正。第二天，《人民日报》《光明日报》等媒体传递着这个让全国人民无比振奋的捷报，当然作者已经改为蒋正鸿。两个月后，蒋正鸿收到沉甸甸金质奖章，以及美国著名版画家肯特签名的获奖证书。回忆至此，

蒋正鸿赠送作者的题词

陷入岁月脚步中的蒋正鸿先生，喃喃自语："在第七届世界青年联欢节[注2]中，我的作品获得金奖，太幸运了。我现在告诉你，那时候压力真大啊！"

此后，在巨大成绩激励下，创作热情陡增，不断迎来花团锦簇。黑白木刻《森林的早晨》《喜报》《百羊图》《歇晌》先后发表于《人民日报》，接着黑白木刻《老当益壮》《丰收》和套色木刻《多炼好钢支援农业》发表于《红旗》杂志，随后水印木刻《山区之春》《汲水》《编萝》，上海朵云轩作为优秀作品加以复制发行，成为那个遥远年代有记载的版画佳作，历久弥香。

签名证书

最美的风景，总是在未曾到过的地方。此后数十载岁月，蒋正鸿先生不以荣誉定义自己，一心向学，继续耕云种月，力求艺术大成。他没有继续以刀向木，书写现代版画新篇章，而是从容启程，走向另一条崎岖之路。日影如飞，斗转星移。蒋正鸿先生经年埋首丹青，熔古为我，阐发新义，迎来艺术人生另一番峥嵘。他习古于宋元山水，直逼黄宾虹、李可染，追其法，释其意，出其新，自成一份意蕴，自得一份情怀，壮采奇观，成为我国当下风格高标的一代国画名家。

金质奖章

在现实生活中，屡立誓言的人不少，而数十年坚韧前行的人不多。他是一位立下誓言、不达誓言决不罢休之人。身处斗室，不分寒暑，在日月颠倒中，积极寻觅羊豪笔下的极致水墨。承接传统，兼收并蓄，借着自身的心房悸动，实现自己的水墨精神。洒脱用笔，意到笔随，不论作品形式或题材，总是追求一种自由状态，收放由心。含蓄凝练，自成境界，形成博大、典雅的绘画风格，借以诉说心胸乾坤。如今勤奋中播下的种子，已经生根发芽，作品或陈列于北京人民大会堂，或展览于毛主席纪念堂，或为拍卖会上落槌拍品，这些都是艺术追求的终有所得。

畅叙时的流光，好像比平时走得快一些，不知不觉晚霞散开霓裳，洒得书房内外分外光亮。我依依不舍地向蒋正鸿先生告辞，他转身从书橱中取纸，提笔俯首，亲题"为了祖国"相赠。这是倾诉心语，也是精神注脚，正是我们最该倚重的。那一刻，让我见证水印木刻《新城市》的精神源泉。

为祖国赢得荣誉的人，愫愫情怀，令我崇敬有加。

套色篇

与郑爽（左）合影

郑　爽

女，1937年出生于长春，祖籍福建。毕业于中央美院版画系。
中国美协常务理事，中国美协版画艺委会委员，广东省美
协副主席，广东省美协版画艺委会主任，广州美术学院教授、
博士生导师。曾担任全国美展、全国版画展评委。

作品曾获法国春季沙龙展金奖、双获第六届全国美展银奖、广东
省鲁迅文艺奖、全国水印木刻邀请展铜奖、第五届全国三版展铜奖、
阿尔及利亚"世界文化荟萃"展集体特别金奖、中国版画家协会
与中国美术家协会联合颁发的50－60年代优秀版画家"鲁迅版
画奖"。

代表作有：《白牡丹黑牡丹》《绣球花》《后院》等。

牡丹开在后院

广州夏日的正午时分，烈日当空，晒得人像喝醉了酒，看什么都摇摇晃晃的。我拎着水果走进广州美术学院，再提上宿舍楼七楼时，已是汗流浃背。正要按门铃，郑爽老师笑吟吟打开了门。一袭白色圆领上衣，黑白方格长裙，与生俱来的丽质与经年艺术的熏染，清秀里渗透着自然天成的高雅，要不是流年无情，让她的腰稍许弯曲，很难想象年近八旬。

聊天，免不了聊聊她的艺术创作。郑爽老师叙述的《黑牡丹白牡丹》创作故事，如一湾涓涓细流：

20世纪80年代初，在风光旖旎的沙面岛上，刚刚开业的广州白天鹅宾馆坐落于此，这是我国第一家中外合作五星级宾馆，庭园式设计与幽雅环境融为一体。宾馆专门建有"丝绸之路扒房"。扒房是一种专题晚餐厅，规格相当高，需要正装入席。为了契合香港设计师总体设计意图，我带领学生以挑战姿态展开艺术创作。

唐代诗人刘禹锡云："唯有牡丹真国色，花开时节动帝京。"丝绸之路，洛阳起步，牡丹最具代表性，当仁不让地作为创作主题。水印木刻《黑牡丹白牡丹》在构图上，牡

白牡丹黑牡丹 水印木刻 1984 年创作

丹三白两黑，右紧左松，亮出画面的节奏感。在色彩上，黑牡丹雍容华贵，白牡丹端庄秀丽。黑中透点白，白中夹点灰，黑白相映，雅而不俗。在技法上，以肌理取韵味，版子不磨，纸张反过来印，轻轻上色，层层叠印，以求形态的无穷变化。以勾线取形，牡丹叶片多，繁而不乱，先铺陈绿底，尔后再染墨色，留出叶子轮廓，以求色泽的温润自然。

水印木刻《黑牡丹白牡丹》悬挂白天鹅宾馆后，好评如潮，让我始料不及。正好赶上中国美术家协会来人征稿，看完作品丢下一句话："一定要参加第六届全国美展。"如此激励，师生们干劲倍增，旋即展开《华夏之歌》组画创作，我亦完成其中《龙的传人》创作。《黑牡丹白牡丹》《华夏之歌》组画同获第六届全国美展银奖。消息传来，师生们一边流着泪水，一边喜笑颜开。李焕民先生悄悄告诉我：《黑牡丹白牡丹》得票是金奖，评委们觉得金奖给花卉不太合适，别在意啊。我立即应道：不在意，不在意。

郑爽老师当时是那么说的，现在还是那么想的。她的理想追求不只是荣誉，还有心灵归宿，把自然物象表现为心中具象，对于内心情感的释怀，只是一种反馈形式。水印木刻《黑牡丹白牡丹》的创作，让她寻找到适合自己天性的一种图式，本真简约，赏之共鸣，如同一首诗情交响曲，只不过由郑爽老师谱曲罢了。

聊天，免不了聊聊她的曾经以往。1953年，她以自画像《妈妈：看我的红领巾》，一举获得北京市少年儿童美术比赛第一名。那一天放学，她像燕子般飞到家。没隔几天，作品刊登在《北京日报》上，让她越发喜欢上美术。跨进中央美院附中大门，她想学油画，但学费比较贵，那时父亲一人工作，四个孩子读书，无奈中拿起木刻刀。谁知梨木版上一阵木屑飞舞，那种能听到内心召唤的趣味，如磁铁般吸引住她。现在想想，是她选择了版画，还是版画选择了她，谁也说不清楚。

创作间隙的郑爽

参加十三陵水库劳动时，她利用休整间隙，相约女同学一道采风。跟随唱着山歌的邮递员来到一个山坳，那里的乡村美景，顿时让两位城里姑娘惊呆了：窑洞错落，梯田层叠，满山的桃花，返青的麦苗，阳光下一片灿烂。她把美景移进水印木刻《黄土高原的春天》，然后去请教李桦先生："应当多画工业题材。"她听了心里有点憋屈，就偷偷请教候一民[注1]老师："发扬长处，做自己喜欢的。"就那么凑巧，第二天《人民日报》社记者兼版画家的马克[注2]来到工地，一边观看作品，一边取景拍照。几天后，中央美院院长吴作人[注3]先生看到她："郑爽，你怎么没有耳朵啊？""有啊，在这儿。"她的回答，引来众人一阵哄笑。原来《人民日报》刊登水印木刻《黄土高原的春天》时，作者名字郑爽写成关爽，让大伙儿逗乐一回。

凭着这股勤奋劲儿，她大学毕业时，套色插图《马兰花》获得5分，那一年全校只有两名同学得5分，一位是周建夫[注4]，一位便是她。校园生活虽然纯真，读完研究生课程的郑爽，遥望南国，浮想联翩，既有志在四方的激励，也有四季如春的向往。总之，随后的路走得艰辛，也走得坚实。参加"四清"运动，为了与群众打成一片，光着脚板走路，从开始的举步维艰，到后来脚板底能划着火柴。"文革"初期，她担任饲养员，从猪仔进圈忙到肥猪出圈。"文革"后期，中国进出口商品交易会搞宣传缺人，她才幸运地调回广州。

京腔变粤语，转眼十余载。这期间，人们悄然发现，她的版画创作并不多，却也是一堆可喜成就，特别是多出一份人生洗礼。如《绣球花》获法国春季沙龙展金奖、《黑牡丹白牡丹》《龙的传人》分别获第六届全国美展银奖和广东省鲁迅文艺奖，《南国初夏》获全国水印木刻邀请展铜奖，《葱花·土陶罐》获第五届全国三版展铜奖，稍稍回眸，这些都是涌出心胸的灵动诗意。作品饱含的文化承载和生存思考，既有真实细节，又有意象解构；既有深邃意境，又有时代风雅，这些与她苦涩岁月中的沉淀不无关联。郑爽老师在长期艺术实践中，坚持民族化艺术方向，逐步形成独有的版画语言和艺术样式，涵茹深广，喜闻乐见，构筑起一个静定无言的版画世界。

聊天，免不了聊聊她的显赫家史。"你知道我的家史吗？""知道一些。"我之所以没有以往采访中的家史追问，一来怕遭拒绝，影响交流气氛。二来粗读《我的前半生》《溥仪与他的弟妹》等书籍，一时无多询问。郑爽老师的曾祖父郑孝胥，一度担任伪满洲国总理，亦是民国著名诗人与书法家，所题"交通银行"四字，肃穆典雅，奇姿流美，交通银行对其字存而不废，沿用至今。祖父郑禹，郑孝胥次子，先后任伪满洲国总理秘书官、奉天市市长。父亲郑广元，早年留学英国，新中国成立后为北京市邮政局工程师，曾任全国政协文史资料委员会委员。母亲爱新觉罗·韫和，末代皇帝溥仪之二妹，外祖父即摄政王爱新觉罗·载沣，当年在太和殿上扶着三岁儿子溥仪举行登基大典。在郑爽老师记忆里，20世纪60年代初，那几年的星期天，常常见到戴着厚厚镜片，笑容可掬的大舅舅溥仪，一同用餐，一同嬉戏。历史门扉，有开有合。其实，冠盖如云与郑爽老师相隔遥远，最多是妈妈偶尔的抖落。真正让郑爽老师铭记在心的，是妈妈的那句话："你们什么都可以拿走，我只要孩子。"这是当年造反派抄家时，妈妈唯一的请求。

光阴流过越久，越值得去怀想。"星期日的早晨，我听见麻雀一家安闲的叫声。"这是她青葱岁月的留言。"来信说，家乡下雪了。我的窗外，草虫在鸣，这南国的冬夜啊。"那是她风华正茂

后院 水印木刻 1999年创作

的感慨。半个多世纪过去了，当年的情感流溢，如今已成为挽留记忆。当下，郑爽老师远离熙攘，读书绘画，种花养猫，怡静而充实，她的书房永远飘溢清香。"现在养7只猫，最多时养11只。"听着介绍，再观赏水印木刻《红椅垫》《狸花猫》《狮子猫》《猫妈妈》《都是好猫》，不论构图的趣味性，还是语言的精巧度，既养眼，又逗趣，篇篇风雅，幅幅精彩，也就不足为怪了。

"希望我的作品能带给人们美感，感到亲切和温暖。"在她那过尽千帆的眼神里，仍然怀有退想。"现在的凉台小，很想有个后院。"所以水印木刻《后院》里，在阳光抚摩下的后院，草木葱茏，荷花飘香。她还觉得不过瘾，2009年在中国美术馆举办《在那没有冬天的地方——郑爽版画展》时，干脆把《后院》放大为通栏大背景，冲破想象空间，释放更为广阔的性格本色，靳尚谊、王琦等前辈出席开幕式。"看着那场景，就像坐在我家后院。"郑爽老师微笑着自言自语。

聊着聊着，三个多小时不知不觉过去了。"我想把自己的版画作品捐赠广东美术馆。"她见我半信半疑，补充道："我是认真的。广东美术馆已经来人洽谈。"如果说，我对郑爽老师版画艺术稍有所悟，此时此刻，她的超拔境界却让我一时恍惚。回过神来想一想，当她迈过生活与艺术的沟沟坎坎，簇拥殊荣，在自我完善的灵魂里，早已不把个人作品作为私人财富之时，拂去红尘，心托明月，那是何等修行？

唯有敬仰！

注1：候一民，1938年出生，山东蓬莱人。毕业于中央工艺美术学院。著名壁画家、漆画家。曾任中央美院教授，中国漆画研究会理事，中国壁画学会副会长兼秘书长。
注2：马克，1931年出生，河南新野人。毕业于中央美术学院。中国美协理事、中国美协版画艺委会副主任。曾任《美术》编辑、人民日报社文艺部主任编辑。
注3：吴作人（1908－1997）安徽泾县人。毕业于上海艺术大学、南京中央大学。著名画家和教育家，中国美术界代表性人物。曾任中国美协主席、中央美术学院院长等职。
注4：周建夫，1937年出生，山西阳高人。毕业于中央美术学院。中国美协会员，曾任中央美术学院教授、教务处长等职。

郝伯义

1938年出生，山东牟平人。进修于鲁迅美术学院。北大荒画派重要奠基者和开拓者之一。中国美术家协会理事，中国版画家协会常务理事，黑龙江省美协副主席、顾问，北大荒美协主席，国家一级美术师。享受国务院特殊津贴专家。

作品曾在英国、意大利等国家，以及我国台湾、香港展出，先后获第六届全国美展铜奖，苏州"全国水印木刻展"一等奖，第二届全国青年美展优秀奖，第九届全国版画展优秀奖，日本．日中艺术交流中心金牌，日中美术交流协会金杯、银杯，中国版画家协会与中国美术家协会联合颁发的50－60年代优秀版画家"鲁迅版画奖"等。

代表作有：《惊扰》《乡情》《翔》等。

与郝伯义（左）合影

痴守乡情

了解北大荒版画发展历程的人都知道，郝伯义先生是一位痴情守望者。正是他的坚守与奉献，使闻名遐迩的北大荒版画血脉相承，绵延至今，成为中国当代耀眼的一张文化名片，这是最为感人的。

我与郝伯义先生交往不算晚，大约在十二年前。那时候的电话交谈，谈事情比谈艺术多。他经常给我寄相册、画册。印象最深是那本手工制作的相册，由美工纸折叠而成，内附版画照片57张，亲题"休闲版画"。2014年初冬，我专程到哈尔滨拜访，既是看望，也是道谢，更是聆听，承先生热情，领我把北大荒版画斐然成章的来路走了一遭。

那是1958年，神州大地，激情澎湃，祖国北疆沉睡千年的黑土地上，突然人声鼎沸，红旗招展。昔日莽野荒原，转眼稻麦飘香。是谁创造了如此奇迹？十万垦荒人。离开炮火硝烟的解放军转业官兵，既是一群勇者，也是一群智者，一边以意志和汗水战天斗地，一边以刀笔催生出北大荒版画。袒露的黑土情怀，迥异的艺术风格，从一双双粗壮的双手中脱颖，顷刻间名扬艺坛，震惊国人。

郝伯义先生那年20岁，风华正茂，跟随部队来到北疆边陲。他原先学油画，后到长春电影制片厂见习电影美术，再到《北大荒画报》社工作。在那个里间大通铺，外间大画室的环境中，张作良、晁楣、张祯麒、张路[注1]聚在一起切磋版画，商议展览，谁也没留意，身旁多出一位版画新人。随后杜鸿年[注2]、刘洛生[注3]、徐楞[注4]、李亿平[注5]等加入，这支队伍终于有了模样，这就是北大荒版画的发端。

1968年，数十万知识青年蜂拥而入，刚过而立之年的郝伯义，是第一代北大荒版画群体的参与者，又是承接者，几次放弃返回省城机会，痴守北大荒。第二代北大荒版画群体以知青为主，为了梯次接续，他开办"兵团美术学习班"，孕育新苗，承接香火，由此赢得"郝师爷"尊称。这一群青春萌动者，多年后蹦出无数英才，戏称北大荒"黄埔军校"毕业，成为一生中抹不掉的美好记忆。

知青返城，突然间转蓬，让北大荒版画创作一度踩了空档。"郝师爷"没有半点迟疑，再度披挂上阵，用实际行动捍卫黑土地的精神家园。凭借一腔赤诚，先后举办23期美术培训班，不遗余力传递烛光，直至第三代北大荒版画群体昂扬上路。

北大荒版画院院长于承佑直言："没有郝伯义先生的承前启后，就没有北大荒版画的今天。他当年每天清晨是这样度过的：天刚亮，便起床伏案写信，一写一摞。吃完早饭，骑一辆破自行车寄信。为什么呢？那时没有电话啊，北大荒垦区方圆几百里，版画创作全凭写信指导。"于承佑院长一席话,我听得讶然,也听得肃然。

2007 年,北京中华世纪坛举办"郝伯义墨彩·版画展"。开幕式当天,宾客盈门,济济一堂,花篮、气球、彩带渲染得盛况空前。来者大都鬓发斑白,其中不乏声名显赫者,不管路途远近,都是急匆匆往展厅赶。多数是他当年学子,受其青睐,始得机缘,如今"郝师爷"办展,哪有不捧场之理?那一天,郝伯义先生喜不自禁,这是共享过往的时光,也是桃李天下的回馈,羡慕煞人!

一段痴情坚守的过往,一段互映芳华的历史。向这位北大荒版画奠基人致敬的时候,不能忽略他的倾心育人,更不能忽略他的精心创作。从青葱后生,到版画大家,半个多

惊扰 套色木刻 1972 年创作

乡情 水印木刻 1983 年创作

世纪风雨兼程，他对这片沃土的深爱，全部倾注在独具风貌的作品里。

1961年，创作套色木刻《勘察队员》、石版《荒原之夜》，画面里不论人物造型，还是作品寓意，已经颇具功力。

1972年，创作套色木刻《惊扰》，这是他真正意义上的奠基之作。那个年代的人，以为祖国北疆是寒冷凝固一切的地方。因此，他没有展现皑皑白雪，也没有描绘千里冰封，取而代之是秋阳绚烂，秋色金黄。朦胧中远眺苇塘，芦苇密密，芦花飘飘，两只梅花鹿结伴而行，一只蹉步，一只跃起，仿佛听到声响，不约而同扭头张望。流畅刀法，丰富色彩，让画面生动无限。梅花鹿，沼泽地里的精灵，人见人爱，垦荒时一旦发现，一阵狂追，一阵欢笑。作者如此精心构思，是给垦荒战友送去一份欢乐。套色木刻《惊扰》是苦中有乐的见证，也是北大荒油印套色木刻的经典名作。

郝伯义赠送作者的《休闲版画》集

1983年，创作水印木刻《乡情》，这是我国当代版画的经典之作。画面中，天空与大地接缝的地方，弯曲河道，蜿蜒而至。捕鱼人撑篙前行，水中泛舟，四周鹤群相拥，丹顶摇曳，水波在苇根间荡漾，仿佛与观者分享诗情画意。《乡情》虽然构图精致，但不复杂，点线和块面分布，看似随意，却摆布独到。借助鹤群羽毛的留白，巧妙参差，勃发生机。在台湾胶合板疏松纹理上，刀法舒展，尽情发挥，那些繁杂的长线短条，居然被调理出节奏。韩国广告色与我国水彩相搭配，既丰富了作品色彩，也让静美罩上一层薄纱。不论是黄是赭，还是青紫，巧思所及，收拢淡雅，经过七版精心套印，作品呈现一派温馨静谧的美意。

祖国北疆的三江平原，是北半球三大黑土带之一，处处可见人鹤相处的场景，作者攫取其精华，上升为神韵。注目水印木刻《乡情》，不由勾起乡情乡思，细嚼慢咽中静静回味，这就是艺术的魅力。他言："经常到北疆湿地采风，每每看到人为破坏，顿生感慨，创作《乡情》也是一种呼喊。"在他的话音里，觉察一份责任。起稿篝火旁，挥刀油灯下，抒发怀想与牵挂。每次赏读，既能感知垦荒人与大自然搏斗的浪漫情怀，又能感悟北大荒版画的勃发新姿，取精用宏，为他赢得一个巨大感叹号，同时捧得第六届全国美展铜奖，并被中国美术馆、英国牛津大学阿斯莫林博物馆等艺术机构收藏。

年过八旬的郝伯义先生，尽管老迈，英雄不气短。交谈中，既渗透历经世事的精明，又洋溢多年艺术洗礼的气度，聊起走上水印版画创作之路，言道："北大荒版画如一片大森林，成长时是绿荫，发展时是屏障。从油印转向水印，力求把屏障变为屏风。"

北大荒版画是油印套色木刻大本营，为何选择水印木刻作为主攻点呢？他给出两个理由：一是喜欢水墨的淋漓状态。访问日本期间，在欣赏斋滕清水印版画时，产生一种暌违已久的感动。二是拉开与同行的距离。正如李允经先生在《中国现代版画史》中评论：

"假使郝伯义沿着北大荒画派的老路走下去，恐怕也未必会有今天的成就。"他诙谐地告诉我："当年水印探索是冒风险的，有人定调：此举是背离北大荒版画传统的小资情调。我准备挨打板子。"虽说有压力，他还是坚持走自己想走的路。

压力躲不开，干脆不言语，一面师法日本水印用色，一面借鉴江苏水印用墨，努力探索心中样本。如：《北大荒版画三十年作品选集》中的《春流》，两岸白雪对峙，春水顺流而下，绿波、白帆、霞光、树林，如诗如画。《故乡夜》的朦胧夜空下，芦荡幽深，群鹤静卧，唯有一只引颈扬喙，这份原生态就像日记里的文字。《翔》不论构图，还是刀法，或是印制，以简洁、明快、润泽取胜。一只水鸟冲天而起，撇下三根芦苇，留下道道水纹与圈圈涟漪。细看水鸟振飞的翅膀，透着光，闪着亮，一片文静之态与空蒙之美。《冠》以梅花鹿为主造型，通篇梅花点点，有深有浅，安置于数十根交错线条中，这种巧于构思，不仅水印找到畅快之地，也让目光找到视觉焦点。还有一批水印版画存根，不知观者记得否？《春流》《酿蜜人》《开江了》《边防线上》《初踏疆原》《冰江水》《鹊欢》《消逝的冬天》《绒雪》等，这些属于他名下的审美范式，都是当年学子的顶礼膜拜，直至2015年创作《老屯》，依然延伸着这种风格。

如果说西画是散文，国画是诗歌，郝伯义先生的水印版画便是报告文学。带着深情，描写真实，才气纵横，佐证升华，这条路一走就是半个世纪，是他时间跨度最长的艺术追求。如今，北大荒版画以新颖艺术形式，多元化语境，成为我国当代版画重要流派和黑土地文化名片，这些与他当年遇水架桥密不可分。

北大荒水印版画何以独到？郝伯义先生概括为两大特点：一为无主版。不论套印几版，一版多色，各有取舍，反复套印，所以色彩丰满滋润。二为重颗粒。北方气候干燥，难有南方的水墨淋漓，故而追求颗粒肌理，不是墨色渲染，而是叠印留痕。干湿有度，既透且润，这就是北大荒水印版画精髓所在。"听明白了吗？"他不无自豪地发问。

时光流逝，记忆长存。郝伯义先生的前行足迹，不仅留下骄傲的回忆，也留下人们永久的敬仰。

注1：张路（1919－1977）浙江上虞人。英士大学艺术科和杭州艺专肄业。先在北京人民美术出版社工作，后调任《北大荒画报》编辑。北大荒版画早期作者和北大荒画派创始人之一。

注2 杜鸿年（1928－1998）安徽阜阳人。北大荒版画代表性画家和北大荒画派创始人之一。1961年调北大荒画报社从事版画创作。中国版协理事，黑龙江版画协会副会长，海口画院副院长。

注3：刘洛生（1922－1996）浙江上虞人。1958年从沈阳空军转业，在北大荒农垦从事宣传和美术创作，后调入黑龙江省美协创作室任创作员。北大荒版画早期作者和北大荒画派创始人之一。

注4：徐楞（1929－1988）浙江仙居人。毕业于浙江台州师范。1958年由志愿军报社转业至北大荒，任黑龙江省农垦总局文化中心创作员。北大荒版画早期作者和北大荒画派创始人之一。

注5：李亿平，1937年出生，江西萍乡人。1958年转业至北大荒农垦。曾任北大荒美协副主席兼秘书长，黑龙江版画协会副会长。北大荒版画早期作者和北大荒画派创始人之一。

套色篇

与江碧波（右）合影

江碧波　　女，1939 年出生，浙江宁波人。毕业于四川美术学院。我国著名美术家、美术教
　　　　　育家。中国美协理事，中国美协版画艺委会委员、中国艺术研究院顾问，四川美
　　　　　术学院版画系主任、教授，重庆大学人文艺术学院院长，中国美协重庆创作中心
　　　　　主任，重庆市美协副主席，以及美国华人美协名誉主席，英国皇家研究院荣誉院
　　　　　士等。享受国务院特殊津贴专家。

作品曾获日本国际版画研究会金奖、首届全国城市雕塑最佳奖、全国十大陈列展
精品奖等。英国剑桥传记中心授予杰出贡献荣誉证书，美国 ABI 国际名人传记协
会誉为"国际著名导师"，应邀加入世界名人协会。中国版画家协会与中国美术
家协会联合颁发的 50－60 年代优秀版画家"鲁迅版画奖"。

代表作有：《飞夺泸定桥》《近邻》《风华千古》等。

江上碧波

　　在中国现代版画史中，一幅版画联想起一段红色历程，一个场景牵引出一段历史故事，一旦入目，令人起敬，这就是套色木刻《飞夺泸定桥》。我最早的记忆是在小学课本里。

　　初见套色木刻《飞夺泸定桥》作者江碧波老师，是在2015年夏季，那个时节的山城重庆，满目滴翠，层林尽染。重庆市美协副主席李毅力盛情，执意开车送我上狮子山，山路七拐八弯，绿树翠蔓，峭壁细流，一路行驶在清凉中，直至烟霭深处。下车后，我将清晨赶买的鲜花献给江碧波老师，以表敬意。她梳着中式发髻，身着黑白相间的修身长裙，笑容优雅，笑声朗朗。

　　江碧波老师1958年考入四川美术学院，读大三时，当时中国历史博物馆刚建成，急需一批有分量的革命历史题材美术作品。她受领任务后，先赴泸定桥畔写生，寻访老红军老船工，再到部队体验生活，甚至乘坐小木船搏击滔天江水，最终以一个学期的日出日落，完成套色木刻《飞夺泸定桥》创作。画面中，两岸险峰兀立如剑，脚下大渡河

飞夺泸定桥 套色木刻 1961 年创作

水翻滚，十三根铁索横贯长江，英勇的红军战士持枪挥刀，迎着枪林弹雨，手扶铁索，一边举枪射击，一边匍匐前进。作品如一座历史丰碑，凝结的英雄气概和无畏精神，有一股直指人心的力量。

作品运用严谨的写实手法，大胆构图设景，豪放用刀赋色，不仅是苦难辉煌的再现，亦是革命英雄主义的弘扬，不论人物表情、动势，还是景物烘托、铺展，释放心灵，诗化理想，承载的那份岁月不惊，既真实揭示革命历史，同时展现作者浪漫情怀，渲染得让人动容，为中国现代版画史增光添彩，也为中国革命史镕铸精神。其中对美学真谛的倾心追求，对群像塑造的率先探索，大开大阖，气象万千，不仅在中国版画界，包括美术界引起强烈反响。如今，国人眼中的套色木刻《飞夺泸定桥》，已不是一幅版画作品，而是几代人的红色记忆。当年作品的横空出世，也使这位美院女生一夜成名。

她15岁时入读四川美院附中，满怀理想的艺术小舟从此启航。"1958年考入四川美院，当时版画专业仅3名学生，之所以走上木刻之路，由内心引力所致。"她告诉我："这里所言内心引力，来自才华横溢的父亲——江敉。江敉是笔名，意为靠文章吃饭。"我言："江敉先生是我国现代黑白木刻代表性画家，早年在上海卖画为生，民族危亡之时，毅然投笔从戎。内迁途中，一路颠沛流离，一路宣传抗战，发表大量抗战漫画与木刻。新中国成立后长期担任四川美院版画系教授，耳熟能详的黑白木刻《金沙江畔》《战鼓》等，都出自江敉先生之手。""了解如此详实，这把我父亲打磨两月之久的刻刀送你作纪念。"

近邻 黑白木刻 1982年创作

她接着风趣地说："我是抗战时民族危难的台风，由江南水乡刮到川黔山野的一粒种子……"在她的童年记忆里，既有父亲躬身创作抗战版画的身影，也有冒险拍摄歌乐山大屠杀时的果敢。"父亲爱憎分明的情怀，对我艺术观的形成产生很大影响。"

1982年，她有意结伴去云南采风，临行前同伴变卦，思量一番，独自上路。"哪儿人迹罕见，就去哪儿。"汽车行至云南元阳，她至今记得："不是向山里开，好像往天上行。"越往山里走，道路越险峻，沟壑纵横，层峦叠嶂，她只能拄杖前行。

元阳世居哈尼、彝、汉、傣、苗、瑶、壮七个民族，寄宿的小山村，山顶一个民族，山腰一个民族，山脚一个民族，世代和睦相处。三位少女来自三个民族，所以取名《近邻》。如今的元阳，层层梯田已成为观赏风景，再也不见到野兽成群，村里人腰插一把刀的情形。当年借住农家时，主人住里间，她住外间，外间同时养着五条狗，所以黑白木刻《近邻》的创意，是在鸡鸣狗叫中完成的，难怪那么接地气。

如果在黑白木刻《近邻》前逗留，看惯繁华都市的浓妆艳抹，再看看三位质朴的少数民族少女，带着野性的体型，身体强健又婀娜多姿，或扭转身姿，或托腮凝视，或伫立观望，原汁原味的生存状态，弥散着看似寻常，却活力无限的青春酣畅，手提收录机细节，直接把观者视线拉回到 20 世纪 80 年代。

黑白木刻《近邻》的刻制，作者依据腹稿直接上版，所以分外撩拨人心。她与画面中少女朝夕相处，一笑一颦，犹如眼前，那一双双登山攀崖的大脚，记录着山里姑娘的勤劳。《近邻》与《白云深处》同获日本国际版画研究会金奖，对此殊荣，她很淡然："总算留住那一段真实感受。"

江碧波馈赠作者刻制《飞夺泸定桥》
用刀和江敉先生自制刻刀

1984 年，她完成套色木刻《风华千古》创作，如同岁月底片，映照伟人风采。"展现宋庆龄这位中华民族杰出妇女代表，义不容辞。"作品不依赖固定程式，随形构图。宋庆龄手牵孩童，凝目远视；一道弯眉，点缀风韵；衣衫飘逸，落落大方。各民族儿童环绕四周，绿枝铺陈，微风吹拂，这种年画式构图，形意相动，虚实相生，使宋庆龄的气度分外夺目，从当初的遥远怀想，到可亲可敬的形象塑造，终于了结长期积蓄于胸的不可相忘。

套色木刻《风华千古》如同远山回声，叙述着心中敬仰。营造中吸纳剪纸和皮影要素，以线为主，组合平刀旋律感。色彩淡雅，围巾与裙摆的蓝，蓝中夹灰，仿佛夹带凉爽秋意；橄榄枝的绿，绿中带黄，如同春风吹拂杨柳。和平鸽与橄榄枝的穿插，既是构成，也是点题，使宋庆龄的智慧与情怀跃然升腾，作品成为江碧波老师版画艺术的出彩之作。

日来月去，晚霞千丈。数十载艺术之旅，一路向前，她在匆匆步履中，依靠自己的艺术定力，实现自己的艺术节奏。

当人们赞美她的版画艺术时，时任四川美院版画系主任的她，潜心教学，三尺讲台育桃李，培养出康宁、钟长青、邵常毅、戴政生等一批蜚声中外的版画才俊，当年学子至今记得她独创"涂黑法"。"练习速写先涂黑纸再起稿，纸上留白与版画起刀自然契合，既打牢基本功，也学会反向思维。"

当人们赞叹她的教学法时，却转蓬于雕塑创作，《歌乐山烈士群雕》《世界和平碑林》《重庆十三军奋进碑》《华豫之门》《晨辉》《解放全中国》和《红城壮乡》，这批雕塑或耸立名城，或登场博物馆。洗净抹过泥的手，她接着去绘制壁画，《华夏蹈迹》《卫国春秋》等大型壁画坐镇艺术宫。人们惊讶之余，她创作的油画《敦煌壁画印象》组画入藏中国美术馆。

流光过处，她与版画的缘分，始终有一根牵情的线。受邀担任美国俄勒冈州太平洋西北艺术学院、加拿大安大略美术学院客座教授，大洋彼岸数年逗留中，欧美铜版画、石版画入眼无数，她心生感触，沉思中领悟，疏通中变化，一批凝结情思与遐思的独幅版画，就这样走出设想。

1988年，中国美术馆馆长刘开渠先生，面对数十幅精彩纷呈的独幅版画，看了又看，不肯移步，没等江碧波老师开口，当即拍板："调剂展期，欢迎在中国美术馆办展。"这一批独幅版画中，如《石门颂》系列通过岩浆肆意奔涌，从运动到沉寂，从裂变到风化，借以表达内心的动荡与渴求。《生命变奏》系列通过生命的诞生，生命的更替，隐喻生命的茂盛与颓败。《女娲新篇》系列则通过与造物主的对话，倾诉困惑，向往纯真，在东西方美意互动中，袒露新的思维方式和新的创作技巧。

2000年，江碧波老师开启国画《中华上下五千年》绘制工程，用她的话说："中国画，画中国。"话是这么说，投入的却是漫长时光和绞尽脑汁。国画《中华上下五千年》共计200幅，每幅作品宽5米，高2米，连接起来确好为千米长卷。从盘古开天辟地，到天安门广场升起五星红旗，数百个故事串连起中华民族五千年壮史。那是何等的格局与气度？我听得惊口难合，看得目不暇接。十余间相互贯通的画室里，颜料遍地，宣纸成堆，升降云梯，平移行车，这就是她常年痴守的国画工坊。

艺术本质是相通的，画种只是外化形式，她那双使惯了木刻刀与油画笔的手，提起毛笔同样得心应手。77岁高龄的她，每天坐在工作车上，一手按动开关，上下左右，缓缓移动。一手泼墨赋彩，日复一日，年复一年。我在目光聚焦的刹那，凝固了所有猜想，唯有敬仰。她这样告诉我："艺术家到达一定状态，技法已不重要，重要的是理念与感悟。"她就这样泊在那儿，以独有的奇彩高格，穿越时空，叩问古今，不仅是技法的较量，更是意志的较量。刘白羽[注1]先生曾经评价她的那句话，用在这儿挺好："横天闪电。"

其实，江碧波老师还有许多燕子垒窝的故事。先后赴日本、美国、加拿大举办个展，那些承载人文精神和个性风格作品，与她一起漂洋过海，传播中华文明。成立远古巫文化研究会和文化基地，建立陶艺研究所，在巫文化发祥地地头上寻根问祖。接着创办交流、展览、住宿、娱乐为一体的"碧波艺苑"，融入时下，挑战自我，重新标定时代坐标。

索系艺术，需要激情；持之以恒，需要耐力。江碧波老师喜爱与时间赛跑，不能不叹服她的坚定意志和文化担当。当年，国内美术界一度掀起"江碧波现象"大讨论，英国、美国等艺术机构相继褒奖，这不是刻意追求可以实现的，是热爱艺术与坚守理想成全了她。

离开狮子山，汽车行驶在鱼洞大桥上，我猛然回首，青山依旧，长江如带，满眼碧波荡漾，那是炫目的美景，也是流动的岁月。我试想，如果没有碧波下的激流涌动，浩浩荡荡直扑沧海，就不能到达太阳升起的地方。

注1：刘白羽（1916－2005）山东潍坊人，回族。我国现代文学杰出代表。毕业于北平民国大学。新中国成立后曾任中国作协党组书记，文化部副部长，总政文化部部长和人民文学杂志社主编等职。

李忠翔

1940 年出生，重庆人。毕业于云南艺术学院。中国美术家协会理事，中国版画家协会副主席，中国美协版画艺委会副主任，云南省美术家协会副主席，云南画院副院长，国家一级美术师。多次担任全国美展、全国版画展评委、评委会副主任。享受国务院特殊津贴专家。

作品曾获全国科普美展一等奖和二等奖、全国漫画展佳作奖、第六届全国美展优秀作品奖、第九届全国版画展优秀创作奖、日本日中艺术交流中心创作金奖、第八届全国美展优秀奖、青岛国际版画双年展优秀奖、云南文学艺术成就奖、日本日中艺术交流中心贡献金牌奖、中国版画家协会与中国美术家协会联合颁发的 50 — 60 年代优秀版画家"鲁迅版画奖"。中国科普作协授予"新中国成立以来成绩突出的科普美术家"。

代表作有：《革命代代如潮涌》《心中的歌》《雪山梦》等。

与李忠翔（左）合影

青山不老

金秋时节的昆明，春城无处不飞花，满眼风景。

拜访李忠翔先生那天，天公不作美，大雨泼了一拨又一拨，抵达时脚是踩着水花进门的。雨洗天，也洗心。这么多年来，欣赏李忠翔先生的版画艺术，大气恢宏如激流涌涛，柔情美意似涓涓细流，不知不觉中洗心润肺，深深打动我。十多年前，我俩开启电话交流，如今面对面促膝相叙，一时忘了时间。

李忠翔先生既是杰出的版画艺术家，也是重要的美术活动家，他为云南版画的崛起与繁荣，如将军升帐，运筹帷幄，做出无可替代的贡献。他走过风景般岁月，大树年轮添了许多圈，每一圈都是时光痕迹，每一道都是难忘记忆。

童年的记忆，推门就能进去。新中国成立初，他曾回祖籍重庆木洞，先祖墓道上的石羊、石马，至今记忆犹新。祖父是参加讨袁战争的军需官，后来回四川巴县经商，买卖桐油与果脯，成为当地首富。其父李华飞才华横溢，一路读到北京大学，1935年与后来成为台湾著名诗人的覃子豪共赴东瀛，入早稻田大学，一边主持左联东京分盟诗歌社，一边担任《国民公报》驻东京记者，因私藏进步书籍受查抄被驱逐回国。其后人生跌宕，印证风雨飘摇。入党，因单线联系的四川省委书记罗世文被捕而脱党。办学，如今四川巴县木洞中学立其铜像。写诗，1935年创作诗歌《渡洪江》，因宣传红军长征名噪一时。编剧，川剧《望浪滩》摘下四川省戏剧汇演一等奖。后来错划右派，蒙冤二十载。

李忠翔出生于四川雅安的诗礼之家。随父迁入成都后，他家常客既有郭沫若[注1]、柳亚子[注2]，也有茅盾[注3]、楚图南[注4]、刘开渠[注5]，这些"叔叔伯伯"的名字，个个如雷贯耳。在书海遨游与耳濡目染中，他的聪颖不需要形容词，16岁时第一幅漫画发表于《成都日报》，8元钱稿费刚拿到手，便带着弟弟妹妹下馆子去了。18岁时已在《文汇报》《光明日报》等报刊发表漫画50余幅，苏联画报亦有转载，成都日报社聘其为美术通讯员。要不是两件事让他着迷，当代中国可能多出一位漫画大家。

1958年，李平凡[注6]先生到成都讲授水印木刻技法，他听得如捡金银。1959年，黄永玉先生出版第一本版画集，他读得如遇知己。当年秋天云南艺术学院的招生考场，被各地赶来的考生挤得水泄不通。虽说他的石膏像画得一般，图画"假日"却与众不同，别人大多描绘郊游类题材，他却以儿童为炼钢工人送开水赢得头彩。右派的儿子能不能上大学？老革命出身的院长一锤定音："我录取绘画好的，其他不管。"

峥嵘岁月，激荡着风华正茂的青春理想。入学那年，云南艺术学院未设版画专业，他只得先学一年国画，其后五年版画熏染，磨刀六载。往后的二十个沸腾春秋，黑白木刻创作也是激情沸腾，不论《徐学惠和女民兵》《以革命的名义》《卡斯特罗》，还是《反对种族歧视》《白求恩在延安》《周恩来总理》，或是《古巴诗歌》《黑人诗歌》和《娄山关》插图，都是凝固理想的火红年华，青春典当的革命文艺。其中影响最广的有两件，每一件都像个线团，一扯线头就是一段陈年旧事。

1976年创作黑白木刻《革命代代如潮涌》，波涛汹涌的红军渡口，一边是手拿草鞋追忆往昔的老贫农，一边簇拥着佩戴袖标的"红卫兵"，明暗调子与灵动线条，让场景分外逼真，加上那枚"文化大革命十年"印章，成为一段难忘的历史留痕，无须过多评说，湖南美术出版社编辑出版《春华秋实·新中国版画集》时，以经典"文革"版画入编。

1979年创作水印木刻《心中的歌》，画面清新淡雅，单纯可感。傣族少女弹奏钢琴的优雅身姿，水印木刻的细腻肌理，韵味相生，寄托着岁月不蚀的思念。周恩来总理泼水节照片放置马蹄莲旁，风流云转，传递着发自内心的缅怀。艺术触碰心尖，留下的便是烙印，可是水印木刻《心中的歌》却在全国美展中落选，理由是："怎么能用这种方式表现重大题材呢？"然而，文化部征集水印木刻《心中的歌》分送各驻外使馆，《人民日报》《美术》等媒体先后广泛介绍，中国美术馆等艺术机构竞相典藏。李桦先生撰文针锋相对："采取平凡的日常生活来反映重大题材，则显得平易见人，感情真切。"落选不落寂，这才是人民心中的歌。

1980年创作水印木刻《滇池霁月》，悬挂于北京人民大会堂云南厅，标明作者的目光从人文移向大自然。云南边陲的绮丽风光，国画第一口初乳回味，特别是乘坐飞机凌空盘旋时，鸟瞰昆明，构思无语。画面中，传统线条与木味水润，化为宣纸上的如梦似幻，美不胜收。其后水印木刻《银苍玉洱》《夕晖》《踏月》《船儿轻轻摇》《撒梅少女》和《清露》，不断延展明月清风，他在惊艳中相依十年。要不是两次西藏之行，邂逅震撼，可能一时离不开柔情似水的节奏。

1982年的西藏采风之旅，不如说是风雪之旅。一路踏雪卧冰，一路风景醉人，行走于峭壁狭谷，跋涉于皑皑雪峰，走着走着，人如散落天地间的微尘。行至川藏公路巴塘与理塘间，云缠雾绕，耸立着海拔5833米哈塞拉雪山，亦称海子雪山，山上有湖，湖中有山。两个冰川湖泊水清如缎，相互衬映，在高原特

心中的歌 水印木刻 1979年创作

雪山梦 水印木刻 1986 年创作

李忠翔的哈塞拉雪山速写

有的透彻中近如眼前。8 月 31 日那天，站在海拔 4780 米高原上的李忠翔先生，与苍穹呼应，与天地唱和。面对看不够的奇山异景，随着心房悸动，血脉偾张，在一股激情催使中，不由自主地落笔留痕。

四年后，水印木刻《雪山梦》问世，顾名思义，梦的寄托。不是姗姗来迟，而是孕育再三，成堆草稿见证挥之不去的感动。水印木刻《雪山梦》呈现的恢弘与超然，让观者心灵飞升。制作时，他选用整张楸木板，以求木纹清晰不重复，尽力承载创作思考。天空云影，山脉走向，追天然，求隐秀；块面衔接与转换，省略线条，妥帖过度，与阳刚相约；作品水墨淋漓，浅处纹理深，色浓水润泽，再以粉印淡抹，与姿态相会。三块原板七次叠印，使色彩变幻莫测。画面中山顶晨曦曙色，山峰蓝中见灰，远方黝黑，近处挂绿，加之灰色的湖泊倒影，白色的飞鸟炊烟，点点帐篷，隐隐牛羊，哪里是什么雪山之景，分明是天上梦境！绝妙的艺术佳境，极致的版画语言，正如庄子所曰："天地有大美而不言。"仿佛是在评说水印木刻《雪山梦》。此后，先获第九届全国版画展优秀创作奖，又获日本日中艺术交流中心创作金奖。雪山的歌，水印的诗，从此扬名中国当代版画史。

1992 年的西藏采风，加剧作者的艺术思考与变革，不仅追求事物的形态，亦追求情感的哲理。如《古老的歌》以大音稀声传递悠远回音，《佤山魂》以牛头骨寓含生命浮沉，

李忠翔馈赠作者的题词

《远方》则搭起遐想云梯，有意无意拉开抽象门缝。人生每一个年龄段，常常会搁下一些东西，艺术也是这样，丢些细节，少些色彩，出繁入简，反而多了深沉，添了虚静。《远山在呼唤》《高处不胜寒》《悠远》《栅栏》《灵升》《绿韵》《生命树》等，一片纯静中储存淡泊。其后两度赴美国讲学考察，篝火添柴，《故垒》《流光》《小鸟天堂》和《夕阳洛基山》，冷抽象艺术的偶尔一闪，积少成多，映照夕阳红。

为了云南版画的崛起与繁荣，1983年李忠翔先生发起成立云南省版画艺术委员会，这在全国尚属首家。成立时间早与迟，并不是炫耀的理由，他所组织的三次艺术活动，对于当代版画艺术的发展与影响，至今余音绕梁。

1984年，在昆明开办"小麦雨"创作培训班，全省40余位艺术逐浪者凑在一起，为迎接第六届全国美展蓄势待发，包括思茅"三剑客"郑旭、魏启聪和贺昆。成绩出人意料，17件作品入选，其中郑旭以绝版木刻《拉祜风情》捧回金奖，云南版画从此脱颖而出。

1987年，《美丽·丰富·神奇——云南版画展》在中国美术馆拉开帷幕，7个民族45位作者的105件作品，争奇斗妍，鲜花中的荣光，盖过空盟虚誓。

1989年，在第七届全国美展中，云南版画压茬推进，不仅捧金摘银，此次送展作品35件，竟然34件入选，落选1件随即也被美术机构收藏。

坐在客厅沙发上的李忠翔先生，语调激昂，自豪当年。他那无愧抱负的畅怀，就像英雄抚摸勋章，倘若英雄也问出处，他对那片红土地的深沉之爱，就是驰而不息的原动力。

正午时分，太阳走出云雾。送我出门的李忠翔先生，满面笑容，一脸灿烂。他创造了无数迷人风景，阳光下，他也成了一道迷人风景。

注1：郭沫若（1892－1978）四川乐山人。毕业于日本九州帝国大学。现代文学家、历史学家、新诗奠基人之一。曾任中国文联主席、中国科学院首任院长、全国政协副主席等。

注2：柳亚子（1887－1958），江苏苏州人。曾任孙中山总统府秘书，上海通志馆馆长，民革中央常委。新中国成立后，任中央人民政府委员、全国人大常委会委员。

注3：茅盾（1896－1981）浙江嘉兴人。毕业于北京大学预科。中国现代著名作家、文学评论家。曾任中国文联副主席、中国作家协会主席、文化部长等职。

注4：楚图南（1899－1994）云南文山人。曾任暨南大学、云南大学、上海法学院教授。新中国成立后，历任北京师大教授、西南文教委员会主任、对外文化协会会长、民盟中央主席等职。

注5：刘开渠（1904－1993）江苏徐州人。毕业于北平美术学校和巴黎国立高等美术学院。著名雕塑家。曾任杭州艺专校长，杭州市副市长，中央美院副院长、中国美术馆馆长、中国美协副主席等职。

注6：李平凡（1922－2011）天津人。著名版画家。曾在天津美术馆西画科学习。1943年至1950年在日本学习水印技法。归国后，历任人民美术出版社编辑、编审，《版画世界》主编，中国版协副主席等职。

套色篇

与陈玉平（右）合影

陈玉平

1947 年出生，黑龙江宁安人。毕业于黑龙江水利工程学校，结业于中央美院版画系。中国美术家协会会员，中国版画家协会会员，黑龙江省美协版画专业委员会副会长兼秘书长，国家一级美术师。

作品曾获第十一届全国版画展铜奖、第八届全国美展优秀作品奖、第十四届全国版画展铜奖、第九届全国美展优秀作品奖、第十六届全国版画展优秀奖、第二届中国美术金彩奖作品展铜奖、第十届全国美展优秀作品奖、黑龙江省美展金奖八次、银奖四次、文艺创作大奖二次、中国版画家协会与中国美术家协会联合颁发的80－90年代优秀版画家"鲁迅版画奖"。曾评为黑龙江省有突出贡献专家。

代表作有：《耢雪催春》《我的家在东北松花江上》《八千里路云和月》等。

我的家在东北松花江上

　　每当歌曲《松花江上》低婉悲怆的旋律响起，人们随之合着节拍，屏息动容，联想起中华民族被日寇蹂躏的悲惨历史。歌曲《松花江上》回忆的是民族伤痛，启迪的却是自强不息。

　　我伫立套色木刻《我的家在东北松花江上》前，为之一振，不由击掌叫好！同样是广袤无垠黑土地，如今换了人间。作品描绘祖国北疆深秋时节，漫山遍野的大豆与高粱，彤红一片，收割机马达隆隆，耙出好收成，犁出新年景。松花江上碧波荡漾，船来舟往，汽笛声声。开阔大气的构图，分割交错的场景，使白山黑水壮美一览无余。鲜艳用色，缤纷渲染，喜悦在丰收中渗透。多变刀法，木味刀痕，旋律在脑海中回荡。套色木刻《我的家在东北松花江上》不仅是家乡记忆，也是民族记忆，如北疆黑土地上一首磅礴颂歌，为我们带来欢愉心情，也带来历史警醒。作者为陈玉平老师，黑龙江省美协版画专业委员会副会长兼秘书长，一位松花江畔成长的著名版画家。

　　陈玉平老师年近七旬，壮实的身板，红润的脸庞，加上高亢的嗓音，无法与他的实际年龄相联系。近些年，他客居深圳观澜版画基地，经营"看好"原创版画工坊。我那天拜访时，适逢重庆某宾馆来人选购版画，一行人离开后，我俩终于坐定。

　　"马老师，你很早收藏《我的家在东北松花江上》，编号是多少？"他率先打开话题。

　　"编号是12号。"

我的家在东北松花江上 套色木刻 1982 年创作

"那是第一批印制的，色彩最为鲜明。"

"如此经典的版画佳作，为什么在全国性展览中没有获奖？"我瞅准时机，直接释放心中疑问。

他的回答有些苦涩："说起这件事让人神伤。20世纪80年代初，北大荒版画进入新一轮创作高潮，这期间沉静内省，觉得不能辜负自己，在苦苦思索中，寻求情感与风景贴得更紧的切入点。有一天，耳畔响起《松花江上》的旋律，屈辱历史，悲切过往，经受过十四年蹂躏的东北老百姓，对于这段民族伤痛是深入骨髓的。我老家村口不远处，就是当年打日本鬼子战场，许多年轻抗联战士长眠于此，时时刻刻像锥子一样，刺痛我的心。从幼年到如今，铭刻于心，一刻也没忘记过。周恩来曾在《现阶段青年运动的性质与任务》中提到：'一支名叫《松花江上》的歌曲，真使人伤心断肠。'想到这儿，我的创作思绪突然开窍，能不能把伤心断肠的苦难，变为'喜看稻菽千重浪'的喜悦，创意就这样翩然降临，相符我意。此前，我一直是先作画后起名，这次是先起名后作画。"

"创作过程还记得吗？"

位于深圳观澜版画基地的看好工坊

"记忆犹新。这幅作品创作中的艰难，来自以图式对应画名，这是自己给自己出的难题。草稿不知画过多少遍，虽然苦楚萦心，总觉得不满意，因为心里别扭啊！当然，创作意志没有摇摆过，在难捱时光里，让我渐渐悟出两点：一是图式要出新，通过新视角展现新气象，找到民族归属感，让人们在亡国与兴国、离乡背井与安居乐业的比照中，唤醒历史记忆。二是画面要喜悦，以红色与黄色为基调，暖阳、暖风、暖景充填画面，通过营造丰收图景，让人们在感知与慰藉、亡国之恨与兴国之责的对比中，陶冶爱国情操。1982年，作品刚刚揭离画版，立即参加在北京举办的"北大荒风情版画展"。焕然一新的北大荒套色木刻，在首都美术界引起极大反响，接着赴四川、浙江、江苏、天津巡展，然后又赴日本展览，入编上海人民美术出版社出版的《北大荒风情版画集》。因此第七届全国版画展评奖时，评委们对《我的家在东北松花江上》普遍看好，但表示："已经多次展览出书，不宜参加评奖。"获奖机会在伸手可及时消失了，唉……叹息中，陈玉平老师悄悄补充：

"有位朋友告诉我，作品拿出来太快，展览一年多了，还有什么新鲜感？"

"你后悔吗？"

"没有获奖，心里不爽。但一幅作品能把内心情感和驾驭能力表现出来，得到那么多观众和收藏家喜爱，想到这些也就不后悔了。"

"李桦先生有何评价？"

"李桦先生说：'这是一幅很有抒情味的作品，有特殊的意境。'"

"你把黑土地美景与过往历史相融合，成为当代版画经典比什么都珍贵。听说中国美术馆评奖前就收藏了？"

"是的。北京鲁迅博物馆、广东美术馆、英国牛津大学阿斯莫林博物馆，以及四川神州版画博物馆，都是评奖后收藏的。"

"以后遇到类似情况怎么办？"

陈玉平老师狡黠一笑："打那以后'不见鬼子不挂弦'。哈哈！"

不管怎么说，陈玉平老师此后确实在全国美展、全国版画展中频频获奖，是否与"挂弦"一说有关联，我吃不准。但是，他回忆艺术历程时的话语，我记住了：

"1968年，我从黑龙江省水利工程学校毕业后，分配至北大荒虎林农场。在担任水利技术员的日子里，一肩扛着测量仪器，一肩扛着画板，成年累月奔走在荒草甸子与湖畔野地，长年累月的风餐露宿，很苦很累，却为逐浪人生垫了底。没有这段生活磨练和自然风光的亲身体验，很难有与那片黑土地的不舍之情。没有张寒晖[注1]先生民族危亡之时，满蘸热泪写就的悲怆旋律，也很难有相对应的创作灵感。"

陈玉平老师落脚深圳观澜版画基地，已近十年。在交谈中，一点儿不避讳自己的版画营销，他认为："艺术与市场结合是必然的。作品被不同层面欣赏者接受，说明版画与大众贴得紧，接地气，作品雅俗共赏，自然而然走进千家万户。"他一边递来《版画出售登记簿》，一边叙述："原创版画必须坚持一次性编号。我是出售一张，登记一张，绝不加印。印数少的作品，价格贵一些，经典作品价格趋高，这是版画营销规律。退休后，我一直生活在观澜版画基地，一边创作一边销售，销路越来越广。实实在在作画卖画，我是东北人。"

墙上的挂钟提示，我举办的版画收藏讲座即将开课，只得依依不舍地与陈玉平老师道别。

20世纪50年代起，在松花江流经的黑土地上，诞生了闻名中外的北大荒版画，经过几代版画人的探索与锤炼，如今已经成为风格多样、独具审美价值的艺术品牌。

1974年，陈玉平老师处女作《耢雪催春》显露头角，入选联合国教科文组织的"中国现代绘画展览"，赴各成员国巡展，引来无数羡慕的眼光。从那个时候

八千里路云和月 套色木刻 1994年创作

起，他的版画创作在深入生活中，也像耢雪催春一样，在白山黑水间播种激情，收获硕果。

其后的二十年，《镜泊初雪》《在这片古老的土地上》《沧桑》《九月风》《春颂》《高天厚土》《十月·北方的乐章》《白桦情愫》《八千里路云和月》等，画里画外都是真情实感，飞刀走线总是精心编织，不仅接连入选全国美展和全国版画展，其中《高天厚土》荣获第十一届全国版画展铜奖，《八千里路云和月》荣获第八届全国美展优秀作品奖。这也是一幅特色鲜明的力作，以岳飞诗句为主题，描绘大地厚土，高天白云，作品以形式美与诗意美的结合，刻画出宽广胸襟与怡然意境。在创作中，他紧扣思维第一印象，围绕云与月做足文章，释放心中想象。湛蓝天空，明月高悬，白云浩荡，翻滚着延伸远方。在强烈视觉冲击中，油生出的高远情怀，是否贴切岳飞的当年怀想，不敢肯定，但作品蕴藏的气度却如空谷绝响。

再往后二十年，由于技法日益纯熟，成为他语言寻找对象的新航程。诸如《春风吹又生》《大风歌》《赫日黛水苍山》《乌苏月夜》《热土》《北方·大地的乐章》等，不断地推出新作，不断地获得好评，可谓风云不尽，习见不惊。据他自己介绍，老家书橱被捧回的奖牌奖杯塞得满满的，这是一种带着骄傲意味的显摆。

四十多年来，陈玉平老师通过不懈追求，形成大气酣畅、色彩瑰丽、流光溢彩的个性风貌，这种据为己有的艺术符号，独显其彰。面对一幅幅精彩斑斓的画面，一幅幅长于抒情的图式，平添舒畅之感，总觉得有一股喜悦之气在画面涌动着、跳跃着。他的版画作品，在传递晴朗心态与美好向往中，既承接着北大荒人的垦荒精神，也丰富着北大荒版画的华美阵容，北大荒版画奠基人晁楣这样评价："陈玉平在自己作品中呈现的雄健的阳刚之气，显得难能可贵。"

回首当年，陈玉平老师为了一个艺术夙愿，痴情天广地阔的北疆沃土，巍巍长白山，滔滔松江水，密密桦树林，那里的白山黑水，高天厚土，既是版画艺术的坚实根基，也是放飞理想的一方福地。这么多年来，热爱生活，关注现实，乘改革开放春风，升腾起多彩版画世界，在自定方向的迈进中，也是为传播北大荒版画贡献力量。

故乡，是每一个游子的心头牵挂。

注1：张寒晖，1902年出生，河北定县人。1930年加入中国左翼作家联盟，从事小说和戏剧创作，宣传抗日救国。1942年任陕甘宁边区文协秘书长，创作《松花江上》《国民大生产》《去当兵》等著名歌曲。1946年3月11日病逝，被誉为"人民艺术家"。

官厚生

1948年出生，山东平度人。结业于中央美术学院版画系。中国美术家协会会员，中国版画家协会会员，黑龙江省美协版画艺委会副主任，黑龙江省哈尔滨市美协副主席，哈尔滨画院版画创作室主任，国家一级美术师。黑龙江省政府特殊津贴专家。

作品曾获第二届全国青年美展三等奖、第八届全国版画展优秀作品奖、黑龙江省版画展金奖、第七届全国美展银奖、七次获黑龙江省美展一等奖、黑龙江省美术回顾展成就奖、中国版画家协会与中国美术家协会联合颁发的80－90年代优秀版画家"鲁迅版画奖"。

代表作有：《林中鸟语》《秋祭》《红房子》等。

与官厚生（左）合影

方法，在作品营造中紧密相联，互为影响，如熟知的套色木刻《秋祭》，就是攀登崎岖山路时，无意中拾到的。秋收过后，玉米抖落下黄灿灿外衣，满地的茬子，零落的秆子，迎着秋风，等待来年。这般光景在秋风刮过的黑土地上都有，就像平头百姓一代接一代，才有了今日世界。他通过与秋收的不期而遇，相约烟火人间。真实的细节，灵动的刀法，恣意的色彩，结构为一种非自然形态，天然相通，让人们在相视中倾心，仿佛找回梦中的家乡景致。作品在概括中浑然天成，在肆意中同声呼应，宣泄对那片黑土地的复杂情感，足以道尽衷肠，用官厚生老师自己的话说："我是为平凡生命献上一座无字碑。"

套色木刻《秋祭》以心灵内美与大自然本美相融合，以平凡景观与意象空间相衬映，画中有诗，诗入画中，从而荣获第七届全国美术作品展银奖。北大荒版画奠基人晁楣先生高度赞誉："这是一曲对大地奉献和人民劳动的赞歌。"

艺术风格蜕变既是痛苦的，也是舒畅的。套色木刻《秋祭》创作成功后，官厚生老师探索执念越加坚定，前行步伐越发紧凑。

套色木刻《红房子》展示的三条臆想色带，把红房子和土墙安置在一个不真实空间，虽说是对循规蹈矩的背离，却极大丰富想象空间。残破土墙与金字塔式红房子，呈现一种浮动状态，这是没有先例的图式，这种以现代方式营造的超现实空间，可以生发许多想象，不仅为观者带来美感体验，还能领略理性推测，妙在其中，可读可品。

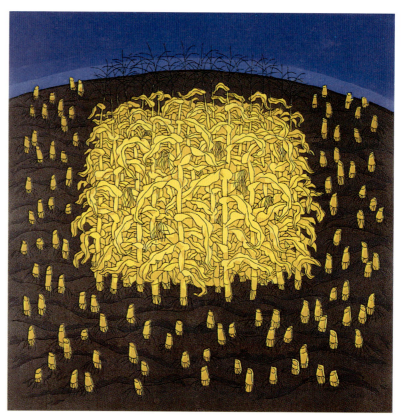

秋祭 套色木刻 1999 年创作

套色木刻《老玉米》以老玉米与千手观音的重叠，你中有我，我中有你，平凡与神圣搅合到一起，既模糊了时空边界，又扩大了视觉张力，如同醒者的梦呓、幻想的模样。在红色基调与蓝色条块陪衬中，既有调侃，也有庄重，默契中融合为新的版画语境，浸透着浓浓传统文化味。

套色木刻《老葵》以横向结构图式，再以墨黑、橘黄和褐色组成宽阔色带，以此搭配为画面背景，再以一堆向日葵缀入其中，粒粒饱满，朵朵向阳。这番大胆而不合理的表述，不是照景写物，而是适合作者天性的一种设置，隐藏其中的匠心，成为俘虏眼神的焦点。

套色木刻《红色花蕾》系列，更是谋篇巧妙，用色大胆，刀法灵动，在随意与刻意中组合美意，或放或收，或举或张，用现代美术观念的个性流露和技艺显摆，兑现的必然是风雅酣畅，梦幻真实，让人欣赏得怦然心跳。

套色木刻《湖山如吻》的构图，干脆打破固定程式，用嘴唇的外形来描绘湖山秋水，亦景亦人，亲吻自然，如此的凭空想象与柔情美态，通过畅快图式的表达，产生强烈感官体验，独特的浪漫情趣，童话般的物象空间，不经意间道出作者的才智修炼与美好心境，惊鸿一瞥，人见人爱。

回望这一时期作品，可谓乘势而为，各显风华。官厚生老师看上去从容淡定，保持一种与生俱来的沉稳气质，其实内心激荡着当代精神，在驾轻就熟中，总能让精彩落地，让观者体味的东西越来越多，甚至一时体味不了。他风趣地对我说："不能每幅作品都有一个完整故事。"正如老子所云："道之为物，惟恍惟惚。惚兮恍兮，其中有象；恍兮惚兮，其中有物。"他对版画艺术的苦思劳神和痴情坚守，从磨短的木刻刀上，便能领悟一二。

倘若通过作品来研究版画家创作心路，官厚生老师与版画平淡相守日子里，如犁耙开垦土地，一行行，一片片，留下许多追梦痕迹，也留下许多饮誉与感动。从昨天到今天，从今天到明天，创作中流露的心灵格局，既烙上品格印记，也留下从艺修行，所以具有鉴赏互动、情理互渗的看头。北大荒版画之所以成为我国当代版画的重要流派，是在几代版画人坚守中实现的。这支旌旗招展的队伍朝着同一个方向行进，他却踩出与众不同的脚印，成为永攀艺术高峰的见证。

在我的记忆里，还有他的善意。

五年前，那是个秋高气爽的季节，我到哈尔滨采访官厚生老师。临近中午，他请我吃午饭，得知我下午还要采访张朝阳老师。"等候时间太长，我陪陪你。"这句话，让我如沐春风里。那一顿刻意拉长时间的午餐，吃些什么，我已记不得了，那番善意，我记得牢牢的。他说完，拿起菜谱点菜。我注视着他，也不知咋的，不由自主地把他作品题目串连起一个梦幻故事：

有一位版画家，背着画夹，听着《林中鸟语》，走进深山老林的《雪乡》。然后《出山》，来到长满《老葵》的《金屯》，终于回到老家。《正月里来》《家山乍暖》，离《春暖》花开季节不远了。版画家坐在《红房子》炕头上，啃着《老玉米》，与老乡一起唠家常。老乡告诉他，如今日子越过越红火。秋收那阵子，满目《秋艳》，割了《一茬又一茬》，是个丰收年。《秋祭》时，人们在《秋天里的舞蹈》可开心了，脸像《瓶中的花》，红扑扑的，《红色花蕾》一般。版画家接着说：像《湖山如吻》。老乡回了一句：听不懂你说啥。

"咋走神呢？赶紧吃菜啊！"官厚生老师的提醒，这才让我回过神来。

一个人在世间行走，难免落寂。官厚生老师以热情相伴，充填寂寞，那份善意与真诚给了我，也一定给了他的作品。

注1：保罗·高更（1848—1903）法国后印象派画家、雕塑家，与凡·高、塞尚并称为后印象派三大巨匠，对现当代绘画的发展有着非常深远的影响。

与应天齐（左）合影

应天齐　　1949 年出生，安徽芜湖人。就读于中央美院版画系。中国美术家协会会员，中国
　　　　　版画家协会理事，深圳大学教授，深圳市政协委员，西安美术学院客座教授。享
　　　　　受国务院特殊津贴专家。

作品曾获安徽省第二届青年美展一等奖、第七届全国美展铜奖、安徽省建国四十
周年美展一等奖、第十届全国版画展铜奖、日本—中国版画奖励基金会金奖、北
京—台北当代版画展杰出奖、第十一届全国版画展铜奖、第八届全国美展优秀作
品奖、安徽省建国四十五周年美展一等奖、安徽省版画展特等奖，中国版画家协
会与中国美术家协会联合颁发的 80 — 90 年代优秀版画家"鲁迅版画奖"。

代表作有：《西递村系列》《徽州之梦系列》《碎裂的黑色系列》等。

套色篇

芜湖淘画

十二年前，我收藏了获第十届全国版画展铜奖、北京－台北当代版画展杰出奖的水印套色木刻《西递村系列之二十三》。

高高女儿墙，斑驳陆离，残留着岁月风雨的冲刷。黛墙上屋脊，侧斜错落，亦如韶光中的老街巷陌。外墙土木混搭，色彩沉郁浑厚，肌理精到逼真，在大块黑色衬托中，静谧冷峻，清丽雅致。虚与实，情与景，挥洒刀法与精湛印制，呈现出让人心醉的版画语言，如同置身于西递村的青石路上，潮湿心情，叩开怀想。

应天齐老师创作的水印套色木刻《西递村系列》，以抖落想象方式追求虚构中的真实，通篇满满中国元素，无论放在世界那个地方都一眼认得，如一首动人的诗情乐章，演奏出你我共鸣。作品以道尽衷肠的徽腔皖韵，情寄尺牍，技造境界，可谓大美无言。欣赏之余，我突发奇想，他在家乡生活那么多年，还能不留下点版画？对！到芜湖淘画去。

说去就去，第二天开车来到安徽省芜湖市，各类书店、画店转了十多家，一无所获。

西递村之二十三 水印木刻 1989年创作

当初兴冲冲的劲头渐渐消失殆尽，又不甘心空手而返，于是满大街转悠。中午时分，走到岔路口一家杂货店，有点口渴，便进去买矿泉水。结账时，发现货架上放着一个旧画框，样子挺像版画，于是凑近细看，映入眼帘的是：阳光下的皖南农舍，零落交错，树荫婆沙，炊烟缕缕，母鸡领着小鸡悠闲觅食。构图率真，用刀细致，皖南农家小景意趣盎然。铅笔书写：皖南人家 1984 34×34 应天齐于芜湖文联。我抑制着激动心情，漫不经心地打问："老板还卖画？"老板乜了那画一眼："朋友寄卖。"又问："是水墨画？"老板头也没抬："我也说不上，有些年头了。你买？"我心头一喜，缓缓说道："看价格。"一来二去，最终200元购得。一路乐不可支。

回到家，我赶紧查阅资料：

深圳大学教授应天齐，出身于知识分子

家庭，父亲在新中国成立前任报刊副刊主编，母亲是教师。自幼聪慧的他，童年随父学国画，兴起美术之念。二哥担任小学美术老师，借给他一本《怎样刻木刻》，出于好奇，找来母亲的修脚刀，居然将吴强年黑白木刻《我们大队的支部书记》临摹下来，虽说粗糙，艺术从此发轫。"文革"初期的大串联，他从北京买回一套木刻刀，鸟枪换炮，从此不论农校劳作，还是担任中小学美术老师，版画创作日益活跃。"文革"结束，自由空气吹进美术园地，没有政治禁锢的他，才华锐发，含苞待放。1979年创作水印木刻《鱼汛》，荣获安徽省第二届青年美展一等奖，日本神奈川美术馆展出后并收藏。1984年由于创作成绩突出，由马鞍山市工人文化宫调入芜湖市文联，并担任芜湖市美协副理事长。这期间，创作的黑白木刻《皖南人家》，质朴村景成为挥之不去，揽之又来的乡情映照。那时候，名扬中外的水印套色木刻《西递村系列》尚未出炉，早期创作大多取自成长环境，但对风景题材的偏爱已见端倪。

2015年北京初夏一天，我有幸与应天齐老师促膝长谈。相互会意，欣然交心。临别之时，他执意送我出宾馆。"凌晨三点很难打到车，一起等候吧。"我俩聊得很多，也很投入，许多内容成为永久记忆。临上车时，他言："《皖南人家》是那时最满意的作品。当时刚调入芜湖市文联，创作特认真，刻得利索，全部用小平刀完成。"

皖南人家 黑白木刻 1984年创作

畅谈中的长谈，归属于投缘。敞开心扉中的扭头回望，让我对应天齐老师的艺术历程、艺术思考有了全新认知，仿佛重回当年。

20世纪80年代中叶，那是艺术风向的多变季节，一会儿媚外风，风尘无主；一会儿戒律风，有脚难行。他非常关注"八五"艺术思潮，在一浪压过一浪激辩中，有过震动，甚至冲动，但更多的是沉思。重复别人没出息，反讽调侃难持久，唯有创新才能回归艺术本源，他选择了后者。迈出中央美术学院门槛那一刻，决意收起杂念，远离喧嚣，寻找一处能与心灵对话的落脚点。

安徽黟县的西递村、宏村、南屏村等皖南古村落，粉墙黛瓦，沉寂无声，疑惑地迎接这位远道而来的过客。信步布满青苔的石板路，凝视斑驳马头墙、木质旧楼阁，还有漏窗、斗拱与穿堂，匠人雕琢与时光打磨，如今尘土蒙面，却难掩昔日恢弘。每当晚云收起的时候，他常常临窗独坐，搅动不能寂寞的思维，形单身影与古老村落，一道融入薄暮之中。有一天，创作激情刹那间迸发，他决意抹去浮尘，回望旧梦，还原一段皖南

民居的故事，从而牵引出"八年抗战"的文化苦旅。

隐居老屋，痴守孤寂，依靠专注与执着，或称之为殉道精神，在三千个日落日出中，披寒涉暑，独自较劲，为了抵达心目中的意境，凝结心智，挑战耐性，终于捧出水印套色木刻《西递村系列》，全套37幅。全新的图式，没有半点挽扶痕迹；独到的构思，没有半点牵强附会。作品营造的虚静清远、冷寂空灵，既是民族品格的融会彰显，也是艺术气质的极致展现，作品所散发的强烈艺术感染力，给观者视觉形成难以阻挡的冲击力，一经面世，赞誉满满，成为当时我国美术界的一种仰望。

那一年，首都北京的中山公园，人如潮涌。在展览大厅里，新兴木刻诸位前辈赞誉有加。李桦先生看到他，称赞道："你这孩子，活儿干得真精致。"古元先生则是边观赏，边笑言："不错，不错。迷人的村舍，动人的艺术。"王琦先生更为激动，当场概括："化残破为美丽。"随着版画前辈的抬举，美术界的赞赏，水印套色木刻《西递村系列》迅速闻名遐迩，荣誉接踵而至，宣传连篇累牍，这边邮票出版发行，那边拍卖会连连落槌。变化最大的当数西递村，1995年建成"应天齐西递村艺术馆"，很快成为国内重要旅游景点，2000年又被联合国教科文组织批准录入世界文化遗产名录。2006年在北京翰海拍卖会上，全套《西递村系列》以101.2万元人民币成交，创下当年版画拍卖最高记录，同时成为版画市场的标志性事件，其意义不在价格几何，对于推动我国版画艺术的普及与发展，意义广远。

不恋旧榻，尽兴而返。20世纪90年代初，中央电视台播出专题片《告别西递》后，他毅然转身。不论是蹉跎过往，还是曾经坚守，一切都已成为过去，如何找到未来的自己，他在等待答案。"放下磨损的刻刀，感到舒心的疲劳。"不知经历多少次仰望星空，也不知经历多少次心灵拷问，最终还是离开了，离开那个曾经让他痴狂不已，又让他焦虑自闭的地方。人们欣赏艺术家，不仅注目耀眼的成就，更看重超越自己的勇气。其后，虽然也有水印套色木刻《徽州之梦系列》问世，粉墙黛瓦，格窗穿堂，不论构图的出奇，还是刀法的纯熟，或是水印的滋润，甚至硕大的篇幅，作品所蕴含的美景美意，只是渐行渐远中的偶尔回眸。

既然上路，就不怕路途遥远，应天齐老师开始涉足行为和装置艺术。新世纪钟声敲响的那一刻，他抢起木槌，砸向黑色玻璃。《碎裂的黑色——零点行为》既是一支"绝唱"，也是新曲一首。这个不把静水搅出波浪不甘罢休的人，同时推出装置艺术《大剪纸》，接着拉开深圳观澜版画的幕布，接着三次参加意大利威尼斯建筑和艺术双年展……跳跃思维，勇于探险，坦荡面对未曾相识的世界，他就是这样一位艺术家，一位以中国表达方式面向世界的艺术家。

2015年6月，他把《砖问——应天齐当代艺术展》搬到北京今日美术馆。"离开西递村时，有位老先生送了一块印有'西递集孝祠'砖雕。听说芜湖古城要拆迁，蕴藏东方灵性的民居，即将卷入压路机下。我立即振臂高呼，随后万余市民拾拣旧砖，整整10箱清代古砖，碾压成粉，制成宽1米，高3.3米，重600千克大砖，上面印着'西递集孝祠'五个大字。2012年这块大砖远渡重洋，亮相于意大利威尼斯双年展。""我当年创作《西递村系列》时，居住的老屋已拆除，为了把历史原貌搬回现场，重现能找到自己影子的老屋，这就是砖问？为啥？答案在参观者。"每个人都有自己的影子，传统文化则是炎黄子孙的影子。从芜湖到西递村，再回芜湖，三十余年以古建筑为载体，取向共通，诉说心语，目的就是扼守那一方精神家园。"这地方，有我太多太多怀想。"不论是版画语汇探索，还是当代艺术旅行，都是抛不掉的是故土情丝。不论是当年的直白，还是如今的隐喻，以当代思维变化艺术视角，所以他的艺术唯他所有。有人说，艺术家在意自己的地域文化，他不仅在意自己的地域文化，更在意播布到更为广阔的地域。

应天齐老师不仅是中国当代版画史绕不开的版画家，也是中国当代艺术史不可或缺的艺术家，他对我国风景版画的拓展与贡献，功莫大焉。正如中国美术馆全套收藏《西递村系列》时，馆长范迪安所言：中国美术馆在《西递村系列》问世三十年后收藏，是因为经过了历史长河里检验。

应天齐老师每走一步，都会留下深深的脚印，间距还挺大，一点儿不像古稀之人。

国家邮政总局发行的《皖南古村落——西递、宏村》特种邮票

馬平官 与百位版画家

与郝平（左）合影

郝 平

1952年出生，云南昆明人。毕业于云南艺术学院美术系，结业于中央美术学院版画系。中国美术家协会理事，云南省美协主席，云南省文联副主席，中国美协版画艺委会副主任，云南省文联名誉副主席，云南省美协名誉主席。国家一级美术师。曾多次担任全国美展、全国版画展评委。

作品曾获第八届全国版画展优秀奖（此届最高奖项），第七届全国美展铜奖，第十二届全国版画展铜奖，第十三届全国版画展金奖，"廖修平版画奖"，第九届全国美展铜奖，第十六届全国版画展银奖，第二届中国美术金彩奖作品展优秀奖，第十届全国美展铜奖，台湾第九届国际版画暨素描双年展优选奖，青岛国际版画双年展优秀奖，获《版画世界》颁发的"版画世界奖""鲁迅奖章"和中国版画家协会与中国美术家协会联合颁发的80—90年代优秀版画家"鲁迅版画奖"。

代表作有：《古瓶系列》《神原组曲》《推门系列》等。

君子一言

在我的记忆里，收藏版画被版画家婉拒仅有一次。

2005年年底，翻阅《中国百年版画》集时，初见绝版木刻《古瓶·故鉴图》，便让我爱不释手。朋友联系时任云南省美协主席郝平后得知：绝版木刻《古瓶系列》全套12幅，已被国内外艺术机构典藏无几。我着急了，在朋友手机旁大喊："让一套，让一套。"恳求之下，郝平老师答应了。我自言自语："尘埃落定。"

深夜，电话铃急促响起，朋友告之："人家舍不得割让，让我劝你别买了。""请通融一下。"片刻，朋友回电话："还是那个意见。"我这次真急了："已经答应的事，咋能说变就变呢？"又是片刻，朋友电话里描述："他放电话前说了：'君子一言'。"此后，我与郝平老师联系渐多，谈起收藏绝版木刻《古瓶系列》之事，他夸我执着，我赞他诚信。

陈年旧事，郝平老师始终存放在记忆深处。6岁那年，因所在幼儿园集体染疾，只能在两家合用的院子里玩耍。邻居家的哥哥在青石板上练字习画，他觉得挺好玩，便跟着涂鸦。后来邻居搬家了，他仍在青石板上练字习画。读初中时，在图书馆废墟里捡到一本《版画手册》，如获至宝，偷偷临摹。到了鼓动贴大字报年头，派上了用场，画刊头抄写大字报，周围一片赞许目光。到了办"五七"干校年头，拎着文具盒随父母下乡，画领袖像写主席语录，周围一片赞叹话语。那时候，不论赶车放羊，还是挑担插秧，虽然生活艰苦，都咬牙挺过来了。后来"五七"干校撤销，他与一百多名青年唱着语录歌，在大卡车上颠簸了一天，成为云南生产建设兵团4师18团的知青战士。那一段日子，激情过，冷却过，就像一场刚刚散去的戏，剧情被锁进了记忆。

执着，让他在每一个节点，推开一扇扇艺术之门。云南汽车修理厂五年寒暑，宣传栏上广告色的泼洒，虽说是政治鼓动，构图设色，描边抄写，从中体味挥斥方遒。云南艺术学院苦读岁月，虽说学员基础参差不齐，却是名家施教，倾情传授。丁绍光[注1]先生的"抽象的整体、局部的具体"，蒋铁峰[注1]先生的"学会观察，一切都是生活"，谆谆教诲，余音在耳，从中体会艺术觉醒。中央美院深造时光，虽说只有地球公转一圈的时辰，身处"八五思潮"中心，阔论振耳，涟漪成波，从中体会思想遨游。艺术如旅行，思想是导游。他的那些努力没有白费，在托腮沉思中，渐渐领悟艺术的本真与立场，唤起想象，放飞理想，成为推开一扇扇艺术之门的力量。

1983年，推出套色木刻《碓声咚咚》，无疑属于他的成名之作。那是第一次参加全

套色篇

国性展览，通篇都是憋在心里的话。画面很简单，男人碓白，女人晾米，俩人相向而视，基于两个佤族聚集地大量写生的感悟，情真意切，抖落的是勤劳与质朴，荣获第八届全国版画展优秀作品奖。此展始设优秀作品奖，全部授予 30 位年轻版画家。当他一手拿着印在中国美协信笺上的获奖证书，一手接过 100 元奖金时，真是喜出望外！第一次推开艺术之门的成功，让他意气勃然，版画创作如同上了发条。

云南，既有鬼斧神工的自然美景，又有丰富多彩的民族风情。20 世纪 80 年代末，他与云南版画家一道，打理风情，刷新耳目。一面推出拼版水印《竹楼上宽宽的长廊》等，一面推出绝版木刻《金风图》《踏歌图》《漫舞图》等，印制出来的作品还没干透，金发与黑发买家已在旁边等候。画面中的梦回故里，既有云岭的风，也有炽热的爱，那是一段令人亢奋的岁月，成为走向艺术市场的一次成功推门。

道路长了，总会有弯。这不，先是绝版木刻《今日苗女图》被一位版画前辈撰文指责为"纯形式主义"，接着绝版木刻《魔镜·南方》获第七届全国美展铜奖，被某杂志主编批判为"典型的形式主义"。在那段晦暗的日子里，面对心灵寒雨，他郁闷得不想说一句话。虽然受伤，却很倔强。以不言放弃的犟劲，释放激情，眺望远方，不久推出绝版木刻《西部日志·虔心》，以图式与文字的组合，宗教与人文的拼接，借用隐喻，倾吐憋屈，不仅内容上打开地域之锁，形式上亦翻开新的篇章，依靠这一股艺术勇气，自觉地走出鸟语花香，把视野从外景转向内心，这种审美观念的突破陈规，成为艺术转轨的一次成功推门。

1996 年，绝版木刻《古瓶系列》推出，成为问鼎个人艺术高峰的重要标志，也成为中国当代版画的耀眼华章。成功里有偶然，也有必然。艺术构思的发端，与两次欧美之行密切关联。当年邀请方甚为热情，今日游览教堂，明日参观博物馆、美术馆，徜徉于西方艺术的海洋，带来的是一次次视觉震撼。然而，心有指南的他，有一句话特响亮："我是中国人，要玩就玩自己的。"

什么是自己的？中国历史陈香厚积，民族艺术源远流长，绵延数千年而不绝，本身就是流淌不尽的艺术甘泉。1995 年年末，他完成了《飞升图》和《青莲图》创作。次年访美，拜访丁绍光先生时，展画求教。"这是版画？真美！"丁绍光先生这边脱口，那边经纪人抢先收藏，不言而喻，这是他压根儿没有料想到的鼓励与鞭策。

回国的航班飞快，郝平老师还是感觉太慢。从此，阳光下处理行政事务，月光下倾情版画创作，为了绽放心中理想，凭窗临风，披星戴月，启明星不出来，决不搁下手中的木刻刀。那段时光，心无所牵，只有典当智慧与汗水，绝版木刻《古瓶系列》完工之时，也是他入住医院之日。

绝版木刻《古瓶系列》全套十二幅，以中国文脉为创作主线，凝结智慧，融入诗意，

郝平馈赠作者使用 30 年之久的滚筒

倘若铺展开来，便是一部中华文明史长卷：《飞升图》文人墨客的眺望，《青莲图》为官清廉的诠释，《兽龙图》出土文物的相遇，《厢屏图》衣袂飘然的回眸，《书道图》除了篆隶楷行草，还夹带了藏文，《出猎图》借助古壁画排兵布阵，《空谷图》在范宽山水画里抚琴，以及《知秋图》的鸟鸣秋风，《宴饮图》的推杯换盏。《舞乐图》展示的是舞姿翩翩，音乐盈耳。《蹴鞠图》再现战国流行的蹴鞠，叙说着古老中国的奥林匹克，荣获台湾第九届国际版画暨素描双年展优选奖。梅瓶、天球瓶、观音瓶，玉壶春瓶，以及双耳樽……好像为瓷器盘点样式。既有实景寄存，也有平展道白；既有内景外景的重叠，也有时间空间的唱和，宏阔视野，撩人心魄，悠久而灿烂的华夏文明在风雅中传递。

古瓶·古鉴图 绝版木刻 1996 年创作

特别是绝版木刻《古瓶·故鉴图》，以花觚为背景，通篇破薄之势，让人感受特有的视觉张力。空间划为四个部分，居上是仙乐飘飘的八十七神仙，以民间传说表达精神冥想；其次是冠盖如云的将相出行，以招摇过市隐喻人生向往；中间为市井百态，从"清明上河图"中取景组合；古代科技与艺术托底，不论舞枪弄棍，还是歌舞升平，更为含蓄与耐读。如奏乐为中原人，舞者却是云南少数民族。画面中的纺纱织布，既是生产手段，也是构图所需，以纵横线条添加作品的形式感，一行足迹沟通上下五千年，交替踩出中华民族辉煌过往。

绝版木刻《古瓶系列》设色明润雅致，一画一色，古意盎然。用纸更是别具一格，说来也是凑巧，创作绝版木刻《今日苗女图》时，初用日本美术纸，一不留神色彩印薄了，无意中端详，布纹纵横，妙不可言，此次运用更是熟稔有加。绝版木刻《古瓶系列》思想容量之广，文化内涵之深，形式营造之妙，荣获第十三届全国版画展金奖和"廖修平版画奖"，成为走向艺术高峰的一次成功推门。

1998年推出绝版木刻《神原组曲》，这是来自心底的释怀，也是灵魂撞击的痕迹。"涌"动的马群，如翻滚的云朵，淡定人生无常；高山"源"水，如仰卧的少女，昭示生生不息；行"旅"于途，千险万难，唯有虔诚足迹；"悟"中得道，放下执念，才能世事不扰。四幅作品以"涌·旅·源·悟"命名，汇集西藏之行的心灵震荡，如此匠心营造，彰显郝平老师艺术思考的宽度与深度，是一本用心性才能读懂的书。

2002年推出绝版木刻《推门系列之一·文渊》，2004年推出绝版木刻《替代·镜头》，都是发乎于心的表达。艺术神秘之处，在于发现。这位中国当代版画名家，一直保持跨越的精神状态，如今相遇丝网版画，又一次撩拨起推门的冲动。十余年积蓄的水墨情怀，丝网版画的意象诱惑，通过跨界组合，别有一番天地。人们品味丝网版画《推门·境界》系列时，洋洋洒洒三十余幅，以推门为叙述由头，打开别具风采的新屏幕。梅兰竹菊，山高水长，行于自然，神游世外，满篇雄姿灵秀，满耳肺腑之音，成为艺术创新的又一次成功推门。

聊到畅快处，感觉时间也会短斤少两。当时针指向凌晨，郝平老师夫妇执意送我回宾馆。夜色中漫步，身边始终弥撒硕果芳香。我知道，气息一定来自郝平老师。

神原组曲·涌 绝版木刻 1998 年创作

注1：丁绍光，1937年出生，陕西人。毕业于中央工艺美术学院，执教于云南艺术学院，后赴美定居。曾担任中外十余所大学名誉教授和客座教授，美国世界美术家联盟首任主席。

注2：蒋铁峰，1938年出生，浙江宁波人。毕业于中央美术学院，执教于云南艺术学院，后赴美定居。曾任中国美协云南分会理事，是云南现代重彩画的积极引导者。

班 苓

女，1952年出生，安徽巢湖人。毕业于安徽艺校美术系，两次就学中央美院版画系。中国美术家协会理事，中国美协版画艺委会委员，中国艺术研究院版画院研究员，安徽省美协副主席，安徽美协版画艺委会副主任，安徽省文史馆馆员，国家一级美术师。享受国务院特殊津贴专家。

作品曾获第九届全国版画展优秀作品奖、第十四届全国版画展银奖、第二届全国优秀少儿读物一等奖、第九届全国美展铜奖、青岛国际版画双年展优秀奖、中国首届国际版画双年展优秀奖、五次安徽省美展版画展一等奖和二等奖、第十届全国美展铜奖、中国版画家协会与中国美术家协会联合颁发的80-90年代优秀版画家"鲁迅版画奖"。曾被中国文联授予"德艺双馨"艺术家荣誉称号和安徽省"四个一批"拔尖人才。

代表作有：《妞妞》《十二生肖》《晾》等。

与班苓（左）合影

守候的魅力

"先巡展，后收藏。"这是安徽省美协副主席班苓给我的回话。

事情是这样的：班苓老师创作的水印套色木刻《十二生肖——鼠·龙·猴·羊》，在第九届全国美术作品展中荣获铜奖，我一直想收藏。当时，她印得甚为满意的仅此一套，正准备赴韩国、日本等国巡回展览。我意先收藏，再印一套参加巡展。她认为赶印质量难以保证，应该以最满意的作品参加巡展，所以有了上述回话。

其实，我与班苓老师交谈甚为愉悦。

那是 2007 年的 6 月初，芒种时节，天气闷热。合肥市中心一个邻街酒店，时值中午，人声鼎沸，虽然不影响交谈兴致，嗓音却提高了许多。我俩的交谈从徽派版画到版画市场，从承接传统到发扬出新，古今多少事，都付笑谈中。一瓶红葡萄酒，喝得不多，聊得很多。不知不觉转回版画收藏，我索性问个究竟：

"为什么选择水印套色木刻《十二生肖——鼠·龙·猴·羊》参展？"

班苓老师捋了捋额前短发，缓缓说道："那是 1999 年，为了庆祝建国五十周年举办的第九届全国美展，高手如林，群芳争艳。选择水印套色木刻《十二生肖——鼠·龙·猴·羊》参展，既注重单幅美感，又考虑整体效果；既着意色彩搭配，又留心呼应关系。所以送展前，四幅作品早早张贴于墙，每天凝眸聚神，反复观摩比较。"

"通过作品想表达什么？"

"生肖文化是中国造型艺术的一个重要内容，有着丰富的本原气息和艺术特质。20世纪末，中国版画正处于转型期，不仅要承接民族文化传统，还要赋予新的时代精神，成为那个时期版画发展的突破口。时代巨变，感慨良多，能否在创作中体现求新求变的时代要求，这就是水印套色木刻《十二生肖》的创作理由，意图通过人与生肖相互融会，阐述'天人合一'的哲学思考，调节心灵，回归和谐。"

"如何才能亮出作品的新意呢？"

"生肖文化历史悠久，无突破，必平庸。水印套色木刻《十二生肖》的创作过程，也是一次取舍扬弃的过程，悟其道，求其魂，索其变。"

生肖文化，对于中国人一点儿也不陌生。"全国十二个，每人一个"。人还没有从娘胎落地，已备好他（她）的属相，从此相随终生。属相是中国传统文化中的一朵奇葩，千百年来先民们用剪纸、木板年画、泥面塑、木雕等艺术形式，不断丰富与演绎这个古老文明。

我们知道，文化造就艺术，但不能替代艺术。班苓老师选择生肖作为创作主题，也许来自对中华文脉的不舍依恋，也许来自中央美院的两度修为。总之一旦承接，便义无反顾，只有窗外的花开花落见证她的誓言："创作水印套色木刻《十二生肖》，是一次版画艺术的再创造，也是一次至为重要的'极端'尝试。"

在构图上，汲取民间年画、汉画像与瓦当之要津，避开单纯的表象描摹，突出人与生肖的相互融合。我们见到的水印套色木刻《十二生肖》，其实是作者意象中的形象，动物原貌或放大，或缩小，或夸张变形，凭借丰富的创作经验和艺术敏感度，以抽象的语言符号，反映人与生肖的共存共处。

在造型上，注重视觉张力和形式构成，不拘泥物象原形，凶猛变温驯，狰狞化友善，以形式转换实现认知转换。辅以飘逸的线条在人、动物、植物间的自由穿插，平添一份浪漫，使画面充溢愉悦之感，令人读起来轻松兴味。

在色彩上，清新透彻，艳而不媚。借用民间年画火辣之色，在各个板块尽情渲染，透过空当背景，呈现满眼缤纷。红与绿、黄与紫、橙与蓝、黑与白，在色彩对比中，提

十二生肖·鼠 水印木刻 1997 年创作

十二生肖·龙 水印木刻 1997 年创作

十二生肖·猴 水印木刻 1997 年创作

十二生肖·羊 水印木刻 1997 年创作

套色篇

升视觉效果。既注重水的浸润，又注重色的灵秀；既有民间乡土味，又有时代审美感。

在刀法上，突出刀法的苦涩逆行。线条刚柔相济，块面有实有虚，一面夸大动势，张扬生肖表情，一面"留白"贯气，尽收痕迹之美。难怪著名版画家伍必端先生称赞："《十二生肖》不墨守成规，在作品中架起物境和心境、内容和形式之间的桥梁。"

班苓老师在水印套色木刻《十二生肖》创作中，不受客观形象限制，坚持自己的主观导向，积极开采民族文化基因，丰富画面装饰性和观赏性，从而展示出独到的艺术个性。这种独具风韵的版画语言，既有焕然一新的视觉形态，又有生肖文化的别样情趣，人见人爱，流传广远。

水印套色木刻《十二生肖》一经问世，在中国版画界产生强烈反响。不久听到《十二生肖——龙·虎》获第十四届全国版画展银奖的消息，接着听到《十二生肖——鼠·龙·猴·羊》获第九届全国美展铜奖的消息，没隔多久，又听到全套《十二生肖》被中国美术馆、文化部对外艺术展览中心、日本村上美术馆收藏的消息……

物有本末，事有终始[注1]。当人们留意版画家艺术成就时，往往忽略成就背后的艰辛。其实，班苓老师每一次走向领奖台，每一节台阶上都有抖落的汗水。

班苓老师的艺术实践告诉我们，积蓄是一种能力。

妞妞 黑白木刻 1981 年创作

她出身诗礼之家，父母同为教师，虽说先后调至图书馆和影剧院工作，记忆中的家始终散发着淡淡书香。1969 年，她与哥哥一起在巢县环城公社靠山黄村插队，一待就是四年，不论放牛，还是插秧，苦活累活前总有她的身影。一面艰辛劳作，一面学习绘画，不让青春抛给如流时光。她至今忘不了，艺术学院毕业的潘克强教国画，安徽师范大学毕业的白朝夫教油画，这种艺术荒芜年代的倾心相授，如同雪中送炭，迅速实现艺术启蒙。后来走进安徽艺校美术系，在艺术阳光抚慰下，温暖着每一位年轻学子。其中美术老师徐欣民对她艺术观确立影响最甚，超前的观念，包容的心态，敢于探索与批判的创作理念，如雨润田。多年后，班苓老师某一个大胆创意，或许来自当年的某一节课。

艺校毕业后，她被分配至巢湖地区文化局创作工作室。人离开了农村，牵挂常在心头。在农村插队时，常见 10 多岁的小女孩，不是身背弟妹，就是操持家务，读书的渴望只能从眼神中探望。1981 年，积蓄于胸的牵挂，被她倾注于梨木版，黑白木刻《妞妞》从起稿到完成创作仅用了二十天。

画面中，一位戴着红领巾农村女孩，腼腆地憧憬未来。通过圆口刀的正锋、侧锋变化，把控整体造型效果；通过三棱刀的挑、扭处理，生动表现嘴角眼神，使"妞妞"既有金石味的厚实肌理，又有寓意晓畅的羞涩姿态，可信可爱，这种女性版画家特有的细腻体察，让质朴情感有了依附，入选第七届全国版画展，可视为班苓老师的成名之作。第一次品味成功，她没有过多地沉浸喜悦，赶紧把目光投向远方。其间，既有高等美术学府的雕琢，也有铜版画创作的问路；既有研习中国水墨画的以求旁通，也有水印套色木刻《小溪之春》《清荷》《野香流韵》的铺垫探索，更有四上黄山的即席写生，随后推出《黄山魂》系列的倾心寻梦。总之，为了个性语言的建立与铺陈，任由时光从身边抽离，积蓄思考，勇往前行，为水印套色木刻《十二生肖》的问世热身，再热身。

水印套色木刻《十二生肖》带着浓浓东方元素横空出世，终于让人们看到积蓄与发力的关联。此后水印套色木刻《晾》亮相，同样呈现芳华。一双虎头鞋，憨憨虎头，软软鞋帮，粗粗土布，经过大红大绿式的渲染，过往拾荒，返璞归真，既能勾起童年的记忆，也能牵回远去的乡愁，因此捧得第十届全国美术作品展铜奖。

再一次积蓄与发力是在2007年。那一年，她与章飚、范竟达、汪炳章、谢海洋合作完成黑白木刻《盛世黄山图》。这是一幅鸿篇巨制，也是北京人民大会堂体积最大的版画陈列品，宽6米，高2.2米，全景式描绘黄山奇峰异景，宏大瑰玮，有一种大呼快哉的震撼，徽风皖韵，如诗如梦。黑白木刻《盛世黄山图》的阔大气象与豪放气势，既再现生机勃勃的盛世壮景，也是对中国当代版画的杰出贡献。

班苓老师的艺术实践告诉我们，守候是一种魅力。

当今中国画坛，昙花一现的画家太多，扳着指头数不过来。班苓老师行走在版画路上，虽然花团锦簇，却有一个非常明显特征，那就是默默守候民族语言，积岁越久，情感越浓。她认为："民族的，就是世界的，我们不能离开民族艺术的根。"

岁月纷繁，把控航向。她不喜欢随波逐流，包括西风甚烈的时辰，也包括版画尴尬的年代，在春风秋月滋养中，以延伸中华文脉为愿景，以传承民族艺术为本分，倾心创作，素有心得。不同时代的作品，虽然面貌有异，民族精神却是一脉相承，亮出的都是华夏风范。她认为："艺术创作就是表达我的情感，我的审美。"

班苓老师的默默守候，是探索中的守候，也是创新中的守候，路途中每一个节点，都是与时共进的视觉记录，也是精神眷念的艺术高度。如果说，艺术探索的终极目标是创新，那么通往目标的道路却有许多条。她先后创作7本连环画，千余页面的手绘笔涂，倘若连接起来，如一条悠长的羊肠小道。挥毫水墨，曾以《插花节》摘取第二届全国优秀少儿读物一等奖。一张纸，几许墨，轻快从容，那种景、境、格的通融，如一条曲径通幽的小路。《甘南日记》《大富贵》等丝网版画的技法尝试，灵动跳跃的人物，灵动跳跃的色彩，既有邂逅痕迹，更有现代元素，这些追赶时代的最新感受，一下子勾住观者目光，如一条五彩缤纷的路。通过多种艺术形式的借鉴与融会，咬定心中目标，积蓄八方之学，恒久用心，追寻希冀。

这些年，我与班苓老师时常见面，节日互致问候。不知从什么时候起，我也多出一份守候，期待班苓老师呈现更多更美的惊喜。

现在，是我在守候……

注 1：物有本末，事有终始。摘自礼记。"本"指树根，"末"指树梢。大意是事情发展有各自的起始和结局。

与于承佑（左）合影

于承佑

1953 年出生，山东即墨人。毕业于黑龙江鸡西师范学校美术专业。中国美术家协会会员，中国美协版画艺委会委员，黑龙江省美协副主席，黑龙江省美术馆副馆长，黑龙江省版画院院长，国家一级美术师。多次担任全国美展、全国版画展评委。曾获黑龙江省"优秀中青年专家""十佳文艺工作者"等荣誉称号。

作品曾获第六届全国美展银奖、第八届全国美展优秀作品奖、第十二届全国版画展银奖、第十三届全国版画展银奖、日本·中国版画奖励基金会金奖、第七届全国藏书票大展银奖、北京国际版画双年展"泰和经典奖"、第二届中国美术"金彩奖"优秀作品奖、第十届全国美展优秀奖、中国版画家协会与中国美术家协会联合颁发的 80—90 年代优秀版画家"鲁迅版画奖"。

代表作有：《小屯之夜》《大雪·穿过靠山屯的国道》《紫》等。

擦肩而过

1984 年，在第六届全国美术作品展览中，面对中国美术界各路高手，刚过而立之年的于承佑老师，凭借恬淡清新、别有新意的水印木刻《小屯之夜》，一举摘得银牌，这位土生土长的北大荒版画家，从此进入人们的视野。十多年前，我先后收藏他的水印木刻《小屯之夜》，以及获全国版画展银奖的套色木刻《蒙》《大雪·穿过靠山屯的国道》。三幅银奖，别样风景。不知多少个时日里，如饮香茗，细酌慢饮，享受作品带来的隽永回味。我一直想拜访于承佑老师，却三次擦肩。

第一次是 2009 年。第十一届全国美展版画展举办地为南京，于承佑老师是评委，我美滋滋地在南京坐等。他 9 月 10 日抵达南京，我前一天因急事赶赴外地，第一次擦肩。第二次是 2013 年。中国百家金陵版画展在南京举办，9 月 2 日至 10 日，于承佑老师在南京参加作品评选，日程再满，机会多多。就那么不凑巧，我受邀参加"中国当代版画邀请展"，结果他在南京，我在石家庄，又一次擦肩。第三次是 2013 年 10 月 22 日，第二十届全国版画展开幕式在黑龙江省美术馆举办，于承佑老师既是该馆副馆长，又是展

小屯之夜 水印木刻 1984 年创作

览组委会办公室主任。我提前一天乘飞机前往，边想着见面聊些啥，边持川航 9938 航班登机牌走向舷梯。空姐很热情，没有领进机舱，却领上了大巴车，疑惑两字写在众多旅客脸上。空姐甜甜地告知："哈尔滨有大雾，航班推迟起飞，请大家到宾馆休息等待。"宾馆地处市郊，幽静舒适，却平复不了众人内心焦躁。果不其然，取消航班的消息，羞羞答答地传了出来，一时鼎沸，一脸无奈，再一次擦肩。

2014 年 12 月中旬，缘分使然，我与于承佑老师终于在冰城哈尔滨相见，自然多出一份聊天话题。人海茫茫，大都擦肩后再无交集。因为版画，惦记着别人，或被别人惦记着，心里暖暖的。

20 世纪 50 年代至今，北疆沃士孕育出闻名于世的北大荒版画，那地儿人才迭出，硕果满枝，为繁荣我国版画艺术频频添薪加柴。日历翻到 20 世纪 80 年代中期，这支摆弄木刻刀的队伍也在更迭，从转业官兵，到下乡知青，没有一点儿刻意，于承佑老师成为第二代北大荒版画作者中的佼佼者。他出生于山东即墨，那是个依山临海的地方，早在春秋战国就是通商名衢，但在三年自然灾害凄苦日子里，那儿却连糠都吃不上，为了生存，父辈带着 7 岁的他"闯关东"。20 世纪 60 年代末，他刚满 16 岁，便唱着毛主席语录歌下乡插队去了，这一去，整整在乌苏里江畔生活了 18 年。冬去春来，在那些苦涩日子里，不知做过多少迷离的梦，那段酸楚时光后来成为创作源头，编织起版画艺术的梦想。油印水印，绘山绘水，叙情叙理，在时光匆匆流失中，以格调清新、技法精炼、意境悠远的绘画风格，成就了他那北疆牧歌一般的风情版画，渐渐名扬中国版坛，成为我国当代风情版画名家。我在于承佑老师版画工作室里，如同置身五彩纷呈的版画世界，一面大饱眼福，一面静心思考，他的版画代表性符号是什么？突然，耳畔飘荡着一个字音"y"，仔细推敲一下，蛮有道理的。

情意之意。于承佑老师的意，通常藏而不露，创作时却将沉淀心胸的情意融入作品。一是乡情，如《小屯之夜》《蒙》《大雪·穿过靠山屯的国道》《北方悄悄苏醒的寂眠》《往东又见界河》《极地暖阳》《好天》等，这些作品里的人和事，好像家里的人和事，连他自己也分不清彼此。既有情意，又有内涵，情景交融，赏得令人心醉。特别《小屯之夜》裸露的拳拳乡情，更是别具一格。隆冬北国，千里冰封。夜幕降临下的边陲小屯，昏黄灯光在摇曳，袅袅炊烟在升腾，欢声笑语在回荡，那情思，那恋意……生生撞击人们内心软肋。这不是某一处实景再现，而是情深意长的借用，看似原生态，却独具匠心，不论你身在何处，身处何位，乡情总是抹不掉的记忆。《小屯之夜》营造了一个充满回忆的感性世界，看到他曾经十八载厮磨的精神故乡。

故事是过去的事。三十多年前，《小屯之夜》还有个奖金的故事。在那个物质匮乏年代，为了鼓励作者的创作热情，开始对全国美术作品展获奖作者发放奖金，《小屯之夜》

套色篇

萦 套色木刻 1994 年创作　　　　　　　　大雪·穿过靠山屯的国道 套色木刻 1996 年创作

获银奖，兑现奖金 600 元，黑龙江省政府追加 500 元，省农垦总局又追加 200 元，于是于承佑老师高高兴兴扛回一台大彩电，每次收看电视时，满屋子都是家人和邻居的笑声。

二为闲情，如《茗》《弈》《画》《和》《知秋》《俏春》等，以及《清平乐》系列，琴棋书画，逸趣闲情，点滴沁心入骨。要说人生中的闲情，不能没有，否则名利的心负荷太重。闲情，每个人都把它藏在心灵某个角落。不知是有意还是无意？观赏他的闲情之作，如雨后吹来的风，凉爽怡人，他把闲情洒向当下的匆忙之人，浮尘中多出一份宁静与闲雅。

艺术之艺。于承佑老师的艺，艺精术也精。北大荒版画奠基人晁楣先生曾这样夸奖他：天资聪慧，善于思考。从北大荒垦区风土人情的描绘，到传统文人雅趣的探求，再到乡土乡韵的深层情感表达，这是一个递进过程，也是一次酿化过程。他把自然界之景物，用艺术的剪刀修剪出形态与风情，从而别开新面，渗透着理性思考和文化品格，越来越耐读。难怪当年在中国美术馆举办展览时，老态龙钟的刘开渠馆长，在别人搀扶下一眼点中他的作品，悉数收藏中国美术馆。

术，是艺术的表达，也是表达的艺术。有人说，版画是一门孤独行走的艺术。他在艰辛疲惫的艺术探索中，勤奋有加，为此做足文章。细刀密线也好，平刀造势也罢，以刀痕见刀功。从纸张与颜料的选择，主版与辅版的搭配，直至程序与品相的把关，一丝不苟。只有全身心的投入，画面中的曼妙挥洒才能被激活，平心而论，虽然为艺术执着付出代价，交付的却是精工细作。他曾坦言："我的作品制作过程很苦，可谓自己绑架自己。一方面对得住欣赏的观众，一方面把高质量作品献给收藏机构和私人藏家，从良心出发，以求心安。"

毅力之毅。于承佑老师的毅，人所共知。他是困顿岁月中咬牙坚持到底的那种人，从小于到老于，读书、思索与创作，充填枯燥时光，只有花白头发见证曾经的刻苦。生活的颠簸，繁杂的事务，精力在分散中消耗，只有工作室灯光见证勤奋，他不敢有丝毫怠慢，因为要无愧于心，久而久之，把版画创作作为生活的一部分，乃至生命的一部分。当你欣赏水印木刻《极地暖阳》时，会被高难技艺所震惊。聚焦中的北疆极地，景致繁密，刀法细密，不论服饰质感，还是鹿的毛皮，都是千刀万刀细活儿，看一眼心里都发怵。在光阴沉淀中，他就这样把创作构想变为真实画面，把大自然形态变为审美意境。

于承佑老师是一位不恋荣誉，不恋市场的艺术名家。12年间三次荣获全国美展、全国版画展银奖，其间还捧回"日本·中国版画奖励会"金奖，他确实陶醉过。担任黑龙江省版画院院长，接连聘任全国美展、全国版画展评委，他确实喜悦过。面对全国各地纷至沓来的购画人，他确实兴奋过。他这样认为：当名利降落头顶，那就接着。但目睹兴衰的他，时刻告诫自己：看轻浮华，淡定心弦，要有春风得意时的定力。为此而创作的《大雪·穿过靠山屯的国道》，画面中白雪皑皑，山冈起伏，山路弯弯，在纵横交错的公路旁，一块警示牌高高竖立，这是一个提醒，也是作者的一个隐喻。画面之中，对来往驾驶员是一个提醒。画面之外，对他与观赏者也是一个提醒。

于承佑老师多次说过："版画家做好版画最重要。"一旦荣誉成为起点，艺术之路必然越走越长。其后岁月，北京国际版画双年展"泰和经典奖"、第二届中国美术"金彩奖"优秀作品奖、第十届全国美展优秀奖，中国版协颁发的80－90年代优秀版画家"鲁迅版画奖"等接踵而至。

近些年，他常在自家阳台上眺望远方，时不时心起波澜，既有对老一辈版画家的怀想，也有对年轻版画家的希冀，这些都是他牵肠挂肚的事。为了北大荒版画的繁荣与拓展，承前启后，传递烛光，已经成为一种不愿推卸的责任。一面执着地创作版画抒发心境，如巨幅版画《麦加朝觐》入选中国国家画院"一带一路"国际美术工程。一面执着地传授技艺，延伸寄托，两期水印版画培训班顺利结业……这样的责任感，在报效桑梓的展望中，渐渐成为一个终极追求。

时间走过地方，都有美好回忆。于承佑老师风尘仆仆，辛勤耕耘，用特有的温婉细致与期望寄寓，释放对那一片黑土地的热爱，既成就属于自己的艺术风貌，也极大丰富北大荒版画的语言形式，同时为中国当代版画添加不可或缺的一笔。

时间没有走过的地方，有更多的美好在等待。

与袁庆禄（右）合影

袁庆禄　　1953年出生，河北曲周人。1968年开始自学版画，曾进修于天津美院和中央美院。中国美术家协会会员，中国艺术研究院版画院研究员，河北画院版画院院长，河北邯郸学院教授。享受国务院特殊津贴专家。

作品曾获全军美术创作一等奖、第二届全国青年美展三等奖、第六届全国美展优秀作品奖、"前进中的中国"青年美展铜奖、第七届全国美展银奖、日中版画奖励基金会金奖、建党七十周年全国美展铜奖、中宣部"五个一工程"奖、第八届全国美展优秀作品奖、第十二届全国版画展铜奖、"正义·和平"纪念反法西斯战争胜利五十周年国际美展银奖、第十三届全国版画展铜奖、第八届全国"群星奖"金奖、建党八十周年全国美展优秀作品奖、纪念《讲话》发表六十周年全国美展银奖、第十二届全国"群星奖"金奖、第十届全国美展优秀作品奖、建军八十五周年全国美展优秀作品奖、奥林匹克世界美术大会荣誉奖、第十二届全国美展提名奖、河北省美展五次一等奖八次特等奖、中国版画家协会与中国美术家协会联合颁发的80—90年代优秀版画家"鲁迅版画奖"。

代表作有：《黄山喜遇》《高原牧女》《史可法殉城》等。

"画痴"袁庆禄

　　每次欣赏袁庆禄老师的版画作品，总有一种怦然心动的感觉，当我被画面婉转传情的意境所感染时，不由自问，读懂了他和他的作品吗？在我工作室柔和灯光下，与袁庆禄老师的促膝长谈，尔后频繁的电话沟通，脑海中渐渐凝结一个词——"画痴"，好像唯有这个词，才能概括袁庆禄老师与众不同的秉性。

　　他对绘画的痴迷由来已久。五岁那年，家门口小桥上有人画画，"小跟班"似的，别人怎么画，他也怎么画。后来干脆钻到他家隔壁的曲周县文化馆，有模有样地临摹墙壁上画作，一呆就是半天一天。小学一年级时，他在数学课上偷画老师的麻子脸，被老师当场拎起来扔到操场。后来重新择校，除了美术，各科成绩经常"飘红"，留级对他来说是常事，因为家庭出身好，总算上了初中，小学同学已在高中教室上课。父亲是木工，兼任单位会计，由于撕下父亲的账本画画，大字报贴到他家大门上，全家人整天胆战心惊，他也吓得父亲去世前没敢漏一句。1968年年初，他突然心血来潮，把锯条磨成刻刀，照着一本《毛主席肖像版画集》，竟然把40多幅肖像刻个遍，就这样叩响版画之门。这不，居委会出宣传专栏找他，各单位布置会场也找他。1970年年底，他正在大街上张贴宣传画，身后接新兵的解放军问："这是你画的？""是的。""想当兵吗？""当然想啊！"从此，绿色军营多了一位文艺战士。

　　北京军区炮九团的生活，既艰苦又单调，他并不在意，只在意如何挤出时间画画。训练结束，便忙着剪报纸、画速写。站岗执勤，一面巡视观察，一面用石子在地上构图。每天晚上入睡前，经常在煤油灯下偷看绘画资料，班长批评"不突出政治"，他用红书皮包裹起来继续看。不久，他被调到团部电影组，放映时记住电影中人物形象，睡觉时躲在被窝里描绘。"形象有些失真，却找到了人物造型。"后来制作50幅黑白幻灯片《好八连》，一举夺得军、师两级文艺汇演第一名，从此官兵们记住了"炮九团袁庆禄"。这边取得成绩，那边却生出掣肘，电影组长不满他整天画画，闹得电影组解散完事。重组后，团政委看中他的作品并推荐参展，新任电影组长作品遭淘汰，又闹得砸门扭锁。尽管生活里有风尘，他却痴心不改，习画不辍，相继创作套色木刻《军民一家亲》《军民团结如一人试看天下谁能敌》《书记在第一线》《没有共产党就没有新中国》《雁翎儿女》等，以及大量油画、插图和宣传画，其中应《河北文学》约稿创作的黑白木刻《黄山喜遇》，荣获第二届全国青年美展铜奖。他至今记得：那时邓小平刚复出，《人民日报》报道上海大学生与邓小平相遇黄山，灵感闪现，成就创意。约稿期为20天，他一边搜

袁庆禄赠送作者印制《高原牧女》的一组滚筒

套色篇

209

集邓小平影像资料，从《人民画报》寻得会见卡特合影，面部仅指甲盖大小。一边找来通讯员小孙为模特，分设邓小平、男女大学生和解放军战士，戴眼镜女大学生形象则来自写生。河北隆冬，北风呼啸。虽然屋里生着火炉，身穿单衣的小孙还是冻得直打哆嗦。不失苦心，别开新面。美术编辑面对送来的作品，言："一笔都不动。"黑白木刻《黄山喜遇》作为封面，刊登在1980年第一期《河北文学》。后来参加第七届全国版画展时，改为四版套色。"论对作品感情，当属黑白木刻《黄山喜遇》。"十八年的军旅生涯，生活成为他的创作源泉，绘画成为他的精神依靠。

套色木刻《高原牧女》的创作，既是五次西藏之行的情感体悟，也是部队转业后的首次亮相。第一稿为黑白装饰性构图，满篇柔美，改来改去不满意。新创作稿来自写生积累，也来自心灵感召。"干脆让藏女直面观众。"画面中，略带羞涩的藏女直视前方，凝神缄默，纯朴如初，随风飘动的乱发，手压嘴唇的着意，与藏胞、佩刀、牛群相衬托，与天高地远的草地相呼应，高原民族天生具有的那种本真，令人目不暇接。三版套色，精心点染，还原心底意象，作品所营造的恬淡与宁静，不知俘虏多少眼神。随后却是一波三折。坐公共汽车送展，卷成筒状作品从椅子滑落，被乘客乱脚踩扁，慌乱之中一边整理一边送展。没隔多久，省文化厅、美协领导上门祝贺《高原牧女》获第七届全国美展金奖，新闻发布会开得隆重热烈，但从北京领回来的却是银奖，省美协秘书长阿菊当场热泪如流。不久，他收到了退回作品，"推荐金奖"四字历历在目。时光如梭，如今这些往事对他已不重要，因为从套色木刻《高原牧女》问世起，就已成为中国当代版画的瑰丽篇章，也成为其后高潮迭起的惊艳源头。

高原牧女 套色木刻 1989 年创作

随后，套色木刻《阿尼玛乡山的牧童》《遥远的雷声》相继推出，继续以质朴、静穆、深沉的原始风貌，不加雕琢地还原作者眼中的藏民族生活，释放对那一片高原圣土的热爱。

其后，袁庆禄老师的版画语言探索，从表象展示移向自我营造，情感与观念，内涵与形式，这些因素被激活后，迅速脱离习惯性描绘，坚定地走向时代审美。构图上以模特儿搭建意象，以格调提升草原文化，既保留藏民族基本特征，又借鉴现代表现手法，兼容并蓄，刷新图式。刀法上独自琢磨与摸索，形成有别同道的刀触，行刀流畅，木味充分。印制上通过画版磨印与画面补印的结合，一面追求大面积色调均衡，一面追求细微处精准呈现，甚至用听诊器皮管制成小滚筒，轻推细磨，精益求精，从而构建出叹为观止的画语画境。

备冬草的牧羊女 套色木刻 2001年创作

如：《备冬草的牧羊女》的品位营造。阳光和煦，草飞莺长。远离尘烟的青藏高原，幽远清旷。牧羊女席地而坐，四周羊群点点，这种旷野上的憩息，率真从容，仿佛四周弥散着奶茶芳香。从茫然眼神中，既体味劳作后的小憩，又可体味遥远的顾盼。民族情怀与现实思考的对接，自然美与人性美的融会，成为当代审美新看点。《阿米苦呼山牧羊女》中白云与羊群，在地平线上静静舒展，睡意蒙眬的牧羊女，造型优美，魅惑无穷，几乎击碎观者眼神。联想一下《初升的太阳》创作，起因是老奶奶酣睡草地，引发作者情感延伸，促成牧羊盲女沉寂旷野上的翘首企盼，强烈侧光，灰暗天空，凝结为渴望光明、向往美好的人性呼唤。《被惊醒的女孩》中，腾飞的雁，飘动的云，与女孩惊恐眼神，作者营造这种非现实空间，意图表达一份精神归属。《雪域黄昏》中牧羊女昏睡的优雅身姿，意象之美，呼之欲出，引出对雪域高原的惊艳向往。《在那遥远的地方》，一片莽原，一群牛羊，与天地交融，与草原对话，都是感悟人生的心语诉说。在追求意象审美中，他经常邀请女儿和学生为模特儿，一件军大衣，或一件藏袍，凭借艺术想象，承载艺术思考，演绎一幅幅追赶时代审美力作，情寄草原，托志万象。

如：黑白木刻《母亲的哭泣》的情感寄托。"听到母亲两字，就会想起自己的母亲。"他永远忘不了1963年，母亲因生妹妹大出血，去世前声嘶力竭的哭喊声，至今吟绕耳际。然而，此时《母亲的哭泣》，则是遭受侵略与蹂躏之中，祖国母亲的哭泣。满脸沧桑，满目泪水，干枯的手指，皴裂的皮肤，叙述着曾经的民族苦难。"连续刻制三天，几乎没合过眼。"家国情怀，昭垂永久。作品先获建党七十周年全国美展铜奖，又获"正义·和平"纪念反法西斯战争胜利五十周年国际美展银奖。同类题材作品还有《干渴的土地》。

如：套色木刻《烽火岁月——小兵张嘎和玉英在白洋淀上》的历史回望。这段白洋淀打鬼子的故事家喻户晓，时时提醒人们铭记历史。嘎子的憨厚与勇敢，玉英的美丽与文静，成为抗日烽火中一道靓丽风景，明快的构图与设景，精致的线条与色彩，积蓄难以言传的版画语境。虽然是往事回放，依然震荡心灵，不朽的民族精神和高超技法的认领，悄然潜藏观者的记忆。同类题材作品还有《阵地》。

如：套色木刻《史可法殉城》的惊心动魄。受领"中华文明历史题材美术创作工程"任务后，四年时光，磨此一剑。最终以高 2 米、宽 4 米，四版套色完成这件鸿篇巨制。画面再现三百多年前，史可法带领军民死守扬州城的惨烈场景，凝重冷峻的色彩，恢弘壮观的气势，娴熟自如的技法，升华感性，再现历史，以军人的血脉相承，解读居安思危的千古一理。套色木刻《史可法殉城》以大气魄出场，放大当代版画表现优势，人物之多，场景之阔，技法之难，既迎来袁庆禄老师的艺术巅峰，也成为 146 件入选作品中，唯一获 47 位评委全票通过的作品，被中国国家博物馆永久收藏陈列。事后，中央电视台联系专题采访，竟被他婉拒，千万别以为这是作秀，不善言辞的他，心在版画，不在荧屏。

"画痴"的励志故事，正是我倾心寻找的精神蓝本，袁庆禄老师给出一个真实答案：真艺术，必守痴。

与杨春华（左）合影

杨春华

女，1953 年出生，江苏南京人。毕业于南京艺术学院和中央美院版画系研究生班。中国美术家协会会员，中国版画家协会理事，中国美协版画艺委会委员，江苏省版画家协会副会长，南京艺术学院美术学院教授、硕士生导师、系主任。

作品曾获第八届全国版画展优秀奖，第七届全国美展银奖，第五、七届全国藏书票展一等奖及中国画学术精诚奖、"黄宾虹奖"，中国版画家协会与中国美术家协会联合颁发的 80 — 90 年代优秀版画家"鲁迅版画奖"。

代表作有：《牡丹富贵图》《春华》等。

爱猫的杨春华

在我国当代版画家群体中，女性版画家占比少，女性版画家中成就斐然的更是寥若晨星，著名版画家杨春华就是其中一位。她曾任江苏省版画家协会副会长、南京艺术学院美术学院版画系主任，眼界开阔，胸次高远，艺术领域涉猎广泛，不仅版画创作成就瞩目，国画、书法、藏书票创作亦是各有所得，可谓风光尽收。倘若作一分析，这些艺术成就与她的精神追求密不可分。

1989年，在举办的第七届全国美展中，杨春华老师创作的水印套色木刻《牡丹富贵图》荣获银奖。十一年前，我因收藏专程到她家小坐，话没说几句，就被各种神态的猫吸引住目光。三只猫，两只赭色，一只黑白相间。一大两小，个个头大眼圆。大猫端坐茶几，微闭双眼，修身打坐一般。一只小猫用前爪不停地洗脸，另一只小猫则悠闲自在，迈着方步，拖着长长的尾巴，在宾主间优哉游哉。

"杨老师喜欢猫？"我忍不住探问。

杨老师接过话茬："艺术本质是丰富的，创作过程却是孤独的。艺术家开展艺术创作，别人觉得挺浪漫，其实枯燥寂寞，有一些小生灵陪伴左右，就不会发闷。"

"什么品种？"

"我不太注重品种，喜欢就行。饲养时间长了，会有感情的。"

回想杨老师在版画创作中，就有不少关于猫的形象描绘。我一边回忆，一边叙述：20世纪80年代水印木刻《渔家》，渔妇身旁有一只眼睛瞅着鱼干的猫；90年代水印木刻《听琴图》，仕女身边有一只竖着耳朵听琴的猫；还有彩色照片《在家中》，杨老师操作照相机时，背上盘坐着一只猫。

一番叙述，连说带比画，引得杨老师喜笑颜开，连声说道："是的，是的。你记得还不少呢！"

牡丹富贵图 水印木刻 1991年创作

杨春华老师艺术才华的孕育，除了自身努力外，有着诸多的得天独厚，让人望尘莫及。首先得益于渊源家学。"家学传承，使我在艺术起步之时，就奠定了自己的精神理想。"她为杨涵先生之长女，出生于版画世家，艺术基因可谓天生俱来。杨涵先生20世纪40年代初投身抗战木刻时，便是新四军战旗下一位艺术骁将。在血与火的战争年代，他是版画大师赖少其左右手，一同战地办报纸，一起战壕刻版画，直至"百万雄师过大江"，红旗插遍神州大地。1991年，中国美协与中国版协共同为他颁发"中国新兴版画贡献奖"，见证杨涵先生辉煌的"铁笔人生"。对于杨春华老师的艺术引领，秉承家学中，既有父亲的言传身教，还有中央美院毕业的母亲，天长日久的"润物细无声"。其次是南京艺术学院和中央美术学院的不负春光。1978年，她与陈丹青作为江苏考生如愿成为中央美院研究生。"水印木刻一直为我所爱，版画前辈一直为我所敬。"李桦、古元等诸位版画大师，不论道德风范，还是艺术涵养，那是中国现代版画史的一份骄傲。她在学而不厌中转益多师，虚心求教，不仅获得新兴木刻运动先驱"真传"，也尽搜各位版画前辈所长，熏染修行，这是梦里才有的机缘。积学为富，多年后成为艺术飞跃的踏板。

杨春华赠送作者的藏书票集与藏书票

在中国当代版画史中，20世纪60年代初，江苏水印继承传统水墨精髓，承接明代饾版技法，融合江南风情和时代新意，形成风格鲜明、韵味独到的崭新风貌，迅速成为名震版坛的文化劲旅。花开花谢，花谢花开。熬过"文革"的艺术凋零时光，时间脚步走进80年代末，这是版画观念与创作最为活跃的时期，不论精神取向，还是语言形式，或是技法媒材，姿容纷呈，绚丽夺目，出现多年难得一见的繁荣。在这样的大背景下，1989年举办的第七届全国美展，如同一场盛宴，韶华空前。水印套色木刻《牡丹富贵图》以图式新颖，制作精道，一路闯关夺隘，最终摘得银牌。当年女性版画家斩获如此殊荣，简直是凤毛麟角，荣誉所至，既是杨春华老师心智与才华的显现，也是中国艺术界的认可与抬举，为江苏水印新老交替而焦虑的诸位版画前辈，不由自主地松了一口气。

艺术是想象力和创造力的产物。一件艺术作品的诞生，离不开作者文化、格调与境界的长期培植。欣赏水印套色木刻《牡丹富贵图》，映入眼帘的是：盛开的牡丹，精致的花盆，木质的底座，还有花盆上细心勾勒的怀古戏文，不用细想，都是中华传统文化的外溢。画面的构成，不依赖背景陪衬，简洁造型。通过宣纸上的印痕，留下牡丹的高洁典雅，组合为舒心悦目的图式，就像来到一泓清泉旁，水清见底，明快透彻。牡丹入《诗经》算来已有三千多年，国人赞美牡丹的诗歌也好，戏曲也罢，乃寄托富贵之意。作者选择国色天香的牡丹为主题，既有对牡丹华贵姿态的宠爱，更有讴歌和赞美伟大时代的隐喻。花盆上的怀古戏文，有文官武将，也有侍女孩童，与牡丹相互照应，显现一脉文脉遗珍，多出一份古今顾盼，成为独具观赏价值的水印木刻之力作。

水印套色木刻《牡丹富贵图》构图洗练，色调不温不火，果敢地跳出大红大绿的用

套色篇

色常态。刀法利索，熟练运用在荣宝斋所学的拳刀法，线条流畅利索，具有明快之感，读起来一点儿不费劲。水印娴熟，制作时干湿浓淡把控有度，为追求滋润中的自在，甚至让色彩跑出轮廓，体验一把意外畅意。雍容的语境，优雅的韵味，既强化了作品表现力，也展示了当代审美意趣，营造出一种中国式美意美境。

水印套色木刻《牡丹富贵图》对作品表现力的锤炼，可以看出她的艺术取向。她言："事物本质是单纯的，人们常常把它复杂化。创作《牡丹富贵图》为人们提供一种赏玩艺术，或许能减轻肩上的负荷。创作时有意淡化主题，回归单纯。借用单纯的构图，单纯的线条，单纯的色彩，保持作品平和气息。"如今看来，不论是才情流露，还是文化品格，水印套色木刻《牡丹富贵图》带给观者的是陶然忘情，无疑成为她版画艺术的代表之作，也成为她艺术路径的重要节点。

当人们翘首杨春华老师版画新作面世时，她却带着荣誉，挟着自信，从版画创作转向国画探索。版画与国画，好比一口锅里的饭，虽是不同样式的艺术语言，审美观念和文化思考却是一致的，只是表达形式不同而已。但是，毕竟中国版坛少了一位知名作者，多出一位飘逸见长的国画家。由于艺术起点高，内心坚定，思路敏捷，加之个人的不懈践行，一经华丽转身，迅速在当代国画领地春华呈芳，一展风姿，形成她艺术生命中的另一种姿态。

纵观杨春华老师的国画新姿，或气度端庄的观音，或婀娜多姿的仕女，或寄情于山水，或直指当代女性，都是一派自在天成，充满诗意般情感流溢。有时为了显现她的绘画才性，既求优雅华丽，又求端庄文静；既求情感表达，又求仪表神态。总之，有意无意把版画的线条，油画的色彩悄悄带进国画创作，形成与其他国画家不一样叙述方式，作品别具风采的盎然，让人一见倾心。如果细细品读，仿佛用笔随意，其实结构谨慎；仿佛随心赋色，其实独有见解。这种不拘泥固定形式的从容，着意宣纸上的精神抚慰，既润泽自己的心田，也润泽众人的心田。

其实，认定杨春华老师从版画艺术转身，多少有些偏颇。她的艺术姿态，采用展开双翼的方式，继续前行在版画之路。一朝灵感触动，毅然起笔落刀。如推出水印套色木刻《春华》，可视为水印套色木刻《牡丹富贵图》姐妹篇，造型更为雅致，用色更为艳丽，线条更为随心，只不过花盆上戏剧人物改成"刀马人[注1]"，笔清格高，多出一份怀古气象。还有套色水印木刻《游春图》，采用极富动感的线条，勾勒疾驰的春游车队，以青紫色渲染主调，通篇洋溢现代气息，享受一回不负春光，以此传递作者对当代文化现象的思考。

这么多年来，杨春华老师一直在南京艺术学院任教，承担水印木刻教学任务，三尺讲台传道授业，培育桃李，先后出任中国美协版画艺委会委员，南京艺术学院美术系主任。同时，她亦是重要版画活动参与者和组织者，探索和推广版画的脚步，一刻也没停歇，成为当下我国版画界一位活跃性人物。如成立中国水印版画艺术研究中心，举办"水印版画首届邀请展"，凡事挚诚，亦如以往。可以这么说，版画是她摆脱不了，也没办法摆脱的艺术载体。正如她在《永远的水印》一文中表述："肆意畅扬的用刀和各种套色叠印，构成无穷的变化，不管有形无形，似是而非的刀痕、印迹中，水质颜料和宣纸永远保持着东方的矜持和优雅，水印是我最恰当的语言方式。"

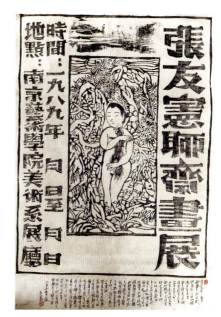

人生立志是常事，难得一生有志，遵志而行。从上海出生，到苏北东台插队；从南京艺术学院求学，到淮阴博物馆任美工；从中央美院深造，到无锡书画院工作，直至重返南京艺术学院，杨春华老师不惧时光流逝，一心向艺，如今更是历久弥新，这种与日俱增的追赶，既来自对版画的挚爱，也来自艺术使命的催逼。

临走时，杨春华老师赠送一枚藏书票。回家后，打开来一看，还是猫。这只猫成蜷伏状，眯着双眼，拖着一条长长大尾巴。艺术总是"随时代而变"，不知杨春华老师的版画艺术，会不会也伴随时代拖出一条"长长的大尾巴"？

作者收藏的杨春华创作的木刻海报

南京艺术学院美术学院张友宪院长为当年的宣传海报题签

注1：刀马人，描绘古代战争场面的一种纹饰，简称"刀马人"。通常瓷器上绘制较多。

李传康

1954年出生，四川威远人。毕业于云南艺术学院版画系和全军美术高级研究班。中国美术家协会会员，中国版画家协会会员，中国美协版画艺委会委员，云南省美协版画艺委会主任，解放军美术书法研究院专职画家。曾获云南省"德艺双馨"文艺家称号。

作品曾获"西藏和平解放四十周年"全国美展一等奖、"抗洪精神赞"全军美展二等奖、第十四届全国版画展银奖、第九届全国美展银奖、第四届全军文艺新作品一等奖、第三届云南省文艺创作荣誉奖、纪念"讲话"发表六十周年全军美展优秀奖、第十二届全国"群星奖"银奖、第十届全军美展银奖、第七届全军文艺新作品二等奖、第十六届全国版画展优秀奖、第十届全国美展铜奖、纪念反法西斯战争胜利六十周年国际艺术展优秀奖（一等奖）、第十八届全国版画展优秀奖、庆祝建军八十周年全国美展二等奖、第十一届全国美展铜奖、中国金陵百家版画展金奖等。

代表作有：《延河水》《训练日之二》《一二三四》等。

与李传康（左）合影

清清延河水

六年前一天，初秋的细雨，飘来忽去，给燥热南京城平添一份凉爽。

大约傍晚时分，云南省美协版画艺委会主任李传康老师，突然到我的工作室造访，稀客光临，高兴异常。先敬烟，后泡茶，然后缠磨起套色木刻《延河水》创作背后的故事。当他沉醉往事时，初次见面时的斯文，迅速置换为难抑激情，滔滔不绝的叙述，仿佛要把我一起拉回到15年前。

回忆很温馨，却扯得我俩心疼。

"多年前，采访一对年近八旬的老八路夫妇，聆听'激情燃烧岁月'的动人故事，满头银发，满面皱折的老两口，回忆当年时的那份激昂与豪气，仿佛回到延安宝塔山下，回到风华正茂的岁月。几年后回访，希望再有所收获，然而已经没有机会了，老八路夫妇的子女面色凝重，低眉垂首中打开柳条箱，取出剥损日记本和发黄的旧照片。每一篇日记，每一张照片，仿佛默默地述说以往，折射曾经，如今只能以泪水追忆零碎。那一幕给我留下的灼肤之痛，沁心入骨。虽然过去了许多年，却一直在心里不停地发酵，难以释怀。"

"也就在那一刻，我下定创作套色木刻《延河水》的决心。以往创作会有一个构思过程，一旦腹稿成形，一气呵成，从不拖泥带水。《延河水》腹稿在心里憋了半年，那种悬想是一种情绪折磨，也是一次心灵跋涉。饭后思，睡前想，反复琢磨这样一个问题：抛弃以往创作的循规蹈矩，以一种新的面貌回眸当年，营造新颖，构图突破口究竟在哪里？"

"回眸中华民族苦难历史，并非仅有血雨腥风、尘埃蒙面，展示当年的青春靓丽，也是一种选择，最终找到了这个'点'。中华民族危亡之际，千万热血青年为了追求光明，奔赴革命圣地延安，在他们身上看到民族希

延河水 套色木刻 1999年创作

望和祖国未来，那是何等的靓丽！"

"《延河水》参加展览时，我心里像揣个小兔子，一边假装看展览，一边留意观众反应。宋源文先生径直走到作品前，一边驻足观看，一边拉着我的手：'路子正，时代需要这样的作品。'如此点评，让我如释重负。"

每个民族都有自己的历史，忘记历史的民族是可悲的。李传康老师通过可读性版画语言，缅怀宝塔山，感怀延河水，以刀木之痕挽留青春，重温且行且远的红色记忆，正是这种特有方式，打开了一扇认识历史的门扉。

套色木刻《延河水》以延安宝塔山为背景，五位热血军人潇洒伫立，有男有女，或凝视远方，或面带微笑，或静谧遐思。从容与自信，赤诚与豪迈，从年轻脸庞上散发出来。珍惜生命，是人类的本能，也是一种天性。战争是残酷的，不知倒下多少青春身躯，但民族危亡之际，面对萧萧弹雨，滚滚狼烟，他们毅然投笔从戎，立志疆场，众人脸上的那种镇定与淡然，正是中华民族觉醒与反抗的见证，历史在这里凝固，理想在这里闪光。

李传康老师为了触摸新的表现语言，行刀构图，分外考究。套色木刻《延河水》构思独到，既有新颖的现代绘画感，又有沉重的历史时空感。画面营造巧妙，取合自如，不论高高的宝塔山，还是静静的延河水，或是手插口袋的动作，眼神飞扬的一瞥，甚至胸前的钢笔，缝补过的旧鞋，以及手中相握的抗大课本，见微知著，求证体悟，努力拓展历史厚度，再现曾经的峥嵘岁月。鲜活的外貌，闪亮的内心，渗透赤子之情，定格青春无悔，让如今的人们多出一份视觉感慨。这不是一般意义上的怀旧，而是李传康老师以独到眼光，一面追踪中华民族反抗外辱的光辉历史，赎回热血铸就的坚定信仰。一面运用多种刀法，张扬刀痕木味，凝固青春如蓝，成为中国当代版画史上弘扬爱国主义精神的力作。

只有经历过寒冬，才能明白什么是温暖。欣赏之余，观者体味到一种没有体味过的滋味，家国情怀悄然潜入心田。1999年，套色木刻《延河水》荣获第九届全国美术作品展银奖，其后又获第四届全军文艺新作品一等奖和第三届云南省文艺创作荣誉奖，先后被中国美术馆、国防大学、四川神州版画博物馆、哈尔滨版画博物馆典藏，实至名归。在市场经济的洪流中，只有内心强大的版画家，才能坚持军事题材创作，不忘初心，不褪本色，这是最令人敬重的地方。

李传康老师有着四十年的军旅生涯，是全军闻名的著名版画家。他出生在四川，生活在云南，工作在军营。说起走上艺术道路的往事，却是懵懂少年时发生的。那一年，县文化馆举办美术培训班，村里人觉得这个插队知青经常写写画画，于是推荐了他。虽说美术培训班由县文化馆牵头举办，授课人却是下放本地的四川美院教师，缘起际遇，倾情相授，让他从此喜爱上美术。有趣是初衷，后来是有心。不久，他参军了，可惜不

李传康赠送作者创作《延河水》
的自制滚筒与刮刀

是文艺兵，而是深山沟里扛枪大兵。曾经的幻想与憧憬，被高耸山峰相隔离。偏僻、荒凉约束青春勃发的身心，却锤炼出军人坚强意志；枯燥、寂寞让他远离都市的喧嚣，却打牢绘画坚实基础。他这样告诉我："在山沟军营里生活了六年，一本木刻集临摹了六年，凭借执拗，寄寓期望。"这些虽说也是军人生活，但不是军人情结形成的全部。

20世纪70年代末，在我国边界发生的那场战争中，他跟随鏖战的战友，一样地赴汤蹈火、纵横跋涉；一样地血雨腥风，壮志豪情。我们知道，军人情结形成需要长期锤炼，然而在热血迸溅时浓缩了，他的军人情结是在弹雨萧萧中提前成熟的。同一个时空轴上，画家很多，版画家也不少，经历过弹雨横飞的却少之又少。因而，他的版画里总有一股"兵"味，这是"兵"意识的生根标志，也是当代军人的本色彰显，非常难能可贵。

这么多年来，李传康老师既承接时代的感召，同时接捧时代的恩惠。一面把居安思危的怀想化作刀痕，一面把军民情谊的故事化为色彩，柔情壮志，始见区别，带来一个又一个难忘瞬间。如：获西藏和平解放四十周年美术作品展一等奖的《奶茶香》，描写藏族少女向"金珠玛米"敬献奶茶，重现军民鱼水相依的情景。获全军美术作品展二等奖的《灾情急》，描写抗洪抢险中扛沙包的子弟兵，激越昂扬的气势，奋不顾身的情怀，画面浸润着挚爱与担当。获全国第十二届"群星奖"银奖的《姐妹》，描绘两位满身征尘的红军女战士，虽然风雨随行，依然风华正茂，画面放量着感动与仰望。获第十届全国美术作品展铜奖的《一家四口》，这是藏族解放军战士的全家留影，家是国，国是家，那一份家国情怀让人肃然起敬。获庆祝建军八十周年全军美术作品展二等奖的《训练日》，获第十一届全国美术作品展铜奖的《训练日之二》，都是当代军人训练间隙的描写，引来和平年代难得的眼前一亮，作者意图用鲜活画面告诉人们，居安思危是中华民族的共同警醒。获中国金陵百家版画展金奖的《一二三四》，不用细说，听题目都能感觉当代

训练日之二 绝版木刻 2009年创作

军人步伐铿锵、足音胜鼓的气概。"每一次创作，我都是想透彻再动刀，时刻牢记军旅画家的责任。"没有对历史的深度思考，没有对祖国的深情厚谊，很难留下那么多载入当代版画史册的"军绿色"。

近些年，李传康老师钟情于西藏题材创作，通过热切追寻的目光，触摸新的精神相依，陆续推出一批版画新作引起人们关注。如：《圣地之光》《我和爷爷》《转场》《远方的家》《草原上的花》，与此前的《牧羊人》，共同构成对那片高原净土的艺术新体验。从高山峡谷中艰辛跋涉的男子，到帐篷前打酥油茶的妇女；从顶礼膜拜的信徒，到天真稚嫩的孩童，在他的木刻刀下，既呈现头发凌乱、嘴唇干裂与面额高原红的生存特征，更注重体现世代耕种青稞民族不屈不挠、豁达乐观的人生态度，以质朴纯真的表述，开启本源精神追索，以求方寸一得，作品所显示的自我认知，不仅具有独立审美价值，同时传递创新信号。

李传康老师一路军装相伴，以漫长岁月交集版画艺术，以四季流光投入心胸情智，倾心创作，抒发怀想，不仅为人们带来精湛美意，也带来思考承载，这是他的追求，也是他的慰藉，正是这种宽阔精神与艺术执着，成为当代著名军旅版画家的最好注脚。

每年12月13日侵华日军南京大屠杀死难者国家公祭日，总会骤然响起揪心的警报声，低沉、凄厉，久久回荡在石头城上空。车水马龙的城市，瞬间静默，读书人、劳作人、或行走的人，刹那间伫立街头，面色凝重。当战争硝烟散去，散得需要寻找的时候，这便是一把勿忘国耻、凝聚力量的钥匙。

众揽历史，祖国安危需要军人。这是李传康老师无法忘怀的精神归属，也是他版画艺术持久的着力点和闪光点。

与李毅力（右）合影

李毅力　　1954 年出生，重庆綦江人。綦江农民版画主要组织者，文化部授予"中国现代民
间绘画画乡优秀辅导员"称号。毕业于西南师范大学美术学院。中国美术家协会
会员，重庆市群众艺术馆研究馆员，中国民间工艺美术学会理事，重庆市美协副
主席兼秘书长，重庆市美协版画艺委会秘书长，先后担任全国版画展和国家艺术
基金评委。

作品曾获首届全国风俗画大展一等奖、第六届全国美展优秀奖、第二届中国美术
金彩奖作品展优秀奖、日本日中艺术交流协会金奖、新加坡第八届春城艺术展优
异奖、中国版画家协会与中国美术家协会联合颁发的 80 — 90 年代优秀版画家"鲁
迅版画奖"。

代表作有：《溢世金馨》《黄土地》《苗山系列》等。

套色篇

他是一位功臣

"李毅力是四川版画界的一位功臣，也是一位对中国版画做出贡献的实干家。"这句话是我国版画前辈李焕民先生说的。出言严谨的李老，为什么会这样来评价他？四年前，我在山城重庆与李毅力老师相处数日，终于明白了原委。

1972年，18岁的李毅力，虽说身高1.75米，体重却不足百斤，麻秆儿似的他，背起简单行李，跟随打着红旗的知青队伍下乡插队。村里人很快发现，小伙子为人诚实，而且能写会画，劳动也肯吃苦，乡亲们很快与他亲近起来。在"文革"岁月中，四川版画伴随政治需求，时有新作问世，他那时虽在綦江农村，亦受氛围熏染，渐渐迷恋上版画创作。那个年头，生产队强劳力每天挣三角钱，他只拿七分工两角一分钱，年底结算净得24元。钱刚拿到手，当即抽出18元，托熟悉的火车列车员，从远在三千里外的北京购回"啄木鸟"牌木刻刀。当他手捧木刻刀盒，别提心里多高兴，从此像只啄木鸟，与木刻版画结下不解之缘。

李毅力赠送作者保存46年的"啄木鸟"牌木刻刀盒

时光远去，往事如烟，但他始终记住一个日子：1974年5月1日。人的一生，可能相遇许多偶然，有些偶然却成为生命的岔路口。他终于走到梦寐以求的岔路口。就是那一天，接到批准加入青年团、担任公社团委委员和大队团支部书记的三项通知，意味着他已经跨进革命事业接班人行列，真是欣喜若狂啊！那一份喜悦，至今蛰伏在心。

时处当下的年青人，很难找到那一代人的艰难体验。在"以阶级斗争为纲"的年月，李毅力从懂事起，便感知生命的厄运，他既是地主成分，又是右派子女，如同两座大山压在头顶，不仅身躯承担重负，精神苦楚更为沉重，当耳膜接到三项通知的声波，平地春雷，那是翻天巨变啊！这份特殊年代的恩赐，成为人生的峰回路转。所以，当他从西南师范大学美术学院毕业时，首先想到的是回报，是感恩。"青春岁月最无奈时刻得到的关爱，就像楔子一样楔进心坎。"他说这句话时，一脸真诚，眼神清晰见底。

1982年，在綦江县文化馆工作的李毅力老师，这位天生的策划与组织人才，主动挑起农民文化活动重任，然而等待他的却是一条漫长而坎坷的路。教黑白木刻，农民不喜欢，索性不学；学套色木刻，套不准版，没了兴趣；后来教泥塑，粗手玩不了细活儿；只好改教国画，大伙儿买不起宣纸，只能作罢。

那时候，宣传计划生育工作如火如荼，各单位堆积大量计生宣传画，这让他眼前一亮："总算找到不花钱的纸张。"印宣传画的纸不吸水，做不了水印，反面印有色彩，套色压不住，只能用水粉做一层底子，然后构图作画，粉印版画就是这样逼出来的。于是，他开办培训班，倾囊相授，把手施教，从床单花布的启蒙，到苗族服饰的寻美，继而启发村民从日常生活中，仔细打捞内心的感悟。因人成事，这一走就是三十年，青丝成白发。他以个人之力挑起责任，依靠全身心投入，何事不成，何功不就？

如今，重庆綦江农民版画如山间竹笋，破土而出，名扬四方，全国大奖接二连三捧回来，李毅力老师为此忙得一头劲，呕心沥血，最后希望变为荣光。中国版画家协会工作总结中有这样一段话："綦江农民版画是中国新兴版画的奇葩。"此后，国家文化部授予李毅力"中国现代民间绘画画乡优秀辅导员"称号，自然当之无愧。

过往的三十载时光，在追赶明媚风景的路上，也成就了他的版画风景。1989年，粉印版画《黄土地》获第六届全国美术作品展优秀奖、第二届中国美术金彩奖作品展优秀奖，正在为"粉印版画不入流"议论而纠结的他，获奖消息传来时，甚至怀疑起自己的耳朵。

粉印版画《黄土地》喜获双奖，首先来自接地气的图式。真正的艺术来自生活，特别是那些难以忘怀的人生经历。他的父母同为乡村教师，双亲到哪儿任教，他就在哪儿上学。儿时的颠簸迁徙，七乡八岭的栖居，虽说分不清张贴大门的门神，哪个是秦琼，哪个是尉迟恭，大红大绿的色彩却烙进了童年记忆。《黄土地》画面中，或养猪荷锄，或除草采摘，或纺纱织布，甚至还有老鼠嫁女的民间传说。我国农耕文化中的民俗美学，天生就有接地气属性，他只需在潜藏记忆里挑选一下，便能拿出来添雅助兴。

其次来自《黄土地》的刀痕。粉印版画的用刀，有其独到的方法，不论是线条还是块面，需要上下兼顾，左右照应，不仅要刻得果断利索，还要预留色粉叠压后的空间，

黄土地之二 粉印版画 1989 年创作

这样才能保证该有的刀痕木味印得出来。

再次来自《黄土地》的色彩。画面看上去粉粉的，厚厚的，色润彩艳，直扑眼帘。如果仔细观摩，缤纷色彩中既有年画的影子，也有剪纸的显形，还有壁画的残留，只不过在此团聚一下，相互彰显罢了。

他在色彩的选择上，十余年间有过反复，大致区分是这样的：1990年以前，包含参加第六届全国美展和欧洲木版基金会收藏，底色均为红色。此后以黄色为底，包含第二届中国美术金彩奖作品展送展作品。色彩演变由作者精神路标所决定，他的本意是这样的，红色让人们感悟祁家文化[注1]的渊源，黄色让人们领略黄土地上的栖息，不同时段的色调把控，追求不同的精神寄托，概括起来都是对那片土地的同情共感。

李毅力老师在版画创作中，虽然有预先判断，流露却很自然。《绿色的山岗》《土家族民间故事》插图、《狂欢—1945.8.15》《苗山系列》《老城》，以及《地气》等，不同题材，不同风貌，强烈的中国元素如影随形，既浓缩精神世界的宽阔，又蕴藏中华民族的魂魄，标志着李毅力老师粉印版画走向成熟，并在中国版坛独树一帜。

打开《中国百年版画》集，当翻到第353页，便能领略李毅力老师中国花系列之一，粉印版画《溢世金馨》的精彩乐章。作品厚重华滋，空灵隽秀，所呈现的梦幻般绚丽，既能领略民间艺术元素的行走，又能领悟现代艺术视角的延伸，充分表明作者新的审美理想和能量积蓄已经形成。

在构图上，把现实生活与幻想世界联系在一起，借锦窗棂格分隔各自空间，窗内窗外都是景，有空间架构也有形式感，营造视觉上的复合意境，抒写灵动的空间布局。

在内容上，跨越时空，暗通古今，从仰韶彩陶、商周青铜，到明清瓷器，叙述着火的艺术与冶炼历史。从马王堆帛画、敦煌飞天，到门神与山水，飘逸着玄远意蕴与诗情才意。牡丹、芍药、百合与竹子，弥散淡淡的清香逸气，所有这一切，相通于中国传统文化。

在色彩上，为营造金碧辉煌之感，大量运用金色勾线，既有国画的渲染，

溢世金馨 粉印版画 1999 年创作

也有西画的光影，色彩亮丽和谐，平涂出一派满园飘香的盛景。例如爵杯上色，以蓝为底，再施黄色，双色交融，远看为绿，似铜锈风蚀，蕴含历史的沧桑凝重。近看金黄，风华正茂，亮出当代的色彩观念。他非常注重色彩的表现性，色纯不单调，装饰不唯美，借以节奏流动，曼妙气韵，所以分外清新夺目。

粉印版画《溢世金馨》问世后，先是入编《中国百年版画》集，继而参加国家文化部组织的世界巡展。其后，李毅力老师在法国、加拿大、日本、新加坡及我国香港地区举办个人作品展时，粉印版画《溢世金馨》都是不可或缺的压轴之作。国内外藏家非此不收，让他十分为难："不割爱不好，接单后又难以交付。"我笑言："那就接呗！""你是不知道啊，印一张要一周时间。我印制不用马莲[注2]，全凭手掌推抹上色，推刮时间长了，疼痛难忍！"稍作解释，方知原委，难怪粉印版画《溢世金馨》肌理丰富，满篇奇异呢！

几年前，李毅力老师开始《李庄系列》创作，为此支案架版，再度提刀，我觉得一定有其理由。他言："根据统计，我国李姓有九千多万人，解剖一个文化层面，也是辟开一条版画新路，既能了解民族文化形态成因，也是传承中华民族文明基因。"回想一下，当年创作虽然不解愁肠，带来片刻安宁是一种快乐。如今创作虽然自由自在，不委于流俗固态也是一种快乐，只有痴情版画艺术的人，才愿意这么做，他就是这样的人。有人说他爱折腾，确实如此，先是折腾出綦江农民版画，随后折腾出独具个性的粉印版画，接着折腾出各类艺术展览，今后不知又要折腾出什么来？

几天相处，情到深处。临别时，李毅力老师以当年所购"啄木鸟"牌木刻刀与刀盒相赠，让我一时慌乱，连一句矫情话都忘了说。

从童真期盼，到少年惆怅；从青春浪漫，到中年成熟；时光一次次从面额滑过，如今人至深秋，发染白霜。总之，时间流走了，他唯恐走进驿站，时常听听啄木鸟清脆的"笃笃"声，保持着多年不变的艺术追求，这就是我所感知的李毅力老师。

还是那句话，他是四川版画界的一位功臣。

注1：祁家文化，是以甘肃为中心地区的新石器时代晚期文化。制陶业比较发达，已掌握复杂的烧窑技术。墓葬中发现的红铜制品，为青铜文化的发展奠定了基础。
注2：马莲，是印制版画的专用工具。

曹琼德

1955年出生,湖南长沙人。中国美术家协会会员、中国版画家协会理事、贵州版画学会会长、贵州省美协副主席、贵阳市美协主席、贵阳画院院长、贵州大学艺术学院和贵州民族大学美术学院硕士生导师、贵州师范学院客座教授。国家一级美术师。享受国务院特殊津贴专家。

作品曾获第九届全国版画展优秀作品奖、第七届全国美展铜奖、第八届全国美展优秀奖、第十七届全国版画展金奖、第十八届全国版画展优秀奖、第十一届全国美展提名奖、第二十届全国版画展优秀奖、第二十一届全国版画展优秀奖、大道有痕——2018.中国百家金陵画展(版画)典藏作品奖、六次获贵州省各类美展一等奖、中国版画家协会与中国美术家协会联合颁发的80—90年代优秀版画家"鲁迅版画奖"。以及第五届全国书籍装帧艺术展优秀奖、西部十省十二届与十三届装帧艺术评奖会整体设计一等奖、中国图书封面博览会大奖、首届中国出版政府奖、贵州省第三届优秀图书评比封面设计一等奖等。

代表作有:《屯堡的记忆》《城市镜像系列》《甲骨文系列》等。

与曹琼德(右)合影

一株怒放异彩的花朵

2011年，贵州版画学会会长曹琼德来南京开会，我到他下榻的南京中央饭店看望。

虽然经常通电话，也听说曹琼德老师气质超群，初见曹君，还是被他的儒雅之气给镇住了。雍容脸庞，谦和眼神，少许花白美髯，配着慢声细语，一派君子风范。我一边寒暄，一边寻思：如此风度此生学不了，只能欣赏。

我与曹琼德老师交往日久，方知他的责任担当与从容外表判若两人。不妨举例一二。

1996年，贵阳市万家祠堂被拆除，昔日的庭院楼阁，雕梁画栋，代表一脉可溯历史与文化沉淀，顷刻间化为废墟。"雕花石柱50元一对，谁要啊？"嘶哑的吆喝声，揪得他心底疼痛。接连数天，天天在废墟边转悠，一会儿抚摸断梁，一会儿凝视残垣，既有悲怆，更有愤慨："连怀旧的本钱都没啦！"

返回家中，由悲至壮。他用万家祠堂拆下的砖雕，创作综合版《万家祠堂》，每拓一个字，每印一道痕，情寄刻刀，自尝酸楚。艺术家心之所想与责任担当，让斯文化作豪情，在追忆与顾盼中宣泄，他决意让世人体味，也让后人明了，灿烂文明不能只剩下发黄的照片。

还有一次。那是1992年，他到贵州安顺采风，走进古老九溪屯堡，石墙石路，石屋石顶，连店铺里柜台都是条石垒成。过往数百年间，九溪屯堡历经风吹日晒，跌宕起伏于深山幽谷，斑驳陆离，煞是壮观，他被深深震撼，更震撼是屯堡悠远清晰的历史。屯堡，屯兵之堡。600多年前，一支明朝军队从南京出发，由明太祖朱元璋同族兄弟朱元正率领，携家带口到此镇守边关。为了御敌，据险筑寨，山上石寨，山下梯田，守候着时光更替。斗转星移，进入新中国后，民政部门来此登记，全寨老少一起嚷：我们是汉族，正宗南京人。可不，妇女至今穿戴明式服装，生死歌哭仪式代代相传，人情事态独异他乡。

时隔十年，他重回九溪屯堡。石路抹上水泥，石墙贴了瓷砖，看似修饰一新，却是难以挽回的破坏与践踏。"不能自己砍自己文化的根啊！"他这次真急了，逢会必举证，见领导就呼吁。孤独与激奋中，凄怆之感，怀旧之情，倾注于刀锋笔端，《屯堡记忆》就是在这个背景下问世的。

错落石寨，健壮牛群，一派山野气息。"石头垒房，因为要考虑承重，所以门开得很窄。那儿的牛非常健壮，每天从石门中挤进挤出。"他告诉我："夫人不善绘画，一次随意画牛，率真生动，甚有启发。"画面中，牛群形体夸张，树干肆意纵横，刀法老辣，色彩明快，

套色篇

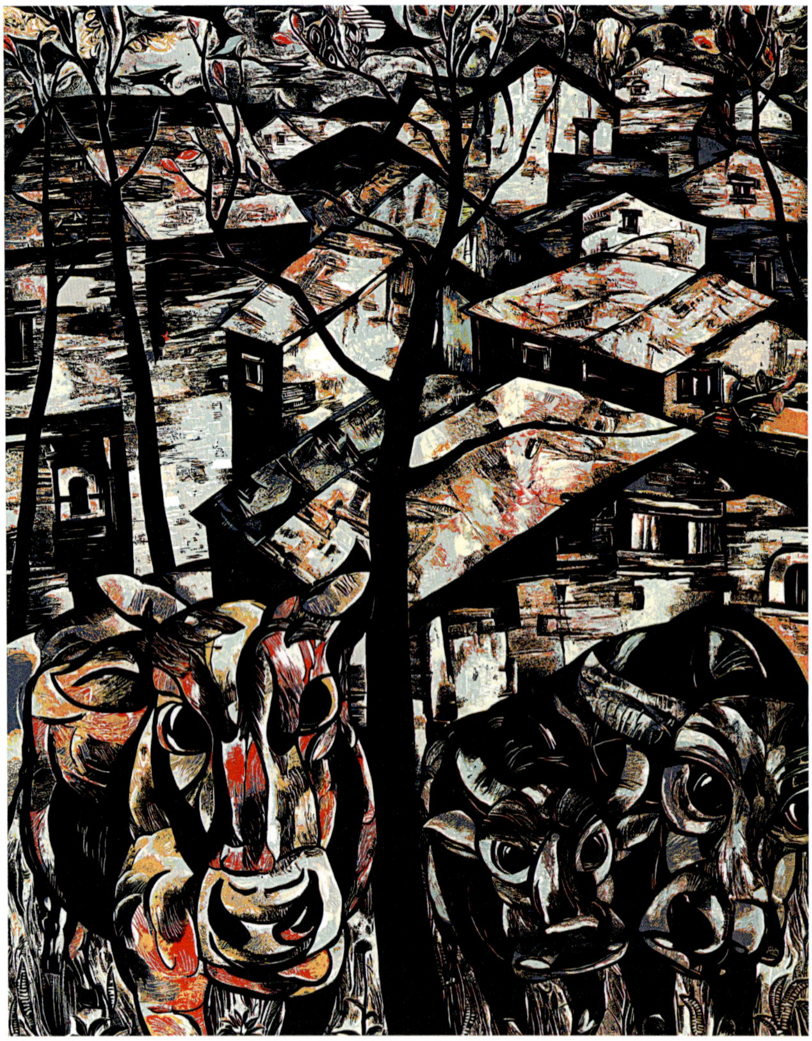

屯堡记忆 绝版木刻 2004 年创作

聚集一股张力。构图忌讳居中堵物，他反其道而行之，独取中路，树干下粗上细，左右分叉，硬是结构出崭新图式，超凡脱俗的描绘，与众不同的气质，让观者欣赏得不想眨眼睛。

《屯堡记忆》是一曲乡土挽歌，带着东方美学和怀旧情愫，走进第十七届全国版画展，也走进中国当代版画史册。不负初心，感动众人，一举捧得金奖，随即被贵阳美术馆收藏。综合版《屯堡记忆》为独幅，面对艺术机构竞相收藏的催促，他与数名技工操持大半年，套印十二版，完成绝版木刻《屯堡记忆》再创作。技法不同，风采依旧。中国美术馆率先典藏，一时洛阳纸贵。我客居南京半个世纪，冲着画里故事和撩人精彩，自然多出一份渴求，至今记得了却夙愿时的欣喜。

我与曹琼德老师交往日久，方知他的艺术激情与儒雅举止判若两人。不妨回眸一二。

他走的是一条自学成才之路。儿时喜欢绘画，学啥像啥。上小学时，最好成绩是美术和手工。那时像着了魔，整天临摹，废寝忘食，却把童年渲染得快快乐乐。

1970 年，初中毕业后成为贵阳电器厂一名钳工。经姐姐同事引荐，结识中央民族学院毕业的杨培德老师，受其辅导。杨老师借给他一本苏联出版的《给初学画者的信》，18 封信，步步引导，如饮甘露。

1972 年，他与余崇福、尹光中、范新林等一拨年轻人抱团学画，在憧憬未来中，共同点染青春。

1978 年，创作钢笔组画《梵净山》，一组四幅，参加贵州省科普画展览时，引起董克俊先生关注："你可以做版画。"一句话，影响他的一生。

此后两次高考失利，抱团学画小伙伴，一个接一个考入美术学院。那段时日，心情沮丧到极点，在隔空惆怅中，他想起两个人：

一位是敬重的父亲。父亲老家在湖南长沙，幼时家境贫寒，无钱上学。少时日寇入侵，举家逃难，辗转中落脚贵州。硬是靠自学，从徒弟成为师傅，从文盲成为工程师，从汽修工成为统领数千人的汽车厂厂长。

一位是敬重的董克俊先生。自幼多病，是抱着药罐子长大的。数十年与疾病纠缠中，国受外侮，颠沛流离，唯有求艺痴心不改。哪怕刚推出手术室，胳膊上还连着吊针，也硬撑着画画，自学不辍，终成艺术大家。

标杆启迪，既是勤奋的动力，也是前行的方向。从此，不论工厂制图也好，还是剧团画布景也罢，或是工艺美术公司绘制广告，凡与美术沾边的活儿，他都抢着干。不信命定，只为梦想成真。贵阳冬天少雪，那一年巧遇大雪，别人往屋里躲，他却雪中行。乡野房檐下写生，一站就是半天，外衣被冻成硬壳壳。回到家，老母亲看得直掉泪，他却轻飘飘一句：没觉得。

蓄势待发，静候花开。不久迎来峰回路转，董克俊先生慧眼识才，伸手将他拉进贵阳画院。从此如蜜蜂采蜜，无须承诺，勤奋有加。1979年"贵阳五青年画展"在北京举办，他选送二十余幅油画参展，别看只是西单墙前的露天画展，"85美术思潮"前夜的艺术撩拨，哪怕激起一朵小小浪花，也是中国当代美术史不可或缺的记录。

1989年的阳春三月，"曹琼德绘画艺术展"在中国美术馆拉开帷幕，华君武[注1]、古元先生剪彩，彦涵[注2]先生撰写前言：曹琼德是一株怒放异彩的花朵。"恩师董克俊领我去彦涵先生家，第一次见面，冒昧地请先生撰写前言，没想到满口应承。"展览当天，观者如潮，簇拥在他带去的101幅作品前，自己却紧张得不知道该站在哪儿。学术研讨会上，王琦、伍必端、宋源文诸位先生称赞有加，自己却腼腆得不知道怎么道谢。

找到了路，就不怕路有多远。当别人醉心民族民间艺术时，他跋涉深山，吞吐大自然，推出的《岜沙·牛》捧回第七届全国美展铜奖，《牛：3》捧回第八届全国美展优秀作品奖。当人们对他唯美主题议论正酣时，《中国荷花》的

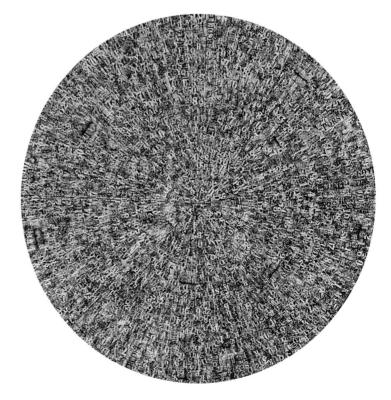

甲骨文 综合版 2005 年创作

套色篇

231

在璀璨的阳光下

      六年前，贵州民族大学美术学院院长王建山到南京开会，由于日程安排紧，晚上抽空到我工作室聊天，一起蹲在他创作的绝版木刻《璀璨的阳光》前，交谈了两个多小时，是我忽略礼节，还是我俩太投入，事后想想，也不知说啥好。

      四年后，一个暖风细雨的上午，在贵州民族大学美术学院他的工作室里，我俩再次聚首绝版木刻《璀璨的阳光》前，一番畅叙，许多情节定格为今天的回望。当我离开贵州时，由于解开他的两个艺术情结，有一种拨开面纱的感觉。

      一个是"中央美院情结"。20世纪60年代，毕业于中央美院黄永玉工作室的胡贻孙[注1]，分配至贵州省铜仁县新华书店工作。那时地处武陵山腹地的铜仁县，偏僻荒凉，满眼的破败旧山寨，满耳的哭嫁唢呐声。胡贻孙老师的到来，对于王建山和后来成为中央美院教授的周吉荣[注2]，能遇上这么高水平的美术老师，那真是天赐良机。今天学造型，明天练速写，手把手地传技法，面对面地教理论，使他俩幸运地踏进版画大门。"我俩受益了，可苦了胡老师。"多年后，王建山一边回忆过往，一边喃喃而语。从此，与版画艺术结缘中，他把"中央美院情结"深深埋进心底。

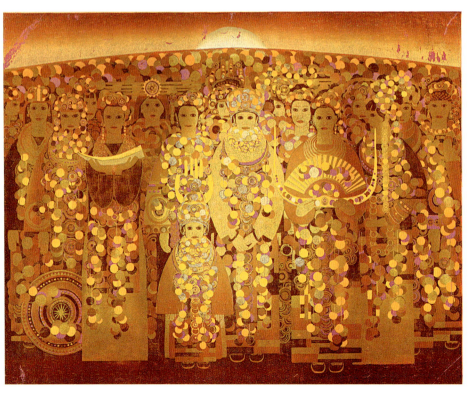

璀璨的阳光 绝版木刻 1999 年创作

日历翻到1979年，王建山考入西南师范大学美术系，从铜仁县五金厂扛行李报到的路上，还惦记着能不能继续学版画，因为没有版画专业，他便跟着苏葆桢[注3]先生学国画。带班老师是来自中央美院的马振声[注4]、朱理存[注5]，不知不觉又勾起"中央美院情结"。毕业后，他被分配贵州民族学院艺术系任教，积岁越久，心中的"中央美院情结"越发难舍。

第二年芍药开花时，中央美院国画进修班招生。"先去了再说。"他怀揣录取通知书，风尘仆仆赶到北京，得知正在筹备版画进修班，顾不得喘口气，宋源文先生面前多了一个"要转学"学生。当他坐实版画进修班，喜悦了好一阵子。但慢慢察觉，虽然领到一张寻梦之旅的门票，路还得靠自己走。

风雨兼程，日月见证。1987年11月，而立之年的他，带着80余块木刻原版，乘坐绿皮火车哐啷哐啷折腾到北京，匆匆忙忙地在中国美术馆画廊办起个展。说不清是版画天生先锋性的启迪，还是新兴木刻老先生的熏染，总之，那一批古典面具与民间文化融合之作，带着一股狂野的张力，簇拥排列，仿佛接受检阅一样。黄永玉先生来了，王琦先生来了……由于事出仓促，连作者简介都没准备，就读中央美院的贵州老乡王华祥，当即提笔为他画了一张素描，悬挂展厅充当简介，竟然引来众多目光。他就是这样起步的，风风火火，充满激情。

王华祥为王建山绘制的素描（非藏品）

此后，王建山老师着力筹建贵州民族学院版画专业，苦心费神，规划长远，直到如今的凭窗临风；其后，担任美术学院院长十余载，广纳贤人，传道授业，直到如今的桃李天下。初心如磐，饱满从容，始终承接那份"中央美院情结"。

另一个是"苗女情结"。苗族，是一个敬奉蝴蝶的民族。人有信奉，则生敬畏。人类在繁衍生息中，有着天造地就的本性美，从而成为现代人探索审美的载体。因此，王建山老师的目光，早早瞄向这里。

风物万象，纯真最美。厚积的少数民族风情，独特的黔地文化，在芦笙奏鸣中，他以坚定步伐不断前行，先以绝版木刻《不尽的辉煌》探路。画面中，东西方艺术交汇在一体，既有奥地利画家克里姆特的平面样式，也有日本画家高山辰雄的象征手法，还有敦煌壁画的色彩线条，一同相遇苗女的纯真。绝版木刻《不尽的辉煌》图式新颖、形象鲜活、色彩亮丽，立即引起评委们的关注，一举夺得第十四届全国版画展铜奖。艺术评论家齐风阁先生言："路子对，活儿再细点。"为此，其后创作绝版木刻《璀璨的阳光》时，可谓铆足了劲，下足了功夫。人们常说，没有情感的驰往，就难有感觉的延伸。为了寻找创作灵感，他反复深入苗寨，驻足村野吊脚楼，漫步土场立花秆，在岁月守候中，积攒风情，填补认知，当他养足了眼的时候，也找到了表达本土文化的源头。

　　绝版木刻《璀璨的阳光》的构图，不需要搜刮枯肠，文静之美鲜活眼前；不追求空间透视，静默之态跃然纸上。以无数个圆点铺就画面，大小不等的圆点，组合成点、线、面，繁而不乱，这可是王建山老师绝活儿。银头饰、银颈饰、银胸饰，如宝塔般包裹面如满月的苗女，勾勒出风情万种。铜鼓牛角，或弯或圆。椭圆的脸，弧线般的地平线与半轮冉冉升起的太阳，相互衬托，相得益彰。再以方形裙摆平衡画面，形成语言的节奏感，这种全新版画风貌欣赏得令人心醉。

　　绝版木刻《璀璨的阳光》用刀，以三棱刀为主，成百上千个圆点，三棱刀左一刀，右一刀，反反复复，旋转着挖出来，无疑是意志力的一种较量。转眼到了印制阶段，他

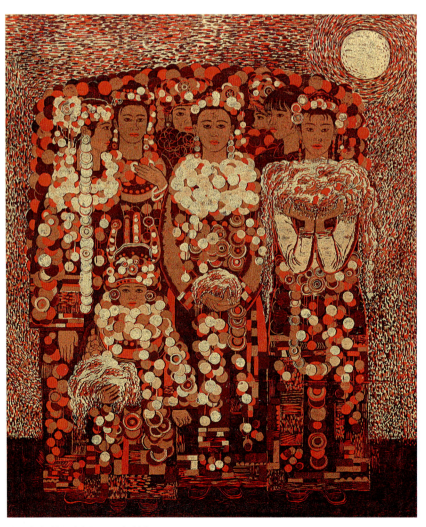

皎月当空 绝版木刻 2002 年创作

先求教云南版画家印制技法，再请教油画家赋彩用色。绝版木刻《璀璨的阳光》色彩，以黄色为底，由浅入深铺就，通过深浅交替显现丰富色阶，加以紫色点缀，激发辉煌之感。特别是十余位苗女面部上色，他用小滚筒一点点磨压，穷尽作为，释放美意，最终实现心手融汇。可以这么说，为了那份"苗女情结"，他把所有心智都用上了。

地球围着太阳转了一圈，他也换了一本台历，绝版木刻《璀璨的阳光》完成九版套印走出版画工作室。通篇金黄，满眼生辉，百般妖娆的风情姿色，让人有一种大呼快哉的感动。画面中，璀璨之感扑面而来，只见丰足喜悦，不见劳累踪影，作品展示的人性本质与生命活力，使欣赏者不由自主地被裹挟，被折服，升腾起快乐共感。作品以独特生活样态和形式语言，定格美好，蛰伏希冀，成为人们耳熟能详的版画杰作。1999年荣获第九届全国美术作品展铜奖，被中国美术馆收藏。2000年荣获首届青岛国际版画双年展银奖，亦被青岛美术馆收藏。此次展览，还出人意料地颁发奖金，王建山老师刚接过3000元奖金，正愣神儿，就被大伙拉到酒店"吃大户"去了。

王建山老师是一位执着的人。从当年的油漆工，成长为我国著名版画家，一路刀耕笔耘，奉献无言静美。细细回想，当初朦胧的好奇心，正是他探索艺术的原始动力。不论是傩戏面具，还是苗族纹样；不论是民俗风情，还是欧洲唯美主义，他总是低眉敛神，一探究竟，不客气地为我所用，渐渐渗透为作品内涵和表现特征。

美的深处是文化，文化的自觉，则是他探索艺术的持久动力。当他载誉归来，当他走上行政岗位，文化自觉总能让他沉下心来，波澜不惊。从原始野趣的古傩木刻，到绝版木刻《璀璨的阳光》民族民间艺术与现代主义融合，既为"贵州美术现象"增添纯度，又形成版画创作的第一个高峰期。其间，既有延伸"苗女情结"的绝版木刻《缤纷天地》《皎月当空》《银塔》和《新月》。也有描绘风景的绝版木刻《芳草地》，还有叙说民俗的绝版木刻《大门》，以及粉印木刻《雾朦胧》。

2009年，当绝版木刻《月出皎兮》《缤纷天地2》《皎月当空2》悬挂于美国旧金山亚洲艺术博物馆时，标志着版画创作的第二个高峰期已经形成。其中不仅有《皎月当空》《缤纷天地》《高原》姐妹篇的推陈出新，也有《多彩高原》《侗寨》《怒放》和《洞开的大门》的相继问世。他的作品在美国旧金山亚洲艺术博物馆展出，一展就是三个月，这种破天荒举动，倘若问及理由，只有阅读该馆馆长致谢信后才能释怀："从西方观众的角度来观赏，它们通俗易懂，新鲜纯朴而又生动。"其后，作品先后被该馆和澳大利亚新南威尔士美术博物馆、美国麻省波士顿艺术沙龙收藏。紧接着，美国夏威夷文化考察团专程赶到贵州，指名道姓地来收藏，从中不难看出，相承以往，概括出新，两个艺术情结的发挥起了重要作用。如今，王建山老师版画创作越发"一厢情愿"，一面传递民族基因，一面释放心中憧憬，也就越发得到艺术机构和私人藏家的青睐。

　　没有栖息荣誉，而是驿路策马，文化自觉让他迅速进入抽象语言探索。从绝版木刻《被围剿的净土》《高原花》的新芽吐蕾，到绝版木刻《流》系列的柳絮飘袅，奇思妙想与抽象表现相粘贴，不见粗犷与唯美，唯见洒脱与含蓄，各有各的意趣，一时风骚版坛。与获得第十一届全国美展提名奖的丝网版画《和煦春风》，以及受邀参加第十四届上海国际艺术节、中国国家画院版画邀请展的绝版木刻《侗寨春色》《寂静的苗寨》，无论形式还是题材，或是色彩，都进入一种自由状态，不被风格驾驭，而是驾驭风格，由形式走向内涵，再走向深邃，结构出全新的版画语愫，王建山老师进入版画创作的第三个高峰期。

　　我相信，在璀璨阳光下，远方的路更加辉煌。

作者收藏的绝版木刻《寂静的苗寨》之一原版

作者收藏的绝版木刻《寂静的苗寨》之二原版

注 1：胡贻孙，1942 年出生，浙江吴兴人。毕业于中央美院版画系。中国美协会员，中国版协理事。曾任职贵州铜仁新华书店，后任厦门大学美术系副主任、教授。

注 2：周吉荣，1962 年出生，贵州人。土家族。毕业于中央美院版画系。中国美协会员，现任中央美院版画系副主任、副教授。

注 3：苏葆桢 (1916－1990)，江苏宿迁人。著名国画家。毕业于中央大学艺术系。曾任西南师范大学美术系教授，重庆国画院副院长。

注 4：马振声，1939 年出生，北京人。著名国画家。毕业于中央美院中国画系。长期在四川美协从事专业美术创作，曾任重庆国画院名誉院长。

注 5：朱理存，1940 年出生，江苏宜兴人。著名国画家。毕业于中央美院。长期在四川美协从事专业美术创作，曾任四川美协副主席，中国工笔画会副会长。

王僖山

1956 年出生，黑龙江哈尔滨人。毕业于鲁迅美术学院版画系。中国美术家协会会员，
中国版画家协会会员，中国美协版画艺委会委员，黑龙江省美协版画艺委会主任，哈
尔滨师范大学美术学院版画系主任、教授、硕士生导师，中国国家画院版画院研究员。

作品曾获中国当代青年书画大展三等奖，第二届"鲁艺杯"全国师范学校美术教师作
品展二等奖，第十五届全国版画展银奖，庆祝建党八十周年全国美展优秀作品奖（此
届最高奖项），纪念《讲话》发表六十周年全国美展优秀作品奖（此届最高奖项），
第二届全国美术金彩奖优秀作品奖，第十七届全国版画展铜奖，第十八届全国版画展"中
国美术奖提名"，纪念改革开放 30 周年全国美展优秀奖（此届最高奖项），第十一届
全国美展"中国美术奖提名"，上海世博会中国美术作品展优秀奖（此届最高奖项）
及三次黑龙江省美术作品展览银奖。

代表作有：《老土》《一年到头》《不言收获》等。

与王僖山（左）合影

画到简约时

版画界朋友与我聊起著名版画家王僖山，不约而同称赞起他那扎实的艺术功底。2015 年，我在东北采访时，专程拜访时任哈尔滨师范大学版画系主任的王僖山老师，刚见面，便被他的快人快语深深吸引。

有人说，有成就的版画家执念持久，王僖山老师就是这样的版画家。生活是版画家另一所学校。他曾经下乡务农，也当过工人，又长期在高校工作，说来已经三十多年。自从喜欢上版画后，中国美术面貌发生巨大变化，但他的关注视角却无多大改变，木刻刀刻来刻去，总是描绘农村题材作品居多，不知为什么？

王僖山老师是这样告诉我的："人生第一口奶非常重要。当年下乡的时候，真正接触到农民，受领了劳动的艰辛和民风的淳朴。这么多年来，对于农民勤劳、质朴与善良的认知，是青春岁月收获的最宝贵财富。"

倘若搜寻一下他作品中的农村题材，便能感知这番话语的真诚。从《秋煌》《夏日》《一年到头》系列，到《厚土》《秋实》《铁马冰河》《不言收获》系列，再到《秋到忙秋》《生命之重》《一年又一年》《老土》，以及近期推出的《土生土长》系列，不同的时代印记，不同的生存状态，洋洋洒洒，连绵三十余载，除了农民还是农民，几乎是他版画创作中并无二致的选择。

我试想，既然如此执著，一定有他执着的理由。以荣获第十七届全国版画展铜奖、纪念改革开放 30 周年全国美展优秀奖（此届最高奖项），并被中国美术馆收藏的套色木刻《老土》为例，作一赏析。

苍穹之下，高天厚土。两位北方农妇迎风而立，面容坦荡，仿佛是观察收成，或是谋划来年。印着花饰的头巾，遍布尘土的服装，粗壮有力的双手，以及沾满油污的护袖，都是那么本真自然，毫无做作之感，既是普通的劳动场景，又是真切的生活缩影。画面套色简洁自然，线条块面少见玄技，不在具体中纠缠，只在整体上安置，从而营造出一股朴实之气。黝黑沃土，粗壮苞米，与高大收割机组融合为丰收图式，人与风景的呼应，心性与自然的融合，这时的图式已不只是图式，而是一种对黑土地大情大爱的叙述。

在过往岁月中，他对白山黑水有着深切印记，所以如今的版画创作，不是情景再现，而是对那片黑土地深情回望；不是梦回故乡，而是冥冥之中心灵呼应。我们知道，地域环境对于审美构成，有着强烈的潜藏影响，清代思想家龚自珍说过这么一句话：天异色，地异气，民异情。在王僖山老师木刻刀下的套色木刻《老土》，天，纯净；地，富饶；民，勤劳。非常巧妙地将实景变为情境，既是慰藉本心的流露，也是对劳动者的倾情。当一切笼罩于晚霞中，满眼的东北壮美与巾帼英姿，不自觉地验证着龚老先生的揣测。

王僖山老师创作套色木刻《老土》，其实是兑现自己的三个愿望。

一是心灵归宿。20世纪80年代中期，中国版画力图打破单一，走向多元化，成为显著的时代特征。那时候版画家被激活的思维，如同开闸放水，各种艺术观念相互碰撞，互为纠缠。他不仅仅感发志气，还以独有的冷静审视路径。

"创作的关键，是要有那种抑制不住的情感。没有激情，决不动刀。"套色木刻《老土》没有曲径漫步的闲情，也没有风花雪月的浪漫，以质朴真实的情节，让观赏者不由自主地凝神，继而心起波澜。

"把农民不善心机的淳朴表现出来，也就足够了。"套色木刻《老土》很土，却朴实端庄，让情感敞怀。不跟风随流，坚守自己的情感沃土。不临摹他人，带着世俗生活亲切感，构建自己的艺术符号。

"刻画农民，不能忘了表现灰尘。"艺术作品的真实感，不是一句空话，是建立和体现在具体细节上的。这是一份特别的留意，不是细腻所致，而是眷念所归，紧扣生活根基，让他一下子抓住事物本质。可以这么说，立足新时代的套色木刻《老土》，是北大荒精神新的延伸，也是不负伟大时代新的续缘。

"我有一个体会，归属感不是住所位置，而是心灵位置。在那段构思主题的日子里，有一种感觉紧紧缠绕我，要大胆延伸，要扩大表白，这就是套色木刻《老土》创作理由。"我相信他这句话。

二是艺术发端。当我静静地翻阅他那数百件写生稿，痴痴地欣赏他的现场飞笔，如果说是亲眼验证，不如说是搜寻答案，我尽情享受着这个难得机遇。当得知王僖山老师已建成写生资料库，在伪艺术泛滥之时，这种分享尤为可贵。为了求得黑格尔称之"满足心灵的旨趣"，我在一摞摞厚厚的写生稿前，仔细翻阅，终于寻得熟识的《老土》《不言收获》《一年到头》

老土 套色木刻 2005年创作

造型源头。瞬间大悟，教了也学不会的，那才叫真功夫，这是最令人服气的地方。

"功夫要有'度'，耍过了是匠人。"他不忘补上这一句。从1982年《圆明园存照》入选首届全国三版展至今，他的版画总是那么感应生活，鲜活灵动，没有做作，更无媚俗，准确把握描绘对象的轮廓、结构和神情，在色彩与刀锋交织中，努力把心里的真实感受表现出来，从而熔铸出谁也拿不走的艺术个性。

三是色彩纯净。"我国东北的天，就是那么清爽。"他自豪地说道。色纯，代表心态。天高，寄存幻象。有人视地平线为风景版画的创作瓶颈，他却沉浸于此，从小面积留守，到大面积放达，越做越来劲儿。按说赋色面积越大，保持色彩纯度就越难，他却乐此不疲；赋色面积越大，保持结构要求就越高，他却知难而进。

记得当年套色木刻《老土》参加第十七届全国版画展时，时任中国美协版画艺委会主任的广军先生一眼相中："这幅好！这幅真的很好！"夸张一点说，好像钟子期听到伯牙的琴声。

有人说，有成就的版画家表达直白，王傅山老师就是这样的版画家。长期执教三尺讲坛，他的语言表述与木刻用刀一样，喜欢单刀直入。漫长执教岁月中，行政、教学与创作融为一体，纠缠中不得不分身，他坚持分身不分心，以教学带动创作，有些作品就是为学生示范时挥就而成的。他坚持不辍研习，推动学术，探求本源，所以有了屡屡接捧奖杯的斐然成绩，成为我国版坛最具实力版画家之一。

不言收获 综合版 2001 年创作

说到中国当代版画艺术，不外乎语言、情感、主题与技法，版画家前行的路径虽然各不相同，成功要素却是一样的。"我的老师全显光先生留学德国，艺术造诣深厚，大力提倡简笔，既简洁，又有力度，对我的艺术观确立影响甚大。"言及恩师，崇敬有加，既感染了彼此，也为他的速写功底寻得溯源。

　　"艺术家靠作品说话，不能靠造势蒙人。"经历改革开放的洗礼，艺术品市场逐步形成，对于繁荣艺术本来是一件好事，却有人背离初衷，功夫花在包装上。王儋山老师对绘画思想看得很重，对当下艺术创作中的精神缺失，品位下行，内心不无担忧。他在执教杏坛之余，暮色四合之时，对于撰稿著文甚为用心，常常打开技艺门扉，捧出所学所悟，先后出版《高考基础教学——速写》《速写全面研究》和《王儋山人物速写》等。"依托照片搞创作，那是出不了情感的。"我国当下的艺术创作，不知从何时起，渐渐被临摹照片所替代，版画创作亦如此。且不论作品主题与技法，仅仅以照片出作品，谈何创作？顾盼王儋山老师的版画艺术，不仅《老土》彰显才华，与之齐名的《不言收获》系列、《一年到头》系列和《土生土长》系列，每每欣赏，各有佳趣，找不到半点临摹照片的痕迹，这样的鲜活生动，才有看头想头，让观者过目不忘。

　　"艺术创意的生成，是复杂而丰富的情感流露，没有作者的深度思考，也就没有观者的深刻印象。"他举证："《不言收获》中那头牛，从整体，到局部；从形体，到容姿。反复写生，来回琢磨，巧妙运用夸张与变形手法，牛眼有神，鼻梁高矗，这些与照片一点儿关系也没有。"

　　"有人说，以我的功夫画国画可赚大钱，但是最难舍弃的还是版画情结。"才华横溢，却与淡泊相依。人世间的事就那么怪，急于求成，结果作品飘浮浅薄。心定神闲，疏柳淡月，却磨砺出品格与境界。现实生活不缺美，只缺乏表现美的艺术，王儋山老师对版画艺术的执着，不是没有纠结，只是丢不开心中牵挂，离不开无言愉悦。拂去红尘，听从内心，真正奉献给伟大时代的必然是流光溢彩。

　　前年年底，中国国家画院在中国美术馆举办年展。窗外雪花飞舞，室内温暖如春。我徜徉其中。伫立王儋山老师作品前，与众多观众一样，细细端详，慢慢回味，唯恐品不出格调。

与季世成（右）合影

季世成　　1956 年出生，吉林长春人。中国美术家协会会员，中国版画家协会会员，吉林省
　　　　　美协版画艺委会主任，长春市美术家协会副主席，吉林艺术学院美术学院客座教
　　　　　授，吉林日报美术部副主任、高级编辑。

作品曾获第九届全国版画展优秀作品奖（此届最高奖项），第十三届全国版画展银奖，
第十四届全国版画展铜奖，第十一届全国美展"中国美术奖"创作奖铜奖，2011 观
澜国际版画双年展"观澜国际版画奖"，第十二届全国美展"中国美术奖"提名奖等。

代表作有：《黑云·秋作》《深秋·梦呓》《雪后料草沟》等。

请你评评理

2013 年岁末，北风呼啸，天寒地冻。在北京四季御园饭店的一间客房内，著名版画家季世成与版画收藏界朋友聊天正欢，气氛热烈。突然，他话题一转，冲着我说道：请你评评理。众人哑然。

事情经过是这样的：那次聊天，版画收藏界朋友你一言，我一语，归纳起季世成老师的版画风格，议来议去，给他的作品分为两种创作形态。

一种是抽象形态。代表作品为绝版木刻《黑云·秋作》《深秋·梦呓》等。季老师是这样介绍的："创作抽象形态作品时，关门闭窗，不看任何参考资料，大脑进入清空状态之后，随着潜质在脑海里游动、碰撞、过滤与整合，依赖大量写生功底，意象由远而近走来，渐渐形成作品雏形，然后加工提炼。每一次完成这类作品创作，都有一种说不出的畅快感，特别过瘾。"

每一个人都有心理坐标，艺术家亦如此。季世成老师当过兵、下过乡，久而久之养成一个习惯，那就是速写本伴随左右，人物风景随时落笔，艺术感想随时记载，经年历练，为艺术铿锵前行储备学养。连环画《百慕大三角之谜》《一千零一夜》的创作实践，放飞思索，既练手又练心，为艺术铿锵前行积淀期待。他清楚地记得，每当朝霞初升，第一缕阳光照进画室，抹去画版上木屑花，等待刀下的情景交融，那是版画创作最为撩人的地方。长此以往，每当意象游弋心胸，他总是及时捕抓，及时提纯，渐渐滋养出属于自己的版画语言。

"我的作品是不是个性太强？"他询问。

"艺术需要个性。每次参观版画展，您的作品总是分外醒目。"朋友言。

深秋·梦呓 绝版木刻 1998 年创作

"这类作品受众面比较窄。"

"不是，国内外许多藏家专收此类作品，我多次受委托帮助收集。"

"啊……"他不再言语。

另一种是写实形态。代表作品为绝版木刻《雪后料草沟》《岁月无声》等。季老师是这样介绍的："家乡是离梦最近的地方。近二十年来经常回家乡，徜徉乡间小路，发现许多常见的风景也很美，驻足欣赏，美不胜收，一时陶醉其间。这种情绪憋在心里很久，总想表达出来。桑梓情浓，有感而发。这一批写实作品的问世，不是复原，而是提升，是以一种艺术符号昭示内心，找到如此通畅的表达方式，自然成为探索写实版画的理由。"

"有人认为季老师抽象版画做得好，写实版画未必见得。所以你把写实版画做到极致，这是赌气吧？"朋友言。

"我不是这个意思！"闻及此言，他大声回应。

"你就是这个意思！"朋友坚持道。

因为以上争论，所以引出请我评理之事。

这个理不好评。有抽象表现，就有钟爱之人。有写实之作，亦有倾情之士，各有所爱，咋评？创新求变本来是一种进取态度，固守常态势必与创新渐行渐远。

作者在《吉林日报》发表的部分文章

这个理不需评。他不经意中的一句话，让我找到了答案。"也许，我又会以一种新的语言形式展现自我。"风格转换，迸发积淀，是一条通向艺术远方的路。季世成老师是我国当代著名版画家，长期担任吉林省美协版画艺委会主任，不同时期展现不同语言风格，正是他孜孜以求最有力的印证。

倘若真要评评理，不如回转方向，看看他艺术来路的沿途风景，或许会有新的认识与理解。

知所从来，思所将往。说起季世成老师走上版画之路，有两位著名版画家对他影响甚大，一位是戈沙[注1]先生，以构图造势著称。一位是蒋谷峰[注2]先生，以运刀有神驰名。原本喜爱绘画的他，受惠多师，感悟日深，这种影响一直在敬畏中渗透，也让他从此与木屑花结下不解之缘。交织之后，他仿佛被劫持了，一走就是30多年，从来没有想过倦鸟返巢。从黑白木刻到套色木刻，再到绝版木刻的转场；从具象追慕，到抽象表述，再回到久违的具象；在坚持中反复攀登，别人领略一座山的风景，他却领略两座山的风光，借此告诉人们，追梦时他的每一个脚印都朝着前方。

20世纪80年代中期，黑白木刻《暗香》《芳气轻幽》《今夜伴花眠》《秋梦》等，巧妙运用黑白木刻的纯净，从点线面上展示刀融，从黑白分布中丰富造型，从线条粗细间植入变化，释放对生命的留恋与感怀。《北方绿色》《红马》《喜悦》《九月》等套色木刻的创作，在返璞归真中，着意色彩体验，注重真情流泻。以渐变手法构建物体和展示空间，以套印出新姿态和还原真实，以景象追溯往昔和寄托情思。借此告诉人们，这是他曾经念想过的感情驿站。

80年代末，绝版木刻《生命的回旋》《黑云·秋作》《深秋·梦呓》《日入而息》《与我同行》等作品推出，人物的抽象刻画，主题的深沉表述，色彩的凝重厚实，形成没有顾盼的视觉冲击力，这种极具个性的版画语言，一经露面，不仅迎来国内重要展事的诸多奖项，也为中国当代版画增添新的审美内容。

绝版木刻《深秋·梦呓》以挣脱时空限制的构图，再现生机勃勃的劳动场景。勤劳的农妇，光着双脚，手舞镰刀，硕大玉米秸屹立天地间。漫天的玉米，忽上忽下，自由飘落，在抑扬顿挫节奏中，被调度得玄梦玄幻。抽象与具象的交替，线条与色块的穿插，营造出无中生有的形态，呈现中国美学"动中有静，静中有动"的诗意。作者利用绝版木刻丰富肌理，把用刀精神与自然精神连在一起，不仅表达对大自然热爱之情，更是对劳动创造人类的讴歌。他言："面对家乡的美丽景色，总是按捺不住表现欲望。"绝版木刻《深秋·梦呓》荣获第十四届全国版画展铜奖，与荣获第十三届全国版画展银奖的《黑云·秋作》，共同构成他抽象肆意的图识特点，从此在中国版坛上摆脱陌生，初露峥嵘。

2008年，季世成老师伫立艺术岔道口，风格转型这条路走得咋样呢？还是以作品说话吧。绝版木刻《雪后料草沟》《散淡时光》《独步狐狸屯》《岁月无声》等七幅作品先后问世，不停留于自然景象的简单摹写，而是通过个人的情感发酵，实现技法、色彩和美意的超越，从而自成新姿。作品以罕有的细腻逼真，素色清辉，把人们重新带回久违的故土乡野。洁白的冬雪，泥泞的小路，沉默的栅栏，静谧的村庄，处处散发着草木气、泥土味，那些不起眼的村间小路、农舍草墩，经他涂上让人迷恋的感情色彩，便充盈着挥之不去的乡愁乡韵，让一度游离的家乡记忆重新聚焦。

欣赏之余，从那些具有亲近感的画面里，体悟自然景观，感受还原力量，季世成老师又一次找到新的叙述方式。第十一届全国美展"中国美术奖提名奖"铜奖和2011观澜国际版画双年展"观澜国际版画奖"的接踵而至，不能不让人们赞叹他的果敢转身。他言："总想不断用新的版画语言传达内心思考。"言为心声，此番感怀，让我们看到一位版画路上的固执前行者。

第十二届全国美术作品展前夕，季

雪后料草沟 绝版木刻 2001年创作

世成老师不急不忙地将绝版木刻《稻子熟了》送展。所谓不急不忙，从创作到完成历时11个月，早早准备着呢。别以为只是慢工出细活，而是艺术形态的再次转身，其中的决意而为，不是一般人能做到的，况且他已经荣誉满身。

皑皑白雪，凝固记忆，见证着祖国北疆的大美壮景。一位身着迷彩服的中年妇女，手提水稻，步履匆匆。粗糙的皮肤，凌乱的头发，掩饰不住丰收的喜悦，画面显现的时代审美，不论是俯视的眼睛，还是远方的水田；不论是"接地气"场景设置，还是技法的更新，都是苦心经营。粗放的用刀，回避细腻；夸大的表情，错开雷同；沉稳的用色，去掉躁气；观者一面感受春播秋收的辛劳，一面体味生存背后的意义，为劳动者讴歌，为生命点赞，再次见证作者的倾心构想。

不久，绝版木刻《稻子熟了》荣获第十二届全国美术作品展"首届中国美术奖创作奖铜奖"，与其他六幅作品共同实现又一次艺术嬗变。面对鲜花和祝贺，季世成老师更乐见宋源文先生的评价："《稻子熟了》在艺术语言方面，可以说是全方位铺开，全因素经营。作品的主题思想，确实触及了这个时代的旋律。"一语中的，每每谈及，他那疲惫脸庞上总会露出笑容。

其实，这么多年来，不断艺术转身的季世成老师甚有感慨："一种语言形式据守一辈子，是一件非常痛苦的事。抛弃熟识，重新编码，也是一件非常痛苦的事，但让人们多出新的等待和新的惊喜。"他选择的这条路极富挑战性，每一步都面临审美思考和成败判断，每一个阶段既要挖掘思考潜力，又要调整艺术走向，只有坚韧不拔的人，才敢为、才愿为。正是这种超常付出，淡然忘我，追踪心灵，作者和观者享受到更多快乐。

我和我的朋友恍然间明白：转身比守候需要更大的勇气。

注1：戈沙（1931－2015）黑龙江黑河人。俄罗斯族。毕业于中央美术学院。中国美协会员，吉林省美协副主席，历任《西北画报》创作室主任、《长春画报》编辑、《吉林日报》高级编辑。曾出演多部电影。

注2：蒋谷峰（1934－2008）吉林长春人。中国美协会员，中国版协理事，吉林省美协版画艺委会主任，吉林省漫画家协会会长。历任东北电影制片厂美工科干部、《吉林日报》主任编辑等职。

与张洪驯（左）合影

张洪驯

1957 年出生，黑龙江人。毕业于北京民族大学美术系装饰专业。先后任中国美术家协会会员，中国版画家协会会员，黑龙江省美协三、四、五届副主席，北大荒美协主席，黑龙江省美术馆副馆长，北大荒版画院院长，国家一级美术师。黑龙江省享受政府特殊津贴的有突出贡献中青年专家。国家艺术基金评审专家。

作品曾获第十四届全国版画展金奖、第十六届全国版画展银奖、第十七届全国版画展铜奖、第三届全国藏书票大展银奖、第二届中国美术金彩奖优秀作品奖、第十一届中国台湾国际素描双年展入选奖、黑龙江省文艺精品工程二、三等奖、黑龙江省第十届群星奖金奖、黑龙江省纪念建党八十周美术回顾展特别奖、成就奖、中国版画家协会与中国美术家协会联合颁发的 80－90 年优秀版画家"鲁迅版画奖"。

代表作有：《金风拂地》《山中有雨》《北大荒颂》等。

独辟蹊径
——著名版画家张洪驯访谈录

时间：2014 年 11 月 21 日

地点：黑龙江省美术馆

人物：张洪驯 黑龙江省美术馆副馆长，北大荒版画院院长

马平官 中国版画收藏家协会副会长

内容：

马平官（以下简称马）：北大荒版画是我国版画艺术的重要流派，几十年来，随着创作形态和技法创新，对我国版画艺术发展影响极大，如今成为著名文化品牌驰誉中外。北大荒版画经过几代人传承和发展，类似的题材，相同的技法，也成为容易识别的艺术符号。您的作品迥异于此，以一种崭新图式自成面貌，这种版画风格的形成，与您在大学时就读装饰专业有关联吗？

张洪驯（以下简称张）：在艺术起源过程中，装饰性始终相随相伴，新石器时代陶罐上的纹饰最有说服力。版画本身具有装饰性。装饰绘画手法融会于版画创作，既丰富了版画语言，也拓展了观赏美感，不论采用何种表现方式，关键是体现艺术性和创新精神。版画家既要具备鲜明的审美取向，又要有适合这种追求的表现语言。

康定斯基说过：艺术家必须有话可说，因为对形式的掌握不是他的目的，而将形式服务于内在的意蕴才是他的任务。我赞同这个观点，版画语言的提炼过程，也是自我修炼的过程。这么多年来，我就是一直沿着这条路走的。

马：自从收藏您的绝版木刻《金风拂地》《山中有雨》之后，经常观赏研读。作品构思巧妙，语言独特，既有结构变异的新奇性，又有色线互映的装饰性，通过意会与想象，呈现梦幻般的意境，由此萌发许多遐想。不论直觉美感，还是理性审美，鲜明的个性特征，一下子跳出雷同，很感染人，也很耐读。这种表达方式，与您的创新意识有联系吗？

张：1998 年之前，我的版画创作虽然取得一些成绩，但要在全国版画展览中获奖，还是有一定距离。既然创作母题难有变化，势必在风格转型上做文章，绝版木刻《金风拂地》是风格转型后的第二幅作品。第一幅绝版木刻题目为《红霞》，纯粹是一种尝试，搞好了继续做，搞砸了就撤退。创作时，以三棱刀为主造型，穿插圆刀和圆刀侧锋，结合色彩搭配、平面构成等手段强化表现力，一下子找到了感觉，信心倍增。绝版木刻《金风拂地》就是在那种状态下构思的。脱稿后，面对结构精巧，灵动清新的作品，抑制不住内心喜悦，悄悄告诉妻子：这次参加全国版画展可能会得奖。送展后不久，从四川评

比现场传来好消息，绝版木刻《金风拂地》获第十四届全国版画展金奖，大大超出我的预期，当时非常兴奋。

马：绝版木刻《金风拂地》呈现的大地山川，秋风秋果，通过物象重叠和艳丽色彩，给人以璀璨夺目的丰收之感，成为独辟蹊径的版画新图式，为我国版画园地吹来一股清新之风。您在绝版木刻《金风拂地》创作中有哪些经历与思考？

张：我的创作习惯与众不同，只有一张很小的钢笔草图，没有色稿。绝版木刻《金风拂地》创作时，先用毛笔在木板上勾出基本架构，定好物象，然后操刀直刻，刀就是笔。先阴刻，后阳刻。印制时，确定好基本色调后，冷暖色版反复重叠，前后穿插，既注意丰富色彩，又注意组合得体，保持画面的整体和谐与逻辑关系。细节、肌理、色彩随机而定，绝版木刻的趣味就在这儿，最后一刻都会有意想不到的效果，偶然相遇的愉悦很诱人。我不喜欢秋天的清冷，所以《金风拂地》定格秋天最灿烂时刻。物象叠加，图底反转，边线是共用的，不留一点空地儿，这样具有多重视觉感受，处处金光闪烁。在日常生活中，我们观察物象时间不同，物象状态不同，常常会产生时空感，使物象呈现一种飘移状态，画家说的"话"多了，增添作品的可读性和耐读性。

马：能否这样理解，您坐在那儿，背后有屏风，屏风后面又有壁画。我既看到您，同时看到屏风和壁画。我移动一下，视觉里您和背景出现变化，把这些变化融入版画图式，形成一种飘移状态，是这样吗？

张：基本是这样。

金风拂地 绝版木刻 1998 年创作

套色篇

马：对于共用边缘线，以这间办公室比拟，两边是承重墙，承重墙另外一边又是房间，承重墙是被互相借用的，所以这间办公室不是独立房屋。这样理解您说的边缘线共用，对吗？

张：对的。一条边缘线为两个物象的共同边界，形成的图地翻转，在视觉上给观者一种变化。不同角度，不同光线，产生不同的视觉感受，这是我在绘画创作中一种常用方式。

马：您在全国版画展先后摘取金银铜奖，取得如此突出的艺术成就，非常不容易。通过积极的语言探索，形成鲜明的个性风格，在北大荒版画群体中区别他人，这个过程经历了哪些艺术探索？

张：由量变到质变，是一个哲学原理。艺术探索也是这样，在一个又一个设想与实验中，不停地去寻找自己的艺术定位。1980年创作第一幅黑白木刻《春鸣》，三只大雁带着我的希望在飞翔。后来，从黑白木刻《花翔》《挂灯笼的风景》，到树脂版《远遁的林声》《听泉》《阳关无尽》。从水印木刻《夏日匆匆》《青梦》，到套色木刻《早航》《岚》《乡音》，既是早年版画语言的遗留痕迹，也是起步探索的心路历程。绝版木刻特有的自由度与随机性，激发了我的创造性思维，让艺术感觉不断延伸。这种方式非常适合我。

马：您的绝版木刻创作成绩斐然，不论作品主题，还是表达形式，呈现独到的文化

鸣春 黑白木刻 1980 年创作

山中有雨 绝版木刻 2002 年创作

品格和精神特质，包括其后问世的《山中有雨》，获第十六届全国版画展银奖，还有获第二届中国美术金彩奖优秀作品奖的《山有灵音》、获黑龙江省第十届群星奖金奖的《太阳初升》、获第十七届全国版画展铜奖的《山水之间之二》，以及《梦回青川》《馨绿·北大荒》《秋的交响》《紫气东来》等，题材明快向上，语言丰富洗练，既展示对景物生动描绘的艺术能量，也是创作进入活跃期的重要标志。您在成长过程中，受影响的人和事有哪些？

张：我出生于1957年。那一年东北发大水，连续降雨40多天，形成新中国成立后东北地区最大的洪涝灾害。水退了，我出生，"洪驯"由此起名。在我的童年记忆中，没有太多欢乐，内心的苦涩甚过北大荒吹过的寒风。父亲出生地主家庭，又错划为右派，举家下放农村十六载。我是伴随孤独长大的，在情感方面有着特别渴求。虽然寒雨凄凉，所幸没有消沉，逆境中加倍努力，就读高中时加入共青团。此后当过建筑工、装卸工，后来成为农场职工、小学教师、电影队美工，始终努力向前走。青春初临，受家乡小镇田久学先生启蒙，临摹连环画《列宁在十月》，开启美术兴趣。那时候劳动艰辛，生活苦涩，我曾无数次问询内心：能坚持得住吗？只有坚持，才有希望。我白天外出打工，业余时间自学绘画，经常画到凌晨两三点钟，幻想明天，期待未来。

1980年，有幸参加郝伯义先生组织的版画创作班。次年调入《农垦报》工作，非常珍惜这个难得机遇，在中国画、装饰绘画、雕塑和连环画创作上，都有较大长进。进入90年代，北大荒老一代版画家相继退休，我被调入农垦总局美术创作室，主抓北大荒版画创作。走到今天，从内心感谢这片黑土地，如果说艺术上取得一些成绩，既是晁楣、郝伯义、李亿平、杨凯生等老一辈版画家的培养结果，也是这片黑土地对我的滋养所致。

马：您的人生经历，对大家都是一个启迪。认准的事，再难也坚持。追求艺术理想，不是信步平坦大道，而是攀爬崎岖山路，只有艰苦磨砺，才会苦尽甘来。不仅是你的感言，也是人生哲理。张馆长，您对今后艺术创作有何思考？

张：创作《山中有雨》时，我就开始思考这个问题。画面以北疆物象为创作依据，汲取民族民间造型，编织新的艺术元素。人鸟鱼虫，相融山水，写物也写心，既保存一份畅意，又添加一份诗情。变形夸张，逻辑递进，扩大渲染氛围；绿色为底，蛰伏生态，结构山水形态。如果说《金风拂地》捧出的是热烈，《山中有雨》更多的是寓意，在天趣自得中，找到想象空间，以此表达独有感观。艺术创作取得一些成绩，是一种社会认可，也是继续前进的动力。贴近生活，贴近时代，以艺术语言展开深层次诉说，这是自己毕生追求的目标，从这个意义上说，没有半点故步自封的理由。2007年，为了纪念北大荒开发建设六十周年，我精心创作六十米丝网版长卷《北大荒颂》，把对白山黑水的感激之情，集聚起北大荒各个时期的斑驳碎影，通过具象语言和超现实主义表述，张扬创业精神，既是倾情缅怀，也是感召后人。

我是用想象营造画面的版画家，寻找审美图式固然重要，审美思想的构造更为重要，任重而道远。

马：谢谢张馆长！

郭 游

1957 年出生，云南江川人。毕业于四川美术学院版画系。中国美术家协会会员，中国
版画家协会理事，云南省美协副主席，云南美协版画艺委会副主任，云南美术馆副馆长，
云南画院副院长，国家一级美术师。享受国务院特殊津贴专家。

作品曾获第七届全国美展铜奖、首届全国青年版画大展优秀奖、北京·台北中国当代
版画展杰出奖、日本国际版画研究会女神金奖、第八届全国美展优秀奖、第十四届全
国版画展银奖，第十五届全国版画展铜奖，《版画世界》授予"鲁迅版画贡献奖"，
中国版画家协会与中国美术家协会联合颁发 80 － 90 年代优秀版画家"鲁迅版画奖"等。

代表作有：《冬·越过丫口的云》《榫接——楔》《雨后美人蕉》等。

与郭游（左）合影

执拗如初

久闻著名版画家郭游在版画创作中,视野超前,技法出众,加之与众不同的"拗"劲,独步云南版坛。

昆明初冬,绿掩春城。三年前,我在版画收藏家文树荣家中,有幸浏览郭游老师各个时期代表性作品,品读率性,领略纯真,让我蓦然心动,那是一种不常有的震撼,求解的冲动随之充塞心胸。

走进云南画院郭游副院长画室,书画满墙,鲜花满堂,一屋子丹青雅韵,和风清香。郭游老师满脸微笑,淡定而平和。他博学多才,也很健谈,在娓娓叙述中,重拾旧时岁月,不知不觉让我走近他那远去的心路。

1992 年,时任云南曲靖画院院长的他,突发奇想,邀请李忠翔、史一、郝平等七位书画同道,决心与天地来一次唱和。此次外出采风,途经四川、青海、甘肃、新疆和西藏,行程一万五千公里,历时三个半月。

郭游赠送作者的棕刷上有"陈东赠91.12.27"题签。据介绍:1991年,他在云南艺术学院为部队班上课时,为甘肃省军区陈东所赠,不知陈东现在何处?

开拔之前,他们对路途中的吃住行,该准备的都准备了。汽车是新买的,昆明产"北京牌"中巴,高压锅、汽炉和帐篷随车而行。谁知上路后,遇到的困难远比想象的困难多。一路艰难前行,走千里戈壁,穿塔克拉玛干大沙漠,闯星星峡,越阿尔金山,最远行至珠峰脚下。风雪相伴,险象环生,三次车埋沙漠,一次油箱破裂熄火在无人区,那种求生待援,仰天祈祷的场景,活脱脱一幅"西天取经"图。当他们返回云南时,一行人又受困白马山丫口,那儿海拔 4200 米,雪深及腰,云翻雾腾,风吼冰裂,真可谓上天无路,入地无门。

"大自然太厉害了,那一刻终于感受到人类的渺小。"雪困白马山丫口的四天,既是恐惧中煎熬的四天,也是滋生创作念头的四天。"只要我能够活着走出去,就一定要画出来。"触景生情,灵性大发,就此遂成立意。当我了解了创作背后的惊险故事,如今欣赏绝版木刻《冬·越过丫口的浮云》,仍能感受郭游老师当年的心灵战栗。

构图上,白雪皑皑的雪峰,绵延不尽的沟壑,飞云乱舞的天空,奇山异景,凝练厚重,既是自然物象的概括,也是抽象语言的提纯,大势逼人。"画面下方条状块面,原型是我们乘坐的汽车,在此比拟人与大自然对话。"

色彩上,凭借多年油画实践,把光与影巧妙融入线条与块面,形成画面布势的流动感。印制时,以纸为底色,由浅入深,再由深入浅,反复套印八版,让肌理呈现油画一般质感。

刀法上,以刀代笔,既有笔触的韵味,又有版画的形态,通过犀利线条和拉长条块,使刀味更加强烈、肆意。他言："哪怕形丢了，刀法还在。"如今看来，他对艺术创作的极致追求，与其说是描绘大自然风光流影，不如说是不屈不挠精神传递。

在第十四届全国版画展览中，绝版木刻《冬·越过丫口的浮云》喜获银奖，四川神州版画博物馆等艺术机构先后典藏。与获第七届全国美展铜奖的套色木刻《榫接—楔》，获北京·台北中国当代版画展杰出奖的绝版木刻《雨后美人蕉》，共同构成郭游老师别具一格的版画风貌，由此完成在中国当代版画群体中的定位。

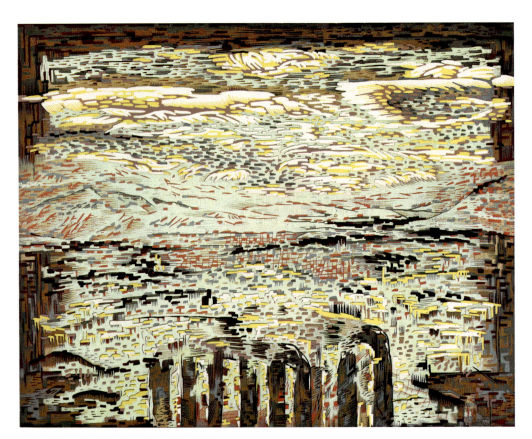

冬·越过丫口的浮云 绝版木刻 1998 年创作

交流中，郭游老师补充道："西部之行，硕果累累。同行的李忠翔老师创作《高处不胜寒》《天路历程》，史一老师创作《大江春秋》，郝平老师创作《神原组曲》，这些伴随生命体验的经典名作，都是那一段磨难中的收成，也是一段不可相忘的逸事。"

郭游老师的"拗"劲，来自不愿随波逐流的个性。20 世纪 80 年代初，云南版画多以理想主义为依托，运用水印技法，展示艳丽的少数民族风情。他却借用法国现实主义画家米勒的表现手法，精心描绘哈尼族生活场景。套色木刻《净土》系列便是见证，每幅作品由四块画版拼接，一组 10 幅，共计 40 块原版，既是独创精神的体现，也是布局陈设的巧思。当年中国美术馆以 240 元一幅收藏时，他竟然愣在那儿，自言自语："能值这么多钱吗？"

1981 年，他又以铜版画《斗牛》入选首届全国三版展，这是云南省唯一入选作品。可以说这是一次成功的入选，也是对他勇于突破的犒赏。

1984 年，郑旭以绝版木刻《拉祜风情》夺得第六届全国美展金奖后，云南版画逐步形成以黑为底，不断添色的绝版木刻新技法。与流行同步不是郭游老师的性格，他认为：追求绘画语言的丰富性，就不能定格于某一种技法。1986 年，黑白木刻《南国净土》以布为载体，由浅入深赋色，反复交替，完成的这幅超宽版画作品，高 92 厘米，宽 367 厘米，当亮相第九届全国版画展时，遥望家园的情怀，不拘一格的精彩，引来一片惊讶与赞美。当然，限制参展作品尺寸的规定，也从那一刻起随之出台。

一段时期，云南版画注重风情表达时，他则倾情于建筑题材放逸想象。什么榫卯啊，楔楔啊，经过对立柱横梁一番研究后，1989 年推出绝版木刻《榫接—楔》系列，一组四幅，构思独到，活用传统。当跨入 90 年代，他又以绝版木刻《今日立春》《雨后美人蕉》《山母》面世，如同蚂蚁搬家，一刻也不消停，努力加强语言的探索与拓展，而非表面上的图识变换。《今日立春》获首届全国青年版画大展优秀奖，为此届最高奖项。《山母》被日本国际版画研究会授予女神金奖。同道戏言：三天不见，不知道他又捣鼓出什么新花样。

20 世纪 90 年代初，他以铜版技法入手，创作凹凸木刻《四条水妖》，这是版画语言开拓性尝试与突破。作品中的每根线条凸起 2 毫米，用来描绘女性的婀娜多姿，清晰的木纹肌理，线条的飘逸流动，似风似雨又似云，新奇别致，美得心醉。"以铜版画颜料填于凹槽，再挤压至画面，相当费力，手掌擦破溃烂是常有的事。"1991 年，李平凡先生在日本东京为他举办《郭游版画展》，深受日本版画界、收藏界青睐。《四条水妖》被日本相生森林美术馆收藏后，日本画商主动找到他，准备定制 40 幅凹凸木刻，每幅印 200 张，每张 600 元。在那个经济并不富足的年代，面对数百万元人民币进账，他却婉拒了。"完成这笔定单需要四年，耗去这么多宝贵时光，真的舍不得。"

凹凸版的创新成功，众人叫好时，他却杀了个回马枪，重拾铜版画创作。再度扬帆，铜版画《地维天柱》参加当年举办的第八届全国美展，高高兴兴捧回优秀奖。铜版画《柱头系列之一》入选第十二届全国版画展。接着，又以国画大写意手法，推出流光溢彩的绝版木刻《白茫集雅图》《巍山红松》《秋风萧瑟》

四条水妖 绝版木刻 1986 年创作

和《荒源筋骨》，把优雅与巍峨发挥得余味三尺。1998年完成绝版木刻《冬·越过丫口的浮云》，信马由缰，1999年完成绝版木刻《静聆东鋆》，2000年又以绝版木刻《椅下涟漪椅上方滋》获第十五届全国版画展铜奖。

风头正盛时，他的"拗"劲又上来了，该刹车时腿脚不软。当新世纪曙光照耀大地，他突然移情水墨，这个猛子一扎下去就是十多个寒暑。"我是以独到方式，编织儿时的梦想。"

记忆，仿佛是放映一部老电影。他从记事起，就喜爱绘画。父亲曾任云南曲靖地区宣传部副部长，"文革"开始后，长期"蹲牛棚"。母亲既要上班，还要带弟妹，没有精力去管他。于是，他关起房门，自成一统，以弹弓换来连环画《智取威虎山》《白毛女》，整天翻来覆去临摹，同学的夸奖，是那个时候最幸福的事儿。曲靖师范附小设有初中班，老师干脆让他教美术，自然乐此不疲，感受别人没有过的欢畅。后来曲靖师范美术音乐班招生，一般学校每月伙食补贴5元，该班补贴8元，面对捉襟见肘的家庭经济，他主动报名。入学后，老师悄悄告诉他："我们早就盯上你啦！"毕业后分配至曲靖县第五中学，人还没报到，就被抽调筹备"农业学大寨"展览。展览结束，他终于走进文化馆，成为一名专业美术创作员，每月工资28·5元。工资发下来，舍不得花，不久手腕上多了一块上海牌手表。

1977年，他有幸被四川美术学院录取，那是终生难忘的日子。由于录取通知书误压地区教委，当找到时，已经开学一周。于是，一路风尘仆仆，终于和张晓刚、邵常毅、钟长青成为同窗。

郭游老师告诉我："过往已经远去，酸楚留在心底。十多年间摆弄水墨是回归内心，当初以刀代笔，寻找线条的韵味，如今以笔代刀，体味笔的力度。沉溺水墨，有一种岁月不惊之感，2014年作画220张，2015年作画240张，以后就这样走下去。"他的国画走黄宾虹一路，纵横奇峭，宿墨皴擦，不论布局设景，还是行笔往来，充溢高古之气，在沉潜中内修格调，在磨砺中借古开新，作品具有情理互渗、气象宏大的艺术感染力，出版有《郭游山水画集》，这就是他永不驻足的诗意人生。

还有一件"拗"事，不妨说一说。我原本乘采访之机，收藏郭游老师的凹凸木刻《四条水妖》。说实在话，作品简直让我着迷，欲罢不能。"早就没有了。"他这么一说，我亦无奈。临别时，我请他再找一找，于是大橱小柜乱翻一气，突兀一句："哈哈，还有漏网之鱼。""价格？""赠送！"他的"拗"劲又上来了，我只好捧着凹凸木刻《四条水妖》连连作揖。

我搁笔时想：郭游老师手上那张旧船票捏得太久，也该返航了。

与陈超（右）合影

陈　超　　1958 年出生，安徽寿县人。中国美术家协会会员，中国版画家协会会员，江苏省
　　　　　版画院副院长，江苏省美术馆专业画家，江苏省中华文化促进会理事，贵州民族
　　　　　大学美术学院客座教授，国家一级美术师。

作品曾获第十届全国版画展铜奖、第十一届全国版画展铜奖、第十六届全国版画展
金奖、第十届全国美展铜奖、第十一届全国美展获奖提名、第二届中国美术金彩奖
作品展优秀奖、日本第 41 回亚细亚现代美术展国际奖、江苏省版画作品展金奖、
中国版画家协会与中国美术家协会联合颁发的 80 － 90 年代优秀版画家"鲁迅版画
奖"。2004 年、2007 年连续两届获南京市人民政府文学艺术奖金奖，2007 年被南
京市人民政府评为南京十位优秀画家之一。

代表作有：《天地同气》《山丹丹》《暖阳》等。

套色篇

我给陈超当模特

原以为，模特就是裸露身体让别人写生的人。

2012年初春一天，我去陈超老师工作室串门，像往常一样欣赏他与艺术纠缠的过程。工作室在办公大楼顶层，阳光透过窗户，洒下五色斑斓。刚落座，他一边倒水，一边打量着我，笑嘻嘻说道：

"多坐一会儿好吗？"

"好啊。"我爽快地应答。转念，今天为何这般热情？

"啥事？"

"当模特。"

"开啥玩笑。"说话间，我脑海浮现出一丝不挂的男模形象。

"别误会，不是那样的。"

弄清原委后，我端坐木椅。"下颚收一点，腿翘高一点。"他一边讲解示范，一边拍照取景，尔后铅笔在纸上沙沙作响。你别说，固定姿态坐久了，腿酸脚麻，却因此领略严谨的创作态度。

当年秋天，江苏省重大主题美术创作精品工程展开幕，绝版木刻《紫金山的早晨——1983年邓小平在南京》悬挂江苏省美术馆展厅首位，前来参观的人络绎不绝，我悄悄对

紫金山的早晨 绝版木刻 2012年创作

夫人说："你快挤进去看看，邓小平坐姿、脖子和手，都是我做的模特。"

1980年，陈超老师的第一幅版画《雄关漫道》入选全军版画展，至今已经三十多年，他在漫长的艺术生涯中，51次入选全国级美术展览，先后获得全国美术作品展铜奖、提名奖；全国版画展金奖、两届铜奖；全国美术金彩奖作品展优秀奖；日本第41回亚细亚现代美术展"国际奖"等。我们知道，历史由一段又一段航程相连接。回眸过往，他收获这些艺术成就既来之不易，又得之有因。

作者收藏的《天地同气》两幅创作手稿

出身书香，家学渊源。其曾祖父陈策，同盟会会员。早年留学日本，与吴玉章同窗，故民国史上有"文武陈策[注1]"一说，其曾祖父为文陈策。父亲陈永常，就读于高等师范，任职教育系统，诗书画精备，尤善山水。母亲李维淑，长年执教鞭，曾评为安徽省优秀教师。家风熏染，如雨润田，不仅是儿时记忆，也是筑根之基。

少年旧事，伸手可及。16岁那年，他离开熟悉的青瓦黛墙，来到金寨县张畈公社龙冲大队插队。茅草遮顶，躬身耕耘。走进了水田，方感受蚂蟥叮咬的疼；砍树伐木时，方领略虎口撕裂的痛。200多斤大杉树，每天抬6根下山，沿着山路走七十余里。年终结算时，除去粮草钱净挣50元钱，一边为父亲购买钟山牌手表，一边收拾行李参加安徽省知青代表大会。

青年有志，为艺而求。他在横排小学任代课教师时，一站就是一天。下午放学后，学生们走了，自己成为学生。那时候农村的夜很长，学素描、画速写、临国画、摹油画，晚霞和油灯做伴，如痴如醉中打发乏味的日子，既充填寂寞时光，也积攒未来希望。刚过完19岁生日，宁夏军区宣传处谢处长到金寨县征兵，面对他那贴满墙壁的画稿，执意带走这位"可以教育好的子女"。

从此，在他的青春岁月里，不仅有大别山的清风过耳，也有大西北的沙尘洗面；不仅有大漠高原的意志磨砺，也有列宾、塞尚、古元的长夜追慕。我曾翻阅过他的速写本，寥寥数笔，勾勒出红色娘子军的潇洒舞姿。

"啥时画的？"

"参军前。"

我终于明白，当年谢处长为何那么"大胆"！

如果说，以往的路途属于命运行走，此后的岁月却是意志跋涉。他以瘦长身躯与向前足迹，留下一段艰辛而荣光的版画艺术历程。粗略分为三个时期：

一是宁夏时期。皓皓边陲，金戈铁马。在这里历经十三年雨雪风霜，作品更多呈现的是奇峭与凝重，领我们不知不觉走近"大漠孤烟直"。边陲的奇异，生命的顽强，虽说是委婉含蓄的表现，却是心有增减的披露。不论是《每逢集》的熙熙攘攘，还是《沙蒿》的苍茫浩渺；不论是《在九曲黄河的上游》的峰回路转，还是《西夏·朔方》的穿越楼兰。

套色篇

塞北的军旅生涯，那是热血年代的陈述，每一个画面都是青春解说。

二是海南深圳时期。南国萍客，心随大海。在这里既实现情感辗转，也实现语境探寻，作品更多呈现的是叙怀与渴望，领我们走进改革开放新时代。这一时期，观念碰撞，心境转换，留下那个时代向内而求的见证。不论是《秋深水潺潺》的莽山细流，还是《雾谷幽山听泉声》的清丽出尘；不论是《梦断西夏》的偶尔回味，还是《秋风秋雨》的姿态纵横。从南到北的迁徙，那是艺术理想的行走，每一次刻画都是感情释怀。

三是南京时期。家乡咫尺，游子归来。在这里既做着望穿秋水的梦，也做着承载心湖活儿。这一时期，由于游历广识，读书积理，版画创作驶入快车道。先后推出黑白木刻《岁月系列》《长河落日》，套色木刻《天地同气》《山丹丹》《西域阳光》，绝版木刻《朔方风景》《高天厚土》《暖阳》《湿地》系列、《遗风千秋》和《哈尼少女》系列等，构图选题，常出新态；色彩营造，淡入浓出；三棱刀的犀利，圆口刀的灵动，斜口刀的朴拙，组合为刚柔相济的图式，不论技法表现力，还是艺术感染力，已经转化为一种思考沉淀和文化凝固。

时针拨到 2002 年初春，套色木刻《天地同气》创作正处于胶着状态。草稿设计的第一稿为：大河浩荡，蜿蜒高山之隙，他觉得未能摆脱具体物象，果断放弃。草稿设计的第二稿为：群山叠嶂，瀑布飞流直下，他又觉得有图解风景之嫌，再次割爱。一次次否定，一次次启动，决意找到遐想中的图景，在焦急中等待太阳升起。

从他深邃的目光里，让人感知心中誓言与目标指向。一个月后，当驻足套色木刻《天地同气》前，顿时被那大山大水、万千气象所震撼。清新的构图，绚丽的色彩，纯熟的技法，成为跨越时空的惊鸿。隐入眼帘的瞬间，让我爱不释手，连同两幅草稿一起成为私人典藏。

套色木刻《天地同气》是一曲生命赞歌。当拉开天地之大幕，艳阳下山河壮丽，红红火火，画面所展现的大视野、大情怀，不仅纵览风云，更是由心所至。套色木刻《天地同气》是一首和畅诗篇。世界，不仅有物理的，还有精神的。人与自然的交融，既承载"天人合一"的哲理，也寄存天地共生的希冀。向善向美，尽情尽意，让观者读出生命律动与远方希望。应了中国美协版画艺委会副主任代大权的评价："《天地同气》是传统表现形式与现代视觉体验结合的范例。"套色木刻《天地同气》在第十六届全国版画展览中荣获金奖，这段评价成为一个妥帖的注脚。

2004 年创作的套色木刻《山丹丹》，欣赏者误以为是一幅暖心之作，通篇暖色，春意荡漾，其实作品隐藏着一段让人揪心的故事。

20 多年前，他与几位画家结伴在宁夏山区采风，傍晚时借宿农家，在跳动的煤油灯下，大伙儿聚在一起聊家常。当问及家庭，女主人顿时一脸愁容，言：出嫁三日，开山飞石炸死我的新郎。一时，众人无语。次日清晨，女主人身着红袄送客，一行人惊愕中

天地同气 套色木刻 2002 年创作

挥手告别，远远回望，大山深处仍见一点红色。红袄，此刻凝固了幸福与凄苦，如同山梁上盛开的山丹丹，生得艰难，红得鲜艳。这一幕，由此锁进作者记忆的相片册。

20 多年后，他以版画的形式重塑黯然。每个人生命轨迹里，都有忘不掉的怀想，有些是苦涩的，有些是甜美的。挪用故事，模拟想象，这是艺术创作中简单却难以做到的事，套色木刻《山丹丹》以符号式语言，图解记忆，还原牵挂，让游离的思绪有了着落。如今凝视画面，天地一色，山脉悠远，在暗红色十字架形态中，端坐新娘头掩红盖头，虽然遮住了容貌，却遮不住背后忧伤。就这样，凭着理性控制与技法支撑，使作品成为触摸心灵暗伤的一个佐证。

陈超老师的版画艺术走到今天，离不开众人扶持与个人努力。倘若回首，记不清相遇过多少雪里送炭，也记不清付出过多少苦涩时光，只有手指上的厚茧，默默叙述往昔厮拼。他不喜欢纠缠"风格"，吸收传统，探索语言，通过"跳跃"式表述，成为最为鲜明的艺术特点。人物与风景，具象与抽象，情感表露与视觉美意，在黑白木刻、套色木刻与绝版木刻创作中，固本开新。

　　往后的岁月，陈超老师不断地拓宽视野，不断地推陈出新。如：《暖阳》中怀抱孙儿的老奶奶，夕阳映照下的笑容，与其说是人间美和爱，不如说是时代新坐标，在第十一届全国美展中收获"提名奖"。《湿地》系列的凭实叙怀，既有耐人寻味的环保意义，也有让人猜度的哲学思考。《遗风千秋》以徽派木雕为由头，文官武将，姿态各异，一面回溯中华古老文明，一面回馈故乡精神滋养。《哈尼少女》的花自弄影，通过哈尼族少女温婉形象的营造，觅得闲雅，悟其初心。如今，当我们串连起他的版画作品，也串连起踏石留印的艺术轨迹，这些拨动心弦的传递，勾勒刻画的痕迹，用情至深，如诗意世界，心灵故里。

　　陈超老师走过流年，辉煌依然。

暖阳 绝版木刻 2009 年创作

作者收藏的《暖阳》原版

注 1：陈策，(1893－1949) 广东文昌人。原国民革命军海军第四舰队司令，抗战后任广州特别市市长，曾授予海军中将、二级上将。亦称武陈策。

与李彦鹏（右）合影

李彦鹏

1958 年生，河北深泽人。毕业于中央美术学院版画系。中
国美术家协会理事，中国美协版画艺委会委员，河北省美
术家协会副主席，河北画院院长，国家一级美术师。曾任
全国美展、全国版画展评委。享受国务院特殊津贴专家。

作品曾获第二届全国青年美展三等奖、第九届全国版画展优秀创
作奖、庆祝建军 60 周年全国美展佳作奖、北京·台北当代版画展
杰出奖、第四届全国三版展优秀奖、第三届全国"群星奖"铜奖、
第八届全国美展优秀奖、第十三届全国版画展银奖、第十四届全
国版画展铜奖、第八届全国"群星奖"金奖、首届青岛国际版画
展铜奖、第十五届全国版画展铜奖、第十六届全国版画展银奖、
中国版画家协会与中国美术家协会联合颁发的 80 — 90 年代优秀
版画家"鲁迅版画奖"等。

代表作有：《石子》系列、《源上》《打谷声声》等。

土生活的纯真，渗透着浑厚大气的独有风格和民族精神，既区别他人，又不显自彰。

1980年，创作水印木刻《雨后》，赢得第二届全国青年美展三等奖，由此牵扯出一批意趣盎然的作品：《牛》的闲逸，《月夜》的静谧，劳动的《春锄》，丰收的《柿乡》，还有《一夜秋风》的天真童趣，水印木刻清新雅致，套色木刻饱满单纯，弥散着淡淡韵味和轻松情绪，"我常年生活在那里，都是黄土地上的特有景观"。同时黑白木刻、综合版画也各有所成，不论黑白木刻《牛虻》插图、《普拉桑的征服》系列，还是综合版《风雪黄昏》《滩》，别人的惊讶与赞叹，他反而感觉心里发怵，如何使自己作品承载更多话语，这个问号，让他纠缠了许久。

1990年，综合版《石子》系列推出，在艺术岔路口上，他踏上一条结结实实的石子路。《石子》系列以二十余幅的各具风貌，倾巢出动，既有纸版与铜版漂油技法的结合，又有切换空间、放达虚幻的体味；既有具象描写，又有抽象追随。鹅卵石连篇累牍的呈现，加上《雨花石》，还有《日蚀》从天而降的陨石，铁了心与石头玩起来。透过材质变化实现语言优化，带来全新视觉感悟，先后获北京·台北当代版画展杰出奖和第四届全国三版展优秀奖，荣誉沓来，他多少有点春风得意。

宋源文先生言："不要再玩石子了，要有新突破。"一语惊醒梦中人。他想过尽兴而返，留恋还是拉了后腿。恩师点拨，耳边惊雷，《石子》系列创作戛然而止。又是一番明月静坐，心智磨砺，徘徊于艺术岔路口上，最终走向一条把根留住的黄土路。巍巍太行山，静静滹沱河，那是一片厚重的土，一片深情的地，既是永远的生命根基，也是永远的精神粮仓。

1996年，《暖冬》系列十一亮相第十三届全国版画展，黄土新貌，让人们感受浓浓乡土之风，咀嚼回味，纯朴浑厚，如愿收获该展银奖。尔后《暖冬》系列、《塬上》系列、《沙柳》系列及《打谷声声》《收秋》《西部风景》《割谷》《大山羊》《羊儿满山坡》陆续跟进，又是掌声一片。那片黄土地上的炽热，当代社会状况的思考，通过三棱刀仔细阐述，在营造个性化版画语言的同时，也搅拌出带有黄土芳香的美意。

绝版木刻《塬上》与《打谷声声》，虽然都取材于北方黄土地，其实稍有区别，两幅画面在结构中，既有太行山吹来的风，也有陕北高原扬起的灰。一个以浑黄之景展示日常生活，一个以打谷场表现秋收景况。有羊群，也有石垒房；有稀疏草木，也有弯曲土道；有劳作的

打谷声声 绝版木刻 2000年创作

农民，也有站立的黄牛。在洒满阳光的土地上，付出劳动，收获希望，北方风情与自然景观的重叠，犹如一曲低缓回荡的黄土牧歌。倘若浅读，一定难寻其中奥妙，因为李彦鹏老师为了谱好这支曲，煞费苦心。

首先是刀法求变化，三棱刀取景留痕，直线准，曲线妙，起刀收刀流畅自如。以线条组合物象，以曲线表达过渡，依靠不同色版的刀法叠加，形成丰富画面和精神空间。

其次是色彩求和谐，在同色系多版次套印中，既保持和谐色调，又注意深浅变化，尽力维持色度均衡。如褐色与黄色转换，把握色阶节奏，过渡色上下足功夫，自然让你满眼明净与敞亮。

再以隐喻求情感，不同于延安时代的呼喊，也不同于黑白木刻的率真，以直面人生的态度和当代审美的感受，既逼真造景，又强调个性；既依靠刀痕木味，又注重情感传递；既展示博大宽容，又展现敦厚谦和，以内心道白的表达方式，让观者纵览北方风云。

我国西北黄土地上的民族精神，被他塑造得如此丰满与纯真，只有根系黄土地的人才能刻画出来。以自己的质朴描绘质朴的百姓，所以作品分外质朴，这是对作别身后故乡的回望，也是发自内心深处的袒露，自然成为百看不厌的家乡风景。《塬上》获第八届全国群星奖金奖和第十四届全国版画展铜奖，《打谷声声》获第十五届全国版画展铜奖，这些荣誉的取得，是对他以乡情为纽带，牵挂灵魂深处的一种褒奖。

岁月荏苒，年纪渐长。历史车轮进入新的纪元，李彦鹏老师版画艺术愈发光华，有时突然而至的创作激情，冲动得难以控制。这不，《割谷》《备冬柴》《憩》《黄土坡》《给八路军送粮食》《晴雪》《腊月》《牧羊》《草原三月》《温暖阳光》《山乡》系列、《塬上雪》系列和《春日太行》系列接连推出，这些不肯相忘的图式，都是追随时光的见证。为了这些作品问世，心存敬畏，坚守本分，不知熬过多少夜而忘寝的时光，也不知度过多少费神苦思的时辰，只为人生理解和艺术释放，心之所想，刀尖所向，所以带给这个时代那么多惊喜。

"不想重回贫瘠萧瑟，努力寻找平和安宁。"所以，他让每一幅作品有新意，有新语，让每一幅版画有看头，有说头，成全今天，寄托明天。有人说：人与时间经常进行交换，你给它全部心智，它还你功成名就。

李彦鹏老师就是这么交换的。

与张敏杰（左）合影

张敏杰

1959 年出生，河北唐山人。毕业于中央美术学院版画系。中国美术家协会会员，中国版画家协会理事，中国美协版画艺委会副主任，中国美协壁画艺委会委员，浙江省版画家协会常务理事，浙江省油画家协会理事，中国美术学院壁画系主任、教授、硕士生导师。

作品曾获全国小版画作品展铜奖，第十届全国版画展银奖，第一届日本札幌国际版画双年展特别奖，北京·台北现代版画展杰出奖，第三届全国三版展优秀奖，第十一届全国版画展金奖，第二届日本札幌国际版画双年展评委特别奖，第三届全国体育美展铜奖，第五届日本大阪国际版画三年展大奖，第八届全国美展优秀作品奖，第十二届全国版画展银奖，第三届日本札幌国际版画双年展特别奖，第四届全国三版展铜奖，第六届日本大阪国际绘画三年展特别奖，中国艺术大展优秀作品奖，第九届全国美展铜奖，中国艺术大展铜奖，第四届日本神奈川国际版画三年展特别奖，纪念建党 80 周年全国美展优秀作品奖，第一届北京国际版画双年展特别奖，第十届全国美展铜奖，首届美术文献提名奖，日本兵库国际绘画艺术展佳作奖，第十八届全国版画展优秀奖，韩国首尔第十五届国际版画双年展银奖、第三届中国壁画大展大展奖，纪念建军 85 周年全国美展铜奖，日本高知第九届国际版画三年展特别奖、第十二届全国美展提名奖，波兰克拉科夫第十八届国际版画三年展国家 Leon 博物馆大奖、日本高知第十届国际版画三年展高知市长奖、首届海南艺术双年展艺术贡献金奖，波兰罗兹第二届双年展提名奖、塞尔维亚第五届三年展大奖、亚美尼亚第一届双年展银奖，中国文联"百名优秀青年文艺家奖"，中国版画家协会与中国美术家协会联合颁发的 80 － 90 年代优秀版画家"鲁迅版画奖"。

代表作有：《城墙上下的舞蹈之一》《平原上的舞蹈之二》《无题 NO：1》等。

中国版坛的奇才

中国美术学院张敏杰教授，我认为他是中国版坛奇才。

奇在哪儿？

他曾两次直面生命极限，起死回生中获得常人难有的心灵体验。

"唐山大地震，天崩地裂。我被震醒后，屋顶突然砸下来，瞬间昏迷。醒来时已经深埋废墟，动不了，喊不出。同屋被埋的另外俩人，呼喊声中引来施救，被抬走时说：'下边还有一人。'五小时后获救，如果死神也有居所，我一直在门口徘徊。前三天与尸体摆一堆，后三天与重伤员搁一块，直到第六天被抬上飞机，转运石家庄矿区医院。我的妹妹和要好同学在地震中离去，对于17岁年轻生命那是刻骨铭心的……"

"1989年，我与中央美院同学结伴采风，行至云南丽江时，三人返回，独自上路。出四川，进西藏，途遇中日登山队伴行三日，跟进到4000米大本营分手。后得知登山队遇雪崩亡11人。翻越雪山岔口时天降大雪，进退无路，于是手提镰刀，独闯原始森林。沿途尸骨累累，雪崩时时在侧，恐怖到了极点。跟跄中耗尽力气，只能爬行，挣扎魂魄相离时，看到遥远处的灯光……"

"我的创作不受灾难支配。如果一种成功依赖灾难实现，这种成功没有意义。灾难给我一个认识生命的机会，艺术让我对生命多出一份解读。"

张敏杰老师的版画创作，不仅图式新颖，技法精进，更注重心灵栖息。往事越遥远，思念的反弹越大。流连故乡的目光，感悟生命的追问，加上中央美院的浸濡，都是他艺术创作时的精神发源。一面把独有的生命体验纳入作品结构，一面在铸品养性中建立自我风格，从而挣脱程式束缚，守候情感归属，打通一条卓尔不群的进取之路。他的作品构图，不管背景如何置换，总是拥有无边无际的人群，或奔跑、或舞蹈、或翻腾……摩肩接踵，铺天盖地。通过

城墙上下的舞蹈之一 绝版木刻 1992 年创作

石头寨 石版 1990 年创作

塑造一体式生命形态，整齐划一中存放韵律，开阔视觉空间，强化审美张力，组合为艺术与生命的交汇点，读出命运宿缘和岁月弦音。

我曾以为：那是翘首求生时的冥想。没有绝望，就不能感悟生命的真实。不管如何猜测，特殊人生经历和执着艺术追求，体验别人没有体验过的绝望滋味，还原本真，涅槃重生，仿佛引导着语言风格的突破，这一时期作品是张敏杰老师心灵的痕迹化。代表作有：石版《石头寨组画》系列、《远山前奔跑的马群》，绝版木刻《城墙上下的舞蹈》系列、《平原上的舞蹈》系列等，其中《城墙上下的舞蹈之一》获第十一届全国版画展金奖。城墙，历史缩影；人群，借用符号。画面中的人，以同一个动作踩高跷、敲腰鼓，盈满城墙上下。不论场景设置，还是肢体语言；不论通篇黄色渲染，还是刀痕畅意显露，毫无取巧之意，传递民族属性和生命气度，冲击着学术制高点，不仅让人们感受图式的新奇出众，还能感受精神的昂扬向上。一经问世，赞美有加，使他早早成为我国有重要影响力的一线版画家。

他营造的个性版画语言，几乎拿遍国内重大版画展览奖项。

四时流转，韶华匆匆。崭新的时代，呼唤崭新的艺术表达方式。张敏杰老师以特有"敏"，实现特有"杰"。他的"敏"体现在不断注入时代血液，捕捉随时涌动的创意。先是推出《墙》系列、《杂技组画》系列，接着推出《交响乐团与空中飞人》《遮面的人》系列，紧随其后《记忆组画》系列、《无题》系列等，直至近期问世的巨幅版画《四库全书与南北七阁》，让人们看到他那源源不断的创新能力。随着理念更新，催生出新的艺术范式，一面坐实语境嬗变之"杰"，一面实现摘金夺银之"杰"。如：全国美展两届铜奖、提名奖、优秀奖，全国版画展两届银奖、优秀奖，以及北京国际版画双年展特别奖、北京·台北现代版画展杰出奖、中国艺术大展铜奖、首届海南艺术双年展艺术贡献金奖、中国文联"百名优秀青年文艺家奖"和中国版协和中国美协联合颁发的"鲁迅版画奖"。

这一时期，当代性成为艺术走向的重要特征。如绝版木刻《交响乐团与空中飞人》，画面中，漫山遍野的交响乐队，大小提琴、双簧管、圆号、大鼓充斥其间，空中飞人摆弄造型，物象重重叠叠，又那么轻轻松松。独到的结构，各异的姿态，一点儿不受形式约束，尽情释放艺术思考，作品形成的磅礴气场和勃发生机，每每溢出画外。作品究竟想表达什么，我无法说明白，但能体会他对当下社会的洞察与思考，对当代审美的把控与张扬。

这一时期，多元化成为艺术走向的另一特征。如果说，石版画和绝版木刻成为他赢得荣誉的载体，但只是他艺术触角一部分，油画、壁画、连环画、装置的破空而出，同样带着人生体验，自由驾驭，逶迤纵横。通过元素碰撞，概念表达，一面融入传统文化，一面汇入现代创意，让不同题材的艺术形式，成为展览中视线不忍离开的焦点。先后获第三届中国壁画大展大展奖、"月映浙潮"油画大展铜奖、第三届全国架上连环画作品展优秀作品奖等，证实着自己的誓言："表现生命的坚韧，一直是我的创作使命。"

他在 26 年间 14 次斩获国际大奖，成为我国在国际版画展事中获奖最多的艺术家。

在全球化的今天，既要展示作品的世界性，又要展示作品的中国元素，成为我国当代版画创新的唯一路径。张敏杰老师以豁达胸怀阐述豁达故事，既有来路，也有向往，成为中国当代艺术家的一个标高。

1991 年，石版《石头寨》获第一届日本札幌国际版画双年展特别奖。每个民族都有自己的精神语言，能否融入当今世界，关键是如何展示母体文化，而不是东施效颦。《石头寨》由六幅独立作品组合而成。各式石垒山寨中，穿着盛装的山民，或观马，或击鼓，或荡起秋千，或翩翩起舞。舞之美，乃人之美。芦笙唢呐声中的悠扬，飘荡的是民族文化精神。首摘国际大奖，奖金 5 万美元，那年头很多人还没见过美元，谁听到都会心头一震，而对他震动最大的，却是看到了远方景致。获奖不是目的，激励却是事实。从此，探索新语境，描绘新感觉，构建中国表述之美和人类共性之美，成为他在艺术创作中的不二选择。

2004 年，绝版木刻《无题 NO: 1》获日本兵库国际绘画艺术展佳作奖。每一次当代思维融入艺术创作时，既是作者内心情感的流露，也是五千年文明的传递，为了其思其想，也为了营造人类共同认知的文化符号，绝版木刻《无题 NO: 1》由 32 幅作品组合而成。密密层层的当代人与远古的恐龙，这些地球上曾经出现过的生命体，穿越时空，聚合而成，一起簇拥为宏篇大章。再以三架秋千的摇曳，枝蔓添彩，撩拨视觉。以这种睥睨天下、贯通古今的方式，多角度、多方位探寻生命真谛，构图之新奇，气韵之贯通，意境之隽永，精心营造的大场景、大气势，反衬他那面向世界的大胸襟。作品高 3 米，宽 6.8 米，创作用时两年，是我国已知最大尺幅绝版木刻，集心力、智力、体力之大成。

张敏杰馈赠作者使用经年的木蘑菇

张敏杰老师告诉我："制作时困难重重，仅保持色彩的一致性就很难，之所以选择这种方式，源自看待生命时不一样的感觉。"

最近几年，随着《广场上的舞蹈》系列、《灵魂的舞蹈》系列、《舞台》系列陆续问世，以及《无题》的延展，越来越呈现国际化个性特征。作品的面貌变化，其实是作者内心变化的外部体现。这一时期由石版、绝版木刻创作，转向丝网版画探索。如丝网版画《舞台系列 NO：1》，围绕米开朗琪罗雕塑《哀悼基督》的展现，一边是持枪男人，一排又一排，有人在瞄准，有人被击倒。一边是持枪女人，一列又一列，有人迎风瞄准，有人被吹起裙摆。漫天飞舞的白纸，翻转其间，如同留白。画面中场景生动，气势恢弘，西方结构与东方情愫的融会，形成始料不及的视觉效果，奇路高格，魅力无限。他在制作时拒绝电脑编排，坚持手工绘制，千笔万画中让痕迹发挥到极致，千言万语中让思维炽热于画面，在我国丝网版画领域独树一帜，同时抬高中国艺术家的世界高度。

涓涓细流，汇成大海。自 1995 年在中国美术馆举办"张敏杰艺术展"，1996 年在日本大阪府现代美术馆、1997 年在日本枚方市立美术馆、1999 年在中国台湾霍克艺术馆、2007 年在韩国蔚山大学画廊、2009 年在美国科尔盖特大学博物馆、2016 年在波兰彼得哥什国立博物馆、2017 年在波兰克拉科夫国立 Manggha 美术馆举办个展，一方面交流艺术，一方面宽阔精神，自觉不自觉成为东西文化的使者。倘若回眸，从当初寻找国际位置，到国际大奖接踵而至，背后是韧性支撑，也是创新接力。当年版画传播观念，如今思想融入艺术，人生每一个阶段都有艺术的闪光点，久而久之，他的版画作品成为中外收藏家的挚爱。

我与张敏杰老师相识十余年，常常在惊诧中油生敬佩。至今清晰记住一件事：他当年身穿短袖衫，手提镰刀独闯原始森林，耗尽气力，一路挣扎在死亡线上。获救后清点随身物品，竟然一件没丢。一是干粮，丢粮就是丢命。二是唐代泥塑佛像，喇嘛相赠，发誓带回来供奉。三是照相机，记录真实，视若珍宝。

我终于明白，这位中国版坛奇才，其实是一位艺术殉道者。

张敏杰的工作室

与张晓春（右）合影

张晓春

1959 年出生，云南墨江人。毕业于云南思茅师范，结业于
云南艺术学院。中国美术家协会会员、中国版画家协会会员，
云南省美协理事，云南省美协版画艺委会副主任，普洱市
美协主席，普洱学院艺术学院院长、教授。

作品曾获首届全国青年版画大展一等奖、第十四届全国版画展铜
奖、第十七届全国版画展铜奖、第十八届全国版画展优秀作品奖、
第八届全国"群星奖"美展优秀奖、第二十届全国版画展优秀作
品奖、云南省彩云奖美展银奖、第三届云南省文学艺术创作美术
荣誉奖、第五届云南省文学艺术创作美术一等奖、云南省"四个
一批"文艺人才"美术贡献奖"、中国版画家协会与中国美术家
协会联合颁发的 80 — 90 年代优秀版画家"鲁迅版画奖"。

代表作有：《晚笛》《木语》《蛮谣》等。

他把转场当道场

猴年中秋节的云南普洱，天上瓦蓝，地上翠绿。

初见张晓春老师，比起《张晓春作品集》中照片显得年轻。我这么一说，他笑言："八年前出书，自拍照片，当时想照得稳重点。"有的人年轻时老成，许多年后还是那样，他属于这种类型。如同他创作的版画，从抽象的古朴苍茫，到具象的优雅内敛，再到禅定的专注一境，三十余年的艺术之路，为何频频转场？又为何把转场当道场，修炼至今？这就是我千里迢迢寻访的目的。

云南普洱是个神奇的地方，这里不仅有闻名天下的普洱茶，还有名扬中外的绝版木刻。20世纪80年代初，这片红土地染红一拨响当当的绝版木刻家，张晓春老师当属其中。1977年，关于恢复高考的决定，如同天降福音，唤起一代学子无限幻想。他与魏启聪[注1]、贺昆和郑翔[注2]、郑旭兄弟俩一同走进考场，没多久郑旭"中举"，接到云南师范学院入学通知书。虽然一脚踏空，众人不丢怀想，第二年终于一起成为思茅师专同窗。

如今，张晓春担任云南省美协版画艺委会副主任、普洱市美协主席、普洱学院艺术学院院长。他偶尔抖落陈年，虽然看尽春花秋月，依然不忘原路旧景，至今记得当年高考作文题《青松赞》。同窗不等于同好，别人摆弄木刻刀，他却喜欢油画笔，甚至觉得掌握黑白灰不算太难。当郑旭捧回第六届全国美术作品展金奖，如平地炸雷，让他的偏见与雄心瞬间瓦解。醒得早，起得晚，一下子送来紧紧追赶的理由。毕竟艺术底子在那儿，加上遇事好琢磨的秉性，油画中的想法被他放进版画，沉潜的精神自由和意外的渲染效果，一时成为津津乐道。1990年创作的绝版木刻《晚笛》，便是最好的见证。

绘画，其实是艺术家在说话。绘画是人类独有的情感表达方式，无论岩刻壁画，还是儿童涂鸦，都是一种情感传递。

晚笛 绝版木刻 1990年创作

绝版木刻《晚笛》创作亦是如此。在墨黑色背景中，虚拟山寨和起舞人群，裹挟着爱尼人洪荒初辟的混沌气息，释放着扑面而来的原始之美。绿树蓝草，是点缀，也是淳朴风情。悠扬芦笙，缠绵葫芦丝，是曲调，也是心绪飘荡。左女右男，一大一小，同样的白披风与撒野服饰，红与黑的渗透，人与人的交错，如岩画一般野性天成，接远古，通巫神。既是柔情的，又是强劲的，暗暗涌动一股张扬的力量。正如张晓春老师所言："艺术因为有了火与血的颜色，生命也就有了存在意义。"绝版木刻《晚笛》一举夺得首届全国青年版画大展一等奖，无可否认，这是对他版画探索的最好嘉勉，自然而然作为他的成名之作。

艺术探索的历程，有时比到达更容易铭记。1975年，16岁的他试着以水彩画《要做好一颗螺丝钉》参加全省少儿美展，虽说奖品只是一本连环画，陡添了他的艺术兴趣。1982年试着以黑白木刻参加版画展，实景实绘，顺利入选，激发了他的创作志趣。1987年试着推出绝版木刻《晚笛》《牺牲品最后的慰藉》《红排草》《司岗缘》，一时众人瞩目，看到那么多热切目光，坚定了他的创作志向，也为今后艺术方向趟了一回路。

绝版木刻《晚笛》获奖后，既唤起兴奋，也触动感官，让他多出一份冷静思考。云南思茅的版画圈很奇特，既是同窗，又是同道，喜欢一起折腾。创作研讨会一起参加，举办画展一起出力，成立"蛮卡·青年艺术家联盟"一起入伙，贺昆开办蛮地版画公司，干脆邀请大伙儿一个空间搞创作。久而久之，题材与图式相近，色彩与技法趋同，不管自己承认不承认，别人看了作品立马丢一句："这是普洱版画。"一天深夜，张晓春老师来到自家小院，独坐木凳，一边品呷普洱茶，一边盘点自己，追问心田。越盘点心越不安，越追问心越惶恐，他清醒地意识到，不从相似画风中走出来，彻底解决"近亲繁殖"问题，也就写不出自己的故事。

1994年创作绝版木刻《远雷》，他开始从原始美中转舵，走向观念式抒情，尽管色彩与刀法稍显单一，却是实实在在一步，入选第八届全国美术作品展，成为坚定艺术走向的重要节点。1998年推出绝版木刻《空尘》，基本实现本体语言新开局，渲染的生存状态成为一种艺术形态，受到圈内圈外广泛关注，因而获得第十四届全国版画展铜奖，进一步巩固了他的自信。紧随其后，绝版木刻《古歌》《季风》《心岸》《回声》与《净水》，不论构图与色彩，还是情绪与寄托，渐有所进，不似以往。绝版木刻《雨云》《蛮谣》和《无量山》系列推出，这时已不是"生糙"自然，也不是简单内省，而是作者的目光采撷与心智加工，强烈感受到一种人文关怀与文化自觉，其中绝版木刻《蛮谣》获第十七届全国版画展铜奖。再以后，绝版木刻《雨路》《木语》《风餐》《白露》和《立秋》问世，既有现实思考的抖落，又有隐蔽内心的告白；既有人体形态的展示，又有审美意境的探寻，以形媚道，大美不言，让人们看到一个版画家源源不断的创新能力，从

而奠定张晓春老师的版画风格。

值得一提的当数绝版木刻《木语》，作者以自身艺术眼光和观念表达，让精心营造的群像艺高一筹，定格为一种风貌。张晓春老师告诉我："木语，就是木匠之语，亦含木讷之意。"描绘一个佤族家庭，扎着汗巾男人俯首劳作，木槌与铁錾，砸出榫卯结构的生活。女人托腮沉思，老人躬身亮出后背，调皮孩童最为突出，一个斜躺牛脊，一个背倚牛腱，悠闲自乐，过目难忘。"其实这是一个男孩的两种形态。"这种以时空为视角，透过同一个空间的家庭图谱，可以让观者感受各种可能性，体味生命的不同阶段与不同

木语 绝版木刻 2007 年创作

过程。在光影变化中，既有阳光直射，也有反射光衬托；既有颜料厚度变化，也有手工磨擦留痕；既有色彩自然过渡，也有波浪式流变，白云、服饰、木头和牛犊，飘逸浮沉，不断添加作品绘画感。在三棱刀入木撕裂中，线条跟着结构走，或长或短，或粗或细，率性中形成独到肌理，爽朗中丰满场景空间，使之潜藏一股生命的活力，绝版木刻做到

如此这般，真是不容易，不能不为之击节，再一次展现他那善于经营画面的特点。

绝版木刻《木语》《空尘》与《蛮谣》等，则以佤族为创作主题，通过塑造作品仪式感，承载作者的记忆与格调，形成诗性化版画语言，既有别于普洱版画同道，也能领悟彼此对话滋味。绝版木刻《木语》在第18届全国版画展获优秀作品奖。上海举办此届全国版画展，奖项首次分为"美术提名奖"和"优秀作品奖"。

2012年，绝版木刻《幻界系列》，带着淡淡的墨香，走出张晓春老师的工作室。这是一幅傣族人精神生活组合，也是宗教与生命、宗教与自然的深层构建。此次转场的理由，梳理一下，既有个人前因，也有题材吸引。张晓春出生于教师家庭，父亲执教中学，母亲教小学音乐和美术，双亲的长期艺术熏染，引发最初的好奇与兴趣。思茅师专的熟读，云南艺术学院的面授，用力最大当数理论沉淀与涵养修为。知青、大学生、文化馆干部、舞台设计师与大学教师的经历，体会最深当数独立思考与意趣萌发。傣族，一个有文字的民族，也是一个全民信教的民族。当他开设云南艺术史课程后，或流连藏传和南传佛教区，一步步走进傣族自给自足世界，邂逅超度，玄妙思想，心渐渐飘忽起来，随后慢慢落定，理性思维如磁场般吸引着他，从而走向新的转场。

以绝版木刻《幻界·梦河》为例，不论是壁画残片，还是佛经故事；不论是抽象图腾，还是具象人物；不论缥缈景物的拼接，还是穿插其中的画框，都是含蓄指向，叙述着傣族人的宗教崇拜，虽说是非现实世界的描绘，通过逸兴抒发，收拢凡心，添一份内心淡定。不是追索三千世界，也不是治疗浮世伤痕，而是放下杂念，以精神的诘问，暗藏契合，所以更加耐读，包括绝版木刻《田埂》《玉飘》《踏歌》，以及入选第十二届全国美展的《漫滩》，每幅作品都隐隐流露一丝禅意。正如张晓春老师所言："当我把生活与艺术交织一起时，便自觉地把精神自由放在物质自由之先。"

在张晓春老师宽敞的工作室里，我细心翻阅《人体解剖画法》，这是四十多年前，他从邻居家借得原稿后，为了按期归还，起早摸黑，用一周时间临摹而成的，虽然被虫蛀得百孔千疮，甚至洞深见底，却能从中窥见当年的执着与痴迷。

"把我的梦留在作品中。"谈吐含蓄的张晓春老师，突然冒出这么一句，无疑是一种从容，或许是一种度化。当艺术不为浮华所累，不为时尚所囿，清风白云，尘事不扰，已经是一种境界。

注1：魏启聪，1956年出生，云南昆明人。曾获第七届全国美展金奖。先在云南省思茅第四中学任教，后调厦门集美大学艺术教育学院，现为该院副教授。
注2：郑翔，(1957 － 2009)云南澜沧人。云南省版画家，著名版画家郑旭之兄。

与杨锋（左）合影

杨　锋　　1960年出生，浙江嵊县人。毕业于西安美术学院版画系。中国美术家协会会员，中国版画家协会会员，中国美协版画艺委会委员，西安美术学院教授，博士生导师。多次担任全国美展、全国版画展评委。

作品曾获首届全国青年版画展一等奖、第十届全国版画展铜奖、第八届全国美展优秀作品奖、第九届全国美展铜奖、第七届全国三版展银奖、第十届全国美展优秀奖、全国体育美展铜奖，中国版画家协会与中国美术家协会联合颁发的80－90年代优秀版画家"鲁迅版画奖"。

代表作有：《作为武器的艺术——新兴木刻祭》《建国路》《墟——来自海关的报告》等。

不改初衷的脚步

我与杨锋老师第一次见面，是在深圳市的格兰云天酒店。

2014年初春的一天早晨，广东省美协副主席黄启明、深圳大学师范学院院长钟曦和我正在餐厅就餐。时任西安美术学院版画系主任杨锋走了进来，黄启明老师一句："你俩快看，像不像蒋介石啊？"逗得我和钟曦老师捧腹大笑。留着一字胡，有着方中带圆脸庞的杨锋老师不明就里："你们笑啥呢？"他那典型的浙江口音，又引来一阵哄笑。

杨锋老师从西安美术学院毕业后，分配至陕西安康地区群艺馆。20世纪80年代初，宽松的政治环境，使摆脱束缚的中国美术界，思维激荡，乱云飞渡。在那场"八五思潮"中，不甘寂寞的他，也拿起油画笔，在油画布上说自己想说的故事。日落月升，流光飞过。兴冲冲的他，把激情倾泻到送展前一刻，接着是等待，翘首踮脚的等待，可是等来的却是退回作品。那一刻内心的沮丧，让他雕塑般定格在作品前，半天没说一句话。突然，不经意间跳出一个念头：油画不行，改成版画试一试。

青春无畏，即将出发。他把油画笔换成木刻刀，伴随木屑飞舞，重温往日行走路线。又是日落月升，流光飞过。套色木刻《作为武器的艺术——新兴木刻祭》终于完成创作，眼看就要超过参赛截止日期，作品油墨没有干透便寄走了。也不知过了多少天，电话铃急促响起，朋友告知："你的版画刊登在《新民晚报》上啦！""是吗？"他扔下电话，像一只没头苍蝇似的，四处寻找《新民晚报》去了。那个兴奋劲儿，时隔二十多年，从突然高昂的语调中仍能感受到。

事有凑巧，多年后他巧遇当年评委，方知原委。1993年举办的首届全国青年版画展，以纪念新兴木刻运动为主题，可是评选活动接近尾声，一场声势浩大的全国性版画展，竟然没选出一幅切合主题作品，主办方不免有些失落。评选进入最后阶段，工作人员打开陕西省送展作品，套色木刻《作为武器的艺术——新兴木刻祭》映入眼帘，众评委瞧见，不约而同地发话：就定这一幅！因此，杨锋老师成为首届全国青年版画展一等奖获得者，一举成名。从那个时候起，他便留守版画阵地，浩荡长风，直至今日。

新兴木刻祭 套色木刻 1993年创作

套色篇

如果说，套色木刻《作为武器的艺术——新兴木刻祭》是他版画艺术高点起步，而套色木刻《建国路》则是观察生活，感悟时代前瞻性答卷。艺术的神秘之处，在于艺术家发现和提炼别人不在意的东西。几年前的一天下午，杨锋老师外出有事，一位年轻教师开车送他，汽车行至建国路，年轻教师侧过脸："杨老师，这就是您十年前创作《建国路》原址，看看有啥变化？"弹指十年，时光如梭。他一面回想着创作之初，一面观察着眼前街景，感慨万千，一时恍惚。

不妨把日历翻回到十年前。那是一个焦躁岁月，媒体的舆论明显提示人们，社会发展得快不快，就看大楼盖得高不高。他对于这种片面舆论导向，既有看法，更有担忧，艺术家的直觉隐隐告诉他，过度的人为描绘，失控的政绩张扬，其中裹挟的社会矛盾往往会被掩盖。在经济高速发展中，他既担忧挤压生存空间，更担忧挤压精神空间。戚然良久，忧心不释。决意创作套色木刻《建国路》，把担忧化为图式，把观念变为表述，直言不讳，对接提醒，成为他版画创作中个性鲜明的流露。

建国路 套色木刻 1990 年创作

套色木刻《建国路》的画面中，膨胀的人口、膨胀的私欲、膨胀的经济怪象，聚合为炸裂一般的场景，让观者看得心里塞满担心。虽然不是真情实景的描绘，却是一次学术前沿的瞭望，也是一次透视未来的呼唤，充溢艺术感染力和思维穿透力。对于杨锋老师来说，这种脱胎换骨的画风转变，真正使版画创作自觉地跨入当代性。

曾经走过的岁月，无法重新再来。十年后的今天，担忧变为现实，预测成为事实，从经济高速发展中的错失，更加敬佩作者当年的洞察。杨锋老师告诉我："这不是随意预测，而是阐述规律。为什么去描写社会经济生活中的怪象乱象，无非是提前打开一扇窗户，看一看社会发展规律。"当初的预测，如今成为难解的"扣子"，在这里既看到艺术家的敏锐思维与责任担当，也看到艺术家的阐述方式与高超技艺，令人起敬。虽然套色木刻《建国路》入选第九届全国美展，入编《中国百年版画》集，成为中国当代版画可圈可点的力作，可惜叫好的是政策执行者，而不是政策制定者。但他至今认为，说比不说强。古人云：道德文章高。我以为，应该包含这层意思。

如果说套色木刻《建国路》是观察生活，感悟当代前瞻性答卷，那么综合版《病愈思病》则是材料、图式和审美又一次突破。艺术的神秘之处，在于艺术家的好奇追问与大胆尝试。杨锋老师是著名的学院版画家，灵气与严谨相融一身，他对于版画艺术的守望，不甘心"重复昨天的故事"，每每打破陈规，突破局限，通过添加微讯和调侃，求变化，求创新，不断寻找新的聚焦点。有人曾这样形容，他对版画形态与内质的深入思考，如同挖井，挖得越深，口径越小，当然水也越加清纯。

倘若回望来路，《作为武器的艺术——新兴木刻祭》亮出新兴木刻之峥嵘，傲骨根根，不用说是大口径。《呐喊》亮出鲁迅先生与笔下的孔乙己、祥林嫂和阿Q，造型各异，混搭成20世纪30年代市井生活，也是大口径。《建国路》属于中口径，在时间长河的册页里，阐述当代人对现实社会的思考。属于中口径的还有《湮化》《触摸简牍》，一个以方块字为道具，从汉文字流传、存在与湮灭，关注民族文化的流失。另一个以手掌触摸简牍为题，通过实拓手印，关注中华文明的演变。小口径甚多，其中《拉链》《洗衣板》和《旧毛巾》等，把日常生活带进画面，既是生活细微处的感慨，也是观察社会后的见解。他清楚地知道，作品不必深究得一目了然，而是着力于思想深度的挖掘，通过含蓄比拟，切入批判意识，抒发当下的个人主张。如《墟》《废坑》《病愈思病》与《连环咒》等。

综合版《病愈思病》从题目到图像，给人感觉是一种生活体验，其实是一种精神缠绕。画面构成很"离谱"，离开人们熟悉的认知范围。一个摇摇晃晃之人，体容枯槁，举止失措，漫无目的地行走，让人感受一种胆怯、痛苦的生存状态。从心理学上求证，病愈思病，人皆有之，只不过病愈思病的思维模式，时刻左右自己却浑然不知。艺术感染心灵，

馬千官

与百位版画家

病愈思病 综合版 2006 年创作

往往是暗示与隐喻的结果，他不仅捕捉细节，更关注哲理叙述，把看似寻常却不寻常的现象，演变为臆造画面，材料新了，图式变了，内涵深了，但不突兀，更加符合理性推断，对于扩展思考方式和理解方式，无疑是一个启发与牵引。综合版《病愈思病》的问世，从被动接受转换为自觉认知，从拘泥客观转换为主观洒脱，这是经年艺术锤炼的升华，也是紧跟时代步伐的彰显，从而瞩目当代版坛，成为他版画创作中语言从容的发音。

十多年来，以《病愈思病》为代表的一系列综合版画推出，没有牵强的政治符号和图解的时代精神，只有自信的思维放达，不断引发人们对生存状态、精神状态的发问，与其说是一种艺术实践，不如说是一种观念挑战，解读现实，追索心源，这就是杨锋老师创作中区别同道的能量。

在汹涌的艺术大潮中，一批批绘画作品带着不同视觉感受，充斥视野，可谓盛况空前，却少了诗情，乱了心情。借用套色木刻《建国路》眺望之法，十年后对急功近利作品的遗忘，恐怕连作者都想不起来了。杨锋老师在艺术实践中，不在意市场行情的起落，却在意栖息心灵的方法，为了随心而为、随性而为的作品问世，坚持内外双修，追求品格，贯通涵养，以形式、技法和材料的深入研究，不断向艺术的高度与深度进发，所营造的那些撩人画面，摒弃浮躁，直指现实，吻合与吸引喜爱他作品的人。

杨锋老师对我说："有人认为抽象表现的作品随意性大，其实不然。我在创作时很认真，甚至非常较真，从构思、起稿，到印制，每一个环节都是下足功夫，能让观者看到作者的心理活动，这不是一件容易做到的事。"在他平静如水的外表下，裹藏着一颗充满激情的心，当把探索精神倾注作品时，旁人觉得很累的事，他却乐在其中。这么多年来，一面着力于版画创作，在思想与个性汇集时，融入内心气质和即时想法，不负时代机遇，这是他最为着力的地方。一面主编《综合材料版画技法》，以更为宽广的视野，盘点自己的艺术实践，总结经验，回归教学，积极推进当代版画的持久发展。

有幸坦怀，求学问艺。采访杨锋老师后不久，他如约寄来刚刚出版的《综合材料版画技法》，这是一本全国重点美术学院教材，传递着最新学术思想和版画技法，也传递着教育工作者的专业精神，为我领略当代版画整体气象，更新版画收藏理念，无疑是一份意外收获。当然，有前进的作者，就有跟进的读者。

杨锋老师是一位开朗达观之人，春天写在脸上，他那不改初衷的脚步，一定会走得更远。

张广慧

1961 年出生，湖北武汉人。毕业于湖北美术学院，结业于
中央美术学院。中国美术家协会会员，中国版画家协会理事，
中国美协版画艺委会委员，湖北省美协版画艺委会主任，
湖北美术学院版画系主任、教授。

作品曾获第十二届全国版画展铜奖、第八届全国美展优秀奖、中
国当代青年书画展一等奖、第十六届全国版画展铜奖、日本山梨
第三十七回版画展教育委员会奖、首届美术文献提名展提名奖、
台湾第十二届国际版画与素描双年展入选奖、第一届湖北艺术节
楚天文华美术大奖、第十一届全国美展提名奖、第十一届湖北省
美展金奖、中国版画家协会与中国美术家协会联合颁发的 80 — 90
年代优秀版画家"鲁迅版画奖"等。

代表作有：《北渚·自省的鱼》《洗发的人之十》《颤动的山地》等。

套色篇

守望楚地

　　见过湖北美术学院版画系主任、著名版画家张广慧的人，大都留下这样的印象，中等个儿，灰白头发和被山羊胡拉长的脸，不苟言笑，但是语言平和，待人诚恳。2015年年底，我到湖北美术学院时，特意去他工作室拜访。那一天，气温陡降，寒风阵阵，张广慧老师身穿酱色羽绒服，屋子里放着多年不见的木炭炉，大家聊一会儿，他便起身用铁条捅一捅火，许久没见如此动作，别有一番情调。

　　聊天，怎么也绕不开楚文化。武汉，古为楚地。楚国跻身春秋五霸、战国七雄，龙凤的延续，楚衣的承接，还有楚辞流芳百世，屈原投江千古传唱，都是这一片土地上的后人，回溯历史时引为自豪的内容。《湘夫人》出自屈原《九歌》组诗之一，为祭湘水女神而作，其中有：帝子降兮北渚……张广慧老师言："当下社会走进历史新时代，人们既可以领略地域的辉煌过往，也可以感悟外域的现代文明。以传统的眼光察看现实，从现实的角度回望传统，相互顾盼，纵览风云。渚为岸，取其意，站在岸边看水。这就是20世纪90年代初，创作套色木刻《北渚》系列时，我想要说的话。"

　　套色木刻《北渚·自省的鱼》，画面中没有湘夫人长鬐广袖，只是借用女性形体，双手交叠于胸，鱼儿畅游其间，取"读水之象观鱼"意蕴，借此表达作者的一种愿望。以深蓝之色，隐喻古楚历史的霜华；以绛红之色，舒展鱼儿畅游的欢娱；以浅黄之色，衬托流光时序的变化。用刀单纯，或繁或简，根据画面需要转换刀法。制作套色木刻《北渚·自省的鱼》时，张广慧老师独创"套版叠印"和"硬边印痕"两种新技法。谈起套色木刻印制，历来主版为主，副版为辅。"套版叠印"则无主版与副版差别，平行分版，在重复的套印中构造图式。为了显示历史距离感，分版套色时采用"硬边印痕"，产生与众不同的痕迹。不可否认，

北渚·自省的鱼 套色木刻 1994年创作

地理环境对艺术家创作有着潜藏影响，但他始终以当代人的感知，古为今用，通过别成一体的画面营造，将楚文化融入当代意境之中，寻根问祖，颇为新颖。套色木刻《北渚·自省的鱼》一经推出，便跻身第十二届全国版画展铜奖颁奖行列，那是1994年。

2002年，绝版木刻《洗发人之十》获第十六届全国版画展铜奖，这是张广慧老师在全国版画展第二次收获铜奖。综观作品的构图设景，已没有"湘夫人"一丝残影，此次出场的是男子形态。作者利用形象重叠，不断强化视觉效果，带着鲜明学术趣味，利用不同方位的线，不同形状的点，组合成不规则艺术符号。既不守旧，也不花哨，在注重意境营造中，适当引进西方现代主义精神，形成超越客观形态的画面，为中西艺术融合提供一个契机，细读之下，妥帖流畅，成为该作品时代性的最好注脚。

绝版木刻《洗发人之十》的语言更为纯粹，刀法也洒脱许多，亦注意色彩的和谐统一，极大提升作品的观赏性和学术意义。到这时候，他的洗发系列已延伸至之十，在技法应用上从多版套色，进入绝版加套色阶段，肌理丰富，内涵充实。在创作主题上从描绘什么，进入体味什么阶段，摆脱束缚，恪守弘扬。张广慧老师告诉我：很多外国朋友多次打问，中国人为什么那么爱洗头？当初，他确实是以洗头为载体，通过洗发水在头顶上揉搓，暗指一种时兴的商业行为。如今，他却是透过洗头表象，直指凡尘背后的尴尬，留出更多思考，走向理性问询。细看一下：430060，这是武汉市邮政编码，用这样一组阿拉伯数字飘荡其间，不仅传递时代气息，也是释怀故乡情愫。加上一枚"莱阳县家寨堂"印文，多出一份不能捐弃的红尘因缘，同时多出一份传统文化的雅趣闲情。作品想象多于具象，理性多于技术，成为一种提携人心的诀窍，构成张广慧老师个性鲜明的艺术面貌。

欧洲木版基会创建人之一的冯德宝先生，一眼相中绝版木刻《洗发人之十》，当即打电话给他："我明天走，多带两幅来。"张广慧老师当晚送去两幅，这位"中国通"一见，懊恼不已："我是说你们中国人的那个意思，就是多带几幅，不是两幅。"虽说误解了冯德宝先生意图，却让我们看到"中国通"独具慧眼。

2008年5月12日，张广慧老师与美国艺术家玛丽，在武汉市再次实现艺术联袂。此前，玛丽丈夫突发脑血栓，她一面组织救治，一面强抑悲痛，拓印丈夫身体表纹制成版画。张广慧老师访美期间，被玛丽的艺术果敢所打动，随即以自己的掌纹加以叠印。人体体纹与掌纹共同拓印的画面，仿佛高空中俯瞰大地，山川河流，曲折回转，取名《共享地理》。再次艺术联袂中，他俩以枯死的松柏盆景为题材，共同勾勒枝条，枯萎枝杈，交错盘桓，并以绿色背景相陪衬，暗合"沉舟侧畔千帆过，病树前头万木春"意蕴，取名《共享生命》。

"我的工作室在19楼。5月12日那一天，我和玛丽夫妇欲进大厦电梯，众人蜂拥而出：'正在地震呢，你们还上去？'虽然大地晃动，我们还是乘电梯上楼了。直到晚上看电视时，方知汶川发生大地震，因此《共享生命》是在地震中完成的。"

套色篇

洗发人之十 绝版木刻 2002 年创作

"创作绝版木刻《颤动的山地》，那是汶川地震期间自己的切身感受与体悟。为了还原揪人心弦的颤抖，通过跳跃的刀痕，飞洒的留白，流动的色彩，表现大地摇荡中自己哆嗦的心跳。"

随后，他与玛丽女士一道，将《共享地理》《共享生命》与《颤动的山地》进行公开义卖。"那批版画卖得相当好，所得款项全部捐赠灾区。""在举国悲痛中，我俩的行为不仅是一次艺术实践，也是一次情操洗礼，更是一种对生命的敬重。"次年，第十一届全国美术作品展中，绝版木刻《颤动的山地》毫无悬念地荣获"中国美术提名奖"。

张广慧老师是中国当代版画家群体中的代表性画家。20 世纪 80 年代末，以文字融入画面的《水》系列，在版画界崭露头角。进入中央美术学院后的登高放目，随着《鱼》《楚国游记》系列的先后问世，探索步伐越来越迫切，也越来越主动。接着《北渚》系列的推出，"套版叠印"和"硬边即痕"技法的脱颖，版画语言由运用走向创新，取舍自如，成为阶段性探索的一种归属。真正凸显版画个性风格的，是他20世纪90年代创作的《洗发》系列。倘若回望，发现早在创作《北渚·洗发》时，他便有意识向《洗发》系列发展，直到数年后的剥离与封刀，终于实现版画风格的彻底转场。

其后，如表达社会变迁的《情人节》系列，表达社会责任的《颤动的山地》，意在其中，思在其中，都是积累和思考后的爆发，隐含的理性与知性气质，很值得人们去回味。分析一下，张广慧老师艺术成就的不断斩获，与其先后赴英国剑桥大学丘吉尔学院、美国Gonzaqa大学、美国华盛顿大学美术学院、香港中文大学、香港教育学院、香港浸会大学艺术系和法国昂贝尔市展中心、美国西雅图seyoon画廊举办个展，以及法国、德国、意大利、荷兰、日本、美国、印度、韩国等地的考察讲学，都有着千丝万缕的关联，不可忽视中外艺术交流对他的情感缠绕。

张广慧老师是一位对事物敏感，又有方向感的版画名家。频繁国际交流与联手创作，不是见佛就拜，而是放阔视野。不是数典忘祖，而是紧追时代。读楚辞、看诗经，流连各地博物馆和艺术馆，连接上下千年文化气脉，通古变今，成为他精神生活的一种习惯，修养内质，优化自我。"每当凝视青铜器时，千年风烛，铜锈斑驳；每当聚焦古漆器时，流变千载，露胎脱漆。透过历史尘埃，直面母体文化精髓，璀璨而悠远的中华文明，才是炎黄子孙岁月不惊的真正源头。"他长期担任湖北美院版画系主任，本职繁忙，但他兴趣广泛，确定要做的事，决不浅尝辄止。

他研究木刻造型语言，数月闭门谢客，随后专著《木版工作室》出笼。他研究明代瓷器，青花碗收藏200多个，一边摩挲一边研究，出版专著《明代民窑青花瓷》。他研究版画用纸，凡是能找到的各类纸张，逐一试用。水印油印，套墨套色，不厌其烦，最终眼光落在安徽泾县手工夹宣上。蘑菇、勺子、马莲刷，捏出汗水，反复比较，最终眼光停在马莲刷子上。这些工具在他手中，运用之妙，如虎添翼，能把油印做出水印的感觉，从而成就油印套色木刻的神奇。在张广慧老师工作室里，我手持放大镜，俯身品味油印套色木刻《四季佳兴》，那色调，那韵味，活用传统，古雅清新，功夫真是了不得，虽然美的缠绵让我有些恍惚，始终不舍热切的目光。

张广慧赠送作者的木刻集《一年》

临走时，张广慧老师送我一本刚刚出版的版画集《一年》，画册汇集"四季佳兴"二十四时节花卉，印刷考究，异彩纷呈，令人目不暇接。这是他转向风景版画创作的一次总结与展示，与大型木刻版画《我闻》一道，都是再造自然，既是以景融心的证据，也是意识行走的痕迹，可谓画不惊人誓不休。

这就是我捧读版画集《一年》时猜想的，也不知对不对？

顾志军

1961 年出生，江苏苏州人。就读于中央美院版画系。中国美术家协会会员，中国版画
家协会会员，江苏省美协理事，苏州美协副秘书长，国家一级美术师。

作品曾获第十三届全国版画展银奖、《展望二十一世纪》群星美展金奖、全国"五星奖"
美展优秀作品奖、第十四届全国版画展铜奖、第九届全国美展优秀作品奖、第十五届
全国版画展铜奖、第十六届全国版画展银奖、第二届中国"金彩奖"作品展优秀作品奖、
第十七届全国版画展铜奖、首届观澜国际版画双年展"观澜国际版画奖"、第十八届
全国版画展"中国美术提名奖"、第十一届全国美展提名奖、时代印记———2013 中国
百家金陵画展（版画）金奖、中国版画家协会与中国美术家协会联合颁发的 80 – 90 年
代优秀版画家"鲁迅版画奖"。

代表作有：《谈古论今》《吴侬软语》《飞累了歇会儿》等。

与顾志军（左）合影

姑苏寄怀

六年前的一天，我与顾志军老师徜徉在苏州桃花坞青石路上。

初春艳阳，青石泛光，如同碎银洒地。也不知经历多少年风雨洗刷，路人踩踏，青石路被磨得如此光亮。青石路与古桥、长巷、黛墙相映，仿佛时光倒流，相遇姑苏当年，让人们不由滋生无限寄怀。"这条巷子，哪儿高低，哪儿拐弯，我闭着眼睛也能走个来回。"顾志军老师风趣地告诉我。

万物通了灵性，便能产生情感，何况眼下这片生于斯长于斯的热土。姑苏流云，小桥流水，早已成为顾志军老师的生命喘息。如今，历经三十余载风风雨雨，踏石留印，在发扬民族传统文化的遨游中，以意境深邃，巧于构思，精湛技法，缩影东方文化，宽阔当代精神，演化为版画艺术的新面貌、新格调，雄踞当今中国水印版坛高峰。

有人说，艺术是一次长途旅行。回望来路，在顾志军老师艺术旅途中，有两次充电的经历值得一提。

第一次，来自刻版艺人叶金生的传授。顾志军磕头相拜的叶师傅，在我国刻版界那可是了不得的人物。1958年，叶师傅亲手复制的明代木刻《九歌图》和《水浒叶子》，曾得到郭沫若[注1]高度评价，不但亲笔题笺头，还挥毫为"苏州桃花坞木刻年画"题字，可见技艺何等高超。因此，当年能颔首低眉拜到叶师傅门下，并非容易之举。

另一次，来自中央美术学院版画系的深造。1995年那阵子，我国新兴木刻运动先驱都还健在，云集京城。虽然老先生都是居闹市而心安然之人，然而情操高尚，才华横溢，耳闻目睹都是收益。学习很苦，功课很累，却让他学到了真本领。要不然哪能前脚走出中央美术学院大门，后脚就去接捧第十三届全国版画展银奖。获奖作品《谈古论古》，石版技法就是刚学会的。

照这么说，顾志军老师版画艺术成就全凭这两次充电，此话偏颇。

技法的磨砺掘进，既是基础，也是立身之本。黑格尔在谈到艺术作品层次结构时说："遇到一件艺术作品，我们首先见到的是它直接呈现给我们的东西，然后再追究它的意蕴或内容。"十二年前，我初见水印木刻《吴侬软语》，就是这么个感觉。

画面中的远方，姑苏城尽收眼底，青瓦黛墙，小桥流水，一叶轻舟掠过，仿佛听见摇橹声。近处为四屏隔窗，同样的姑苏城，呈现别样景致，假山奇石，亭台楼阁，府邸幽深。视觉的错位与重叠，交错贫富，隔断古今。在中国传统线描与西方素描融会中，作者塑造一男持三弦，一女抱琵琶。苏州评弹是苏州评话和苏州弹词的合称，吴侬软语，

吴侬软语 水印木刻 2002 年创作

自弹自唱，弦琶淙铮，语音轻柔，娓娓叙述着古往今来的故事。虚实相生的景色，细腻生动的人物，在精雕细琢中，层次分明，浓淡相宜，可谓苍润并济。画面呈现的明暗透视，虽然拥挤，却不繁乱，形成独到的超常语境，如同走进一个静美世界。人在画中，情在画外，水印木刻《吴侬软语》传递的是，满满东方情调与吴文化的余音绕梁。

顾志军老师告诉我："当年跟着叶师傅学艺，师傅说得不多，全靠自己观察默记，日积月累。在中央美院研修时，先生提示不多，全靠个人摸索积累，渐有所成。先偷艺，再消化，然后建立自己的风格。"

1979 年，当他跨进桃花坞木刻年画社大门时，心里明白：这个行当，手艺就是饭碗。因此暗下决心，一定要把基本功练扎实。专注与勤奋，让他渐渐成为传统水印技法的高手，独领风骚。但是版画创作与雕刻年画不同，版画是"痕迹"艺术，是寻找现代艺术观念的一种表达方式。为此，他一面挣脱固有经验，充实眼光，提升眼界。一面凭借自身功夫，在题材创意上，紧跟时代发展的车轮，自觉而为，直追合辙共进。在刻版印制上，悉心驾驭版、纸、刀、色，起承转接，直追随心所欲。殊不知，经历过多少个寒来暑往磨砺，才能到达如此佳境。难怪从第十三届到第十八届全国版画展中，没有一次不捧回沉甸甸的奖牌。其中水印木刻《吴侬软语》先获第十六届全国版画展银奖，又获第二届中国美术金彩奖作品展优秀奖。

自我情感的体验与感悟，既是抒发，也是心灵归宿。《周易》中有"观物取象"之说，说明从客观到主观有个转换过程。顾志军老师认为：版画家的技法只是表现形式，内容才是本质体现。他在艺术创作中，既注重生活体验，更注重精神体会，不沉浸怀旧，不重复已有观点，紧贴时代脉搏，捕捉思想火花，因为鲜活而无定势套语，不断显现超越自我的新姿异彩。

姑苏城的得天独厚，桃花坞的繁荣以往，这些记忆既是他的心灵原乡，也是他的遥望平台。20世纪90年代，中国美术呈现多元化发展格局，版画也由乡土风情向主体精神与本体语言转换。在传统版画与现代观念对接中，他以厚实的、娴静的传统技法，主动嫁接当代思维，借用姑苏城的场景，为画面提供一个个视觉符号，结构为鲜明的个性语言，释放自己的艺术思考，先后捧出《谈古论今》《画境文心》系列，接着捧出《思维模式》《江南遗风》《皖南印象》等，再到《世说新语》《朝来夕去》《时尚物语》和《船到桥头》，直至近作《飞累了歇会儿》。在这些经典水印版画图式中，既有古刹幽阁、石桥巷陌和枕河人家，也有汽车飞机、标牌语录和时下风物，以此成为观察生活、倾诉情感的窗口，既新颖出奇，又和谐明快；既往返顾盼，又美意盎然。这些家乡景致，让他一次次登上遐想云梯，没有"旧瓶装新酒"，通篇是耳目一新的心路解读。

回眸顾志军老师的版画艺术，不难看出，他把生活体验与心灵感悟有机融合，一景一物，蕴含历史，裹挟文化，以独到景致叙述独到情怀。如《朝来夕去》中仕女的惊鸿一瞥，《船到桥头》中飘浮的纸折小船，都是一个引子，通过风雅倾洒，撩拨观赏者去寻觅精神的彼岸。《飞累了歇会儿》虽然直面当下，剖析时弊，始终离不开对家乡的关切与思考。有位版画藏友笑言：顾志军老师的作品会说话，说的都是苏州话。

文化的沉淀修行，是路径，也是人生目标。桃花坞，位于苏州古城西北。宋熙宁年间，这里便开始筑台建园，至今已有一千多年历史。太平天国时一场大火，桃花坞毁于一旦，仅有年画得以幸存，所以才有桃花坞木刻年画的香火延续，从而成为苏州吴文化一张独特名片。

古人云：技进乎艺，艺进乎道。顾志军老师在文化修行中，不喜欢大张旗鼓地谈论艺术民族化，但他的作品里处处都能体味到。不论线刻技法，还是构图设景，一脉相承吴文化历史基因。对于传统文化，他积极汲取，保持作品外显内藏的民族性。对于时代语言，他大胆运用，保持作品个性风格的当代性。所以，顾志军老师的版画艺术，既有直接感知的美感，又有当代审美的回味，过滤取舍，探得奥妙。综观世界艺术史，西方艺术注重实际表达，东方艺术注重意境传递，他在创作时兼蓄并用，成竹在胸，力求画外有画，所以出新出彩。

石版《谈古论古》以古代信笺方式构图，画面分为四块，虽然彼此分隔，却又相互衔接。既有仕女静卧闺房，也有孩童嬉戏庭院。既有石桥巷陌，也有玻璃窗棂。一块"公用电话"牌的出现，一下子激活了画面，也激活了所有猜想，把观者思绪带出画境，自

（左侧竖排）馬手官 与百位版画家

然而然地扩展意境，成为技法往高处走，意境往深处去的范例。细细展读《谈古论古》中，每一个技术元素，每一个巧妙构思，观中之感，感中之观，都是作者精心营造的不凡意蕴，一面让你心动，一面让你遥想：艺术不是一种职业，而是一种文化修养。

谈古论今 石板 1996 年创作

如今，艰辛往事，早已在如水岁月中渐渐淡忘。风光成就，也已在忙碌时光中悄悄挥别。"我现在有好多事要做。" 顾志军老师与我在饭店就餐时，一边扳着指头，一边数落着要做的事。

顾志军版画工作室坐落苏州桃花坞创意园，十八年来，在他执着坚守中，成为苏州市知名民间艺术机构。石版、铜版、木版和丝网版综合功能的实现，他开心；工作室创作团队边工作，边创作，惊喜成绩纷至沓来，他开心；国内外艺术交流日益频繁，先与苏州文联艺术学校合作，定期培训中小学教师。接着与苏州科技大学合作，成为该校综合班创作基地。美国密西根大学恩迪·波斯克维克教授，专程带着学生到这里进行课程体验。版画工作室常常走出一拨，又来一拨。顾志军老师满眼笑意地对我说："越忙越开心。"

饭后挥别，顾志军老师顷刻间溶入熙熙攘攘的人群。那条青石路，他走了几十年，走出人生修行，走出艺术灿烂，如脚下的鹅卵石，越走越光亮。那一刻，我若有所思，想起《易经》中的一句话：天行健，君子以自强不息。

他总是步履匆匆，那是怕辜负了大好时光。

顾志军现在的工作室

注1：郭沫若（1892－1978）四川乐山人。我国新诗和历史剧开创者之一，考古学家，社会活动家。毕业于日本九州帝国大学。新中国成立后，曾任政务院副总理兼文教委主任、全国人大常委会副委员长、中科院院长、中国文联主席等职。

与王轶琼（右）合影

王轶琼

1961年出生，江苏常州人。毕业于中央美术学院版画系。
中国美术家协会会员，中国版画家协会会员，江苏省版画
院副院长，国家一级美术师。

作品曾获第十一届意大利国际版画展收藏奖，大陆青年版画家大
作大展佳作奖（台湾），第三届全国青年版画大展创作奖，新加坡
鸿翔艺术中心作品展收藏奖，第十三届全国版画展银奖，第六届
全国三版展优秀奖，第十四届全国版画展铜奖，第九届全国美展
铜奖，北京国际版画双年展"泰和经典奖"，第十届全国美展铜奖，
中国版画家协会与中国美术家协会联合颁发的80－90年代优秀
版画家"鲁迅版画奖"等。

代表作有：《从南方到北方》《中国香》《不.能飞翔》等。

牢·劳·唠

江苏版画界的朋友聊天，谈起著名版画家王轶琼位于北京宋庄的工作室，都是羡慕不已，我一直想去看看。五年前有事去北京，偶得半日空闲，便打电话给他，电话那头哈哈大笑："算你凑巧，我正准备从市区回去呢！住哪个宾馆，我去接你。"于是，我顺顺当当来到北京通州的宋庄画家村[注1]。

王轶琼老师住所位于宋庄中心区，临湖而建，占地一亩，建筑分上下两层，红砖红瓦，里外三进，错落有致。临街为宽敞质朴的北方院，临湖为烟水山色的南国景，自称"隐湖"，藏而不露，赏得心醉。进大院穿过门厅，拐个弯便是他的工作室，面积350平方米，高约6米，无窗无柱，冬日阳光从屋顶的光槽漫洒下来，均匀柔和，带着隐隐的朦胧感。画架上的油画，案几上的雕塑，以及平展工作台的版画，虽说摆放随意，却是满室幽兰。

"真安静。"空气静寂得听到自己心跳声，虽有耳闻，我还是情不自禁。

"你说对了，设计时想要的就是这个效果。"他自豪地打开话匣子："设计之初未预留窗户，有窗就有风景，分散创作注意力。有窗就有直射光，影响色彩判别。营造一个与外界完全分隔的空间，如同'牢'房，人进来，心收住，平心静气地去做属于自己的作品。"

我感慨："岁月静好。"

他健谈："情绪是一种状态，环境可以改变状态。当你进入宽阔高耸的空间，人变得矮小，心情却放大了。一位南非艺术家来此参观，很受启发，准备回去也建一座同样的工作室，她说'当地治安不好，有窗户子弹就能射进来，没有窗户还能防暴呢！'没有想到吧？"此言一出，我俩不约而同笑出声。

真正有所感悟，还是离开宋庄融入首都车水马龙那一刻，面对喧嚣，独享宁静是何等奢侈。

这就是王轶琼老师的"牢"。

艺术内美，需要静中参悟。我与他分坐"牢"中木椅，不紧不慢地聊天，感受宁静，放飞思绪。他的创作随艺术见解递进而递进，从执着而为，到随心而为；从苦练刀法，到功夫在刀外。别看他表面谦和，儒雅得体，其实骨子里性格倔强。毕业于中央美院版画系的他，当年做版画的玩命劲儿，著名艺术家徐冰[注2]每次见到后，时不时丢下一句话："这样玩命会累死的。"

成功不是快乐想象，在心智与汗水浸泡中，他推出铜版《技术讨论》系列。如《悬浮》

画面中，一把铁尺，一根钢针，干刻的千万道痕迹，铺就出网一般构架，再将古物缀上去，仿佛悬浮于半空中，这种符号与物象的妥帖组合，形成超越时空的视觉图式，硬是把铜版材质与铜版语言玩出新花样，形成的独特审美风格，立即在版画圈引起一阵惊羡。

1990年，他在北京举办铜版画作品展之后，意外地"清零"转场，一个鲤鱼翻身，直接扑向木刻版画创作。先是推出《大河系列》，在灰调子上下足功夫、做足文章。接着又以《乐园》为引子，把在西北地区写生时相遇的故事，掺和自己想法一起放了进去，尽管不失苦心，还是觉得不尽兴，因此才有了黑白木刻《从南方到北方》的问世。

在青海西宁至塔尔寺大路上，随处可见佛教徒跪拜而行，那种陶醉与虔诚，有一种万水千山挡不住的神思魂往，至圣至洁。一场远去的不期而遇，也许永远不知道他们名字，却成为挥之不去的精神震荡。佛教徒、转经轮、飞鸟鱼虫、甚至时髦女郎，他在精心营造与拼接中，描绘遐思境界，叙述心灵向往。黑白木刻《从南方到北方》以独到构思和新颖阐述，尽情抖落生命的盎然，挥洒自如，气韵高雅，因而捧得第十三届全国版画展银奖。他言："纠缠木刻，意象万千。黑白木刻《从南方到北方》开两端签字先例，颠倒悬挂，各有看头。同时借助色纸印制，远看是套色木刻，近看是黑白木刻，与严谨的版画规矩开了一个玩笑。"

其后推出黑白木刻《远山的倒影》，则完全是另外一番景象。画面高达2米，可见山峦连绵，飞云乱渡，一把出鞘长剑与倒影相连，气吞山河，亮出截然不同的风骨，摘得第十四届全国版画展铜牌。他言："刻刀在手，用着用着，突然产生一股剑气，心到哪儿，刀到哪儿，所以气韵贯通。"套色木刻《中国香》的色彩运用，以考究见长，艳而不腻，以赭色显层次，以蓝色求搭配。用刀率性，豪放大气，使画面很酷很抢眼，接着捧回第十届全国美展铜奖。

他言："色彩是版画重要的视觉语言，与刀法相得益彰。我做油印色彩，既要渗透，更要透明，把色彩印得很薄，薄得如同纸上留下的呼吸痕迹，这是一种挑战。"这句话很有个性，听者不忘。因此，这一时期作品不同凡响，包括《牛角帽》《中国情人》《功夫》《不爱麦当劳，偏爱木刻刀》，在观念与手艺结合中，篇篇精彩，幅幅盛名。他谦逊地形容："在浑沌中摸索。"

从南方到北方 黑白木刻 1996年创作

套色篇

王轶琼老师习惯从往事中抽身，重新编写新的故事。经年折腾，套色木刻《茄子》《有色金属》《五棵松》相继问世，亮出全新技法与艺术理念。他言："油画边缘线靠描，国画边缘线靠钩，版画边缘线则是靠刻。版画刻出边缘线有利有弊，克服这些弊端的办法，一是硬边，二是透明，视觉效果才能出得来。版画是讲究手艺的，油印做出水印的透明感，也是一种创新，这是我二十余年探索的最新收获。"

我突兀一句："你的木刻技法突围，可以分为两个节点。"

他立马转头："哪两个？"

"听我道来。"我故意停顿一下："第一个节点，1996 年创作黑白木刻《从南方到北方》，表明第一个创作高峰期到来，也表明北漂想法由来已久。"

他接言："牵强。"

我拉长音："第二个节点，2010 年创作套色木刻《有色金属》，不仅塑造不同以往的画面，也能窥探新的思维与技巧。"

他接过话头："版画最重要的不是技巧，是结构。结构最重要的不是画面结构，而是思想结构。艺术创作在惯性中行走非常危险，敢于变革最为重要。"突然，他扭头大笑："哈哈，你收藏的正是这两幅作品！"

我狡黠一笑。

这就是王轶琼老师的"劳"。

王轶琼老师特别健谈，从色彩到结构，从版画到微信，高谈阔论，甚有见地，深切感受他那紧随时代的脉搏跳动。对于当代版画，他认为："社会在飞速发展，版画概念也在延伸。用什么样材料做版画，用什么样方法做版画，一定要淡化限制，只要把握版的媒介作用，版画家就可以尽情实现自己的艺术思想。徐冰老师许多惊世之作，就是对版画原理的运用与延伸。"

对于当下的艺术思考，他认为："从古都南京到首都北京，既是地域迁徙，也是观念转换，最大的收获是视野变化。过去思考较多的是构图，现在思考较多的是结构，见贤思齐，观照当代，所以与时俱进……"联想到他的"手机版画"创意，即以手机实物为作品，屏幕变化就是画面变化。或者每天推出

有色金属 套色木刻 2010 年创作

八千字的微信，详细阐述个人艺术见解与主张，连续数月，狂轰滥炸。他的此番举止，不是方法出新，而是观念弄潮。

回望一下，2010年他创作的套色木刻《有色金属》，对转基因问题的超前思考与敏锐发问，如今赏读，仍然振聋发聩："艺术不是被动存在物，仅仅作为繁荣文化和传递情感的工具，更应该承担未知领域的拷问与探索。《有色金属》中看到的蒜苗，看似孤物，胜过魔方，既有金属属性，又可食用，但又是毒草。蒜苗与金属，本无关联，但从转基因角度又可以实现。创作《有色金属》就是揭示转基因的各种可能性，从而提醒人类千万不能丧失危机感。"此时此刻，既能感受他的前瞻思维，亦能感受他的责任意识。《有色金属》的真正亮点，是超拔艺术之外的批判意识，这种拓荒气概，在同一个时空轴里，不是每位版画家都能具备的。细想一下，多年前的《有色金属》创意与当下揭示转基因危害的呼喊，异曲同工，都是一帖良药，他开的药方还挺早。

王秩群别具一格的工作室

这就是王轶群老师的"痨"。

我忽然觉得，"牢·劳·唠"这三个字，引而用之，对于理解和概括江苏版画院副院长王轶琼的艺术成就，一个都不能少。

临走前，我在王轶琼老师陪同下，特意登上他家屋顶，一面目睹从未见识过的玻璃采光设备，只见屋顶上玻璃砖排列整齐，形成数道巨大采光槽，虽然玻璃厚实，却没让光线止步，晶莹通透，独具奇态。一面眺望据说容纳数千名画家的宋庄，房舍绵延，此邻彼接，在中国当代艺术史上，这是一方闲云野鹤的去处。

秋日晚风，吹得我俩神清气爽。站在屋脊上的王轶琼老师，仰之弥高，虽说身材有些单薄，洋溢的却是鼓鼓勇气。

注1：宋庄画家村，位于北京通州，1994年初春，画家方力钧、岳敏君等选择宋庄为创作基地，后来大批画家陆续来此定居，成为自由艺术家的聚集地。

注2：徐冰，1955年出生，浙江温岭人。毕业于中央美术学院，获硕士学位。以荣誉艺术家身份移居美国期间，获美国文化界最高奖：麦克阿瑟奖。曾任中央美术学院副院长，博士生导师。

套色篇

与王华祥（右）合影

王华祥　　1962 年出生，贵州清镇人。毕业于贵州省艺术学校和中央美术学院版画系。中国
　　　　　美协版画艺委会副主任、中央美术学院造型学院副院长、版画系主任、教授、博
　　　　　士生导师。首届国际学院版画联盟主席，中国艺术研究院版画院副院长，人民教
　　　　　育出版社终身专家。兰州教育学院、西安美院客座教授。万圣谷美术馆馆长，飞
　　　　　地艺术坊名誉校长。

　　　　　作品曾获第七届全国美展金奖，中国版画家协会与中国美术家协会联合颁发的
　　　　　80 － 90 年代优秀版画家"鲁迅版画奖"。

　　　　　代表作有：《贵州人》《青年教师》系列等。

信任与爱心

　　2012年8月9日晚，立秋后的南京城依然闷热，蝉声四起。大约晚9点多钟，我正被电视剧撩拨得忽悲忽喜，手机铃响，王华祥老师打来电话，语气急促："湖南省有一名叫高子涵的小女孩，车祸导致生命垂危，我俩共同捐助如何？"他的提议，我没有多想，能为挽救小女孩生命出力，当即表示赞同。

　　第二天清晨，我驱车赶到银行，将捐款汇至湖南省儿童医院"高子涵募捐专户"。越急越添乱，也不知哪个环节出岔，接连三天，"爱心妈妈"团队多次到湖南省儿童医院询问，竟然未查到此笔汇款。于是，我赶紧联系汇款银行，核对账号、查验凭据……一边是患者的焦急等待，一边是银行的肯定答复，着实让我上火。焦急之中，王华祥老师数次电话、短信劝慰。汇款后的第四天，家人提醒：查不到汇款，别人会不会误解？于是，我不得不流露于通话，王华祥老师硬邦邦丢一句："你怎么信任我，我就怎么信任你。"一时无语。

作者保存的汇款单

　　转机出现在8月14日22时22分，我接连收到两条短信。第一条是转发的："王老师，款收到。10号上午就到账了，没想到那么快，不好意思。"第二条："款已收到，请放心。华祥"。无须多言。那一刻，我觉得信任比金子宝贵。

　　2008年5月，南京博物馆举办"第二届中国当代版画文献展"，初见王华祥老师。时任中央美术学院教授的他，才高出类，久仰其名，我多少有点着意攀谈。交流中，感受到一股大气与灵气，豪爽豁达、坦诚随和成为最初的印象，也成为此后相互节日问候的由来。

　　王华祥老师是我国当代杰出艺术家，他从贵州乌江上游鸭池河边走出，三十余载的风生水起，荣光无限。这不是命运的偏爱，而是自强不息的收获。当绝版木刻《贵州人》荣获第七届全国美术作品展金奖时，一片惊愕，包括26岁的他。面对突然而至的荣誉，有时像龙卷风一样，能把人吹到空中飘浮起来，他却顾所来径，话讲得很直白："是田世信[注1]先生将我领进艺术之门，是蒲国昌[注2]先生奠定我的版画技艺和艺术观。我是蒲国昌老师的艺术延长线。"这是掏心窝的真话，有些人却不愿意讲，特别是取得重大成就之后。

　　绝版木刻《贵州人》的创作，让他偿还了魂牵梦萦的感情债。当年离开家乡的时候，一步三回首，在鸭池河边久久回望，那一刻的揪心扯肺，多年后仍然记得牢牢实实。记住了鸭池河边的那间茅草屋，那是降生的地方，也是烙下童年记忆的地方。记住了母亲

套色篇

301

至成为外国元首与政府首脑频繁进出的参观点。这是一颗巨大硕果，苦尽甘来，真正的成功者才会拥有。

他用持久的勤奋，续写日益进取的艺术历程。童年时，两毛钱买一本连环画临摹，那是最初的兴趣；少年时，包揽学校的黑板报编创，那是好胜的练手；青年时，跟随仰仗的两位恩师磨砺，那是期待中的向往。也许是不愿意辜负，也许是遥远的呼唤，他开始新的艺术探索之旅，一直走到今天。当年推出油画《杜尚之后的混战》《亚当夏娃》，那是东西方艺术间的信步。其后推出油画《整容》系列、《喜入迷途》系列，成为告别隐居的布告，也是变换艺术视角的思考。接着推出雕塑《起来》、油画《凭什么》、油画《艳照门》系列、油画《被缚的奴隶》系列和雕塑《欲望中国》等，既是艺术转身后的邂逅，也是现代到后现代的见证。直到《那一日》出现，开始《风往回吹》，云淡风轻的他，去掉了情愫隐忍与精神漂泊，重回最初的《等待花开》。总之，这位当代艺术与观念的先行者，不断地告别现状，投入到新的故事。一路走来，绘画成为表露心迹的载体，也成为风云变幻的记录。

他用犀利的言辞，回应波浪一般的巧言如簧。信息传播快捷后，关于他和他们之间的争论，也越来越多地震荡耳膜。其中既有对艺术的探问与见解，也有劳神的闲言与碎语，他希望宁静，但不惧怕争论。平心而论，他是一位不喜欢戴面具生活的人，珍惜自在，不掩个性。他直言："讲几句真话，把自己还给自己，有什么不好。"

时光远去，曾经的辩白走心，渐渐成为过往流云。这是一种旷达，也是一段似水年华。如今，王华祥老师担任中央美院版画系主任，李桦先生曾经坐过的那把交椅，他现在坐着，回到当年艺术起跑线的道口，不由让人们多出一份厚望。最近，首届国际学院版画联盟主席的担子，也搁到他的肩上，艺术本无界，搭伙一起走，不由让人们多出一份展望。

时光如水，总有记忆封存在岁月深处。一个难忘的夜晚，至今在我脑海里萦回。五年前深秋一天，风清月白，我做客王华祥老师的山庄。烹青鱼，炒时素，品红酒，侃大山。从切磋艺术，到闲议时政。从叙怀往事，到评点市场，时不时来个段子助兴，"古今多少事，都付笑谈中"。虽然不是酒醉星月，却也是畅饮神聊。相逢缘分，却忘了时辰，要不是他夫人陈静老师提醒："已经凌晨两点多了。"还不知何时尽兴。

那一夜，我俩聊得很晚，因为彼此信任。

注 1：田世信，1941 年出生，北京人。毕业于北京艺术学院美术系。著名雕塑家。曾任贵州清镇中学教师，贵州艺专雕塑工作室主任、中央美院雕塑研究所研究员、中国美协雕塑艺委会副主任。

注 2：蒲国昌，1937 年出生，四川成都人。毕业于中央美术学院版画系。著名版画家。中国美协会员，贵州大学艺术学院教授、硕士生导师。

罗贵荣

1962年出生，北京市人。毕业于宁夏大学美术系，曾以"西部之光访问学者"在中央美院研修一年。中国美术家协会会员，中国美协版画艺委会委员，宁夏美术家协会副主席，宁夏文学艺术院专职画家，中国国家画院版画院研究员，国家一级美术师。

作品曾获全国首届青年版画大展优秀奖、第十一届全国版画展金奖、第十二届全国版画展铜奖、第八届全国美展优秀奖、第十三届全国版画展银奖、中国艺术大展银奖、第十四届全国版画展铜奖、当代中国书画作品展银奖、第九届全国美展铜奖、第十五届全国版画展铜奖、第十六届全国版画展铜奖、第二届中国美术金彩奖优秀奖、第十七届全国版画展优秀奖、首届观澜国际版画双年展"观澜国际版画奖"、第十八届全国版画展优秀奖、第十一届全国美展美术提名奖，中国版画家协会与中国美术家协会联合颁发的80－90年代优秀版画家"鲁迅版画奖"。

代表作有：《白盖头》《阳光阳光》《风和日丽》等。

与罗贵荣（右）合影

套色篇

西部之光

　　我的生日在夏季。七年前一个炎热中午，午休中的我，被一阵"噔噔"脚步声惊醒，接过包裹，看到熟悉的笔迹，心底涌起一股暖流。迫不及待打开画筒，宁夏美协副主席罗贵荣的绝版木刻新作《远翔》，鲜亮地展现眼前。

　　在满目苍翠中，小路曲径，蓬草芬芳，两只大雁展翅飞向远方。风雅的构图，率意的用刀，高远的意境，与一句"祝马兄生日快乐"寄语直扑胸襟。那一刻，安静得只有自己的呼吸声，让我不由联想起罗贵荣老师的辉煌与坎坷。

　　先说说辉煌，第一个辉煌非绝版木刻《白盖头》莫属。早年的他，白天是宁夏第二毛纺织厂电工，夜晚是国画求道者。多年后走进宁夏大学美术系，画石膏像素描时，他站在那儿发愣。当他毕业走出校门时，见到他毕业创作的师生们发愣。其后电影院、电视台的美工生涯，他始终与国画较劲儿，直到以"西部之光访问学者"流连中央美院，一面转向与油画较劲儿，一面拍卖公司与他较劲儿，要订单，要签约，让他应接不暇。"我的油画那时很受市场欢迎，但感觉这些作品不属于自己。"

　　1990年，第一幅绝版木刻《光系列中的门廊》送展后不久，便捧回全国首届青年版画大展优秀奖，著名版画家马克先生来信祝贺，让他备受鼓舞。"总算找到属于自己的。"

白盖头 绝版木刻 1992 年创作

当岁月走远，当初的兴奋劲儿渐渐成了厌倦风景。突围，难越前人路。创新，雾蒙祁连山。那一段时光，他终日与焦躁相伴，直到有一天工作室里踱步，抬头瞬间，一束阳光照在窗台上的稿纸。方格，密密麻麻。色调，有红有白。刹那灵光，茅塞顿开！绝版木刻方格技法奇迹般地由此起步。

他定了定神，铺版提笔，浮想联翩。

悬挂于作者工作室的《远翔》

"最熟悉不过的，当数楼下天天祈祷的穆斯林老奶奶。阳光下的白盖头圣洁典雅，超度中的老奶奶平静安详，每一次凝视，都有把心放下的感觉。"他把眼眶里的凝视与脑海里的思考，悄悄搬进绝版木刻《白盖头》，通过9600个大小不等方格色块，各型号圆刀15万次的刀刀见功，让两位穆斯林老奶奶虔诚面容，从传神到妙悟，母性光辉跃然纸上。格子技法制作非常讲究，每刻一刀，都要考虑与前版后版衔接；每个方格，都要兼顾上下左右联系。例如：面部刻制如以线造型，该弯就弯，方格造型却要拆开组装。先追形神，再融观念，让人文精神飘落图式。画面既求精道，又要妥帖有度，哪个环节出错，势必前功尽弃。难怪中国美协版画艺委会主任广军先生评价："非凡的概括能力，才能驾驭格子造型。"上色亦见功夫，色厚了易脱落，只能稀薄着色，反复赋彩。最难要数给方格留边线，毫米级的细活儿，如同螺蛳壳里做道场。"前两版印八张，身体实在承受不了，改为每版五张。所以《白盖头》问世仅五幅，中国美术馆收藏其中一幅。"

1992年，绝版木刻《白盖头》问世后，究其版画艺术成就，不在于荣获第十一届全国版画展金奖，而在于版画语言的开疆破土，古今独步，这在中国版画史绝无仅有，世界版画史亦无先例。在他木刻刀下的穆斯林形象，既神秘又神圣，既奇幻又庄重，独入其境的技法，咏叹超度的精神，推演出人生诸多思考与期许。四时流转，他的这手绝活儿，其他大奖不算，仅两年一届的全国版画展，第十一届至第十六届的金银铜奖轮着拿。力群老先生见了，爱不释手，非要以《林间》《鲁迅像》两幅换一幅。绝版木刻格子技法作为名词，就是这样写进中国当代版画史。

此后，罗贵荣老师挥手长亭，全身心加注作品内涵，编织艺术理想新眷恋。如：《圣光》中诵经男子，双重影像，虽说是创作时不在意的更改痕迹，却被他演化为虔诚膜拜的迷幻意象。《远方》中前行的妇女，既是一种生活样态，也是一次心境幻化。《走过清真寺》的肃穆女孩，虽跻身熙攘人群，却不失静谧从容。《世纪之光》的内涵无须过多解释，未来的希望在孩子，孩子的希望在教育。《阳光·阳光》则以28万次用刀，把个人能量发挥到生命极限，打造出众目共赏的精品佳作。坚毅老爷爷、安详老奶奶、天真小女孩和肥硕的羊群，栩栩如生，呼之欲出。画面通过岁月不惊的神情，平静如水的气息，蕴含平和，蛰伏泰然，传递出以求心安的艺术魅力。

"只想着创作，哪知道刻这么多刀！"罗贵荣老师话短意长。《阳光·阳光》与《和

平·和平》以渴望和平、渴望阳光的主题齐名生辉，成为东方国里的穆斯林系列巅峰之
作。与之前伊斯兰人物造像系列结伴，悄然掀开穆斯林面纱一角，悟其心得，名扬中外，
形成他的版画艺术第一个高峰期。

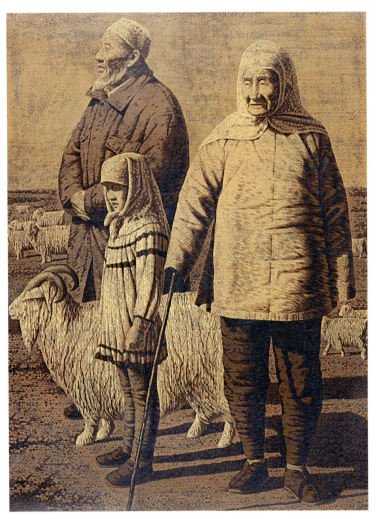

阳光·阳光 绝版木刻 1999 年创作

　　他的第二个高峰期出现，以流畅语言和精神求索为主要标志。关于《飘》系列，作
者以儿子形象为创作原型，通过悬浮时空，翻腾画面，借助异样图式和心许，推演人生
的飘忽不定，为观者打开一扇思维之窗。关于《我和我的土地》系列，不论农妇手捧稻谷，
还是侧坐草垛；不论牛群低首吃草，还是耕耘土地；不论成群绵羊，还是远行骆驼，总
能从微妙眼神、沙漠足迹，甚至牵拉牛尾巴的细微之处，领悟作者的匠心独运。《祝福》
系列则是寻求另一种艺术感受，三幅为一组，构图相同，色彩接近。画面中一位美丽女
孩搭着花盖头，身穿花边裙，宁静中以手指梳理花束。作者印制时以版数不同，上色不
同，或大块留白，或色彩迥异，形成一种视觉疑问？寄存的潜台词是，既赞美真诚祝福，
又揭示"不走心"应付，因为敷衍的祝福，一定是苍白无味的。这一时期，格子技法开

始出现变化，既有长短、宽窄的变异，也有线条、点面的交织。色彩也出现变化，一幅一个色调，色彩不同，感受不同。他在追求风格演变过程中，唯有选纸、用色、刻印精致性不变，细心营造，上乘品相，成为国内外收藏家最佩服的地方。

伴随版画市场悄然崛起，罗贵荣老师成为市场宠儿，北京、上海、杭州、南京、深圳、银川拥有定向藏家，美国、韩国、新加坡、马来西亚和我国香港藏家以及国内外艺术机构洽谈之人，也成了他家常客。我在他工作室采访时，装好画框的版画作品，挂着的、立着的、堆砌着的，有些连玻璃保护膜都没撕，探问后方知"买家希望留着保护膜。"

再说说坎坷，实在不愿揭开一个已经愈合的伤疤，但这是一段抹不掉的至暗历史。起因很简单，2008年第4期《黄河文学》杂志，刊登一幅名为《未来……》的绝版木刻。这是一道行政指令下的受命式主题创作。尽管如此，罗贵荣老师三次实地察看，并请当事人反复推演排练，甚至阳光照射角度也推敲再三，力求还原真实。版画语言表现肖像难，表现群像更难，加之领袖入画，可谓难上加难。为此，他反复构思拟稿，通宵达旦上版，伴日头熬三更，飞舞木屑，贯彻意图。完稿前的最后七天，几乎没有合过眼，最终作品交付了，人也交付给了医生。三天后，当他走出医院大门，却迎来一味又一味更苦的药。"30天任务拖到50天完成""擅自发表作品意在揽功"，一时尘飞如雾，六月飘雪。

作者收藏的《黄河文学》

说说也罢，下发的红头文件却是真的，撤销其宁夏回族自治区美协常务副主席职务，一级美术师降为二级美术师。猝不及防的无端，对于艺术家心灵的伤害无以复加。事出当下，可悲可叹。难怪著名作家张贤亮先生面对众多媒体，牙缝生生蹦出两个字："荒唐！"他接着补一句："也好，让小罗体会体会我当年感受。"知道张贤亮先生悲惨经历的人，都知道当年为何历尽风霜、受尽煎熬。国内版画界同仁闻及此事，传递的是惊讶、抚慰与无奈，毕竟都是画者，"话"权渺渺。

艺术家的蹒跚，绝不是时代荣耀。这种本不该有的苦涩，自然需要倾诉，而对方一定是可以信赖的朋友，他有很多这样的朋友，我是其中一位。月明夜静时的嗟叹，久久萦绕耳际。于是，我与潜藏同情的收藏家联手，买下那批"惹事"作品，算是慰帖薄凉，暖一暖心田沧桑。极目云天，飞鸿尚有归处，为何艺术家遭此凄凉，不知始作俑者有何感想？还是赏析一下，罗贵荣老师困顿中创作的《远方无雪》，品味品味其中感受吧！近景，白雪皑皑，溪水冰封，稀疏灌木之上，大雁盘旋低飞。远景，晨曦载曜，远方无雪，那是一方明净无尘的天地。此刻已不是什么实景描绘，而是困惑者翘首，无奈人求援。有人说，坎坷是人生插曲，磨难会添加分量。但是人为作梗，伤害无辜，在艺术家作品里一定是无言鞭挞。

作者收藏的制作《未来……》的滚筒与木刻刀

尽管道路坎坷，毕竟走过那段苦涩日子，因此第三个高峰期区别以往，反而呈现出落落胸襟，洒洒技艺。《致敬2008》以特殊形式语言，记述那场举国悲伤的地震之灾。《美丽的秋天》中倦卧草垛的女孩，如今已不是回忆乡野，而是寻味新的人生。《风和日丽》是与当下生活的对话，画面中牵风筝妇女是否暗示：放飞，一定要收住线。《我和我的土地之七》的放刀，表明高原打井需要深处取水，也标明作者的艺术视野已经跃上云端。高原取水要同心，版画传承需接力。这么多年来，他始终牵情宁夏版画的繁荣与发展，当年带队伍，当下带学生，如今融入"一带一路"伟大工程，传播技艺，继往开来，必将迎来花团锦簇。

　　飞机腾空，我依依不舍地离开银川。从舷窗望去，一抹阳光映照祁连山顶，岩石生辉，白光如银，灿烂得不敢直视。同行朋友打问："看到啥？"我答："西部之光。"

　　以西部之光比拟罗贵荣老师，不为过言。

与贺昆（左）合影

贺　昆

1962 年出生，云南普洱人。毕业于云南思茅师范高等专科
学校艺术系，结业于中央美术学院版画系。中国美术家协
会会员，中国美协版画艺委会委员，云南省美协副主席，
云南省美术书法艺术研究院研究员，普洱市美协名誉主席，
普洱市美术创作交流基地主任。

作品曾获第九届全国版画展优秀创作奖，第七届全国美展银奖，
云南省美术作品贡献奖，第十二届全国版画展银奖，中央美院首
届"全国李桦版画学术提名奖"，云南省第三届文学艺术创作奖"荣
誉奖"，第十六届全国版画展金奖，云南省第四届文学创作基金
一等奖，第二届中国美术金彩奖银奖，第十届全国美展优秀作品奖，
云南省美术作品一等奖，第十七届全国版画展优秀作品奖，云南
省专业人才突出贡献奖、"四个一批"文学艺术贡献奖，首批"兴
滇人才"贡献提名奖，中国版画家协会与中国美术家协会联合授
予的 80 — 90 年代优秀版画家"鲁迅版画奖"等。

代表作有：《秋歌·发白的土地》《原野》《圣土》等。

跳动的音符

2016 年的中秋之夜，我是在云南普洱度过的。

那天傍晚，我与云南省美协副主席贺昆，在他开办的"古道博刻"画家村，早早斜躺竹椅，静静赏月，拾捡旧梦。

云南思茅，我国西南边陲小城，2007 年 4 月改称普洱市，这个与越南、老挝、缅甸三国接壤的地方，伴随我国改革开放大潮，普洱茶与绝版木刻如同双飞的大鹏，翱翔苍穹。其中绝版木刻的声名远扬，与贺昆老师不懈努力是分不开的，他在前行途中的每个节点，都付出常人难有的勇气与耐力。

他把人生当琴键，弹奏着激越乐章。

1980 年，他 18 岁。思茅师专毕业后，来到思茅滇剧团任美工，借住父亲单位一小套住房。其实应称客栈，学版画伙伴在这儿留宿，南来北往画家在这儿落脚，版画家郑旭更是住下不肯走。那时西双版纳没有机场，只能在思茅中转，前去写生的画家滞留于此，少则两三天，多则五六天。吴冠中[注1]、范曾[注2]、石虎[注3]、冯法祀[注4]、祝大年[注5]、石齐[注6]……这些振聋发聩的艺术大师送上门，真是天降福缘。他先查旅客登记，然后叩门，接着捎走画家寂寞。陪着逛老街，看古寨；帮着提画夹，当模特，一路热情如火。大师们回以面授，报以机宜，石虎先生专程到思茅师专教学示范。"盯人"数年，高人相授，比两年大专收获多多了。

1983 年，他 21 岁。《朦·五人画展》在思茅群艺馆展出，他的油画没露脸，仅以彩墨人物出场，虽然技法稚嫩，但表现形式、创作理念却异于同道，所以分外亮眼。那批彩墨人物后来成为《流动的光》底稿，以此敲开森严壁垒的版画大门。

1984 年，他 22 岁。在昆明西郊"小麦雨"创作培训班上，初次接触版画。谈到原由，主持培训班工作的李忠翔先生，看过他的国画后表态："愿意来，可以来。"不去则已，去则欲飞。叶公贤[注7]先生两小时木刻技法课，他边听边琢磨。三个月集训，先后创作五幅作品，其中一幅是绝版木刻，从此昂扬上路。

1985 年，他 23 岁。由于撑不住孤掌难鸣之苦，决意结伴而行。在一间集体宿舍里，你争我吵，各不相让，天快亮时大伙儿终于同意他的提议。"蛮卡·青年艺术家联盟"宣告成立，他是盟主，刻图章，定章程，发信函，忙得不亦乐乎。上海《版画艺术》主编陆宗铎慧眼识珠，尽力推介，从此思茅绝版木刻走出滇池红土。

1986 年，他 24 岁。第二次举办《朦·五人画展》不同以往，受邀在云南省美术馆展出，思茅版画正式登堂入室。绝版木刻《流动的光》系列一展芳容，其中绝版木刻《流动的光之二》获第九届全国版画展优秀创作奖。在昆明西山召开的"云南版画艺术学术座谈会"上，他作为获奖者，率先响起睸胖的声音。

秋歌·发白的土地 绝版木刻 1992 年创作

1987 年，他 25 岁。不甘心一辈子窝在边疆小城，决定停薪留职，北上闯荡。拎着一捆字画，一路走一路卖，充当盘缠，辗转来到北京。这次"南人北游"寒碜得很，连朝阳门外小平房也住不安稳，一年搬过六次家。其间，成都的张晓刚家蹭过饭，北京的石虎家蹭过住，最穷困潦倒的时候，衣兜仅剩 50 元钱。如此窘迫，他的脚步却没有回转过。找名师指点，流连图书馆，或操刀陋室。创作的绝版木刻《秋歌·发白的土地》获第七届全国美展银奖，尽管得了大奖，苦日子也没得到改观，幸亏朋友明着买画，暗中接济，度过一生中最困顿岁月。日后的路有喜悦，也有坎坷，景洪摆过地摊，珠海开过公司，合伙创作也好，批发销售也罢，他想着法子折腾。贺焜改名贺昆，不是走红改艺名，而是电脑打不出来，印不了名片妨碍联系业务。天有不测风云，公司倒闭，合伙人各奔东西，他只得反转北京，又是朋友支持，个展在北京国贸开幕，卖画 3 万元，转身买了一张飞赴英国伦敦的机票。

世界现代美术史中，欧洲木刻一直以英国为最。带着生活向往，也带着艺术憧憬，

贺昆与英国剑桥大学学生的合影

套色篇

313

尽管远方很远，他果敢叩门，那是何等勇气！在那个常年下着小雨的地方，蓝眼高鼻的眼光，从隐隐轻蔑，到凝神注视，又是何等耐力！在伦敦漂泊的日子里，他舍不得喝矿泉水，习惯伸长脖子接直饮水，抠得贴身2000美金尽是汗味，个展总算办起来了，而且离收藏中国最古老木刻《金刚经扉页·祇树给孤独园说法图》的地方不远，总算与老祖宗来一次隔空对话。此后不需要其他理由，各种请柬带着五颜六色的邮戳，一次次送到他身边。受英国布里斯托金穗岛艺术中心、伦敦皇家美术学院、大英图书馆、剑桥大学、曼彻斯特都会大学、苏格兰艾伦博物馆等艺术机构邀请，或讲学，或办展，他带着自己作品去，也带着思茅版画去。如果说绝版木刻技法上升为艺术，他与郑旭、魏启聪、张晓春、马力等共同出力，而绝版木刻走向全国，走向世界，他是头功。

他把艺术当音符，跳动着昂扬旋律。

甘地有句名言：一个民族的特质往往通过文化体现出来。这句话放在贺昆老师身上很贴切。他的版画艺术如同他的性格，灵气与洒脱相伴。只有技法而无情感，作品显得苍白，把人文思想引入版画创作，不藏着掖着，在结构与色彩中搅动，直抒胸臆，所以具有强烈的艺术感染力。从《流动的光》到《秋歌·发白的土地》，再到《春光》等，展现比现实还要美丽的景色，比山歌还要抒情的婉转。从《原野》到《圣土》，再到《收获的土地》《云岭之歌》等，还是那片神奇的土地，还是那样的风土人情，更流畅，更率真，闪烁惊人的艺术灵光。这么多年来，600余幅版画从他手中问世，一次次倾吐对红土地的爱，内心丰富可见一斑。

原野 绝版木刻 2002 年创作

例如写景：2002年创作绝版木刻《原野》，最初是为英国剑桥圣·巴拉巴斯国际版画艺术中心授课准备的，示教目的是把简单景物画出丰富性。从起稿到涂墨，从刻版到制作，包括十六次雕版上色，整个过程全程拍摄，形成系统的教学功能。说起绝版木刻《原野》画面构成，语言都要省略些：一个山坡两条狗。营造的却是让人不敢逼视的效果，技法运用之高超，色彩应用之精妙，情感依附之浓烈，成为他声名鹊起十八年后的巅峰之作。

在构图上，搜寻不到地平线，也找不到距离感，突出云彩和山坡结构，两条黑犬的窜入，陡添看点。在用色上，天空的桃红，山坡的橘红，与纷纷扬扬的橙、黄、绿点线相撞，与大小不等的黑色方块相碰，如跳动的音符，流淌的曲调，扰乱观者视觉。绝版木刻《原野》既是炫目的缤纷天地，也是率真的生活美景；既是丰姿，也是神韵。

第十六届全国版画展评比现场，中国美协副主席吴长江言："这张画很平嘛。"评委李忠翔心里咯噔一下。吴长江接言："能在平淡的荒野山坡上，表现出如此丰富的画面不容易。"评委李焕民表态很有趣："总想把目光从《原野》移开，控制不住又回来了。"最终《原野》捧回第十六届全国版画展金奖。

例如写人之一：1989年创作绝版木刻《秋歌·发白的土地》，这是"北漂"时的故乡回望，获第七届全国美展银奖。人挺有意思，成功时想家，落寞时也想家。画面中，大面积银灰色铺垫高调，黑色、红色、土黄色和绿色斑点，带着节奏任意洒落。星星点点的刀痕，纵横交错的线条，衬托着两位匆匆行走的女孩，一个背竹篓，一个牵着狗，充满纯真遥望。作者以单纯的表现手法，展示单纯的情感寄托，奔放肆意，饱满炫目，完全颠覆了版画表现力，撩拨起品味热望。激烈的色彩碰撞，国画里见不到；粗犷的刀痕木味，油画里找不着，这种描写山民的感受，冲击着人们审美定义，成为当年构成"普洱版画"的重要内容，也成为20世纪版画革新的代表之作。

例如写人之二：2005年创作绝版木刻《云岭之歌》，原名"咱们村里的领路人"，因参加云南省"云岭先锋"活动而改名。作品描写佤族村民爱戴的村支书，获第十七届全国版画展优秀作品奖。一次山区采风，他被一群佤族村民拦住："画画我们领路人吧！"这位村支书为了山乡致富，不计得失，扎根山村，富裕后的村民不忘来路。事迹感动作者，作品感动观者。你瞧：画面中村民一字排开，中间挽裤腿的便是村支书，被牵牛的、背筐的、叼烟的乡亲簇拥着，能不让人起敬？《云岭之歌》让村里人走出大山，这是当初没有想到的，作者的眼界告诉人们，每一方土地都能找到感动。

贺昆老师版画创作不是纯粹的"拿来主义"，色彩中有油画的味，造景中有国画的型，情感中有生活的悟，廓清感召，沉淀心中，组合为自己的怀想，所以朗朗入眼。《走出大山的路》如一簇燃烧的流星雨，划破长空。《不倒的国旗》是无助中的精神依靠，不可替代。为庆祝新中国成立六十周年创作的《莺歌燕舞》，则是满眼绚丽，香气四溢。他不喜欢坐前人冷板凳，一再以独到方式触碰情感软肋。如《新农村》系列，《南行记》也好，《妙曼的沃土》也罢，特别是《仲夏村头》，一边是露背少妇撑伞前行，一边是村童嬉戏指点，是善意调侃，也是关注现实。《失落的土地》中的孤独人，四野茫茫，一脸失落，直指"拆迁"这个社会热点。他言："这是给领导看的。"此言不虚，来自艺术家的内心谏言，反刍的是铮铮风骨。

我在参观云南版画发展史时，油生两个小遗憾：一个是1982年思茅师专毕业照中，贺昆空缺，据说他写生去了。另一个是1986年《朦·五人画展》纪念照中，贺昆又空缺，听说他找人去了。转念一想，照片中空缺，无非少一个身影，他为中国当代版画增添的奇光异彩，却填补了大空缺。我有时瞎想，是绝版木刻成就了他，还是他成就了绝版木刻，真有点不好选择。其实，也不需要选择。

烟雨任平生，笑傲来时路，这就是当下的贺昆老师！

注1：吴冠中（1919－2010）江苏宜兴人。当代著名画家、美术教育家。毕业于国立杭州艺科和法国巴黎国立高级美术学校。曾任中国美协常务理事，中央美院、清华大学教授。

注2：范曾，1938年出生，江苏南通人。当代著名画家。毕业于南开大学。现任北京大学中国画研究院院长、中国艺术研究院研究员，联合国教科文组织"多元文化特别顾问"。

注3：石虎，1942年出生，河北徐水人。当代著名画家。毕业于浙江美术学院。曾任职人民美术出版社。现任世界华人艺术家协会主席

注4：冯法祀（1914－2009），安徽庐江人。当代著名油画家。毕业于南京中央大学艺术科。新中国成立后聘为中央美院教授、首任绘画系主任兼油画系主任。中国油画学会顾问。

注5：祝大年（1916－1995）浙江诸暨人。毕业于日本东京帝国美专。我国陶瓷艺术、现代壁画、现代工笔重彩开拓者。中央美术学院教授。曾任中国陶艺学会理事长、中国壁画协会副主任、中国工笔重彩画会顾问。

注6：石齐，1939年出生，福建福清人。当代著名画家。毕业于厦门工艺美术学院。现为北京市美协理事，北京画院艺委会副主任，北京画院专业画家，国家一级美术师。

注7：叶公贤，1938年出生，浙江杭州人。毕业于浙江美术学院。中国美协会员，云南省美协副主席。历任云南艺术学院美术系主任、院长等职。

与方利民（左）合影

方利民

1964 年出生，浙江兰溪人。毕业于中国美术学院版画系，
获硕士学位。中国美术家协会会员、中国版画家协会会员，
浙江省版画家协会副秘书长。现为中国美术学院绘画艺术
学院党总支书记、副院长、教授。

作品两次获浙江省版画展铜奖、第十六届全国版画展优秀奖、第
六届全国高等院校版画教学年会展探索奖、第十八届全国版画作
品展优秀奖、首届观澜国际版画展 "观澜国际版画奖"、第一届
云南国际版画展银奖、浙江省第十二届美术作品展铜奖、第十一
届全国美术作品展 "获奖提名"、浙江省重大题材美术创作工程
银奖、第十九届全国版画展 "中国美术奖提名" 和中国版画家协
会与中国美术家协会联合颁发的 80 — 90 年代优秀版画家 "鲁迅
版画奖"。

代表作有：《飞来峰之四》《韧》《黄金周》。

饾版创作的苦与乐

最近十余年，在国内重要的版画展览中，只要中国美术学院绘画艺术学院副院长方利民教授参展，作品相隔再远，一眼可辨。有人要问这是为什么？那是作品图式鲜明、风格独到呗！

六年前，一个阳光细碎的上午，在中国美术学院的咖啡馆里，我与方利民老师初次相见。他与画册照片中的风华正茂，已经看出岁月擦痕，使周身文气里多出一份坐看飞云的稳重。但聊起了版画，特别是聊起了饾版创作，他的眼神瞬间闪亮起来，满满底气，那些要说的话语一时难以遏止。我俩一边喝咖啡，一边聊过往，感觉时光在身边静静流淌。

饾版，最早的物证是明万历年间出版的《十竹斋书画谱》。所谓饾版，就是把版面分成若干个大小不等的小版，通过小版的堆砌拼凑，印制成生动鲜活、细致入微的画面，这项传统手艺已被列入非物质文化遗产。方利民老师艺术起步时，画过油画，也画过国画，改变他的艺术走向竟然是一次不经意的选修课。二十年前那堂课的主讲导师，是刚从日本留学归来的张远帆教授。三尺讲台上，他从中国版画的前世今生，到新兴木刻与浮世绘的各领风骚；从民族审美的变迁，到传统技法的接引，煽情与撩拨中的方利民同学，一念之变，就这样不知不觉地将脚迈上漫漫版画路。

20世纪90年代末，他在中国美术学院攻读硕士研究生。一个秋日的傍晚，饭后散步，偶然撞进"紫竹斋"饾版工坊。踏进门槛那一刻，饾版工坊的曼妙风光，让他如遇知音。惊叹之余，傻傻地欣赏饾版的精美绝伦，那一刻如同撩开含羞面纱，着魔般痴迷至今。因为第一眼的喜欢，他在回忆时直言："这么多年在版画世界寻觅，总觉得有一个未知的东西没有发现。偶遇饾版，刹那惊鸿，所以结为知己，欲罢不能。"每一个人生命历程里，时间常常不打招呼，悄悄地来，又悄悄地离去。当年的方同学，如今的方老师，当他把青春年华抛给如流时光，饾版也让他玩得风生水起，精彩如斯。我们不妨扭头回望一下：

1994年，推出粉印版画《日出日落》，入选第十二届全国版画展。画面中的构图，粉印汉代玉佩为主角，饾版仅仅以配角出现。同年入选第八届全国美展的粉印版画《年年月月》，饾版的参与亦是如此。

1996年，推出粉印版画《四季随想——春》，入选第十三届全国版画展。同样续走前辙，在满园春色之中，饾版仅以小景相缀其中，形状不一，怡淡有味，虽说作为补景之用，却已显现雏形。

1998 年，推出纸版水印《寂》，入选第十四届全国版画展。此时，饾版正式实现角色转换，别开生面的谋篇，大气舒展的风貌，让观者体味到一种法外之境，这是一个光辉起点，读出新颖与流畅，表明方利民老师个性化语言初步形成，已经寻觅到新的艺术空间。

2002 年，水印木刻《飞来峰之四》问世，作品以不规则的色块组合，深浅不一的墨色衬托，加上佛祖时隐时现，水墨迷离，趣味横生，如诗意栖息宣纸，既有古人的空灵之美，又有今人的意象体验，肆意流淌的画境，为他捧得第十六届全国版画展优秀奖。

飞来峰之四 水印木刻 2002 年创作

其后，随着水印木刻《挣》《缠》《韧》《祭》一批庙堂大作相继问世，越发让他的见解到位，情感释怀。每一个点、每一根线、每一个块面，流溢的意境铺设，洋溢的生命律动，构筑起一个又一个磅礴气场。天光云影，满篇奇幻。画面中支离破碎的黑白，千姿百态的交集，不论虚实相生的扭曲人体，还是舒展大气的抽象感知；不论个性飞扬的留白，还是奇异造型的厮拼；不论传统文化的韵味，还是精神内涵的张扬，形态天趣，才气集聚，这种独有的文化符号与意境拓展，成为人们挥之不去的视觉记忆。

欣赏方利民老师这一时期作品，是一种传统水墨与当代语素的认领，色泽明快，串联诗意，在翻江倒海般的视觉感受中，隐隐有一股气韵在流动，时时触碰观者的情感深处。这种对艺术的自觉探求，不仅丰富了版画语言形态，也把版画艺术推进到新的学术领地。首届中国观澜国际版画展"观澜国际版画奖"、第十八届全国版画展优秀奖、首届云南国际版画展银奖、第十一届全国美展"获奖提名"等殊荣，也都不早不晚赶来了，既是对他版画语言出新的嘉勉，也是对发扬饾版艺术的褒奖。

身为中国美术学院教授的方利民，在这座陈香厚积的校园，历史的厚重与理学的沉淀，常有高处不胜寒之感，不论如何遐想万千，总要有艺术成就来坐实，这是不可回避的事实。当年的倾心成为探索起点，曾经的付出成为追问载体，如今的进取不息，则是

春色篇

黄金周 水印木刻 2009 年创作

为了自己版画艺术的卓然而立。方利民老师经常叩问自己：创新，古已有之。时代不一样了，重复有何意义？因此，他虽然看不见远方有多远，为了实现心中抱负，自有定力，一次次窥探寻觅，一次次重新启动，渐有所悟，渐有所获。

如获得第十九届全国版画展"中国美术奖提名"的水印木刻《黄金周》，创作之初，他毅然离开熟悉的图式，努力寻觅能够体现当代审美新立意，自然多出一份新奇与超然。我们知道，版画家构图时的创意，并不是空穴来风，常常有源可寻。黄金周，留给国人的印象，是各地名胜风景区的翻滚人流，如潮水一般涌动，甚至路断桥塌，成为当下黄金周的典型注脚。

这里提及一件事，也是发生在黄金周。有一天，方利民老师开车返回中国美术学院，途中被西湖景区蜂拥而来的游客，结结实实堵在马路中央，进不得，退不得，别人把汽车喇叭按得震天响，他却把头探出窗外，仔细观察起来。顾盼与思考中，悄然运筹一个新的创意，这就是水印木刻《黄金周》的创作由来。

放眼望去，水印木刻《黄金周》画面中，举旗子导游、抱婴儿大妈、摆弄照相机小伙子和搔首弄姿姑娘，以及穿梭人群的孩童……拍照、剪刀手、笑脸的"游客三部曲"，栩栩如生，把全国各地涌来的萍客逐一定格。虽说密密麻麻，但不是个数积累，而是图式组合，通过形状各异的符号，既抖落暗藏的文化传统，又显现当代的审美意象。然后与青山绿水相衔接，使画面疏密有致，气贯通篇。在精心钩沉中，既领略饾版的气势恢弘，又领略作者的不凡意境。西湖如画，不论什么时候都是风情万种。风景没变，游人已变。不论游人如何变化，有着同样的期盼，同样的"游客三部曲"，形成我国旅游风景区的一种常态。

馬平宧 与百位版画家

320

恒版制作，具有异曲同工之特征，宣纸不动，恒版在动。恒版移动，画面变动，形成恒版制作的一种常态。有人觉得：恒版那么多大小块块，会限制版画家手脚。方利民老师却认为：这种限制，反而给了版画家更大发挥空间。如同足球运动，禁止用手，所以脚上功夫特厉害。

水印木刻《黄金周》是一幅当代市井生活的写照，构图新潮，情感充沛，不仅远离图式雷同，更以独特形态彰显时代精神。国画式的布白，浸润纸背的染色，挥洒自如，缤纷画卷。加上三阴一阳的四枚闲章，对角顾盼，非但不突兀，反而生色许多，非常切合国人审美情趣，自然成为方利民老师的点睛之笔。

恒版艺术家鲜亮的背后，却是满满艰辛，这是常人难以想象的艰辛。水印木刻《黄金周》从起稿到完成制作，耗时三个月。恒版印制异常辛苦，每一幅画面需要数百遍拓印，细心拼接，谨慎施色，稍有不慎便难以收拾。恒版印制时，依靠大小恒版的反复堆砌，出语言、出图式，最终活生生地呈现画面，整个制作过程如履薄冰。难怪著名版画家邬继德先生言：这是时间磨出来的艺术。

面对纷繁尘世，既要抵制太多诱惑与干扰，又要体味恒版与心弦共鸣，真是难上加难。话说至此，品呷咖啡的方利民老师感慨道："对恒版的依恋，至今仍然。可能是太喜欢的原因吧，所以坚持下来了，有苦也有乐！"伴随岁月的脚步，扎根民族土壤中的恒版艺术，以纯正的东方语言，独有的审美格调，寻觅心灵自由与辽阔版画世界，作品所带来的满眼神奇，还有承载的励志故事，都是方利民老师兑现诺言的一条通道。

先贤张择端在《清明上河图》中描绘的是北宋京城汴梁，方利民老师在《黄金周》中叙述的是南宋都城杭州，千年相望，文化寻根。其实描绘什么地方并不重要，让艺术融入大众生活和精神领地最为重要。历史与现实，艺术与生活，在这里得到全景式阅读，所感所悟，成为打量当下社会的交汇点，也成为一份中国特色风情的解说词。

方利民老师告诉我：其实创作初衷很简单，就是让繁忙都市人放松一下身心。陡然一听，并不是什么振聋发聩的豪言，甚至有一点儿轻描淡写。细细一想，当版画进入当代人心境，感同身受，那是很难做到的，然而他却做到了。记得有一次参观版画展，在水印木刻《黄金周》前，有人默默无语，静静品味；有人边看边数画面中的游客；还有人边看边笑言：这个像你，那个像他。我心想：此番场景，要是让方利民老师瞧见，他该多开心啊！

路还是那条路，方利民老师在寒暑相推中走了二十多年，执着与深情，让他坚定地走向远方。

套色篇

刘春杰

1965 年出生，山东栖霞人。毕业于黑龙江农垦师范学校，进修于鲁迅美术学院。中国美术家协会会员，中国美协版画艺委会委员，中国艺术研究院版画院研究员，中央美院版画系客座教授，金陵美术馆馆长，南京艺术研究院院长，国家一级美术师。

作品获第六届全国版画藏书票展铜奖、日本国际版画研究会凤凰金奖、首届全国丝网版画精品展优秀奖、第五届日本高知国际版画三年展佳作奖、第八届全国书籍设计大展优秀奖、第二十届全国版画展优秀奖、中国政府出版奖、黑龙江省美展金奖、银奖、铜奖和中国版画家协会与中国美术家协会联合颁发的 80 — 90 年代优秀版画家"鲁迅版画奖"等。

代表作有：《相伴永远》《私想者》《私想鲁迅》。

与刘春杰（右）合影

千里捧场

2012年初秋的一个上午，我在书房与南京版画院院长刘春杰聊天，谈起他即将举办的"第五届中国当代版画文献展"，我问道："何时开幕？""12月1日。""在哪里？""北京。"我奉承："画家藏家都得感谢你。"他反问："啥意思？""到时候就知道啦！"

当年的12月1日，"第五届中国当代版画文献展"在北京798艺术区隆重开幕。宾客如云，高朋满座。刘春杰老师被众人围着合影，然后这个要签名，那个要名片。我从南京匆匆赶到，凑上去说道："刘老师也给我一张名片。"他闻声抬起头，四目相对，大笑一通。千里捧场这是他没有想到的，平添一份意外的乐趣。

作者收藏的刘春杰各类出版物

十多年前，刘春杰老师调到南京没多久，我俩便相识。他是一位悟性极高，思维极快之人，与他交谈脑筋得提速。这么多年来，鞭马扬尘，风来火去，早早成为我国艺术圈子的风云人物。分析他的艺术行旅，我认为有两个地理坐标不可忽视，一个是白山黑水北大荒，另一个是六朝古都南京。

1958年，10万转业官兵开进沉睡千年的北大荒。不久，远在千里之外的山东栖霞，那是个盛产苹果的地方，一批支边青年也跋山涉水加入垦荒大军，这支队伍里就有他的父亲和母亲。从记事起，北大荒856农场就是他的生活全部，所有童年记忆，都是云薄天高的黑土地。第一幅黑白木刻《争上游》，表现儿童滚铁环，你追我赶争上游，发表于《黑龙江日报》。那张2元钱稿费的汇款单，成为小伙伴面前显摆的证明，也成为向启蒙老师邵明江报喜的依据。从小喜爱绘画的他，仰慕邵老师版画的流动灵气，承接辅导，润物无声，为日后系统学习打下坚实基础。

北大荒版画诞生在战天斗地的特定环境，宽阔恢宏，粗犷豪放，成为最为显著的版画艺术风格。如何在这支人才济济的队伍里卓尔不群？从《童谣如梦》《华落一地秋》《故园金梦》，到《风儿轻舞》《守望家园》《晚风轻轻吹过的时候》的徐徐亮相，其梦有根，既是寻问原路，圆一场儿时的梦；也是熔铸个性，多一份别样情致。其后一边回眸，一边探索，用色彩和点线续写浪漫思绪，既有真情，也有个性。如套色木刻《相伴永远》，以厚实饱满的画面，重叠错位的结构，和谐悦目的色彩，娴熟铺陈的刀法，呈现出梦幻一般景致。地上马儿奔跑，鹿儿跳跃；水里青蛙捕食，鱼儿嬉戏。满眼春光明媚，草肥水美，童话一样唯美，仿佛是梦中的桃花源，就是这种阳光心态和艺术取向，为他捧得日本高知"第五届国际版画三年展"佳作奖。艺术，是艺术家另一种生命形态。刘春杰老师这一时期的情感蛰伏，是丰富的，也是质朴的，总想与故乡的白山黑水对话，

风儿轻舞 套色木刻 1995 年创作

相伴永远 套色木刻 2001 年创作

作品能触摸到温馨与浪漫，在北大荒第三代版画群体中崭露头角。

不知从何时起，南京像磁场似的吸引着他。也像大多数人那样，真正离乡背井，自然少不了一番犹豫与徘徊。但他心里清楚，只有打开窗户，才能有风有阳光。全新的地域，全新的信息，带来思维与艺术的全新呼应。同道这样形容他：想法多了。

他的想法反映在创作中，就是把技术层面的探索，转向艺术观念的寄存。如果说早期作品是成长烙印，此时此刻已是刻意思考。触摸当下社会，不都是晨光初升。拷问当下时代，也不该满腹牢骚。他对社会现实的诠释，没有随波逐流，人云亦云，而是带着个人思考，实现思想扩容和审美出新。

如：黑白木刻《私想者》系列推出，百篇世相写照，百幅精彩图式，见证了他的智慧与收获。不论借物叙理，还是自我调侃；不论时事品论，还是告诫劝慰。构图精炼，语言诙谐，具有独特气质的版画语言，针砭时弊的感叹辩争，提升了对世事的渗透与理解，在从容传递中，既纯粹了当代版画艺术，也释放了时代人文精神。

如：套色木刻《崇拜者》系列推出，语言之尖锐，责问之大胆，既能让人哑然失笑，又能让人扪心自问，在风雅笑谑的背后，是堆积思索的迸发，留下一连串的可圈可点。《他真中大奖了》《天下嚷嚷》《真的，我不骗你》《他脑袋大，听他的》《遥望明星儿》《追逐》等，简单看一下作品题目，就能联想起自己身边的一些事儿。如：《真的，我不骗你》画面一侧，他写下这样一段话："其实画画就是手艺活儿，是一种脑力加体力的活儿，仅此而已。"这是谦辞。这批问询当下的佳作，既是艺术观念的换羽新生，也是心理探寻的有益方法，启发人们跳出认识误区。这种解剖当下的方法，既能疏通观赏者的思维习惯，也能通过黑白木刻、套色木刻与综合材料的熟稔运用，体现当代版画气质和心态特征，从而引发更多的人在欣赏中遐思。

如：黑白木刻《私想鲁迅》系列推出，这是他版画艺术又一次换羽新生。此刻的目光聚焦，从注视平常人移向偶像，又从注视偶像移到私下。不是什么大不敬，而是发自心底的敬重。只不过没有神一般抬举，让人们仰望凝视。而是平民化阐述，让人们倍感亲切。刀法娴熟，形象生动，带来的启迪越加深邃。既有圆刀留痕，也有平刀铲刻，还有三棱刀营造肌理，作品以强烈艺术感染力，成为假鲁迅之名放达思想独白的力作，黑白木刻《私想鲁迅》系列荣获第二十届全国版画展优秀奖。

近些年，他越来越不满足平面陈述，开始折腾起装置艺术。从平面到立体，从个人技艺到公众艺术，一再突破画种定位，改贴新的艺术标签，大有脱缰之势。如：《费纸三千艺术展》在苏州博物馆盛大开幕，就是一个有力旁证。全景式布展，全方位映照，果然迎来人如潮涌，盛况空前。不能不这样说，刘春杰老师这一时期情感蛰伏是复杂的，也是跳跃的，总想与内心对话，作品以思维敏锐和不拘一格瞩目我国艺术界。

套色篇

325

与郑子江（左）合影

郑子江　　1965 年出生，黑龙江省嫩江人。中国美术家协会会员，中国版画家协会会员，黑
　　　　　龙江省美术家协会理事，黑龙江画院版画院院长，国家一级美术师。

作品曾获首届全国青年版画大展优秀奖、第十二届全国版画展铜奖、第十三届全国
版画展铜奖、第 4 届日本札幌国际现代版画双年展 SPONSORS.PRIZ 奖、第十五届
全国版画展铜奖、第十二届全国"群星奖"美展优秀奖、第十届全国美展铜奖、第
十七届全国版画展铜奖、上海世博会中国美展优秀作品及黑龙江省美展一等奖 5 次、
文艺三等奖 2 次，中国版画家协会与中国美术家协会联合颁发的 80 － 90 年代优秀
版画家"鲁迅版画奖"。曾评为黑龙江省"六个一批"文艺人才。

代表作有：《花幻》《天遂人意》《沉吟深秋》。

深秋寄语

  黑龙江画院版画院院长郑子江创作的套色木刻《沉吟深秋》，曾荣获第十届全国美术作品展铜奖，并被中国美术馆典藏。

  2005年深秋，南京秋雨沥沥，不急不忙地飘洒着，潮湿了窗台，也潮湿了心情。我的情绪逆转，竟然来自邮递员递过画筒那一刻。企盼中铺展作品，不知咋的，目光所及之处，一股激越昂扬之气扑面而来。这是我第一次欣赏郑子江老师版画艺术，至此留下深刻印象，经久难忘。

  套色木刻《沉吟深秋》的描绘，内容较简单，就是展示北大荒丰收的秋天。但又不简单，画面中不见人声鼎沸的打麦场，也不见隆隆作响的联合收割机，映入眼帘的是不同形状、不同密度、不同色彩的零碎痕迹，由不守规矩的方法组合而成，风致楚楚，尽收眼底。透过阴阳刻线与细刀密点，具象与抽象搅拌融会，只能依赖想象力辨认物体，领悟作品的主题与蕴含。愕然之中，总算分辨出来了：成堆大豆，成垛高粱，铺满北大荒黑黝黝土地，在金秋阳光搂抱中，黄灿灿一片，如一座高高耸立的丰碑。只有生活在北大荒的

沉吟深秋 套色木刻 2004 年创作

版画家，才能有这样深切透析的感悟，也才能这样描绘可爱的家乡。

套色木刻《沉吟深秋》色彩浓烈，套印精到，没有半点拖泥带水。既有点线面的构成，又有游离天地的紫想，加之那时并不多见的体量，把宽150厘米，高92厘米画面撑得满满的，也把我的好奇心填得实实的。作者没有"自古逢秋悲寂寥"的感叹，唯有丰收秋天的引吭高歌。天地入胸臆，刻刀生风雷。作者如同回到故里，四溢的激荡豪情，独特的观察视野，别样的用刀痕迹，把对北大荒秋天的牵挂与赞美，描绘出诗意般浪漫，细细品味，令人叹赏。这是郑子江老师版画境界的一个表白，也是艺术尺度的一种状态。

四年前深秋，我到哈尔滨采访时，特意拜访郑子江老师。他的工作室位于嵩山路黑龙江省画院二楼，推开"郑子江版画工作室"大门，画板满桌，画框绕墙，窗台上亦是鲜花簇拥。盆中花，版中画，一时搅乱了我的视线。

"我出生在北大荒农工家庭。从记事起，特别喜爱高粱金黄、大豆飘香，闻着旷野上的泥土味，心里觉得特舒畅。儿时最大乐趣，是描摹弯曲苇荡和起伏山冈。那时农活特别多，只能一边干活儿，一边学习绘画，挤出零星时间，画一张是一张。生活很苦很累，只能与自己较劲，以挚爱回应苦涩，绘画兴致有增无减。一直梦想成为职业画家，不好意思说出口，憋在心里，一刻也没有忘记。经过多年努力，终于调入北大荒版画创作中心，命运以全新面貌降临了。"我一面听着他的回忆，一面抚摸他那册厚厚的剪贴本。"一路走来，只要看到喜爱的版画，剪下来粘上去，聚沙成塔，滋润苦旅。其中一幅临摹赵

郑子江临摹的赵延年黑白木刻《海》

延年先生的《海》，当时别人不给剪，只能熬夜描摹，从而成为读高中时的第一幅版画习作。"如今剪贴本纸张陈旧，墨迹斑驳，仿佛看到一位青葱少年，一边采摘花朵，一边仰望天空，默默等待太阳升起。眼前的郑子江老师，脸上挂着笑意，这是对励志故事的骄傲回望。

人无法把控自己的命运，却可以创造机遇。当年，他没有机会经历美术院校的修剪、培育，是靠几本画册踏上自学之路的，其中经历的茫然与艰辛，只有他自己清楚。怎么办呢？他笃信"勤能补拙"。时间，起早贪黑多干活，挤出点滴学画；理论，到处借阅资料，细心揣摩研究；画材，铅笔用到指甲盖长，纸张画尽天头地脚。人世间事情是辩证的，这种没有督促的自觉动力，反而使语言从容不拘泥；这种不受束缚的博采众长，反而使图式新颖不落俗。不久，推出套色木刻《向日葵》系列，验证勤奋与努力，自学成才标签终于贴到他那壮实身躯，不仅由业余作者进入专业队伍，同时成为郑子江老师版画艺术的奠基礼。

"那是永远值得怀念的年代，也是一生中难忘的感恩岁月。一面聆听晁楣、郝伯义等版画前辈的亲切教诲，一面求教于同道的大度启发，醍醐灌顶，对我的版画创作平添澄明。'学如不及，犹恐失之。（论语）'在这支专业创作队伍里，别人无法替代自己成熟，唯一依靠就是勤奋。用勤奋填补空缺，用勤奋沉淀学养。日夕努力，不敢松懈。虽然前行路上也有过摇曳，总是本能地保持清醒，做到步后尘不丢独立思考，学技法不忘艺术朝向。"这是郑子江老师版画艺术厚积薄发时期。

他是带着仰慕神情进入专业创作队伍的，脚跨进了门，并未了结深藏的惶惶心态。那些年，为了开辟自己的版画风格，既是藏匿心底的誓言，也是昼夜鏖战的理由。说到木刻版画，简言之，就是一块板，几把刀，看谁领悟到了新感觉，掌握了新技法，找到了新图式。他心里清楚，好作品靠的是生活体验、专业技能和学识修养，所以不敢异想天开，只有奋力追赶。在远去时光里，黑土地留下他匆忙的足迹，书堆旁留下他苦读的身影，十年磨剑，是一种积累，也是一种锤炼。有人说：感叹别人成功的泪水，永远不如成功者汗水多。郑子江老师的成功，用这句话形容最合适。依靠勤奋与执着，苦海遨游，一步步走出自己的路。《清风》《吟秋》《乖乖豆》等陆续问世，这批清新明快的作品，都是描绘生活的深切感受，同道先是诧异，后是赞美。北大荒版画犹如一部雄浑乐章，突然多出一支小号，还那么嘹亮悦耳，引得众人纷纷回首。这一阶段，郑子江老师以一种挑战者姿态，实现版画艺术谨慎放达。

版画剪贴本中当年老师的赠言

"当代版画的审美形式，随着时代演进而演进，新思维、新材料和新技法转换，是一条必不可少的进取之路。祖国北疆那片黑土地，有我太多太多情愫寄托。如何把眼里的、心里的，变为紧随时代步伐的新语言，这是我思考最多、最为持久的问题。"

岁月过往，云帆高挂。当版画家们一道走进新时代，思维开放，技法更新，稍稍不留点神儿，就会望断长空。因此，寻找表达内心的新技法，创建版画个性风貌，是一件不容易做到的事，也是一件必须做到的事。白天观察，夜晚思索。有一天，夜阑人静，郑子江老师仍在工作室里琢磨：世间万物，相生相伴，久而久之渐成规矩。一旦成为规矩，就会自觉不自觉循规蹈矩。快刀能够斩断乱麻，乱刀制作版画会如何呢？这么一想，计上心头，他决意颠覆刻制传统，革新刀法，独自闯出一条新路。在不停顿实验与焦灼等待中，三棱刀细密碎痕与套印网线的重叠，被组合为乱而不散、乱中有序的肌理，再与色彩交织融会，形成痕迹灵动、色彩丰富的生动画面。经年修炼，终成正果。他终于找到一把钥匙，一把突破藩篱的金钥匙。

郑子江馈赠作者版画剪贴本时的留言

郑子江老师详细描述道："依照拟定的画稿，三棱刀首先破碎画面，刻成大小不等、疏密不同、纵横交错的点与线，有阴有阳，然后以色板反复套印六次。由于点与点的重叠，线与线的交融，形成丰富肌理，既有刀触的露，又有刀锋的藏；既含抽象性，又有朦胧感；近看绚丽多姿，远看迷离视觉。"这种具有独创性的版画语言，所呈现的刀琢之情，刻美之韵，既是一种新颖别致的语境表达，也是一种情感传递的运载工具。可以这么说，当今中国版坛独此一家。

草木有情，山水有魂。从此，虽然还是白山黑水的春夏秋冬，经过三棱刀重新编织，既保持艺术本真，却带来全新观感，所营造的风雅意境与缠绵韵味，终于使郑子江老师实现振翅换羽。至此，刀还是那把刀，景还是那样的景，内化于心，外化于行，让他的"乱刀法"创作一发不可收。《余韵》《双丰》《花幻》《天遂人意》《天地高远》与《沉吟深秋》的接连推出，细品的雅致与生动的韵味，被发挥得淋漓尽致，不管如何认定，他已成为北大荒版画群体的中坚力量。在这支奇葩的版画队伍里，作品没有足够艺术想象力和视觉撞击力，没有足够文化修炼和技法"高纯度"，是很难有立足之地的。难怪北大荒版画奠基人晁楣先生对此夸奖有加："郑子江跨越了地域生活风情化浮面审视，跃升为对历史、对现实、对社会、对自然的理性思考，丰富并强化了艺术作品的表现力度和精神内涵。"

郑子江老师的"乱刀法"，以刀痕胜之，色彩润之，境界仰之，不由让我联想起刺绣中的乱针绣，大有异曲同工之感。我曾多次在苏州观赏刺绣大师作品，乱针绣乍一看繁乱不齐，排列无序，貌似乱针一团，故得此名。心灵手巧的绣娘，穿针引线，五彩斑斓的丝线，通过纤纤细手，长短交叉、针线交叉、层次交叉，呈现针脚繁密、疏密合度、丰满含蓄的画面，那种逼真、生动与立体的效果，将精致发挥到极致，迷人的艺术魅力，使乱针绣闻名遐迩，赏得心醉。艺术是相通的，感动观者的作品，一定有说不清的理由。黄宾虹老先生说过："造化有神有韵，此中内美，常人不见。"由此看来，"乱刀法"与"乱针绣"在艺术奇峰上的交汇，一旦入目，便可入心，共同点都是创新。

我与郑子江老师握手告别时，感觉他的手特别有力。想想也是，白驹过隙，三十多个春秋操刀如笔的手，哪能没有力气？

祝那双手为时代奉献更多的精品力作！

与陈龙（左）合影

陈 龙

1971 年出生，黑龙江北大荒人。就读于中央美院版画系，
获硕士学位。中国美术家协会会员，中国版画家协会会员，
中国国家画院版画院研究员，中国国家画院青年画院艺委
会委员，黑龙江省美协版画艺委会名誉主任，国家一级美
术师。曾任全国版画展、观澜国际版画双年展评委。

作品六次获黑龙江省美展版画展金奖、首届世界小版画展评委会
奖、中国台湾第九届国际版画及素描双年展评委会奖、第十五届
全国版画展银奖、第十六届全国版画展银奖、第二届中国美术金
彩奖作品展铜奖、北京国际版画双年展银奖、第十届全国美展铜奖、
东北三省版画展大奖、北京国际小版画双年展银奖、中国台湾第
十、十一、十二、十七届国际版画及素描双年展入选奖、中央美
院学术委员会优秀创作奖等。曾评为黑龙江省"十大杰出青年""有
突出贡献的青年人才"。

代表作有：《北方·秋的延续》《生存状态》《生命永恒》等。

陈龙的《生存状态》

陈龙的工作室

用当下的话说，陈龙老师"出道"很早。

25 岁那年，他在黑龙江省版画展中力挫群雄，一下子拔了头筹。这是诞生闻名遐迩北大荒版画的地头，人才济济，高手如林，如此厉害的阵容里，突然冒出这么个后生，怎么不让人感到惊诧？

随后的漫漫岁月，没有让关注他的人失望，披荆斩棘，一路追梦，屡屡在全国各类版画展事中蟾宫折桂，历来讲究论资排辈的中国版画界，也不得不认可了他。34 岁那年，受邀担任第十七届全国版画展评委，十六位评委坐成一溜圈，"七零后"出生的就他一位。其时，陈龙老师已是中国美协版画艺委会委员、黑龙江省美协版画艺委会主任。

在北京市郊区，陈龙老师有一套面积宽敞的版画工作室，虽然临近首都机场，却很安静，空气也很清新。我俩平心静气地畅叙，从旭日高升，到夕阳西下。

我作为版画藏家，难以脱俗，刚坐定，便从版画藏品聊起。

"收藏《生存状态》后，经常欣赏品味，不论前所未有的构图形式，还是难以想象的材料质感；不论前卫语言的视觉感受，还是制作营造的精美程度，作品的超现实画面令人叹为观止，也让我爱不释手。"

"在灯光下看过吗？"

"你在电话中提醒后，有一天半夜起床，特意赶到工作室欣赏。在灯光照射下，《生存状态》背景黝黑，人或光线稍有移动，星光点点，闪烁不定，仿佛神秘莫测的无垠宇宙。红色管状物盘旋的人体造型，加上簇拥的大豆，黑红相间，光怪陆离，仿佛妙不可言的幽深乾坤。"

"画面的制作，全部采用矿物质材料。我研制的这种材料，由细微颗粒组成，性质稳定，印制后形成许多折射面，所以出现星光闪烁的效果。"

"欣赏时，会产生一种时空交错、星移物转的感觉，出我意料。从创意产生到完成制作遇到不少困难吧？"

"这个过程非常艰难。在创作观念上，尽力摆脱往日的风景寻趣，利用主观想象构建图式，人的形体既要表现生存状态，又要营造虚拟空间，景非实景，情不虚情，构建一个超越现实的意象世界。在作品制作中，先雕刻细密十字线，形成画面基调，再将塑型膏从木版上脱离，然后通过拓、印、染以及手工点色等四十余道工序，才能形成这种奇特的视觉效果。"

"为何观赏《生存状态》时，隐隐金光闪烁？"

"在制作过程中，由于植入矿物色，使作品具有金属质感，自然出现金光闪烁的感觉。由于色彩晕染难度大，层次衔接要求高，导致最终结果难以控制，因而成功率极低。"

"作品印数少，包含这个因素吗？"

"是啊！耗时也是重要原因之一。印制一幅作品需要四个月，每一个程序都不能出错，小心谨慎，如履薄冰。原因之二，由于制作材料成本太高，加大制作风险。传统版画与矿物色本身，都是中华文明的产物，两者之间没有明确架构，通过制作环节相互融通，延伸出宽泛的艺术形态，从而相通文脉，拓展遐思。"

"失败过吗？"

"开始阶段多一些，不止一次，想到就伤心。"

"《生存状态》有哪些艺术机构收藏？"陈龙老师一边看着我，一边扳着手指头："英国剑桥大学美术馆、欧洲木版基金会、北京国际版画双年展组委会、深圳某地产集团和您各收藏一幅，我是一无所剩。"

"应该保留一幅。"

"如标题所指，经济拮据是当时的生存状态。"

"《生存状态》原版呢？"

"与《捍卫者》等原版均被英国阿什莫林美术馆和大英博物馆收藏。"

"《生存状态》原版与丢勒的《犀牛》放到一个库房，很了不起啊！"

"马老师当时为何果断收藏？"陈龙老师反问，我只能如实作答：

"我的版画收藏有两条标准。一是要有眼前一亮的震撼。非同一般的视觉效果，才会有非同一般的品读感受。二是要经得住时光抹布擦拭。时间是检验绘画作品的抹布，内涵深邃，境界高远，又具有高超技巧的作品，自然不惧怕时光抹布的擦拭。"

"艺术家一定要出精品。"

"你'出道'之后，作品一直受到我国艺术界和收藏界关注，为什么选择一再突围，而不是锦上添花？"

"艺术发展的过程，就是超越自我的过程。传统木刻大都是单刀走线，过于单一，很难适应现代人的视觉审美。基于民族传统的根基，实现主动突围，通过多学科技艺互动，实现当代版画的视觉形态转换。"

"主动突围，是指题材，还是技法？"

"都有。一方面探索形式语言，一方面摸索印制材料，在此基础上变革制作方法，从而拓展版画表现领域，实现观念与技法有机融会，营造崭新的视觉形态。"

"欧洲木版基金会会长冯德宝先生，认为你的作品既有现代语汇，又饱含中国元素。"

套色篇

生命永恒 木版 + 亚克力塑型膏 + 矿物色拓印 2003 年创作

的目光越来越深邃；国家画院版画院的浸润，使他的思考越来越宽泛。为了向远方的艺术目标靠近，他以常人不及的耐力，逼出不少绝活儿。

数年磨砺，悄无声息。

有人说，越是意象张扬的艺术作品，越需要关起门来营造。当别人还在打听他的艺术动态时，《红色生命·捍卫者》《生存状态》《生命永恒》《红色生命·和谐》等木版、绝版、亚克力塑型膏＋矿物色拓印版画相继问世，这批具有东方意象之美的作品，以张力无限的构图，孤愤倔强的意境，多种材料的应用，各种技法的混搭，形成中国版画从未出现过的视觉效果，不仅让人们震惊，甚至出现不相适应的感觉。

"作品是他创作的吗？"

"这些作品属于版画吗？"

不得不说，这种保留版画基本要素，在材料、媒介、技术和程序上，通过自由驾驭形成的图式，无疑是一种全新变异，以观念表现观念，以灵性塑造灵性，这正是陈龙老师的绝妙之处。这些不掺杂他人意愿，独自持有的美学诗篇，肃穆中有怪异，妖媚中有深沉，作品呈现的民族品格、概念表达和审美共通性，远远超乎人们的想象，随之而来的是愕然与惊叹。

当然中国版画界也不吝啬，先后把第十五届全国版画展银奖、第十六届全国版画展银奖、第二届中国美术金彩奖作品展铜奖、北京国际版画双年展银奖都颁给了他。陈龙老师不掷虚名，渐渐成为我国版坛独具风采、塑造浑然的版画艺术家。那些蓝眼睛高鼻梁的收藏家，更是捷足先登，把他的作品与原版，一批又一批扛到悬挂米字旗的地方。

陈龙老师的生存状态，是一个走得崎岖，走得峥嵘的状态。

注1：博林德（1923－2003）女，瑞士人。曾与英国人冯德宝先生等成立欧洲木版基金会，出任董事长，致力于版画推广，生前多次到中国访问。

　　"三版"是石版、铜版、丝网版画的统称。"三版"属于外来版种，主要源自欧洲。石版画于19世纪传入，铜版画于清康熙末年传入，丝网版画则于20世纪70年代传入。新中国成立后，中央美术学院率先开展石版、铜版，以及丝网版画教学与创作，洋为中用，推陈出新，带动"三版"艺术的普及与发展，极大丰富版画审美内容和艺术品格，并在重大国际展事中屡屡获奖，成为中国版画不可或缺的视觉形态。

三版篇

李宏仁

1931 年出生，北京市人。中国石版画教育体系的开拓者，美术教育家。1955 年毕业于
中央美术学院绘画系研究生班，是新中国培养的第一代绘画研究生。中国美术家协会
会员，中央美术学院石版工作室主任、教授。享受国务院特殊津贴专家。

作品曾获文化部促进文化科学技术进步奖、中国版画家协会与中国美术家协会联合颁
发的 50 － 60 年优秀版画家"鲁迅版画奖"。

代表作有：《松鼠》《赵一曼》《旭日东升》等。

与李宏仁（左）合影

饮水思源

采访中央美术学院教授李宏仁先生那天，遇上北京难有的好天气，阳光灿烂，秋风习习。我怀着饮水思源的心绪，按响了门铃。

李宏仁先生是新中国培养的第一代绘画研究生，也是中国现代意义上石版画创作的先行者。他早年毕业于中央美术学院，与靳尚谊、詹建俊同窗，一同受教于徐悲鸿、蒋兆和、李桦等先生。新中国成立初，受李桦先生之托，白手起家，艰难起步，创建了中央美术学院石版工作室，继而成为我国石版画教学体系开拓者和奠基人，对于全国美术院校石版画教学体系的形成，功莫大焉。

李宏仁的工作照

流年似水，沧海桑田。1992年李宏仁先生退休，远离喧嚣，闲居静养，渐渐淡出人们的视野。如今中国版画已是春色满园，他当年培育的石版艺术之花，亦是香飘千里，撩人心扉。如同园中牡丹，端庄秀丽，典雅大方，让国人分享这一高雅艺术。大隐于市的李宏仁先生，面目慈祥，神情宁静，周身洋溢着学者的儒雅风范。由于长期身体欠佳，体形消瘦，呈羸弱之态。当我提起我国石版画教学奠基之事，他左推右挡，谦让再三，力推两位老先生功劳。

一位是徐悲鸿。他言："徐悲鸿先生时任中央美术学院院长，带头主张和实践现代美术教育。当年创建石版工作室时，曾得到徐先生多次力荐。在教学示范中，亲执教鞭，我的绘画造型能力直接受益。每次上素描课，徐先生走到我身后，总要多停留一会儿，鼓励、指点，别提心里有多高兴！我更羡慕同学刘勃舒，徐先生耳提面命不说，还掏钱买他的画，非常体面地解决后生经济窘迫。"

另一位是李桦。他言："李桦先生是中国现代版画先驱，时任中央美术学院版画系主任，思想开放，思维旷达，积极推进中国版画多版种发展。1954年的一天，大家正商议筹建石版工作室，李桦先生当面拍板：'这副担子你挑起来。'一语如锤。我那时21岁，正在读研二，震惊得不知所措。李桦先生不拘一格的托付，千难万难，也要挑起这副担子啊！"

李宏仁先生的回忆，就像打开当年的日记本，叙述着似水年华："从筹建到开门教学，只有短短半年时间，真紧张啊！为了找到石版机，大伙儿没日没夜地在前门、珠市口一带石印作坊转悠。有一天晚上，前门附近发现一台石版机，我怕错过机会，连夜用木板车拉了回来。为了找到石印资料和器材，北京、天津、秦皇岛三地来回跑。后来在秦皇岛一家工厂里，发现已砌成花坛边牙的石印版材，我们立即挖了出来，连夜折腾到北京。

开学之前，终于拼凑出八台石印机，五台四开的，三台对开的。一点儿没有误事！"李宏仁先生一脸欣慰，相隔半个多世纪仍然那么感人。

石版器械基本凑齐后，又出现了教学问题。那时中央美术学院还在王府井校尉胡同，这里曾经是清代故宫近卫军兵营，因此而得名。版画系在 U 字楼北边靠后平房里，正式开课前，先请师生们试听。李宏仁先生担任主讲，他按照石版画流程做了一遍，当揭开版画纸时，石版上竟然一片空白，什么痕迹也没有。他言："当时我的大脑也是一片空白。嘿，洋相出大了！"后来经过反复试验，终于找到失败原因，原来使用的蜡笔早已失效。

从此以后，他对石版材料的研究，对石版技法和教学方法的探索，如同崎岖山路上一只领头羊，披风沐雨，默默前行。别看李宏仁先生儒雅文静，性格温和，工作起来却是忘掉一切的人。三年自然灾害期间，师生们饿得直不起腰，他却坚持挑灯夜战，身体就是那时候累垮的。后来学生多了，他没有地方搞创作，干脆爬到石版机上画稿，急得吴长江等一拨学生高喊："您下来，千万别摔着！"谭权书先生曾经撰文：李宏仁老师在当时中央美院青年教师中，是最勤奋、最刻苦的一位。20 世纪九 90 年代末，在推土机的隆隆声响中，中央美术学院老校区没了踪影，那一间灯亮到天明的石版工作室，也只能留在师生们记忆里。

松鼠 石版 1955 年创作

光阴如梭，转眼李宏仁先生到了退休年龄，一步三回首，依依不舍啊！广军先生告诉我："李先生退休时有个请求，能否带走一台旧石版机？这有啥说的！"一帮后生立即撸起袖子，连搬带扛送去了。从此，他每天都要到石版机旁转一转，钩沉以往："看一眼，摸一下，心里舒坦啊！"有人说，甜蜜的回忆，可以营养一生。这就是李宏仁先生的石版情缘，长留于心，守候天荒。

石版画《松鼠》的创作，可谓适逢其时。那是1955年，国运初兴，又值"百花齐放，百家争鸣"前夜，政治环境较为宽松。李宏仁先生正值当年，才情涌动，跃跃欲试。一日偶得灵感，即以《松鼠》表现之。他言："能不能随心所欲地表达内心企盼，《松鼠》就是我的心仪载体。"

主题确定后，他凭借高超技艺和高雅审美，终于如愿以偿。通过油性铅笔的由浅至深，形成多种灰色层次，墨韵不淤塞，厚重不死板，通过丰富的笔触变化，毛茸茸小松鼠浑然一体，警觉的眼神，机灵的形态，出神入化，甚为可爱，不仅为人们带来视觉的愉悦，也带来美好生活的向往。作品篇幅不大，精彩不可小觑，既体味生命中的盎然，又呈现东方审美的志趣，自成高格，影响深远。在谈及创作体会时，他言："当年石版画主要学习东欧，苏联影响最甚。徐悲鸿先生挟西欧之风，两股风一起刮。我在创作中坚持融会贯通，从起步到传承，技法严谨是首位。"他也坦诚地补充："自己偏爱徐悲鸿夫人抱猫的那幅油画，不论色彩，还是结构，或是光亮感，焕发出艺术纯粹和超然境界。"如今赏析石版《松鼠》，倘若认真阅读，也能找出诸多技法上的比拟。毛发根根可数，形象灵动有趣，动态逼真，人见人爱，成为我国早期石版画经典而留名于史，罕有伦比。

石版印刷技术源于欧洲，19世纪传入中国。光绪年间，上海开始出现石印业务。20世纪40年代，不少大城市陆续出现石印版画。作为石版画的艺术创作，却始于中央美术学院石版画工作室建立之后。从1955年起，李宏仁先生一手抓筹建，一手抓创作。起步之始，注重欧洲石版语言的探源，以此夯基垫底；更注重内心情感的获取，以此融入实践。由于创作中能够吃透用活，所以既不生硬，也不脱离实际，紧随社会发展和时代审美，使欧洲石版艺术悄然地在我国落地生根。

继《松鼠》创作之后，《杨开慧烈士像》《赵一曼》《石版工作室》《英格兰的黄昏》《旭日东升》等，一幅接一幅写实主义风格的作品，从不同侧面展示有韵有味、见物见情的个性风格。这是作者勤于思考的痕迹，也是坚持探索的放歌，彰显气度与才华，为当年石版画教学添加不可多得的范本。

李宏仁先生在石版画创作中，题材广泛，既有人物与风景的描绘，也有生产与生活的写照。虽然偏重写实，却情感真挚，壮烈如大风歌，委婉如抒情诗，自觉不自觉让观者感受至真、至善、至美，呼应文化品位，他以这种独有的艺术见证，为

童年 石版 1981 年创作

人们铺就一条怀想之路。如套色石版《赵一曼》，画面中抗日女英雄赵一曼[注1]，端庄温雅，坚定刚毅。通过细腻的笔法描绘，精心的色版叠印，色阶微妙，形神兼备，具有强烈艺术感染力和精神穿透力，这种对人物描绘的提纯与传神，把家喻户晓的抗日英雄，定格为反抗外辱的思考归属，也成为石版套色技术的攻坚成就。

李宏仁先生的人品与作品一样，既严谨又大度。大责在心，相伴流光。在数十载星移斗转中，勤勉授业、薪火相传，大功不自喜，其精神，其技法，足足影响几代学子，培养出一大批中国版画界，乃至中国美术界栋梁之材。如：广军、文国璋、吴长江、苏新平、尹朝阳、姜陆、张敏杰、李晓林……这个名单还可以排列很长。

李宏仁先生身材并不魁伟，但在师生心目中却是高耸的。当年的学子追忆怀旧，一旦聊到先生，崇敬之意无不溢于言表。艺术靠沉淀，不靠喧嚣，喧嚣过后真正存史的不多。在流淌岁月中，他日思夜想是石版上的"砂目[注2]"，那里有他的一朝寄托，也是他的终生梦想。半个多世纪的不舍追寻，倾注情怀，延伸文脉，让人们激赏的不仅是作品本身，还有饱含其中的精神情愫，品正格大，静水流深，成为中国当代石版画发展历史中的一抹清晖。

采访中，我与李宏仁先生的交谈不时被电话铃声打断，那是他女儿约请医生探诊。当年，满怀父爱之情创作石版《童年》，画面中的女儿天真无邪，一脸灿烂。如今身为教师的女儿，既要工作，又要照料多病双亲。一会儿服侍母亲，嘘寒问暖。一会儿为父亲拿靠垫、添茶水，细微有加。羊跪乳，鸦反哺，不经意间的每一个细节，传递温暖，点染亲情，让我陡生超拔之感。

道别时，李宏仁先生微笑着挥手致意，我向先生深深鞠躬。大声说道：祝您健康长寿！

注1：赵一曼，女，（1905－1936）四川宜宾人。抗日民族英雄，曾任东北抗日联军第三军二团政委，1936年8月被捕就义。2010年被评为"100位为新中国成立作出突出贡献的英雄模范人物"之一。
注2：砂目，指石版版面肌理状态呈砂粒般的粗糙面。

与广军（右）合影

广　军　　1938年出生，辽宁沈阳人。回族。毕业于中央美术学院版画研究生班，获硕士学
　　　　　位。中国美协版画艺委会名誉主任，中央美术学院教授，中央美术学院学术委员
　　　　　会委员，博士生导师，中国国家画院版画院执行院长。

获中国版画家协会与中国美术家协会联合颁发的50－60年优秀版画家"鲁迅版
画奖"等。

代表作有：《采莲图》《塞外归》《角楼》等。

怀想幽默

　　中央美术学院教授广军先生，学问宏博，语言幽默、诙谐，在我国美术界是出了名的。猛一听，也许觉得先生言语与年龄不太相当，反之一想，这般年岁仍如此豁达，那是何等才情与心境？我在望尘莫及中，一直想找机会走近他。

　　四年前，北京初夏的一天下午，在广军先生那间地处繁华街区，却宁静清雅的工作室里，浮生有幸，一饱耳福。那一天，我俩的交流方式很特别，隔着硕大原木条桌，各自伸腿仰腰，任由言语蹦哒。说实话，不是每位来访者都有这份待遇的。畅谈中，世情与哲理，文化与格调，在让人称奇的表达中，接捧玉珠，受益良多，如沙漠中寻觅到一泓清泉。快乐是会传递的，现回忆一二与读者分享：

　　首先聊起三十多年前那场声势浩大的"85美术思潮"，广军先生与九位画家共同举办"半截子画展"，在中国美术界引起巨大反响，不知现在如何看待？

　　广军先生曰：凑凑热闹，添添柴火。画展前言是我撰写的，其中有这样两句话："先生对我们感到惋惜，说我们是没出壳的鸡；后生对我们不满意，说我们是腌过的蛋。难啊难！"直到现在也没搞清楚，我们这一代画家究竟是鸡？还是蛋？

　　聊到欧洲写实主义绘画传入中国后，曾经对我国早期油画发展带来积极影响，近些年大有回潮之势。比如有些画家创作中一味追求逼真效果，缺少创意，缺乏对事物本质揭示，您如何看待这种现象？

　　广军先生曰：我曾经画过一只鸡，两条腿在同一侧。又画了一只羊，没有脖子。旁边题了四个字"另眼相看"。你要问这是啥意思？我说，如果画家一天到晚与真实较劲，绘画这事儿就是活受累。精品不等于精细。我也听别人说过，有些版画家也走这条路，拿着小刀子画素描一般搞创作，让我有些担心。

　　聊到当下宽松的创作环境，这是桎梏年代不敢想象的大好机遇。艺术家如何进行艺术创作，以及如何评价当下充斥市场的绘画艺术？

　　广军先生曰：艺术创作需要认真的胡思乱想。认真，是指经过大脑反复锤炼，经常爆发思想火花；胡思乱想，是指艺术想象力，没有艺术想象力的作品如同木乃伊。绘画，既要画你看到的，还要画你想到的。富有强烈艺术感染力的作品，才是好作品，也才能让欣赏者经久不忘。材料、技法和工具，永远都是第二性的，在艺术创作中思想表达最为重要。

　　聊到如何看待当前各种类型的版画展览？

广军先生曰：近些年，版画展事越来越多，策展想法越来越好，这是一件好事，也是艺术发展的必然。我以前去参观版画展，一看就知道哪幅是老师作品，哪幅是学生作品，现在不一样了，创作水平都有提升。两代人之间会有隔阂，年轻学生敢去蹦极，我敢去吗？不能觉得他们不关注生活，是我们没有进入他们的生活模式。在我国新兴木刻运动中，从事木刻创作的都是先进艺术青年，当时也有人看不惯，对吧？

聊到倘若不发生，后来终究发生的"文革"动乱，使他们这一代艺术家错失创作黄金期，现在如何看待这件事？

广军先生曰：唉，这事就别提了。那是"大人做了小孩子做的事，小孩子做了大人做的事！"

聊到如何给他的艺术创作划分时代？

广军先生曰：我创作的黄金期始于80年代，那时已经42岁，这以前大部分时间都废了。1957年在美院附中，没事儿，倒是哥哥成了"右派"影响了我，总受批判，后来才明白这是政治"连坐"。1958年以后，都是"运动"，个人艺术成就哪里有呀？还划分什么时代。要划分那就是社会的发展阶段，谁也跳不出。1978年读研以后才算活过来。这么多年一路溜达，从《塞外归》《大雨点》，到《一夜春风》《角楼》，再到《长河》《采莲图》，又画油画，又画水墨，一直往前走。

聊到如何点评艺术作品。在日常生活中，经常有单位或个人请广军先生点评作品，您现在怎么看待这件事？

广军先生曰：说句实在活，极少有人爱听别人"点评"的。费劲巴拉地想出来、画出来、刻出来，凭什么你说好和坏？当然好和坏是有的，还需自己明白。在国外绝没有"请您多提宝贵意见"的事儿，至少那一份劳作是值得尊重的。

聊到有些版画家创作时，不深入实际，不注重写生，以临摹照片代替艺术创作，当代人生活那么丰富多彩，却被表现得浅表生硬。

广军先生曰：现在技术进步太快，能用到艺术上的为何不用？省时省力多好！但是别让它替代了你的思想和有个性的表达，比如画相片。只能对着照片干，艺术这事儿岂

塞外归 黑白木刻 1984 年创作

不是太简单了？这一类作品可能受某些方面的欢迎，如果市场也欢迎，那就"骑虎难下"了。你会发现，凡是完全依赖相片的"作品"，都比较冷漠，因为画家的热望和激情被"搁置"了，"人为"的因素缺失，于是就"千人一面"，并且离艺术很远。

聊到上素描课，老师让学生临摹艺术大师名作印刷品，天天这样教，天天这样画。结业时，那位老师把学生临摹画稿拿来，请广军先生点评。

广军先生曰：老师要求学生对着模特画出大师素描的样子来，比如要像"荷尔拜因"的。学生画的真像！我跟学生说，你们看到的是大师画出来的，但是，你们不可能知道大师没画什么，所以，你们是做了表面功夫。真正要做的是面对真实以后，你要找出你和大师表现的差别，也即是你想画的，他怎么不画？

聊到有一位美术老师，接过学生绘画习作时，瞄了一眼便发话：别脏了我的眼睛。

广军先生曰：老师是干吗的？就是把自己最好东西教给学生的人。调个个儿想一想，你的老师是这样对你的吗？当年，李桦先生给我们授课，八点钟准时到教室，不差一分，守时得很。教学非常认真，手把手地教，百教不厌，百问不烦。请记住，传道授业是老师本分。

聊到当下艺术市场中，艺术品成为投资商品，经常出现以头衔论价格的怪现象，如何看待这一现象？

广军先生曰：我曾经制作一张贺年卡，上面画了一只猪，又在猪圈围墙上画一具马鞍。题款：猪挂鞍子还是猪。

聊到个别画家一味模仿西方绘画，自以为很得意，应该如何看待这件事？

广军先生曰：学也不是这么个学法。你再怎么喜欢一位极有个性画家的艺术，也别画成他的样子，都没见过的，被你抠出来，照样画了，大家以为是你独创的，没多久，大家也发现了那位画家，啊，他糊弄国人呢！你臊不臊得慌？研究人家的思考方法，面对自己的世界说自己的话。

聊到广军先生长期在中央美术学院任教，传道授业多年，您主要的教学方式是什么？

广军先生曰：坚持启发性教学，或者叫"模糊教学"，教学生思考方法，能给的都给，没有半点保留，能不能攀上珠穆朗玛峰，那是你自己的事。登上了，"一览众山小"。失落了，我还管。

聊到广军先生的乐观与幽默。

广军先生曰：就是把面具抛掉，讲几句逗乐的话。作画言谈，兴情所致，都是凡夫俗子，把事物看看透就行。

聊到版画创作，特别是广军先生的代表作，丝网版画《采莲图》的创作过程。

广军先生曰：作家写小说是虚构，虚构得让你觉得真实，那是本事。搞艺术创作，既要有文化和技法铺垫，也要有合理想象，这一点如同写小说。

早年创作以黑白木刻为主，采用"阳刻"的方法，传统木刻就是用这个方式表现的，适合讲中国的事。《塞外归》是看了北京日报上一则新闻引发的想象，没有"体验生活"，靠想象推演。画面里的牛，是我临摹过中外古今牛的图像资料后"编"出来的，符合自己的理想要求。

版画是人类文化精神的一种浓缩。搞艺术创作，一定要有广阔想象空间，画境说到底是艺术家心境，再多技法技巧都要冲着艺术升华。丝网版画《采莲图》的创作，介于似与不似之间。既无细节，也无比例关系，总之与原型不一样。蜻蜓、荷叶、荷花和采莲人，都不是具体物象，已经简约化，近似符号，但是有分寸。实中有虚，虚中有实，太实了没看头，认不出来也不行。把生活中司空见惯的事物，画得别人有感觉，画家就是干这事的。那种纯粹讲道理的作品，从艺术上讲手法不高明，所以要用思想搞创作。

北京周边湖里、塘里都有荷花，夏季盛开时，微风轻拂，粉荷妍娜，一大片一大片

采莲图 丝网版 1985 年创作

的，既壮观，又养眼，很讨人喜欢。我常常观赏得不愿移步，离开的时候还回头瞅瞅。有一次在池塘边溜达，偶然捡到一瓣荷花，发现花瓣上筋脉是弯曲的，顿感新奇。于是那段日子专注荷花写生，画了厚厚一本，丝网版画《采莲图》是在此基础上创作的。当时没有像样的油墨，只能以油画颜料替代，纸也不是版画纸，觉得挺遗憾的，哪知道效果出来了，有点出乎意料。许多看过《采莲图》的朋友告诉我，挺好辨认的。出尘的荷花，丰满的莲蓬，悠闲的劳作，小舟穿行于碧波之中，如一首如梦似幻的诗。

我现在看《采莲图》也经常窃喜，偷着乐。感动自己，才能感动观众。好作品是留给后人看的，也许后人看得更真切。这么多年来，定位于既不离开具象，又有抽象，在基本形象框架下，探索个性现代绘画语言，形成自我风格取向。

广军先生的从容漫谈，话语幽默，哲理深刻，无疑是穿越风雨的智慧，大思大想的抖落，句句震耳，使我觉悟，使我振奋，也使我越加敬重。梅令人高，兰令人幽，虽说是半日促膝，广军先生心藏丘壑，让我等后生味之不尽，从心底领悟博学为师之道理。因为兴奋，竟然遗漏他对我国版画队伍的快乐挽扶，对当代版画的楷模引领等诸多请益，好在大伙儿心里都记着呢！

闲话古今，悠然忘尘。那个阳光下午，我俩斜坐木椅，一边品茗，一边聊着、笑着，竟然不知时间长短。我感叹道：今天下午真开心。

广军先生曰：我天天都这样。

祝广军先生天天开心！

与陈聿强（右）合影

陈聿强

1938 年出生，浙江宁波人。毕业于浙江美术学院（现中国
美术学院）版画系。中国美术家协会会员，中国版画家协
会会员，中国美术学院版画系教授。

作品曾获第十三届全国版画展铜奖，第十四届全国版画展铜奖，
全国首届油画、版画精品展优秀作品、中国版画家协会与中国美
术家协会联合颁发的 50－60 年代优秀版画家"鲁迅版画奖"。

代表作有：《绿库云霞》《挥洒》《草寇英雄与皇帝老子》等。

我很荣幸

五年前，满头银丝的中国美术学院陈聿强教授，精神矍铄，清风朗月，一脸抹不去的笑意，在位于杭州市中心他家的宽敞客厅里，告诉我一个淹没整整五十年的有趣故事。

十年前一天，他在回家途中，偶遇浙江美术学院老书记高培明。绿树阴下，手握着手，免不了一番问候与叙旧。临别时，耄耋之年的老书记突然拉住陈聿强教授的手，缓缓说道：

"阿强，最近翻出一幅版画，是你早年创作的，我当年还请潘（天寿）老[注1]题了字呢。"

"啊，还有这事？"

当天晚上，在高培明书记家中，陈聿强老师看到自己五十年前的版画旧作。铺展在案的水印木刻《上学堂》，似曾相识，如同洁白雪地上寻觅到自己的脚印，一时兴奋异常，他甚至有点按捺不住：

"想起来了，想起来了！那是1959年，我当时在浙江美术学院读大三。有一家出版社出版诗集，需要画插图，任务辗转交给了我。那年21岁，精力充沛，受领任务之后，便起早摸黑干起来。水印木刻《上学堂》的创作，记不清经历了多少日落日出，依稀记得蓝布花纹为底，画面中有两个人物，一老一小。老爷爷身穿黑棉袄，头戴罗宋帽，一手提烟袋，一手挽斗笠，凝视着孙儿，幸福都堆在脸上。孙儿头戴红绒帽，身穿绿棉袄，背着新书包，一脸喜悦，昂首抬步去上学，美好都在脚下。妙趣横生的画面，新颖别致的情调，被潘天寿院长看到后，激动地手书题签：爸爸七岁去放羊，爹爹七岁去逃荒。今年我也七岁了，社里送我上学堂。聿强刻，天寿书。字迹工整，布局开朗，落款处还端端正正盖了印章。画角一旁又题：陈聿强木刻上学图·天寿签。一笔一画，都是前辈提携见证。字迹行间，尽显大师无声风范！刹那间，一股暖流从心底涌起。当年在浙江美术学院求学，潘天寿院长对版画学子虽说未能把腕赐教，但他教书育人的远见卓识，在赋诗题字中可见一斑，我很荣幸。"

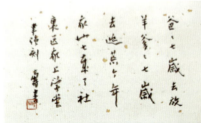

上学堂 水印木刻 1959年创作（非藏品）

潘天寿先生言：吾将拭目有待于吾辈以后之可畏青年。潘老为水印木刻《上学堂》欣然赋诗题字，是否认为陈聿强是"以后之可畏青年"，尚不可知，殷切期许却是实实在在的。

此后的半个多世纪里，尽管风云变幻，总有一盏灯为他点亮。陈聿强老师凭借锲而不舍精神，在饱含期待的追寻中，尝试把中国水印技法与西方丝网版画相融会，开创我国水印丝网版画之先河，正是这种独辟蹊径，一枝独秀，在中国当代版坛绽放出别样美丽，兴许其中暗合潘天寿先生的当年期许。

丝网版画产生于20世纪初。当年，由于丝网版画不是按版画传统方法制作，未被认作为艺术品，仅以印刷品参加相关展览。1934年，在美国一家床单厂工作的安东尼·维洛尼斯，以丝网制作版画《凯旋门》，成为世界上第一张丝网版画。此后，美国现代艺术家安迪·沃霍尔创作丝网版画《玛丽莲·梦露》《汤罐》等名作，把西方波普现代艺术推向巅峰。时代发展，观念更新。丝网版画作为版画新的品种，逐渐被各国美术界所接受，许多世界著名博物馆和画廊专辟一席之地，丝网版画终于登堂入室，为人们带来许多逍遥不羁的惊喜。

20世纪80年代初，国门洞开，西风东渐。天赋很高的陈聿强老师自学英语后，有一次浏览英文美术杂志时，敏锐地发现了这个世界艺术前沿动态。那个时辰，他的木刻版画从构图到刀法，从内容到风格，小荷已露尖尖角。但是此时的创作状态，缺少一份众人争睹的从容，他时感不满，这种情绪不停地在心里搅动。水印木刻是最具民族特色的版画语言，水溶性油烟、松烟形成的墨色，在渗化中显现滋润、淋漓的艺术效果，是其他版种无法企及的。于是，探索新技法，绘出新气象，实现个人版画创作的弯道超越，成为那个时段纠缠最多的思考与烦恼。

随着丝网技法的传播与推广，在无言洞察与广泛试验中，陈聿强老师水印丝网版画进入攻坚阶段。有人说，没人走过的路，走起来爽快。他的感觉却是：没人走过的路，走起来更难。水印技法，东方瑰宝。丝网版画，西方新潮。水印技法移入丝网版画，听起来很浪漫，操作起来却是困难重重。他自己清楚，没有任何一个画种，像版画这样受制于技术。半途而废，非我之志。不知经历多少次彷徨，心无着落；不知相遇多少回焦虑，折磨意志。凭借汗水与心智，渐渐走向那片属于自己的土地，在无成法依照中，《西湖之夜》的面世，终于实现水印丝网版画的真正落地，时间定格在1984年。

艺术风格与个人技法，如同艺术家自己的身份证。水印丝网版画这一新技法诞生，既融合了东西方艺术之美，又对接了时代审美追求，可谓独门绝技。从此行看流水，坐看飞云，陈聿强老师以独有的艺术风貌，铺陈出新，释放憧憬，水印丝网版画成为他观察世界、睥睨天下的一种方法，也成为他绵延思考、流溢情感的一种途径。

1996年举办的第十三届全国版画展中，水印丝网版画《绿库云霞》参展。江南水乡，云薄烟淡。画面里幽情与浪漫相聚，新图式与新技法相逢，传递不可言传的诗情画意与百般妖媚，顿时征服众多评委，他高高兴兴地捧回铜牌奖。

1998年举办的第十四届全国版画展中，水印丝网版画《挥洒》参展。画面里技法与情感的宣泄，豪情与美态的展示，那种意识流动与意境张扬，让他真真实实地挥洒一回，不带泥水的灵性，让众人眼前一亮，再一次把铜牌奖收入囊中。

收获季节就这么悄悄到来，让他感觉有点始料不及。现在不妨品味一下《挥洒》超凡气度和视觉意趣。此次出手，不同寻常的构图，找不到故意雕琢，寻不着以往程式，满眼的大气行笔，尽情挥洒。形，似泼墨挥毫，行云流水；势，如惊涛拍岸，浪飞波涌；色，若秋水长天，墨韵淋漓。对构图、色彩、韵味的把控，以拂去沧桑的肆意，无拘无束的酣畅，把满腹情怀、一腔豪气表现得潇洒自如，如痴如醉。既有酣畅表达，又有审美快感；既有厚实的传统文化元素，也有趋赶时代的创新美意，这就是水印丝网版画《挥洒》的直观感受，既画出了个性，也画出了心性，仿佛闻到几缕墨香。

挥洒 水印丝网 1998 年创作

陈聿强老师笑言："以书法笔墨功夫，在版画创作中任性一回。"

说是任性，其实不然。《挥洒》构图精准，既注重总体态势，又留意细部处理。在每一个板块中，或透空，或穿插，收放有度，气韵贯通，求流动中的平衡。《挥洒》用色考究，由浅入深，九次套色，层层递进。白中有灰，黑中露白。既有自然过渡，也有墨色相融，求色彩中的飘逸。《挥洒》制作精湛，细腻雅致，把控每次套版印制。品位独到，铺陈气度，以求从容中的艺术魅力。最后以"陈""聿强""东海人"三枚闲章相映成趣，既望古承昔，又彰显格调，可与宋人尚意，元明尚态的书法境界相比拟，当这种感觉传递给观者，自然形成审美共鸣。

我国丝网版画的创作，在一批批探索者不懈努力下，用了不算很长的时间实现风云易主。不论民族传统的发扬光大，还是各类技法的延展突破，涌现出许多打动国人眼球的亮点，语言和技法跃升到较为自由状态，形成中国丝网版画的独有面貌和民族气度，使中国画坛为之一震。当然，对于当下丝网版画创作走向，既有激赏，也有争议，今后仍然需要廓清。总之，丝网版画创作一定朝前走，继续熏染着身边时光。

其后，陈聿强老师在水印丝网版画创作中，经年累月，铿锵前行，直入如来之境。作品或寂静悠远，或天真自然，或禅意绵绵，把人文气质和艺术见解发挥得淋漓尽致，形成独有的抒情风格。如《草寇英雄与皇帝老子》以轻松诙谐的笔调，笑谈变迁的历史。《丽人行》以长袖善舞的柔情，回望曾经的艳美。《风骨》则以朦胧新图式，对接心中偶像。他借助作品的频繁推出，不断植入文化思考，更新表现内容，不仅赏心悦目，亦能启迪人生。

当下，在多元化艺术形态中，陈聿强老师以独有风韵，体现着我国当代学院版画家风采。随着作品在美国、英国、德国、日本、韩国、加拿大等国家接连展出，一方面推广水印丝网版画，一方面交流当代艺术思考，为中国版画的复兴与繁荣，奉献，再奉献。

临别前，陈聿强老师告诉我三个小秘密，叙述如下：

走上水印丝网版画的成功之路，也有经济方面原因。当年买不起昂贵的法国版画纸，只能借助宣纸搞创作，这是没有办法的办法，无奈之中的收获。这是其一。

其二，当年恩师赵延年先生施教，要求甚为严格，不画够二十张草图不审画稿。一旦审稿，哪里要提炼，哪儿要省略，给你点得清清楚楚，所以艺术基础打得扎实，受益终生。

其三，艺术创作不能抱残守缺，生吞活剥别人的东西，永远画不出自己的气象。技法与图式的创新，要敢于尝试，才有可能成功。

"回望终身相随的版画之路，我很荣幸。"

荣幸，人人期盼。成就，需要付出。荣幸与付出，是陈聿强老师成功路上的两只脚印。

注1：潘天寿（1897－1971）浙江宁海人。我国现代著名画家、教育家。受教于经亨颐、李叔同等人。曾任中国美协副主席、浙江美术学院院长。为第一、二、三届全国人大代表，曾被聘为苏联艺术科学院名誉院士。

张朝阳

1945年出生，湖北武汉人。毕业于中央美院附中，结业于中央美院版画系。中国美术家协会会员，中国版画家协会会员，黑龙江省美协副主席，黑龙江省版画院院长，中国艺术研究院版画院研究员，中国鲁艺画院版画院院长，国家一级美术师。

作品曾获全国首届农垦美展优秀奖、第六届全国美展优秀奖、第九届全国版画展优秀奖（此届最高奖项）、联合国世界和平国际美术大展银奖、"银海杯"全国美术展览一等奖、联合国教科文国际美术展银奖、全国美术大展"丁绍光奖"、黑龙江省庆祝建党80周年美展金奖、第十六届全国版画展优秀奖，人民美术出版社曾授予"版画世界奖"，中国版画家协会与中国美术家协会联合颁发的80－90年代优秀版画家"鲁迅版画奖"。

代表作有：《歌与梦》《梦之舟》《始土》等。

与张朝阳（右）合影

两本《艺术市场学》

  八年前，我与张朝阳老师相识不久，他得知我正在探讨艺术市场理论，没隔几天，便寄来两本书名相同的《艺术市场学》。一本为李万康所著，三联书店出版。一本为章利国所著，中央美术学院出版社出版。打开包裹那一刻，我便默默定下决心：至少看两遍。你别说，同类书籍没少读，但两本《艺术市场学》混搭在一起看两遍，这还是头一回。

  此后，我俩交往日益增多，交谈最多的并非艺术市场，而是美学思考与版画创作。有一次，他与我在电话里聊起《梦之舟》的创作故事，聊着聊着，我感觉小腿肚有点酸胀，便拉来椅子坐着聊，直至手机发热。

  铜版《梦之舟》创作于1990年。构图简洁，抒情浪漫，在特意营造的虚幻场景中，处处弥散脉脉温情。一叶扁舟荡漾水中，仰卧少女枕着鲜花，微闭双眼，一手卷曲绕颈，一手搁置腹部。湖水倒影月牙，也倒映着少女胴体。云雾淡淡，静水无声。丰腴少女，美如璞玉，陪伴着弯弯明月，勾出美意，勾出怀想，亦勾出曾经的海誓山盟。通篇气韵顺畅，如梦似幻，仿佛吟哦心中的寂寞。一湖秋水，盛满私语。《梦之舟》的铜版技法甚为精湛，既斑驳陆离，又细腻有加，色阶过度与墨色提纯，精细而考究。特别是光影处理技高一筹，以逆光的倾洒，呈现诸多微妙姿态，静谧空灵，仪态万方，演绎人间的阴晴圆缺。正如法国哲学家福柯所说：人体美和人的精神生活是紧密相联的[注1]。惊鸿照影，灵感来自心灵深处，流露的是无言静美，推演的是人生思考，这种不同寻常的文化精神，让人们多出一份视觉感慨。

  说到心灵深处，不能不对张朝阳老师作一番家长里短式剖析。

梦之舟 铜版 1990 年创作

  他有着不愿谈及的家庭。1945 年，张朝阳出生于湖北武汉，那是一个动荡不安的岁月，既有外侮，也有内争，这种动荡感竟然潜藏他的一生。父亲张匡时，毕业于黄埔军校第七期，曾积极投身抗战，授予军统少将衔，解放初去世。母亲曾广华，大家闺秀，淑惠达理，虽然一生命运多舛，秉性坚韧，给予张朝阳关爱最为持久与温馨。回忆苦涩只会添加苦涩，不如蛰伏在胸，所以不愿谈及。

他有着年少争先的往事。中央美院附中读书时，虽然争强好胜，但是品学兼优，身兼班主席和团支部书记两职。1964年，为了追求心中革命理想，只身慕名奔赴千里之外的北大荒。晁楣是他崇拜的偶像，听说在八五三农场，他便扎根八五三农场。但是真正见到晁楣，却是十年之后的事。晁楣先生对此早有耳闻，面对这位铁杆粉丝，一见如故，分外亲热，此后对他一直关爱有加、百般呵护。

他有着擦肩而过的爱情。曾经去过爱情左岸，那时候情窦初开，春意荡漾。后来不知为什么爱情小舟搁浅了，是错出？还是出错？无须考证。后来日历撕了一张又一张，时光穿过春夏与秋冬，玫瑰花渐渐干枯。再后来，俯首版画，相伴寂寞，孤独耕耘成为唯一慰藉。如今形单影只，虽然没有家眷牵扯，"有书有木刻刀相伴，便不再孤独"，这就是他的情感流云和生活浮沫。

他有着强烈的求知欲望。1964年成为知青，因此他的知青生涯比人们熟知的知青时代还要长。人落荒，知识不能落荒。"文革"前，到处找书读。他认为：可以敷衍生活，不能敷衍精神。"文革"中，到处抢书读，动乱岁月也是书荒岁月，造反派整天打砸抢，他眼睛盯着书本抢。从青葱到古稀，最初在田间地头读，在茅草屋里读，书伴其身。后来在工作单位读，在集体宿舍读，身影伴书。为了不荒废自己，也为了与命运较劲，陶醉阅读，享受阅读，读得忘记了坎坷，也忘记了忧愁。当然，他也装进满脑子美学，满屋子版画，以及相处时的那份书卷气，那是书读多了，读久了滋润所致。他言："版画是我心灵栖息地。"这句话，我信。不妨用一段我与他的对话感受一下。

张朝阳寄给作者的两本
《艺术市场学》

我言："如何归纳您的版画创作？"

他言："从反映知青生活到展示人体之美，使作品更具精神层面的感染力。从具象到抽象，使作品更具形式层面的概括力。当初的版画创作，属于艺术灵感的驱使，此后是美学思考的结果，版画家不能失去自我。"

"有人觉得您的作品太唯美。"

"追求'美且自由'，这是我的创作原则，别人如何评价是别人的事。"

"如何理解'美且自由'？"

"传统艺术受制于宗教与政治，现代艺术过于强调主观，忽略自然之美、自由之美。我一直以美学疏通思想，并指导自己的艺术创作，逐步形成独立的学术思考。一个艺术家的作品没有个性面貌，就会在版画创作群体中消失……"

"今后的创作有何思考？"

"美学思想，需要学习一辈子，领悟一辈子。版画创作就是不断地发现美、表现美，我是这么走过来的，今后继续走下去。"请注意，他使用最多的词汇是"美学"。

他有着引以为自豪的艺术硕果。20世纪70年代，创作的《遍地英雄》《冰凌花开》

一经问世，简洁清新的画面，立意纯真的构思，果然才华锐发。其后《晨妆》《春水》的推出，始呈精妙，这一阶段的艺术实践，既有表露心迹的指向，又有为套色木刻《歌与梦》创作的试刀。熟知我国知青美术史的人都知道，《歌与梦》的亮相，是那个特殊年代最扣人心弦的版画力作。两位女知青，一位抱膝端坐，眺望远方；一位依卧其侧，近似入睡。草地无垠，思涯无边。女知青劳作时的小憩，优美体态，迷惘双眸，既是一幅风姿纯真的生活写照，也是一曲优美悲怆的青春乐章。他运用色彩和刻刀重现流年，咏叹知青过往历史，相知如镜，不知倾倒多少"知哥""知姐"。版画史学家李允经先生在《中国现代版画史》中，由此将他列为知青版画第一人。

歌与梦 套色木刻 1982 年创作

80 年代末，先后推出《无垠》《泽畔》《芳草》《蒲花》，淡泊宁静的气息，心意相连的画面，构成秋水含烟，相看渺渺的抒情风格，这种异于他人的画风画貌，丰富和弥补北大荒版画的审美格局。王琦先生高度评价：他的艺术风格在北大荒版画群中是个性色彩最鲜明的一个，和其他任何一个作家都有明显的区别，单凭这点就有独立存在的价值。

90 年代后，《梦之舟》《桨声》《晚窗》《幽谷之泉》《始土》相继推出，这批作品仍然以女性为主题，迷人的姿态，丰满的躯体，柔润的肌肤，作品再次相逢女性之美，既是当代版画艺术的拓展，也是时下创作观念的延伸，风格含蓄，拓印精美，注意把美学意义转向哲理解读。这批作品既不是国画人物的脱胎，也不是西方肖像画的借用；作品风格既不是北方的粗犷豪放，亦有别南方的婀娜多姿，呈现的是一种自作主张，从心所欲，当然也能体察提香、波提切利与拉斐尔的优雅，老子的"虚静"与庄子的"游乎心之外"。这个时期的创作，他努力彰显抒情版画新特点，不论是铜版画，还是水印木刻，力求在铜版画中有水印的晕化淋漓，在水印木刻中又有铜版的斑驳肌理。充满爱恋的情思，牵拉心绪的才思，通过柔情似水般表达，迎来一阵又一阵惊讶声。在女性主题的阐述中，美的形态，美的身段，美的线条，这种相思中的温情脉脉，相思的模样没看见，相思的痕迹却是真实的，引发人们诸多联想与发问，这种个性艺术风貌，既丰富当代版画的美学结构，也使他成为版画美学的实践者和成功者。

张朝阳家中的版画机

他有着坚定不移的自定理想。正如他自己所言："理想，人生的支柱，精神的太阳。"1964年，背着行李只身奔赴北大荒垦区。1987年，拎着行李成为黑龙江省美协专职创作员，历经23年，他用漫长光阴坐实艺术目标。创作铜版《始土》，从构思起稿到完成创作，历经22年，虽说艺术是一种积累与释放，路程显然长了点。从农场地号员、保管员、工会干事，再从晁楣先生手中接印，担任黑龙江省版画院第二任院长，直至多年后退休，始终苦行僧一般生活，殉道者一般追逐美学表达，跌宕时光，从容以待，让知情者一边感动，一边诧异。人生有理想，天上有彩虹。他是一位内心激情如火，表面不动声色之人。版画创作不似小说，以曲折情节扣人心弦。也不似诗歌，以语言凝练煽动激情。版画靠形式感人，因此他的创作颇为艰难，为了不落空自己的誓言，能吃的苦都吃过，张朝阳老师这样告诉我："再苦再累，滋味独尝，从来没有后悔过。"

期盼也是一种幸福。在艺术多元化的今天，张朝阳老师既不愿盲从，又要春色与共，据此而独守其志，得失随缘，真是十分难得。近些年，有一句话经常挂在他的嘴边："我好的作品还没出世呢！"时光易老，梦却没有熄灭，这个追求既帮助了他，也成就了他。2014年，受中国鲁艺画院诚邀，古稀之年的他，执掌中国鲁艺画院版画院院长，熬过磨难，经历起落，如今踌躇满志，朝着心中理想继续前行。命运就是这么来敲门的。

这就是让人油然起敬的张朝阳老师。

注1：摘自高宣扬"福柯的生存美学"。

与魏谦（右）合影

魏 谦

1946 年出生，上海人。毕业于广州美院版画系研究生班，
获硕士学位。中国美术家协会会员，湖北省美协副主席，
华中师范大学教授、博士生导师。享受国务院特殊津贴专家。

作品曾获第九届全国版画展优秀作品奖，第十一届全国版画展银
奖，日本东京都 Arct 绘画大展大赏、日本版画会 '96 第 37 回展
东京都知事赏，日本高知第三届国际版画三年展特别奖暨高知市
奖，波兰克拉科夫 '97 国际版画获奖作品陈列展特别奖，第六届
全国三版画展优秀作品奖和廖修平版画奖，第十四届全国版画展
银奖，第八届全国"群星奖"美展铜奖，第九届全国美展优秀奖，
第九届全国藏书票艺术展铜奖，第十届全国美展优秀奖，纪念新
兴版画 75 周年藏书票展银奖，第十二届全国藏书票展最佳作品奖，
第 32 届国际藏书票双年展提名奖，中国版画家协会与中国美术家
协会联合颁发的 80 － 90 年代优秀版画家"鲁迅版画奖"。

代表作有：《胡杨林》《集市小憩》《历史的跨越》等。

三版篇

《胡杨林》牵出的回忆

　　华中师范大学教授、博士生导师魏谦，是我国当代著名的铜版画家，经年耕耘，先后有不同风貌的190余幅铜版画面世，做过或听说过铜版画创作的人，禁不住为他的勤奋感到惊讶。其中以《胡杨林》《集市小憩》为代表的铜版画成就，标志独有的艺术见解与风格业已形成。

　　我的拙文《当前版画市场的现状及走向》发表后，魏谦老师辗转找到联系方式，特意打来电话祝贺，让我颇为感动。四年前，我抵达武汉采访前，他在电话中执意要到车站相接，哪里敢受用，谎称已入住酒店。次日上午赶至华中师范大学时，他已在学校大门口等候，害得我多日惴惴不安。

　　谈到魏谦老师的铜版画创作，怎么也绕不开铜版《胡杨林》。首次创作是1981年，他那时还在广州美术学院攻读研究生。

　　沙漠无垠，戈壁千里。1963年，他离开了繁华大上海，扎根千里之外的新疆，两只旧木箱随行，辗转于工程2师宣传部、农7师123团15连和农7师政治部。在那十五年里，时光缓缓地流动，白天修渠放羊，晚上在自编柳条床上看书绘画，寻觅内心的归宿。静静的生活，默默的守望。有一次，他找到印刷厂腐蚀过的一块废铜版，长44.8厘米，

胡杨林 铜版 1993 年创作

宽 30.2 厘米，成为创作第一稿铜版《胡杨林》的尺寸。小河清清，羊群悠悠，一位维吾尔族姑娘倚树阅读，低眉垂眼，情感与技法的直白，连他自己也不满意，一搁下就是十多年，搁得版子开裂失型。

1992 年，记得那是油菜开花的季节，他重新披挂上阵，开始铜版《胡杨林》第二稿创作。苦读与历练，感悟与沉淀，像维吾尔族熬面茶那样，火候到了，香气自然溢出来。画面中晨曦静谧，薄雾朦胧。镜子般的小河边，胡杨林深，微风轻柔，羊儿低首觅食，秀丽的维吾尔族姑娘手持树枝，凝眸远方，若有所思，是思念心中的他，还是沉醉温馨的景？答案就这样交给观众。反复的酸腐蚀[注1]，丰富铜版肌理；精到的干刻[注2]，添加绘画感；重复的飞尘[注3]，播撒细腻入微，也播撒风情万种。精湛的铜版技法与内心情感的相参，牧歌式甜美与胡杨不屈精神的传递，内蕴外发，铸就品格。那种不可言说的静美，似乎要从画面中溢出来，让人百看不厌，细细回味，这与他早年放牧经历密不可分。

铜版画《胡杨林》第二稿以长 59 厘米，宽 40 厘米规格面世，虽然曾参加全国性美术作品展，并没有引起太大反响。真正引起国内版画界关注，则是"出口转内销"之后。《胡杨林》参加波兰克拉科夫'97 国际版画获奖作品陈列展[注4]，一举获得该展特别奖。

日历翻回到 20 多年前，获得这个特别奖意义非同一般，舶来画种在中国落地生根，再回到欧洲夺魁，可谓是班门弄斧，这绝不是一件轻而易举的事。此后铜版《胡杨林》入藏国内外重要博物馆、美术馆，入编《中国现代美术全集》《中国百年版画》和《中国美术六十年》等典籍，让更多的人分享感动。

集市小憩 铜版 1998 年创作

当年选择版画专业时，并没有太多犹豫，因为他记得恩师陈晓南的那句话："你搞铜版画，会有大发展的。"这位当年徐悲鸿为其申请经费，赴英国专攻铜版画，继而成为新中国铜版画的先行者，倘若健在，看到当年学子取得如此佳绩，不知该有多高兴。

赏读铜版《胡杨林》，不能不谈姐妹篇铜版《集市小憩》的创作。第一稿完成于1980年，属于探索性质，一直未面世。第二稿用心细致，不落俗套，编号40张。在1992年的广交会上，除零散出售外，30余幅作品与已毁原版，被一位美国收藏家悉数收藏。

1996年，他决定创作第三稿。虽然借助原稿基础，却是重新组合提炼，释放出不同以往的艺术感染力。戴毡帽的老人摆脱拘谨，开启笑口，扶拐杖的老人表情含蓄，眼神深邃。软腊法[注5]让人物服装陡添生动，干刻法使表现对象丰满厚实，飞尘法开阔集市的空间感。此次创作不论形象塑造，还是形体变化；不论技法运用，还是情感升华，显得更为得心应手，恬淡中窥见功力与素养，终于不负众望，在第十四届全国版画展中捧得银奖。

如今求证铜版《集市小憩》三次创作的理由，意在寻找相彰之趣的源头。"无法摆脱的青春记忆，无法感同的生命历程，只要看到新疆两字，如同候鸟归巢。"魏谦老师这样说，自然有他的道理。一个人生命和文化形态，一旦与审美形态相遇，才能找到合适语言。他在天山脚下十五道年轮感知，大漠戈壁，春来秋去，那是负重生存的地方，也是纯洁心灵的地方，如此独具匠心，只是把对第二故乡的感谢话说说透而已。

2000年初夏，魏谦老师在北京举办个人画展，中国新兴木刻运动先驱王琦老先生寄语："魏谦是国内最优秀的铜版画家，在国际上也是一流的。"这一句话，概括了魏谦老师的毕生努力。

当年，他与陈逸飞、夏葆元在上海少年宫一起踏上艺术起跑线，阳光移动身影，也移动各自生态。他常常凝望两位同道为其所作素描，触景生情，激荡内心，容不得放慢脚步，坚持在执意中前行。

不妨将魏谦老师铜版艺术作一回望。概括起来可以分为两翼，一翼是以《胡杨林》《集市小憩》为代表的西部风情，积蓄他对第二故乡的眷念，如一张精神之网，或一首怀旧老歌，回眸来路。另一翼是以《永恒》《根的洞察》《人与大地》《银河系裂变》《亚细亚之光》《历史的超越——跨越塔克拉玛干》为代表的思绪遨游，托举他在精神上的跨越，像一把飞出的镖，或一支离弦的箭，直指远方。

实现题材转型中的跨越，首先是实现自我跨越。打破时空界限的《永恒》从内涵寄托到构图形式，崭新的命题与语言，让他从此不再忐忑。《根的洞察》九个画面一个主题，都是对民族文化的不离不弃。《人与大地》系列组画既有对生息之地的反思，也有人类与宇宙的对话；既有艺术与宗教的交融，也有拯救人类的呼喊。而《银河系裂变》的创

魏谦馈赠作者的藏书票与《胡杨林》创作用刀

作，则把铜版艺术引向哲学领域，他不是哲学家，也不是科学家，但铜版画家列出的课题，同样具有思辨性，同样蕴藏玄机，使作品的哲学味与沥青味一起飘忽。

为了铜版画艺术的发扬光大，在过度操劳中，导致他大脑蛛网膜下腔出血，经全力抢救，终于回到三尺讲台。《亚细亚之光》就是病愈后的重拾感动。千手观音与提琴少女，幽深概念，风雅观感，令人耳目一新。天地之间，千船扬帆，既写出人类的玄想冥思，也写出佛教的博大精深，荣获日本高知第三届国际版画三年展[注6]特别奖，这是当年我国铜版画在国际性展览中可圈可点的奖项。1996年完成《历史的超越——跨越塔克拉玛干》，跨越时空的暗喻，方式大胆，结构神奇，让人有一种腾空飞翔的感觉。中国版画史论家齐风阁赞赏有加：魏谦是我国铜版画领域杰出的、高产的画家，他在铜版画创作与人才培养方面都成绩斐然。

只要是向日葵，总要去寻找阳光。魏谦老师曾长期担任华中师范大学美术系主任，由于行政工作牵扯，创作时间显得尤为珍贵。在此情形下，制作流程稍短的《钦定全唐文》，自然成为首选的创作方式，先后推出四十余幅作品，各类图式组合，畅意阐述见解，不一样的风貌，不一样的感受，虽无大波澜，却多出一个值得欣赏的艺术角度。

在略显杂乱的书房里，魏谦老师侃侃而谈，回忆过往，满脸堆红。再三追问铜版画艺术成就的来由，他沉思片刻，抛出两字："阅读。"

阅读，保持与书中人对话。他的艺术苦旅很少有过从容，特别在那个看不到希望的年代。每每受阻，展书而读，书籍陪伴孤寂，目光寻找启迪，久而久之成为彷徨时的精神支点，与他一起走过无数个朝露残霞。

阅读，不断为作品加注内涵。别人创作先画稿，他创作先读书，掩卷之时，不嚼出味道不动手。魏谦老师这样告诉我："杜甫《柏学士茅屋》有语：男儿须读五车书。我的创作注重精神传递，作品要有思想，全靠书籍滋养。"

阅读，让我看到一位不愿放下书本的著名铜版画家。

注1：飞尘法，铜版画技法之一，利用松香粉防腐和热熔特性，营造灰色调子的制版方法。
注2：酸腐蚀，铜版画技法之一，指金属材料在酸溶液中发生的腐蚀。
注3：干刻法，铜版画技法之一，指直接用针或刀刻制的技法。
注4：波兰克拉科夫国际版画展，克拉科夫作为国际版画三年展创办地和协会所在地，在图形艺术界享誉全球，自1904年举办版画展直至今日，已成为最具声望的国际版画艺术展览之一。
注5：软腊法，铜版画技法之一，分为实物法和笔痕法。
注6：日本高知国际版画三年展，日本高知县举办的国际版画展，是重要的国际版画展之一。

与卢治平（左）合影

卢治平　　　1947 年出生，上海人。毕业于上海大学美术学院艺术设计系。中国美术家协会会
　　　　　　员，中国版画家协会理事，中国美协版画艺委会副主任，上海市美术家协会常务
　　　　　　理事，上海市美协版画艺委会主任、上海半岛版画工作室艺术主持。国家一级美
　　　　　　术师。曾任全国美展、全国版画展、首届中国深圳国际版画双年展评委。

作品曾获第七届全国美展铜奖，上海美术作品展一等奖、首届上海市文学艺术奖
铜奖，上海壁毯艺术大奖赛银奖，上海市纪念建国五十周年美展金奖，上海市纪
念建党八十周年美展二等奖， 2008 北京奥林匹克美术大会铜奖，首届中国美协
会员油画、版画精品展优秀奖，上海文艺创作优秀单项成果奖，中国版画家协会
与中国美术家协会联合颁发的 80 － 90 年代优秀版画家"鲁迅版画奖"。曾获"第
四届上海市德艺双馨文艺工作者"称号。

代表作有：《瓷器·中国·时尚》《风雨》《明式书法》等。

一场误会

2008 年 8 月 8 日，举世瞩目的第 29 届夏季奥林匹克运动会在北京隆重开幕，同时开幕的还有首届奥林匹克美术大会，云集当今各国美术高手同登擂台，让国人翘首期待。

中国美协版画艺委会副主任卢治平的丝网版画《瓷器·中国·时尚》，格调清新，构图别致，在水色苍茫中，凸显形式审美和东方情韵，喜获首届奥林匹克美术大会铜奖。经朋友辗转联系，我及时收藏此幅佳作。

一次闲暇，我顺手拿起《版画聚焦》杂志翻阅，突然发现《瓷器·中国·时尚》标注为石版画，不免心起疑问。当即与联系购画的朋友联系，回答含含糊糊，疑问变为疑惑。

数月后，我陪一位版画家到上海办事，中午聚餐时，恰好卢治平老师在座。聚餐者大多为版画界和收藏界朋友，话题自然离不开版画创作与版画市场。

闲聊中，我忍不住插话："卢老师现在也做石版画？"

他接过话头："以前做过铜版、锌版，近几年做丝网版，石版没有做过。"

"《瓷器·中国·时尚》是丝网版吗？"

"是啊。你是不是看到《版画聚焦》上的标注？"他反问道。

瓷器·中国·时尚 丝网版 2008 年创作

"是啊，是啊。"我连连接应。

他缓缓呷了一口茶，坦然相告："我也是刚知道标注错误，你收藏《瓷器·中国·时尚》了？"

"去年收藏的。"

"千万别误会啊。"

话说到这份上，一切云淡风轻。"为消除误会干杯！"众人起哄，我与卢治平老师相视而笑，一杯见底。误会就像镜子上的灰尘，擦去尘埃，光亮如初。

事后细想，之所以出现误会，还是我对卢治平老师的版画艺术缺乏了解，于是打开一本无法读完的书。

卢治平老师出生于繁华大上海，幼年时就读常熟路小学，如今原址上的几栋旧洋房，仍能窥见当年排场。他读小学时的最大收获，是在同学家尽情浏览其父潘思同[注1]先生的水彩画，那些润泽饱满、淡雅飘逸的美意，一直留驻童心。就读高中时，美术老师为陆俨少弟子徐一轩[注2]，徐老师经常带着他和美术组同学，沿着学校围墙绘制宣传画，平生第一次感受美术带来的惬意。

最直接的艺术启蒙，来自担任中学美术教师的哥哥。"文革"初期，在革命激情催使下，兄弟俩一人扶木梯，一人攀上攀下，满大街书写标语绘制领袖像，感受美术带来的青春激情，由此踏上了艺术起跑线。

最深切的艺术领悟，来自黄山茶林场六年知青生活。在如今的记忆里，除了泥泞与贫瘠，还有采茶时手指开裂的疼，挑担上山时两腿颤抖的酸，以及开山放炮时，面对飞石如雨的恐惧。驻地黄泥垒的知青屋外墙上，是他亲手绘制的毛主席画像，"知青画家"出名后，附近生产队的白墙差不多让他画个遍。1969年7月5日凌晨，山洪暴发，从天而降的巨涛，瞬间卷走抢救化肥的11名知青战友。为了配合宣传与缅怀，领导安排他去画遗像，每画一张，心扯痛一次，泪水伴着画笔流，青春已逝容貌在。多年后忆及，卢治平老师深情地说：那一刻真正对艺术有了领悟，终生不忘。

1972年，天资聪慧的他，学啥像啥，连队女卫生员磨镰刀的婀姿，被他复活为作品形象，完成平生第一幅版画创作，并幸运入选安徽省版画展，同时受邀参加创作研讨会，从此与版画攀上缘分。

真正让他攀登上版画艺术的高梯，则是三次进修与培训：

第一次是1983年，他当时36岁，惴惴不安走进华东师范大学艺术系。窗明几净的教室里，系统的理论学习，规范的基础训练，就像精心打磨器皿一样，掩去光泽，凸显滋润。其间创作的黑白木刻《小镇的眼睛》入选第六届全国美展，黑白木刻《我的云、我的水、我的鸭》入选第九届全国版画展，黑白木刻《忆江南》获上海首届文学艺术奖铜奖。

"85思潮"涌动之时，他也没闲着，主动联系张嵩祖、王劼音[注3]、奚阿兴[注4]等十余位中青年版画家，先是成立艺术团体"版画角"，接着举办"第一届版画角作品展"，展览在上海美术馆开幕，相比之下，与同期北京西单举办的露天画展阔气多了。

第二次是1991年，参加南京艺术学院美术系"现代版画研习班"，廖修平[注5]老师主讲三版技法。奇妙的意象，精到的技法，在刷新眼界之中，平添一份从未有过的抱负。廖老师对他亦多出一份关注，经常从美国来电来信，送工具寄材料，为他的艺术起步助力。经过半年努力，上海油画雕塑院版画工作室创立了，虽说简陋，已经上路。对于丝网版画的探索，卢治平老师执意前行，不为花开一季，意在眺望彼岸，以坚韧意志力追逐目标，以不寻常道路收获春色。

第三次是1993年，参加浙江美院版画系铜版画进修班，加拿大籍教师戴维·西维尔伯格授课。不论课程设计，还是技法传授；不论理论追踪，还是实际运用，如同雪中送炭，为他的艺术扬帆助力。其后锌版《江南豪雨》入选第十一届全国版画展，锌版《考古笔记之一》《天外来客》《水乡图画》等陆续推出，以历史的厚重感，对接现代审美图式，编织出独到的个性意象，或遥望远古，或感知天地，或回眸江南，既是承接传统，更是飞翔内心。

长年累月的俯首伏案，自然疏离了窗外时光。他猛然抬首，艺术同道已经各干各行，赚得钵满盆满，难寻当年的寒酸模样。他若此时转身，壁画曾获第七届全国美展铜奖，软雕塑在上海壁毯艺术大赛捧得银奖，雕塑亦在纪念建党八十周年上海美展荣获二等奖，凭借如此艺术修为，也能玩得风生水起。可是，蛰伏心胸的版画情愫，非但没有让他转身，居然把半岛版画工作室建立起来。

2002年11月22日，阳光灿烂，半岛版画工作室内高朋满座，前来祝贺的人们，既有高兴的，也有担心的。担心啥？担心半岛版画工作室能撑多久啊？世间万事，唯坚持最难。十年后，云开日出，由于他的痴情坚守，为当代版画蹚出一条"前无古人"的路，如今这里成为上海都市文化亮点，媒体是这样赞誉的："一个工作室激活了一个画种。"2012年初冬，我在半岛版画工作室留名壁签名时，忍不住与卢治平老师调侃一句："坚守'半岛版画工作室'，与当年坚守'四平仓库'有什么不一样？"

卢治平老师创建的半岛版画工作室，是聚集版画能量的阵地，也是放飞艺术理想的基地。

风雨 锌版 1998年创作

在这里，先后举办数十次版画展，各地版画家往来切磋，外国同行慕名而至，观摩、交流与融会。全国版画邀请展、欧洲版画邀请展、《为人生的艺术——纪念新兴木刻运动八十周年中国现当代版画展》，还有"观城：2010 上海国际版画展"，都是在这里精心策划，然后扬帆起锚的。

2013 年 8 月 16 日，"润物无声——卢治平版画作品展"在日本东京中国文化中心隆重开幕，观者如潮，人们在丝网版《瓷器·中国·时尚》前驻足：两只绘有缠技花卉的瓷瓶，以意象取景，尽显青花瓷的风雅意韵。通篇灰调子铺底，明亮处平和爽朗，灰暗处凝重端庄，明暗相衬，形成视觉的空间感。通篇肌理斑驳，不论青花的晕散，还是痕迹的流动，粗细搭配，形成交错的重叠感。细细观赏，古意新调，让人游目骋怀，与其说是一幅丝网版画，不如说是一份风流诗意。

一同参加展览的还有锌版《风雨》《考古笔记》《水乡图画》系列，洋洋洒洒二十余幅，古今物件与风物，在滚轮、刻刀与钢针纯熟技艺操作中，借古喻今，开辟新意，抖落爽目怡情，延伸中华文脉。丝网版《花瓶》《瓶非瓶》系列，拼接瓷片，幻化图式，既展现青花瓷的玉骨冰肌，又展示当下的抒怀畅意。丝网版《明式书法》系列，此时此刻的表达，已经不在乎什么明代官帽椅，什么书法的颜筋柳骨，只为文化品格的介入与播撒。丝网版《视觉乐器》《灰色的五言与七律》《岁岁平安》系列，映入观者眼眸的，是丝网做出了水印版画的味道，元素提炼，洒脱打理，作者以自身风雅气度与学养蕴藏，足以让你在愉悦中心生荡漾，浪漫情怀。

拼搏在前，收获在后。这么多年来，他在版画审美特质上的一再突破，为时代别开新面，不论他看世界，还是世界看他，相得益美。走过悠悠岁月，如今风采依旧，这就是与版画不离不弃的卢治平老师。

注 1：潘思同（1903 – 1980）广东新会人。我国早期著名水彩画家。1925 年毕业于上海美专。曾与陈秋草、方雪鸪在上海创办"白鹅画会"，后改名"白鹅绘画初习学校"，培养学生千余人，甚有影响。曾任上海美专西洋画系教授。1955 年后长期执教中央美院华东分院。

注 2：徐一轩，著名山水画家，1963 年毕业于南京师范大学美术系。师从陆俨少先生，为其入室弟子。著有《怎样画浅绛山水》《山水画写生技法》。

注 3：王劼音，1941 年出生，上海人。毕业于上海美专，先后赴维也纳应用艺术大学及维也纳美术学院进修。著名画家。上海市美协副主席，上海版画会会长。现任上海大学美术学院教授。

注 4：奚阿兴，1944 年出生，上海市人。著名画家，擅长版画、油画。长期担任上海少年儿童出版社美术编辑。

注 5：廖修平，1936 年出生，台湾省人。毕业于台湾师范大学和日本国立东京教育大学。著名版画家、教育家，誉为台湾现代版画之父。数度赴大陆传授版画技法，推动版画教学。曾设立"廖修平版画奖"，对于推进版画创作影响深远。

与姜陆（右）合影

姜　陆

1951 年出生，天津人。先后毕业于天津美术学院、比利时
安特卫普皇家美术学院研究生院。中国美术家协会理事，
中国美协版画艺委会名誉主任，先后任天津美术学院版画
系主任、天津美术学院院长、教授，硕士生导师，中国国
家画院版画院副院长。多次担任全国美展、全国版画展和
国际版画展评审委员。享受国务院特殊津贴专家。

作品曾获第 13 届全国版画展铜奖，中国版画家协会与中国美术家
协会联合颁发的 80 — 90 年代优秀版画家"鲁迅版画奖"等。

代表作有：《到夏牧场去》《序之一》《人在旅途》系列等。

三版篇

岁月走过的地方

猴年深秋，中国美协版画艺委会主任姜陆来到南京，参加著名版画家郝平丝网版画巡展开幕式，我瞅准这千载难逢的机会，与他凭几对坐，舒襟畅怀。

每个人的经历，都是一条自己铺自己走的路，感受留在心底，姜陆老师坚定的双眸告诉我，他走过的路非常艰辛。

作者出席姜陆主持的国际版画高层论坛

天津，1404年12月23日筑城，这是中国古代唯一有确切建城时间的城市。他在这座城市里，度过佩戴红领巾的童年，大队委三道杠标志一直紧贴胳膊。那时在童梦里，闪现最多是笔墨纸砚，有一本保存至今的《怎样画肖像》，那是喜爱书画的二舅所赠，对其成长影响甚大。他除了学业，整天泡在天津艺术博物馆、艺林阁文物商店，带着自做的画夹，静静地临摹墙壁上名画，久而久之，才艺渐进。小学五年级时，创作的国画《欧阳海》入选天津市少儿美展，接过一本笔记本和两支毛笔的奖品，他乐不自支，一蹦一跳回家报喜讯，结果奖品在路上丢了。

青涩少年时，他跟随上山下乡的热潮，成为河北省青县邓庄子公社插队知青。第一年挺住没日没夜的农活，年底分红时，剔除口粮倒欠生产队24元钱。算算也是，生产队壮劳力每天只挣1角1分钱。第二年冬季参加挖河，每天需要完成9立方运土量，别看他个头高，身体也不算单薄，推起独轮车腿却一直打晃。有一次，推车上坡时听到腰部"咔嚓"一声，顿时动弹不得，在工棚里整整躺了七天，才被抬回几十公里外的知青点，虽说一个月后能走能跑，但腰伤始终折磨着他。一个漂泊少年，如此的躯体伤痛与精神挫折，又不愿让父母分担，只能自嚼苦楚，默默承受生存的艰难。

常言道：祸兮福所倚。20世纪70年代初，青县文化馆举办美术学习班，张罗着招收学员，在那个档案跟人走的年代，他的美术爱好很快被发现。但是生产队能不能放人，关键时刻队长说了一句："你去吧！"他兴奋得一蹦三丈高。半年后，青县美术学习班结业，八名学员只留下他一人，一面在文化馆创作连环画《杂交水稻红满天》，一面在青县剧团画布景。《沧州日报》有段时间缺少美术编辑，被借调半年。1973年天津美术学院招生时，凭着那套连环画和三年文化工作底子，加上突击学习的静物写生，自然而然走进天津美术学院。

姜陆老师是一位珍惜机遇的人。

马平官

与百位版画家

三年后毕业留校任教，学的是版画，教的也是版画。那几年，他一边创作黑白木刻，一边应新疆人民美术出版社约稿创作连环画。同时与邢志刚老师搭伙筹办版画教研室，为此到处找石版、寻设备，终于搞到一台日本老式石版机，虽说陈旧，总算能印出石版画。面对石版机，他略一思索，转身提起旅行包，匆匆赶往中央美院石版工作室。德高望重的李宏仁先生，教诲无声，一对一式的指导，不论是创作思路，还是石版技艺，或是语言风格，他的进修如琢如磨，取精融宏。伴随四时流光，专业技巧和语言表达日益提升，进修期间创作的套色石版《到夏牧场去》，便是那个时期艺术创作的火花初绽。

到夏牧场去 套色石版 1981 年创作

哈萨克族是择水而居、逐水而迁的游牧民族，夏季来临，全家转场。男子头戴翻边帽，手持"冬不拉"；女子身着连衣裙，头顶方巾脚蹬皮靴；戴着圆帽小女孩，背着书包依偎母亲身后，一脸灿烂笑容。四周草肥水美，牛羊成群，与其说是马鞍上的颠簸，不如说是幸福路上的奔跑，既温馨，又熨帖。巧妙的构思，他凭借一个硬度的国产油笔画了出来；高超的技法，他硬是用非专业色墨和卡片纸印了出来。石版《到夏牧场去》共印五幅，印到第六幅时，难以如愿只好放弃。画面中，不论中西艺术元素采用，还是"色不压线"把控，三个月新疆采风中积蓄的眷恋，变为自己直抒胸襟的美意。《到夏牧场去》与恩师李宏仁的《春》一同入选第七届全国版画展，收录《中国版画年鉴》，那是 1981 年。

姜陆老师是一位不满足现状的人。

20 世纪 80 年代中期，他的版画创作渐入佳境，石版教研室初具规模，此时却打起出国主意。推开天津市信息咨询中心的大铁门，他在浏览各国美术院校信息时，对收费高的学校望而却步，最后选择比利时安特卫普皇家美院研究生院，理由很简单，该校不收学费，仅交纳 200 美元注册费，而且使用熟悉的英语教材。心怀理想，才有追求。他的海外留学生活，充满渴慕，充填展望，珍惜得用时辰计算。琳琅满目的版画语言，恨不得一口吃下去；各式各样的版画器材，恨不得一肩扛回来。想归想，他及时调整定力，风月无痕中孜孜以求，不论观念、技法和材料应用，还是胸襟、眼界与探索精神，都是一次刷新，受益多多。当然，学业结束回国时，他也没忘记扛回 100 张专业版画纸，并捎带积满心胸的奇思妙想。

出国前，姜陆老师创作的综合版《初熹》系列，应视为主题与技法的一次试水，十余幅陶片交错的画面，打破时空，拼接想象，以此引入探索与校正的坐标。回国后不久，他很快走向行政领导岗位，面对身不由己的繁忙公务，如何平衡行政工作与艺术创作的矛盾，不知不觉中丝网版画走进视野，从而步入另一个艺术天地。丝网版《序》系列，四幅为一套，创作于 1996 年。其中丝网版《序之一》荣获第 13 届全国版画展铜奖，这是姜陆老师的代表性作品，也是当代中国丝网版画的鼎力之作。

20 世纪 90 年代初，在全民经商的喧嚣中，仿佛听出金鼓杀伐声，物质崇拜，无序竞争，让人们一时陷入迷茫与困惑。听风听雨，时有所感。姜陆老师认为：艺术不是物化附庸，而是运载思想的工具，只有固本开新，才能行稳致远。直觉提示我们，这就是丝网版《序之一》的创作理由。

序之一 丝网版 1996 年创作

构图上，有方形与圆点的交汇，也有北斗星的横空出世；有饱满的视觉空间，也有隐蔽的心之所想。这种幻化的物象景观，在同一空间组合，既能感受想象的合理，也能感悟想象的超然。

色彩上，有淡彩素色的渲染，也有鲜亮调子的纠缠；有浑然大气的震动，也有不乏余味的留香。这种色泽的呼伴而出，在同一空间张扬，既能感受童趣般天然，也能感悟梦境般渲染。

寓意上，有意料之中的安排，也有别出心裁的抖落，一团乱麻似的线条中，生生切入一道横线，既是秩序的隐含，也是激荡的涟漪。画面中没有焦点透视，也没有标准形象，唯有意识流动的轨迹，让观赏者不由浮想联翩。虽说画面很抽象，很当代，本质却是中国化的，毫无疑问是当代艺术观念的中国式展现。

作者试图通过画面告诉人们：自然界的万事万物，看似无序，实则有序。高悬天幕的北斗七星，运行轨道是秩序；现代城市的车水马龙，红绿灯是秩序；而人与人之间的交往，诚信是秩序。每一个人都生活在秩序中，倘若破坏秩序，违反规律，自然会受到惩罚。他筹划与构思时，时任天津美术学院副院长，正为校庆活动忙得焦头烂额，白天挥汗奔波，星夜重拾快乐。凭借巴掌大的草稿纸，一挥而就，但是最终完成作品，度过的却是一个又一个漫漫长夜。丝网版《序之一》构思奇特，见解精辟，经过四版套色，凸显新颖技法，一经推出受到广泛好评。如今欣赏丝网版《序之一》，尤为理解姜陆老师说过的那句话："版画魅力在于归纳。"

丝网版《人在旅途》系列，四幅为一套，创作于2005年。主题以旅行包为载体，舒展平凡时光，寄托人生旅途。画面一半为具象，一半为抽象，以照片复制与绘画相结合，解读匆匆行旅，托意人生年华。有一次，他在机场接受安检，偶然发现旅行包通过X光机检测时，屏幕中的图式，已不是真实物体，而是省略外形，既真实又奇巧。本来一件常见的事儿，他却以艺术家视角琢磨出不寻常，由此而激发创作灵感，为奔走旅途的人们送去额外认知，由此打开心结，撩拨出更多想象。

丝网版《人在旅途》是旅行包的定格，其实是人生的隐喻。此番哲理，有感而发，作者有意引而用之，所包含的人生感悟与艺术寄存，妙趣横生，有待于不断解读。

丝网版《人在旅途》如同打开命运界面，探问人生的可知与不可知。通过事物的瞬间变化，联想时间流动与空间变化，乃至飘忽不定的生命之旅，思近思远，形成认知的共振共鸣，从而添加学术，扩展胸襟，不断规划和校正人生目标。

"版画是有设计的艺术。"姜陆老师认真地告诉我，"只要有新的精神寄托，还会继续做下去。"他就是这样，对艺术创新不局限表面样式变化，而是把自己步伐贴近时代跑道，从而成全艺术嬗变的愿望。

姜陆老师是一位重情重义的人。

倘若调整一下时间坐标，人们突然发现，情义在他那儿是保鲜的。半个世纪前，他当知青那阵子，时常寄住老乡家，如今老哥儿们常来常往，一起把盏叙旧，亲如家人。三十多年前，他留学比利时安特卫普皇家美院时，在维姆教授麾下求学，如今多次邀请来华讲学，仍然师生相称，教的却是晚辈后生。

似水年华，一路烟尘。姜陆老师无论是担任天津美术学院院长，还是担任中国美协版画艺委会主任，在历史机遇与使命交织之中，一旦出发，勇往向前，成为他主导内心的力量，为中国当代版画的新宽度、新厚度，努力连接更多的理想通道。当然，工作与创作的矛盾，自觉不自觉拉扯前行的裤脚，为数不多的作品引领读者走近学养窗口，感受直逼内心的跨越，但时代需要的却是更多、更多。

岁月走过的地方，有许多怡人的风景。

岁月没有走过的地方，等待太阳升起。

张桂林

1951年出生，北京人。毕业于中央美术学院。中国美术家协会会员，中国版画家协会会员，中央美术学院版画系教授、版画系第一工作室主任。

作品曾获建国三十五周年美展二等奖、首都版画双年展优秀奖、中央美术学院青年教师创作奖、第十二届全国版画展铜奖、中国版画家协会与中国美术家协会联合颁发的80—90年代优秀版画家"鲁迅版画奖"。

代表作有：《古老的中国》《墙系列》《门神系列》等。

与张桂林（左）合影

我国丝网版画的先行者

猴年岁末，在绿树环抱的深圳观澜版画基地，我与中央美术学院版画系张桂林教授偶然相遇，这是一次幸会，我俩此前数次擦肩。

张桂林老师在我国当代版画史中，是一位绕不开的著名丝网版画家。倘若静下心来，回眸我国丝网版画发展历程，他作为中国丝网版画的先行者，率先建立起第一个丝网版画工作室，并在丝网版画语言探索上，追逐时光，释放激情，捧出诸多无愧时代的艺术营造，卓有成效地丰富我国当代版画的表现形式。

张桂林老师是地道北京人，皇城根长大，尽管日月常新，他记忆里的往事，始终存封在脑海深处。父亲在北京第一印刷厂工作，儿时常去厂里玩，顺便捎几张印废的纸头回家练字。长大后方知，高中毕业的父亲，文学基础扎实，手艺高超，不论刻字，还是排字，或是质量检验，那个年代中央领导阅读的大字本，常常先留下他的指纹。初学书画的张桂林，经常在废纸背面练字，那些方正纤秀的宋体字，无疑是一种诱惑，不知不觉中让他着迷，每天在练字习画中，一面享受少年时光，一面凑近艺术梦想。

第一份工作是北京列车段工人，他出的黑板报刚挂出来，便引来工友们围观，多年后仍记得当时的自豪。后来有幸相识《人民铁道》报美术编辑马晶洁，一位耐心教，一位诚心学，石膏像前的临摹，美术理论的启蒙，以及他骑着一辆旧自行车满北京城写生，渐渐走上艺术路。没隔多久，他被调到北京铁路局美术组，在老火车站钟楼里搞创作，做梦都没敢想。又隔不久，马晶洁编辑悄悄告诉他：中央美术学院开始招生啦！

他的家离中央美术学院并不远，但是真正跨进去，却是一件很难的事。阻挡他的不是绘画成绩，而是"工龄满五年"的招生政策。1974年秋天，当他跨进中央美术学院大门时，已是月工资36元的"师傅"，在捉襟见肘的同窗面前，少不了主动掏钱打打牙祭。

张桂林老师求学与留校经历，并没有什么特别之处。以黑白木刻起步，先后推出《颐和园小景》和《江南水乡》，还有见证"文革"历史的《心中的丰碑》。这是一幅北京"四·五事件"真实写照，不仅有清洁工冲洗天安门广场的情景铺陈，还有当年政治清查时，匆忙劈掉木刻原版时的惊恐记忆。毕业留校后，一面坚守黑白木刻创作，一面赴浙江美院学习木版水印，在紫竹斋工坊试探水墨。日子就这样平静地过着。随着中国文化姿态变迁，真正引为自豪的，是李桦先生提出发展"三版"艺术后，他与赵瑞椿[注1]老师搭伴，边学边干，共同推动我国丝网版画探索与发展，成为他人生中最为光亮的艺术节点。

回首当年，郑可[注2]先生负责翻译丝网版画资料，李桦先生照此授课，听课的也就他与赵瑞椿。至今记得，有一天在中央美院图书馆查阅资料时，翻开日本版《版画大系》，第一次相识丝网版画。就在那一刻，心起念想，开启执着一生的冲动。他和广军先生来到北京红旗印染厂实地求教，师傅做，他俩看，回来后照葫芦画瓢，不是凉水化不开明胶，就是颜料透不出尼龙网，洋相百出。有一次氨水与酒精混合，"膨"一声爆炸，巨大声响与难闻气味，让逃离大楼的版画系师生个个满脸鼻涕与眼泪。靠着坚韧与勤奋，一路迎难而上。20 世纪 80 年代初，我国第一个丝网版画工作室终于拉开帷幕。在那个国门初开的年代，丝网版画紧贴社会变革和审美变化，既助推东西方艺术交融，又为我国当代版画添加新门类，意义非凡而深远。

丝网版画的应运而生，坚定了张桂林老师飘然欲飞的志向。他收拢目光，面对前方遥不可知的路，不断叙述心中美景和文化思考。流光之中，丝网版画如同播撒的种子，慢慢挤满地头，现挑选一二，品味品味其中的不负光阴华灿。

1993 年创作丝网版《墙》，10 幅为一个系列。高耸城门、壮观角楼与紫禁城祭坛，以此为追寻线索，观照古老的中华文明。丝网版《墙系列之五》是这样表述的：一截墙，一段梁，还有一团杂乱的线条。在这里，墙既可以理解为保护，也可以理解为封闭。仔细端详画面中的墙，一半是冷色调衬映，在西式构图关系中见透彻蔚蓝。一半是暖色调渲染，中式线描手法中见悠久传统。看似无序的线条，是牵连，也是暗示，带着一股无限张力，引导观者去思索、去联想。画面中色彩重叠，冷暖交替，既丰腴又明快，形成丝网版画语言与现代审美形式的有机结合。

墙系列之五 丝网版 1996 年创作

三
版
篇

381

2000年创作丝网版《门神》，也是10幅为一个系列。图式安排很随意，有的成块状，有的成条状，相互交融，有动有静，以自由形态加以展开，寄托作者的遐想与追问。凭借巧妙构思，烘托悠久历史；运用连贯篇章，切入文化思考；透过色彩对比，均衡视觉感知。在多种手法综合运用中，以图式深化主题，以文化嫁接作品，前者是后者铺垫，后者是前者深化，如《门神之一》的含蓄隐忍与耐人品味，就是这样蛰伏想象。丝网版《门神》系列是艺术历程的印记，也是人们看不倦的风景。

张桂林老师在丝网版画艺术探索中，大致经历三个阶段，每一个阶段目标锁定后，心有定力，专注投入，虽说也有风格蜕变的焦虑，也有爱妻患病的牵扯，但骨子里对艺术的不舍，总能平定心神与坚持并肩，艰难地走向收获季节。

这是一次耐力长跑。

20世纪80年代初，他以现实主义为创作指向，问路丝网版画的表现语言。首先深入祖国北疆，用艺术家眼光观察白山黑水，《河·夜》《江·晨》《荒原》《晚秋》的推出，为遥远漠河留痕，为乌苏里江留影，让人们感觉祖国北疆的风景每天都是新的。

随后《古老的中国》系列推出，所呈现的别样风采，让他有了惬意之感，通过深情叙述，回眸悠远历史中的感动。其后《居庸关》《紫禁城外小景》《牌坊》《布老虎鞋》《踏春图》的技法展示，分别叙说探索路途中的困扰、纠结与感慨。一面摆脱木刻的思维束缚，一面丰富丝网版画的表现力，实现中国式丝网版画的落脚生根。

90年代初，他赴欧洲考察讲学一年，添加西方文化认知，在稍有凌乱的激动之中，沉淀消化，独自发声。这一时期作品既有反思，也有碰撞；既有储备，也有纳新。以城市风情为承载对象，寻求现代观念的个性语言，先后推出描写城市拆迁的《胡同系列》，描写灰色收入的《灰色》，以及《墙系列》《巢》《烟囱系列》《角色系列》等，题材广泛，语言精湛，在品读之余，总有言外之意需要回味。如《胡同里的蓝色自行车》，通过具象手法与象征性符号，描绘北京城里的老胡同。灰暗的色调，多少有些沉闷，以此衬托历史的厚重。一辆破旧自行车，一张医治性病广告，一个神父形象，让人们领悟古老文明与当代文化的纠缠。既是记录，也是批判。

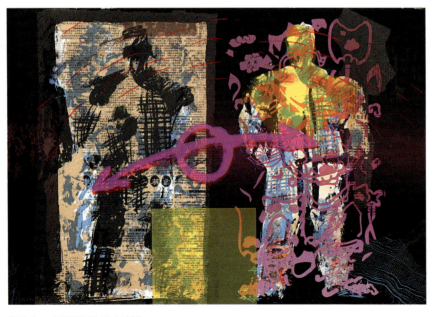

门神之一 丝网版 2000年创作

跟随时代变革步伐，勤于拷问，勤于思索，渐渐与此前风格拉开距离，形成属于自己的语言特征。其间，《墙系列》最具代表性。

90年代末，推出丝网版《角色》系列。在新旧世纪对接中，对于他来说，不仅是技法技巧的对接，更是思想拷问的对接。《角色》系列通过肆意畅游的鱼，唤醒自由与活力，延伸与扩张内心感悟。不论数量增减，还是方向变换；不论色彩变化，还是结构调整，通过熟练技法的相随，暗示社会"变革"中人与人关系的依存与变化。描写唐山大地震的《地动》，叙述非典肆虐的《口罩》，展示北京奥运的《鸟巢》，以及《红色海洋》为创作主旨，对十年"文革"的回忆与追思，还是《被污染的鱼》对破坏环境的大声发问，每一个时代节点，他总有自己的主张阐述，不仅真实，更显责任。此时，在张桂林老师手中，丝网版画已经是一种思想交流的工具，所思所想，所爱所憎，在收放由心中畅意释放。

从丝网版画工作室建立那一天起，他就怀想着群雁翱翔，虽然催逼的理由很多，这是最重要一条。其后漫长岁月，三尺讲台辛勤耕耘、发放期望，学生毕业了一批又一批，教师培训了一拨又一拨，可以毫不夸张地说，当下国内重要的丝网版画作者，大多数听过他的课，甚至手把手教过。他当年转身之时，并没有什么异想天开，却在不知不觉中记载为一段历史，这是预先没有料到的。

如今的张桂林老师，有一种静候故人归的安然。这也难怪，与丝网版画交集数十载，一路探险，一再扬旗，不断为当初的艺术梦想加油。当下的他，虽然少些冲动，却是自信满满。如今的丝网版画创作，已是技法与语言的自由发挥，优哉游哉，虽然还是拿鱼说事儿，却是抖动一下畅想思绪，叙述一下精神诉求而已。心之所想，皆融画境。张桂林老师冲着我笑言："随意玩玩。"可见他的洒脱。

我啰唆了这么多，远不如广军先生的概括：旁观张桂林版画创作历程，先历史，后文化，再人生；先觅词，后练句，再文章。

张桂林老师为中国丝网版画写了一篇大文章。

注1：赵瑞椿，1935年出生，浙江温州人。毕业于中央美术学院。著名版画家。中国美协会员，曾任教于中央美术学院，后至广州画院任专业画家。
注2：郑可（1906－1987）广东新会人。毕业于法国国立美术学院和巴黎工艺美术学院。著名工艺美术家，中国工业设计奠基人。曾任中央美术学院教授。

三版篇

与张远帆（左）合影

张远帆

1952年出生，浙江乐清人。先后毕业于浙江美术学院和日本东京艺术大学，获硕士学位。中国美术家协会理事，中国美协版画艺委会副主任，浙江省美协副主席，浙江省版画协会副会长，中国美术学院版画系主任，教授、博士生导师，中国国家画院版画院研究员，上海大学美术学院特聘教授，日本大学版画学会会员和日本版画协会国际名誉会员。多次担任全国美展和全国版画展评委。

作品曾入选多届全国美展和全国版画展，获中国版画家协会与中国美术家协会联合颁发的80－90年代优秀版画家"鲁迅版画奖"。

代表作有：《游记》《被腐蚀的风景》《门户杂考》等。

自由且自在

初见张远帆老师，是在杭州凤凰创意园的都市版画公社。

六年前的初春时节，山坳中的杭州都市版画公社，漫山披绿，分外静谧。薄雾顺着山势缓缓飘动，空气湿湿的，带着淡淡青草味。杭州凤凰创意园由废弃水泥厂改造而成，没有太多的夸张装扮，反而不失艺术个性。在版画公社工房里，忙碌的张远帆老师亦是如此，身着沾满颜料的圆领衫与围裙，不离左右的还是刻刀与刷子。刚从中国美术学院版画系主任卸任的他，对于退休后的生活，笑言："终于有充足时间创作版画了，自由且自在。"

我与张远帆老师同岁，同时上小学进初中，"文革"大串连时，一同参加毛泽东主席第六次接见红卫兵。1966 年 11 月 3 日，深秋的北京寒气逼人，受阅前的半夜时分，百万红卫兵端坐大大小小胡同里等候。地面冰凉，人冻得缩成一团，啃着两个分发的冷馒头，翘首盼天明的情景也是那么相似。你一言，我一语，回忆着朦胧当年。聊得正欢之时，我俩爽朗的笑声，让一侧旁听的年轻人有些愕然。这也难怪，一代人有一代人的往事。

我提起多年前收藏铜版《游记·残照》一事，张远帆老师收拢笑容，坦言："我的铜版画创作，最倾注心血的就是《游记》系列。人生一世，在历史浩荡长河里，只是短暂的瞬间。人的生命过程，不论是轰轰烈烈，还是平平淡淡，总会产生各种各样的情绪。有了情绪，就会有特殊记忆和理解，《游记·残照》就是人游走时的一个记录。人的游走，有物理的游走，比如旅游。也有精神的游走，比如思考。残照，残阳虽旧，红霞映天。有一次，我在观察太阳落山时，突然有些恍惚，内心滋生出一种情绪，立即用图式方式记录下来，这就是当时的创作思考。"

"有人认为作品无主题？"

"别人怎么解读，那是别人的事，做好自己的事最重要。"

探问铜版《游记·残照》创作意图时，张远帆老师眼神里，流露出对接受能力的评估，我赶紧表白："采访过吴长江、魏谦、孔国桥、徐宝中、应金飞、范敏、王连敏、易阳等十多位铜版画作者。"

"他们都是铜版画高手。"

"我出席第十届中国深圳文博会'国际版画论坛'时，聆听过野田哲也先生的发言。"

"他是我的导师。"

张远帆老师此后的介绍，显然更为详细："《游记·残照》的制作，虽是展示太阳落山时的情绪，但不是复制客观现象，而是表现一种情绪状态。不是还原式表达，而是抽象与写实的共同陈述。不是机械套用铜版画制作程序，而是以色彩和肌理自由营造画面。比如色彩设计，或由深入浅，或由浅入深，以需求确定程序。比如套版次数，色彩增减，以效果确定运用。《游记·残照》中以强酸腐蚀成的线条，呈现出无拘无束形态，这种专业技巧和语言表达的融合，使画面充满张力和遐想，我为此曾经亢奋了许久。有优雅，也有狂野；有谨密筹划，也有率性而为，都是观察后的心境写照。"

"创作时有参照物吗？"

"不是照片搁那儿，对着照片'说故事'。创作《游记·残照》没有参照物，这不是一般意义上的风景画创作，为了实现'真实'瞬间，以铜版画基本要素为起点，巧用

游记·残照 铜版 1992 年创作

心思，言说心事。可以这么说，《游记·残照》是我最为满意的作品。"

因为关注，所以吸引。我曾有幸系统欣赏张远帆老师数十幅铜版作品，诸如：《被腐蚀的风景》《多义构造》《门户杂考》等。倘若比较一下，更偏好《游记·残照》的绘画感和诗意性，可以从中体味心灵的放达与从容，画面阐释自然天成。英国大英博物馆、日本千叶县立美术馆、日本富张版画美术馆、浙江美术馆、宁波美术馆、浙江华茂美术馆相继典藏，或许是对我偏爱的一个佐证。

张远帆老师热爱版画，离不开与生俱来的艺术基因。他出生于艺术世家，父亲张怀

江曾任浙江美术学院教务长、教授，是我国著名版画家和美术教育家，曾与张漾西、赵延年和赵宗藻先生一道，倡导和实践现实主义艺术道路，坚持版画的民族化、大众化创作方向，共同构成"两张两赵"版画风貌和教学范式，载入中国现代版画史。后来因言获罪被错划右派，在那个政治主导艺术的年代，担心节外生枝，并不希望"子承父业"。所以少年的张远帆，经历一段难以忘怀的知青生活，后来走进工厂，成为一名机器轰鸣声中的车工，从上班站到下班，自己不乐意，父亲很满意，让他少了一份政治上的担忧。车工生活很苦也很累，张远帆干活儿争强好胜，不久便病倒了。病休期间，学习绘画的朋友邀请参观其画室，顺手递过毛笔，不能拂了人家善意，不自觉地挥动起来，多年潜移默化的积攒，刹那一现，惊诧众人。

"从那一刻起，一发不可收。"张远帆老师如是说。

尽管父亲不支持，天分很高的他，通过自己的勤奋努力，终于正襟危坐浙江美术学院明亮的教室里。20世纪80年代初，他又顺利考取公费研究生，东渡扶桑，在日本版画大师野田哲也[注1]门下取得硕士学位，此等机缘，几人能有？回国后任教高等美术学府，满以为荣誉满满，奖牌成堆，谁知细数一下，除了中国版画家协会与中国美术家协会联合颁发的"鲁迅版画奖"，真没获得过什么金牌银牌，不知为什么？

张远帆老师快人快语："1982年10月，我来到向往的日本东京艺术大学。第一天见导师野田哲也，遇到的却是一阵当头棒喝。'导师，我的学习怎么安排？''你是自愿选择东京艺术大学的？''是的。''你是自愿选择版画专业的？''是的。''既然这样，你已经知道自己想要做什么，那就按照自己想法安排学习。'我当时愣在那儿。有一次，导师看完我的作业，丢下一句话：'写实不错，有人做过了，第二个人做就是重复。你应该做独特的自己。'这一段直言不讳的话，对我触动之大，可谓刻骨铭心，也让我困惑、彷徨一年多。最后总算明白了：艺术家应该走自己的路。"

"导师野田哲也几十年坚持《日记》系列创作，前天路过一处风景，很喜欢，创作一幅。昨天朋友送了一条鱼，很感动，创作一幅。今天看到儿子抽香烟，很生气，再创作一幅。年复一年，创作不辍，用真实心态表现真实的事情、真实的情绪。导师这种独特的创作态度，不知不觉改变我的创作方向。"

"艺术是心灵的创造物。有一天下午，温暖的阳光照在身上，懒洋洋的，晒出了家乡味道。那一刻，我果断抛开往日的谨言慎行，摆脱制作流程的限制束缚，在铜版上自由组合线条与块面，袒露创作时的情绪波动。忘我入画之时，直觉变知觉，感知变立意，作品就是在这种状态下完成的。第二天上课时，拿出作业请导师指点，我抖瑟，他激动。打那以后，我的版画风格彻底拐了个弯，新吾非故我。不论铜版画，还是绝版木刻，由于寻找到个人方位，创作更为随性，追求更为纯粹，从此成为难以割舍的创作习惯，不知不觉走过三十年。"

张远帆老师的艺术成就，离不开痴心投入与学养积淀。艺术是人创造的，艺术作品的创作过程，不仅是一个制作过程，也是一次参悟过程，亦是一次学养释放过程。他对艺术理想的告白，让我窥见内心的世俗，当艺术家既不追求开宗立派，也不冲着名利地位，他的作品不仅是一种语言，也是一种心态，更是一种格调。回眸铜版《游记》系列的创作，历经三十余载时光，如果不是由心而发，哪能纯朴如初，直逼当下审美，迷住那么多闯入眼帘的欣赏者。如今，在浮躁气十足的现实生活中，看厌了自我打扮与商业撩拨，遇见如此的淡泊情怀，只为厚叠文化，追求气格从容，犹如一缕人文之光，为我们撑起一片精神阴凉。

春去秋来，时光还在。以往三十余载岁月，正是中国版画语言的转型期，他自觉不自觉朝着艺术当代性，高挂云帆，执意前行。就是这么巧，个性坚守与历史步伐，在同行中相遇于途，并肩时代。现在看来，艺术表现形式也会殊途同归。道无常道，法无定法。他的艺术探索之路，不依赖现成规矩，以独到语言和深邃意境，显现与同时代版画家不同风貌，从而跻身我国版画名家之列，多次担任全国美展和全国版画展评审委员，兼任中国国家画院版画院研究员、日本大学版画学会会员和日本版画协会国际名誉会员。

综观张远帆老师的艺术成就，内修格调，外瞻美意，真实记录着独标风采，然而他却如是说："我是一个普通人，过着普通人的生活，抒发着普通人的感受。没有大风光，却有大自在。在人生旅途中，那些稍纵即逝的思考痕迹，是岁月擦肩的真实记忆，进入彼此生命，远离流俗，乐此不疲，我还要继续做下去。"从他平和语调里，我看到了一颗透亮的心。

岁月如烟，版画留痕。人在游，心在记，既是一种创作方式，也是一种生活态度，更是一种精神境界。

杭州都市版画公社指引牌

注 1：野田哲也，1940 年出生，毕业于东京艺术大学。日本著名版画家。日本版画界领军人物之一，多次荣获国际艺术大奖。曾任日本版画协会主席。

与吴长江（左）合影

吴长江　　1954年出生，天津人。毕业于中央美术学院，进修于西班牙马德里大学美术学院、格拉纳达大学美术学院。中国美协分党组书记、副主席，中国人民大学艺术学院名誉院长，中国版画博物馆馆长，中国美术学院教授，中国西藏文化保护与发展协会常务理事。

作品曾获第八届全国版画展优秀作品奖、国际青年美展鼓励奖、挪威国际版画展评委会奖、第十届全国版画展铜奖、第十三届全国版画展铜奖、第六届全国三版展优秀作品奖、时代风采——全国写生画展佳作奖、中国文联采风成果奖、中国版画家协会与中国美术家协会联合颁发的80－90年代优秀版画家"鲁迅版画奖"。

代表作有：《藏女之二》《高原之子》《茫茫草地》等。

纠结的《阵雨》

南方盛夏，是一个说变脸就变脸的季节。有一天，我去市郊游玩，天公不作美，突然间乌云翻滚，阵雨劈头盖脸砸下来，连躲带闪还是周身淋湿，薄薄衣衫贴着皮肤，狼狈得很。往后几天外出，带不带雨具，少不了一番纠结。

我在十余年版画收藏中，也遇到过纠结的"阵雨"。此处所言为石版《阵雨》，中国美协副主席吴长江青藏高原系列之一，《中国百年版画》《美术研究》《今日中国》等刊物登载，并被美国波特兰博物馆、日本日中友好会馆美术馆、广州美术学院美术馆等艺术机构收藏。

作者在藏品石版《阵雨》前的留影

石版《阵雨》描绘广阔无垠的雪域高原，天空乌云密布，阵雨突然而至。旷野中，剽悍的藏民不是避风躲雨，而是策马前行，马蹄激起一股带水的雄风。宽广的视觉空间，严谨的写实技巧，素描般细腻描绘，虽然没有粗犷线条和强烈色彩，却把藏民具有的坚韧性格与超凡气度，刻画得入木三分，直击观者心灵深处。我有幸收藏这幅精炼之作，人生风景匆匆擦肩时，观摩欣赏，修养心性。

九年前，吴长江老师筹办个人画展，唯缺此画，于是顺藤摸瓜找到我这个十四年前的买家，以画换回。闻知此事，心中不免纠结。"你表态啊！给，还是不给？"朋友催促话语一直在耳边回荡。我手握话筒，一时无语，电话线这边和那边的人，都在沉默中等待。换位思考：艺术家举办个人画展，一件重要作品缺项，画家缺憾，策展人缺憾，观众更缺憾。我曾驱车数百里慕名参观画展，因神往之作未现身，那个懊恼，甚至抱怨，至今记忆犹新。于是回话，取画……

2010年12月2日，"直面生命——吴长江青藏高原作品展"在深圳关山月美术馆隆重开幕。我没有去深圳参观画展。2012年上海国际艺术节期间，在上海展览中心相遇原藏品，久违的惊喜，被妻子察觉我的面容变化，轻声说道："照张相留个纪念吧。"

吴长江老师在青藏高原系列创作随笔中言："愈来愈强烈地感觉到，似乎在冥冥之中我与青藏高原有一个前世之约。"这个前世之约始于1980年，此后三十余年间，三十余次置身世界之脊，为了心灵渴求，以生命为阶梯，矢志不渝，追索不止。

青藏高原的皑皑白雪，他踩下深深脚窝；茫茫草地的风雨毡房，他留下匆匆行踪，是什么力量让他一如初始？我渐渐明白，这是去寻宝！他与或前或后的人，凭着艺术前沿的眼光，勘探一座蕴藏已久又挖掘不尽的宝藏。那是一块神奇的土地，长江、黄河在那儿孕育发源，人类原始精神在那儿沉淀延续，生生不息，从容以待。西藏之行的最初岁月，西风东渐，美术圈思潮翻滚，他没有闲心理会："中国的美术要在世界文化格局中发挥其独特的不可替代的作用，就必须有自己的文化选择和特色。"发心之始，便是义无反顾。

每一次进藏，抱着"学习、感受、思考和不断积累"信条上路，驻足西藏高原，迎曦而出，沐夕而归，不只是次数叠加与地点的变换，而是量变与质变的互换。岁月不会忘记，当初的甘南藏区启程，尔后的西藏题材全面铺展，以艺术自信和人性回归，渐渐自成一格，同臻化境。从雄健剽悍的惊叹赞美，到高原民族的情感体味；从线与形的反复锤炼，到非叙事模式的成熟定型；从由表及里的本质探问，到由里而外的艺术表述，日积月累，丰满笔融，这些来自心灵深处的艺术表达，不仅为人们带来一份原始之美，也带来一股清纯之风——观之共鸣，赏之动情。

吴长江老师卓越的艺术成就，固然有中央美术学院的系统学习，西班牙马德里大学美术学院、格拉纳达大学美术学院的修为，还有多年教学相长的历练，但与长期独步青藏高原，在世界屋脊上默然凝神是密不可分的。古人云："学之广在于不倦，不倦在于固志。[注1]"以写实主义创作道路的一如既往，在勇气与耐力陪伴下，数十幅石版画、铜版画，数百幅素描、速写与水彩画多元汇聚，形成描绘青藏高原的宏篇大章，充溢民族精神和中国气派，让世俗之中的人们找到心灵驿站。不仅石版、铜版艺术扬旗当今，更为可贵的是，改变我国传统美术的文人意趣，使少数民族题材成为当代美术史重要组成部分。吴长江老师的艺术音符，美得庄严，赏得陶醉，是品格的艺术，也是品味的艺术。王昌龄谈诗，有"物境""情境""意境"之分。论诗如此，论画亦然，青藏高原系列版画可谓独揽三境。正如他所言："通过西藏人生活的精神特性来揭示人类生存的永恒意义。"求得此番感悟，不知在他身上抖落下多少高原尘土。

为什么在繁华都市，人与人相距很近，近得几乎拥挤一团。人与人又相隔很远，远得要窥探、琢磨，因为缺失信任的桥梁。为什么在灾害与困难面前，有人逃避，有人抱怨，因为缺乏原始的生存意志。我们的物质不算富有，

藏女之二 石版 1990 年创作

高原之子 铜版 1998 年创作

更需要精神的力量！

　　赏读吴长江老师的作品，如同饮茶，必须细细品味。我常在夜深人静时，默默欣赏石版《藏女之二》、铜版《高原之子》，那个时辰，让我的心静远，也幡然明了，能够牵魂动魄的艺术，一定不会被时光冲淡的。

　　石版《藏女之二》描绘劳动过后，依着木栏小憩的藏女。她或许刚刚接羔挤奶，或许刚刚扶犁布谷，没有修饰的脸庞平和而随意，美得纯洁，又那般端庄，弥漫一股安宁静谧的气息，撩人心扉。勤劳质朴是浸透人类的本源之美，也是高原民族的常态之美，满眼眶的天然秉质，那是模特儿搔首弄姿八辈子也找不着的感觉。

　　铜版《高原之子》中迎风而立的少年，足踏净土，头顶梵天，在飘动的发梢下，血管流淌着倔强的血，鼻翼喷发着粗犷的气，鞭马扬尘，吃土喝风，要不了多久，就是一名剽悍骑手，这是高原民族与大自然抗争中练就的刚毅与从容，也是和谐共生中流露的虔诚与乐观，平实真切的美学风貌，情感流溢，出神入化，连接起生动的东方审美理想。

　　两幅经典，相得益彰。空白的背景，鲜明的主题，语言简洁得没有半点累赘，其实这是一场大雪引出的艺术思考。雪域高原中的一天清晨，吴长江老师掀开帐篷，眼前一片银色世界，大雪覆盖了所有零乱，唯有帐篷、牦牛亮出生机，由此引发独具个性的绘画风格。这一时期，不论石版《青藏高原》《茫茫草地》《宰羊》《丞娃》《喂马》《挤牛奶》，还是铜版《高原之子》《玛曲藏女》《春到牧场》等，让那个仰望神宫，摇着转经轮的民族，从遥远的天边走到我们眼前。他以敏锐洞察力，带着古老传说，带着高原风声，走进内心，走进作品，独有的感观与内在的精神，让人们分享一份天籁之音。这些看似质朴的作品，其实是入微造型力、整体驾驭力，以及美学感知力的互相融会，既体现当代版画艺术新高度，也领略当下艺术思想新角度，作者在风格驾驭中，不迁就潮流，而是让情感表达回归真善美的原位。

　　听说三十多年前，时任中央美院版画系主任李桦先生，观看毕业作品展时，一边慢看细评，一边发话于众："吴长江、史济鸿留校，一个教素描和石版画，一个教水印木刻。"也听说吴长江老师勤奋有加，才华毕现，作品曾被国家邮政总局制成邮票首日封，在全国公开发行。由于学博中西，精品迭出，品读他的作品总有言外之意需要回味，成为国内外艺术机构和私人藏家典藏的热点画家。

时间是一条流动的河。但凡有艺术品收藏经历的人，大都有不可相忘的往事。我曾目睹吴长江老师假日里潜心创作，聆听他平和开言中国当代版画未来，受益他对我版画收藏一路勉励，至今储存着，成为守望与筑梦的一种启迪留在心底。

公务繁忙，有人是托词，有人能成事。吴长江老师大任在肩，大责在心，但他善于转换角色，一面照应着"无尽的旌旗蔽空的大队[注2]"，版画活动有声有色，版画事业如火如荼，成为我国当代版画的养护人，留下许多令人骄傲的辙印。一面忙得偷自己时间搞创作。以下目光所及，便是一个明证。

"写意中国——2012 中国国家画院国画、版画邀请展"在上海展览中心隆重举办，《卡多像》《泽库大格》《两位甘德牧人》《少年格布》等十余幅巨幅水彩写生，这些几乎与描绘对象等大的作品，既保留现场"塑造"的鲜活，又是作者自我精神的反馈，简朴率真，聚焦视野。我们知道，真正优秀的艺术作品，一定是真、善、美的结合体。吴长江老师精心锻造的艺术世界，凝练的形态，清新的气息，浑然的精神，既是心贴骑马民族的直抒，也是深思巧虑后的释怀，在体察外形中熔铸民族精神，每一个眼神，每一个动势，都带着令人提气的魅力，这种缺氧中的写生，成为欣赏中的吸氧，让观者长久驻足，流连忘返。我记得其中一幅水彩画落款：2012 年 4 月 13 日，青海黄南州。

那一刻，我终于明白，为什么吴长江老师的作品能够读出勤奋和才华。

注 1："学之广在于不倦，不倦在于固志。"出自（晋）葛洪《抱朴子·外篇·崇学》
注 2："无尽的旌旗蔽空的大队"，摘自鲁迅《全国木刻联合展览会专辑》序

与王杰斌（中）合影

王杰斌

1957 年出生，河北高阳人。毕业于中央美术学院版画系。中国版画家协会会员，河北省美协版画艺委会副主任，河北师范大学美术学院副教授，硕士生导师。

作品曾获庆祝建军 60 周年全国美展佳作奖，全国青年版画大展鼓励奖，第 10 届全国版画展银奖，第 14 届全国版画展铜奖，全国写生画展佳作奖，首届中国丝网版画展优秀奖，第六届全国高等院校版画年会展探讨奖，纪念毛泽东同志《在延安文艺座谈会上的讲话》发表 60 周年全国美展银奖，上海世博会"中国美术作品展"优秀奖，中国版画家协会与中国美术家协会联合颁发的 80 — 90 年代优秀版画家"鲁迅版画奖"。

代表作有：《土窑》《方塔》《陕北十月》等。

刮出来的阳光

打开《中国百年版画》集，翻到第 241 页，就会欣赏到荣获第 10 届全国版画展银奖的丝网版《土窑》，这是一幅积蓄黄土气息，意趣质朴纯净的作品，虽然留有贫瘠苍凉之感，却是留住旧梦的写照，伴随视线勾引出久违的乡思乡愁。

丝网版《土窑》的铺陈，以黄土坡占据整个画面，两扇窑门，一辆木板车与阳光下影子，便是作品的全部内容。构图简练，并无过多累赘陈述，却能勾起遥远的回忆。色彩厚重，色度分明，营造的朴实与粗犷，再现陕北农民真实生存状态。窑门一高一低，木板车与牛的影子相重合，体察出画面的节奏与韵律。土坡上的坑坑洼洼，成为阳光下的斑斑驳驳，自然天成，不仅是作者的乡土写实，也是内心的情感宣泄，委婉中体察陡然升华的境界，通过匠心谋划，为观者带来心意相通。作者为河北师范大学美术学院副教授，硕士生导师王杰斌。

多年前一次聚会中，偶遇王杰斌老师。初次见面，我便收获了他的质朴与热情。高大个头，壮实体格，稍长脸上两眼炯炯有神，一件花格衬衫呼应着版画家气质。

酒过三巡，免不了打问丝网版《土窑》创作逸闻，见他有些迟疑，我便抖落当年画美女挨批一事，他笑言：

"你也知道这件事。事情发生在中央美院学习期间，有一次上素描课，女模特很漂亮，

土窑 丝网版 1990 年创作

我便由着性子往美里画，周围同学悄声称赞，自己甚为得意。谁知被谭权书先生[注1]察觉，走过来二话没说，拿起橡皮擦掉了，并当众批评：'真正的美发现了吗？'那个震动，经年不忘。此后，我走上质朴之路，与此事有着密切关联。"

"是什么机缘决定创作丝网版《土窑》？"

"毕业前，我去陕北体验生活，没想到那儿如此荒凉，白天走村串户，收集创作素材。晚上窑洞里漆黑一团，老鼠成群结队，睡觉时只能蒙头裹被。有一次，睡梦中一脚蹬到老鼠，被狠狠咬了一口。"

我感叹："没想到陕北那么艰苦。"

他感慨："虽说生活艰苦，置身纯朴民风中，心里很温暖。"

"创作时如何体现这种感觉？"

"创作《土窑》时，不是照样模拟表象，而是真实敞开心扉。画面中那座旧土窑，破败不堪，但窑门两边褪色对联，体察潜在生机。用过几代人的木板车，在阴影轮廓中，感受阳光强烈。为了表现阳光下的黄土坡，一遍一遍用秃毛笔、蜡笔、砂纸、麻布，甚至牙刷，制作成厚重肌理，然后用刀片去刮，阳光是用刀片一点点刮出来的。"

望着身材魁伟的王杰斌老师，我终于领悟"阳光是刮出来的"含义。有人以为这是拙劲，其实那是中国文化中的"抱拙"精神。铁汉柔情，创作时用的不只是力气，而是积蓄胸膛的情意，为了到达艺术彼岸，借用时间精心打磨，从而实现理想之中的物象。你觉得丝网版《土窑》土吗？这种不可多得的韧性与寄托，我怎么看，怎么亲切。

审视王杰斌老师版画艺术，千万别以为土生土长在陕北高原，自然会坚守现实主义创作道路。其实，他犹豫过，想过逃避，也想过放弃，最后还是坚持下来了。那么，是什么原因让他坚持下来？

1988年，他踏进中央美术学院大门时，"八五思潮[注2]"余波荡漾。初入美术高等学府，如饥似渴，有讲座就听，有书籍就看，有技法就学。如同饥饿的人，顾不得是三明治，还是烧饼油条，吃饱了再说。按说学习丝网版画，广军、张桂林两位老师在侧，随时可得真传，他却冒出"单相思"。如：素描纸上粘贴方便面，充当作业上交，成为同窗笑料。这一"壮举"，不仅遭到恩师批评，也让他一时茫然。这一只刚刚放飞的风筝，顿时摇摇欲坠。转眼到了毕业创作阶段，他执意去陕北，想让黄土高坡上的风，吹一吹有些麻木的脸。

陕北的苍茫与壮美，曾经滋养出众多"黄土艺术家"。著名画家石鲁[注3]床头一直挂着自书座右铭："持续不断的劳动，是人生的铁律，也是艺术的铁律。"浩瀚黄土地，高高黄土坡，那是中华民族生命之根，也是取之不完、用之不尽的创作之源，何况还有延安木刻的霞光辉映。一番顾盼，扶正理想。在神爽气顺中，王杰斌老师终于沉淀心绪，明白自己该如何去做，在承接中赋予新意，从此成为他版画艺术的新路标。

此前的1987年，他曾创作综合版《北疆情》。北疆寒冬，白雪裹挟，大风吹拂着巡逻战士与战马，画风清朗，手法新颖，把自然景观描绘出家国情怀，成为一段骄傲的回望，获庆祝建军六十周年全国美展佳作奖。

1990年，吹过陕北黄土风的他，以水印木刻《五台山》问路。山源如龙，长草迎风。黄土高原的壮美，返璞归真的解读，映照他那割舍不下的故土乡情。没有躁气，也没有刻意，正是这种本真的情感流露，抖落胸中丘壑，因而收获全国青年版画大展鼓励奖，至此进入现实主义风格蛰伏期。一步一个脚印走着，不把黄土地当邂逅痕迹，而是化为情感载体，其后推出的丝网版《土窑》，作品能让观者闻到泥土的芳香，收获第10届全国版画展银奖，这不是偶然相遇，而是必然收获。只有动情之念，才有动情之画，至此进入现实主义风格成熟期。

1998年，创作的丝网版《方培》获第14届全国版画展铜奖。同年推出的丝网版《两套车》，先获全国写生画展佳作奖，后获首届中国丝网版画展优秀奖。应该说，此刻的收获，不仅是纷至沓来的荣誉，更多是传递意蕴后的快感。"不能固守，只能前行。"这句话时时提醒着他。从此春来秋去，年复一年，版画创作有声有色，要说的话也越来越多。尽管很累，有收获，有心得，那时候心情是愉悦的。

2004年，听说中央美院开办铜版画培训班，比利时坎布雷学院教授承教，年近半百的他，没有多想，拎包出发，重温学子时光。新技法的领悟，新观念的灌注，他的艺术视野从狭小迈向广袤。当他再次从中央美院返回时，已是踌躇满志。

顺势而为，与时偕行。在新的创作理念催使下，必须重新思考未来的路。一番深思熟虑，他最后定下决心，还是在黄土地上做文章，从此绝版木刻创作成为主攻方向，此次开拔是一次不算早的启程。

20世纪80年初，云南版画家带头兴起绝版木刻创作，兴盛至极，到如今已二十个年头。为了拉开与其他版画家距离，也为了形成自己独有风格，他尝试着把铜版技法与绝版技法相融合，一面取铜版画的过渡层次，一面取绝版木刻的版次衔接，虽然相互冲突，却又相互作用，就这么水到渠成地走到一起。绝版木刻《刨土豆》《晌午饭》《青阳岔》《收获季节》等，一批描绘陕北农民生活场景的作品，通过构图的起伏节奏，用色的和谐过渡，用刀的层层叠加，形成别有风味的北方景观，冥冥之中找到一片新天地。其中绝版木刻《刨土豆》获纪念毛泽东同志《在延安文艺座谈会上的讲话》发表60周年全国美展银奖。

只要路走对了，就不怕遥远。此后，绝版木刻《贺家石》《看雪》的雪景描写，摆脱了初尝绝版木刻时的拘谨，通过紧贴生活的体察，注重画面构成和细部刻画，添加更多可读性。绝版木刻《蔡家会》《赵家沟》创作时，果敢糅入铜版画的美柔汀技法。说直白一点，就是用铜版美柔汀技法在木质媒材上生成画面，手法不同，力度不同，肌理自然不一样，这么难的活儿，硬是让他啃了下来，为作品欣赏添加一份额外意趣和真诚传导。

2010年，推出绝版木刻《陕北十月》时，他的这一技法已经驾轻就熟。高耸的黄土高坡，洒满阳光的窑洞，以及雨水冲刷成的沟沟坎坎，一片生机盎然。远处，一位哼着陕北小调的拉车汉子，通过交叠刀痕，让其笼罩在秋日阳光下。近处，一位弯腰刨土豆的庄稼汉，头扎白毛巾，置身在春播秋收中。王杰斌老师新世纪的倾情，多出一份自信与会心，不愿固守，努力探索，应了"天道酬勤"那句老话。绝版木刻《陕北十月》，不仅是种瓜得瓜、种豆得豆的生活写真，也是"土能生万物，地可载山川"的悠远怀想，这种素净与质朴的精神构筑，在上海世博会"中国美术作品展"中荣获优秀奖，先后被深圳美术馆、江苏美术馆等艺术机构收藏。

灿烂的阳光，映照王杰斌老师的高大身躯，连影子都比别人长一些。这位志存高远的现实主义版画家，用一幅幅精彩作品，折射自己的想法，摆弄自己的手艺，吸引着越来越多的赏读者。在他多彩的版画世界里，没有返航的船，只有遥远的岸。

陕北十月 绝版木刻 2010 年创作

注1：谭权书，1936年生，北京人。毕业于中央美院版画系，曾任中央美院版画系主任、教授。中国美协版画艺委会副主任，中国版协副主席兼秘书长。《中国版画》杂志编委。
注2：八五思潮，指20世纪80年代中期我国出现的美术思潮，试图挣脱苏联美术和我国传统文化影响，从西方艺术中寻找追求所引发的。
注3：石鲁（1919－1982）四川仁寿人。毕业于成都东方美专。长安画派主要创始人。延安时期以版画创作为主，其后文学、书画造诣深厚。因创作电影剧本《刘志丹》遭批判。曾任中国美协陕西分会主席，陕西国画院名誉院长。

苏新平

1960 年出生，内蒙古集宁人（现改名乌兰察布市）。毕业于天津美院绘画系与中央美院版画系，获硕士学位。中央美术学院副院长、教授、博士生导师，中国美协版画艺委会主任，中国国家画院版画院副院长。

作品曾获中国大陆青年版画家大展大奖，第七届全国美术作品展铜奖，全国青年版画大展优秀作品奖，北京－台北版画展杰出奖，二十世纪·中国大展优秀作品奖，第 11届全国版画展铜奖，第 12 届全国版画展银奖，联合国教科文组织"艺术促进奖"提名奖，"第八届 AAC 艺术中国年度艺术家·油画类大奖"，中国版画家协会与中国美术家协会联合颁发的 80 － 90 年代优秀版画家"鲁迅版画奖"。曾获"四个一批人才"称号并评为北京市第七届教学名师。

代表作有：《躺着的男人与远去的马》《女人与牛》《顶光之二》等。

与苏新平（右）合影

时代精神的引领者

作者收集的苏新平各个时期画册

前年初春，晨光下的中央美术学院，绿树婆娑，草青花香。在学院行政大楼南侧，蔡元培、江丰、吴作人、古元等艺术大师雕像坐落花丛，与不远处翩然站立的徐悲鸿雕像遥相呼应，不知牵连起中国近代美术史多少邂逅，一时仰慕与仰望叠合。我在采访苏新平副院长前，流连于此，如同静静地聆听音乐会的前奏曲。

厚积的中华文明源远流长，如同炎黄子孙自己的影子。文脉是民族命脉，但文脉传承并非复制自己的影子。20世纪80年代中期，苏新平老师作为时代精神的引领者，以敏锐思维与新潮图式破空而出，声名远播。也许，他自己并不觉得，当第一幅石版画问世，卓尔不凡的石版语言，"看似模糊，实则准确"的叙述方式，在那个艺术思潮激荡年代，一面不停地绽放个性风采，一面牵引着艺术探索方向，有意无意搅活一池春水。一切觉得有些不可思议，一切又那么顺理成章。怪耶？不怪。

谢稚柳先生在《书画鉴别》中有语：风格，不论个人的或时代的，它不能脱离形式而独立存在。这里为我们提出一个问题，苏新平老师精湛绘画语言从何而来？

有些童年记忆，虽然已经遥远，却留下最初的朦胧怀想。他的童年时光，除了内蒙古集宁盟委大院的迷离回忆，少有其他印象捕捉。人们说到内蒙古，必然联想起内蒙古大草原。对于儿时的他，那是一墙之隔的事儿。围墙不高，经常搬个小木凳，踮起脚尖向外眺望。大院围墙外，除了不会说汉语的放牧人，便是一望无际大草原，举目可见天边地平线。童年好奇，引发最初的焦渴，地平线那边还有什么？成为童年充满幻想的梦。"直到今天，这种影响还在。"多年后，成为才情迸发的来时心路。大院围墙内，新中国成立之初父母支边，全家人居住两间土坯房。父亲时任市长，记忆中除了工作繁忙与家教严厉外，还有满橱子书籍，以及登载外国情况的《参考消息》。童年好胜，参考消息成为吹嘘内容，撩拨身边一帮发小，也撩拨起闭塞时光的想象力。"有了探求心理，永远不会满足现状。"多年后，成为浩荡长风的原生推力。

有些人生经历，已经成为过往，却是抹不掉的青春记忆。两年军旅生涯，时间不长，不论重机枪连枯燥生活，还是电影放映队动荡日子，在有板有眼生活中日趋成熟。如今隐隐作痛的腰，证明当年的不甘落后。投弹，最初只能扔十来米，后来投出五十米全连最佳成绩，依赖力争上游的决心，铺垫了超越自我的意志。射击，一次野外打猎，手枪射出的子弹，击中一只野羊脖子，鲜血喷涌中狂奔二百多米。目光震惊，心房悸动，不经意间烙下阴影，铺垫了心怀怜悯的秉性。

有些助力点拨，如今已是回望，却是人生的关键节点。当年集宁市少年之家接受启蒙，王河沿老师细心辅导，仰着脸边听边悟，朦胧中点亮一盏灯。研究生毕业时，导师宋源文大热天骑着自行车，三天两头出校门，不在意天色，也不在意脸色。经打听方知："那是为我去找留校名额。"正是这些不张扬举动，春风化雨，滋润心田。心思细腻的他，这些情节至今留在心底，感恩之心滚烫，让我震惊。他的艺术理想就是这样延伸的，从集宁，到天津，再到北京。艺术天空就是这样变幻的，从自我观照，到精神述怀；从头顶的蓝天，到广袤的世界。

有了如此经历，未必长袖善舞，就像有了沙子未必盖出高楼。志向的壮怀激烈，刻意的学术态度，持久的枕书入梦，这才是苏新平老师垫高自己的"钢筋水泥"，支撑起厚实学养与独领风骚。有一次，朋友遮挡住他的作品大部画面，我一眼辨认，可见风格之鲜明。

他没有刻意而为，却始终与传统文化相伴，形成儒家文化为内核的审美取向。在中国浩瀚文化史中，一直以儒、释、道为主流思想体系，其中杜甫是儒教的典型代表，沉郁风格，仁义内涵，形成独有审美特色。当他跨进向往已久的天津美院，第一幅黑白木刻《校园》，以描绘图书馆封存学子时光，此后创作多属于"人必先有芬芳悱恻之怀，而后有沉郁顿挫之作"[注1]。中华传统文化之所以薪火相传，既有青铜鼎上的铭文和尘封的线装典籍，也应有时兴的当代图式和本性的精神自传，这是深思熟虑的体悟。苍凉之感，诗人之心，被他巧妙地应用到作品里，成为区别他人的画面与内涵，也成为前瞻意识的开辟与铺陈。观察社会，会意人文，以超越表象的洞察力，引导人们眼光看向更远处。回溯他的艺术历程，不论当初的《牧羊女》，还是后来的《宁静的小镇》，直至现在的《悬而未决》，都能感受这种风格与情怀的延展。

如：石版《躺着的男人与远去的马》，这是读研究生时的毕业创作，完成于1989年2月。画面中一位男子侧卧在地，似昏睡，似冥想。一匹白马扬蹄而去，留下马尾巴

躺着的男人与远去的马 石版 1989 年创作

的飘逸与拴马桩的相望，灰色的天空，黑色的影子，虽然弥漫着沉郁气息，却冷而不淡，意通玄冥，成为一张充满疑惑的问卷。不妨这样诠释：侧卧男子是一种思维状态，如罗丹的著名雕塑《思想者》，一个坐着想，一个躺着想。那一匹行走的白马，由远而近，又由近而远，如同历史的近来远去，亦如人生的喜怒哀乐，不停地变幻与转换。这一时期，《男人与马》《女人与牛》《梦》《木桩与马》等让观者惊口难合的图式，都是带着哲理的思考，以象征性手法释放沉积于胸的忧国之心，成为传统文化在特定时期的品呷，也成为中国当代版画影响深远的名篇。

他没有刻意而为，却始终与孤思独想伴随，形成心境描绘为主线的创作理念。有人说，困惑是对人生目标的犹豫。苏新平老师在人生转折中，经历过多次寻找答案的困惑。天津美院就读本科时，他的专业是木刻，古今中外的木刻名作，归纳成章的用刀技法，一面认知认领，一面操刀入木，功夫不负有心人，只要脑子里有想法，就能折腾出图式来。终日与木屑花缠绵，虽说身处闹市，相互交流却成为稀缺品，本来寡言少语的他，自然多出一份孤独。中央美院读研究生时，同样缺少对话知己，孤独感越加浓烈，只能与内心对话，从而催生出向内而求的版画表现语言。宋源文先生这样描述他："那时特能吃苦，石版放椅子上，自己坐在小板凳上没日没夜地画。"一纸繁华，独自守望，无意中求证，版画是一门孤独行走的艺术。

中央美术学院行政楼

苏新平授课照片

再如：1991年前后创作的石版《寂静的小镇》系列，不论斜阳下的房舍，还是十字架般的影子；不论悠闲寻食的小狗，还是或行走，或僵卧，或骑马的人。画面中的描绘，其实是随性放逐的艺术符号，既有来自童年的记忆，也是私下传递的思考。此外《影子》系列、《飘动的白云》系列、《网中之羊》系列、《空旷的草地》系列等，当人们观赏这些佳作之时，如同打开一个飞扬的想象空间，独特方式定格场景，独到眼光看待世界，实现石版语言的突破与抬升，油笔铺陈，格致高逸，作品散发的艺术感染力，引申出许多令人深思的看点，咀嚼起来有滋有味。

他没有刻意而为，却始终与意象之美纠缠，形成情景交融为形式的造型语言。文化的主体是人，表现文化必然表现人。观赏苏新平老师的作品，常常有这样的感觉，静谧时缄默无声，张扬时任性肆意，一点儿不担心别人会误判，只有信心满满才有如此勇气。从石版《漂浮的人》系列，到《生命之树》和《欲望之海》系列，再从《魔法》系列，到《影子》系列，与套色木刻《初升的太阳》《干杯》系列相辅相成，或具象写生，或抽象变形，或虚拟夸张，运用不同物象营造，反复传递一种"不真实"，以美学思考的释放，通篇鲜活，气韵不凡，在一次次视觉震慑中，留下这位爱思考之人的遨游心路。2006年创作油画《风景》系列，虽说是自然风光描绘，其实是心绪流动痕迹，材质不同，脉络相通。画面中油彩堆积的大树，树干粗壮，树枝无序，部分作品竟然由颜料垃圾涂抹而成，形成"于天地之外，别构一种灵奇[注2]"，不仅语言独到，手法丰富，那种独有的虔诚追索，唤起沟通，让观者领略什么是别开生面。2009年以后，油画《自画像》《最后的晚餐》《沉思者》《奔波的人》《对话》等，以及色粉画《肖像》推出，求新求变，既标明观念与技法融合的新高度，也证明思想与艺术结合的新尺度，这种秉持心灵的创作，独自沉吟的心路，让人一见倾心，爱不释手，也让人少了对号入座的优雅，唯有凝神解读，反复体味。这么多年特立独行、宏博多彩的演绎，成为苏新平老师现代艺术观念的表达方式。

交流中，我俩有一种挡不住谈兴，我更是意犹未尽。

次日上午，我提前半小时走进中央美院电教室时，已是座无虚席，便与挤来听课的硕博士一道席地而坐，聆听苏新平老师授课。阳光下的开眼学道，仿佛寻问来路，思想的深度，学术的广度，不仅润心，也是释怀。

苏新平老师是一位时代精神引领者，不论创作手法，还是思想追问；不论艺术精神，还是生命意志，在艺术人生和人生艺术的推演中，让我领略了挟带理想的璀璨华章。

注1："人必先有芬芳悱恻之怀，而后有沉郁顿挫之作"，清代袁枚语。摘自《美在意象》p 409。
注2：摘自方士庶《天慵庵随笔》。

与冯绪民（左）合影

冯绪民　　　1960 年出生，辽宁阜新人。毕业于中国美术学院版画系，获硕士学位。中国美术家协会会员，中国版画家协会会员，中国美术学院版画系教授。

作品曾获第十二届全国版画展铜奖，第十四届全国版画展银奖，第六届全国三版展优秀作品奖（此届最高奖），第十五届全国版画展铜奖，首届青岛国际版画双年展优秀奖，中日版画交流展"富张美术馆奖"、中国版画家协会与中国美术家协会联合颁发的 80 — 90 年代优秀版画家"鲁迅版画奖"。

代表作有：《残阳》《贴不住的墙皮》《墓志铭》等。

《墓志铭》的诉说

墓志铭是干啥的?

明代徐师曾在《文本明辩序说》中言:按志者,记也。铭者,名也。古人死后下葬时,选取上好石料打磨后,将墓主人的姓名、籍贯、学问、德行、功业等铭刻上去,刻石记事,以期久远。说白了,就是个人档案,当然记载的都是一生中风光的事。墓志铭这个习俗其实东西方国家都有,区别是中国墓志铭埋在地下,西方国家则竖在地上。例如德国数学家鲁道夫墓前石碑上,刻着他计算圆周率精确到小数点后35位那组数字,显摆得很。我国唐代文学家韩愈为柳宗元所作《柳子厚墓志铭》,却是文采飞扬,千载流传。

冯绪民老师为啥创作石版《墓志铭》?

在此之前,他一直这样认为:"苏州、杭州太美了,只能欣赏,无以复加。选择偏僻荒凉,体察沧桑流变,自己兴许能感受到一个意外,推开一扇意想不到的门扉。"心往神驰,于是有了20世纪80年代末那次陕北之行,冯绪民老师由此而萌生了创作《墓志铭》念头。这是一次难忘行旅,也是一次人生体验。许多年后,那次留存脑际的失落与压抑,一直没有从心里抹去。

冯绪民工作室凉台是我采访现场

巍巍崇山峻岭,莽莽黄土高坡,这是中华民族古老文明的摇篮。这里曾刮过汉唐雄风,鸣响过黄钟大吕,恩泽神州,绵延至今。可是真正身临其境,却让他深感失落,甚至不敢相信。映入眼帘的是黄河水、黄土坡、土窑洞和扑面而来的黄土,亲历亲尝,让他真实感受到了意外。那时候陕北的贫瘠与荒凉,让久居"上有天堂,下有苏杭"的冯绪民老师难以想象,一直怀疑眼前的景象。

寄宿黄土坡上小山村,白天山坳昏黄,夜晚漆黑黝黝。当无尽的黑幕笼罩后,破旧的窑洞四周,只有野兽凄叫声回荡惊恐,让他独尝孤寂与慌张。每晚睡觉前,除了搂紧带来的照相机,还要端来一盆水,摆放在没有插销的窑门背后,来人有个声响,好歹算个防备。当地盗墓猖獗,听到消息赶至现场时已是一片狼藉,那一刻他的心是酸楚的。偶尔碰上盗墓贼丢弃的墓志铭,赶紧端来一盆水,洗去泥沙,辨识文字,在苍茫中猜想遥远故事。

古往今来,当人们面对故垒废墟,总不免触景生情,怀古与怅然充溢胸腔。考古学家曾以墓志铭举证历史,历史学家又以墓志铭窥探文明。当下,有多少墓志铭躲过盗墓贼踩踏,闪过当年"红卫兵"铁锤,有幸安身寺庙或旅游景点,却没逃过"到此一游"的噩运,咋就与墓志铭过不去呢?那些曾经的文明,倘若在当代人手中湮灭,何止是添

墓志铭 石版 1997 年创作

加历史失落感，那是人类无法挽回的遗憾。

俯仰天地，关山重重。艺术的成就，取决于艺术家生活体验与创新判断，从这个意义上说，冯绪民老师选择石版《墓志铭》的创作，无疑来自他的责任意识与创作敏感，来自陕北采风之后，失落文明的缠绵与萦系于胸的扼守，这就是石版《墓志铭》创作起因。

我为啥收藏石版《墓志铭》？

那是一个春风沉醉的上午，在冯绪民老师工作室凉台上，我与他分坐竹椅，品茗畅聊，交流越多知会越多。20 世纪 90 年代初，他创作的《无名战士》《新星》和《春秋》，一经脱稿，便受到版画界的认可和赞誉，独特的意境表达，独有的语言特征，接二连三地入选全国性版画展览并获奖。那一段时间，他非但没有被命运的风吹昏头，反而感觉危机的临近。他认为：成绩有时像一条影子，成绩越多，影子拖得越长。他决意从经验形态中挣脱出来，走出阻挡前行的心魔，采用新的视角、新的图式，替代以往的创作惯性，此时石版《墓志铭》的创作，便是有感而发的突围之作。

欣赏石版《墓志铭》之初，觉得画面结构简单，越看越觉得内涵丰富，画由情生，尺素之间，每一个细节都能体现创作判断与时代审美。一面大胆铺陈，一面靠拢预判，让观者逐渐体味到，虽然没有浓墨重彩，却见色彩的玄妙与意趣，通过叠印次数、叠印部位、压力大小，精心控制色阶演变，努力让材料说话，作品自然典雅灵动。虽然没有铿锵话语，却是悄无声息情感传递，释放批判精神，既是志思蓄愤，也是叙事述理，努力让情景说话，作品自然可读可思。虽然没有繁华图式，却是个性语言落地生根，掌控主题基调，任凭意趣生发，努力让形式说话，作品自然趣味横生。

作者运用深浅不一的墨线，保持着版画语言本色，并在画面中央部位，特意添加一个反写的"哭"字，作为点题，强化难以抑制的忧愤心情，成为不可阻挡的视觉穿透，一下子击碎观众眼神。揭露，其实是艺术应有之义。诉说内心焦虑的石版《墓志铭》，是一件警世之作，一个有感而发的振臂，呼唤文明。也是一幅观念之作，一个切中时弊的思考，情真意切。石版《墓志铭》通过自设情节，积累含蓄，见近知远，使作品渗透淡淡静气和隐隐文气，有一种贴近心胸的空灵感，以此捍卫艺术家的纯真与自觉，这就是我收藏的理由。

冯绪民老师是中国美术学院版画系教授，也是我国著名学院版画家。他那灿烂艺术成就的取得，既受惠于中国美术学院的学术氛围，也来自日新月异、丰富多彩的生活，更取决于不断艺术探求、抱志修为的努力。

1989年，他在杭州举办个人作品展，正式亮相艺坛。数十幅作品与他的面部表情相似，带着羞涩与腼腆，却让人们见到质朴与率真，虽是时有所感，善看者自然不放过作品的画外之音。

1994年，他在杭州举办第二次个人作品展，《春秋》等一批带着陕北黄土味作品问世，在偏重图式与格局铺展中，版画语言的运用已不见拘泥，这些作品意境非匠心所至，而是相认相知中的迸发。他对那一片黄土地的钟情，对版画语言探索的执意，支撑起日渐丰富的艺术见解。

1997年后，石版《墓志铭》，水印套色木刻《残阳》，油印套色木刻《贴不住的墙皮》等一批佳作推出，昭示作者在文化裂变的多元时代，对于新观念、新意境的追赶，从现实转向现代，从情感渲染转向境界描绘，体裁多样，语言新颖，既注重以文化涵盖图式，又注意以意境寄托情怀，在不断求证与追赶中，凭着内心感应，返其天真，纯粹语言，留下自己思维与情感的痕迹，逐步形成独立的学术思考和审美风格。

挪威表现主义画家爱德华·蒙克曾说过："艺术是要付出一个人的精神的，灵魂、悲伤、欢乐和心血，一切都奉献出来了。"这段话，对于描绘这一时期冯绪民老师版画艺术的延展，虽说相隔一百多年，仍然很贴切。

他感慨道："艺术创作是一个过程。人类发展有一个过程，时代进步也有一个过程，一个艺术家对艺术的思考，同样有一个过程，只是大小之别，同中有异。《墓志铭》《残阳》《贴不住的墙皮》等作品，其中的'形貌与内质'，承载着生命流逝中的精神符号和思考证据。"这些符号与证据，虽然带有一点忧郁感，却是追问艺术的思想火花，从这个意义上说，他的版画艺术已经进入创作高峰期。

冯绪民老师一面教书育人，编书撰文，一面寂寞坚守，辛勤创作，理论学养与艺术创作的并进，滋润精神，陶然度岁。论文先后发表于《美术》《中国版画》《新美术》《美苑》《当代学院艺术》《中国当代》等杂志，通过广度与深度的学问拓展，既增强了作品"底气"，也增添了作品"文气"。随后，《故居》系列、《南山》系列和《厚土》系列的陆续问世，使这位学者型版画家的现代意识、问题意识更多融入创作思考，如同登高望远，视野的扩大，视点的高移，有一览众山小之感，为求新求变不断提供新的思想资源，使艺术境界越来越宽广。

他这样认为："从关注什么？进展到创作情感的融入。从表现什么？进展到语言方式的修为。从思考什么？进展到心灵体味的探寻。在每一次踯躅向前中，细心观察，潜心思考，必然观赏到许多新的风景，所以版画创作成为这辈子未了情债。"

冯绪民老师喜欢读诗，尤其喜爱王国维《人间词话》描述的三种境界。综观他的版画艺术之路，从"昨夜西风凋碧树，独上高楼，望尽天涯路"，到"衣带渐宽终不悔，为伊消得人憔悴"，再到"众里寻他千百度，蓦然回首，那人却在灯火阑珊处"。版画天生具有的不保守性，让他难有半点懒怠，伴随坚实步伐，始终铿锵向前，再向前。

艺术是人创造出来的。随着社会的快速发展，人们对物质生活与精神生活会不断产生新的渴求。这些年来，伴随媒体一再炒作，艺术市场越来越喧嚣，包括从艺者的自我叫卖，为名利而赤膊。然而，总有一些追求艺术纯净与人生修行之人，在冷寂处坚守，默默耕耘自己的"一亩三分地"。他们既没有流派束缚，也不为取悦他人，更不屑金钱诱惑，只为文化自觉，承载自我精神，这种远离浮华的艺术，才是真正的艺术。

岁月痕迹已经爬上眉梢的冯绪民老师，见其作品，如同见到明净悬月下的故乡窗棂，让人淡定心弦。我看中的就是这一点！此等收藏，才是人生幸会，相约品位。

与李晓林（右）合影

李晓林

1961年出生，山西太原人。毕业于中央美术学院版画系。中国美术家协会会员、中国版画家协会理事、中国美协水彩艺委会副主任、中央美术学院版画系教授。曾任全国美展、全国青年美展和中国艺术节评委。

作品曾获第八届全国版画展优秀奖、第六届全国美展优秀奖、全国青年版画大展创作奖、第十届全国版画展铜奖、第十一届全国版画展银奖、第十二届全国版画展铜奖、第八届全国美展优秀奖、台湾第七届国际版画及素描双年展铜奖、第十三届全国版画展银奖、六届三版展优秀奖和"廖修平版画奖"、第十四届全国版画展铜奖、第九届全国美展优秀奖、第十五届全国版画展铜奖、第五届全国美术院校版画教学年会奖、第七届全国三版展铜奖、第十六届全国版画展铜奖、中国美术金彩奖优秀作品奖、第十一届全国美展金奖、中国版画家协会与中国美术家协会联合颁发的80－90年代优秀版画家"鲁迅版画奖"。

代表作有：《村长之二》《黄河人》《开采光明的人》等。

画 像

中央美术学院李晓林教授的绘画艺术，不论素描、石版、色粉，还是水彩、油画，在我国当代绘画界都是顶尖的。他以人物肖像画见长，享誉画坛，屡屡在全国美展、全国版画展斩金夺银，获奖数量之多，跨越时间之长，十分鲜见。

三月的北京城，乍暖还寒。六年前的一天中午，我与李晓林老师相聚岳麓山屋饭店，边吃边聊。这是画家方力钧经营的湘菜馆，虽然人声鼎沸，一点儿不影响我俩交谈兴致。聊到高兴处，徒生奇想："为我画一幅肖像如何？"李老师爽快应允。当天下午，我便端端正正坐在他工作室木椅上，表情想自然点，却越想越不自在，他见到我的窘态，端来一杯水："边聊边画。"接过水杯，思绪陡转，由于留意创作背后的故事，已不在意做作表情。

"《村长之二》哪一年创作的？"

"1997年。"

"有原型吗？"

"创作前比较朦胧，与现实中形象重叠后，一拍即合。"

"是在山西吗？"

"山西省吕梁地区，那一年天天与这位村长打交道。"

"为何选择这个形象？"

"其人的做派，没有矫饰，很有绘画感。"

"是指面部表情吗？"

"人的内心变化，都会在面部表情体现。"

"肢体动作呢？"

"他经常蹲在椅子上与我交谈。1990年创作《村长之一》时，选用过这个姿态，那是一幅素描，参加台湾第七届国际版画及素描双年展，获得铜奖并被台北市立美术馆收藏。"

"石版画《村长之二》形象非常经典，是触碰心灵的有感而发？"

"那是一段既难忘又酸楚的经历。1996年，我在山西吕梁地区某村担任扶贫队长，千辛万苦从县里要来7万元钱，整修快要倒塌的小学教室，那是全村人天天揪心的事啊！但是，任你说破了天，不给村长回扣就是不让修。虽说石版《村长之二》中村长形象有些夸张，那是以艺术方式应验

作者珍藏的李晓林制作石版画滚筒

冷漠，见证贪婪。"

"石版《村长之二》立意独到，语言简练，
具有强烈艺术穿透力，荣获第六届全国三版展
优秀奖和廖修平版画奖。据说那一届三版展未
设金银铜奖，优秀奖为最高奖项。"

"是的。石版《村长之二》先后被中国美
术馆、广东美术馆，澳大利亚悉尼大学，哈尔滨
版画博物馆和廖修平基金会收藏。"

……

不知不觉一个时辰过去了，我的形象跃然
纸上。

李晓林为作者画像

李晓林老师的艺术之路，充满着秉性行事，
其实就是任性。

儿时，他常随父亲回山西老家，爱画画的他，挨个儿为村里小玩伴画像，全村屁孩
画完了，又挨家挨户画老人，直到父亲拉他回城，硬是画完了才迈腿，父亲转头骂一句：
"任性。"

少时，听说在部队里学绘画，有用不完的颜料和纸张，他动心了。适逢北京军区征
招文艺兵，他每天照常到太原市少年宫学画，暗地里偷偷报名。别看只有 16 岁，画革
命领袖像，老练得提笔一挥而就，征兵首长当即拍板，得知消息的父母亲，只能为穿上
肥大军装的"任性"儿子饯行。

火热军营不仅磨砺意志，为坚韧性格下足基肥，同时给予他许多难以忘怀的宠爱。
1983 年，中央美术学院开办创作进修班，14 名学员唯独他穿着军装听课，羡慕煞那帮同学。
刚回到熟悉的军营，组织上立即为他安排俱乐部主任职务，别人求之不得，他却避犹不及，
再次"任性"。一个再坚强的人，也会有柔软的时候。脱下军装那一刻，依依不舍的心情，
如同当年告别父母，踌躇与失落同在。

《村长》系列问世，同样是任性的结果。那时候，他担任山西省艺术学校副校长，
分管教学。上级下达扶贫指标，别人迟疑，他却窃喜，主动换成自己的名字。一道岁月
年轮，吕梁山区留下一行足迹；一幅石版《村长之二》，中国当代版画史添加一份荣光。

李晓林老师的艺术之路，充满着真情实意，其实就是痴情。

观摩他的作品，如同测试他的体温。平版《幸存者》《矿工肖像》系列，那是含泪
走笔的慰藉，也是没有殇碑的缅怀。一张张木然的脸，一颗颗怅然的心，深深打动每一
位观者。儿时的小伙伴，终日躬身小煤窑，满脸黝黑的他们，兴许走回阳光，也许走进

黄河人 石版 1992 年创作

地狱。

　　"近些年，总会听到小煤窑出事的消息，一座座新坟，不少是我发小归宿地。"连续五年回故乡，重情重义的他，都要到坑道口坐一坐，有一次不由自主走进去，阴暗、孤独、惶恐，随着悲悯涌动着，他被压迫得快要窒息。如荣获第十一届全国美术作品展金奖的色粉画《开采光明的人》，就是在揪心裂肺中完成创作的，友人纷纷祝贺，他却高兴不起来。

　　观摩他的作品，如同测试他的脉搏。石版《黄河人》取材于山西碛口高家塔村，画面中扎羊肚毛巾老汉，叼着烟袋，面无表情地躬坐黄河岸边，被水浸泡的布鞋翘鼓失型。搁浅的锚，静泊的船，相互遥望曾经时光。老汉憨厚淳朴，栩栩如生，仿佛能听到他那"吧嗒，吧嗒"吸烟声，人的心灵审美，在这里被表现得淋漓尽致，入木三分。

　　李晓林老师告诉我："老汉叫侯奈儿，世代居住山西吕梁高家塔村。1948 年 3 月 23 日，毛泽东主席东渡黄河，正值黄河凌汛期，巨浪挟着冰排，他与村里船工一道为中央机关摇橹划船，由此自豪终身。"原来老汉的沉思，是风雷激荡后的喘息。事情就这么凑巧，石版《黄河人》在北京展出时，中央美院老教授钟涵[注1]一把拉着他的手："这是侯奈儿，1957 年采访过他。1963 年创作油画《延河边上》，毛主席背手夹烟在延河边散步时，与一位扎羊肚毛巾农民聊天，也是侯奈儿。"让人很难想象，世界上竟然有这么凑巧的事儿。李晓林老师惊诧得直摇头，更为惊诧的事还在后头。

2010年，老教授钟涵执意重返高家塔村，李晓林老师一路相陪。那时，老汉侯奈儿半身不遂卧床多年，扭头见到来客，竟然脱口："钟老师。"半个多世纪的遥望，一声呼唤，跨越时空。久别重逢的两位耄耋老人，泪水夺眶，相拥许久。"李老师，快去买最好的烟！"瘦骨嶙峋的侯奈儿吞云吐雾，李老师透过飘散烟幕，触摸到民族之本，体味到真情永恒。多年后忆及，他仍激动不已："国之今日，全靠这些负重生存的平头百姓啊！"两位著名画家在不同时代，以不同画种共用一张底片，描绘同一位农民，艺术家与老百姓合为一个血型时，一定是大情怀，大气象。

1984年，李晓林老师以石版《晨》，荣获第六届全国美展优秀奖，叶浅予[注2]先生亲自撰文，《人民日报》专题报道，《解放军画报》则以整版扉页刊登。随后推出的石版《家乡的风景》系列，声誉鹊起，国内美术圈骚动起阵阵涟漪，涌现一大批追慕者。高歌猛进，纵横捭阖。第10届至16届全国版画展，每一届获奖名单上都有他的名字。石版《黄河一家人》《赶牲灵系列》《亘古山源》《父与子》《种子》《农夫》《黄河的传说》《耕地的农夫》和《攀登者》，铜版《永远的河流》《生生不息》和《青铜时代》等，他的作品多为直接写生而成，所以总是那么鲜活生动，俘虏众人眼神。画面中的平头百姓，相貌各异，天性淳良，渗透作者的敏锐洞察力和精湛表现力，既是真实和真诚的产物，也是背景和处境的感受，传递着特有的精神内涵。有人觉得表现"小人物"而不屑一顾，但在他那儿却心存神圣，不仅追求形态逼真，更追求精神独领。放下身段，驻足基层，以艺术家的道德眼光和良心公知，敞开心扉聚焦社会底部，锻铸语言，舒展情感，如一只手电筒，照亮老百姓生活的本真状态，所以作品境界宽阔，令人久赏长思。著名艺术评论家邵大箴先生有赞："这是一位取得杰出成就的艺术家。"

李晓林老师是我国绘画艺术高峰行走的艺术家，逼人的才气，深厚的功力，在众多

延河边上 油画 钟涵 1963 年创作（非藏品）

艺术领域成就斐然。他的素描，美术评论家安杨语："画出心跳的声音。"他的水彩画，帕米尔高原、青藏高原和黄土高原三大系列，明暗斑驳，水色互融，意境的深邃与放达，使之成为艺术高等院校教学范本。他的色粉画，不仅荣获全国美术作品展金奖，大量独幅色粉画亦是艺术机构收藏重点，如山西省博物馆捷足先登，一口气典藏20幅。2006年，历经欧洲半年考察后，他开始起步油画创作。转换一种语言与材质，依然挡不住喷发的激情，一经出手，同样芳华。

绘画不仅是绘制作品，更是艺术家的内心表露，李晓林老师虽然技法精湛，却不自炫，把良知化为立意，把悲悯化为情怀，把爱憎化为语言，用美学眼光倾情平头百姓，着力文化寻根。他始终以现实主义绘画精神和手里的绝活儿，抖落痛苦，启迪希冀，这很难得，也很超群。

李晓林老师是一位稳得住心的当代艺术名家，他以另一种方式在黄帝陵前磕头。

注1：钟涵，1929年出生，江西萍乡人。著名油画家。毕业于中央美术学院。长期担任中央美术学院教授。曾任中国美协油画艺委会副主任，吴作人国际美术基金会艺委会主任，比利时皇家科学文学艺术院院士。

注2：叶浅予（1907－1995）浙江桐庐人。著名国画家。自学成才。曾当过伙计，从事过舞台美术和美术编辑。新中国成立后，任中央美术学院中国画系主任、教授，中国画研究院副院长。

王连敏

1962 年出生，吉林四平人。毕业于吉林艺术学院。中国美术家协会会员，中国版画家
协会会员，东北师范大学美术学院教授。

作品曾获第六届全国三版展优秀作品奖、第十四届全国版画展银奖、第十五届全国版
画展铜奖、第七届全国三版展银奖、第十六届全国版画展金奖、北京国际版画双年展
铜奖、第八届全国三版展银奖、廖修平优秀版画作品奖、第二届中国美术金彩奖优秀
作品奖、第十七届全国版画展铜奖、第十八届全国版画展优秀作品奖，第十一届全国
美展"中国美术奖"提名，吉林省美展一、二、三等和优秀奖及第八届长白山文艺奖等。

代表作有：《生物恋系列.对话》《梦之恋》《断裂的启示》等。

与王连敏（左）合影

不一样的风貌

在中国当代铜版画家中，东北师范大学教授王连敏是一位观念超前、技法精湛、风格独到的著名学院版画家。十多年前，我就与他建立联系，只是久闻其声，不见其人。三年前，我去东北地区采访，特意在长春下车去拜访。相见恨晚的促膝交流，甚至连寒暄都没有，了却我的长久期待。

王连敏老师的铜版艺术之路，当下走得如此洒脱，多少有点命运安排。1984 年，当他踏进吉林艺术学院美术系大门时，基础课程还没学完，便赶上那场人们熟知的"八五艺术思潮"。因此，在他的艺术词典里，少一些束缚与回望，多一些自由与遐想。中国当代版画由传统形态向现代形态转换之时，在他那儿是始发站。黑白木刻《三家洼子的姐妹们》系列、铜版《长白山女》系列的推出，虽然也有白山黑水的怀想，开篇便是与众不同的风貌。

版画家艺术观念的形成，有一个路径问询过程。王连敏老师版画艺术起锚于胶片变数码，印刷变网络时代。其时，中国当代版画家一面承载，一面突围，努力寻求贴近时代的表达方式，因而多元化风格的出现，是一件再自然不过的事情。

王连敏从大学时代开始，东方与西方，传统与现代，创作中如何融合贯通，起步就作为自己追寻的艺术坐标，伴随学术思维、生活体验和创作实践的不断深入，留下一道道寻梦痕迹。如铜版《变奏系列》《梦之恋》《挽笛》《无字的乐谱》为代表的音乐人系列，通过朦胧乐器与朦胧的人，组合为超现实视觉图式，从形式到内容，从题材到技法，完全颠覆传统版画中的常见面貌，在别具一格中窥见演化过程。

1998 年在铜版《梦之恋》创作中，他独创性地运用高温溶锡于铜版，形成痕迹斑驳、肌理丰富的画面，如同熔铸生命精神，满眼都是区别他人的艺术魅力。加上那条又细又长的线条穿插，仿

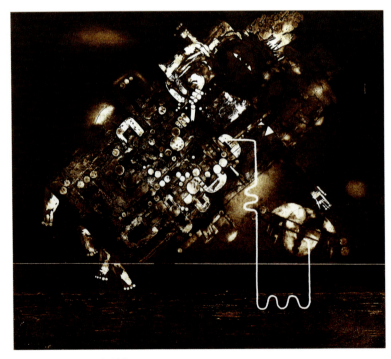

梦之恋 铜版 1998 年创作

佛随意而为的生命搏动，一下子成为"画眼"，激活视点，极大地强化铜版画语境。铜版《梦之恋》一经问世，便在第十四届全国版画展夺得银奖。那个时期，他对铜版艺术的捕捉与探寻，由于太多的勤奋呼应，太多的梦幻相遇，每隔一段时日，就会呈现新的视觉图式，花香蝶舞，跌宕神奇，成为那个年代我国铜版艺术的弄潮儿，影响甚大。

2000年之后，王连敏老师先后推出铜版《生物恋系列》《历史的转换·由物质向精神文化的跨越》《断裂的启示》，尤其以《生物恋系列》见长，在我国版画圈泛起阵阵涟漪，不论是《对话》《移位》，还是《天鸟》《信风》与《交际·舞》，均以当代艺术前沿的眼光，开启梦幻化语境新探索，构成的独有版画语言，不论内涵开拓，还是情感体验，都进入到一个新的阐述立场。物我交错，相互融会，结构成既和谐又矛盾的视觉图式。如铜版《对话》，作者有意引导观者视觉，不仅看到宇宙、生物、植物的共生奇景，又抛出一个没有任何依据，只有观者各自猜测的问卷。其实，这是作者对生命价值与生存感受的一种表述，只不过放在一种自由形态罢了，如同打开窗户，迎接四面来风。设计这种视觉方式，可以使作者与观者之间的关系发生变化，不仅有观摩，还会有追问。不仅是观赏者，还是答题者，一起参与答案寻找。"这类作品要说明创作主题，这是一件非常尴尬的事。"王连敏老师告诉我。

"《对话》是思维轨迹的一个记录，不是复制客观的自然形态，而是展示主观的想象空间，无法告诉你真正含义是什么。正如中国佛家美学的'悟'，悟觉变感觉，因人而异。"

铜版《对话》在构图上，拆散元素，矛盾组合，设置成一种既大胆又不合理的画面。控制节奏，聚合环节，铺设出一种既错位又不突兀的图式。点线面构成有预先设想，也有随机而为，在似与不似之中，有意无意地融入社会的、文化的、科技的潜在元素，转化为神秘和迷蒙意象这些诸多方式的运用，不为愉悦一时，只为撩拨追问。

铜版《对话》在技法上，同样取得突破性进展。王连敏老师有着五年工人经历，对铜版画制作多出一份好奇心。飞尘箱[注1]按照"自由落体"原理，成为铜版画制作专用工具。别人思考如何用得顺手，他却思考如何改进。"既然利用'自由落体'原理，就会有初速与加速之分，其中必然有文章可做。"飞尘箱空间小，下降速度难以控制，他把工具房改成飞尘房，距离不同，效果不同。他还不满足，继续深究不同的位置，不同的次数……想到做到，自然胜人一筹。"《对话》制作飞尘做了四遍，所以色泽丰满，色阶柔和。"

铜版《对话》以新颖的构图，独特的语境，独到的技法，呈现凝重大气、明快浑然的风貌，成功地征服众多评委，为此捧回第十六届全国版画展金奖，标志着王连敏老师铜版艺术巅峰期的降临。聊到这儿，再三恳求，他带我来到那间改造过的飞尘房，虽说是外行，看不出什么奥妙，却满足了好奇心。最少让我明白一点，房子比箱子空间大。

铜版《对话》荣获第十六届全国版画展金奖后，随着生活半径的扩大，理论知识的积累，艺术视野不断延展，铜版《移位》又获北京国际版画双年展铜奖，铜版《信风》接着获第八届全国三版展银奖、廖修平优秀版画作品奖。殊荣踏至，既是辛勤创作的回报，也是技法革新的褒奖，同时成为王连敏老师铜版画风格的一张名片。他说："做自己喜欢的事，全身心地投入，用各种方法去尝试、去体验，作品才能吸引观众眼球。"

"创作很累，有一段时间身体快垮了。"我知道，他的累，除了创作上的辛劳，还有难觅知音的苦恼。2003年，广州嘉德拍卖公司举办"1940—2003中国版画经典"拍卖会，汇集我国众多现当代版画精品，以整体姿态进军艺术品市场，这一举措具有划时代意义。王连敏老师的铜版《对话》《梦之恋》等四幅作品受邀参拍，冷寂中的兴奋，既有人们对铜版艺术的独钟，更有社会对时代审美的渴求。如今回望，难觅知音的苦恼，早已成

生物恋系列·对话 铜版 2000 年创作

为过往，对于作者，对于藏家，对于整个社会而言，都是一个可喜变化。

2005年之后，以齿轮为主要构图要素的新作陆续推出，标志着王连敏老师铜版画创作又一次开拔。艺术的进步，归根到底是艺术思维的进步。铜版《汗颜系列·植与物》《蝶恋花》等作品的先后问世，铜版语言更加凝练，表现手法更加舒展，美学追求更加纯粹。有人说：时代进步，劳动工具的变化最为明显。在这类作品中，齿轮的重叠组合，部件的交错搭配，看似扑朔迷离，却是工业时代一个缩影，从广义上认识，从狭义上区别，以此领悟科技发展与社会进步的关联。

"有一次打开工具箱，钳子、锤子、螺丝刀，应有尽有，都是工业时代的具体体现。由此联想这么多年来，人类与工业的互依互存，从而激发新的艺术感知。"一次偶见，成为创作主题的转弯契机，这不是轻率从事，而是无意中触摸到拐点。如同倾听"鸟鸣山幽""惊涛拍岸"一样，不同的声音，带来不同的心理感受。绘画亦如此，通过新的图式，捎去新的体悟，虽然没有新的答案，但留下心理流动的痕迹与继续前行的足迹。"人生亦如此，也是各种随机组合而成。"王连敏老师一下子点出作品潜藏哲理，不仅是当代语境的铺垫，还有洗净铅华的超度，思维领先，格高意远，正是搅动观者心弦的地方。

历史在前行，当代版画也在承接传统与省察当下中推进，其中学院版画已成为推动版画发展的中坚力量。在版画多元化节点上，有人找到了自己，也有人没找到自己。他清醒地意识到：与时俱进，不变不行，只有为作品加注精神内涵，更替表现形式，求得更多诠释，既要感动自己，也要感动观众，只有这样才能与时代合拍。从此之后，相继推出铜版《汗颜系列》《花非花》《合·阖·和》等，都是关注现实，思考当代，充溢时代之美的佳作，既体现对历史、对自然、对生存的所思所想，也体现淡然处之的平静心态。在急功近利的当下，王连敏老师远离流俗，甘当清雅之人，以淡泊之心对待艺术，拂去红尘，静守天长，这是我在拜访中感受最深的一点。

王连敏老师开车送我去车站时，还不忘叮嘱："铜版画属于浅浮雕，不同光源，不同角度，呈现不同的视觉效果。要多看铜版画原作，也就是多看'裸画'。装在镜框里的作品，隔着玻璃欣赏感觉不一样。"人有"五感"，即视觉、听觉、触觉、嗅觉、味觉五种基本感官。从某种意义上讲，经典铜版画也具备这些感觉，视觉欣赏，触觉感受，嗅出气息，品出滋味，自然余音绕梁。不信，你也试试。

握手告别时，望着王连敏老师虔敬的面孔，我感受到一种艺术精神在心底萦回，久久难以散去。

注1：飞尘箱，铜版画制作时的一种专用箱，箱内置防酸粉末，摇动风扇后，粉末飞扬，然后将铜版放入，粉末均匀飘落版面。取出后，铜版加热，放入硝酸溶液，未粘防酸粉的地方被腐蚀成凹洞，上油墨印刷时，即成黑底白点的多层次灰色。

与徐宝中（左）合影

徐宝中

1963 年出生，辽宁绥中人。毕业于鲁迅美术学院版画系。
中国美术家协会会员，鲁迅美术学院版画系主任、教授、
硕士生导师。

作品获第六届全国三版展优秀作品奖、第十四届全国版画展银奖、
第十五届全国版画展铜奖、第七届全国三版展银奖、第十六届全
国版画展优秀作品奖、北京首届国际版画双年展佳作奖、第八届
全国三版展优秀作品奖、全国高等美术院校教学年会展学院奖、
首届中国观澜国际版画双年展"观澜国际版画奖"、第九届全国
三版展铜奖、第十九届全国版画展优秀作品奖、中国版画家协会
与中国美术家协会联合颁发的 80 － 90 年代优秀版画家"鲁迅版
画奖"。

代表作有：《浪漫的花季》《暮年》《残片——社会问题之一》等。

因为热爱

我与鲁迅美术学院版画系主任徐宝中的交流，如同拉家常一般，事后回忆，却有着不同寻常的启迪。

在菊黄如金的季节，我走进向往已久的鲁迅美术学院，不经意间抬头望去，满院绿色托着白云蓝天，顿觉神清气爽。版画系工作室宽大而敞亮，成排的铜版机，凝神操作的师生，加上徐宝中老师的侃侃而谈，在这样环境里采访，感觉真好。

交谈从"35岁"这个特殊话题展开。人生七十为古稀，取其一半，即三十五。1998年，时年35岁的徐宝中老师，创作铜版《浪漫的花季》参加第十四届全国版画展，荣获该展银奖。两年一届的全国版画展获得大奖，本来是一件高兴的事儿，他却因此陷入沉思，既想来路的艰辛，又想前路的遥远，一时惆怅。

眺望来路，已被时光疏离多年，但是有三个人，他却时刻铭记在心。

一位是不善言辞的父亲。那时候，全家八口人的生计，全靠父亲微薄工资支撑，日子过得紧紧巴巴。但是为了儿子的前程，父亲毅然让位给他顶替，徐宝中来到县城自来水公司上班，跳出"农"门。可是，他却执意学习绘画，父亲只好默默替班，为他腾出学习时间。

一位是鲁迅美术学院老教师宋福成[注1]。20世纪80年代初，宋老师在家乡绥中县举办美术培训班，痴迷绘画的徐宝中，异常珍惜这难得的机会。面对面的传授，手把手的示教，久旱逢雨，点滴入心，就这样打下基础，一步步引上艺术之路。

一位是绥中县文化馆温辉[注2]老师。"肯吃苦，有灵气，你可以去考美术学院。"这一句话，如同夜空中的明灯，一下子照亮前方的路。温辉老师不仅识人，还带着没出过远门的徐宝中，匆匆赶到沈阳参加美术培训班，为节省开支两人挤着一张床过夜。

"没有他们的挽扶，我的艺术理想早已胎死腹中，今生不忘。"徐宝中老师讲这段话时，眸子里满满的真诚。

徐宝中好不容易走进大学校门，不知做过多少迷离的梦。在他的内心，一边洋溢着艺术理想，一边盘算着如何施展拳脚。五年的大学生活，他尽情接纳艺术熏染，发疯般认识与体验，恨不得把所学知识一口吃进去。"是一个很努力的孩子。"往日平和谦虚的他，能这样自我评价，足以说明当年的勤奋。入学不久，铜版《古鸟》《绿叶》的创作成功，便是最好见证。带着对世界淳朴而朦胧的感知，两种风格，搭配出场，他的起步便显现不凡的艺术潜质。特别是铜版《古鸟》亮出的耐人寻味，让他决意顺势而为，不断拓展自己的艺术方略。

　　人离不开现实世界。在探寻铜版艺术的历程中，纷繁社会，杂乱情感，时时搅动着平静心性，也为艺术创作添加新的感悟。铜版《山神》《佚名先生》《浪漫的花季》《追逐》《恋人》《病危》《陌生朋友》《1840年的震撼》相继问世，这种以刚劲线条、扭曲造型和莫名空间，不断阐述复杂的情感体会，这是一通惆怅之言，还是一段发泄之语，说不清楚。这是自我解说，还是警告世人，不得而知。徐宝中老师言："我作品中的景物描绘，更多的是言外之景，物外之象，因为我喜欢采用隐匿之法，把自己不尽之思隐藏其中。"很可贵，更难得。那些隐匿其意的画面，那些所思所念的谜底，既是参观者欣赏的难点，也是我迫切释疑的重点。

　　以铜版《浪漫的花季》为例，初看如雾，久视弥珍。画面构成并不复杂，一对戴着面具的男女，相互依拥，周围飞鱼穿梭，牛犊回首。如何解读呢？我试着询问几位爱好美术的朋友，回答迥然。

　　解读一：假面舞会的场景描绘，男子领结规整，女子胸花鲜艳，相互搂抱，跟随着舞曲翩翩起舞，惊得飞鱼腾空。

　　解读二：面具罩脸，看不到真实的对方。面孔相对，猜不透彼此的心思。可能是人际关系的隐喻，或者是婚姻状态的告白。

　　解读三：客观的叙述，既没有什么主观倾诉，也没有什么假设探问，是用一种非直接方式，叙述生活状态和精神空间。

　　徐宝中老师是这样告诉我的："这是一种艺术表达方式，无意之中触及观者心灵。""有具象，也有抽象；有主观，也有客观，交错安置，营造这样的语境，可以催生无限遐想。"在这里，情感波动化为制作痕迹，技艺探寻成为肌理变化，所以读得津津有味。

　　铜版《浪漫的花季》既有完整结构，又有强烈局部；既有复杂内心，又有丰富情感；既有新颖图式，又有想象空间。这种隐喻性表达，反刍意境，不仅为欣赏铜版艺术提供新的范式，也为认知人生打开一扇窗户，通过多样性解读，既增添阅读兴趣，又能引发诸多联想，的确是徐宝中老师的高明之处。独到语言，

浪漫的花季 铜版 1998年创作

娴熟技法，为他捧得第十四届全国版画展银奖。与同期作品一道，共同展示学术观点与精湛技法，各有新意，趣在意外，标志着他的铜版艺术进入成熟期。

2000年开始，徐宝中老师艺术视角开始转移，这是一种理性状态下的重新发声，也是心智磨砺后的再次亮相。铜版《异域空间》《暮年》《欢乐之秋》《飘逝》《嬉戏》《问候》接连推出，表明他的创作进入自由之境。从尽力驾驭到随意而为，从捕捉情绪到虚构情节，从语境设定到个性转换，他的原创性铜版语言越来越丰富，也越来越张扬，放在哪个地方都能一眼识别。这一时期，作品形式夸张、手法细腻、图式独到，标志着他的铜版艺术进入高峰期。

徐宝中老师认为："改变叙事方式，通过人与人，物与物的替代互换，保持与客观的距离，作品自然单纯。通过不合理的摆布，或有意，或无意，进行拼接组合，保持与逻辑的矛盾，作品自然荒诞。"这一时期，他的创作思考多为随机，多方藏匿，显现出一种无所羁束，甚至让人难以完全领会。正如世界上的事，不是都能搞明白的。他所构建的铜版画艺术，既体现当代美术学院的探索精神，也展示版画家与教育工作者的双重身份。可喜的是，这一时期作品，不仅荣获全国版画展、全国三版展诸多奖项，同时荣获全国高等美术院校版画教学年会展学院奖，都是最为直接的肯定。

2004年以后，行政事务与艺术创作的矛盾，渐渐让期待成为等待。动因充盈，杂事缠身，面对心中的艺术目标，他有过犹豫。少年之时不敢漂浮，大学生时不敢彷徨，高校任教时不敢懈怠的内在动力，这是多年撼不动的执念。经过苦思冥想，他寻找到一个平衡点，那就是教学与创作相结合，保持长路求索的后劲。如：采用综合版，减少制作周期；深究作品单色表现，减少套色繁琐。理性调整，事半功倍。其后，铜版《倾听思绪》《角色》《来自基弗的灵感》《基弗作品的背后》《自然的复合物》和《迷惑者》的亮相，PS版＋铜版《残片——社会问题》系列的推出，都是平衡矛盾后的收获。其中《残片——社会问题》之一，紧扣社会热点，注重技法革新，作品的精神指向与新颖面貌，形成强烈心理共振和精神对接，荣获首届观澜国际版画双年展"观澜国际版画奖"。

2008年初，徐宝中老师诚邀李宝泉[注3]、万兴泉[注4]、王家增[注5]、刘天舒[注6]四位同道，就其版画发展进行"集体会诊"，寻求真知灼见。对于频频斩获全国大奖的著名学院艺术家，如此举措，没有开阔胸襟、旷达气度是很难做到的。

"一个好汉三个帮"的力量，体现在往后的漫漫尘路，越发内练，越发使然，不是绘制得更加真实，而是观念更加多元，以铜版《无语者》系列为例，完全改变了人们欣赏习惯。从观摩作品，变为作品与观者的相互观摩。画面中的人物形象设计，说白了就是欣赏作品时观者的自我形象，所以表情各异。以铜版《迷途》为例，淡化人物，加入虚拟，用造型与意境来表达思维的不断变化。如《梦化为烟》《白夜》《窗外》《远行》

《在别处》《仲夏之夜》，从不同侧面去寻问当下，画面既熟悉又生疏，耐看耐读。回归传统不是复制传统，在风景版画探索中，糅和传统精神，注重意象表达，"远看山有色，近听水无声[注7]着意呈现平实之态，提升版画语言穿透力，沟通古今，意趣为上，使他的风景版画具有鲜明个性特征。

耕耘与收获之间，徐宝中老师不热衷于折腾"观念"，浮泛表象。他喜欢沉心思考、潜心研究、用心作画，所以作品总是那么舒心畅意、淡泊高远。当然，他在观念跨越、图式演变与技法更新过程中，并非都是一帘阳光，有过犹豫，也有过困惑，唯一不变的是咬紧牙关向前走。采访中，我留意时光对他的无情，更留意他那不改的初心。

1840 年的震撼 铜版 1998 年创作

注1：宋福成（1936—1989）辽宁绥中人。油画家。1955年考入东北美专附中，1962年毕业于鲁迅美术学院油画系。辽宁省美协会员，鲁迅美术学院油画系教授。1989年因病去世。

注2：温辉，1954年出生，辽宁绥中人。毕业于鲁迅美术学院油画系，辽宁省美协会员，曾任辽宁省绥中县美协主席。

注3：李宝泉，1958年出生，辽宁沈阳人。毕业于鲁迅美术学院版画系。现为鲁迅美术学院副院长、教授，中国美协版画艺委会副主任，辽宁省美协副主席，享受国务院特殊津贴专家。

注4：万兴泉，1957年出生，四川仁寿人。毕业于鲁迅美术学院版画系。现为中国美协会员、中国版协会员、辽宁青年美协理事。

注5：王家增，1963年出生，辽宁沈阳人。毕业于鲁迅美术学院版画系。曾任鲁迅美术学院教授，现任中国人民大学艺术学院教授、绘画系主任。

注6：刘天舒，1970年出生，辽宁大连人。毕业于浙江美术学院版画系。中国美协会员，中国版协会员，现为鲁迅美术学院版画系副教授，硕士生导师。

注7："远看山有色，近听水无声"唐·王维诗《画》。全诗：远看山有色，近听水无声。春去花还在，人来鸟不惊。

与范敏（右）合影

范　敏　　1963年生，辽宁辽阳人。吉林美术学院美术系版画专业毕业，中央美院助教研修班结业，韩国弘益大学研究生院毕业。中国美术家协会会员，中国美协版画艺委会委员、天津美术学院科研与研究生处处长，教授，硕士生导师。

作品曾获"鲁艺杯"全国师范院校教师美展银奖，韩国空间国际版画双年展佳作奖，韩国空间国际版画双年展优秀奖，中国青岛国际版画双年展银奖，第17届全国版画展优秀奖，第18届全国版画展"中国美术提名奖"，第九届全国三版展银奖，第19届全国版画展优秀奖和中国美协会员作品展优秀奖等。

代表作有：《苗岭飞歌》《韵－9904》《偶之祭－9》等。

一见如故

人际交往中有这样一种现象，虽说初次见面，因为见解相同，言语契合，不需要过渡便一见如故，有着聊不完的话语。我与著名版画家、天津美术学院科研与研究生处处长范敏便是这样。

2013年秋天，"中国当代版画邀请展"在河北省美术馆开幕。那一天的河北省石家庄市，巧遇难有的好天气，蓝天白云，秋风送爽，在雾霾里待久了的人们，顿时精神抖擞地涌向展览大厅。

一楼展厅内，几位版画家和收藏家围成一圈，叽叽喳喳，笑声盈耳。一面点评参展作品，一面议论版画市场。经介绍，初识范敏老师，我俩相视一笑，松开刚握的手，立即加入高谈阔论。

甲说："版画复制品满天飞，真是坑人。"

乙言："原创是艺术，复制是技术。"

丙开口："我收藏过多次编号的版画。"

丁接话："那是对藏家不负责任！"

你一言，我一语，各抒己见，气氛热烈，甚至流露一些气愤情绪。

"版画家首先对艺术负责。"范敏老师直言。并举一例："我熟悉一位当代著名石版画家，创作极为认真，制作一丝不苟。有一次，作品快要完成了，发现画面有瑕疵，他当即毁版重做，半年辛劳付之东流，却没有半点犹豫。我劝他，他笑言："要对得住艺术。"

"您说的应该是陈九如[注1]老师。敬畏艺术的版画家，就是藏家敬畏的版画家。"我感慨道："每一次欣赏经典版画，都是一次艺术熏陶和心灵洗礼，难以想象钻到钱眼里的作者会有传世之作！"

"版画家要有公义良知。"他话语声不高，却一语中的，博得众人称赞。随后，我与他走着聊着，在展馆一楼聊一会儿，二楼见面后接着聊。那个上午，我俩就是这样度过的。有人说遗忘是人类固有特性，我与范敏老师那段交流，相隔数年，清晰如昨。

范敏老师说过："版画是心灵栖息地。"这话，我信。艺术家靠作品说话，他在我心中的印象，来自对艺术的刻意追求和独有姿态。

范敏老师是我国著名学者型版画家，也是版画学术界一位活跃性人物，现任天津美术学院教授，硕士生导师。打开他的艺术履历，正宗的版画专业锻造，丁卯相扣。先是吉林美术学院奠基，然后中央美术学院深造，接着韩国弘益大学专修，悠悠寒窗，"用志不分，乃凝于神。"（庄子），更重视"学贵心悟。"（张载），所以才有那么多妙趣横生、惟妙惟肖的精品力作问世，为我国当代版画艺术的弘扬与发展，上演一场场精彩折子戏。

水印木刻《打在盘子里的鸡蛋》，创作于1985年，这是大学时代的体验之作。变形的桌子，木纹清晰可辨。黄色花卉，隐隐清香四溢。一盘鸡蛋一杯茶，加上一只憨态可掬的布老虎。温馨剪影，精细描绘，读出一览无余的青春气息，也读出他版画艺术的扬帆启航。

石版《故乡即景》，创作于1986年，这是中央美院专修时的探索之作。石版工作室里的他，客居异乡，唯有把牵挂融入笔端。广袤的北方大地，矮墙小屋，栅栏土墙，加上微微凸起的烟囱，在高天厚云下，不算很坚实，却顽强地迎接即将来临的暴风雪。石版《故乡即景》让人读出一份思念与担忧，也读出作者那时的情感牵挂。

铜版《韵—9904》，创作于1998年，这是韩国弘益大学研修时的"墙外开花"。有一次，他去参观"中·韩艺术交流展"，看着看着，如同夜晚眺望远方灯光，收缩的瞳孔一下子聚焦到"留学"两字。出国留学不是"净身出户"。作者原本的艺术感知，蕴藏的民族魂魄，以及珍贵的情感空间，一经粘贴上弘益大学的自主理念，不知不觉中相互浸润与交融。虽说同属汉语言文化圈，但各有各的历史背景，各有各的文化延续。取其所长，必有所得。此时此刻的创作，他通过新颖别致的造型，现学现卖的美柔汀技法，虚中求实，实中求虚，不仅拓展了铜版画表现语言，也找到了构造神韵的路径。铜版《韵—9904》获韩国空间国际版画双年展佳作奖，其后铜版《韵—9905》获中国青岛国际版画双年展银奖、铜版《韵—绿扇坠》获韩国空间国际版画双年展优秀奖，以此开凿一条新的铜版画艺术通道。

铜版《大地飞歌》，创作于2005年，这是执教天津美术学院时的"墙内开花"。如影随形的中华文脉，始终牵引着他的艺术指向，在大地飞歌的地方，释放清晰见底的情怀。依山而建的吊脚楼，鳞次栉比，坐落于树丛，与山峦浑然一体。苗族精美的银头饰、银颈饰、银胸饰，衬映着姑娘秀美。两位苗族少女，一位静静端坐，倾注向往；一位整理头饰，放逐美丽。苗族是能歌善舞的民族，作者意图以此告知观者，她俩将要舞出个千姿百态，招蜂引蝶。通过美柔汀技法参与的具象描绘，虽然付出许多辛劳，却借

苗岭飞歌 铜版 2004 年创作

三版篇

此彰显独特的美感美意，让作品掂出分量。

铜版《大地飞歌》对于情景捕捉，既有信手拈来的熟练，又有情不虚情的表述；既有少数民族风情的描绘，又有扎实造型功底的体现，在体现本土文化关切中，让情感表达更亲切，更有美感。因此，铜版《大地飞歌》是带着歌声参展的，获得第十七届全国版画展优秀奖。

偶之祭－9 铜版 2009 年创作

铜版《偶之祭－9》，创作于 2007 年，这是开辟版画新貌的惊艳之作。如何通过作品撩拨另一种艺术视角，寄托时代风采，在那段时光里，迈不开窠臼的苦闷，时刻纠缠着他，让他在调整艺术坐标中慢慢明了，与其在回忆里折腾，在故事里挣扎，不如远离流俗，任凭内心遨游。从此，他的艺术视野从技法探问转向媒材探索，他的艺术思考从内涵挖掘转向外延扩展，这种艺术的交错前行，成为新的自觉追求与新的行动方向。

意念一动，十年一剑。他在摆脱清规的对接中，逐渐找到了新的路标。《偶之祭》系列推出，以"偶"为载体，表达面对矛盾时的一种困惑，通过多种技法运用，展示新的艺术思考。一面是铜版（美柔汀）＋数码版的如约兑现，一面是石版的淡定表达，为了抵达心中目的地，穷尽脑汁，努力实现有气度的风雅。这个系列作品不论趣味构成，还是观念表达，如一只挣脱鸟笼的鸟，一旦放飞，便翱翔蓝天，一度成为发挥想象力的最佳选择。

《偶之祭－9》采用板块式构图，形体灵动，造型奇异，色彩分区域烘托，美柔汀技法与数码技法组合，形成无从解释的意象图式，给人强烈视觉震动和当代观念撞击。美柔汀的细腻肌理，一直备受中外铜版画家青睐，但旷日持久的劳作，也让不少版画家望而却步。数码技术的畅意，带来巨大变化，成为一种时髦追求。这种严谨与畅意的拼接，多少有些别出心裁，神往的视觉效果，独特的语言风格，却让他成功地实现形式审美转型，在齐头并进的铜版画家队伍里，范敏老师显然多迈了一步。一幅看似平常的作品，竟然幻化出这般趣味，这是一着险棋，但是他赢了。《偶之祭－9》荣获第十八届全国版画展"中国美术提名奖"，其后《偶之祭－10》又捧回全国第九届三版展银牌，这些惊艳之笔，为中国铜版画语境添加新看点，也标志他的铜版艺术进入新境界。

如今，范敏老师在铜版艺术营造中，多出一份自信的任意而为。紧随《偶之祭》系列之后，跟进的石版《偶》系列，思路更为坚定，色彩更为纯粹，技法放得更开，在不断提升艺术品质中，大有随心之感。一朝灵感触动，毅然落笔生花，各项荣誉也接踵而至，石版《偶－16》获第十九届全国版画展优秀奖，石版《偶－24》获中国美协会员作品展优秀奖。正如毕加索所说：艺术家需要成功，不只是为了生活，主要还是为了能看清自己的工作。我们不难发现，随着范敏老师发须渐白，心结已经悄然打开，得失随缘，再图后举。

铜版画母体在欧洲，200年前漂洋过海来到中国，几经传承与创新，如今在范敏老师手上，玩出道家美学"游"的境界。当人们以审美眼光观照，他所营造的意象世界，常常别出心裁，没有隔膜的意境分外洒脱，不能不让人佩服。2014年，他又推出石版《大漠遗韵》系列，再次以中西艺术衔接方式，通过个性符号的展示，解读蛰伏内心的情感，这是一种格调和文化的放量，展示旺盛创造力和独有排他性，一面论证自身学术态度，一面展示我国铜版艺术新水准。

日月经天，江河行地。中华传统文化的发扬光大，不是简单沉淀，而是贯穿过去、现在和未来，通过兼容与演化才能实现。范敏老师深知：艺术特色最靠谱。因此长久贮藏于心，不丢本土，不忘初心，不论创作时的苦思冥想，还是铺陈时的勾勒描绘；不论技法上的寻觅探索，还是表达中的美景美意，总是以崭新形象见证艺术理想，从而展现中国铜版艺术的最新样式。

岁月无法重来，重来的只能是回忆。一位著名学院版画艺术家，在确立个性艺术风貌征途中，如果没有那么多的性理储蓄，如果没有那么久的孤寂痴守，如果没有那么狠的果敢扬弃，一定难以到达如此境界。

观画悟道，范敏老师作品的感人之处就在这里！

与刘波（右）合影

刘　波

1966年出生，江苏南京人。毕业于南京艺术学院版画专业。
中国美术家协会会员，中国版画家协会会员，文化部艺术
服务中心中国美术创作研究基地专家委员会版画学科委员，
南京艺术学院美术学院版画系副主任、副教授。

作品曾获第十二届全国版画展金奖、廖修平优秀创作奖、三次江
苏省版画新作优秀奖、2002全国高等艺术院校版画教学创作年会
学院奖、2004全国高等艺术院校版画教学创作年会学院奖、三次
江苏省美展优秀奖和中国第六届艺术节铜奖。

代表作有：《生命的映像》《远方》《城南之逝》等。

成功的背后

八年前的深秋，那是南京最美的季节。六朝古都宽阔的大道两旁，高耸的法国梧桐树，树叶或浅黄，或深黄，或黄中带绿，色彩迤逦。梧桐树枝头在空中相交织，形成一条斑斓通道，秋风吹过，落叶漫天飞舞，满眼一片金黄。

我与青年版画家刘波，倚靠在我的六楼工作室平台，痴痴观赏，寻片刻闲情。然后泡壶绿茶，升腾清香，平添一份交流好心情。

我俩在悬挂于墙的丝网版《生命的映像》前，驻足左右，打开话题。从丝网版画兴起，到丝网版《生命的映像》观感，再到评奖背后的故事，画里画外都是聊不完的话。

他直言："作品看得懂吗？"

"收藏丝网版《生命的映像》后，一边欣赏一边琢磨，白色涟漪为时光隧道，蝌蚪状物体，应该是人类原始生命吧？"

他微微一笑："你这位藏家还行。"

"读不懂藏品，收藏意义会打折扣的。"

他看了我一眼，仔细解读："光的最终表现是白，这是超越时空的表现手法，这一点领悟是准确的。而这些蝌蚪状物体，不能简单理解为人类原始生命。"

"那是什么？"

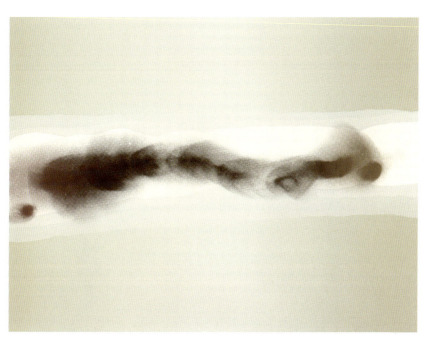

生命的映像 丝网版 1993 年创作

"在浩瀚宇宙中，一次偶然爆发诞生了生命，生命未必仅仅属于人类，所以蝌蚪状物体泛指所有生命体。《生命的映像》不是描绘一个真实场景，而是描绘一个思维空间。一百多年前，在法国艺术流派中，超现实主义对视觉艺术曾经产生重要影响，意思是摆脱一切束缚，显示超越现实的'无意识'世界。我借用这个艺术观念，施以抽象方式，让心灵游离人体，体验意象中的时空。图式是抽象的，哲理却是可信的，这是当代艺术观念的一种表达方式。"

"当下欣赏，多少能领会作者基本意图，不知当初如何？"

一语戳到伤心处。他愤愤而言："提起这件事就伤心。丝网版《生命的映像》当年参加全国版画展初选，有位年长的评委，手拎着这幅画，言道：'这是啥，这是啥嘛？'他自己看不懂，无法理解作品内涵，只能被淘汰。"

"后来不是获奖了吗？"

"当时年轻啊，既敢想也敢做，此路不通，我就另辟新路。后来通过美院系统直接送展，最终获得第十二届全国版画展金奖和'廖修平版画创作奖'，这是抽象性版画首次在全国版画展中获得金奖。"

"那是哪一年？"

"1994 年。"

"丝网版《生命的映像》系列有几幅？"

"最初构思是九幅，全面揭示生命的起源与消解。制作时删繁就简，浓缩为七幅，《生命的映像》为该系列之一，原名'辉煌'。著名油画家毛焰直言：'限制了想象。'因此改为现在的标题。"

"你当时在南京艺术学院吗？"

"毕业创作。"

"何时知道获奖？"

"公布获奖名单前一天，我的导师周一清打来电话：'作品可能获奖'。当时刚刚留校任教，接着获得全国版画展大奖，兴奋异常。"

"在第十二届全国版画展中，丝网版画表现非常突出，分别获得金银铜奖。"

"丝网版《生命的映像》先后被深圳美术馆、哈尔滨版画博物馆收藏，这是时代的进步，表明我国丝网版画创作业已自立。"

资料表明，公元5世纪，我国先民已在织物上用漏孔版印制花纹，比如常见的印花蓝布。一千多年前，埃及人和罗马人也开始使用镂孔版工艺。1915 年，美国诞生丝网印刷感光版技术。1934 年，在美国一家床单厂工作的安东尼·维洛尼斯创作的《凯旋门》，成为世界第一张丝网版画。其后，西方艺术家广泛采用丝网技术，非常方便地开展艺术创作，从而使丝网版画得到快速发展。美国现代艺术家安迪·沃霍尔创作的丝网版画《玛丽莲·梦露》，把西方波普现代艺术推向高峰。若干年后，我国艺术家接受并采用这一艺术形式，最早落户于美术院校。中国丝网版画的发展，一直受困于木刻版画的束缚，直到20世纪80年代末，才逐步显现开放姿态，当下丝网制作技术演绎得铺天盖地，那是后话。

刘波，这位当代丝网版画的勇敢实践者，也是第二代丝网版画家中的新秀与中坚。三十多年前，中国版画处于木刻向多版种转型期，无论主题、图式、技法都在追求变化。南京艺术学院坐落南京城西，在这片艺术沃土，他既承接六朝古韵的熏陶，又接受现代艺术观念的修为，渐渐少一份拘泥，多一份觉醒。毕业前夕，这位寒窗学子终于亮出勇气，凭借系统训练的底子，把学术研磨中的想法，变为全国版画展的参赛作品，丝网版《生命的映像》系列的推出，让他成为我国丝网版画观念与技法的前沿探索者。

伤心也好，快乐也罢，都是一种人生体验。丝网版《生命的映像》以抽象符号描绘生命，令人思索的内涵，不同寻常的个性，无疑是一次审美更新。画面是朦胧的，又是清澈的，朦胧来自作者的幻化，清澈是指生命的来路，手法独特，我有我法，既体味西方抽象主义风格，又体味中国水墨淋漓酣畅，中西合璧，图腾精神，形成韵味十足的审美形态。他把一个未知世界，一种臆想空间，放在没有终止的生命轮回中，实现宇宙生命与自我生命的双重领悟，这种不同寻常的表达，猛烈碰撞着观者的思维习惯，体现出年轻版画家的才气与勇气。其实，创作过程非常艰辛，那时他家住房并不宽敞，硬是挤出一块地儿建暗房，并自制真空晒版机，从设计到施工，从焊接到组装，所有活儿都是亲力亲为，许多巧妙构思与高超技艺，都是夜深人静之时，他在这个空间里毫无顾忌地倾泻，敞开心扉对话，包括丝网版《生命的映像》。

真正的艺术，时代都会真诚相待的。丝网版《生命的映像》是刘波的毕业创作，绝版木刻《贵州人》是王华祥的毕业创作，油画《父亲》则是罗中立的毕业创作，他们的越众而出，应了歌德一句名言：创造一切非凡事物的那种神圣的爽朗精神，总是同青年时代的创造力相联系在一起的。青春捧大奖，来自独到的艺术营造，梦呓的心灵感应，这里看不到熟悉场景，只有心中图式与构思，意识的流动也好，牵挂的贵州人也罢，或是布满皱纹的老父亲，都是凝固的创作激情。人们不能不这样认为：刘波老师获大奖，既是一种赞赏肯定，也是一个高点起步。

丝网版《生命的映像》创作成功后，刘波老师转入"线性空间"探索。所谓"线性空间"，简单地说，就是以线条传情达意。我们熟识的中国画，就是以线条为主的绘画艺术，但他的"线性空间"不是单纯继承，只是一种借用，包括对西方绘画"空间"的借用。丝网版《思者》《四季·雪》《雪之二》《城中之一·游》《城南之忆》《远方》《消逝》《雨巷》的相继推出，虔诚追求，各具特色。一般作者构图追求丰满精益，他却以

远方 丝网版 1998年创作

简洁见长，图式单纯，叙述随意，这在当下委实难得。

艺术是人的一种生存状态。这一时期作品，虽然含义各不相同，总是留下追忆思绪的痕迹，其中《远方》最为感人。刘波老师是性情中人，不喜欢藏着掖着，情绪随性流露，言谈之中毫不掩饰对亲人的挚爱，这是深深打动我软肋的地方。他告诉我：创作《远方》是缅怀去世的母亲。母亲的离去，那是阴阳相隔的离别，悲痛至极的他，这时想到了艺术表现，起心动念，含泪走笔。山字形构成的升腾状态，没有细节，也没有比例关系，顶端线条飘动，如坟头上被风吹起的幡，或是空中吹散的纸钱。薄雾中的阡陌，潺潺的秦淮河，都是母亲曾经生活过的地方。那一刻，所有技术、材料与感受，全部定格在思念之中。羊有跪乳之思，鸦有反哺之义，这种跨越时空的表达，知其心绪者无不动容。《远方》既唤醒缅怀，也唤醒记忆。其实刘波老师艺术之路走得并不顺畅，自学国画十五载，弯腰舒背，孤雁独飞，在水墨挥洒中幻想明天。他四次报考南京艺术学院，曾取得壁画第一名、版画第二名、国画二十九名的好成绩，因为文化课差1分，因此拉了后腿。直到24岁那年，"这是最后一个入学年龄，拼了！"这才把行李从南京灯泡厂扛到了南京艺术学院。尽管一路坎坷，过尽人间百味，始终得到母亲的鼓励与陪伴。《远方》表明母亲走远了，也表明思念永留心中。

他留恋亲人，也感恩师长。交谈中，每当聊起艺术成长之路，感恩之情溢于言表，没有半点做作，一再回忆引路人，一再叙述师生情，他不止一次重复那句话："永远感谢扶持过我的人。"

他的真诚，都寄存在作品里，悢悢情怀，清晰真切。丝网版《生命系列》中的烟雾，轻盈飘荡，渐行渐远。虽然用色不多，没有对比强烈的刺激，却用心不少，在"不刻意"中思考生命这个大命题。丝网版《雪的印象》以或粗或细的线条，卷曲出一朵朵白色团状，反复罗列，再三重叠，组合成银白色世界。这种独有的新图式、新体会，仿佛与视觉开了个玩笑，可见语言独到。他以鲜明的个性感受，寻找自己心灵栖息地，这就是刘波老师丝网版画的精神内涵。

当历史走向深处，如果回望，每一个人的成长，从起步到走向目标，一路上总会相遇许多坎坷，感恩扶持，载德岁月，虽说这是常理，有些成功之人往往会省略。刘波老师是一位不想省略感恩的人，所以他的路会走得更远。

成功的背后，一定会有耐人寻味的故事。

应金飞

1967年出生，浙江仙居人。毕业于中国美术学院版画系研究生专业。中国美术家协会会员，浙江美术馆副馆长（主持工作），浙江省美协副主席，浙江省水彩画家协会副主席，中国美术学院版画系教授、硕士生导师。

作品连续三届获浙江省美展金奖，吴作人国际美术基金会素描奖学金，第十一届全国版画展银奖，第三届全国青年美展优秀作品奖，第八届全国三版展银奖，全国高等艺术院校教学与创作年会学院奖，第十一届全国美展获奖提名，浙江省历史文化重大题材美术作品铜奖，回望中国——辛亥百年综合美术大展优秀作品奖，第四届全国青年美展优秀作品奖，第二届中国小幅水彩画优秀作品奖，第四届观澜国际版画双年展"观澜国际版画奖"，第二十届全国版画展"中国美术奖"提名奖，首届中国综合材料绘画优秀奖、第十二届全国美展银奖和两个获奖提名、深圳国际水彩画双年展金奖等。曾评为浙江省宣传文化系统"五个一批"人才。

代表作有：《残颜》《湖山清明》《似水年梦》等。

与应金飞（左）合影

黑鱼三吃

应金飞馈赠作者创作
《湖山清明》用刀

　　某日朋友请客，脚刚跨进饭店，一边拉椅子就座，一边喊道："黑鱼三吃。"朋友选了一条活蹦乱跳的黑鱼，足有三斤上下。坐定后扭过头，朝我咧嘴一笑："吃了都说好！"随着爆炒声，一会儿清炒鱼片端来了，不一会儿红烧鱼段、鱼骨浓汤端上桌，你还别说，至今记得那鲜美的口味。

　　五年前采访中国美术学院版画系教授应金飞，离开他工作室时，正欲抬脚往外走，我突兀一句：黑鱼三吃。为什么这么比喻？我说给你听听：

　　应金飞老师是不是水彩画家？肯定是的。不过，需要说明一下，到目前为止，他仅仅创作三件水彩作品。第一件水彩画《标准像》。那是2010年，为了参加中国美术学院"水彩作为理由"展览，紧赶慢赶创作的。在水彩画《标准像》中，他把中国美院版画系全体老师戏谑式调侃一番，出人意料的随心畅意，引得版画同仁撒欢喝彩，他也偷偷窃喜。没隔多久，水彩画《标准像》参加2011年第二届全国小幅水彩画展览，获得优秀奖。第二件水彩画《残颜·他们》。2011年，第四届全国青年美展举办在即，《残颜·他们》画面上水分还没干透，主办方催得急，只好卷起来送展。《残颜·他们》的艺术构思，原本参加全国版画展，因临时改为水彩画，自然保留诸多版画元素，呈现的独特味道与视觉提纯，反而形成一种全新水彩语言，让观者有瞠目之感，不仅获得该展优秀作品奖，还被中国美术馆收藏。第三件水彩画《似水年梦》。此件作品问世，是为期待已久的第十二届全国美展准备的。画面中水色交融，空灵洒脱，在流动性布局中，积蓄着宁静之感，独特思考与独到美意，让人感到心静。果然不负所望，斩获第十二届全国美展银奖。三件作品，件件获奖。话说至此，该是水彩画家了吧！应金飞老师是这样对我说的："只要符合自己的感受，就运用相应的艺术方式表达。水彩画是我艺术表达的一种方式。"

　　应金飞老师是不是壁画家？说来也是。那是2009年，为了庆祝建国六十周年举办的第十一届全国美展，壁画展首次开设独立展区，甚至可带原作参展，这两项改革举措出台，顿时让全国的壁画家热情膨胀，组委会收到参展作品不下1200件。壁画是个出新求变的领域，正好迎合应金飞老师"不安分"性格，他二话不说，撸起袖子上阵。这是一场残酷比拼，最终152件作品入选，应金飞老师那件视角独特、构思巧妙的壁画《脉动》亦在其中。2014年，壁画《港通天下》又获第十三届浙江省美展银奖。壁画创作具有多重思维特征，既有创作心理和画面效果的专业要求，又有材料和制作的工艺要求，不是一件轻易上手的事，何况还取得如此佳绩，不能不令人佩服。应金飞老师是这样告诉我的：

"喜欢不停地尝试，一个艺术类型没做过，想去做，就去做，不怕失败，艺术家要敢于向内心挑战。"

应金飞老师是不是版画家？那还用说。中国美术学院版画研究生毕业，现为该院版画系教授。版画是他的主业，二十余年间，不论全国美展或全国版画展，还是全国青年美展或全国高等艺术院校教学与创作年会展，有作品送展就有奖牌捧回来，没一次落空。更为重要的是，他的作品总能给观众带来新的印象，新的启迪。如铜版《他们的面容》、黑白木刻《永远的小平》（合作）、黑白木刻《家宴》等，只要扭头回眸，鲜活形象顿时回放眼前。这种没有作态的探索精神，正是艺术生命力的归属。最近，大型铜版《湖山清明》问世，如同一张旧时老相片，追溯以往。这幅宽60厘米，长达240厘米长卷中，历史深处走来蔡元培[注1]、林风眠[注2]、潘天寿[注3]、郁达夫[注4]……或着长衫，或穿西服，或直立，或侧身，其中既有张眺[注5]与李可染[注6]的勾肩，也有蔡威

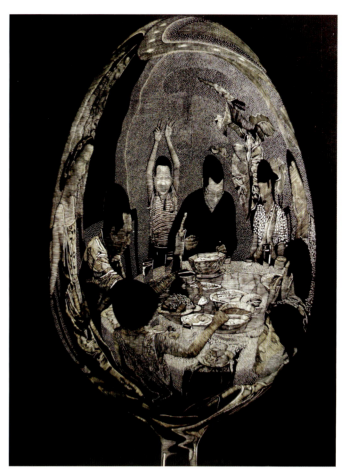

家宴 黑白木刻 2008 年创作

廉[注7]与林文铮[注8]的相依。云烟里的流年，掩不住一双双智慧的目光，穿越时空……此幅铜版画创作，可谓用尽技法，道尽衷肠。刻线求委婉，腐蚀添沧桑，你形我貌，如梦似幻。在斑驳陆离中，前贤们高流远去。在顾盼追忆里，先生们翩然而至。应金飞老师营造的虚拟场景，为观众打开中国美术学院尘封历史，掀起中华文明面纱一角。铜版《湖山清明》以历史吟唱与当代感慨，叙说古今，尽显那份未了之情。阅读时，观者会随着他手指路径，走向历史深处。果然不出所料，又为他第三次捧回浙江省美展金奖。2013年，在第二十届全国版画展中亦获"中国美术奖提名"。2014年，铜版《包豪斯的教师们》相继获得第四届"观澜国际版画奖"和第十二届全国美展版画展获奖提名，不管他想到没想到，荣誉就这样接踵而至。应金飞老师是这样谈创作体会的："艺术作品力求反映一个时代中的思考，否则没有意义。作为一名版画家，最好的办法，就是反映自己的所思所想。"

应金飞老师的"不安分"远不止这些，他的素描、装置也是功夫了得。《一纸繁华》在第十二届全国美展综合材料绘画展中，同样获得银奖提名。在我国艺术圈子里，玩跨界的有，今天搞这个，明天玩那个，三天两头折腾出个新花样，真正把跨界玩到这个份上，

湖山清明 铜版 2013 年创作

铜版《湖山清明》局部

实不多见。形质情性，时光塑造。应了黄宾虹[注9]老先生那句话：作品尽有不同，精神却是一致的。对于这位艺路宽泛的当代艺术家，我在参观他的工作室时，仿佛觉察端倪。那时，他的工作室刚完成装修，零乱得不得了，除了留有下脚通道外，其余是遍地书籍、未完成画稿、绘画用具以及装修材料，站着、躺着、卧着的，杂乱无章。唯独硕大的原木工作台一尘不染，博古架亦已摆放妥当，陶器、石雕、泥塑虽然残缺不全，却各占其位。观而察之，隐约窥见他的癖好和个性。一尘不染，兴许是"一意孤行"的隐喻；偏爱残缺，或许是"不求完美"的暗示。罗丹曾说："真正的艺术家总是冒着危险去推倒一切既存偏见，而表现他自己想要的东西。"拾人牙慧，不是他的性格。泯灭个性，也不是他的追求。他的"不安分"是对不思创造的决裂，也是对贪图现成的背离，以独到见解

438

走独到的路，这种艺术精神在当下更具积极意义。

应金飞老师的"不安分"不仅有其行，还有其言。他言："我不太在意画种分界。"综观他的艺术创作，跨度大、难度高，技法不一，画风不定，稍不留神，就会有惊愕等着你。其实，他为了追求形式语言的变换，哪种形式适合就采用哪种形式，抛掉惯性思维，表明个人见解。他又言："不特意为美术展览做准备。"每逢重大展览来临，谁不瞻前顾后。放下执念，超脱胜负，说说可以，又有几人坦然面对？不特意，不是不在意，而是拿得起放得下。他不特意的底气源自练心养性，经年沉淀。技可学，艺靠养，没有潜心修炼，哪能终成正果？他还言："我不喜欢'个性语言'。"不恋来时路，渴望新风景，始终在充满期待中保持创作激情，不纠缠僵化的重复，用各种艺术形式记录新的思考，新的探问，所以作品总是那么神采飞扬，扣人心弦。在他艺术库房里，打开东门见到水彩画，打开南门见到壁画，打开西门见到版画，打开北门见到素描与装置，不管怎么解释，他是一位典型"跨界"奇葩与"移情"高手。

鸿鹄一飞，便是千里之志。应金飞老师一路走来，充盈自信，迥然世俗，不愿"跟风"，听从内心。既大胆作画，又大胆说话，既敢于否定自己，又勇于超越自己，遂成特色，所以他的艺术生命总是充实的、饱满的。

山高愈前行，扬帆再起航。如今，应金飞老师担任浙江美术馆主持工作的副馆长，要不了多久，不知又会"移情"何处？

注1：蔡元培（1868－1940）浙江绍兴人。中国近代政治家、教育家。曾任北京大学校长，中央研究院院长。后任国民党中央执委、监察院长、教育总长等职。

注2：林风眠（1900－1991）广东梅县人。我国著名画家和教育家。早年留学法国。1927年受蔡元培之邀创立国立艺术学校（浙江美术学院）任校长。新中国成立后，任上海中国画院画师。

注3：潘天寿（1897－1971）浙江宁海人。我国著名画家和教育家。毕业于浙江省立第一师范。曾任中国美协副主席，浙江美术学院院长。

注4：郁达夫（1896－1945）浙江富阳人。中国现代作家。毕业于东京帝国大学。创造社发起人之一。曾任新加坡文化界抗联主席，1945年被日军杀害。1952年中央人民政府追认为革命烈士。

注5：张眺（1901－1934）山东潍县人。毕业于济南爱美专科学校。曾任中共江苏省文委书记、闽浙赣省苏维埃政府文化部长。1934年被错杀，1986年平反。

注6：李可染（1907－1989）江苏徐州人。我国当代著名画家。毕业于上海私立美专。曾任中央美术学院教授，中国美协副主席，中国画研究院院长。

注7：蔡威廉（1904－1939）浙江绍兴人。蔡元培之女。中国早期美术教育家。毕业于布鲁塞尔美术学院、里昂美专。曾任国立杭州艺专教授，1939年病逝昆明。

注8：林文铮（1902－1989）广东梅县人。我国近代美术理论家。毕业于巴黎大学。曾任浙江国立艺专教授、教务处长。1928年与蔡威廉结婚。新中国成立后，论著丰硕。反右时错判入狱20年，后平反。

注9：黄宾虹（1865－1955）安徽歙县人。我国山水画一代宗师。参加过同盟会，也任过报刊编辑，后长期在北京、杭州等地美术学院任教。曾任中国美协华东分会副主席。

与孔国桥（左）合影

孔国桥

1968 年出生，浙江杭州人。中国美术学院版画系硕士研究
生毕业后，又获该院首届"绘画实践与理论研究"博士学位。
中国美术家协会会员，中国美协版画艺委会委员，浙江省
美术家协会理事，浙江省版画协会会长，中国美术学院绘
画艺术学院副院长、教授、博士生导师。

作品曾获中国青年版画大展创作奖，第十三届全国版画展银奖，
第十四届全国版画展银奖，第十五届全国版画展铜奖，第三届全
国高等艺术院校版画年会奖，浙江省版画双年展优秀奖，浙江省
美展优秀奖，第十六届全国版画展优秀奖，第十届全国美展铜奖，
以及廖修平版画基金奖、潘天寿美术基金奖、吴作人国际美术基
金奖、中国版画家协会与中国美术家协会联合颁发的 80 — 90 年
代优秀版画家"鲁迅版画奖"。

代表作有：《口述历史》《基本同汇——杯子》《图像——叙述.可能》等。

以思想的姿态看历史

在"百度"输入他的名字，点击之后，词条会出现这样一段文字：孔国桥，1968年出生，浙江杭州人。中国美术学院版画系主任、教授、博士生导师。

我与孔国桥老师在多个场合见面，有寒暄，有聊天，印象最深的是在中国美术学院那次交流，时间定格在2014年3月25日。

初春时节的杭州西子湖畔，是个要多美有多美的地方。中国美术学院坐落其间，院内绿草成茵，曲径流水，一片春意盎然。

我在展览馆仔细欣赏过铜版《口述历史》，二十三幅作品，分为十一个章节排列展柜，在幽暗灯光下，这组创意新颖、义理深远、技法精湛的力作，让参观者不知不觉陷于沉思，品味从容。作品荣获第十届全国美展铜奖，先后被中国美术馆、浙江美术馆、宁波美术馆收藏，入编《中国美术六十年·版画》集。

在孔国桥老师办公室，我俩临窗而坐，喝茶聊天。按他的说法，"在场"交流各自的思前想后。为了领悟他的创作意图，我首先打开话题：

"创作《口述历史》，想带给观者哪些思考？"

"这是一个对'真实过去'的反思。口述历史，只能是个人的、即时的，出于对历史图像和文字的理解。倘若追问'对真实历史的理解'，由于'不在场'，只能以思想的姿态观看历史。"

"通过《口述历史》带给人们怎样的启迪？"

"这是一个对'历史本身'的追问。我们只有不断地去'思'，去寻找更多的'可能'，才能打破思维局限。如同版画创作，利用载体只是方式，而不是目的。推而广之，艺术如此，人生亦如此。"

······

纵览铜版《口述历史》，可以体察作者的艺术方略和表现手法。

他的作品具有明确的概念厘清。如果艺术作品仅仅复制生活样态，镜子一般映照某个瞬间，也许是真实的，却是局部的，也是单一的。铜版《口述历史》的创作，由于充足的理论储备，释放对历史新的解读，既有时间上的厘清，如公元、西元[注1]、佛历[注2]相比较；也有地域上的厘清，中国与外国，东方与西方。既有出土文物的历史验证，也有影像资料和文字的时代佐证，通过清晰归纳，厘清可能出现的混淆。

他的作品具有丰富的联想思维。铜版《口述历史》的精神指向别出心裁，虽然设定

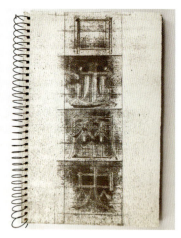

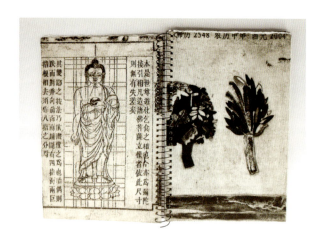

口述历史 铜版 2004 年 - 2007 年创作

口述历史 铜版 2004 年 - 2007 年创作

口述历史 铜版 2004 年 - 2007 年创作

口述历史 铜版 2004 年 - 2007 年创作

了一个固定范畴，但不限制想象空间，以正义为准绳，判断过往历史。作品中既有侵华日军南京大屠杀与奥斯维辛集中营[注3]的比照，也有纽约世贸双子大厦[注4]废墟与古代巴比塔[注5]传说的对比；既有死不瞑目的切·格瓦拉[注6]与风尘女子的形态联想，也有亚里士多德[注7]西方哲学与索绪尔[注8]现代语言学的呼应。在这里，作者真正用意是穿越历史云烟，鲜明地表达自己的爱与恨。

他的作品具有深刻的理性思考。铜版《口述历史》在铺陈中，不仅与历史相遇，与联想并肩，还有许多冲破思想牢笼的追问。细究起来，作者心有定数，善于思考，这是区别于他人的地方。每一次犀利追问，每一次思想开启，对"历史"不盲目，对"知识"不盲从，不只是一名"膜拜者"，更是一位"思想者"，强调自我感受，敢于质疑，以求澄明，坦坦荡荡地做思想的探问者。

他的作品具有果敢的创作体验。当历史成为书写内容，思考成为构图形式，作者以精湛造型功底和表现技巧助力，熟练运用腐蚀、干刻、照相正负片、金刚砂等铜版画技法，支撑起自己的艺术个性，丰富着铜版画样式。经历四个春秋的默默劳作，不断释放基本功，让脑海中的思索，成为思想性、艺术性和观赏性的相融语言，既把想法说透，又如此流畅风雅，令人叹服。常言道，格调高感人，技法精服人，个性强吸引人，从这个意义上说，铜版《口述历史》成为孔国桥老师的扛鼎之作，也成为中国当代铜版艺术的璀璨星辰。

在孔国桥老师的通俗解读中，悄然掀开铜版《口述历史》的哲理面纱，讨论版画嚼出哲学味道，暗自庆幸读过几本"人不能同时过两条河"的书，否则一头雾水。那一天聊得很多，艺术的，哲学的，不经意间流走时光。

孔国桥老师是一位爱思考之人，常用哲学原理充填创作理念，思考出如此这般："长期教育让你明白'过去的真理'，如何'面向未来形成自己'，需要更多的'思'。艺术不能为我们提供答案，但能提供一种思维方式。"他不依仗天分，喜欢积蓄思考，内练于心，最终成为骨子里的东西，也成为铜版艺术中的凭窗临风。

他唯恐我不尽理解，用层层剥茧方式，阐述自己的艺术立场，时不时辅以古希腊解释学，以及德国哲学家海德格尔[注9]、伽达默尔[注10]现代解释学，加以丰富与佐证。《论语》有语："学而不思则罔，思而不学则殆。"先人哲理，大道通天，启发我们"学贵心悟，守旧无功。"（宋·张载）当代版画家如此以哲理入怀，画中有辩，既是对当代版画语言的填空，也是对中国传统文化的张扬。正如黑格尔所说，"哲学本身正是人的精神的故乡[注11]"。所以读孔国桥老师的作品，总有言外之意需要回味。由此可见，不仅需要学会欣赏，还要承蒙启发，拂尘见金。中国美术学院院长许江言：国桥的铜版画就如一本书，一部与印刷相关的思想追问的书。

孔国桥老师是一位技艺精湛之人，但他反对唯技术而技术。于是，我抛出一个两难推理话题："《口述历史》运用铜版画各种技法，达到近乎无可挑剔的技术高度，是展示技艺吗？"

"技术是有层面的，想说的，做不了，是技术没到那个层面，所以技艺要精。对肌理的玩弄，对材料的玩弄，只会导致浅薄与空洞。思想也是有层面的，为什么有些绘画是垃圾，只见形，不见魂，只重名利，忽略精神传递，所以境界要高。艺术是什么？就是心手合一。太强调手，忘记心，太注重心，忘记手，都是不行的。艺术创作时，要多考虑说些什么，再考虑怎么去说。"

他如是说："铜版画是一种表现方法，一种语言手段，艺术家要敢于扩充艺术范畴，多渠道探索艺术的表现手段。"

他如是做：从《基本词汇——杯子》《颜面》《图像——叙述·可能》，到《你不愿谈及或正优雅谈论着的》《历史的面孔》系列、《口述历史》的思想追问与技艺探寻。从《兰亭序》神龙本字帖打磨成浆，通过雕版活字印刷对"遗产"的追逼本源，到摄影、水彩、水墨的形影相随，不断扩展更多的'技'，弥散更多的'思'。这种跨界兼容，穿梭艺道，用艺术符号不断表明自己看法，追踪精神的伊甸园，实现从心所欲，自成面貌，不仅为他屡屡捧回奖牌，也为观者每每送去澄明。

孔国桥老师是一位书写"涩"字之人。他的文章不好读，但很耐读，不"受控于历史，受控于昨天"，而是为着明天苦思劳神，阐明立场。他的文章蛰伏前瞻，潜藏哲理，既是学术表达，也是自我问询，在反复研读之中，让你读出一番新意，感受到一股智慧引力。说实在话，他的文字确实有点晦涩，但你细细咀嚼后，每一个字，每一句话，事清理明，妙趣天然。我真的很喜欢。

绘画不是人与绘画工具相结合，就能创作出好作品的。艺术家除了技艺的锤炼，还有艺术修为的锻造，方能水到渠成。岁月回转，孔国桥老师在英国 ULSTER 大学的研修苦读，在中国美术学院首届博士研究生班的潜心磨砺，都是胸有丘壑的依托。长年伏案斗室，情感与思想不断碰撞出火花，留下不为创作而创作的痕迹。画章与文章俱荣。每当目光在他的文章上停留，便是一种分享，也是一次敛"才"，这不，多读了几遍他的文章，吸收还挺快，本篇拙文，自觉不自觉引用不少"涩"字"涩"句。

我是琢磨着那句"以思想的姿态看历史"离开他的办公室。

正午阳光下，校园一片姹紫嫣红，柳枝滴翠，把春天演绎得像一幅画。今天，感染我的却是一位作画人，为了心中执念，泛舟艺海，不在乎何时到达彼岸，钟情扬帆，这才是当代艺术家的气度。

注 1：西元，以传说中耶稣基督诞生那一年作为西元元年，原先叫"基督纪元"，后改称"西元"。

注 2：佛历，以释迦牟尼圆寂后那一年作为纪元元年，比世界通用的公历早五百四十三年。

注 3：奥斯维辛集中营，是纳粹德国建立的集中营，位于波兰距克拉科夫西南 60 公里的小城奥斯维辛，有"死亡工厂"之称。1979 年联合国教科文组织将其列入世界文化遗产。

注 4：纽约世贸双子大厦，1966 年动工，1972 年完成，耗资 40 亿美元，成为当时的世界第一摩天大厦，在 2001 年"9·11"恐怖袭击事件中倒塌。

注 5：巴比塔，《圣经·旧约·创世记》宣称，人类联合起来兴建能通往天堂的高塔。为了阻止这个计划，上帝让人类说不同的语言，使人类相互之间不能沟通，计划因此失败。

注 6：切·格瓦拉，出生于阿根廷，古巴游击队领导人。曾在古巴政府担任要职，1965 年离开古巴，在其他国家策动共产主义革命被捕，1967 年 10 月 9 日被玻利维亚军队杀害。

注 7：亚里士多德（公元前 384 年－公元前 322 年），古希腊哲学家，西方哲学的奠基者。

注 8：索绪尔（1857－1913），瑞士语言学家，是现代语言学的重要奠基者，被后人称为现代语言学之父。

注 9：马丁·海德格尔（1889－1976），德国哲学家，20 世纪存在主义哲学的创始人和主要代表之一。

注 10：汉斯-格奥尔格·伽达默尔（1900－2002），德国哲学家，对诠释学作出巨大贡献，1960 年出版《真理与方法》闻名于世。

注 11：摘自（德）黑格尔《哲学史讲演录》第一卷。

与易阳（右）合影

易　阳　　1968 年出生，湖南邵阳人。毕业于华中师范大学美术系，文学博士。中国美术家
协会会员，中国版画家协会会员，中国美协藏书票研究会副主席，华中师范大学
美术学院教授、系主任、硕士生导师。湖北省美术院特聘艺术家。

作品曾获第 11 届全国版画展金奖、全国第六届和第八届藏书票展银奖、第九届
和第十届藏书票展金奖、日本札幌国际现代版画双年展评委会奖、高知第三回国
际版画三年展佳作奖、湖北省文联"文艺明星奖"、全国三版展优秀奖、意大利
第六届国际版画暨藏书票双年展特别奖、中央美院"学院之光"美展提名奖、中
国第八届艺术节优秀奖、32 届国际藏书票展提名奖、上海世博会中国美术作品
展优秀作品、第一届和第二届广州国际藏书票暨小版画双年展优秀作品、首届湖
北省艺术节"楚天文华美术奖"、中国版画家协会与中国美术家协会联合颁发的
80 － 90 优秀版画家"鲁迅版画奖"。

代表作有：《永恒的旋律》《红衣喇嘛·和平祈祷》《中山舰》等。

易阳与铜版"水珠技法"

1991年，秋季，武汉。傍晚的风，一阵比一阵凉。

华中师范大学美术学院青年讲师易阳，把上过沥青的铜版，平放在宿舍窗台上晾干。关好窗户后，顺手抱起英语教材，一边惦记着职称考试，一边背诵着英语单词。时光在专注中流失，依稀听见下雨声，他赶紧推开窗户，细细秋雨如根根蚕丝，在秋风中飘来荡去，洒得铜版上满满的水泡。那一刻，他心里有些失落，甚至颓丧，突然蹦出一个奇怪想法：我把气泡给固化了，这在铜版画历史上可没有先例啊！青葱岁月，是想到哪儿干到哪儿的年华。心绪陡转，他像抱着个宝贝似的，小心翼翼地走向版画工作室。

版画家的工作室，既能释放激情，也能堆积沮丧。这不，艺术设想虽然来之不易，实现设想却是难上加难。在阳光与灯光陪伴的日子里，他围绕工作台走来转去，一会儿调油，一会儿加水；一会儿看沥青厚薄，一会儿测油水比例。等待鲜花绽放，就像等待一个美丽的梦。日历撕了一张又一张，就在精疲力竭之时，圆圆的水泡竟然在铜版上站稳了，铜版画"水珠技法"从此诞生啦！那一刻，易阳布满血丝的双眼，泪水顺着脸庞往下滴落，就像滴落在铜版上的秋雨。因为有艰辛，才会有成功。"水珠技法"的诞生，成为当代铜版画史上一个划时代标志，他就读研究生时的导师，中国美协副主席吴长江这样评价：水珠技法是铜版画自诞生之日起，六百余年历史上，中国人创研出来的具有东方审美情趣的铜版画表现语汇。

铜版《进入梦境》是"水珠技法"入驻的第一幅作品。以超现实主义手法，放进去许多观念与幻想，仍然意犹未尽，只能在期待中度日。有一天，由远而近传来悠扬音乐声，成为焦虑中的点化。他一面听着荡漾的旋律，一面自言自语："音乐是纵向的，可以拉近岁月。视觉是横向的，可以穿越时空。"铜版《永恒的旋律》的创作构思，就这样走出了朦胧。

铜版《永恒的旋律》画面左侧，一位靓丽的当代女孩，齐耳短发，圆领衫、紧身裤与旅游鞋，专注地吹奏单簧管。右侧为屏风，借此模糊空间。四位体态丰腴的盛唐仕女，发髻高耸，雍容典雅，悠然地横吹笛子竖吹箫。一轮明月，悬于苍穹，黑魆魆夜空静穆而辽远。女孩与仕女之间，仿佛今人与古人同乐，感觉大唐声音并没有走远。抽掉相隔时空，顿生无限感怀，应了李白那句："今人不见古时月，今月曾经照古人。"仕女背依的屏风，如雨后彩虹，五彩缤纷，隐喻中华民族五千年灿烂文明。精彩之处还有色彩运用，嫣红色调，充溢暖意，既璀璨，又熟识，一时不知来路。原来有位技师亲戚在印钞厂工作，熟识的色彩，来自一百元人民币专用颜料。探问得知，铜版《红衣喇嘛·和平祈祷》也用此色印制。画面最右侧仕女，仍以黑白亮相，以求首尾相顾，平衡图式，一起横看岁月过往。

铜版《永恒的旋律》的制作，汇集铜版腐蚀、飞尘、软蜡、干刻等十一种技法，尽显才华。为了干刻效果，他精心打磨牙医专用钢刀，成为最为应手的工具。创作中"水珠技法"通篇挥洒，月亮中的水珠，平添遐思；服饰上的水珠，流露文脉；背景中的水珠，则是灵动。苦心孤诣，既夸张，又细腻，这种从未相识的图式，让观者在欣赏中心动不已。担任该展评委会主任的曹剑峰先生，这位新中国培养的第一代铜版画大家，拿着放大镜足足观看半个小时，仍然意犹未尽，抬头时直言："主题标新立异，技法相当成熟，应该是金奖。"喜从天降，易阳捧回第十一届全国版画展金奖，他那年 24 岁。

易阳赠送作者牙医刀改制的《永恒的旋律》创作用刀

永恒的旋律 铜版 1992 年创作

获得全国版画展金奖，对于青年讲师易阳来说，犹如突然刮起的大风，吹得踏浪前行的帆鼓鼓的。"水珠技法"诞生后，他稍作沉思，继续上路。那些年，以"水珠技法"开道，一面塑造醇美的意象世界，一面迎接喜讯的频频传递，虽说并不刻意，却是荣光无限。

藏书票创作挥斥方遒。"水珠技法"营造的艳美与精致，天生契合藏书票小而精的属性，自然是痴情相守。20 世纪 90 年代中后期，他把心智和技法交付出去，随即成为收获的季节，接连在国内外藏书票大展中捧金夺银。《影子》《天使》《新世纪序曲》《女人体》《绿的召唤》《马球运动》《清风明月》《天籁》，其后《大明风度》《楚汉风度》

《圣火之光》《乐伎》《春晓》，都是当下藏书票友青睐的藏品，一时洛阳纸贵。我收藏过藏书票《天籁》，吹箫仕女醇美端庄，开屏孔雀惟妙惟肖，盛唐之音，清风徐来。悬挂于卧室，自得一份文静。

红衣喇嘛·和平祈祷 铜版 1996 年创作

铜版画创作高歌猛进。1996 年，取材于西藏密宗佛教的铜版《红衣喇嘛·和平祈祷》，先获日本札幌国际现代版画双年展评委会奖，再获日本高知第三回国际版画三年展佳作奖，一炮双响，众目共赏。中外画家经常把宗教作为创作题材，表明人生态度，由于研究深浅不一，解读起来各有区别。铜版《红衣喇嘛·和平祈祷》东渡扶桑，取得如此殊荣，一是得之他对禅学的深入研究，为创作引来源头之水，其著作《禅学影响下的日本古典造型艺术》，洋洋洒洒 16 万字，可见学术根基之扎实。身披红衣袈裟的喇嘛，如披晨曦霞光，一位虔诚说法，一位呈智拳印，相向策应，传递慈悲，祈祷和平。二是得之他对铜版技法的多年磨练。蚀刻、一版多色、飞尘等技法熟练运用，与璀璨的色彩，精到的拓制，相互映衬。三是得之他对主题的悉心把控。在日本九州岛的长崎，建有一座和平公园，当年美国军队投掷原子弹落点处，竖立起祈祷和平的巨型雕像。作者创作时以艺术的遐思，有意无意衔接宗教的空境，如同清洗灵魂一般，让作品成为隔离浮尘的屏障。既是祈祷，也是寄语。评委们评判铜版《红衣喇嘛·和平祈祷》之时，这些因素是否悄悄暗合，不敢妄加评论。祈祷和平，则是全人类的共同心愿。

2004 年，易阳老师开始铜版《宁静致远》系列的创作，其中铜版《宁静致远·灯》之四获中央美院"学院之光"美展提名奖。艺术营造首先要更新创作理念，展示的作品才能规避雷同。人，一生与灯光相伴。灯，在人类文明推进中，扮演着独特角色。那一年，

易阳的专著

他正在中央美院攻读研究生，某个周日拂晓，摸黑走进潘家园旧货市场时，一下子看中一盏德国油灯。卖家是位年长的老者，油灯品相好，加之款式稀少，咬定600元不松口。他知道兜里钱买不了，便去吃早饭。临走时，顺便给老者捎带一份煎饼和豆浆。老者望着他："小伙子，你能出多少钱？""只有350元。""拿去吧！"易阳老师笑着告诉我："当时买卖双方都很感动。"更为凑巧的是，北京那个时节一直被雾霾笼罩着，当他把油灯搁到工作台上，阳光破雾而出，直射油灯，天光灯光的互映，出人意料。面对眼前的真态宛然，自然成就了铜版《宁静致远·灯》之四的潇洒面世。铜版《宁静致远》系列共十幅，用时八年。那盏灯，载着旧日时光，与北斗连接，与月亮结伴，与玉璜为伍，演绎一个又一个艺术遐想，自然一个比一个更能打动人。

铜版《江南月夜》《月沼清影》的应运而生，是易阳老师三赴浙江乌镇，流连江南水乡后的情感述怀。江南月夜，梳妆女子静候远行夫君。身后的双桥，意为一桥走出去，一桥走回来。翘角还锦亭，则是衣锦还乡的召唤。"寒塘渡鹤影，冷月葬花魂"[注1]的意境，与仰望月夜的凄美神情，不论谁见了，都会被画中的幽怨寂寞深深打动，再匆忙也会停住步履。铜版《辛亥长歌》系列，再现孙中山与宋庆龄蒙难中的坚贞爱情，令人感动。铜版《大明风范·戚继光》是对四百多年前抗倭英雄的倾心缅怀，令人唏嘘。铜版《冷月清清莲》通篇漫洒的水珠，几乎溢满观者视线，令人惊艳。铜版《交融的界面》是电脑芯片与唐代仕女的拼版，倾诉现代人的困惑与向往，令人思索。铜版《光之语》的照相制版，不说也知道，心灵触觉也需要刷刷新。一路放歌，过去成为现在。易阳老师在营造铜版画风格中，以异曲同工之美，坚持诗意探寻和神韵追求，极大丰富我国铜版画语言体系，同时阐明中国艺术家独特的文化精神。

易阳老师的工作室阳光和煦，微风轻拂。半日促膝，尽情解读"水珠技法"背后的故事，仿佛时光停留在那儿。离开华中师范大学时，与易阳老师挥手告别。他站在正午的阳光下，很帅气，也很耀眼。

注1：寒塘渡鹤影，冷月葬花魂。出自《红楼梦》第七十六回中，史湘云与林黛玉联句。

宋光智

1970 年出生，广东花都人。毕业于广州美术学院，结业于中央美院版画系研究生班。
中国美术家协会会员，中国美协版画艺委会委员，广东省美术家协会理事，广东省美
协版画艺委会副主任，广州美术学院学术委员会委员，教授，硕士生导师，人事处处长。

作品曾获第三届全国高校版画年会奖、第十四届全国版画展银奖、青岛国际版画双年
展铜奖、第十五届全国版画展铜奖、第七届全国三版展银奖和"廖修平版画奖"、第
六届全国高校版画年会奖、第八届全国三版展优秀奖、第七届全国高校版画年会学院奖、
第十八届全国版画展优秀作品奖、广东省版画展金奖，"百年风云"广东近当代重大
历史题材美展优秀作品奖，首届中国美协会员油画、版画精品展优秀奖，第十二届全
国美展"中国美术奖·创作奖"铜奖，中国版画家协会与中国美术家协会联合颁发的
80 — 90 年代优秀版画家"鲁迅版画奖"。

代表作有：《彼岸》《秋月》《渡船》等。

与宋光智（左）合影

寻觅精神的彼岸

    1990 年夏季，福建东南沿海的泉州湾与湄洲湾之间，一个名叫惠安的侨乡，走来一拨广州美术学院到此实习的学生，渔民们投来注视的目光。没几天，打鱼晒网，采风绘画，偏僻的小渔村平静如初。此时，一对青年男女两情相悦，悄悄爱上了彼此。一个月后，像初来时那样，在渔民们注视的目光中，广州美院学生挥手告别。三个月后的一个长途电话，如同晴天霹雳，一下子打破校园平静："渔村有位女孩子为情投海了！"

    宋光智老师认识故事中的男女主人翁。男生是他的同班同学，活泼阳光，从此在刮骨般悲痛中缄默不语，痴痴守候泛黄的照片。爱情的那头，是一位美丽俊俏的豆蔻少女。没有背叛，没有嫌弃，唯独家人的棒打鸳鸯，她在百般无奈中魂归大海。这是一位善良

秋月 石版 2000 年创作

三版篇

温顺的女孩，曾经与家人一道，为中暑病倒的同学熬过粥、煲过汤，包括宋光智。

以死见证爱情忠贞，这样的凄惨结局，谁听了都难以阻挡内心的伤感，这不是遥远传说，而是身边发生的悲剧，分外撞击师生心胸。为了过往岁月中的宿缘，为了有情人终成眷属的希冀，成为石版画"惠安女"系列创作时的情感源头。

石版《秋月》是"惠安女"系列的代表性作品。画面中，明澈的天空，广袤的大海，宽大而弯曲的船舷，在奇峭渲染中贯通画面。数位惠安女头戴硕大斗笠，披着仅露面容的花巾，身着斜襟衫和宽大裤子，表情麻木般倚坐船舷，或直视前方，或闭目低眉，或木然斜视，隐隐萦绕着一种淡淡忧伤。宋光智老师言："对于灵魂与爱情的遥问，如何开启心锁？如何讲述故事？如何练达体恤？不知舍弃过滤多少遍。对于构图与造型的选择，斗笠帽檐画多大？海平线放哪儿？船舷如何变形？不知推敲斟酌多少遍。"

石版《秋月》在形象塑造上，借用惠安石头房元素，以素描式语言，让惠安女产生朦胧的雕塑感。在图式构成上，人物占据大部分画面，宽广天空与低低海平线，凝固成难得一见的场景。在技法运用上，透过石版蜡笔的笔融，不仅看到人物的细腻逼真，还能看到衣服的清晰纹路，甚至穿着后的折叠感。粗大双手既展示肢体动态，也展示劳作状态。在色彩应用上，少见姹紫嫣红，赋色浅而淡，求质朴无华，散发着迷离的素雅气息。在意境取向上，宽大斗笠下隐隐觉察目光中的忧郁，虽然静谧，一样刻骨。十年时光，虽然冲淡了许多往事，作者仍在眺望中追忆，努力寻觅精神的彼岸。

绘画是心灵的印证。在作者心灵港湾里，观者仿佛触摸到一份真性情，聆听到一曲爱情挽歌。石版《秋月》以独到构思寄托人生，不论审美与学术意义，还是技巧与精神寄托，画由情生，道尽衷肠，从而在第十五届全国版画展捧得铜奖。

宋光智老师的版画艺术，名扬中国当代版坛，人们熟知的是两大系列作品。一是石版画"惠安女"系列，一是石版与黑白木刻组合的"寻觅者"系列。回望二十多年来的创作轨迹，其实他是一位艺术早熟者。就读广州美院附中时，品学兼优。读大二时创作的《远方的地平线》，入选第十届全国版画展，当年广东省仅入选14件作品。其后《远光》《远行》《争执的人》《远海的回声》和《彼岸》等，或亮相人物，或聚焦马群，虽说一直深挖表现方式，唯独找到"惠安女"这个创作主题，才真正有了心灵与技法的契合，碰撞出鲜明的个性化风格，从而成为当代版画史中的一个显著标志。

1996年，时任中央美院版画系主任的吴长江，浏览过他的作品后建议："有机会到中央美院交流深造。"1998年，当他走进中央美院版画系研究生班时，苏新平老师见面便打听："广东有一位创作《远方的地平线》作者，你认识吗？""我就是。"那个时候，他的名字不太显扬，但作品早已散发光彩。

人生本来是一个不断播种、不断收获的过程。虽说宋光智老师艺术有些早熟，但时间可没少花，进入广州美院附中时倾心石版画，本科时专攻石版画，研究生阶段依旧为石版画所累。可以说，他的石版画淬火时间很长，也才有了此后的所向披靡，出类拔萃。《秋月》与《远海的回声》《彼岸》《月圆》《祥云》，以及十六年后捧得第十二届全国美展铜奖的《渡船》，形成人们耳熟能详的石版画"惠安女"系列。现在看来，他的石版画不是风情描述，也不是缅怀过往，而是一路艺术思考的视觉记录。

惠安侨乡的秀丽风光，惠安女装束的夺人眼球，他仅仅作为一个艺术符号加之运用。流光过处，在传递东方情愫中，着意情感体验和精神向往：《彼岸》中那盏煤油灯，殉情少女是否借着灯光煲过汤？《远海的回声》中那只碗，是否为中暑的同学盛过粥？《祥云》和《渡船》里的手提马灯，不需要考证什么，自然是营造虚幻，借物寄情，实现跨越时空的诠释，借以洗涤流光中的心性。石版画"惠安女"系列为宋光智老师赢得诸多荣誉，每一幅作品的意蕴储存，让人们多少有点春夜不舍。

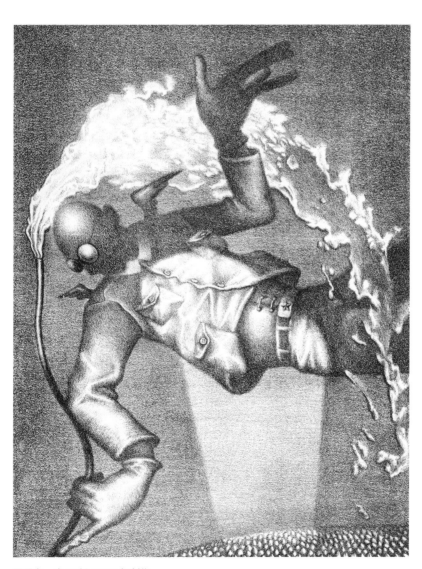

寻觅者·泉 石版 2000 年创作

改革开放后，与国际当代艺术相融合的我国版画家，在横向借鉴与纵向继承中，积极寻求新的契合点。北国秋风，南国葱绿。他告别了中央美术学院，回到阔别三年的广州美术学院。不凑巧的是，正赶上老校区的版画工作室改造。石版画创作离不开专用设备，不能因此而中断版画创作，这踌躇满志的档口，怎么办？此时，他脑海浮现一幕难忘的景象：新兴木刻先驱李桦先生过世后，其夫人决定将李桦先生作品捐赠中央美术学院，宋光智是接收捐赠小组成员之一。一周时间里，观摩清点作品，聆听生前轶事，李桦先生的艺术执着和人格魅力，由远而近，深深感动了他。最为直接启迪是：关注社会现实，紧跟时代步伐。"人生目标不能坐等，石版画搞不了，那就搞木刻版画。"

主意拿定，立即行动。《寻觅者》系列的应运而生，往深处说是敬佩鲁迅先生那句话："木刻终究以黑白为正宗。"他知道脚下那片土地走过李桦、古元、黄新波、赖少其……在广州美院校园散步时，他常常驻足老院长胡一川塑像前，凝想遐思。和煦的阳光，充足的养分，让他再也按捺不住，通过《寻觅者》系列的倾心创作，洋洋洒洒，堆沙为塔，一口气做到第四十七幅。木版石版，石版木版，颠来倒去，随着光阴流逝，不停地向前撒着腿儿跑。

宋光智赠送作者的石版油笔

《寻觅者》系列推出后，一下子摆脱了对他版画风格的定位，从根本上突破题材和地域限制，干净利索的语言，突兀从容的意象，视野更为开阔，审视更为透彻。戏谑调侃也好，荒谬臆想也罢，以黑白木刻的大刀阔斧，另类夸张，直逼当下社会现实，满眼尽是活水。尽管氛围是诙谐的，道具也是戏剧化的，例如北京布鞋、黑墨镜、光头男人、天使小翅膀等，作品批判性却极为强烈。他认为："创作要有问题意识。对于社会的思考，对于艺术的思考，只有介入问题意识，才能超越自我，否则思想就会枯竭。""艺术创作一旦做熟了，非常害怕重复，在生熟之间的感觉最为可贵。"

《寻觅者》系列中的黑白木刻，每一幅作品问世，他都费心思量。《寻觅者》之十二灯光下的飞翔，《寻觅者》之十四掉进茶杯里的人，《寻觅者》之二十挥舞树叶的手，观者想到的没想到的，他都虚构出来了。更为重要的是，他抛出一个这样的思考题，人们到底在寻觅什么？没有答案，请观者思考。

《寻觅者》系列中石版画，以超现实主义刷新图式，初次欣赏，感觉很离谱。戴墨镜的光头男子，或骑马，或入水，或走钉板，只要是画面构成需要，不考虑物象出处。大处不失奇特，小处不失精到，这不是什么前卫式溜达，而是认真思考后的遮掩，弥散着哲学锐气与文学灵气。如《寻觅者》之五，一匹穿行而过的骏马，不见首尾。一位长着天使小翅膀随马而行的男子，被一双手紧紧抓住翅膀，插翅难飞，那种欲行又止，不由产生些许寻味与思考。"艺术家的思维，一定要走在技法前面。提出问题，再找答案，推着自己往前走，才能保持思考活力。"

我以为，一件艺术作品令人喜爱，不如令人思考。《寻觅者》系列之所以不止于形式，处处充满新奇，因为伴随社会变革步伐，他提前把价值观和各种存疑现象摆出来，让观者去思量，去甄别，一步步打开思维空间，让人们在观赏中眉目蠕动，碰撞启迪。如同天气预报那样，提前告知，尽管结果不尽相同，这就是艺术家的可贵之处。

宋光智老师的繁忙，只有亲眼瞧见才知道，才能理解。我在广州美术学院采访时，他办公室里电话不断，要会见的人门外候着。我追问："一肩挑行政，一肩挑艺术，会有矛盾吗？"他坦言："行政工作与艺术创作免不了有矛盾，好在两种关系不在一个频道，及时调整，艺术是本。"现在，也不知道他的《寻觅者》寻觅到哪儿了？但我知道，宋光智老师一直在路上。

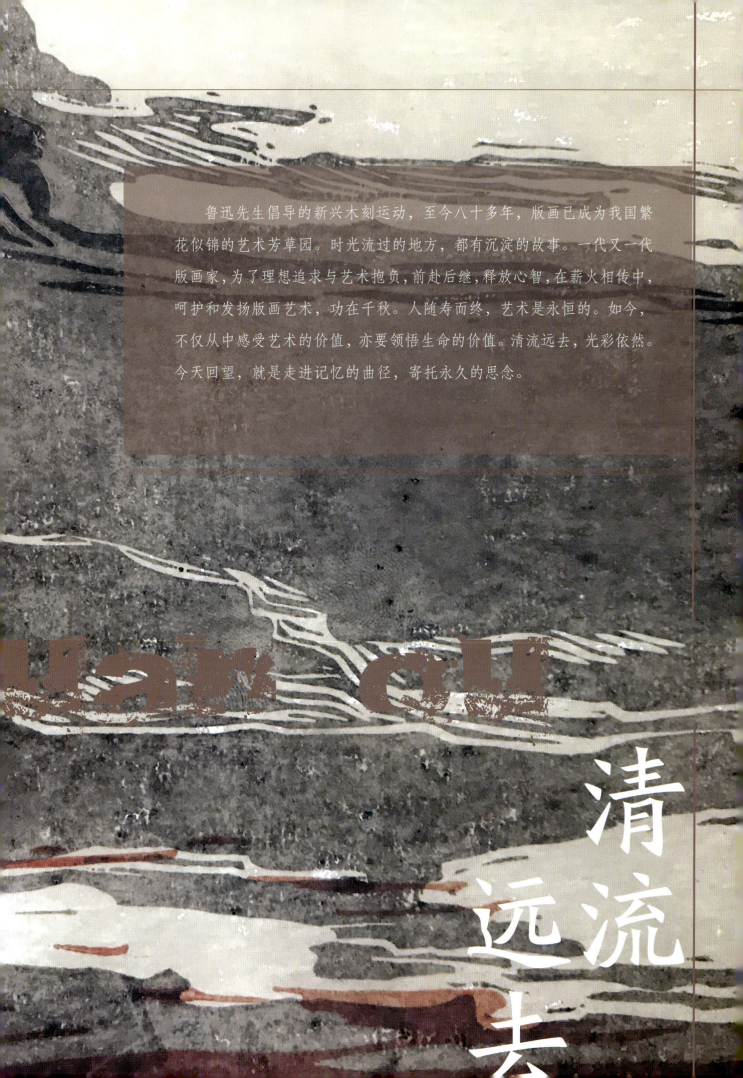

鲁迅先生倡导的新兴木刻运动，至今八十多年，版画已成为我国繁花似锦的艺术芳草园。时光流过的地方，都有沉淀的故事。一代又一代版画家，为了理想追求与艺术抱负，前赴后继，释放心智，在薪火相传中，呵护和发扬版画艺术，功在千秋。人随寿而终，艺术是永恒的。如今，不仅从中感受艺术的价值，亦要领悟生命的价值。清流远去，光彩依然。今天回望，就是走进记忆的曲径，寄托永久的思念。

清流远去

马平官与百位版画家

李 桦

李 桦

（1907　1995），广东番禺人。中国新兴木刻运动奠基人
之一，新中国版画事业主要领导者、组织者。1926 年毕业
于广州市立美术学校。1932 年任教该校。1934 年组织现代
版画会。1938 年发起组织"中华全国木刻界抗敌协会"任
理事、理事长。1947 年受聘国立北平艺专教授。1949 年出
席第一届全国文代会，当选中华全国美协常务委员。新中
国成立后历任中央美术学院版画系主任、教授、中国文联
委员、中国美术家协会顾问、中国版画家协会主席、中国
藏书票研究会名誉会长。享受国务院特殊津贴专家。

曾获日本日中艺术交流中心颁发的"中国新兴版画运动贡献金奖"，
中国美协、中国版协颁发的"中国新兴版画杰出贡献奖""鲁迅
版画奖"。著作颇丰。

代表作有：《怒吼吧！中国》《怒潮》组画、《一楼盖起一楼又起》等。

一代宗师的身后

我与李桦先生之间没有故事。

李桦先生健在时，我尚未涉足版画收藏，错失当面讨教的荣幸，但对李桦先生的敬仰，随着中国现代版画史的深入了解与探讨，与日俱增。

在中国现代版画史中，李桦先生的名字，与国统区版画杰出代表和新中国版画杰出领导者、组织者紧紧联系在一起，他对中国现代版画事业的贡献和影响，无人出其右。

几年前，北京数家拍卖公司先后将李桦先生作品批量上拍，闻之甚喜。立即乘高铁赶赴北京，匆匆看完预展后，禁不住唏嘘与叹息，小到巴掌大藏书票，大到丈余书法、版画、国画、素描、水彩、插图、拓片，林林总总。甚至会议照片，学生贺卡，友人馈赠的书画，乃至生前使用的《学习手册》、手稿讲义，还有个人画展的签到簿，说是"清仓大甩卖"一点儿不为过。更为感慨的是，这家拍卖公司没拍掉，另一家拍卖公司接着拍，不卖光不算完事。在拍卖现场的我，心脆如纸，只觉得胸口堵得慌，甚至有些颤抖，但又无可奈何。鲁迅先生说过："擅长木刻的，我以为最好的是李桦。"一代宗师的身后，却是如此这般……

黑白木刻《怒吼吧，中国》，描写一位被捆绑的中国人，随着一声冲天怒吼，欲捡起尖刀，割断绳索的形态。作品以夸张的手法大胆造型，以入木三分的遒劲刀法，营造出强烈的情感渲染，既是一种精神状态，也是一种情绪宣扬，如果说这是木刻版画，不如说是被压迫民众心底喷发的火焰。时年28岁的李桦，在民族危亡之时，以带血的呐喊，唤醒苦难中的骨肉同胞，拿起武器为民族前途而战斗，作品开革命现实主义之先河，成为中国新兴木刻最激励人心的图式。黑白木刻《怒吼吧，中国》发表于《现代版画》第14期，时值1935年末。作品的发表如同黑暗中擦亮的火柴，

怒吼吧，中国 黑白木刻 1935年创作（非藏品）

清流远去

与同年田汉作词、聂耳谱曲的《义勇军进行曲》一道，互映生辉，震撼神州，成为激励四万万同胞奋起抗战的历史最强音，在悲愤之中托举起中华民族的希望。

倘若翻开发黄的日历，他与一衣带水的邻国日本，青春时光有过交集。18 岁那年，因为学习成绩优异赴日考察，沐浴和风漫步于樱花树下。24 岁那年，自费入东京川端美术学校，再度见证樱花的嫣然摇曳。然而获悉"九一八"事变后，他没有半点犹豫，当即起身回国，眼神里除了愤怒还是愤怒。

其后的岁月，他在鲁迅先生悉心指导下，创办"现代版画会"，出版《现代版画》，捏刀向木，让木屑花成为战斗的武器。黑白木刻《怒吼吧，中国》的诞生，如同一篇战斗檄文，刺向黑暗深处。然而生活中的他，却因此被学校解聘了，衣衫单薄地走向十字街头，头却昂得高高的。从此以后，他在床板上刻印版画，在灶台边筹办画展，木刻刀在黝黑处闪闪发光，为了揭露黑暗与腐朽，风骨铮铮，透视善恶。首本木刻集《春郊小景集》在点灯熬蜡中完成，鲁迅先生收到木刻集后，立即回信："先生的木刻成绩，我以为极好，最好要推《春郊小景》。"

中国版画家协会成立旧照

梁栋先生生前告诉我："李桦的水印木刻《春郊小景》，是我国现代水印版画的最早作品。1946 年在旅大市看到《春郊小景》，从此喜欢上木刻版画。"鲁迅先生逝世前11 天，抱病参观的一次版画展，就是李桦组织的第二届全国木刻流动展。鲁迅先生病逝，李桦悲痛万分，连夜撰文《鲁迅先生是一面旗帜》，文章中写道："鲁迅先生是永远站在时代的前头的……"他搁下笔，把 3 岁女儿托付给亲戚，毅然投笔从戎。先是参加武汉会战，接着成立"中华全国木刻界抗敌协会"，没多久被当局强令解散。继而成立"中国木刻研究会"，举办"第一届双十全国木刻展览会"，不断地转场，不停地抗争，为了中华民族的未来，无所畏惧。如此的忠诚与果敢，连徐悲鸿先生也不由发出感叹："李桦已是老前辈。"他筹办的"抗战八年木刻展览"，那是全国军民浴血抗战的真实记录，以含着泪又带着血的悲壮，激荡人心。展览结束后，周恩来亲自在上海马斯南路接见了他。

随后的反对内战、争取民主运动中，这位"老前辈"一如以往，立场鲜明，风神鼓荡。代表第二个创作高峰的黑白木刻《怒潮》组画问世，如同中国劳苦大众代言人，作品锋芒直指阶级压迫。如今这件扛鼎之作，长久陈列于纽约大都会博物馆中国展区。同期黑白木刻《粮丁去后》《快把他扶进来》《都市的暗角》《里外同心》《民主的行进》《团结就是力量》等一批作品推出，带着无言的坚强，见证版画的力量，引发强大的社会共鸣，如同一颗颗射向敌人的子弹，威震敌胆。

1947 年，他应徐悲鸿先生之邀担任国立北平艺专教授后，积极投身爱国民主运动，创作《民主死不了！》《向炮口要饭吃！》。那一天，在游行队伍的上空，上万份油墨未干的版画飞舞着、飘荡着，这是他与师生连夜印制出来的。在北平临近解放时，他一面参加地下党领导的护校斗争，一面创作木刻传单《人民解放军是人民的军队》。沧海横流，方显英雄本色，在李桦先生身上得到最好的诠释。

如果说，李桦先生前半生是为版画的战斗，后半生却是为版画的明天。十年树木，百年树人。这位新中国版画领导者和组织者，曾担任中国版画家协会首任主席，中央美院版画系首任主任，这是拉起一支接力赛跑队伍的平台，守之为本，为此献出毕生心力。如今，中国版画在追赶时代潮流中，越发辉煌，如果细想一下，每一份成就里都残留他的期许与希冀，每一份荣光里都留有他交棒时的余温。李桦先生虽然挥兹远去，这支版画队伍却基因承接而步履铿锵，这是一种精神感召的放量。

李桦与齐白石、徐悲鸿、吴作人合影

五年前，我有幸采访九十高龄的伍必端先生，他满含深情地回忆："每当想起李桦先生，眼前就会浮现出他那消瘦的身躯，穿着翻领人字呢大衣的形象。你知道吧，李桦先生生命的最后二十多年，只有那一件呢大衣，很清苦啊！1960年，中央美术学院版画系因创作需要，准备翻译一本外国版画技法书籍，但200元翻译费版画系出不起，众人为难之时，李桦先生慷慨支付。"那一刻，我与伍必端先生四目相对，一时无语。

在中国现代绘画史中，版画曾经是匕首，是筋骨。随着战争硝烟散去，鞭挞转为讴歌，用崭新的精神风貌拥抱崭新的生活，成为那个时期的创作主题。如今来看，李桦先生这一时期版画创作，一样的红红火火，一样的精彩夺目。创作于 1959 年套色木刻《一楼盖起一楼又起》，可见他持重沉练的另一面。庆祝新中国成立十周年前夕，首都十大建筑破土动工，以在建的民族文化宫为原型，高耸的大楼，飘扬的红旗，喧闹的工地，与商业部白色大厦和高大吊车相衬托，呈现"一楼又起"的壮观之态。无轨电车、轿车与来往行人的托底，显现巍峨之势。烟囱飘散的一缕轻烟，让横平竖直的线条中多出一丝灵动。两幢大楼强烈的黑白对比，让视觉拉开距离。通篇淡黄色的渲染，让作品饱含明媚。画面呈现的明快节奏，鲜亮调子，清晰地看出作者格调转换中的愉悦心境，虽然激荡，却流淌舒缓；虽然腾跃，却沉甸怡淡。每一次欣赏，如同朗读一首抒情诗，勾起

一楼盖起一楼又起 套色木刻 1959 年创作

感动。

新中国诞生之后，李桦先生在版画创作中，坚持走现实主义创作道路，始终与时代同步同轨，关注民生，关爱自然，以思想深度决定表现温度，成为他在新时代的守土之道，留下许多传情递意的灼热印痕。如：《抢修发电机》《和平签名》《中朝部队胜利会师》《当潮水退的时候》《假日》《晚归》《鲁迅在木刻讲习班》《征服黄河》《狂人日记》插图《刀耕火种》《原始社会交易图》《转战新油田》和铜版《斗争地主》《焚毁旧契》等，那是一股股创作激情的发酵，也是一次次社会变革的缩影，贯穿新中国走过的每一步足印，激荡心绪，滋润精神，让火红年代离我们并不遥远。与新中国成立前作品一道，共同折射中国现代版画的发展历程，这就是李桦先生版画艺术的魅力。

数十载如梭流光，并非一路阳光灿烂。但是，李桦先生哪怕落难，也心怀憧憬；命运多舛，从不丢责任。旷达人生，闪光灵魂，越发添加心中珍藏的那份崇敬，每每品读他的作品，总能读出悚悚情怀和正义力量。日中艺术交流中心颁发"中国新兴版画运动贡献金奖"，中国美协、中国版协颁发"新兴版画杰出贡献奖"等，所有这些，都不足以概括李桦先生对中国现代版画发展的伟大贡献。他的历史丰碑，耸立于中国现代美术史，也耸立于中国人民心中。

千年沧桑，百年苦味，只有经历过苦难的民族，才懂得民族复兴的真正含义。历史是根，文化是魂。当下，对于李桦先生艺术成就的关注、研究和宣扬，还在殷切企盼中。我坚信会有那么一天。

李桦先生是一盏灯，时常为我们照亮前方的路。

力 群

（1912-2012），山西灵石人。中国新兴木刻运动先驱者之一。1931年考入国立杭州艺专，1933年组织"木铃木刻研究会"，1936年组织"上海木刻工作者协会"，1940年任延安鲁艺美术系教员，1942年出席延安文艺座谈会，1945年任晋绥文联美术部长、《晋绥人民画报》主编。新中国成立后历任中国美协书记处书记、中国版画家协会名誉主席、《版画》杂志主编、《美术》杂志副主编及山西省文联主席、美协主席、画院院长等职。享受国务院特殊津贴专家。

作品两次获文化部颁发的新年画创作奖，并在50多个国家和地区展出。先后获日本艺术交流中心颁发的"中国新兴版画运动贡献金奖"，中国美协、中国版协颁发的"中国新兴版画杰出贡献奖"，中国文联、中国美协颁发的"第二届中国美术金彩奖·终身成就奖"，文化部颁发的"造型艺术成就奖"和山西省委、省政府授予的"人民艺术家"称号。

代表作有：《饮》《瓜叶菊》《林间》等。

力群

我有《瓜叶菊》

百岁力群，悄然仙逝。骤闻，怅然若失。

力群先生是中国新兴木刻运动先驱者之一，也是新中国美术运动和美术教育拓荒者，尤其对中国现代版画发展所作的杰出贡献，功在史册。当乌云压顶之时，在鲁迅先生高扬的旗帜下，毕业于国立杭州艺专的他，既是一位青年木刻家，也是一位敢于战斗的战士。

1933年因组织木铃木刻研究会被捕，受尽折磨。1936年躲过太原反动当局搜捕，幸免于难，为此鲁迅给曹白写信："关于力群的消息，使我很高兴。"1936年10月19日5时25分，鲁迅在寓所与世长辞，合上那双横眉冷对旧世界的眼睛。力群一边彻夜守灵，一边含泪为鲁迅绘制遗像。全面抗战爆发后，国难当头，他与上海救亡演剧队一道，迎着敌人的炮火，宣传抗日，鼓动民众。1938年，这是中华民族最危艰的时刻，他与马达、刘建庵等组建中华全国木刻界抗敌协会，把抵御外侮的胸脯挺得高高的。

1939年，他裹挟着山西抗战前线的硝烟，来到革命圣地延安，出任鲁迅艺术文学院美术系教员。这位"鲁门弟子"先后任晋绥文联美术部部长、《晋绥人民画报》主编，并光荣地出席延安文艺座谈会，聆听毛泽东同志的谆谆教诲。如火如荼岁月中，他以版画为战斗武器，在黄土高坡窑洞里，操刀向木，作品或张贴村头巷尾，或见诸报端，从而成为延安学派创始人之一，不愧为宝塔山上繁星一颗。1949年5月，在第一届全国文代会上，当选主席团成员和中华全国美协常务理事。新中国成立后，长期担任山西省美协、中国美协和中国版协负责人，在渐行渐远的峥嵘岁月，他始终饱含期待地专注中国版画事业，固本开新，与时偕行，赢得人们长久的爱戴与尊敬。

一百个春秋，不论是白色恐怖，还是受辱年代；不论是鞭挞黑暗统治，还是讴歌新的生活，戴着眼镜的他，儒雅文静，性格温和，

瓜叶菊 套色木刻 1955年创作

但又坚韧不倔，爱憎分明，充满战斗激情。虽然行政事务繁忙，他却把版画艺术、美术理论和文学创作留在历史回音壁上，相得益美，借此报效桑梓。如今遥天追问，百岁生命的价值，不言自明，辉映人生。

力群先生的版画艺术蔚为大观，如同盛开的花坛，香飘四溢。一个偶然机会，我有幸采摘其中一朵。那是十四年前的事。藏家之间，常玩物物交换的把戏，你拿我一只青花罐，我索你一块青田石，心中权衡，谈笑间完成交易，各得其乐。某日在友人书斋，偶见力群先生套色木刻《瓜叶菊》。我当时版画收藏渐成系列，中国版画"五老"[注1]独缺此翁，际会而来，岂能擦肩！于是，我言道："捧走这盆菊花如何？"友人答："何物换之？""青花小罐。""我看上你的同治五彩观音瓶，否则莫谈。""是否……""那就作罢！"无奈，因喜爱而屈从，极不情愿地言道："好吧，认了。"

套色木刻《瓜叶菊》创作于1955年，那是一个风华正茂的岁月。从战争硝烟中走来，继而转向赞美新的生活，力群先生这一时期钟情抒情版画，特别是套色木刻创作，是那个年代最为新颖的表现形式。时值壮年，挥刀不辍，既是版画艺术新的实践，也是稻谷飘香的慷慨回馈。

众所周知，静物画早在古希腊就有记载，西方文艺复兴时期进入全新阶段。套色木刻《瓜叶菊》的创作，作为建国初期套色木刻的探索，力群先生颇为得意，因为他有自己的考虑。一面保留木刻要素，一面加入民族元素，构图简洁，用色明快，加之行刀流畅，洋溢和平年代的喜悦心情与精神风貌。画面中，紫菊花在宽大绿叶衬托下，互相簇拥，尽情绽放。褐色的背景，墨色的点缀，越发美艳动人。不论是明暗变化，还是盆景形态；不论是色彩点染，还是审美趣味，都是一种放松状态下的闲逸，具有的高雅、清静和超然姿态，仿佛为观众吹来一股温馨的风，成为我国套色木刻静物创作的新范式。

心明媚，景色自然明媚。为了让色彩层次更加丰富，先后动用五块色版，反复叠印，以求最佳视觉效果。正如力群先生自己所言："既要注意色彩的对照和变化，又要注意色彩的均衡与照应。"对于一直提倡"少用色版"的他，实不多见，也说明他对套色木刻《瓜叶菊》创作的偏重，所以才有了至今的感动。

凝眸回首，时光如梭。半个多世纪后，我在书房品读套色木刻《瓜叶菊》，依然清香弥漫，诗意灵动。

钟声流年，人生擦肩。综观力群先生版画艺术，不妨铺陈回首。

20世纪30年代，《拾垃圾的孩子们》《三个受难的青年》《流民》等，让人们窥见黑暗中的苦难与挣扎。《抵抗》《抗战》《保卫祖国》等，让人们感受东方雄狮的觉醒与怒吼。《加紧生产》《帮助抗属除草》《打窑洞》《运木炭》等，通过真实细节，展示解放区崭新生活，吸引着寻找光明的目光。《毛泽东同志像》《朱总司令像》《贺

清·同治观音瓶

龙同志像》的创作，为时代传神，表达对人民领袖真诚爱戴。《女像》《打窑工人像》《劳动模范赵占魁像》等一百幅劳动者的肖像创作，为人民留影，成为过往历史凝固记忆。《延安鲁艺校景》《听报告》《帮助群众修理纺车》《伐木》，无须多言，参加延安"第一届双十全国木刻展览会"展出，立即受到广泛好评。

特别是黑白木刻《饮》，把陕北农民的那种敦厚与勤劳，永远定格在捧水罐喝水瞬间，让人们看到真实生活的样子，成为一种精神磁场，不仅看出作者非凡的造型功力，同时看出作者内心的真实情感。在人物塑造上，凸起的肌肉，传神的动作，一旦入目，令人难忘。在刀法运用上，曲折的线条，明暗的过渡，刀随心走，酣畅淋漓。只有喝过南瓜汤、吃过小米饭的体验垫底，才会有《饮》的创作激情与深刻昭示。以质朴技法描绘质朴的人，唯有鲜活，没有乏味，从而成为解放区版画代表之作，如一首激动人心的诗，一曲激荡豪放的歌。借用苏珊·朗格的一句话：艺术是人类情感的符号形式的创造。还有套色木刻《丰衣足食图》，以年画方式构图设景，生动的情节，超脱的意境，通篇弥漫着浓郁的黄土气息，仿佛走进陕北窑洞，作品所带来的感同身受，既

饮 黑白木刻 1940 年创作

体现力群先生以人民为本的情感归属，也让后人不在虚幻无凭中体味民族传统。

建国之后，力群先生兼职甚多，工作繁忙，但他是一位不满足已有艺术成就的人，充溢的创作激情，只有在行刀入木时才能释怀，留下许多畅快之痕。《太行山风景》《黎明》《北京雪景》的风景描绘，诗情才意，带入其中。《瓜叶菊》《百合花》《紫露草》的静物写生，一帘风景，美得无言。《田间归来》《帘外歌声》《社干会后》《春夜》的生活描绘，惟妙惟肖，情到深处。我们知道，熟稔生活对于艺术创作固然重要，但是如果有了爱，画境就会积蓄意境，相逢美好。力群先生朴素无华的语言，喜闻乐见的风格，不停地证明他孜孜不倦的追求。特别在黑白木刻创作中，以圆浑见长，通过主题转换和黑白对比，既亲切，又自然，让我们在欣赏中感受生活美好。如 20 世纪 80 年代初，苦心孤诣，接连推出《清泉》《林间》《春风》，可谓"境者，心造也。"不管观者如何端详，都能感受作者"文革"浩劫后的舒心畅怀，以及不再蹲"牛棚"的朗朗心境。

人们常说，再精彩人生，也会有忧伤如水的故事，只不过这一段屈辱历史，终于成为力群先生偶尔的回忆。

三十多年前，伴随改革开放的大潮洪波，经济腾飞，艺术勃发。走出人生坎坷的他，随着拨乱反正，催生出黑白木刻《林间》：密密的树木枝干，纵横交错，疏密有序。两只欢快的小松鼠，伶俐可爱，一前一后，在茂林中追逐戏耍，似乎要跳出画面，那是何等迷人！一把圆刀完成如此不落俗套的场景，久

林间 黑白木刻 1980 年创作

久滋润着观者心田。剪纸的趣味，花鸟的写意，夸张的架构，如同一曲生命赞歌。面对作者如此活泼地表达艺术个性和审美理想，脑海里不由浮现艾青的著名诗句：为什么我的眼里常含泪水？因为我对这土地爱得深沉……力群先生的版画艺术，总能让读者在他的情感释怀中，感动经久，他同样是对这片土地爱得深沉！如其所言："生活是根本，题材是骨肉，形象是生命，主题是灵魂，形式是仪表。"

一百年，见证祖国从孱弱走向富强。一百年，见证一位老艺术家光彩人生。力群先生的道德情操与艺术造诣，都栖息在他的作品里，常常品读，也是一种怀念！

百年人生如流水，百岁力群，百年力群！

注1："五老"即新兴木刻运动先驱李桦、古元、力群、彦涵、王琦。

与王琦（左）合影

王　琦　　　（1918－2016），四川宜宾人。我国新兴木刻运动先驱者之一，著名美术理论家、教育家、活动家。1937年毕业于上海美术专科学校，1938年就读延安鲁艺美术系。曾当选中国木刻研究会、中华全国木刻协会常务理事。新中国成立后历任上海行知艺校美术组主任，《美术研究》《世界美术》杂志副主编，《版画》《美术》杂志主编。中央美术学院教授，中国版画家协会秘书长、副主席、主席，中国美术家协会理事、常务理事、副主席、党组书记、顾问。著作颇丰。

作品曾展览于数十个国家和地区。获中国美协、中国版协联合颁发的"中国新兴版画杰出贡献奖"、中国美术金彩奖·终身成就奖，日本东京富士美术馆荣誉奖、法国金质十字奖章等。重庆市建有王琦美术博物馆。

代表作有：《石工》《晚归》《古墙老藤》等。

中国版画老帅

馈赠作者的《王琦捐赠版画藏品集》

王琦老先生是唯一健在的中国新兴木刻运动先驱。

采访之前，我悉知王老许多传奇：曾于1937年从上海美专毕业，1938年又成为延安鲁艺第二期学员；曾组织中国现代版画史上第一次全国木刻展，由此发现古元，被徐悲鸿称之为"中国艺术界一卓绝天才"；曾在周恩来支持下，于白色恐怖中的重庆发起成立"中国木刻研究会"；曾是第一届全国文代会代表；曾为人民英雄纪念碑创作浮雕《鸦片战争》；曾长期担任中国美协、中国版协组织领导工作；曾在耄耋之年宣布"将自己的所有作品捐给中国美术馆"。可以这么说，王老的艺术人生就是一部排列有序的中国现代版画史。

2014年5月2日上午，我是怀着高山仰止的心情，在王琦老先生家客厅里落座，王老一句："谢谢你们啊！"让我和同去的版画收藏界朋友听得发蒙。"你们发起成立中国版画收藏家协会，好啊，我支持。"啊，原来是说这件事儿。我顺着话音抬头端详，老人面目慈祥，身材高挑，虽然年过珍寿，却是体态匀称，步履轻盈，一派风光霁月气象。拜访前，我准备了采访提纲，交谈时却让年近百岁老人的敏捷思路，牵来荡去，你说说那是啥感觉？

"你收藏了我哪些作品？"王老点题。得知我藏品中有《晚归》《古墙老藤》等作品，话匣子就此打开。

晚归 套色木刻 1955年创作

古墙老藤 黑白木刻 1987 年创作

　　"套色木刻《晚归》创作于 1955 年，自认为是一幅比较满意的作品。1956 年党中央正式提出'双百方针'前，艺术创作已经显现繁荣。晚归中的场景，在我国广大农村随处可见，关键是如何形象化揭示农村的生活状态，铺展出抒情格调。主题确定后，对于构图和技巧的运用，沉静内省，斟酌推敲，通过渗入时代特征，不断演化创作意图。刀痕单纯，色彩朴素，既有淳朴意境，又有流溢情感，形成一种悠然自在的视觉效果，这也是我版画创作的一贯风格。"

　　"黑白木刻《古墙老藤》创作于 1987 年，是以写生为基础创作的，是我那个时期代表性作品，先后被中国美术馆、英国大英博物馆等艺术机构收藏。"王老呷了口茶，接着说，"《古墙老藤》最先由《文艺报》发表。没隔几天，吴冠中先生打电话过来：'王老啊，你那幅老藤画得好得很呢，我喜欢自己的是《鲁迅故乡》，喜欢你的是《古墙老藤》啊！'"

　　"吴冠中先生讲的《鲁迅故乡》是指那张巨幅油画吗？"我禁不住发问。

　　"是的。那是 20 世纪 70 年代，吴冠中先生为北京鲁迅博物馆专题创作的。"王老认真地回答。说到这儿，王老夫人韦贤先生插话："吴冠中先生很少这么夸奖别人作品的。"

　　"依我拙见，您创作《古墙老藤》一定会有所寄托。"我又追问。

　　"树与人一样，抵不过易老时光。人不应该畏惧衰老。"王老笑言。

　　为什么王老艺术之树常青？刹那间，我仿佛找到了答案。我们眼中的古墙老藤，在他心底却是老树新姿。黑白木刻《古墙老藤》不是生活场景再现，而是通过不同刀法、不同木痕，让多变线条富有节奏感，让多姿老藤显现旋律美，老树苍劲，老藤多姿，可谓画中有话，借此抒情明志，壮阔胸怀。作品既浸濡生命之根，更浸透文化之源，这番精彩展示的背后，正是王老对生活、对社会、对人生的深刻理解与超然态度。

聊到此，王老又言："优秀民族传统要继承，西方艺术精华也要吸收。鲁迅先生倡导新兴木刻时，大量介绍欧洲版画，就是为了'将来的作品别开生面'。20世纪30年代初，为促成比利时版画家麦绥莱勒木刻集出版，他亲自作序，让当年的木刻青年开阔了视野。1958年麦绥莱勒应邀来华举办个展，我与李桦、黄永玉一起接待，交流甚多。印象最深是麦绥莱勒再三相告：'木刻作品不能繁琐，一定要简单些'。回国后，他创作的木刻组画《回忆中国》，影响很大。所以，版画创作一定要坚持古为今用，洋为中用，要敢于有自己的想法。"

正聊着，王老有些遗憾："眼睛看不清了，许多想法没办法去做，眼睛误事啊！"韦贤先生赶忙插话："这些年，你的国画创作很有成就啊！"适时补就，如同春风拂面，王老情绪复归平静。看到眼前这一幕，心头一暖，倍感二老的默契与温馨。

一睹风采，面诲难忘。告别王老时，望着这位贯穿20世纪中国美术理想与激情的老人，我左手捧着王老赠送的画册，右手向崇敬的版画老帅敬礼！

1918年，王老出生于四川宜宾，家境殷实。自幼喜爱绘画，陶醉诗书。懵懂少年时，他跨进上海美专大门，领略刘海粟临摹的欧洲绘画名作，如米勒的《拾穗》、德拉克洛瓦的《但丁的小舟》，自此与油画结缘。

"抗战将我留学法国当油画家的美梦打破了！从此中国少了一个油画家，多了一个版画家。"在隆隆炮声中，上海举办"苏联版画展"，他反复参观三次，流连忘返。黑白意蕴，张扬刀味，让他喜爱得近乎发狂，从此与木刻结缘。光阴疏离，这么多年过去了，《苏联版画集》《凯绥·珂勒惠支版画集》和鲁迅亲自到日本印刷出版的《引玉集》，一直与他相守相伴。

从上海到重庆，再到延安，不论刘海粟门下接受美术教育，还是郭沫若麾下宣传抗战，或是延安窑洞里盘腿学习，他总是一片炽热，满腔激情。特别是抗战的艰难岁月，他在重庆机房街105号亭子间里，自办杂志《战斗美术》，周恩来、茅盾、田汉是赞助人，郭沫若亲题刊头，加上自写的发刊词，使他真正走上革命美术之路。黑白木刻《冲过卢沟桥》《新都浩劫》组画与《活跃于冰天雪地的我游击队》等作品，伴随重庆防空警报声，走进山城千家万户，用那极富感染力的木刻语言，唤起民众，反抗外侮，成为名副其实的"战斗美术"。

其后，他一面参与创办中国木刻研究会，举办九人木刻联展、渝延木刻展和全国木刻展，徐悲鸿先生亲自撰文赞誉古元，就是参观由他筹办的全国木刻展后的感慨。一面

王琦先生家居掠影

王琦先生家居掠影

积极进行版画创作，如《马车站》《听讲演》《拉纤夫》，以及《嘉陵江上》《码头》《石工》等，一幅幅作品，如一颗颗星辰，在夜空中闪烁。1945年西南联大惨案发生后，他突击创作6幅木刻组画《民主血》，先陈列于《新华日报》门市部橱窗，后刊印于《自由画报》，公开揭露反动当局暴行。李公朴先生跷起大拇指称赞他："你们的每一把刻刀，每一块画板，都意味着坚强！"这位以木刻刀为战斗武器，一路冲杀过来的年轻艺术家，受到周恩来在重庆《新华日报》采访部、上海马斯南路中共代表团上海办事处两次接见，至高嘉勉，荣光一生。为了迎接广州解放，他与张光宇、关山月等人，夜以继日，绘制成宽10米，高30米巨幅毛主席油画像，悬挂于当年广州最高建筑爱群酒店，迎接解放大军入城。

雄鸡一唱天下白。新的时代，新的课题，他从此踏上新的艺术征程，开始一场压茬推进的寻美之旅。那把鞭挞黑暗的木刻刀，改为讴歌新的生活，这种转变是才华所致，更是情感所归。

翻开厚厚的《王琦捐赠版画藏品集》，满眼木刻春秋。如：20世纪50年代的套色木刻《官厅水库的建设》《采煤》《晚归》《村里人家》，黑白木刻《治淮民工》《农民把粮食卖给国家》《北海之春》等。60年代的套色木刻《炉前大战》《长白山的早晨》《天堑变通途》，黑白木刻《贮木厂》《延边市集》《丛林深处》，以及为人民大会堂北京厅创作的《古柏树下》。70年代既有特殊岁月的缅怀：《千万人的长思》《陈毅同志在延安》《贺龙同志在长征途中》，也有怀念张志新烈士的《在暴风雨中成长》等。80年代推出《古墙老藤》《古榕道上》等，直至《运河码头》封刀。每一幅作品，都是那么豁人耳目，沁人心脾，成为中国近代史归于记忆的一片枝叶。廊桥回望，精湛无语，铺展五十一个木屑春秋的穿越之美，令后世神往。

1949年在香港留港文代代表座谈会上，他当场起草向中央人民政府的致敬电。1950年在上海任行知艺校美术组主任，后至中央美院任教，继而担任《美术研究》《世界美术》副主编，后任《美术》《版画》主编，以及长期担任中国版画家协会副主席、主席，中国美术家协会副主席、党组书记、顾问。大任在肩，大责在心，忙得坐不暖席，一步步把艺术理想托举到今天。这位风雨中走来的老人，从早年创办《战斗美术》自写发刊词，到《新美术论集》《论外国画家》《美术笔谈》《艺海风云》出版，一步步把艺术理论托举到今天。

王琦老先生走过的路，就是祖国的昨天和今天，精彩如斯。

古 元

(1919-1996)，广东中山人。中国新兴木刻运动的光辉旗帜，延安木刻最具代表性版画家，新中国版画事业奠基人之一。1939 年赴延安，先后在陕北公学、鲁迅艺术文学院学习，曾任美术研究室创作组长、华北联大文艺学院美术系教员。新中国成立后，历任人民美术出版社创作室主任、中央美术学院教授、院长、中国美术家协会副主席、中国版画家协会名誉主席、北京水彩画研究会名誉会长。

作品获陕甘宁边区甲等奖、文化部新年画创作二等奖、卢森堡大公国皇冠勋章，中国版画家协会与中国美术家协会联合颁发的"新兴版画杰出贡献奖"等。作品被日本、法国、意大利、英国、美国、德国、保加利亚、卢森堡大公国多国艺术机构收藏。珠海市建有古元美术馆。

代表作有：《焚毁旧地契》《玉带桥》《刘志丹和赤卫军》等。

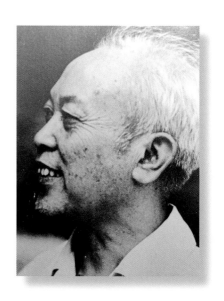

古元

拍场捡漏

中国现代版画史册中，薄雾缭绕的山城重庆，在抗战烽火连天之时，曾经举办过一次全国木刻展。那是1942年深秋，全国木刻展开幕后第二天，闻此消息的徐悲鸿先生欣然前往参观。面对一位年轻版画家的作品，徐悲鸿先生是这样撰文赞誉的：我在中华民国三十一年十月十五日下午三时，发现中国艺术界中一卓绝之天才，乃中国共产党中之大艺术家古元。

徐悲鸿先生撰文所言的古元，时年23岁，是陕甘宁边区抗战版画最杰出代表，他创作的《骡马店》《铡草》《农村小景》和《哥哥的假期》，与其他作者30余幅版画，是由周恩来从延安带到重庆参展的。此时，古元版画已经摆脱西方木刻影响，率先采用单线阳刻法，呈现简洁明朗、朴实自然的个性风格，成为牵动民众心肠的艺术感召。延安时期的古元版画，以特有的艺术气质和鲜明的民族特色，如同战斗号角，激励着亿万军民的抗战斗志，影响广远。古元的名字，从此与"卓绝之天才"联系在一起。

东方白，天朗朗。1949年的北京城红旗招展，中央美术学院举办的"延安鲁艺师生画展"上，时任院长的徐悲鸿，再次见到古元的木刻作品，他兴奋地为师生们讲解《哥哥的假期》。随后，30岁的古元被聘任为中央美术学院教授，由此可见徐悲鸿先生的远见卓识。

流水四季，沧海桑田。古元以斐然的艺术硕果，成就为我国著名版画大师，杰出的人民艺术家、艺术教育家，享誉海内外。收藏古元版画，特别是他的精品佳作，一直是版画收藏家的夙愿，我也不例外。

水印木刻《玉带桥》，是古元先生新中国成立后最为成功的经典之作。

北京颐和园拱形桥有两座，一座在南门，一座在西门。位于西门昆明湖长堤上那座为玉带桥，始建于清乾隆年间，纤秀挺拔，因酷似玉带而闻名遐迩。水印木刻《玉带桥》以黑色为画面基调，伫立的垂钓人，怒放的荷花，连片的荷叶，衬托中的玉带桥分外洁白、高耸，蛋型桥孔与水中倒影的顾盼，橘红色阳伞与粉色荷花的互映，给人们以无限遐思。富于韵律的构图，丰富多变的刀法，淋漓渲染的韵味，满眼宁静与诗意，凸显中华民族传统审美志趣。更为精彩的是，天空与湖水以黑当白，独具匠心，那么自然与妥帖，不由让人拍案叫绝。难怪古元先生位于北京三里河住处客厅里，一直悬挂着水印木刻《玉带桥》。

水印木刻《玉带桥》原名《夏》。20世纪60年代初，在公开发表前，出版社征求

玉带桥 水印木刻 1963 年创作

他意见时，改名为《玉带桥》。在古元先生面世作品中，《夏》少见，多为《玉带桥》。
1996 年，古元先生逝世前，再三嘱咐家人，骨灰撒向两处。其中一处便是北京颐和园的
玉带桥下，钟爱之心，至死不变。

十年前，在一次拍卖预展中，我在水印木刻《玉带桥》前驻足长久。夫人一旁笑言：
"拳头捏出汗了吧。"次日拍卖会上，中国书画拍卖风生水起，而油版雕专场冷寂许多。
当水印木刻《玉带桥》起拍时，也许买家还没从刚才争夺中回过神来，一时全场沉默，
无人接盘。我志在必得，因而轻松拾漏。如今，我也将水印木刻《玉带桥》悬挂于客厅，
风雅一回。

品读古元先生的版画，必须了解他的艺术追求，才能读出格调。力群先生认为：古元
有把陕北的黄土变成金子的本领。彦涵先生说得更加直白：把陕北人画得像的只有古元。

古元先生出身于归侨之家。其父古万建为第一代开凿巴拿马运河华工，曾经营小杂
货店，后落叶归根，定居广东香山。在这样家庭氛围中成长，即接受传统文化的熏染，
又接受西方艺术的启蒙，奠定他的天然秉质。就读广东省立广雅中学时，自发学习绘画。
日寇入侵，家乡沦陷，父母与姐妹小弟先后遇难。19 岁的古元参加了抗日救亡队，有一
次从《救亡日报》上看到陕北公学报道，他便毫不犹豫地跋山涉水，奔赴革命圣地延安，
在窑洞里接受革命洗礼。先入陕北公学，初显才华。转入"鲁艺"，平凡生活中的《开

荒》《播种》《骆驼队》，被他从中发现美，刻画美。在陕北土窑洞里，他就着煤油灯光，用自制刻刀飞舞于杜梨板，然后印制于马兰草纸，虽说有点寒碜，体现的却是最生动的民间烟火，一下子轰动"鲁艺"。随后，他又创作深受徐悲鸿先生赏识的《铡草》。

真正进入成熟期作品是《离婚诉》和《区政府办公室》，两幅作品展示的生活气息，具有经久不息的艺术感染力。他那时在延安碾庄乡，以中国画的阳线，勾勒自己所见所闻，一经问世，成为延安时期木刻版画的经典。随着解放战争的摧枯拉朽，古元抵达河北省张家口，28岁的他，以前所未有的激情完成《焚毁旧地契》创作。画面中熊熊烈火，直冲云霄，随着旧地契灰飞烟灭，翻身农民欢天喜地。这幅既渗透广大民众渴求，又壮阔精神能量，融合"美"与"真"的力作，让古元艺术才华如日中天，《焚毁旧地契》因此成为世纪经典，奠定他在中国现代艺术史中不可磨灭的地位。

新中国成立以后，古元除了深入基层、感悟生活外，还先后出访苏联、印度、捷克等国家，直面世界，开阔胸次，在饱游沃看中兼容并蓄，使他的艺术创作进入新的高峰期，蕴含的

烧毁旧地契 黑白木刻 1947年创作

思想性与艺术性达到至高境界。他深知新生活得之不易，只有用艺术释放怀想，另开先篇，才能发扬民族文化的本质特性。先后推出《人桥》《祥林嫂》《玉带桥》《刘志丹和赤卫军》等一批照耀人们心灵的作品，投射魂的基因，根的延伸，成为20世纪中国版画最优秀代表，也成为人类艺术宝库中不可多得的珍贵遗产。

品读古元先生的版画，必须了解他的人生追求，才能读出精神。

古元先生承受过炮火硝烟洗礼，国破家亡、神州熬煎之时，他是一名坚强无惧的战士。深入乡村，走进战壕，以刀代笔，鼓动民众，他的作品或见诸报端，或张贴街头村口，如同一面战鼓，在血雨腥风中鼓舞着战斗军民。

硝烟散去，古元先生讴歌新生活，同样激情难抑。如同辛勤的蜜蜂，不断给人们以甜蜜，虽然那时很苦也很累，却留下难以忘怀的历史写照。在失去理智的岁月里，他扫过厕所，

住过牛棚，依旧怀抱热望。冬去春来，在改革开放的日子里，古元先生倾心育人，承接薪火。既坚持向民族民间传统学习，剪纸、年画元素频频在作品中显现，因为接了地气，所以喜闻乐见。他对中西艺术的融合，有着更为远见的展望："外来文化进入我国，我感到冲击是必要的，可以使我们的文化更发展。"卓识之远，胸怀之宽，不能不为之称道。

品读古元先生的版画，必须了解他的学术思想，才能读出意义。

20世纪中叶，在世界东方的一个文明古国里，最震撼人心莫过于中华民族的独立解放。在这场轰轰烈烈的伟大社会变革中，古元的版画艺术紧随时代步伐，见证历史，佐证嬗变，把传统文化与冲锋号角结合得淋漓尽致。同样能够写入中国现代艺术史书的，还有他深邃的艺术思想。

刘志丹和赤卫军 黑白木刻 1957年创作

一是"洋为中用"的艺术主张。古元先生是探索木刻民族化的先行者，一方面吸收西欧黑白木刻的对比手法，一方面融合中国阳刻线条的传统审美，以圆刀的一招一式，成就独到而经典的艺术图式，因此古元版画不仅具有鲜明的时代特征，同时具有浓烈的民族风貌。

二是"深入生活"的创作原则。深入前线，深入基层，坚持投身火热的革命与建设实践，这是古元先生的创作原则，也是他的版画作品内容充实、情节生动之源泉。关注普通的人，关注民众渴求，敏锐观察，深情表达，时至今日这种平易见人的艺术思想依然熠熠生辉。

品读古元先生的版画，必须了解他的人格风范，才能读出启迪。

人格风范，是古元先生的另一种人生轨迹。我听说过两件事，小中见大，令人仰止。一件是宋源文先生告诉我的："20世纪80年代初，在中央美术学院大门口，时任院长的古元先生，特意叫住宋源文等几位教师，诚恳相托：'李桦同志从风风雨雨中走过来，非常不容易，为了我国的版画事业，又教学，又组织，又创作，你们一定要想办法照顾好，拜托了。'言真意切，让人崇敬有加。"一件是应天齐老师告诉我的："1989年，首次在北京举办个人作品展。举办开幕式那天上午，突然风雨交加，一时阻挡众多来宾，展览大厅空荡荡的，我的心也是空荡荡的。就在这时，远远看到一个熟悉身影，古元先生打着雨伞，踩着积水走来了。'下雨了，您还来？''答应来，一定得来。祝贺！祝贺！'那一刻的喜不自禁，终生难忘。"两件平凡小事，还原真我，高尚人格可见一斑。

掩卷之时，心有所悟。从这个意义上讲，读懂古元先生的作品，感受他对艺术的真诚与纯粹，比收藏到古元先生作品更为重要。

中国版坛曾经有古元，足矣！

赵延年先生与四位白发高足合影

赵延年 （1924－2014），浙江湖州人。新兴木刻运动先驱者之一，我国著名版画家、美
术教育家。1938年入上海美专，毕业于广东省立战时艺术馆美术系。1939年组织"铁
流漫画木刻研究会"，1941年参加中华全国木刻界抗敌协会。新中国成立后，先
后任中国美协理事、中国版画家协会顾问、浙江省美协顾问、浙江省版协名誉会
长、浙江省漫画研究会顾问、浙江美术学院教授。出版有《赵延年版画选》等20
余种书籍。

作品获第七届全国美展铜奖和中国美协、中国版协联合颁发的"中国新兴版画杰
出贡献奖"。国家文化部、中国文联、中国美协联合颁发的国家级美术最高奖——
中国美术奖·终身成就奖。

代表作有：《鲁迅像》《阿Q正传》《抗议》等。

清流远去

黑白木刻的一面旗帜

作者与赵延年先生通话的电话机

0571-858XX374，我国版画界和版画收藏界朋友都知道，这是赵延年先生家的电话号码。十年前，我用这个号码，多次与赵老交谈，如今成为温馨的回忆。

我心目中的赵老，与电话里的学养礼数，每每契合。一次通话，一次洗礼。带着南方口音的缓慢话语，如春风化雨一般，至今萦绕我的耳际，难以忘怀：

"在上海美专学习时，刘狮老师教素描，要求非常严格，所以艺术基础打得牢。"

"我的作品都是紧跟时代的有感而发，透视善恶，感叹生活。"

"'文革'风暴来临后，《鲁迅像》原版被造反派撅成两半，后来不知去向，我也被赶去'蹲牛棚'。有一天回家，路过浙江美院一个杂物间，里面堆放着杂物，发现一角木板似曾相识，抽出来一看，竟然是《鲁迅像》原版。失而复得，真没想到，那一刻悲喜交加！"

"人的眼睛不能总盯着过去成绩，一定要向前看，往前走。"

"这些年，我考虑最多的是如何把版画艺术传承下去。"

……

最后一次去电话，无人接听。嘟嘟声中，让我怅然。

时光可以湮没以往。但有一种以往，穿过流光，越过云烟，那便是安守人生的精神。2014年10月23日，德高望重的赵老驾鹤西去，了解其艺术人生者，无不悲切万分。赵老已经走远，却走不出那么多人的怀想。人们不仅敬仰他的可思可念作品，敬仰他的广博学识和勤勉敬业，更敬仰他那不惧岁月的旷达精神。

赵老的人生是旷达的。清末时，祖父任山东巡抚。儿时，家境优渥，14岁就读上海美专，学校位于繁华大上海法租界。随着日寇进攻上海的隆隆炮声，他从满目疮痍、民众涂炭中找到人生抉择。在鲁迅倡导的新兴木刻精神引领下，15岁拿起木刻刀，成为一名战士，他与梁永泰、朱鸣冈辗转数省，执刀为笔，宣传抗日，虽然生命危险始终伴随着他，没有显露半点畏惧。

抗战胜利后，他毅然回到上海，这位中华全国木刻协会理事，在决定祖国命运和前途的关键时刻，揭露黑暗，反抗压迫，虽然死亡威胁始终伴随着他，没有显露半点怯懦。

黑暗过尽是光明。中国人民终于迎来翘首以盼的新生活，走过沧桑岁月的他，既兴奋，又感慨，暗自庆幸与新中国撞了个满怀。硝烟四散，百业待兴。1956年，在浙江美院版画系首任主任张漾兮盛邀下，他愉悦地来到杭州任教，正如其所言："这条路，一走就是一辈子。”

半个多世纪的风云飘忽，他与同代版画家一样，有过亢奋与激情，也有过曲折与磨难，艺术使命始终伴随着他，为了中华民族的精神富足，为了中国文化大品格、大气派的建构，默默努力着、奉献着，从而成为热爱他的人深切怀念的理由。

晚年的赵老，毅然决然将毕生作品捐赠中国美术馆、浙江美术馆和湖州美术馆等艺术机构。赵老的一生，对敌人恨得入骨，对人民爱得倾心，大开大合的旷达情怀，深深感动所有人。捐赠浙江美术馆1037件美术作品，是该馆接收数量最多的捐赠。捐赠湖州美术馆1000多件美术作品，其中木刻原版27件，包括久负盛名的《抢米》《弃婴》《抗议》与《离家》。而对中国美术馆的捐赠，几乎倾囊。我终于明白，塑造形象与自塑形象，都离不开旷达情怀。

赵老的艺术也是旷达的。这位新兴木刻运动的勇者，中国当代现实主义版画的强者，从"木刻界最年轻的鬼才"，到"中国美术奖·终身成就奖"拥有者，七十余年艺术生涯，靠什么赢得人们的共同敬仰？

首先是作品。打开赵老的艺术档案，不论木刻，还是连环画，或是漫画，不论拎起哪一项，在我国现代艺术史上都是沉甸甸的。

第一幅黑白木刻《读》，1939年发表于上海《申报·自由谈》，可视为初次登场。黑白木刻《弃婴》《负木者》《抢米》，则是鞭挞黑暗，寻找光明的一个历史缩影。

20世纪五六十年代，《日日夜夜》《团结就是力量》《和时间赛跑》《办嫁妆》，一面表达自己真实心情，一面寻找和构建个性风格。从套色木刻《办嫁妆》甜美语言转身不久，先后推出黑白木刻《抗议》《鲁迅像》和《起来！饥寒交迫的奴隶》，在我国黑白木刻阵地上，高高扬起一面旗。独创的"平刀晕刻法"和"正面透印法"，极大拓展黑白木刻表现力。平铲、斜刻与刮刻，深印、浅印与空印，这些版画技法的巧妙运用，在现实主

鲁迅像 黑白木刻 1961年创作

清流远去

义创作中一展风采，成为黑白木刻纯净利索的范本。

八九十年代后，人文类的《葛洲坝人》《逛新城》《重阳》《凯旋》等，其中《噩梦系列》最为出彩，舍弃浮华，独具文化精神。写生类的《老丁》《江西老太》《沧桑》《陈奶奶》紧随其后，不断倾洒需要回味的风雅。《追日》《填海》《地火》《新叶》《路漫漫》《台风过后》《彭大将军》和《我的太阳》，随着人生体验的日益深邃，构图用刀也日益老辣，齐刷刷的别样风采。这时候的刀耕不辍，已经成为一种生活方式，时年65岁的他，居然捧回第七届全国美术作品展铜奖。获奖作品题目为《孺子牛》，描写林伯渠当选陕甘宁边区主席时的故事，其中或多或少潜藏共同的心绪传递。

连环画《阿Q正传》的创作，更是煞费苦心。他多次深入绍兴采风，最长一次历时数月，单是人物速写先后画了数百张。以六十幅经典图式组成的《阿Q正传》，对于民族劣根性的揭示，可谓入木三分，从此成为人们熟知形象，甚至成为取乐的代名词。与《狂人日记》《野草》《祝福》《孔乙己》《药》《孤独者》及《故事新编》等插图，成为对鲁迅作品最为深刻的艺术解读。

赵延年先生的漫画，从发表第一幅漫画《送殡》起步，到投身抗战漫画运动，针砭时弊，投射标枪。其后的漫漫长路，既承载着他的理想，也传递着他的情感，过尽沧海，时有新作。仅漫画《歇后论道》就在《钱江晚报》连载10年，可见功底之深厚，今天回望仍有发怵的感动。

其次是教书育人。授业是本职，育才是本分。新中国成立之初，版画被纳入高等美术学院教学体系，从此站立在新的历史起点上。办学理念上的趋同，艺术创作上的交集，赵老与著名版画家张漾兮、张怀江、赵宗藻一道，坚持现实主义创作风格，探索现代版画教学范式，共同构建起"两张两赵"教学框架，呵护和发展版画民族性与当代性，影响极为深远。

赵老授业，以当年刻刀如战刀的气概，铺垫园丁之路。育才既严格又灵活，说到严格，张嵩祖老师坦言："赵先生逼着改画稿，反复否定自己，艺术底子因此而扎实。"陈聿强老师回忆："不画到20张草图，赵先生不审稿。一旦审稿，哪里要提炼，哪儿要省略，一清二楚。"俞启慧老师言："至今记得赵先生那句：'缺情感，少内涵的作品不如不做。'"说到灵活，"不拿自己的鞋让别人穿。"他对首批版画专业四名学生，因人施教，指点迷津，

阿Q 黑白木刻 1961 年创作

终于各有所长。陆放的水印木刻神、韵、色、形俱佳，堪称一代水印名师。俞启慧以《战友——鲁迅与瞿秋白》出道，其后创新不断，硕果累累。张嵩祖的木刻人物，独领风骚，众多名人肖像形神兼备。陈聿强则是水印丝网版画发明者，淋漓挥洒，自成一家。赵老带出新中国第一代版画专业学生，四人同获中国版画家协会与中国美术家协会联合颁发的"鲁迅版画奖"，这是赵老的荣耀佐证，也是中国版坛佳话。赵老九十大寿时，他与身后四位白发高足留影，定格为一生自豪。据说赵老临终前，是凝视这幅照片离开的，可见师生情谊之深厚。

我国新兴木刻运动以来，以鲁迅为创作题材作品不计其数，即使艺术凋零的"文革"岁月，也是一条绿色通道。尽管如此，赵老为纪念鲁迅八十周年诞辰创作的《鲁迅像》最为精彩，不愧为我国黑白木刻一座高峰。

黑白木刻《鲁迅像》的构图，既注重人物的心理刻画，又注重人物形象的接受心理。20世纪60年代初，鲁迅"横眉冷对千夫指，俯首甘为孺子牛"精神描述已经定位，关键在于契合，这是构图时必需突破的瓶颈。冷眼凝视的目光，棱角分明的面容，围巾的洒脱动感与随意不拘的背景，烘托鲁迅的文气、勇气与锐气，散发震撼人心的力量。暗合鲁迅名言："最高的轻蔑是无言，而且连眼珠子也不转过去。"强烈的黑白关系，平刀晕刻，线条粗放，无半点纤巧柔媚，只有雄浑强劲，因而具有独立的欣赏价值。采用的正面透印，韵味了得，既体现人物立体感，又控制画面节奏感。当下，当人们想起鲁迅，脑海里首先跳出的便是这个形象，个中原由，无须细说。

黑白木刻《鲁迅像》的刻制，运用大小平刀冲刻，不论正铲，还是斜切，或是刮挑，谁也不会想到，竟然是在自家就餐小圆桌，或木凳上完成。他有时赶去上课，夹着画版进教室，抽空补上几刀，版画系各个教室都留下刻制《鲁迅像》身影，正可谓：伟大出自平凡。

黑白木刻《抗议》的群像刻画，同样拿捏精准。不论鲁迅的大义凛然，还是宋庆龄的泰然自若，或是蔡元培的义愤填膺，通过光线明暗对比，拓展画面空间感，强化作品表现力，如一篇磅礴的战斗檄文。

黑白木刻《起来！饥寒交迫的奴隶》则以激情奔放的气势，别具一格的造型，使画面富有无限张力，在面对种族压迫的振臂中，把觉醒的非洲人民刻画出一种壮美，无疑是黑白木刻经典力作。

20世纪的中国，中国人民在封建统治中求反抗，在民族危亡中求生存，在民族独立中求解放，在一穷二白中求发展，沧海桑田，烙刻心中。赵老的一生，切入每一个时代节点，既为艺术留芳，也为历史留痕，更为伟大中华民族留根。

回眸过往，珍惜赵老作品带来的怦然心动，怀想赵老话语带来的如沐春风。一切，尽在心头！

黄丕谟

（1925 — 2015），上海崇明人。江苏水印画派重要创始人。中国美术家协会会员，中国版画家协会常务理事、江苏省版画家协会副会长，南京市文联副主席，南京市美术家协会主席，国家一级美术师。曾任第八届全国美展、第十届全国版画展评委。享受国务院特殊津贴专家。

作品入选一至十届全国美展，一至十六届全国版画展，并被国家文化部选送法国巴黎春季沙龙，印度第八届国际美展，意大利第十、十一届国际版画展，挪威第六届国际版画展，南斯拉夫第十四届国际版画展，意大利国际版画展，日本一、二、二十届亚洲美展。曾应邀在国内外举办个人版画展 30 余次，作品在 40 多个国家和地区展出，并被联合国教科文组织及多国艺术机构收藏。先后获"新兴版画贡献奖""版画世界奖"等，1992 年国务院颁发"为发展我国文化艺术事业做出突出贡献"证书。

代表作有：《黄海渔归》《喜雨江南》《春风春水江南》等。

黄丕谟

版画收藏要有恒心

　　每次欣赏黄丕谟先生的版画艺术，不由回忆起看望黄老时的难忘情景，如同打开一本旧相册，虽然陈迹斑斑，却是清晰如昨。

　　十四年前一个初秋上午，我怀着敬仰之心，走进黄丕谟先生位于南京小火花巷住所。室内整洁舒适，略显陈旧的家具摆放有致，满墙版画辉映着文雅与娴静。黄老神态安详，背倚着沙发，翻阅刚出版的《版画收藏集》，一边应着我的问候，一边转过身子说道："版画收藏一定要有恒心。"我和那位赠送《版画收藏集》的藏家，不约而同地连连点头。

　　寒暄过后，我与黄老聊天，如同看电视换频道那样，东一截，西一段，信马由缰，无拘无束。

　　当聊到水印木刻《春风春水江南》的创作，黄老精神为之一振，眼神里激情四溢："那是1980年初春，我到常熟市郊虞山画速写，途中不经意回首，立刻被壮阔景象所震撼，晃眼入心。"黄老的描述，让我神往：在雾霭沉沉中，琴川镇五条江两岸，粉墙黛瓦，舟楫穿梭，拱桥连烟波，水陆隐朦胧，满目春意盎然。"来不及多想，亢奋中一边凝视美景，一边在速写本上匆匆构图。回家路上，脑海如潮水般翻腾，一会儿组合水巷、拱桥与帆船，一会儿琢磨碧水倒影、绿树吐芽与鳞次栉比的民居。脚刚踏进家门，顾不得喘口气，立即展纸伏案，半天时间画稿一气呵成。"

　　"您的构图很有名气，据说国画大师钱松岩非常佩服，为您起了'黄构图'雅号？"我插问。

　　"那是练出来的。"

　　"听说您为作品取名费了不少周折？"

　　"是啊！那时候刚从'文革'阴霾中走出来，可谓过尽沧桑，迎来希望。作品描绘春天里的江南，既应了'春风又绿江南岸'的意境，也应了自己当时的心境，反复斟酌，定名《春风春水江南》最为贴切。"

　　"听说有一位画家到常熟琴川镇写生，找了几天，也没找到《春风春水江南》中的一河三岸。"

　　"哈哈……"黄老大笑起来："到哪儿也找不到！那是艺术创作，场景是虚构的。"

　　"《春风春水江南》中河水、舟楫、房屋错落有致，墨色交融，一派大气磅礴景象，这种全景式画面您是如何构思的？"我顺着话题接着探问。

　　"积累，全靠积累。"黄老脱口而出，他怕我不理解，仔细解释："画家不能有艺

黄丕谟先生的版画集

黄丕谟先生赠送作者版画集时的题词

春风春水江南 水印木刻 1980 年创作

术'惰性'，依靠别人的图式，那就没有自己的创造，只能是艺术上的庸人。庸人庸作，有啥看头？"

"作品中浓淡虚实您是如何处理的？"

"色墨浓郁，形象清晰，即为'实'。色墨淡雅，淡成清水，即为'淡'。我在处理作品墨色浓淡时，完全依靠水来控制，先在宣纸背面喷水，半干半湿状态中上色上墨，或深或浅，细心掌控，形成有虚有实，虚实交错的画面，这些特点《春风春水江南》里均有体现。"

"有人概括您和吴老（吴俊发）艺术特点，称为'吴墨黄彩'和'吴精黄细'，有此一说？"

"别人都这么说。"

"据说李桦先生观赏《春风春水江南》时评价'有景有情，特别可贵。'"

"是啊，是啊。"

"李允经先生所著《中国现代版画史》中，称《春风春水江南》是誉满中外的力作。还有文章中说，作品在国外展出时，观众用放大镜一边欣赏，一边赞美。"

"有这么回事……"

愉悦之中不知不觉交谈两个多小时，我感觉黄老有些疲倦，赶忙起身告辞。黄老抬起头，缓缓伸出右手，一边握手一边再次叮嘱："版画收藏一定要有恒心啊！"迎着黄老殷切的目光，我坚定地表示："一定的。"快步走出黄老家，在关门的刹那，我陡然意识到什么，立即放轻脚步，慢慢合上门，心中默默祝福：黄老，您多保重！

恒心是成功的前提。此后十余年，我的版画收藏之路可谓含辛茹苦，不论采访一百多位版画家的独行，还是各地举办收藏讲座的苦口，或是七载春秋撰文出书的伏案，每生倦意之时，耳畔时常响起黄老的叮嘱，渐渐转变心绪，在坚持中多出一条理由，在前行中多出一份执意。

黄丕谟先生的故乡，在长江入海口的崇明岛，那里是我国最大的沙岛，形如春蚕横卧。元代朱清开辟海运航道，明代郑成功血战清兵，都是崇明岛上曾经发生的故事。岛上沟河纵横，芦苇成林，水洁风清，黑顶白墙的民居枕河而建，木船是岛上离不开的交通工具。黄老的父亲是雕花木匠，手艺精湛，闻及乡里。这些抹不掉的家乡云月，一直封存在他的记忆深处，许多年后，在黄老的作品里总能寻觅到水润如酥，乡情痴迷。

黄丕谟先生最初的艺术之路并非"春风春水"，而是栉风沐雨。上小学前一天，父亲为他起名丕谟，丕为大，谟为谋略，希望儿子将来能有出息。可是，伴随他的却是童年凄苦与少年战火，从上海滩的艰难求学，到家乡任教的清贫困顿，三餐难继，衣食不周，但他坚持在苦涩中沉淀意志，煮字疗饥，既磨练出对艺术的坚韧追求，也铸造出鲜明的民族风格。

黄丕谟先生的版画创作，始于 20 世纪 40 年代末，那是中华民族求翻身、盼解放的重要关口。风云浩荡，岁月回转。他从凄风凄雨中走来，在新旧社会制度更替中，有着非同寻常的认知与思考，流露作品中的情感特质与艺术境界，不是凭空想象的私下臆造，而是来自透彻脊梁的真切体悟。回望黄老自己选择的艺术旅程，最终成为闻名于世的水印版画大师，与三个重要的转折点密不可分。

第一次，建国初期。震耳欲聋的枪炮声中，新中国在一个古老国度里诞生。中国人民摆脱千百年来的阶级压迫，迎来梦寐以求的崭新生活，那时候，他感觉连空气都不一样了。两个月内，先后创作黑白木刻《运粮支前》《捷报》《补好寒衣救灾胞》《不荒一块田》等，以敞开心扉式的讴歌，见证伟大的历史变迁。他最难忘是黑白木刻《送菜进北京》刊登于《人民日报》，这对于刚走上木刻之路的黄丕谟，那种激励太大了，许多年后提及，仍然兴奋不已。

第二次，1962 年创作水印木刻《黄海渔归》，1963 年创作水印木刻《喜雨江南》，共同组成水印木刻风格的奠基礼。从此，他的作品以意境清新，水色淋漓，迷醉众多观者而著称，受到国内外广泛好评。第五届全国版画展征稿时，他送展五幅作品，悉数入选，成为当年中国版坛一段佳话。此后作品在法国、日本、瑞士、捷克、以色列以及我国香港地区展出，随着水印作品的诗情才意，展览举办到哪儿，哪儿盛况空前。在艺术拓展中，由于不断宽阔精神，延展艺术视野，不仅确立在我国水印木刻阵线中的地位，同时与吴俊发、张新予、朱琴葆共同构成江苏水印画派，鼎立中国现代版坛。

第三次，1980 年创作水印木刻《春风春水江南》，被称为"誉满中外的力作"。全景式构图，以驾驭大场面而见长；精雕细刻，以色为主墨为辅而见功；风格厚重，以过滤纸拓印而见巧，作品呈现的磅礴之气，天趣之韵，毫无悬念地把他推至水印版画大师位置。水印木刻《春风春水江南》的创作成功，使民居一度成为艺术创作新课题。李桦先生赠诗一首："江南春雨薄如纱，水墨丹青马夏夸。只今枣梨胜画笔，丕谟水印自成家。"诗只有四句，却以画江南景致著称的南宋画家马远、夏圭相比拟，这在全国版画家中获此殊荣者不多，可见对中国水印版画的杰出贡献。

黄丕谟先生还有许多闪亮足迹，不妨列举一二：他是第一位在北京举办水印版画个人作品展览的画家，也是第一位在日本举办水印版画个人作品展览的中国画家，还是第一位在我国香港举办水印版画个人作品展览的内地画家。黄丕谟先生一生在日本举办个人作品展览 16 次，次次观者如潮。鲜花与掌声的背后，是不求闻达、甘于寂寞的数十年守候。时间走过的地方，留下他用筷子蘸水构图，竟然忘记吃饭的趣事，也留下一年中创作 20 本连环画的记录。试问，如果没有如此沉淀与积累，哪会有这般风雅倾洒？

积累与沉淀，天赋与学养，黄丕谟先生艺术之路可谓天道酬勤。这么多年来，200余幅水印版画的渐次问世，虽是无声表白，却潜藏着他对中国传统文化的慧眼真知，表述着他对新时代风情风物的切身感悟，既恬静淡然，又求新求美，把境界与诗意组合起来，所以总是那么养眼养心，滋润你我。既有《万绿丛中》《水乡的喧闹》《山村公路》《江南小街》的简练与雅致，也有《扬帆》《钟山春晓》《雨后山庄几片云》《白云生处》的淋漓与酣畅，还有《江南晴雪》《乘风破浪》《春》《夕照岷江》的巧思与精妙，更有《晴朗的海湾》《黄山晨晓》《源远流长》《闽北风光》和《钟山春晓》的大气与雄逸，景新情长，实为时代之风采！

戏已落幕，艺却铭心。黄丕谟先生的水印木刻艺术属于中国，也属于世界。

黄丕谟先生曾经居住过的
南京小火瓦巷

与吴俊发（右）合影

吴俊发　　（1927－2019），江西广丰人。江苏水印版画学派莫基人和主要组织者。毕业于
四川贵溪乡村师范和江苏丹阳正则艺专。1943年在延安开始从事新兴木刻创作。
1946年参加中华全国木刻协会，1947年担任主编《正报》"诗与木刻"副刊，
1949年任华东警备师七旅美术组长，1954年调入江苏省美术室，参与筹建中国美
协江苏分会。曾任中国版协副主席，江苏省美协副主席，江苏省版协主席，江苏
省美术馆馆长，国家一级美术师。多次担任全国美展、全国版画展评委。享受国
务院特殊津贴专家。

曾获日本财团法人三江会馆授予的"版画特别贡献奖"，中共江苏省委、江苏省
人民政府颁发的"江苏省紫金文化荣誉奖章"，中国版画家协会与中国美术家协
会联合颁发的50－60年优秀版画家"中国新兴版画贡献奖"。江西广丰建有"吴
俊发美术馆"。

代表作有：《方志敏》《一片新绿》《重上井冈山》等。

水印木刻《方志敏》

方志敏，一位铮铮铁骨者。他那大义凛然、英勇无畏的革命者形象，我是读小学时，从课本中那幅水印版画留下最初印象，问过许多40岁以上的人，都有这个印象。

十四年前，在江苏省版画院吴俊发先生画室，首次见到水印木刻《方志敏》原作，当时悬挂在吴老办公桌后上方。画面中，身披大衣的方志敏，脚戴沉重的镣铐，满面怒色，凛然屹立。那一间审讯室敞开着的门，仿佛是被他踢开的。满身浩荡正气，逼得敌人惊恐形秽，一个躬身让座，一个龟缩在侧。画面通过人物高低错落，融入西画逆光取景，在简约用刀和墨色渲染中，概括现场，凸显主题，形成作品雄浑博大之势，成功塑造出震撼人们心扉的壮美，光照千秋，人天共仰。

吴俊发先生馈赠作者创作
《方志敏》用刀

"要对得住那一段历史。"吴老轻轻一句话，让我震耳。回转过身，望着画案前的老人，不由肃然起敬。吴俊发先生中等身材，面目慈祥，周身散发着艺术大家的儒雅之气。画室不大，局促而零乱，除了桌椅，到处是堆得满满当当的书籍、画稿和画板，进出都不方便。吴老听明来意，露出谦和笑容，一边倒水，一边娓娓道来：

"水印木刻《方志敏》构思阶段很长。1952年推出第一稿，场面大，人物多，但主题不突出，自己很不满意，便搁置那儿。后来沉淀心绪，苦心锤炼，认真阅读方志敏《清贫》《可爱的中国》等文稿，从振聋发聩的字迹行间，感悟火把一般的生命轨迹。同时翻书搜典，查阅资料，一面进行筛选与甄别，一面提升创作想象力。1955年推出第二稿，始见雏形，仍不如我意，又搁置下了。春风又绿，明月照还。1956年终于完成第三稿，从姿态到神情，从场景到细节，从立意到情感，苦心推敲，慢蕴情感。当进入印制阶段，几乎废寝忘食，水分控制，浓淡变化，如何把崇敬之心融入作品，以形见神，我是倾尽全力，如冶炼矿石那样，一炼再炼。最终完成的图式，就是小学课本选用的那一稿。"

"水印木刻《方志敏》入编小学课本，您事先知道吗？"

"不知道。一位同事辅导孩子学习时，看到水印木刻《方志敏》入编小学课本，他知道是我创作的，赶紧骑自行车来告诉我。"

"人物造型时，您采用模特吗？"

"方志敏的形象来自江苏省群众艺术馆一名美工，我悄悄观察了很长时间，不论容貌，还是身材，与方志敏极为相似，成为创作时的形象借鉴。画面中两名反面人物的原型，胖子为机关食堂厨师，瘦子为江苏省美术馆机关干部，一胖一瘦，作为配景。"

"您为什么要创作水印木刻《方志敏》？"

"方志敏的英雄事迹深深打动我。"不经意的一句问话，竟然让吴老眉头紧蹙，陷入沉思。

方志敏，江西弋阳人，中国共产党早期农民运动的杰出领袖，闽浙赣革命根据地主要创建者。他创建的革命根据地，被毛泽东誉为"方志敏式"革命根据地，中华苏维埃政府曾授予红色苏区"模范省"称号。1935年初，方志敏率领的北上抗日先遣队遭敌包围，他冲出重围后，为了接应被围部队，毅然返回，弹尽粮绝后被俘。面对敌人严刑利诱，坚贞不屈，视信仰为生命。1935年8月6日在南昌英勇就义，留有《清贫》《可爱的中国》《狱中纪实》等文稿。

方志敏 水印木刻 1957 年创作

吴俊发，原名翁元法，江西广丰人。年幼时，因家境贫寒，被吴姓人家收养，改名吴俊发。厚道的吴家人视如己出，节衣缩食，供其上学，直至就读江西省立贵溪乡村师范。20世纪40年代初，吴俊发参加中华木刻函授班，接受郑野夫、杨可扬艺术指导，开启版画创作之路。其后就读江苏丹阳正则艺专，主编《正报》副刊"诗与木刻"、《苏报》副刊"浪花"，这期间，创作黑白木刻《贫民窟》《被征之后》《为了活下去》《母与子》等。在举世闻名的淮海战役前，他已是华东警备师七旅政治部文工队美术组长。在隆隆炮声中，广播里传来"中华人民共和国中央人民政府成立了"的洪钟巨音，他感知春天已经到来。

战争硝烟渐渐远去，远去得不见踪影时，他没有忘记曾经的血雨腥风。"方志敏是从江西走出来的英雄，天生亲近感。"他创作中的心情，既激动又凌乱，交付真心那一刻，如果没有掏心情愫，就不会有肺腑感动。"岁月可以淡忘记忆，但磨灭不了心中珍藏的那份崇敬。"水印木刻《方志敏》创作成功，在浩瀚神州竖立起一块丰碑，也使吴俊发先生的版画艺术步入辉煌。面对鲜花与赞誉，名气陡升中的他，回答得很坦荡："那是人们崇敬先烈。"法国史学大师吕西安·费弗尔说过：在动荡不定的当今世界，唯有历史能使我们面对生活而不感到胆战心惊。水印木刻《方志敏》以刚柔相济的版画语言，展现革命者忠贞风骨，带着直入人心的力量，仰起万代高扬的华魂，唤醒过往，涉流照影，从而成为难忘的红色记忆，永远载入中国现代美术史。

"我是江西人，也是江苏人。" 这是吴老常常挂在嘴边的话。1953年，他脱下土黄色军装，成为中国美协江苏分会筹委会委员，在如水的江南，继续生发他的艺术梦想。水印木刻《方志敏》问世后，人物版画《东方》《雨花台上碧血红》《加勒比海上的英雄》，风景版画《洞庭渔归》《一片新绿》《南京玄武湖》相继步尘，不断拓展超凡脱俗的审美意境。新中国美术奠基人之一的蔡若虹先生观其作品，激动不已，针对视木刻为"雕虫小技"的偏见，挥笔题写"雕龙小技"相赠，值得后人长久回味。

这一时期，吴老通过独到的创意，纯净的用刀，简约的色彩，使作品形成水墨淋漓、格调清新的艺术风格。他那"湿""留""虚"的水印技法，使刀味、木味、韵味得以升华，从而引领江苏水印木刻的"灯火阑珊"。他还以前瞻性眼光，谋划远景，与陆地、黄丕谟、张新予、朱琴葆一道，先后举办三期版画进修班，为青年版画创作人才培养作出贡献，也为江苏水印画派崛起奠基培土。1963年7月，"江苏水印木刻展"在中国美术馆拉开帷幕，观者如潮，赞誉如潮。那时刻，他很兴奋，也很激动，这不仅仅是个人荣耀，而是江苏水印画派的声名鹊起。

"我是江西人，也是江苏人。"这也是吴老回眸艺术时常说的话。水印人物版画《重上井冈山》《人民的好总理》《北斗》，以博大、伟岸、深沉的艺术形象，再现伟人风采，成为他对我国水印人物版画的贡献。《茅山颂》《燕子矶》《井冈山》，以苍茫、俊秀、滋润的精湛技法，再现美景佳地，成为他对我国水印风景版画的范本。李桦先生称赞有加："吴俊发的版画风格，主题鲜明，构图严谨，刀法活泼而用色沉着。他不以形式炫人，着力形象塑造和感情表达，刀触纵横不狂野，色调浑厚不晦涩，意境深邃求博大，因而每每深入人心。"评价之高，恰如其分。

毛泽东重上井冈山 水印木刻 1976 年创作

在新的历史时期，他坚持走深入生活的创作道路，坚持写实主义的遣词造句，使作品成为那个时代图像坐标，声誉日隆。先后赴奥地利、日本、法国、美国、意大利等七十多个国家展出，声名远播。他既精于版画，也精于国画。当年拜吕风子为师，受其点拨造化。后与傅抱石、亚明为伍，亦师亦友，或结伴采风，或合作丹青，并以锲而不舍精神专攻山水，悟得奥绝，自成风貌。

1984 年，党的十一届三中全会在北京京西宾馆召开，主席台中央悬挂的巨幅山水画《长城颂歌》，正是吴俊发先生的国画力作。长城巍峨，群峰叠嶂，气势磅礴。风骨不凡的气韵，风雅无边的意境，时任国防部长张爱萍观赏良久，兴奋之余，配诗一首："极目长空万顷波，纵横点染势嵯峨。中华儿女雄今古，万里龙盘壮山河。"此后，党中央作出决定：中国共产党第十一届三中全会会址永远保持原样。因此，国画《长城颂歌》也就永久悬挂于此。

采访结束时，吴老告诉我："水印木刻《方志敏》原作共 5 幅，中国美术馆、中国革命军事博物馆、苏联东方艺术博物馆和四川神州版画博物馆各收藏一幅，这一幅你要好好保存。"我应道："一定，一定！"数天后，我到南京五台山体育馆画廊取画框，营业员硬是不交货。我诧异："为啥？"她解释："公司孙总听说水印木刻《方志敏》要交货，正从外地赶来欣赏，请您稍候。"我在欣慰中耐心等待。

此后，我曾多次看望吴俊发先生，陪着聊聊天。吴老年过八旬后，腿脚开始不灵便，但聊起艺术人生，内心的豁达，呈现生命中的另一种大美。最后一次看望，感觉身体大不如前，赠送木刻刀签名时，手不停地颤抖，让我心头不由掠过凉意。

水印木刻《方志敏》问世六十多年来，时移世易，但吴老定格的革命先烈方志敏形象，穿越时空回廊，传递精神滋养，使我们不因岁月流逝而恐慌。

人生需要寄托，欣赏水印木刻《方志敏》，也是一种寄托。

李焕民

（1930 — 2016），原名何国儒，北京人。1947年就读国立北平艺专，1951年毕业于中央美院美干班。中国美术家协会顾问，中国版画家协会副主席，四川美协副主席，四川美术展览馆馆长，四川省文联党组书记，国家一级美术师。享受国务院特殊津贴专家。

作品曾获全国青年美展一等奖、第五届全国美展二等奖、第六届全国美展银奖、第九届全国版画展优秀作品奖、中国版画回顾展金奖（日本）、第十三届全国版画展银奖、第十二届全国美展银奖、中国版画家协会与中国美术家协会联合颁发的50 — 60年代优秀版画家"鲁迅版画奖"。中国文联授予"造型艺术成就奖"，并荣获国家级美术最高荣誉第二届"中国美术奖·终身成就奖"。

代表作有：《藏族女孩》《初踏黄金路》《攻读》等。

与李焕民（左）合影

一本大书，一棵大树

李焕民先生年青时的工作照

2015 年 5 月 18 日上午，我端坐在中国美术家协会顾问李焕民先生面前，说是倾心聆听，不如说是翻阅一部新中国版画史。八十五岁高龄的他，满脸慈祥，谈吐优雅，平缓的京腔里，既传递清晰明了的艺术思路，又渗透艺术大师的横溢才华，传奇以往，风范豪情，健在的老一辈版画家中并不多见，一时难以控制敬仰情绪。

他的深情回望，让我看到一位热血青年与新生共和国的真实宿缘。

1947 年，文理兼优的他，考上国立北平艺专。一年后，因参与话剧《末路》演出被反动当局开除。在地下党精心安排下，他由何国儒改名李焕民，昼宿夜行，只身穿越封锁线，终于听到"解放区的天，是晴朗的天"歌声。当他兴高采烈地穿上灰布服装，扎上腰带，还没缓过神来，敌人即将来袭，于是跟随华北大学文工团辗转战壕。

1949 年 1 月 15 日，解放天津战斗打响了，美术工作队胡一川[注1]队长带着他，迎着炮火硝烟入城。18 岁的李焕民，永远记住城门口那一幕：裹着白布的烈士遗体一车一车往外运，奋勇开进的队伍一波一波往里涌。追忆及此，情到深处。李焕民先生言："我的世界观就是那一刻确立的，任何时候没有动摇过。"话铿锵，泪浸眼。此后发生的两件事，读者看到也就不会惊讶了。

第一件。1949 年 9 月，他受命制作张仃[注2]设计的全国政协会徽后，与北京电影制片厂工人昼夜奋战，终于在 9 月 28 日凌晨准时悬挂到中华门门楼。由于连日劳累，他骑自行车回宿舍时，已是摇摇晃晃。无意间发现中南海围墙上一面彩旗倾斜了，他欲进门扶正，哨兵不让进。他没说二话，一路小跑赶到北京图书馆借来梯子，搁在围墙外，伸开手臂扶正彩旗，然后又摇摇晃晃骑着自行车回宿舍。当天晚上，广播里传来"中国人民政治协商会议第一届全体会议在北平隆重举行"的声音，他含笑入眠。

第二件。新中国成立后，中央美院院长徐悲鸿对开办美术干部训练班极为重视："一定要把解放区来的美术干部培养好。"当时的师资配置，可谓空前绝后。胡一川、罗工柳[注3]任班主任，蒋兆和[注4]教绘画，王朝闻[注5]教美学，艾青[注6]教文艺思想，李桦教西洋美术史。

1951 年，为期一年半的美术干部培训班结业时，李焕民缠着人事部门。"我要到西藏去。""各大城市刚刚解放，急需美术人才。""毛主席号召解放西藏。""解放军还在向西藏开进途中。""哪儿离西藏近，我就去哪儿。"听到这儿，我憋不住问一句："怕不怕？""那时候激情澎湃，无所畏惧，什么艰难困苦，什么流血牺牲，我都不怕。"

李焕民先生赠送作者的大号木刻刀

这就是李焕民先生情系西藏的原由，我在惊愕
中释然。

　　他的深情回望，见证一位版画家与藏族人
民的交融情感。

　　光阴如白驹过隙，当年创作《织花毯》
时，他23岁。创作《守望》时，他已84岁高
龄，一段甲子时光，描绘一个民族，守望一生
情愫。从《高原峡谷》《扬青稞》《藏族女
孩》《牧场》，到《攻读》《初踏黄金路》
《送别》《换了人间》，再到《驯马手》《酥
油歌》《高原之母》《祈愿和平》等，在六十

攻读 黑白木刻 1962 年创作

年苍茫来路上，他捧出这么多讴歌藏族人民
的版画经典，你能不为之感动？从1956年获得
全国青年美展一等奖，到2013年荣获"中国美术奖·终身成就奖"，再到2014年第三次
斩获全国美展银奖，你能不为之倾倒？当经典成为记忆，更想倾听畅怀的抖落，再三恳
求，李焕民先生终于打开封存门扉，让我窥见三页过往"日记"。

　　一页是"情感日记"。1960年，他为了真实地走近藏民，干脆担任甘孜县沿官区机
关党委委员，走乡串户，嘘寒问暖，情感越发负重。藏族妇女生孩子通常赶到牛棚，伴
着牲口生养，他揪心；藏民无医无药，生老病死只能乞求神灵，他发急。上海医疗队医
生酥油灯下为藏民做手术，他在帐篷外守候至天明。一次次情感洗礼，一次次心灵追问，
藏族人民的喜怒哀乐就这样融入心境，渐渐成为创作之源。

　　套色木刻《高原峡谷》描写一位汉族医生溜索出诊，众藏民翘首期待的情景，一人
伸手，一人拽绳，一人牵马，一人仿佛在提醒安全。呼应的关系，焦灼的神情，生动的
肌体动作，不知不觉牵引着观者心绪。他告诉我："这一切都经历过，所以那么熟稔。
无数次'上是天下是谷'的溜索，双手燎破了皮也毫无知觉。"套色木刻《高原峡谷》
获得全国青年美展一等奖，他至今记得，那本获奖证书是茅盾[注7]先生签的字。

　　一页是"创作日记"。进藏初期，他连续三年参加秋收。前两年，藏区还没有实行土改，
收了青稞交给农奴主。土改之后，当他再次参加秋收时，藏民们那个高兴劲儿，简直让
人无法想象。契约烧了，土地分了，牛羊也分了，他们唱啊、跳啊，欢天喜地，昼夜起舞，
走路都在笑。为了展示"砸碎铁锁链，一步跨千年"欢悦心情，他苦思冥想，夜不能寐。
从秋收场景，到运送青稞，改来变去，一稿接一稿，整整12稿，努力寻找一条留住情
感空间的"路"。当藏族女青年牵起拉着青稞的牦牛，他突然眼前一亮，这不就是路吗？

一条跨越千年的幸福路！

套色木刻《初踏黄金路》的构图，如同谱曲，青稞、牦牛、藏女与路，一部和谐而嘹亮的乐章，美得让人陶醉。单刀纯熟，刻出美丽藏女遮掩不住的笑容；满篇金黄，烘托翻身农奴喜获丰收的若狂。金灿灿，喜洋洋，套色木刻《初踏黄金路》以鲜活的营造，生动的再现，凝固欢乐，见证历史，从而成为《中国现代美术全集》版画卷封面。

一页是"心路日记"。艺术家常怀有善感之心，应了李清照那句"此情无计可消除，才下眉头，却上心头"。在漫长艺术旅程中，他数十次走进藏区，少则两月，多则半年，其中既有信念驱使，也有情感牵挂。著名支前模范曲美巴珍[注8]，一位美丽的藏族姑娘。当年解放军进军西藏，百万农奴命运得以逆转，她从心底感激"金珠玛米"。在狂风暴雨中，牵着两头牦牛加入支前队伍，当牦牛走不动时，她毫不犹豫背起驮子，艰难前行，走不动就爬，终于把给养送到解放军手中，感人的拥军故事传遍全国，毛泽东主席在北京接见了她。曲美巴珍返回藏区前，四川美协安排李焕民为她画像，留住了倩影，也撩动了柔情。时光无涯，聚散有时。此后，他分外酷爱王洛宾那首"在那遥远的地方，有

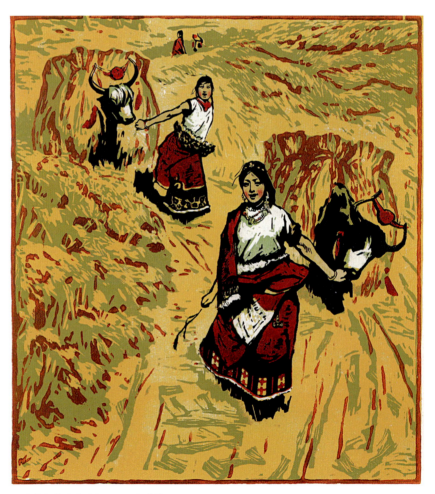

初踏黄金路 套色木刻 1958 年创作

位好姑娘……"的优美旋律，巍巍雪山下，莽莽高原上，磁力一般吸引着他，哪怕见一面也好啊！他没有再见到这位美丽的藏族姑娘，创作套色木刻《初踏黄金路》时，手拉牦牛的倩影，定格了曾经思念。

三页"日记"，管中窥豹，既无法容纳他的华彩人生，也无法记载他的历史重量。李焕民先生是一本大书，也是一棵大树，一棵硕果累累坠弯枝头的大树，也是一棵栽种在藏族人民心中的树，带来阴凉，捎去情意，化为纽带。

窗外阳光灿烂，穿过树梢，透着绿，闪着金，照得李焕民先生书房一片斑斓。不愿过多地打扰先生，只好告辞。一次当面请益，满满收益，那一刻，我真不知道该说些什么，望着这位终生为藏族人民放歌，为人民而艺术的老人，唯有起身鞠躬致敬："祝您健康长寿！"李焕民先生甚为自豪："我还能玩大刀。"话刚说完，为了求得见证，竟将一把自用特大号木刻刀相赠，让我受宠若惊。

每每忆及，心里暖暖的。

2015 年 6 月 16 日于南京天和园

2016 年 4 月 3 日，惊悉李焕民先生病逝。那一刻，泪水模糊了我的双眼。凝视合影，抚摸刻刀，笑容成空影，教诲已无声，先生已去，先生犹在。丰碑在人间！

2016 年 4 月 3 日于南京三牌楼

注1: 胡一川（1910－2000）福建永定人。我国著名教育家和艺术家。历任中央美院教授，中南美术专科学校校长，广州美术学院院长。
注2: 张仃（1917－2010）辽宁黑山人。我国著名艺术家、教育家。历任清华大学教授，中央工艺美术学院院长。中国人民政治协商会议会徽的设计者，中华人民共和国国徽设计提议者之一。
注3: 罗工柳（1916－2004）广东开平人。我国著名油画家，历任中央美院教授、绘画系主任、副院长，中国美术家协会书记处书记。代表作有：油画《地道战》《整风报告》《前仆后继》《毛泽东同志在井冈山》等。
注4: 蒋兆和（1904－1986）湖北麻城人。我国现代水墨人物画一代宗师，历任中央美院教授。代表作《流民图》，为现代中国水墨人物画在世界艺坛确立地位。
注5: 王朝闻（1909－2004）四川合江人，我国著名雕塑家、文艺理论家和美学家。历任《美术》主编，中国美术家协会副主席、顾问，中国艺术研究院副院长，中华美学学会会长。主要作品有：浮雕《毛泽东像》、《刘胡兰》等；
注6: 艾青（1910－1996）浙江金华人。我国现代著名诗人。新中国成立后任《人民文学》副编。曾错划为右派，平反后任中国作家协会副主席、国际笔会中心副会长。先后出版《艾青诗选》《艾青全集》等。
注7: 茅盾（1896－1981）浙江嘉兴人。五四运动先驱之一，中国革命文艺奠基人。毕业于北京大学预科。新中国成立后，先后任中国文联副主席、中国作协主席、《人民文学》主编、文化部长等职。
注8: 曲美巴珍，女，1927 年出生，四川德格县人。著名"支前模范"，1953 年出席第二次全国妇女大会，并在中央人民广播电台作广播讲话。此后一直做妇女和宣传工作，曾任甘孜藏族自治州人大副主任，1989 年退休。

张新予

（1932－2011），江苏泰兴人。江苏水印画派创始人之一。
毕业于中央美院华东分院（现中国美术学院）。中国美术
家协会会员，中国版画家协会理事，江苏省美协副主席，
江苏省版协副主席，江苏版画院院长、国家一级美术师。
享受国务院特殊津贴专家。

作品先后在法国、德国、意大利、加拿大、日本等国家举办个展，
获卢布尔雅那国际版画展二等奖、第十三届全国版画展铜奖、《版
画世界》"鲁迅奖"、中国版画世界奖，中国版画家协会与中国
美术家协会联合颁发的 50－60 年优秀版画家"鲁迅版画奖"等。

代表作有：《栖霞山》《绿遍江南》《武夷山下》等。

张新予

马平官 与百位版画家

张新予，你真大胆

十四年前，我在朋友陪伴下，第一次拜访江苏水印画派创始人之一、江苏省版协副主席张新予先生。

初夏南京气候宜人，满目葱翠。张新予先生那时家住城南，小区整洁幽静，能听到蝈蝈鸣叫声。那一天，他心情极佳，始终面带微笑，背靠欧式椅子侃侃而谈，一边聊天说笑，一边梳理头发，毫无倦意。欣赏版画艺术，聆听创作往事，上午时光一直沉浸在惬意中。

"'张新予，你真大胆。'这是傅抱石[注1]先生初见水印木刻《栖霞山》时的惊讶之语，让我欣喜不已。"

"20世纪60年代初，我的画室与傅抱石先生画室相隔不远，经常相互走动。我与傅先生长子傅小石同辈，傅先生每次见到我，都是直呼其名。"他顺着思路，继续回忆："1960年9月，傅抱石先生率领'江苏国画工作团'旅行写生，我也参加了。历时三个月，行程两万三千里，跨越豫、陕、川、鄂、湘、粤六省。参加旅行写生的画家，走近自然，贴近生活，开眼界、扩胸襟、长见识，边走边看，边想边议，创作热情非常高涨。屈指一算，已经是四十多年前的事儿了。创作水印木刻《栖霞山》，此次采风是发端。"

"中国是木刻版画的故乡，至今已有两千多年历史。版画诞生之初是水印木刻，历史悠久，荣光可溯。鲁迅先生倡导新兴木刻运动时说：'择取中国的遗产，融合新机，使将来的作品别开生面也是一条路。'[注2]20世纪50年代，江苏水印借鉴徐州汉画像石刻、明代十竹斋、清代苏州桃花坞木版年画传统，把国画写意与版画刀笔相互融会，借以表现江南风光和欣欣向荣生活，新语境的召唤，新感悟的驱使，江苏版画家修身践行，蓄势待发。水印木刻《栖霞山》的创作，就是企盼个性风格背景下面世的，作品设色以通篇红色为基调，控制整个画面情绪，借此突破常规范式，把一种极具挑战性的艺术观念带给读者。毕竟是创新，心里没底啊！"

我不知深浅插了一句："这下心里有底了。"

他哈哈一笑，声调提高许多："那是，那是。傅抱石先生的肯定，那还有啥说的！"

"据说当年中国版画界对套色木刻有过讨论？"

"何止是讨论，那是激烈争论！有人认为：要保持木刻版画的特性，制作时套色愈少越好。丁正献创作的《平湖秋月》，因用色较多被《版画》杂志退稿。我主张色彩为强化主题服务，不能设定框框。水印木刻《栖霞山》的用色，就是要打破这个框框，也

栖霞山 水印木刻 1962 年创作

是对这次争论的一种表态。"

"作品问世后，好评如潮，人民美术出版社单幅出版发行，使水印木刻《栖霞山》成为一个时代坐标，在中国美术界产生很大影响。"

"是的。全国单幅出版发行影响力很大，但我更看重傅抱石先生那句话，这是最早的肯定。"

"作品通过自然景观抒发情感，是美境与意境的结合，既有传统审美情趣，又有现代视觉感受，是您最满意的水印木刻作品吗？"

"是啊！那时候水印木刻与国画创作，基本照着传统路子走。继承传统、重视技法是对的，但不能拘泥于此，要敢于变化、勇于创新啊！"

聊到这儿，张新予先生转身走进书房，捧出精心收藏的《十竹斋画谱》。打开包装时，左一层墨绿锦缎，右一层印花蓝布，始见芳容。《十竹斋画谱》复制的历代花鸟画，以色分版，艳而不腻。历经数百年流光，依然如初，几可乱真。那一刻说是欣赏，不如说是沉浸，惊口难合，被搅拌出一个又一个感叹号。他一语如锤："时代在前进，时代也在催赶我们，艺术唯有不断创新，才有生命力！"

版画家的成功之旅，总会有一个关键性作品等着他，水印木刻《栖霞山》便是。

如今欣赏水印木刻《栖霞山》，依然感受到历久弥香：在墨色与绛红色衬映之中，山林厚重而鲜亮，寺庙幽静而神秘，色彩强烈而舒展，刀法娴熟而简练，观者不由自主地感叹，栖霞山秋色真美！山深林茂，枫林连绵，既是视野里的客观世界，也是作者心中的意象世界。山的轮廓不是以线勾勒，而是依靠水墨晕化而成，干湿有度，干而不枯，湿而不漫，在匠心巧运中，呈现水墨大写意般的滋润与浑厚。加以粗糙手工宣纸铺陈，一面感受三年自然灾害时期物质匮乏，一面感受作者心胸间满满美意，可谓风云不尽，蜚声遐迩。

水印木刻的创作，只靠情感是不够的，还得有技法与理性的支撑。水印木刻《栖霞山》的问世，既有其他版种难以实现的气韵，也有水墨水彩无法替代的风姿，特别是当年如此大胆用色，不啻为一次可贵艺术尝试，对于中国绘画艺术的发展极具开拓性意义。这种敢为人先的探索，也使张新予先生声名鹊起，水印木刻《栖霞山》自然而然载入中国当代版画史。

水印木刻《栖霞山》问世后，绘画中类似用色一度风行，其中有无内在联系，此处不作深究。据我所知，水印木刻《栖霞山》创作之初，他与朱琴葆老师各有一份创作稿，一份倾向淡雅，一份侧重浓烈。当作品进入印制阶段，在倾尽全力中，有意无意间把浓烈推向极致，仿佛鸟儿找到展翅的天空，营造的超常景象与全新视觉，呈现"物我神交"的画外之意，与观者形成强烈的共振共鸣。"精彩，真精彩！"我的啧啧赞美声，引得站在一旁的张新予先生和他夫人，著名版画家朱琴葆笑出了声。

回望张新予先生艺术来路，还有许多大胆之举。

其一是江苏水印画派的创立与熔铸。文化，是一个民族得以延续的血脉。南京地处南北要冲，山川明媚，水和土柔，滋养出"苏苑之美，钱塘之秀，淮土之淳"的气度，历代名人集聚，文化交融浸透，先后十朝建都于此。客居金陵的出版家胡正言，明万历四十七年出版《十竹斋画谱》，后选辑出版《十竹斋笺谱》《芥子园画谱》，为江苏水印画派的创立，提供了营养丰厚的沃土良田。

张新予先生出身书香门第，父亲张青萍曾任苏北文工团团长，新中国成立后长期担任扬州市文化局局长。母亲陈素心，多年担任扬州图书馆编目室组长。家学渊源，可见一斑。他从中央美院华东分院毕业后，长期担任江苏画报编辑，堆砌学养，沉淀文脉。20世纪50年代末，中国版画界掀起向民族民间美术学习热潮，他与吴俊发、黄丕谟、朱琴葆一道，为了江苏水印画派的崛起，古为今用，推陈出新，成为重要奠基人之一。1963年"江苏水印木刻展览"在北京展出，轰动京城。张新予先生为主力队员，时任江苏版画组组长。1992年创建江苏版画院，他是首任院长。

其二是版画艺术的皈依与延展。张新予先生相继创作水印木刻《山中气象站》《栖

江苏版画院成立旧照

张新予先生 1948 年发表在《新华日报》的版画

《张新予电脑版画选》

霞山》《武夷山下》《秋染巴山》《秋夜》《武夷山一截》等，又与朱琴葆老师合作水印木刻《绿遍江南》《霜叶红于二月花》《高原秋色》《晚秋》《杨家岭》《凤凰山麓》《雪夜明灯》等经典名作，其中水印木刻《武夷山下》获卢布尔雅那国际版画展二等奖，水印木刻《秋染巴山》入选巴黎春季沙龙，虽然成就显赫，但他并不感到满足。

20世纪80年代开始，剪枝去叶，培植内心，"贪婪"寻求新图式，如综合版《苏州水乡》《窗》，不止于客观事实，着意于抽象表达，运用柔软的情调，抒写精神的浪漫。水印木刻从《初雪》《骑鹿人》《庭院》《太湖渔歌》《西山橘红》《人与神》到《大厦的窗外》，以及合作水印木刻《茶座》，画面中没有具体形象，只有心中意象，握刀上色，铺陈风韵，作品尽有不同，精神却是一致的。其中水印木刻《路石》获第十三届全国版画展铜奖。当走上台领奖时，张新予先生已经64周岁，倔强不苟，求索不止的艺术精神，不能不让人虔敬有加。

其三是电脑版画的探问与相随。当年，当人们看到键盘还在发愣时，他已经开始电脑版画创作。握惯了木刻刀的手，能否操作键盘，知道这件事的人都有疑问。衰年变法，他不是没有顾虑，只是有言在先："艺术家一方面要发挥自己所长，也要不断扩展自己的表现天地，试着让才华多途径释放出来。"他是这样说的，也是这样努力的。《张新予电脑版画选》出版，独特的观念与图式，一面挑战自我，一面给墨守成规者震惊，成为春光长驻的见证。不论《夜》的静谧，还是《疑是极光》的张扬；不论《秋风》《湖边》的新意，还是《新世纪系列》的各式形态，语言和趣味更加贴近现代审美，与以往表达不可同日而语。其中电脑版画《新世纪系列之二》入选第十六届全国版画展。《张新予电脑版画选》出版时，张新予先生已年逾古稀，老树新芽，不能不令人敬重不已。

张新予先生的艺术芳华与进取精神，随着时光流逝，垂之久远，成为一道永不消失的风景线。

注1：傅抱石（1904－1965）江西南昌人。我国现代艺术大师。早年留学日本，回国后执教于中央大学。曾任南京师范大学教授，江苏省国画院院长，中国美协副主席等职。1959年与关山月合作，为北京人民大会堂绘制巨幅国画《江山如此多娇》，毛泽东主席亲为题字。
注2：摘自鲁迅《木刻纪程·小引》。

马平官
与百位版画家

师松龄

（1933 — 2008），山西永济人。新徽派版画创始人和领军人物之一。1949年就读于解放军西北军政大学艺术学校，曾在中央美院版画系研修。先后任中国美术家协会会员，中国版画家协会常务理事，安徽省美协副主席、名誉主席，国家一级美术师。曾多次担任全国美展、版画展评委和正副主任，并受邀担任安徽师范大学艺术学院教授。享受国务院特殊津贴专家。

作品先后在日本、法国、美国、罗马尼亚、中国香港和中国台湾等国家和地区展出，先后获全国最佳邮票、安徽省"晚霞奖"，中国版画家协会与中国美术家协会联合颁发的50-60年优秀版画家"鲁迅版画贡献奖"。

代表作有：《牧归》《淮海战歌》《龙之乡》等。

师松龄

巧遇《牧归》

2005 年初夏，我与友人一道游览合肥市街景。

时至中午，一行人有点累，便顺着回宾馆的路往回溜达，走着走着，来到一条僻静的古玩街。我平时喜欢摆弄坛坛罐罐，此刻来了兴致，众人纳凉，独自大店小铺瞎转悠。不经意间，隔着玻璃窗看到一幅画有点眼熟，便径直走进那家古玩店。画面中，女童肩背斗笠，盘坐牛背，低头凝视手中野花，四周树荫浓郁，春燕飞舞。作品画意质朴，刻工精致，一股浓烈的乡野气息跃然纸上。

此前，我曾翻阅台湾三元色艺术中心出版的画册，印象该画为封面之作，定神细看，极为相似。同行友人是位版画家，赶忙请来求证。随后的价格商谈，也许版画与古玩隔了行，也许作品未署姓名，店主爽快得很，我稍稍杀价便揽入怀中。这幅水印木刻《牧归》，是新徽派版画创始人之一的师松龄先生代表作，入编《中国新兴版画五十年选集》，

牧归 水印木刻 1962 年创作

中国美术馆、法国巴黎国立图书馆、挪威王国特隆赫姆美术馆先后典藏。就这样，水印木刻《牧归》与我一起回到南京，扳指一算过去十多年了。

半年后，这位热心友人带我来到师松龄先生画室，为水印木刻《牧归》补写题款。抵达时，师老已在楼下等候，我俩赶忙上前问候。师老年逾古稀，容颜慈祥，话语亲切随和，不急不缓中传递着气度与情怀。

师老画室在六楼，众人一边爬楼，一边交谈，没觉得太累就到了。画室原为住宅，自然分隔成会客室、工作室和库房。抬眼望去，师老与赖少其[注1]先生合作的《梅花》，师老作画唐云[注2]先生题跋的《黄山松》，以及师老创作的《龙之乡》《豆花香》《云天苍松》，与立于库房的巨幅版画《淮海战歌》，可谓琳琅满目。作品不因时光流淌而失光辉，在欣赏与打量中，一饱眼福，如飞云过天，清风入怀，此番艺术享受真的很惬意，连眨一眨眼睛都舍不得。

师老指着套色木刻《龙之乡》说道："我在安徽生活数十年，魂牵梦萦是黄山。爱黄山，更爱黄山松。此前创作过多幅黄山松，唯有《龙之乡》最满意，所以选为画册封面。"师老一边介绍，一边打开《师松龄新徽派版画艺术》。

"《龙之乡》创作于1989年。那时候，黄山松的挺拔形象，我已烂熟于心，一直思考在精神层面有所突破。不论黄山松造型，还是楼顶龙形屋脊，以形传神，含蓄心之所想，在浑然中触摸中华魂魄。作品一面叙述松的品格，一面弘扬龙的精神，相互隐喻，寄托展望，在抒情中发扬传统文化。"

如今回忆，师老的话语仍然那么掷地有声。套色木刻《龙之乡》的构图，表现参天苍松的形式之美，虬曲盘错，势如游龙，一派恢宏气势。树斑旧痕，盘桓曲折，如同铁笔生花。作品的刀法，浓缩徽派版画之精华，以圆口刀为主，水波型刀痕见长，刚若铁线，柔若游丝，与铺天盖地的松针相映，彰显"力之美"。作品的用色，呈现点刻套色新技法，从天空的淡黄晨曦，到灰色的龙形屋脊，再到褐色与墨色渲染的树干，层层递进，清新爽朗，令人赏之难忘。苏东坡言"诗中有画，画中有诗"，我们欣赏套色木刻《龙之乡》时，就是这个感觉，难怪师老执意作为画册封面，可见偏爱至极。

龙之乡 套色木刻 1989 年创作

那天拜访时，师老正在创作《黄山万松图》，因为是全景式构图，画版硕大，两端延伸至画案外，这是师老晚年之大作。他告知，每天披挂上阵，任凭窗外飞花飞雪，心无旁骛，诉说心语，成为生命深处的一种依赖。那时候，师老患有白内障，为了防止错刀，先躬身细看，然后操刀入木，看准一刀刻一刀。师老刻制时的那种专注，我在亲眼目睹中，既见证他的创作情绪与落刀魅力，也见证版画创作的艰辛与酣畅。据说师老外出旅行，为了求得气韵贯通，画版随行左右，可见人们津津乐道的"师氏线刻法"非一日之功。

大约交谈一个多时辰，师老眼神再次从画版上掠过，我赶紧收口，打开带来的套色木刻《牧归》。师老见到后，立即坦言："没错，这是我的作品，补个签名吧！我现在仅存一幅《牧归》，只套印三版，挺遗憾的。""这一幅呢？""套全四版，很难得。这是我早期版画的代表作，以应物象形的方法，为探讨我国水印木刻起一点带头作用，一定要好好保管啊！"签名后，他拿出印章吟印。一边盖，一边言："当年去邮局取款，不盖私章不给取，赖少其先生知道后，刻了这枚印章送给我。"

作者收藏的《师松龄新徽派版画艺术》和《大陆木刻版画展》宣传册

师松龄先生出生于山西永济，传说那儿是舜都，中华民族发祥地之一。在那片紧靠黄河滩的地方，历史悠久，人文荟萃。他的父亲师建平早年留学日本，回国后在清华大学任教，喝过洋墨水，又执教高等学府，七乡八岭的本族人，教育孩童时无不提及。他的母亲虽然操持家务，却是一位剪窗花高手，在弥漫传统文化家庭里成长，毫无疑问，师老版画艺术的风云不尽，与那片肥田沃土分不开。

1949年初春，17岁的师松龄从山西永济唱着《义勇军进行曲》，独自徒步七百余里，赶到山西临汾，凭借几张绘画习作，一脚跨进西北军政大学艺术学校。多年的学习积累与军旅生涯，使他渐渐走上艺术的快车道。1958年从部队转业后，确实很走运，迅速成为赖少其先生创作团队重要成员，甘苦交融，释放期许，成为走向艺术目标一个光辉起点。

为了装饰北京人民大会堂安徽厅，他去黄山写生时，仅黄山松素描稿就画了一百余幅。日落日出，坐卧黄山，观烟云变化，看松石姿态，一边目收瑰丽，一边寻找灵感，从此与黄山松结下不解之缘。生活在徽派版画故土，仰望黄山雄姿，领略大千气象，久而久之，自然出手不凡，先是合作《黄山宾馆》《云山后海》《旭日东升》，亮出的图式里，生机盎然，细节明彻，既有直接美感，又有情意猜测。20世纪60年代，《云山后海》布置于北京人民大会堂安徽厅。接着合作《淮海战歌》《淮北变江南》《大别山下》《淮河之晨》《淮海煤城》等11幅巨型版画。作品以开阔的视野，明快的线条，丰富的色彩，描绘淮北大地、淮河两岸的壮丽风景和火热建设场景，既承接徽派版画传统，又注重主题表现；既吸收色彩审美，又体现地域特色。20世纪70年代，当这批版画悬挂于北京人民大会堂安徽厅之时，从此奠定安徽版画在中国美术界地位，以赖少其、师松龄为代表的"新徽派版画"达到新的艺术高峰。赖少其先生人前人后总是这样称赞师松龄：为人忠厚，干事踏实。

1962年，他进入中央美院版画系进修，在李桦、王琦两位先生工作室里耳濡目染，鼓风扬帆，继而交付出新的美学判断。进修期间创作的《牧归》《深山探宝》和《豆花香》，带着泥土气息的纯朴，带着诗意才情的升华，真态宛然，各具神采。李桦称赞"纯朴之中见精美，淡雅之中显匠心"。作为受过素描、色彩、透视严谨训练，又经过深入体验与深思熟虑，创作中融入传统审美和民族气质，使作品有根有据，情依华夏。随后创作的《黄山松云》《云天苍松》《松魂》《龙之乡》，钟情黄山景，情定黄山松，悻悻情怀，一览无余。再随后，《黄山鸣弦泉》《月洒劲松》《苍松竞舞》的推出，鞭马扬尘，越众而出，构建起独领风骚的"松"世界，成为我们领略东方虚境艺术的指南。特别是精心设计的1997—16《黄山》八枚邮票，这是我国为"第22届万国邮政联盟大会暨中国1999年世界集邮展览"发行的第一套特种邮票，评为当年全国最佳邮票。同年创作第二套《黄山》极限版画图卡500套，2001年又创作第三套套色木刻《黄山》。《黄山》系列版画的创作成功，既拓展了新徽派版画的时代审美，又为徽派文化增添新的精神财富，一个极为重要的原因，此时师松龄先生木刻刀下的黄山，已是随心所欲，呈炉火纯青之势。

在岁月过往中，他一面打造版画艺术新姿，一面为组织重大活动奔前跑后。先后三次参加和主持北京人民大会堂安徽厅美术作品的创作、组织工作。参加和组织中国版画家协会成立大会。参加和组织安徽省美协的领导工作，可以这么说，在繁荣版画艺术的大路上，他始终坚韧不拔地从容前行，功不可没。

2008年7月6日，一生匆忙的师松龄先生停下脚步，驾鹤西去。据说这位把生命和艺术连在一起的人，临终前还在创作《万壑千松入梦来》，万壑松风，波光云影，穷尽他的毕生精力，为心中的黄山增色添彩，可谓"烈士暮年，壮心不已"。

人生都会落幕，师松龄先生留下一片精彩在人间。

热爱新徽派版画的人们会记住！

黄山会记住！

注1：赖少其（1915—2000）广东普宁人。中国当代著名书画大师，新徽派版画主要创始人。新中国成立后，历任华东美协党组书记，安徽省美协主席，中国版画家协会副主席，上海美协副主席，广东美协名誉副主席等。
注2：唐云（1910—1993）浙江杭州人。中国当代著名书画大师。曾任中国美协上海分会副主席，上海中国画院代院长、名誉院长等职。

与朱琴葆（左）合影

朱琴葆

女，（1934－2019），江苏无锡人。江苏水印画派创始人之一。
毕业于中央美院华东分院（现中国美术学院）。中国美术
家协会会员，中国版画家协会理事，江苏省版协副主席，
国家一级美术师。

作品曾在法国、德国、意大利、日本展出，入编英国剑桥《1988 亚
太地区世界名人录》、印度《世界妇女名人录》《亚太地区名人录》。
《版画世界》颁发"鲁迅奖章"，江苏省政府授予"三八红旗手"
称号。中国版画家协会与中国美术家协会联合颁发 50－60 年代优
秀版画家"鲁迅版画奖"。

代表作有：《春》《绿遍江南》《山涧》等。

会场解惑

事情是这样的。

十四年前，我收藏了水印木刻《山涧》，这是江苏省版协副主席朱琴葆老师的代表之作，也是我国当代水印木刻的卓然之作。

画面中烟岚雾霭，溪水湍急，青松傲岸，在春风化雨般晕染中，一派胜景，满目生机。倘若仔细端详，既见刀功，又见水渲；既有小桥流水之雅，又不失烟雨迷蒙之美；既有水墨写意的温润，又有水印木刻的洗练。这是女性版画家观察生活的细腻表现，也是作者情感体验的愉悦释怀。每每品味，炫我眼福，总想得到朱琴葆老师的亲自解读。

五年前秋天的一个下午，江苏省美术馆举办"版画艺术讲座"。那一天朱琴葆老师担任主讲，报告大厅座无虚席。进入互动环节后，我带着疑惑起身提问，朱琴葆老师微笑解答：

"20世纪80年代初，一众画家结伴到安徽黄山采风。下山时，有一段山路云雾缠绕，好像挂了一顶大蚊帐，把眼前一切美景笼罩其中。猛然间大风吹过，拨开云雾，如同掀开蚊帐一角：湍急的山涧溪水，幽僻的青苔石岩，苍劲的大黄桷树，大自然中的天然妙趣，相伴相生，意通玄冥。虽然是短暂一瞬，却又清晰眼前，让驻足观赏的我，一时目不暇接。心想：千万不能辜负这个天赐良机，随之而来的创作冲动，如泉水涌动一般。当时是怎么下山的，如今一点儿想不起来了。"

"您是如何确定创作主题的？"

"古老的黄桷树，历经风霜雨雪，依然苍翠挺拔，不屈不挠；清澈的溪水，历经寒来暑往，依旧肆意遨游，奔流不息。'文革'十年动乱的结束，国家有幸我有幸。冬去春来，万物复苏。人与大自然其实是相通的，眼前这一片春意盎然，不正是苦熬中的憧憬？只要希望在，春天终究会来临。此次邂逅奇景，一定要把这个感觉表现出来，水印木刻《山涧》的创作，就是听从心的召唤，也是那个特定年代的特有体会。画面中，以春水奔腾表达内心的开怀，原来考虑在树丫上添一点绿芽，张新予老师提醒：树冠已有表现。想想是有道理，在印制时果断舍弃，腾出空间，也让观者多出一份遐想。"我终于释然。报告大厅里，广大听众和我的掌声一同响起。

此后，我曾经多次拜访朱琴葆老师，在她的清晰回忆中，悉知过往岁月中的多次掌声。出生于江苏无锡的她，家境贫寒。16岁从竞志女中毕业后，便来到无锡市申新纺织三厂，在细纱车间当一名锭带工，白天车间里劳作，晚上参加苏南美术班学习，为心中萌动的理想准备着。她对艺术的一片痴心，感动了一位中学美术老师，江南多雨，在老师的那间破宅子里，一面用洗脸盆接着漏雨，一面在滴水声中聆听教诲，这就是常说的童子功，由此打下受益终身的美术基础。18岁那年，在全家人反对，唯有奶奶坚定支持下，她如愿考取了中央美院华东分院（现中国美术学院）。那段阳光岁月，一路努力，一路荣誉，先任杭州市青年联合会委员。1956年又光荣出席第四届世界大学生代表大会，时年22岁。作为出席世界大学生代表大会的代表，在开往布拉格火车慢慢启动时，送行人群中响起春雷般掌声，至今难忘。

1955年，创作第一幅水印木刻《茄子和天牛》。

1956年，创作铜版《风景》，刊载于第二期《版画》杂志。学生作品得以发表，那是很难的，这让她兴致陡然，从此奔跑在版画创作之路上。其后，水印木刻《放学后》《昨日的荒地》《摇绳》《纺织女工生活组画》《鲁迅故乡组画》，铜版《风景》悉数入选第二届全国版画展，进步之快，入选之多，这在当年实属罕见，让青春芳华一览无余。

1960年，创作水印木刻《春》，被列为庆祝建国十周年全国优秀作品，成为那个远去年代的珍贵剪影。作品通篇春光明媚，姹紫嫣红，一片春耕繁忙景象，拖拉机在乡间小道上奔驰，托映新中国的灿烂前景，以此放量对版画艺术的新追求，成为她在江苏省电影制片厂担任美工师期间，常常引以为自豪的一件作品。

朱琴葆先生出席第十四届
世界大学生代表大会时的场景

春 水印木刻 1960 年创作

1961年，时年27岁，她以蛰伏勇气与果敢，迎接前所未有的挑战。从那一年起，与吴俊发、黄丕谟、张新予一起投入江苏水印画派创立，把握当下，风雅意象，直至灿然花开，既为江苏增添崭新文化气象，也为中国当代版画谱写传奇篇章。

朱琴葆老师以传统山水与饾版套色相融合，传承中创新，采撷中发扬，形成独有的版画艺术轨迹，从水印木刻《舍南舍北皆春水》《夜泊北崮》《家住黄叶村》《春溪》到《昆仑霜晨》；从与张新予老师合作《绿遍江南》《高原秋色》《霜叶红于二月花》《晚秋》《枣园》《杨家岭》到《新春》，再到参加南斯拉夫卢布尔雅那国际版画展的《黄果晓雾》《涛声》和《石钟山》，心有所想，情有所寄，皆融于画境，刀味、木味与韵味使作品出神入化。1983年张新予、朱琴葆版画巡回展在江苏省美术馆开幕。当时中国版画处于转型之际，夫妇联展适逢其时，参观人群里响起经久不息的掌声，至今难忘。

1986年，张新予、朱琴葆版画展在黑龙江美术馆隆重开幕。回眸20世纪50年代末，在祖国北疆黑土地上，以晁楣为代表的北大荒版画异军突起，写实主义与浪漫主义结合，运用油套木刻的雄浑大气，形成北大荒人抒发豪情壮志的独有风貌，饮誉中国现代版坛。同样是20个世纪50年代，烟雨茫茫的江南水乡，江苏水印破土而出，以水色淋漓之态，天然妙趣之境，呈现温文雅致的如梦如幻，脱颖中国现代版坛。如今南北两支劲旅切磋于此，一个苍劲雄美，一个幽远清旷；一个色彩浓烈，一个淡雅无边，各显峥嵘，互映光辉，这是何等的版画幸会？晁楣先生带头鼓起热烈的掌声，至今难忘。

2004年，张新予、朱琴葆版画精品展在巴黎国际艺术城展出。人们常说：民族的，也是世界的。在世界艺术之都巴黎，中国伉俪版画家以数十幅水印木刻精品，与色彩厚重的粉印木刻《仲夏之夜》《绍兴寒夜》《芦笛响了》《大漠甘泉》结伴，带着中国元素与东方风姿，吸引一批又一批高鼻蓝眼睛观众。看惯了油画笔触，如今驻足水韵墨化，领悟朦胧中的典雅，同样让他们黏住心情、留住眼神。深厚的文化渊源，沉醉的民族风情，娴熟的水印技法，摄人心魄，流连忘返，不约而同地报以欢快的掌声，至今难忘。

朱琴葆老师最为感慨的，应该是2008年"张新予、朱琴葆版画展"在江苏省美术馆的再次亮相。此时此刻，光阴匆匆流转中，这对伉俪版画家携手走过五十年，特殊的人生经历，特殊的时代感悟，赋予作品特殊的灵感沉淀，意境深邃，感染众人。其中包括朱琴葆老师铜版组画《大江行》系列、《渔舟》系列、《水乡》系列，以及《寂静的山林》《牧羊人》《农家》，都是半个世纪跨越中，一路散落的美好记忆。斗转星移，印记岁月，如今江苏水印画派荣誉满满，永久载入新中国艺术史册，欣赏那些铭记于心的画面，不仅对接美好回望，也是心灵再次相逢。观者如潮，人群里由衷爆发的掌声，更是至今难忘。

如今满头银丝的朱琴葆老师，娴静中透着知性气质，神态安详，满脸微笑，只有创造过人生辉煌的人，才会有那份超然与淡定。她认为：艺术家不能靠掌声支撑，能够打动观众的，是对艺术的不懈追求。朱琴葆老师始终这样储蓄人生，在心源追索中，那些精彩纷呈的作品，如同盛宴上的佳肴，有人喜欢这，有人喜欢那。这不，力群先生称赞《山涧》素雅之美时，比喻花枝招展的少女，李桦先生则为歌颂劳动者的《扬子江畔》喝彩；吕蒙先生夸奖《山涧》与《涛声》，既有版画的刀味又有传统绘画的韵味，而赵延年先生夸奖《山涧》更为直接，把"气韵生动""骨法用笔""墨分五色"全都用上了。日本"中国版画会"会长、评论家小野田耕三朗却力赞铜版《大江行》《百羊坪》，称其"构图大胆，气势宏大，有丰富的想象力和一般女性画家难以达到的魄力。"

诚然，朱琴葆老师也有不堪回首的岁月：四十多年前的那场政治风暴刮来时，整日潜心版画创作的她，同样不能幸免。蜂拥而至的"造反派"剪去她的秀发，震耳欲聋的口号声，更是让她撕心裂肺，成为一生中最为痛苦的记忆。至今回首，仍然心悸。当年，她只能以泪水平复无奈，不是感情脆弱，而是面对不公正遭遇，不知罪在何处？夜深人静，她重新走到梨木版旁，当拿起刻刀时，顿时心绪淡然，应了林风眠老先生那句："艺术是人生苦难的调剂者。"依靠希望的支撑，熬过难熬的岁月，所以才有了水印木刻《山涧》中的畅怀。溪水曲折，终奔河海。在若有所思中，朱琴葆老师深情地说："半个多世纪以来，沐浴着温暖的阳光，也曾经历暴风骤雨，遇到过无奈，但总抱有希望，特别是在祖国并不富裕的年代，人民还过着贫困的生活，而我们却能潜心于自己心爱的事业，幸运地走进了艺术殿堂，这要感谢人民的养育之恩。"这是朱琴葆老师的心声，也是创作水印木刻《山涧》的精神之源。

所以说，水印木刻《山涧》不是风景描绘，而是心境写照，我终于明白这一点。写到这里，再次为朱琴葆老师送上掌声。

山涧 水印木刻 1980 年创作

与梁栋（右）合影

梁　栋　　（1926 — 2014），辽宁庄河人。1952 年就读中央美术学院绘画系。1956 年调入中央美术学院，先后任版画系副主任、教授，中国版协常务理事、副秘书长，中国美协第一届水彩画艺委会主任，中国藏书票研究会创会会长，中国出版协会藏书票艺委会主任，《版画世界》副主编、《水彩艺术》主编、《中国水彩》主编，北京水彩画学会创会会长。多次担任全国美展水彩、水粉画展评委、评委会主任。

作品获首届全国青年美术工作者作品展二等奖、北京市庆祝建国 35 周年美展荣誉奖、第六届全国美展优秀奖、第六届全国美展铜奖、第一届亚欧国际艺术展奥斯曼·哈姆迪艺术奖、89 杭州中国水彩画大展佳作奖、中国版画家协会与中国美术家协会联合颁发的 50 — 60 年代优秀版画家"鲁迅版画奖"。

代表作有：《站在景山望鼓楼》《转战新油田》《龙江水暖》等。

岁月留痕

2014 年初春，北京天空灰蒙蒙的，风里夹着一丝凉意。

梁栋先生家客厅不大，是 20 世纪 80 年代那种样式，大约十多平方米，一侧是书橱，另一侧是长短组合沙发，加上堆满杂物的茶几，便无更多空隙。梁栋夫人鹏程阿姨迎我进门，热情告知：我坐的那张沙发，二十多年前李桦先生做客时坐过。听此介绍，本应荣幸，只因梁栋先生身染重疾，不免内心荡然。

听说我要采访，梁栋先生嚷着"快扶我起床。"我循声走进北屋，径直来到他的床边。由于长期病痛折磨，梁栋先生已是面容憔悴，皮肤呈灰白色，言语短促含混，可能是疼痛的原因，佝偻着身躯侧卧在床。依照他的吩咐，我帮着穿衣提裤，搀扶移步。当行至镜子旁，他见头发散乱，示意梳理，我一手搂住他无力的腰，一手拿着木梳为他梳头。当梁栋先生依靠沙发里，答非所问的采访，成为一种时空交错的求证。

此情此景，让我感叹生命的脆弱，平添一份怜悯与珍惜。于是，深深吸了一口气，开始寻源问道，兴许哪一句话，或哪一个词，就是中国现代版画史中不可复得的史料。

"你有我的作品啊？"

"有！"

"哪一幅？"

"套色木刻《站在景山望鼓楼》"

"噢。拱花的。先喷水，然后在宣纸背面印。"

鹏程阿姨一旁更正："《春江水暖》是拱花水印。《站在景山望鼓楼》是套色油印。"一边贴耳告知："人家问的是《站在景山望鼓楼》。"

"啊！好多年前的事了，当时北京十大建筑还没建呢。"

"那是 1957 年。"

"就是那一年，黄永玉和我带着中央美术学院学生，一起到东北小兴安岭实习时，产生以首都风景为创作题材的念头。《站在景山望鼓楼》的创作，那是回到北京以后的事，同类题材还有《人民英雄纪念碑》《北海之春》《夜以继日——十三陵水库工地》《首都新景》和《北京新建——革命历史博物馆工地》……我最满意的是《站在景山望鼓楼》。"

"是您那个时期的代表作。作品呈现的本真之美，宁静之美，带给人们独有的诗情才意。"

"创作需要有感情啊！没有感情是出不了好作品的。我爱首都北京，创作是发自内

李桦先生陪同日本著名版画家
北冈文雄在梁栋先生家做客

心的，不是简单图解风景。"

"套色木刻《站在景山望鼓楼》曾经参加过哪些展览？"

"很多。最早是第三届全国版画展。那时候的艺术创作，既是政治任务，也是激情所致，你们理解时千万不能搞偏了。"

"作品立意之深，结构之严谨，听说李桦先生多有赞誉？"

"是啊。李桦先生很喜欢《站在景山望鼓楼》，多次称赞：是社会主义艺苑里难得的香花，庄严而迤逦。上海人民美术出版社出版《十年来版画选集》和《中国新兴版画五十年选集》，李桦先生均推介入编。"

站在景山望鼓楼 套色木刻 1957 年创作

"我特别喜欢。"

"想起来了，你收藏的那幅是拍卖会买的吧。"

"是的。"

"那一幅是我自留的。拍卖公司非要拿去拍，太可惜了。"

"您放心，我会好好珍藏的。"

"你问我是如何走上版画之路的？ 1946 年，当时旅大市由苏联实行军事管制。有一天，我在旅大市西岗子买到一本《现代版画》集。在那本小册子里，第一次看到李桦先生的《春郊小景》，这幅水印木刻曾受鲁迅先生赞许，是中国现代水印版画最早作品！

从那个时候起，我就喜欢上了版画。东北地区木材多，制作版画很方便。"鹏程阿姨插话："梁栋是 1945 年参加革命的。1947 年创作《剪刀厂》《翻砂车间》《码头装卸》发表于《友谊画报》。"梁栋先生接话："那时候《友谊画报》主编，是延安鲁艺调来的版画家张菊。"

"你问我的老师是谁？宋源文是我的学生，我比他大七岁。"

鹏程阿姨纠正："问你的老师是谁？"

"我有好多老师，他们对我的引导，这一辈子忘不掉。1948 年，我认识了田丰，跟着他学水彩画。1949 年，我认识了朱鸣冈，跟着他学版画。1952 年，我到中央美术学院学习时，宗其香教水彩画，李桦教版画，我的老师很多。"鹏程阿姨补充："梁栋在旅大文工团时，团长是田丰，新中国成立后担任北京电影学院表演系主任，对他的学习帮助很大。"

"1975 年，我与李桦先生合作套色木刻《转战新油田》，那是我俩在大庆油田时共同创作的。李桦先生来过我家。"鹏程阿姨补充道："那是 1989 年 10 月 21 日，李桦先生陪日本版画家北冈文雄来我家做客，就坐在你现在坐的位置。"

"套色木刻《站在景山望鼓楼》创作主题和历史背景？"

"20 世纪 50 年代，中国版画界开始向民族民间艺术学习，我积极响应号召，先后到北京荣宝斋、山东潍坊、天津杨柳青学习年画和水印木刻。创作《站在景山望鼓楼》时，构图借鉴瓷器开光，画面设计为椭圆形，造型别致。色彩借鉴年画用色，红色鼓楼黄色瓦，加上绿树穿插其间，朴实端庄，只有油印才会有这种效果。我的作品水印多，油印少。"

"为什么色彩那么浓烈？"

"这是故意渲染的，努力把画面做得'亮'一点。"他手指书架上琳琅满目的古彩陶："这些彩陶当初的色彩，一定是浓烈的。"

……

采访在东一句、西一句搭讪中进行，让我接捧一个又一个鲜活故事。这时，做好饭菜的阿姨走过，搀扶梁栋先生就餐。他摇摇手，对我说道："你还没有我的画册吧？送你一本。"闻言，我赶忙递上签字笔。他一边看着名片，一边以青筋凸起的手，颤颤巍巍地题写：马平官同志正，梁栋，二零一四年四月赠。"《站在景山望鼓楼》在第九页。"递画册时，他还不忘叮嘱一句。

离开梁栋先生家，天色已近黄昏，残阳如血，落在西天，余晖染得楼房和树枝上金边点点。

1926 年，梁栋先生出生在辽宁省庄河县鞠家屯，家境贫寒，在北大荒冰天雪地放牧中熬过童年，严寒冻掉了脚趾，冻残了手指，因此烙刻幼小心灵的，不是饥寒交迫，就是阶级压迫。他在苦大仇深中长大，19岁那年带着皮匠手艺参加革命。不久，成为东北解放区辽南白山艺校第一期学员，随着战争风云变幻，经过风也经过雨。新中国诞生后的漫长岁月中，为了心灵的自由表达，也为了满腹话语变为纸上云烟，身残志坚，经年奋斗，终于成就率真质朴的版画风貌。古元先生言：梁栋热爱劳动人民，他的作品热情讴歌人民生活和祖国的大地景色。

回眸梁栋先生的艺术过往，就是见证他的信仰与执念。20世纪40年代末，《码头装卸》《修复轮船》《安装新机器》等，在黑白线条诉述中，可以窥见东北解放区人民支援前线的火热场景；五六十年代，描绘工人的《锻造车间》，描绘农民的《菜园》，描绘解放军战士的《榜样》，质朴无华，返璞如初，虽说属于图解式创作，却寄存丰富个人情感，也是那个特定年代的见证。特别是《站在景山望鼓楼》的创作，融入的是文化气息、文化含量，滋养的是心性深处。六七十年代，既有政治色彩浓烈的《复课闹革命》《革命摇篮井冈山》，也有承载时代印记的《转战新油田》《油海朝晖》《鱼汛时节》，在难以回避的意识形态表达中，唯有塑造时添加一份真实，充填一丝美意。熬过寒冬腊月，迎来春光如注。进入八九十年代后，他一如以往地追赶流年，扬帆再起航，以油印、水印的多路拓展，频频与内心对话，甚至自费买来版画机，在他家中安营扎寨，为创作添一份便利，争分夺秒地与时间赛跑。王琦先生云：笔底生辉，刀间有神。在那些洒满阳光的日子里，从被动接受政治意识，转向自觉认知与有感而发，《新渔村》《龙江水暖》《黄山旭日》等相继推出，把对这片土地深沉挚爱，化为五色斑斓时代画卷。这一时期，在梁栋先生作品里，景物与内心相约，版味与刀味交辉，流露的是一种从容与超然，从而构成他的版画艺术新高度，既是浮生大戏的最后一折，也是晚年情愫的栖息之地。

梁栋先生艺术追求与艺术成就是多方面的，不仅版画艺术成就斐然，呈现众多耳熟

龙江水暖 水印木刻 1984 年创作

能详的佳作名篇,饮誉当代中国版坛。他在我国水彩画、藏书票事业中更具拓荒奠基之功,贡献巨大。璀璨银河,众星闪烁,梁栋先生在中国当代艺术史留下的奋斗足迹,同样被余晖染得一片金黄……

1980 年,北京水彩画学会成立,担任首届会长。

1984 年,中国版画藏书票研究会成立,担任首任理事长。

1993 年,中国美协水彩画艺委会成立,担任首任主任。

1994 年,中国出版工作者协会藏书票艺委会成立,担任首任主任。

桑榆暮景,唯有祝福。

完稿之时,噩耗传来,梁栋先生不幸于 2014 年 12 月 31 日因病辞世。听到消息那一刻,我甚为悲痛,心绪久久不能平静。有些过往是不能忘怀的。于是打开 U 盘,聆听采访梁栋先生时的录音,重拾曲终余韵。这是他对版画艺术的凝固记忆,也是遗留人间的情感独白,恍惚之中,我觉得梁栋先生没有走远,他为这片土地留下的艺术之花,是用生命之水浇灌的,永远不会凋零。人生一世,草木一秋。我终于明白,生命的意义,其实是在生命结束之后。

董克俊

（1937 — 2019），重庆人。中国美术家协会理事，中国美协版画艺委会委员，贵州省文联副主席，贵州省美协副主席，贵阳市美协主席，贵阳市书画院院长、贵州省政协画院名誉院长、贵州民族大学客座教授。国家一级美术师。多次担任全国美展、全国版画展评委。享受国务院特殊津贴专家。

作品曾获第九届全国版画展优秀奖、首届中国风俗画大赛二等奖、四川神州版画博物馆授予"中国新兴版画贡献奖"、中国版画家协会与中国美术家协会联合颁发的 50 — 60 年代优秀版画家"鲁迅版画奖"。

代表作有：《太阳雨》《雪峰寓言》《山气》等。

与董克俊（左）合影

孱弱的勇者

  10多年前，我随旅游团到意大利参观庞贝古城。这座始建于公元前6世纪的繁华小镇，在公元79年维苏威火山大爆发中被瞬间吞噬。1748年，一位名叫安得列的农民，用挖葡萄树根的锄头，揭开千年古城的神秘面纱。如今徘徊在阿波罗神庙前，高大的石立柱，残损的石雕像，以及斑驳的壁画与数不清的神面兽头，依然诉说着古罗马人的精神图腾。

  人类祖先在封闭的生存环境中，孕育出不同的艺术形式，因此美感是纯粹的意象世界，没有国界之分。当我打开董克俊先生创作的综合版《太阳雨》，神秘的山野之风与纯朴的本原之气，扑面而至，震撼感官，画面中人与自然的相依相融，诉说着东方人类的精神图腾，冥冥之中与古罗马人有一种遥相呼应、各放异彩之感。这些年，看厌华丽作秀与怪诞喧嚣，面对综合版《太阳雨》的粗犷奇特，勾魂夺魄，顿生一股挡不住的视觉吸引。

  贵州地处亚热带，山多地少，雨量充沛。独特的喀斯特地貌，形成雨热同期的自然景观，东边太阳西边雨，在那里时常碰见。综合版《太阳雨》截取的是坐车赶集，巧遇太阳雨的有趣场景。画面中惊悚的马，瞪大双眼；粗犷的马车，吱呀前行；乘车人心情不一，表情各异，既有老人的惊慌，也有妇女的木然，还有孩童的情绪无常。阳光下，众人淋着雨相拥马车，少数民族平凡生活的众生相，就那么鲜活地展现在眼前，如同一个迷离的梦。

  贵州古为闭塞之地，"十里不同风，百里不同俗"。封闭状态中的文化沿袭，古朴自然，荟意有源。既有道教，也有巫术；既有乡土艺术，也有部落风情。在浩瀚历史长河里，光阴疏离，孕育出众多神秘、独有的符号，传递着人类的生存意识。在西方绘画史中，表现语言历经数百年更迭，抽象概括早已成为艺术表达的重要内容。当毫不相干的精神产物在此相遇，以各自姿态回归精神故里之时，既丰富了人文历史，也封存了人类天性。

  综合版《太阳雨》以麻布为载体，纸版铺设底色后，主版勾勒太阳、人、马、车黑色轮廓，再次套色，丰富肌理，然后用胶棍滚压油画颜料，递进赋彩，反复磨压，随着油彩与画布的浑然一体，线条与刀痕的相继铺陈，形成绚丽多姿、虚实呼应的生动画面。这件作品材料本身以及制作手法，都是作者的匠心独运，作品形成的独特语言和罕见的视觉冲击力，背后蕴藏的则是观念使然。

  综合版《太阳雨》的形象处理，不束缚于基本结构，也不拘泥于客观形态，而是通过变异夸张与抽象概括，展现洒脱的本土野性，形成势可夺人的视觉感受。在主题意象表达中，作者以理性修为添加气韵，扩展作品感染力，既保留少数民族天然气息，又注重人物形意相互映照，通过精心营造的莫名神秘感，直指生机勃勃的精神天地。

　　董克俊先生通过捕获看似普通的瞬间，发挥心性，提炼融合，将其升华到一种审美境界，这是东方文化现象的独特表现手法，标明他已走出一条原始的现代风格之路。综合版《太阳雨》无疑是其经典之作。

太阳雨 布面综合版 1988 年创作

　　20世纪80年代中期，各种艺术思潮激荡着神州大地。1988年，偏僻闭塞中的贵州省，以董克俊为首的一拨时代"弄潮儿"，冷不丁地在首都北京接二连三举办画展，召开艺术研讨会，李桦、古元、华君武等诸多前辈争相捧场。董克俊先生语："挨个儿去请，有请必到，老先生见到贵州作品特兴奋。"那些渗透着狂野自然、古朴原始的作品，那些掺杂乡音的怯生生发言，"忽如一夜春风来"，秉质天然的艺术风貌，让人们倍感耳目一新。贵州版画的全新图式和艺术见解，感动了版画同仁，轰动了版画艺坛，直至震动了中国美术界！一曲"贵州美术现象"的雄浑乐章由此奏响，声振寰宇，至今余音绕梁。

　　如果要了解贵州美术现象和贵州当代版画发展轨迹，董克俊先生是一位绕不开的重要见证人，不然很多事情说不清楚。

　　2015年年末，一个阳光和普洱茶的上午。在董克俊先生家客厅里，宾主跷着腿，品着茶，聊着聊着，我发觉自己的情绪越来越难掌控，特别是进入董克俊先生画室后，一幅幅精品力作的浏览，一个个创作故事的聆听，目睹风采，涌起敬意，同时撩拨起决意，决意透过岁月烟尘，走进他的内心世界。

董克俊先生数次赠送作者的画册

董克俊先生的成长之路与艺术之路极不寻常。

1937年，他出生于重庆一户殷实之家，祖父是拥有运输船队的药材商，外祖父开办"永美厚"银行，两家人是铺满银圆等待孙儿落地的。母亲出身重帏深闺，不会带孩子，第一口奶来自身患隐疾的奶妈。他出生第三天就在医院抢救，好不容易从地狱门口拉了回来，又患上百日咳，再染肺结核，一直在死亡线上挣扎。请巫师跳端公，拜干妈保平安，能想到的办法他家都尝试过。一路挣扎，出这家诊所，进那家医院，成为董克俊那么多年生活常态。1963年，他住进贵阳大水沟结核病院，院长直言："再拖下去不是办法，要想彻底解决病根，只有手术切除。"他思前想后，已经折腾26年了，不如拼一把。于是，逼着无可奈何的母亲签字，其后便是接二连三的手术。直到1964年，他以羸弱身躯带着不舍眷恋，离开了那个比家还熟识的地方。

他从记事起，就接受着命运的无情挑战。病魔缠身，了却长辈望子成龙的奢望，童年是在无忧无虑中度过的。稍大后，在外公的书房里，观摩郑板桥、吴昌硕的书画，开始感受水墨渲染。在干妈的别墅里，观赏达·芬奇、拉斐尔的油画，初步领略色彩魅力。外公非常喜爱他，不仅教书法，还带他拜名师，习国文，学国画。朦朦胧胧之中，他觉得很有趣，渐渐爱好上美术。就读重庆求精小学时，有位老师毕业于杭州国立艺专，他便跟前跟后学写生。就读重庆第二中学时，结识西南美专高才生吴国诚，先学素描，再学水彩。

绘画，一度成为他陪伴孤寂的依靠。随着病情加重，只好休学静养，他以绘画平定心神，度过一个个凄苦日子。有一天，不经意走到一处建筑工地，火热的劳动场景，让他兴奋异常，一挥而就完成速写《战果公布了》，不久发表于《四川日报》，听到消息时的高兴劲儿，他这辈子没有体验过。从此，兴致陡增，创作更加努力，很快成为报社美术通讯员。他又尝试木刻创作，第一幅黑白木刻《送春肥》完成后，立即寄往《贵州日报》，第三天头版位置发表。春去秋来，似水年华，绘画成为他生命中不可分割的部分，一手拿药瓶，一手握刻刀，开始非凡而卓越的艺术人生。

董克俊先生所构建的意象世界，来自个人的审美感性。"文革"期间，这位红星拖拉机厂的美工，主要任务是画宣传画。那时候，有人狂热崇拜，有人权当任务，他却整天若有所思，费神琢磨，如何在宣传画中融入主观因素，画出一种唯美形态。当宣传画《大串联》、套色木刻《公社春耕》、国画《机声悦耳》推出后，果然是热切追寻中的与众不同。

"文革"结束后，他调入贵阳市群众艺术馆。那时候，别人还在主题先行模式中徘徊，他却积极寻找审美语言，追求个性风格。一面冒着风险举办人体写生班，一面创作《雪峰寓言》插图。董克俊先生告诉我："冯雪峰所著《雪峰寓言》第一集插图，由黄永玉画稿。我画第二集，如果没有艺术特色，缺乏个性，你说能行吗？"

董克俊先生所构建的意象世界，既独特，又悠远。从重庆到贵州的迁徙途中，不知咋的，他喜欢上这块充满缥缈生机的红土地。不停地跋涉山野，触摸乡土文化。不断地解读古老元素，探问生命信息。一面采摘民族民间记忆，一面觅取人类原始精神，不知不觉中，在他那方精神领地里，不是守望昨天，而是翘首明天。在他那间艺术库房里，不是改头换面、风格雷同，而是异乎寻常的新图式、新姿态。

董克俊先生所构建的意象世界，找不到现成出处。作品在远离流俗中释放原始元素，一如己意中展示原创风貌，处处闪烁着本真与质朴。"粗犷不是粗糙，单纯不是简单，高超的艺术表达靠的是提炼、再提炼。"不论黑白木刻《雪峰寓言》的表白，还是黑白木刻《四并列》《无极》《热土地》《生命的符号》的风貌，或是套色木刻《村寨》《山气》《白屋》的夸张，每一个画面都能看出独有的艺术特质，既是天性传递，也是睿智表达。董克俊先生认为：传统文化不是简单沉积就行，要不断演化才能延续。

艺术家形成独到的个性语言，不是一件寻常事。艺术家以一己之力，牵引万众瞩目的地域文化现象，更不是一件寻常事，这些董克俊先生都做到了。为了贵州当代版画艺术的发展，他所发挥的历史性作用无人可取代，名气盛大，功莫大焉。如今大隐于市，谦逊祥和，我辈能不陡生敬意？

时光如流。董克俊先生闲刀多年，近二十年间游历水墨，先后推出《山风系列》《碎片系列》《空壳系列》《都市系列》，以及《记忆回放》等，浑厚含蓄，薄纸千钧，自称"休闲水墨"，以此陪伴淡泊人生。其实，他内心不舍的还是刀融木味，他反复对我说"这才是真正喜欢做的事情"。当下，董克俊先生也玩起微信，与我时不时往来信息。我明白，他这是提醒人们，年龄不是丈量艺术青春的尺子！

想象中的艰辛还要艰辛。我猜想，这背后才是真正的励志故事。

在飘零无依的日子里，他把全部心智投入黑白木刻《织》的创作。从谋篇布局，到主题构思；从线条穿插，到板块借用。消耗苦心，反复琢磨。通过黑与白的强烈对比，阴线阳线的相互衬映，宛如跳动的音符，时而激荡，时而舒缓，让观者欣赏之余，体味那个时代特有的精神风貌。点、线、面编织着青春憧憬，黑、白、灰传递着未来希望，与其说画中少女在编织梦想，不如说是自己在编织梦想，这就是他创作中的原动力。

历史是一条奔腾不息的长河，但给每个人的机会却是有限的。他深知这个道理，在支撑中怀抱希望，在翘首中向往未来，期待花开那一刻。忆及至此，他低声对我说："你别见笑，没有其他办法，只能玩命地拼搏。"黑白木刻《织》的创作成功，不仅为他带来期盼已久的荣誉，也送来一把打开人生机缘的钥匙。

1982 年，安庆市书画院在鞭炮声中挂牌，这名供电系统的外线工，如愿以偿成为一名专职画家。成串鞭炮还在院子里哔剥作响，他虽说心里乐开了花，但硫黄味还没散尽，便收拢起笑容，独自躬身画案。不是没有庭前赏花、闲看流云的兴致，而是岁月不待啊！回归宁静后，他主动胁迫自己，以勤补拙，天上的星星成为最好旁证。他深知：艺术这条河不能顺流而下，只能逆水行舟，不进则退。经过二十余载风霜打磨，他的作品表现力日臻成熟，在动与静、简与繁、明与暗对比中，一面蕴藏徽派版画的艺术精髓，一面融入现代观念的人文语素，终于编织出属于自己的艺术风格，给人们带来崭新视角，丰富和拓展了新徽派版画艺术。

黑白木刻《生命的主题》的创作，以"鹅"为载体，这是他版画主题中难得一见的借用。意念一动，一切皆抛。独具匠心的构图，超出常理的谋篇，没有背景衬托，甚至难以找到画面边缘，如同撕碎的纸张，捡起来重新拼贴一般，每个块面都有遗落的生命痕迹。大小不等的碎片零角，毫无秩序可言，每一根线条都有情感牵连，每一个区域都有风姿风韵，彻底打破了画面完整性。不难看出，作者此番作为，不是仅仅靠形式说事儿，更是依靠内容佐证内涵，成为范竟达兄在版画创作中最为得意的一笔。

杂乱的草丛，扑腾的大雁，散落的羽毛，通过累累刀痕，在黑白两色激烈碰撞下，打上撕裂岁月和人为虐待的印记。无疑，这是对自然界生命延续的一次倾诉，也是对人类生存意义的一种反思。他借用这种"抱残守缺"方式，试图触碰观者内心，从而共同关注生命这个古老命题。作品在动情阐述之中，流露出对大自然被破坏的担忧，虽说有些悲壮，却很真实，也很辛辣，直指当下。

黑白木刻《生命的主题》不论思想内涵，还是语言运用，或是技法表达，驾轻就熟，浑然天成。特别是以批判精神的楔入，发人深思，最终摘得第十六届全国版画展金奖，这是对他艺术探索的最好褒奖，同时标志他的版画艺术已经迈上新高峰。

生命的主题 黑白木刻 2001 年创作

与范竟达兄相识后，曾经同游中山陵，信步夫子庙，流连石头城的梧桐树下。记得在夫子庙品尝秦淮小吃时，他觉得分量少，不忍心动筷子，哪知品尝二十道后，便连连摆手："饱了，饱了。"

也曾经同游黄山，拄仗天都峰，领略天下第一奇山的壮美。记得在云海奇松旁，他腿脚乏力，却买好矿泉水等候众人，一边递水一边言道："喝点，喝点。"

如今念及，恍如昨日。

有一次酒过三巡，他终于按捺不住，倾诉着内心苦涩与忧伤，那段话至今萦绕耳际：

"我们这些二三线城市的版画家，既不是精英聚会的席上客，也不是开幕盛典的座上宾，只有坚守艺术良知，才能有一块属于自己的那片天空。"叙说时，他的眼神始终凝视远方，说不清包含多少酸楚与怅然。

六年前，范竟达兄得知我收藏黑白木刻《生命的主题》后，还想收藏其成名作黑白木刻《织》。一个春日中午，我正在午休，快递员高喊着我的名字，伴随咚咚脚步声，递过一个圆形包裹。打开画筒，见到向往已久的黑白木刻《织》。"现将我手上唯一一张 30 年前的《织》寄给你，（原想重新印一张给你）。虽品相、纸张差点，但确是几十年前的东西，留个纪念罢。"那一刻，我感动不已。

2013 年 2 月 10 日，范竟达兄撒手西去。突然传来的噩耗，让我愕然，悲从心起，一时说不出话来，站在窗户边连声叹息。

友人告知：听到范竟达老师离去的消息，猝不及防。因为他是大年初一过世的，家人为了让亲友们安心过年，大年初五方告知。外地亲友得到确切消息，已经是大年初七。

友人还告知：这么多年来，虽说书画市场异常喧嚣，画家并非个个富足，特别是二三线城市的版画家。范竟达老师病故前，生活窘迫多年，本想到外地接受更好治疗，因经济拮据而打消念头。

方知原委，顿感寒凉，联想起他生前那一番酒后感慨，不禁潸然泪下。如今，他的世界一片寂静，身影弥散在曾经驻足过的地方。此刻笔下的缅怀，只是零碎记忆，许多伤痛已经被他带走。

范竟达兄是倒在为之奋斗数十载的版画路上。人虽离去，芬芳仍在。在新徽派版画艺术橱窗里，既有他的成名作《织》，代表作《生命的主题》，还有许多入选全国重要展览的力作，从不同时代、不同角度、不同主题展示起伏的心路历程，如水拍岸，浪花朵朵。如：《夜宴》《溪山行旅图》《万壑松风图》《观澜九月》《快乐城市》《第35座长江大桥》《皖南写生——后院》《热情的主题》……

这是一段精彩回放，也是一段不肯相忘，作者热爱生活，关注社会，追求艺术真谛的愿望跃然纸上，成为光阴流逝中的一抹余晖。游刃有余的点线，幻化为率性；简练严谨的刀法，编织为寄托。既深沉，又强烈；既是理性介入，又是直觉呈现。他的版画少见刻意玄技，常见朴实之态，不惊不险，仿佛与普通人交往，都是粗茶淡饭。他的版画少见风尘袭扰，多见率真之感，不卑不亢，仿佛与高尚人交流，不会低下卑微。范竟达兄一直以内心坚定，素颜直面作品的意境，在刀痕木味中释放千缕相思，让人们一面感悟生命的真实，一面感叹人生的皈依。

2007年，他与章飙、班苓、汪炳章和谢海洋五位版画名家联手，共同创作黑白木刻《盛世黄山图》。这幅木刻版画的鸿篇巨制，宽6米，高2.2米，全面展示黄山与古徽州自然与人文景观，气势恢弘，诗意洋溢，可谓集天地之大美，一时难以企及。黑白木刻《盛世黄山图》现收藏于北京人民大会堂，并随"神舟九号"宇宙飞船遨游太空，令国人翘首。

范竟达兄虽然远去，无愧此生，光照后人。

如今注目黑白木刻《织》，睹物思人。他的人品与作品，不会被时光湮没，将会永远留在我的记忆里。挥别之中，仰望苍穹，我心冰凉，唯有点上一炷心香：愿范竟达兄一路走好。

安徽省美术家协会

范竟达先生随画寄来的便条

郑 旭

郑 旭 　　　　（1959－2011），云南澜沧人，拉祜族。中国绝版木刻艺术的主要开拓者和奠基
　　　　　　　人。云南艺术学院版画专业毕业。中国美术家协会会员，中国版画家协会会员，
　　　　　　　第四届全国美术家代表大会特邀代表，云南艺术学院美术系教师，副研究员。

作品曾获云南省美展优秀奖、云南文学艺术贡献奖、第六届全国美术作品展金奖、
第九届全国版画展优秀创作奖、"版画世界奖""中国版画奖"、中国版画家协
会与中国美术家协会联合颁发的80－90年代优秀版画家"鲁迅版画奖"等。出
版专著《绝版木刻》《韵律二记》。

　　　　　　　代表作有：《拉祜风情·染》《拉祜风情·赶街天》《远古的舞》等。

因为缅怀

云南艺术学院美术系副研究员郑旭的绝版木刻《拉祜风情之一·染》、《拉祜风情之二·赶街天》，凝固初心，美得纯粹，荣获第六届全国美术作品展金奖。十五年前，我起步中国版画收藏时，对郑旭老师作品的珍爱与渴求，掖怀多年。

2011年初，我辗转找到郑旭老师的联系方式，立即拨了过去。他夫人左燕飞老师接的电话："郑老师正在接受治疗，等出院后再联系好吗？"此后，听说郑旭老师病情日益加重，我默默为他祈祷。

2011年6月18日，长期与病魔抗争的郑旭老师走到生命尽头，离开终身眷恋的版画艺术。云南的朋友告知：郑旭老师不但钟情版画艺术，亦爱体育运动，足球场上经常见到他奔跑的身影。自从小脑萎缩后，走路渐失平衡，直至失语。同是版画家的哥哥郑翔先他而去后，渐渐感觉离别的临近，不屈服于命运安排，又不得不接受命运安排。"疾病跟我开一个不大不小的玩笑。不能教学和绘画，但能写文章。"郑旭老师在人生最后时光，为了心底归程，也为了生命完整，耗尽身体剩余能量，先后撰写修订了两本书。一本是版画技法专著《绝版木刻》，一本是艺术理论专著《韵律二记》。枯黄的树叶，就这样飘荡着降落到红土地上。闻此，令我唏嘘。

两个月后，我犹豫再三，还是拨通了左燕飞老师的手机。不知是先安慰，还是先问候，一时语塞。稍后，喃喃一句："还好吧？"交谈中得知，绝版木刻《拉祜风情之一·染》仅存两张，我拟悉数收藏，左燕飞老师迟疑了。我能理解，睹物思人，物之远去，自然多出一份落寞。只得如实相告："朋友甚爱，我一幅，他一幅。朋友得，我不得，心不爽；我得，朋友不得，不仗义。""我与女儿商量一下好吗？"接到左燕飞老师回话已是三天后，询问银行卡号时，竟是同一家银行，卡号亦挨着。我在这家银行工作多年，一句广告词脱口而出：同为华夏人，共结华夏情。左燕飞老师亦感意外："这么巧？""缘分！"

说起华夏，不免联想起华夏大地的西南边陲云南。三十多年前，这里曾经爆出一件令全省沸腾，令中国美术界惊呼的大喜事，绝版木刻《拉祜风情》系列问世，石破天惊，为云南省美术类金奖实现零的突破。据云南的朋友回忆，当年郑旭老师捧回第六届全国美展金奖时，欢迎的人群载歌载舞，声乐震耳。当年"小麦雨"版画培训基地同道，后来成为著名版画家的贺昆，激动地手书"向郑旭同志学习！"那一段时光，"向郑旭同志学习！"既是众人振臂高呼的口号，也是云南省各单位动员大会的内容。

拉祜族，我国古老民族之一，人口仅有40万。"拉祜"是拉祜族语言中的一个词语，

"拉"意为虎，"祜"意为烤肉，史称"猎虎的民族"。绝版木刻《拉祜风情之一·染》描写三位美丽的拉祜少女，佩戴精美头饰，身着织染盛妆，相遇在金灿灿向日葵前。作品淡化人物面部处理，以肢体动作叙述故事，吸引着无数观者眼球。三位少女似相互顾盼，似细声耳语，或聊着她的阿哥。没有半点造作姿态，却委婉秀美；没有时兴洋味儿，却楚楚动人。这不是记录浮光，也不是图解故事，而是郑旭老师释放的本民族情怀。在装饰性构图中，浓烈奔放的色彩，粗放率意的用刀，形意互动，相映成趣。通过色彩叠压，刀法组合，抖落对故乡二十五个春秋的情感储存，这种源自本民族艺术家营造的原始美态，可以看到他在观察同一件事物时，眼光绝对是不同的，既是真情实意的袒露，也是民族审美的传递。绝版木刻《拉祜风情》系列一经推出，便以形式美与意境美的画面，迅速刷新众人目光，瞬间调高了中国当代版画的亮度。

拉祜风情之一·染 绝版木刻 1984 年创作

一切际遇，皆因缘起。郑旭老师取得如此殊荣，并非偶然。倘若索根求源，归纳有三。

一是得之于红色沃土的滋养生息。西南边陲云南，美丽而神奇，既有皑皑雪峰、幽深峡谷，也有漫漫雨林、滔滔江河，成为他滋养一生的骄傲回望。二十六个少数民族，风情乡俗各不相同，文化传承源远流长。自然美，心地纯，交融在漫漫岁月长河中，也潜藏在他那涓涓流淌的血液里。

二是得之于经久相承的版画情结。云南本是边陲之地，难有版画交集。可这地儿奇特得很，20 世纪 40 年民主运动版画播种，50 年代部队美术融入，60 年代美院师生云集，"文革"前后版画专科生进入，在那片红色土地上，版画种子慢慢地破土，露出嫩苗，长出新叶，直至今日的繁花似锦。1982年，郑旭从云南艺术学院毕业时，带回绝版木刻技法，为了普洱版画发展与繁荣，就此打下伏笔。1984年，那是一个无惧时光，一群风华正茂的木刻青年，不问收获，只为志向，相聚昆明市郊那个名叫"小麦雨"的版画培训基地，为了迎接第六届全国美术作品展，众人拾柴，蓄势待发。

三是得之于基础扎实的艺术功底。云南艺术学院师资雄厚，名家云集，四年流光的浸润引悟，加之规范的专业训练，刻苦的技艺磨砺，为他的"临门一脚"积蓄力量。苦熬苦撑到最后，郑旭心里越来越有感觉，在夜以继日心源追索中，绝版木刻《拉祜风情》系列终于以神来之笔，降临那片红土地。

江湖有源，大树有根。如今凝视绝版木刻《拉祜风情》系列，可以领略到更多意义。在主题表达上，既不迎合欧风美雨，也不停留英雄式描绘，他干脆扭过头来，把视线转向朝夕相处的乡里乡亲，通过诗意一般想象，把拉祜族的质朴纯真融入现代绘画精神，从而成为当代版画史上的重要节点，一度引领全国性美术思考。在表现手法上，运用绝版木刻技法，探索少数民族文化和景观表达。当年因为经济拮据，为了节省版材的无奈之举，如今成为套色版画创作的应手载体。1978年在云南艺术学院学习时，经叶公贤老师指导，再经过两年摸索探望，其后创作的绝版木刻《童年·沙滩的回忆》《童年·音乐的回忆》《童年·仲夏的夜晚》，撩拨起最初的自我陶醉。1982年毕业分配至思茅地区澜沧县文化馆，相继创作获云南省美展优秀奖的绝版木刻《牧归》，贵州省美协收藏的绝版木刻《红土》，此时此刻的视觉撩拨，已经有了一种自信。

1986年前，云南版画家称绝版木刻为独版多色套印木刻，后来改称绝版木刻，西方国家则称减版木刻。绝版木刻的制作程序，是在同一块板材上，刻一层印一层，印完后铲去旧痕迹，再进行下一版刻印，依此类推，直至完成作品。由于颠覆了刻印程序，亦颠覆了制作观念，一改传统套色木刻的拘谨，绝版木刻创作显得更为灵活，随机性更强，对于拓宽版画创作方式贡献非凡。

绝版木刻《拉祜风情》系列创作成功，成为一种感召，一种吸引，云南版画家受到极大鼓舞，随后独自憧憬，各显身手，产生一大批"获奖专业户"。如：郝平、贺昆、魏启聪、郭游、张晓春、马力……同时带动全国绝版木刻创作热潮，长盛不衰，无疑是献给伟大时代的一份厚礼。

一位艺术家能做自己喜欢的事情，这是幸运的，也是幸福的。郑旭老师在艺术观念与技法呈现中，不仅体现民族情怀与苦心经营，同时丰富当代民族文化气象，也验证自己的生命价值，见证李白那句名言："天生我材必有用"。如今品读，三十多年过去了，作品的色彩不再鲜艳，纸张亦已发黄，但散发的艺术魅力和创作背后的故事，依然激荡人们的心田。

绝版木刻《拉祜风情》系列登场后，接着捧出乳胶纸版《远古的舞》，荣获第九届

作者收藏的郑旭创作
《拉祜风情》用刀

郑旭用书

郑旭用书

全国版画展优秀奖，这幅作品的闪亮推出，更能看出他的选题眼光和技术实力，一时成为新的艺术聚焦点。适逢第四届全国美术家代表大会召开，26 岁的郑旭，身材瘦削，面容腼腆，特邀出席本次代表大会，这是一个破例，也是一种示范。其后，他的创作热情倍增，多方探求，过尽芳菲，演绎出谋求发展的一波三折。绝版木刻《三个佤女》《上门》《雅米与牛》《歇山》《牧归》的推出，变着法儿继续叙说拉祜族故事，延伸少数民族风情风俗。1995 年调入云南艺术学院美术系任教后，推出绝版木刻《鱼图腾》系列，作品全面变换版画形式感，引用概念，寄存寓意，按说更贴近绝版木刻表现手法，却没带来太大反响。一段时日，在转换媒介中，纸版画创作进入他的视野，相继推出《有圆形的横结构》系列、《头形》系列、《人形》系列与《偶像的崇拜》系列，手法新颖，拓印考究，肌理斑驳，不仅显示出他的综合实力，也为观者留下这样的印象：在实现风格流转中，郑旭老师一直用心扩大探寻范围，让每一次艺术尝试都有新的启发，让每一个创作念头都有新的风景。

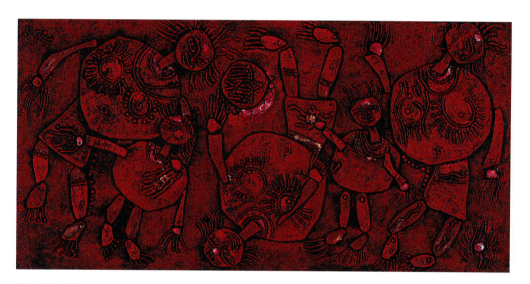

远古的舞 纸版 1986 年创作

　　后来，在中央美术学院、云南艺术学院举办个人画展。后来，作品先后赴美国、法国、日本、韩国、澳大利亚、芬兰、泰国及中国台湾、香港地区展出。那段时光，他的日程安排得满满的，包括油画棒画、水粉画、油画、综合材料画，以及诗歌、小说创作。后来，一切戛然而止。无情病魔毁灭了踌躇满志，他不得不放下木刻刀，过早地自动退场。我曾天真地认为，倘若多给他一些时光……人的不幸，无法预料。现在只能这么说，人的生命无论长短，重在意义与价值。在郑旭老师不算太长的生命历程里，虽然已经曲终，一切归于安静，但他用生命之火点燃的艺术之光，却长留天地。

　　华夏神州，河川经地，之所以如此壮观与美丽，因为开满鲜花的地方，不仅有黄土地、黑土地，还有红土地。

凌君武

（1962 — 2014），浙江绍兴人。毕业于南京师范大学美术系和中央美术学院版画系，硕士研究生。中国美术家协会会员，中国版画家协会会员，江苏美协版画艺委会副主任，苏州版画院院长，苏州桃花坞年画博物馆馆长。

作品曾获第十六届全国版画展铜奖、第二届全国美术金彩奖优秀作品奖、江苏省版画院作品展银奖、第十届全国美展铜奖、第十七届全国版画展铜奖、第十八届全国版画展"中国美术提名奖"、第十二届全国藏书票展最佳作品奖、时代印记——2013中国百家金陵画展（版画）金奖，中国版画协会颁发与中国美术家协会联合的80 — 90年代优秀版画家"鲁迅版画奖"等。

代表作有：《清风·明月·我》《园林印象》系列、《梦·桃源》等。

凌君武

匆匆一叙

2014 年 1 月 11 日上午，我在飘着茶香的工作室查看微信。"苏州版画院院长凌君武不幸去世"的消息，猝不及防地跳入眼帘，恍惚之中，茶几上电话铃响起，消息证实了，心也揉乱了。

2013 年 11 月中旬，我与凌君武老师在南京初次相见。他中等身材，五官端正，眉清目朗，黑框眼镜架在白静静脸上，举手投足间儒雅得体，话语不急不缓，温和有加，周身弥散着江南文人气。他创作的水印木刻《梦·桃源》，荣获中国百家金陵画展（版画）金奖，此次专程赶到南京出席颁奖仪式。

我与凌君武老师聊起九年前往事。那时候，他创作的水印木刻《清风·明月·我》刚刚荣获第十届全国美展铜奖，我便托友人联系上他，及时将这幅精彩之作揽入怀中。

"您幸亏收藏得早，那幅作品早没了。"他微微一笑，说道。

"哪些艺术机构收藏与展览？"

"国内有中国美术馆、国家展览交流中心、江苏美术馆与四川神州版画博物馆。国外有西班牙奥伦萨艺术馆，法国 JEAN DUQUO。《清风·明月·我》此后参加首届深圳观澜国际版画展，获'观澜国际版画奖'。"

"为何要创作《清风·明月·我》？"

"回到苏州多年，心里憋了很多话，很想表达一下自己的感受，同时也为水印木刻的视觉形态探寻一条新路。"

说实话，我非常欣赏凌君武老师的版画艺术，不论是早期的《太湖石》系列，还是其后《庭园纪事》系列、《园林印象》系列、《滕王阁》系列、《丽人图》系列和《园林条屏》，以及《牡丹亭扇面》系列，特别是后期创作的大幅水印木刻力作，一幅比一幅精彩雅致，一幅比一幅刷新观感。不论亭台楼阁、曲径斜廊，还是远山近水、花影粉墙，虽说都是人为造景，却能体察挥洒自如的气度，诗意晕化的飘逸，既道出故乡情丝，又倾诉内心气象，每次品读都有新的感悟。他听完我啰嗦的叙述，连声说："不敢当，不敢当。钟情水印，还要继续探索。"交谈片刻，他急急地要告辞，边颔首边言道："有事，有事，失陪了。"一再邀请我去苏州再叙。尔后，谦恭一笑，匆匆离去。

短暂一晤，犹如昨日。那一幕，最近常常回放眼前。

凌君武老师 1962 年出生于苏州，才智出众，志存高远，是我国当代水印木刻积极探索者与成功者，在他木刻刀下营造的苏州风物，把骨子里江南人文情怀展现得一览无余，作品具有的典雅娴静、飘逸出尘的诗情气质，成为水印木刻爱好者的难忘范式。

1986 年，他毕业于南京师范大学美术系，1998 年赴中央美术学院版画系攻读硕士研究生，因学业优秀留校任教。其间创作的《恍兮惚兮》《归去来兮》，借用作品传递所思所想，依稀流露出一种彷徨情绪。坦率地讲，北京城很美，中央美院很棒，那是许多怀有艺术理想之人的梦寐以求，但他始终忘不掉心中的故乡明月。

苏州，在他的心目中很特别，可谓缘分难舍，烙刻心田。只要踏上那块小桥流水的土地，灵感就会飘忽而至。倦鸟归林，当他回到朝思暮想的桃花庵，终日与幽窗楼阁相邻，与修竹藤蔓为伴，一边滋养着性情，一边滋生着感慨。在悠悠岁月里，摆弄笔墨与刻刀，那是他最为高兴的事。

明清两朝，江南盛行建筑园林，其中苏州园林独占鳌头。他与苏州园林旷日持久的对视中，很快找到了要说的话，也找到了说话的方式，一批精品力作相继问世。此前，他曾在《太湖石随想》系列创作中，对太湖石进行多方位"人格化"体验，验证古代文人士大夫筑园置石，为何偏爱"瘦、皱、漏、透"的太湖石，从中领悟中华传统文化的悠远意境。如今，"85 美术思潮"的点醒和中央美院的洗礼，他的木刻刀没有简单沿袭，而是收拢乡愁乡思；也没有纯粹复制，而是追问文化格调，以苏州园林这个精灵之物，寄存当代人的文化思考，以此展示水印木刻的源远流长与博大精深。

2002 年，他的创作进入一个崭新状态，可谓情到深处难自禁。适时推出《园林印象》系列，这是走向目标的一个光辉起点。娓娓的色墨诉说，灼灼的智慧弥散，既保持传统文化的清纯，又蕴含当代审美的意境，浑化无迹，真情至美，仿佛要把观者带回到他的梦境里。如获第十六届全国版画展铜奖的《园林印象之一》、获第十七届全国版画展铜奖的《园林印象之三》、获第二届中国美术金彩奖作品展优秀奖的《园林印象之四》。这一时期，苏州园林里的几棵树，一段墙；几块太湖石，一座旧楼阁。在他的自作主张下，瞬间活灵起来，移情于景，以景寄怀。我们知道，美是会传递的，那些富有生命力的曲线，看似随意穿梭于树木花草，流连于回廊重檐，在倾洒风雅中，彼此平定心神。正是这种匠心独运，曼妙风光，让古老的东方文化成为现代语言的解说。凌君武老师对此见解很明确：只有坚持民族文化立场，才能防止"水土流失"。

其后岁月，以此作为艺术观念切入点，文化寻根，归属精神。一个个画面形成，一次次视觉撩拨，频频展示各种优雅姿态，唤起阵阵激赏。《清风·明月·我》《遗落的黄昏》《待月》等陆续问世，分获第十届全国美展铜奖、第十八届全国版画展"中国美术奖提名"，以及入选首届奥林匹克美术大展。这一时期，由于性情沉淀与理论铺陈，通过自设主题与情节，一面加深艺术体验，一面更新创作思维，让作品染上淡淡雅气与灵气，了无俗态，品味从容，一步步走近学术修为的橱窗。如水印木刻《清风·明月·我》

清风·明月·我 水印木刻 2002 年创作　　　　梦·桃园 水印木刻 2013 年创作

的成功创作，开启 21 世纪水印木刻新图式。山石桃花，水榭亭台，疏影斜枝，暗香浮动，
不论从那个角度观赏，也止不住心生醉意。以单刀斜刻延伸语言，以线条勾勒随形达意，
以书法融入羊毫笔趣，此时此刻的苏州风物，已经成为他的自言自语。不论桃树的扭姿，
还是水榭的婉转，或是太湖石的皴折，欣合舒畅，气韵贯通，如碧水清风中的一首诗。
此番独行，弥足珍贵，画面中充溢的柔情美意，渐渐从图式流向心田。

　　其后岁月，在风雅中呈现的是积聚内心的纯美天地。对于生于斯，长于斯的那片故土，
不仅流露浓浓的依恋不舍，也是十竹斋画谱和桃花坞木板年画的传统沿袭，更是当代水
印和人文情怀的延伸拓展。凌君武老师对此见解很干脆：当西方现代艺术大量充塞我们
眼帘的时候，不应该忘记中华民族那些无价的，充满了生命力的文化与艺术。他一面承接，
一面包容，通过精炼技艺，纯化语言，融会为自己的艺术风格，以其独有的审美意象和
灵魂深度，弘扬当代中国的人文精神和美学观念。

　　2013 年创作的水印木刻《梦·桃源》，既是他水印木刻艺术的绝唱，也是他留给世
人的猜度之作。对于《梦·桃源》的猜测，并不是如何赋色，也不是如何用刀，而是难
以理解的主题立意。画面左侧，蹲坐一位戴眼镜中年男子，一手持折扇，一手托举嶙峋

嵯峨的危石。画面右侧，依次是一位倦卧女子，一位抬肩仰首女子，一位边行走边打手机女子，以及悬吊者与古代吹箫仕女的隔空呼应。桃树纵贯，梅花点缀，营造出一种非程式化场景，亦梦玄幻，既保留江南园林的幽静，也寄存缥缈旷远的怀想，不由让人产生诸多遐思。梦桃源，桃源梦。于是，有了暗示婚姻与归宿的闲话，这种坊间猜测，我不认同，也无权否认，其中究竟寄存多少往事顾盼，谜底已经被他带走。

当打开一本书，读到精彩处，却被来人给合上了。戛然而止，心里丢不开，于是抬头相望，走过来合书的人，竟然是那本书的作者。为什么不让我们续读精彩，决意带走内心珍藏和众人企盼？不得而知。

凌君武老师是在深爱的桃花坞朴园离去的，使中国版画界痛失英才，虽然无数人扼腕，却无法赎回伤悲。苏州古典园林与水印木刻创作，艺术的生命与自然的生命，在他那里早已融为一体，似乎冥冥之中的命运安排，桃花坞应该是最好的归宿地，但不该走得这么匆忙。在挽歌哀曲中，我恍然明白，人生如寄，长歌当哭。凌君武老师的生命像一道流光划过长空，绚烂夺目，转瞬即逝。文文静静的他，如今云雀西去，只留下思念与缅怀。

写到这儿，好友董有明先生来电话，他是一位资深藏书票收藏家，聊到撰写的上述短文，话筒里传出哽咽声，一阵沉默后，他这样告诉我：七年前，因为喜爱水印藏书票，抱着试试看心理，冒昧写信给凌君武老师索要水印藏书票。没想到一周后接到回信：有明兄，你喜欢我的水印藏书票，很欣慰，随信寄去《故园的记忆》之一、之二各一张，请查收。收到藏书票后，我仔细端详，方寸中山水园林，浓淡相宜，水味、木味、韵味相得益彰，让我爱不释手，一直想当面道谢，现在却阴阳两隔……拜托您，请把这件事添加到文章里，一段回忆，一份缅怀，千万不能忘记啊！

蛛丝·马迹

　　从采访到撰写，拙文百篇，辑之为书。回眸这一段日子，说长不长，说短不短，整整七年。

　　一路走来，甘苦自知。在七载寒来暑往中，面对一张张充溢才情的面孔，凝视一双双残留老茧的手指，敬畏之心，陡然升腾。赏读一件件中国版画的力作，探问一个个创作背后的故事，品味潜藏，分享感动。与版画家促膝是一件开心的事，而采访、撰文、出版却是一件艰难的事。如今，还给自己一个真实期许，由衷感谢原中国版画家协会常务副主席、中国美协版画艺委会主任宋源文先生，中央美术学院副院长、中国美协版画艺委会主任苏新平先生为本书作序！真诚感谢中国版画史学家李允经先生所著《中国现代版画史》、齐凤阁先生所著《中国现代版画史 1931 — 1991》对我的引领启迪！同时感谢梁宽、陈卫、王左佐等先生，在本书采写、出版过程中，给予的热忱帮助和支持！

　　《马平官与百位版画家》的出版，倘若能为人们了解版画，热爱版画有所启示，则是对我的莫大勉励。

李允经（右）与作者合影

齐凤阁（右）与作者合影